제4판

물류와 SCM의 이해

양창호
송상화

박영사

 3판이 출간된 이후, 세계 경제는 예상치 못한 코로나 팬데믹으로 인해 커다란 변화를 겪었다. 코로나 팬데믹은 글로벌 경제와 사회 시스템 전반에 걸쳐 전에 없던 수준의 혼란과 재편을 불러일으켰으며, 지난 몇 년간 일어난 변화는 경제 및 사회 시스템을 코로나 이전과 이후로 나눠서 바라봐야 할 정도의 큰 변화로 연결되었다.

 특히, 글로벌 물류 시스템은 코로나 팬데믹 기간을 거치며 큰 위기에 직면하기도 했고, 그 결과로 과거보다 더 효율적인 시스템으로 변화하는 계기가 마련되기도 하였다. 2020년 코로나 팬데믹 초기에는 전혀 예상하지 못했지만, 컨테이너 수요와 공급의 불일치가 심화되면서 컨테이너 운임이 폭등하고 국내 제조 기업들은 상품을 수출하는 데 심각한 어려움을 겪었다. 컨테이너 선박의 부족은 수출 지연을 초래했고, 이에 따라 기업들은 상품을 미리 수출하려는 경쟁 속에서 수요 공급 간 미스매치가 더욱 커지는 난관에 부딪히게 되었다. 공급망에서 늘 경계하던 채찍현상(Bullwhip Effect)이 발생하며 공급 부족이 수요 증가로 연결되고 다시 공급 부족이 심화되는 악순환이 나타난 것이다. 이러한 혼란은 글로벌 공급망 전반에 심대한 위기를 야기했으며, 물류와 공급망 관리(SCM)의 중요성이 그 어느 때보다도 부각되는 계기가 되었다.

 그 결과 코로나 팬데믹은 단순히 일시적인 혼란을 넘어, 글로벌 물류 및 SCM의 근본적인 패러다임을 변화시키는 촉매제가 되었다. 오프라인 활동이 중단되며 온라인을 통한 상품 구매가 일반화되고, 전자상거래 및 관련 물류 기업에 대한 투자가 확대되며 산업이 크게 성장하는 계기가 마련된 것이다. 전자상거래의 활성화와 함께 글로벌 물류 네트워크는 이전보다 더욱 정교해지고 복잡해졌으며, 이는 소비자들에게 더 빠르고 저렴한 상품 제공을 가능하는 방향으로 변화하기 시작했다. 미국의 Amazon, 중국의 JD.com 및 Alibaba 그룹, 대한민국의 Coupang과 같은 글로벌 전자상거래 플랫폼들이 자사의 효율적인 물류 시스템을 통해 고객들에게 더욱 신속하고 정확한 배송 서비스를 제공하기 시작하였으며, 전자상거래의 보편화는 거래 금액의 성장과 함께 관련 산업의 성장으로 연결되었다. 이러한 전자상거래 플랫폼의 성공은 물류 시스템의 발전 없이는 불가능했으며, 글로벌 물류와 SCM을 이해하는 전문가에 대한 수요가 급증하게 되었다.

특히 주목할 부분은 이러한 변화로 인하여 물류 및 공급망 관리의 전통적인 패러다임이 변화하게 된 것이다. 팬데믹 이전에는 비용 절감이 글로벌 공급망 운영의 주요 목표였으나, 이제는 안전성과 지속 가능성이 더욱 중요한 과제로 받아들여지기 시작했다. 이와 더불어, 환경, 사회, 지배구조를 고려한 ESG 경영이 전 세계적으로 주목받게 되었으며, 기업들은 이제 단순히 수익을 창출하는 것을 넘어, 지속 가능한 경영을 실현하는 데 중점을 두고 물류와 SCM에 큰 관심을 가지게 되었다. 경쟁이 치열해지며 나타난 주요 경제 블록간의 무역 분쟁 및 규제 강화는 공급망 구조 자체를 새로운 형태로 재편하려는 노력으로 연결되기도 하였다.

경제 블록화의 심화와 국제 물류 흐름의 불확실성 증가는 기업들로 하여금 리스크 관리의 중요성을 재인식하게 만들었다. 공급망의 중단이나 변동성은 기업의 생존에 치명적인 영향을 미칠 수 있으며, 따라서 이에 대비한 전략적 접근이 필수적이다. 팬데믹으로 인해 비대면 서비스와 온라인 중심의 경제 활동이 가속화되면서, 새로운 스타트업들이 등장하고 기존 기업들도 디지털 전환을 서두르게 되었다. 미국의 OpenAI가 선보인 생성형 인공지능 ChatGPT 서비스는 이러한 디지털 전환의 일환으로, 인공지능이 물류와 SCM에도 혁신적인 변화를 가져올 수 있음을 보여주고 있다.

전자상거래의 일상화는 국가 간 전자상거래로 확대되고 있고, 이는 물류와 공급망 관리의 전반적인 구조에 큰 변화를 일으키고 있습니다. 이러한 변화는 물류와 SCM의 패러다임을 재정립하게 만들었으며, 이는 새로운 혁신과 전략을 요구하고 있다. 물류 자동화, 네트워크 최적화, 데이터 기반의 의사결정 등 새로운 기술과 접근 방식이 물류와 SCM의 미래를 주도할 것으로 예상된다.

이러한 시대적 요구를 반영하여, 이번 4판에서는 해상운송, 전자상거래, 물류 자동화, 물류 네트워크 설계, 구매, 물류 정보 시스템 등 다양한 분야에서 최근의 변화를 충실히 반영하고자 하였다. 특히, 지속 가능한 물류 혁신에 대한 이해를 높이기 위해 ESG 관련 내용을 추가하였으며, 최신 물류 및 SCM 사례를 통해 독자들이 변화하는 환경에 적응할 수 있도록 돕고자 하였다. UPS, Amazon, Walmart, Boeing, Dell, Nike, JD.com, Imation 등 글로벌 기업들의 최신 사례 연구를 포함하여 독자들이 실질적인 인사이트를 얻을 수 있도록 구성했다.

이번 개정판은 기존의 구성을 최대한 유지하면서도, 최신 사례 연구와 이론적 발전을 통해 독자들이 변화하는 글로벌 환경에 대응할 수 있는 역량을 키우는데 중점을 두었다. 독자 여러분께서 이 책을 통해 물류와 SCM에 대한 폭넓은 이해와 새로운 시각을 얻기를 바라며, 나아가 실제 업무에 도움이 되는 실질적인 지침서가 되기를 기대한다.

2024년 8월

저자

미국대학고용협회(National Association of Colleges and Employers)가 미국 기업의 2011년도 채용 계획을 조사한 결과 미국기업 48%가 공급사슬(Supply Chain Management, SCM) 전공 인력을 채용할 계획이라고 발표했다. 과거 물류 전문가를 단순 창고관리나 운송관리 업무로 인식하였으나 최근 공급사슬관리 전문가는 저비용으로 상품을 목적지로 운송하기 위한 최적의 프로세스를 설계하고 이를 시스템으로 구현하는 하이테크 엔지니어로 평가되고 있다. 글로벌 교역이 급속하게 증가하면서 해운, 항공, 육상운송 등의 복잡한 물류 프로세스를 최적화시키는 일이 매우 중요해지면서, 이를 해결할 SCM 전문가 및 실무 경력자가 부각되고 있다. SCM World사가 전 세계 750명 임원을 대상으로 조사한 '2011 CSCO(Chief Supply Chain Officer)Report'에서도 대부분의 SCM 임원들은 공급사슬관리 조직의 인력은 계획, 성과관리, 운송, 변화관리 등 전략적으로 핵심적인 역량을 갖추어야 한다는 것을 지적하고 있다. 물류전문지시과 경력은 최고 경영자가 되는 가장 효과적인 길이 되고 있는 것이다.

점차 물류의 중요성이 증가함에 따라 전문적인 물류지식의 배양이 중요하게 되었으며, 매우 빠르게 변하는 전문적인 지식들은 지속적으로 배워야 한다는 것을 의미한다. 최근 물류교육수요가 크게 늘어나고 있는 것도 같은 맥락에서 이해할 수 있다. 조달과 생산, 판매활동이 전 세계에서 이루어지는 글로벌 기업경영에서 물류만큼 기업 경쟁력에 영향을 미치는 요인이 없다. 애플(Apple) 같은 외국의 주요 글로벌기업뿐만 아니라 우리나라 대기업에서도 첨단 기술개발만큼 중요한 기업의 경쟁력 요인으로 물류를 꼽고 있어 물류전문가를 CEO로 영입하고 있다. 물류에 대한 새로운 흐름을 이해하고 학습하여 물류 전문가 나아가 물류 CEO로 발전할 수 있는 교육의 필요성이 중요시되는 이유이다.

물류를 기업의 새로운 이윤의 근원이란 개념으로 보는 전략적 접근이 중요하다. "새로운"이라는 의미는 지금까지 우리나라 기업에서 해왔던 방식과 달리 새로운 관리영역이라는 것을 의미한다. 보다 정확하게 말하자면 지금까지의 물류란 사내의 각 부문에 분산되어 있으며, 아주 단순한 운송차량이나 보관시설을 관리하는 정도의 단순한 업무로 취급해왔다는 것이다. 즉 물류가 통합적으로 그리고 시스템으로써 운영되지 못하고 있으며, 물류로서 유효한 기능을 다하고 있지 못하다는 뜻이기도 하다.

따라서 그동안 들어왔던 물류라는 개념은 모두 이와 같은 사내에 흩어져있는 단순한 물류기능에 대한 단편적인 내용일 것이다. 이 책에서는 새로운 의미의 물류, 즉 사내 통합시스템으로써의 물류, 즉 로지스틱스와 공급사슬 내 기업 간의 통합, 즉 공급사슬에 대해 설명한다. 엄밀하게 말하면 물류와 로지스틱스, 혹은 공급사슬은 대상범위나 전략적 접근방식의 차이로 일치하는 용어가 아니지만, 이 책에서는 물류, 혹은 물류시스템이라는 용어를 로지스틱스 및 공급사슬의 개념으로 기술한다.

물류시스템이 본래의 기능을 발휘하면 재고의 감소, 적정한 재고의 유지, 저조한 판매에 기인한 폐기처분의 감소, 품절의 극소화, 물류비용의 감소, 물류 서비스의 적정화, 물류시설의 감축, 고객서비스 증대 등 다양한 효과를 만들어 낼 수 있다. 그 결과 고객에게는 가치를, 기업에게는 이익 증대를 가져다 줄 수 있다. 물류가 주목되는 점은 이처럼 기업에 있어서 새로운 이윤을 창출하는 근원으로서 볼 수 있기 때문이다.

물류라고 하면, 지금까지는 왠지 어려운 개념이라는 생각을 갖고 있었을 것이다. 그러나 이 책에서, 물류의 역할은 시장의 동향에 맞추어 공급활동을 실시하는 것으로 설명한다. 시장의 동향에 맞추기 위해서 물류는 각각의 상품별로 출하동향을 매일매일 체크한다. 이 정보를 바탕으로 영업도 생산도 시장동향에 맞춘 형태로 움직일 수 있는 것이다. 따라서 물류는 기업 활동 전체의 합리화, 나아가 공급사슬에 참여하고 있는 기업들 간의 활동을 최적화시키는 업무를 수행할 수 있게 해준다. 그 역할도 국내에 머무르지 않는다. 글로벌화의 진전에 따라 물류의 활동도 전 세계를 대상으로 하는 다이내믹한 것이다. 전 세계에 배치된 재고를 통제하고, 적절한 보충계획을 세우고, 생산계획을 지원하게 된다. 그리고 제품의 범세계적 이동을 위해 최적 경로를 선택하고 최적 수송수단을 활용하게 된다.

이 책에서는 우선 물류와 SCM의 개념과 전략에 대해 살펴본다. 물류는 기업의 고객서비스 향상을 목표로 하는 활동이며, 동시에 기업의 경쟁우위의 원천을 위한 활동으로 설명한다. 다음으로는 공급사슬과 물류관리를 살펴본다. 물류의 구성요소, 재고관리, 글로벌 운송관리, 해상물류, 국제물류거점, 창고관리 및 하역, 반입물류 등이 포함되어 있다. 또한 물류관리 이슈로 물류원가분석, 물류표준화와 공동화, 물류정보시스템, 제3자 물류서비스 제공자(3PL), 수요관리와 물류보안을 살펴본다. 마지막으로 미래 물류관리 과제와 공급사슬 위험관리, 녹색물류 등을 살펴보게 된다.

그동안 많은 책들이 화주의 입장에서 물류관리를 하는 경영학적 입장에서 물류를 설명해왔다. 그러나 이 책에서는 이러한 화주의 물류관리는 물론, 물류서비스를 제공하는 물류전문회사, 3PL업체의 입장에서 물류를 관리하는 소위 물류학적 입장에서도 물류를 설명하려고 노력했다. 화주회사와 물류회사가 각각의 입장에서 보는 물류 최적화는 일견 상충되는 것처럼 보이지만, 결국 양자가 파트너쉽을 맺고 공급사슬을 형성하게 될 때 그 이해가 일치될 수 있는 것이기 때문이다.

이 책 내용의 많은 내용은 기존의 물류관련 미국, 영국, 일본의 교재나 논문, 그리고 전문지 내용을 참조하였다. 일부 내용은 우리의 실정을 감안하여 가필하였고, 일부는 주석을 달아 번역, 수록하였다. 그리고 물류사례도 국내외 물류전문지에 소개된 내용 중 각 장에 적합한 내용을 골라 수록하였다.

인터넷 시대에 산업이 더욱 정보통신화 되면 될수록 실물을 이동시켜야 하는 물류산업은 그 업무가 더욱 커지고 나아가 모든 산업의 경쟁우위 원천이 물류의 경쟁력에 의해 좌우된다. 이런 의미에서 물류는 기업차원에서 보나, 국가 전체적인 차원에서 보더라도 중요한 위치를 차지하고 있는 것이다. 탈고하는 이 순간 기쁨을 느끼는 것도 그런 이유들 때문일 것이다. 이 책을 통해 많은 분들이 물류에 대해서 흥미를 가질 수 있다면 큰 보람이 될 것이다. 또한 우리나라 물류산업, 혹은 화주기업의 물류부문이 새롭게 구축되어 나가는 데 일조가 되기를 바란다.

　　마지막으로 바쁜 가운데에도 꼼꼼히 읽고 의견을 준 동북아물류대학원 교수님들에게 감사의 말씀을 드린다. 사례 보완과 용어정리에 애써 준 박사과정 손유리 양과, 석사과정 전현정 양, 이재민 군에게도 고마운 마음을 전한다. 이 책을 쓰는 동안 세상에 새로 태어나 커다란 기쁨을 주고 있는 손녀 희원이와 예준이에게 사랑의 마음을 전한다.

2013년 1월
저 자

PART II 공급사슬 및 물류관리

Chapter 07 **물류의 구성요소 및 네트워크**

PART III 물류관리 이슈

Chapter 16 **물류원가분석**

Chapter 17 **물류표준화와 공동화**

Chapter 18 **물류정보시스템**

PART Ⅳ 미래 물류관리 과제

물류와 SCM의 이해

개념 및 전략

PART

I

01

물류와 SCM의 개념

 핵심포인트

물류의 개념에 대해 살펴본다. 물류와 로지스틱스라는 말이 혼용되고 있는데 엄밀하게 보면 다른 점이 있다. 그러나 본 저서에서는 물류라는 말을 로지스틱스라는 개념으로 사용하고자 한다. 물류개념이 시대적 변화에 따라 어떻게 바뀌어 왔는지를 살펴보고, 특히 물류라는 말 대신에 공급사슬, 또는 공급체인이라는 말을 사용하는데 그 차이점도 살펴보며, 마지막으로 물류시스템을 구성하는 여러 요소 중에서 몇 가지 중요한 것에 대해 살펴본다.

1. 물류와 로지스틱스

물류(logistics)는 기업의 "새로운 이윤의 근원" 또는 '기업 경쟁우위의 원천'이라는 전략적 개념이다. 또한 물류는 운송, 재고수준, 보관시설 규모, 자재 하역시스템, 포장, 그리고 이들 기능들의 비용과 서비스의 상충관계를 조정하는 기능을 모두 통합하는 의사결정 시스템이다.

2. 공급사슬관리(SCM)

공급사슬관리는 소비자의 만족을 극대화하면서 비용을 최소화하는 목표를 달성하기 위해 원산지에서 소비지까지 제품·정보 및 현금흐름, 정보제공 등까지를 통합 관리하는 것이다. 따라서 공급사슬(SC)은 기능 통합면에서 물류(logistics)보다 폭넓은 개념이라 할 수 있다.

3. 물류시스템의 주요 구성요소

물류시스템을 구성하는 주요 요소로 고객서비스, 재고관리, 운송, 보관하역, 포장, 정보처리 등이 있다.

1. 물류와 로지스틱스

로지스틱스(logistics)라는 용어는 원래 물류의 조달에서 보관, 보급까지를 담당하는 군에서 사용되던 용어이다. 군에서 로지스틱스는 무기, 탄약, 식량, 의복, 의약품 등 전선의 병사가 싸우기 위해서 필요한 군수품을 끊임없이 공급하는 활동이다. 작전을 담당하는 군을 위해서 후방에서 연락과 교통을 확보하고 차량, 군수품의 전방으로의 수송, 보급, 수리 등을 담당하는 일이다. 각지의 전장에 전개하고 있는 전선의 병사들의 싸우는 능력을 유지하기 위해서 후방에서 지원하는 것이다. 보급선이 끊어지면 바로 전선의 전투력이 대폭 저하되기 때문에 전선의 전투력을 지탱하고 있는 것은 바로 후방의 지원능력이다. 즉 군사적인 측면에서의 로지스틱스의 주된 임무는, 필요한 군수품을 조달하고, 보관하고, 전선에 보급하는 것이다.

비즈니스의 세계에서도 군사적 측면과 마찬가지로 수송, 포장, 하역, 보관, 유통가공, 물류정보처리와 같은 활동이 기업의 구매, 생산, 판매활동을 지원하는 의미에서 로지스틱스라는 용어를 가져오고 그 개념을 이용하였다. 그러나 기업이 군에서 개념을 차용한 로지스틱스라는 용어는 기업활동을 단순 지원한다는 개념에서 진화하여 이제는 기업활동의 통합, 기업활동의 최적화를 꾀할 수 있는 경영전략으로 발전하게 되었다.

일반적으로 사용되는 물류라는 말은 조달, 배송 등 전략적 개념이 없이 단순기능을 의미하는 경향이 있으며, 심지어는 화물자동차에 의한 개별 직송, 또는 창고관리 정도를 물류로 이해해 온 것이 사실이다.

이에 비해 로지스틱스라는 말은 기업의 새로운 이윤의 근원 또는 기업 경쟁우위의 원천이라는 전략적 개념으로 사용된다. 물론 이를 위해 로지스틱스의 기능도 사내의 각 부문에 분산되어 있는 것을 통합하여 전사적인 관점에서 관리하게 된다.

로지스틱스가 본래의 기능을 발휘하면 재고의 감소, 적정한 재고의 유지, 저조한 판매에 기인한 폐기처분의 감소, 품절의 극소화, 물류비용의 감소, 물류 서비스의 적정화 등 다양한 효과를 만들어 낸다. 그 결과 기업에 있어서 새로운 이윤을 창출하는 근원, 나아가 기업의 경쟁우위의 원천인 것이다.

이러한 의미에서 로지스틱스는 원자재, 재고, 완제품의 흐름, 그리고 원자재부터 최종소비에 이르는 모든 서비스와 정보를 관리하는 과정이라고 정의[1]할 수 있다. 로지스틱스의 목표는 물자와 정보의 흐름을 효율적으로 결합하여, 그리고 고객에 대한 서비스를 빠르고 값싸게 제공하여 기업에게는 비용을 최소화시키고 동시에 고객에게는 만족을 최대화시키는 데 있다.[2]

이 책에서는 물류라는 용어를 단순한 물류기능 또는 운송, 보관 등 개별 활동으로 보지 않고 로지스틱스, 공급사슬관리와 같은 개념으로 사용하려 한다. 즉 물류 활동을 기업의 전략적, 전사적 로지스틱스 활동, 전략적 공급사슬관리의 의미로 사용한다.

2. 물류개념의 발전

물류는 시대의 변화에 따라 중점을 두는 기능들이 추가되면서 개념도 발전해 왔다. 당초 제2차 세계대전 이후 물류는 생산라인의 확대로 인해 생산제품 반출 수송 및 창고 보관 등 비용절감을 위한 물적유통(physical distribution)을 의미했다. 이에 따라 당시 미국마케팅협회에서도 물류를 물적유통으로 정의하였다. "··· 생산의 단계에서 소비 또는 이용의 단계에 이르기까지의 재화의 이동 및 취급을 관리하는 일이다.[3]"

이후 1960년대와 70년대에는 미국 등 선진국에서 인건비 상승, 원자재 공급 부족과 함께 국제경쟁이 심화되면서, 반입수송, 생산계획, 고객서비스, 그리고 포

---

1 Coyle, J. J., Bardi, E. J. and Novack, R. A., Transportation (New York: South-Western College Publishing), 1999.

2 O'leary-Kelly, S. W. and Flores, B. E., "The integration of manufacturing and marketing/sales decisions: Impact on organizational performance," Journal of Operations Management, Vol. 20, No. 3, 2002, pp. 221–240.

3 American Marketing Association, 1948.

장 등이 원가절감의 대상으로 주요 물류 기능으로 통합되었다. 즉 하나의 시스템 개념인 물류조직으로 통합되기 시작했다.

1980년대는 물류기능이 좀 더 통합되고 조직 내의 복잡한 부서로 자리 잡게 되었다. 1990년대 초 페르시아 걸프전을 통해 통합물류의 중요성이 군뿐만 아니라 민간기업에게도 전파되면서 자재관리(materials management)와 물적유통이 통합된 통합물류(integrated logistics)개념, 즉 로지스틱스 개념이 자리 잡게 되었다.

1962년 미국 물류관리협의회(National Council of Physical Distribution Management: NCPDM)의 물류(physical distribution)에 대한 당초 정의는 다음과 같았다.

"물류란, 완성품을 생산 라인의 종점으로부터 소비자까지 유효하게 이동시키는 것과 관련한 폭넓은 활동이며, 원재료를 공급자로부터 생산 라인의 시점까지 이동시키는 것을 포함한 경우도 있다."

즉, 협의로는 생산 라인에서 소비자까지의 제품 이동을 나타내고, 광의로는 원료 메이커로부터 생산 라인까지의 원료 이동도 포함하여 포장, 수송, 보관, 하역 외, 주문 처리, 시장 예측, 고객 서비스까지 포괄하고 있다.

그리고 NCPDM은 1986년에 미국 로지스틱스 관리협의회(Council of Logistics Management: CLM)으로 개편되면서, 로지스틱스(logistics)를 다음과 같이 정의했다.

"로지스틱스는 고객의 니즈(needs)에 부합하기 위해 원재료, 반제품, 완성품 및 그와 관련된 정보를 산출지점에서 소비지점까지 효율적이고 비용효과적인 흐름 및 보관하는 것을 계획하고, 실행하고 통제하는 과정을 말한다. 이러한 활동에는 고객 서비스, 운반·운송, 창고 보관, 공장·창고의 입지 선택, 재고관리, 주문 처리, 유통정보, 조달, 하역, 부품·서비스 제공, 폐품·쓰레기 처리, 포장, 반품 처리, 수요예측을 포함하지만, 그것으로 한정되는 것은 아니다.[4]"

앞에서 본 NCPDM과 CLM의 정의에 의하면, 로지스틱스의 의미를 파악할 수 있다. 첫째, 고객의 니즈를 충족하기 위해서 이루어지고, 고객 지향이 중시되고 있다. 비록 판매에서 마케팅 부문이 가장 두드러진 역할을 한다고 해도, 고객

---

4 Council of Logistics Management 1985.

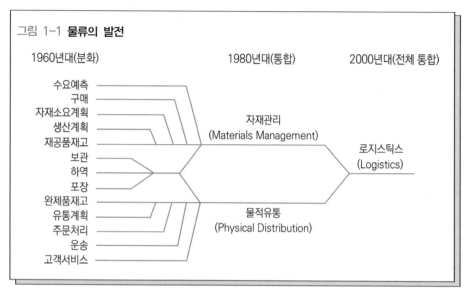

그림 1-1 **물류의 발전**

| 1960년대(분화) | 1980년대(통합) | 2000년대(전체 통합) |

수요예측
구매
자재소요계획
생산계획
재공품재고

자재관리
(Materials Management)

보관
하역
포장

로지스틱스
(Logistics)

완제품재고
유통계획
주문처리
운송
고객서비스

물적유통
(Physical Distribution)

자료: Bardi, Coyle, Novack, *Management of Transportation*, 2006, p. 8.

서비스는 제품이 팔리는 데 관여한 모든 기능들의 통합효과에 기인되기 때문이다. 만일 하나의 기능이 전체 시스템에 통합되지 않은 채 실행된다면, 고객서비스는 위기에 봉착하게 된다. 둘째, 원재료, 반제품, 완성품 외에 그에 관련하는 정보를 대상으로 하고, 정보관리를 새롭게 도입하였다. 셋째, 이동(flow)뿐만이 아니라 보관(stock)도 포함하여 능률화뿐만이 아니라 효율화도 촉진함을 표명하고 있다. 즉 물류의 효율화를 꾀하는 것이 「물류의 로지스틱스화」인 것이다. 넷째 이 정의에서 내포하고 있는 점은 물류는 운송, 재고수준, 보관시설 규모, 자재 하역시스템, 포장, 그리고 이들 기능들의 비용과 서비스의 상충관계를 조정하는 기능을 모두 통합하는 의사결정 시스템이라는 것이다.[5] 즉 로지스틱스의 범위가 공급의 원천에서 시작하여, 소비지점까지 관련된 구매, 제조, 배송, 판매와 같은 기능적 영역으로 나누기보다는 통합된 하나의 공급사슬 구조로 보는 것이다.[6]

5 John J. Coyle, Edward J. Bardi, and C. John Langley, Management of Business Logistics, 7th ed., Mason, OH: Southwestern, 2003, p. 38.

6 Bridget Mears-Young, Mike C. Jackson, "Integrated Logistics-Call in the Revolutionaries," Int. J. Mgmt Sci., Vol. 25, No. 6, 1997, p. 605.

즉 유통물류에서 로지스틱스로 개념이 발전되면서 물류도 모든 기능적 영역을 관통하여 최적화하는 의사결정을 하는 통합물류(integrated logistics) 개념으로 패러다임이 변화된 것이다.

3. 공급사슬관리(SCM)의 개념

최근 기업에서 로지스틱스라는 말과 함께, 공급사슬관리(supply chain management: SCM)라는 말도 많이 사용한다. 공급사슬관리라는 개념이 물류 개념으로 정착되어 가고 있기 때문이다.

사전적으로 공급 사슬(supply chain)은 어떤 제품을 판매하는 경우 자재 조달, 제품 생산, 유통, 판매라는 흐름이 발생하는 것을 의미하며, 공급사슬관리(SCM)는 공급사슬 내 파트너들 간의 이러한 흐름을 적절히 관리하여 공급사슬 전체를 최적화 시켜, 조달시간 단축, 재고비용 및 유통비용 절감, 고객서비스 증대 등을 실

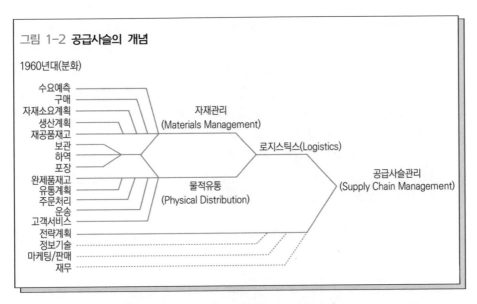

그림 1-2 **공급사슬의 개념**

자료: Bardi, Coyle, Novack, *Management of Transportation*, 2006, p. 10.

현시키고자 하는 것이다. 즉 공급사슬관리는 소비자의 만족을 극대화하면서 비용을 최소화하는 목표를 달성하기 위해 원산지에서 소비지까지 제품·정보 이외에 현금흐름, 정보제공 등까지 통합 관리하는 것이다.

미국 CLM이 2005년에 SCM 전문가협의회(Council of Supply Chain Management Professionals: CSCMP)로 흡수되면서 물류 및 SCM의 정의는 CSCMP의 정의가 그 대표성을 갖게 되었다. CSCMP는 SCM에 대해 다음과 같이 정의하고 있다.[7]

공급사슬관리는 조달 및 구매, 가공에 관련된 모든 활동과 모든 물류관리 활동의 계획과 관리를 포괄한다. 중요한 점은 공급사슬관리가 공급자, 중계자, 3자 서비스 제공자와 같은 채널 파트너 간 조정과 협업을 포함한다는 것이다. 본질적으로 공급 사슬관리는 기업 내 및 기업 간 공급 및 수요관리를 통합하는 데 초점을 둔다. 공급 사슬관리는 기업 내 및 기업 간의 주요 비즈니스 기능과 비즈니스 프로세스를 연계 시키고 생산성 비즈니스 모델로 만드는 통합기능이다. 이는 모든 물류관리 활동과 제조활동을 포함하며, 정보 기술 마케팅, 판매, 제품 디자인, 금융 및 정보 기술 전 반에 걸친 프로세스와 활동의 통합, 조정을 유도한다.

CSCMP는 동시에 물류관리(Logistics Mangement)에 대한 정의도 다음과 같이 함께 내리고 있다.

물류관리는 공급사슬관리의 일부분으로 고객의 요구에 부응하기 위해 재화와 서 비스, 그리고 관련 정보를 원산지에서 소비지간에 효과적이고 효율적인 순흐름 및 역흐름을 계획하고 실행하고 통제하는 것이다. 물류관리활동은 반입 및 반출수송관 리, 수송수단 관리, 창고, 자재관리, 주문실행, 물류 네트워크 설계, 재고관리, 공급 및 수요계획, 그리고 제3자 물류서비스 제공자 관리를 포함한다. 또한 물류기능은 대체로 구매, 생산계획, 포장 및 조립, 고객서비스를 포함한다. 또한 각각에 대한 전 략적, 운영적, 전술적인 계획과 실행을 포함한다. 물류관리는 모든 물류활동들을 조 정하고 최적화되도록 통합하는 기능이며, 동시에 물류활동과 마케팅, 판매, 제조, 재 무, 정보 기술과 같은 다른 기능을 통합하는 것이다.

CSCMP의 정의에 의하면 물류관리는 물류기능의 통합 및 물류활동과 여타

---

7 https://cscmp.org/CSCMP/Educate/SCM_Definitions_and_Glossary_of_Terms/CSCMP/Educate/ SCM_Definitions_and_Glossary_of_Terms.aspx?hkey = 60879588 − f65f − 4ab5 − 8c4b − 687881 5ef921(2018년 12월 검색 기준).

기업활동과 통합하는 것으로 물류기능을 단순 물류활동뿐 아니라 생산계획 및 기업활동 전반을 물류활동으로 묶는 기능으로 정의하고 있다. 공급사슬관리도 물류관리활동과 마케팅, 제조, 금융, 정보기술 등의 활동과 통합시키는 것은 동일하나 기업 내에 국한하지 않고 기업 간 통합까지 확대된 개념이다. 그래서 물류관리를 공급사슬관리의 한 부분으로 정의하고 있다.

　　Bardi 등이 그림으로 정리한 개념을 적용범위로 정리하면, 로지스틱스란 자재관리와 유통관리를 합친 개념으로 볼 수 있고, 원부자재의 공급, 그리고 최종 소비자까지의 전달을 포함한 것, 즉 공급업자, 제조, 고객을 포함한 것이 공급사슬이라 할 수 있다. 이 공급사슬은 기본적으로 흐름으로 이루어지는데 공급업체로부터 제조업체, 혹은 유통업체로, 그리고 최종 고객에까지 화물, 제품의 흐름이 이루어진다. 이에 대한 대금회수가 이루어져 현금흐름은 역으로 발생하게 된다. 이때 공급사슬 내에서 이러한 화물 및 현금흐름이 원활히 이루어지도록 긴밀한 정보교환이 이루어지게 된다. 물론 최종 소비자에게 전달된 제품에 하자가 있거나, 혹은 폐기물 발생시 이를 회수하는 물류도 발생하게 된다.

　　전통적으로 물류는 기업 간, 또는 조직 간에 제품의 물적 흐름을 관리하는 기능을 갖고 있다. 제품의 이동이 지속적이고 신뢰성 있게 이루어지도록 하기 위해 운송, 보관 등의 기능을 활용하는 것이다.

　　마케팅과 판매 분야에서는 SCM에서 고객에게 거래가 완료되기 이전이나 완료된 이후 정보를 제공하게 된다. 정보기술 분야의 발전으로 물류분야에서 기업 간, 조직 간 정보흐름을 관리하도록 하고 있다. 즉 제품 이동정보를 운송중이나 운송이전 이후에 제공하는 기능이 물류에 부가되는 것이다. 또한 현금흐름을 담당하는 재무나 회계분야도 물류와 관련이 있다. 예를 들어 운송시간이 단축되면 대금영수가 빨리 이루어질 수도 있으며, 효율적인 물류활동으로 재고수준이 줄어들 수 있으면 재무상태에 긍정적 효과를 가져올 수 있다. 즉 이와 같은 기능이 부가되면서 SCM은 물류가 한 단계 더 진화한 형태라 할 수 있다.[8]

　　SCM은 로지스틱스와 마찬가지로 소비자 측, 즉 흐름의 끝에서부터 생각하고, 조달, 생산, 물적유통, 판매를 하나로 묶어, 정보기술을 구축하고 효율화를 도

---

8 Bardi, Coyle, Novack, Management of Transportation, Thomson, 2006.

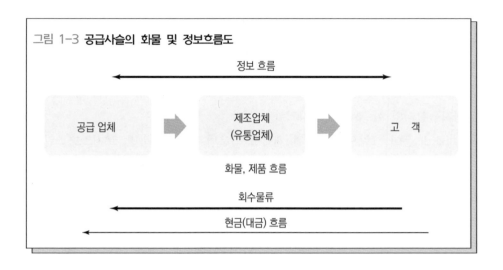

그림 1-3 공급사슬의 화물 및 정보흐름도

정보 흐름

공급 업체 → 제조업체 (유통업체) → 고 객

화물, 제품 흐름

회수물류

현금(대금) 흐름

모하고, 재고의 최소화를 목표로 하고, 부분최적이 아닌 전체최적을 지향하는 등의 특징을 갖는다.

그러나 SCM은 반드시 물류/로지스틱스에 제한된 것이 아니며, 생산공정에도 적용이 가능하고, 또한 기업간 제휴가 전제된다는 점, 그리고 스피드 경영을 지향하고 있다는 점에서 로지스틱스의 개념보다 포괄적이라 할 수 있다.

이를 보다 구체적으로 이해하기 위해서는 SCM을 만들어낸 시대, 즉 과잉생산능력이라는 시대적 환경을 알아야 한다. 과잉생산능력의 시대는 1970년대 후반에 나타났다. 그 상징이 경박단소[9]인데, 생산능력이 과잉되면 제조업체는 판매에 주력하지 않을 수 없다. 자연히 기업경영에서 로지스틱스의 중요성이 매우 높아졌다. 물론 기업을 둘러싼 환경도 로지스틱스가 중요하게 부각될 수 있도록 변화하였다. 상품의 기능, 외견, 크기 등 다양화하고 다품종화를 시도할 수밖에 없었고, 소비자의 기호, IT관련의 기술혁신으로 상품의 수명이 단축되었다. 또한 정보기술의 발달에 의한 업체 간 제휴가 크게 늘어났고, 조달 및 생산과 판매의 국제화로 글로벌화가 진전되었다.

SCM과 관련시켜 보면 과잉생산능력 시대에 따라 소득 향상에 의해 소비자의 상품에 대한 욕망이 변화하게 된다. 다양한 상품이 패션성을 갖게 됨과 동시에

---

9 경박단소(輕薄短小)는 상품이 가지고 있는 '가볍고', '얇고', '짧고', '작은' 특성을 말한다.

경쟁이 치열해졌고, 신상품의 개발은 힘들어진 것이다. 다시 말해서 스피드 경영을 요구하게 된 것이다. 또한 국제적 분업이 더욱 심화되어 한 나라의 경제를 넘어선 세계화로 인해 해외생산의 보편화, 해외조달의 일반화, 규모의 경제성의 심화를 촉진하고, 극심한 경쟁시대에 들어선 것이다. 결국 공급사슬 복잡화, 장대화시킬 수밖에 없었고 아웃소싱과 제휴를 모색하지 않을 수 없게 된 것이다.

최근의 SCM에 대한 정의는 고객의 서비스 만족도를 높이면서 효율적인 경영을 구현하도록 하는 경영철학으로 진화하고 있다. SCM이 기업의 경쟁력과 유연성을 향상시키기 위한 수단으로 전체적인 고객만족도를 강화하기 위해 사용되는 경영전략 관리도구로 보고 있는 것이다.[10]

그러나 이상에서 보듯이 CSCMP의 정의에도 불구하고 아직 여러 학자들이 SCM의 용어 정의에 많은 노력을 기울이고 있다. 즉 실무적으로 그리고 학계에서도 공급사슬관리에 대한 정의를 공식적으로나, 실질적인 정의에 도달하지 못하고 있는 상황이다.[11] 달리 표현하면 물류란 기업이 처한 환경에 따라 요구되는 수요나 제약조건에 따라 끊임없이 의미나 업무범위, 기능이 변화하고 있다는 것으로도 볼 수 있다.[12]

많은 학자들에 의해 제기되는 SCM에 대한 정의에서 최근 진전되고 있는 상황은 SCM을 "네트워크의 설계와 조정"으로 정의하고 있다.[13] SCM에서 설계(design)를 강조하는 이유는 관리가 가능한 형태로 공급사슬을 만들어야 한다는 것을 의미하며, 조정(coordination)은 공급사슬이 효율적이거나 효과적이 되도록 만들어 가야 함을 의미한다. SCM을 네트워크(network)로 보는 이유는 SCM에 참여하는 여러 주체들이 서로 연결되어 하나의 시스템을 구성하고 있는 점을 강조

---

10 Guinipero, Larry C. and Brand, Richard R., "Purchasing's Role in Supply Chain Management," The International Journal of Logistics Management, Vol. 7, No. 1, pp. 5−6.

11 Steve LeMay, Marilyn M Helms, Bob Kimball, Dave McMahon, "Supply chain management: the elusive concept and definition," The International Journal of Logistics Management, Vol. 28, No. 4, 2017, p. 1425.

12 CSCMP, CSCMP Supply Chain Management Definitions and Glossary, avaliable at: https://cscmp.org/supply−chain−management−definitions, 2016.

13 Steve LeMay, Marilyn M Helms, Bob Kimball, Dave McMahon, "Supply chain manage− ment: the elusive concept and definition," The International Journal of Logistics Management, Vol. 28, No. 4, 2017, p. 1446.

하는 것이다.

그리고 기업의 공급사슬관리가 포함하고 있는 기능 역시 여러 학자들에 의해 그 내용이 제기되고 분류되고 있으나, 대체적으로 요약하면 8가지의 핵심 관리 프로세스로 정리될 수 있다.[14] 그 8가지 관리는 고객관계관리(Customer Relationship Management), 공급업체관계관리(Supplier Relationship Management), 고객 서비스관리(Customer Service Management), 수요관리(Demand Management), 주문 이행(Order Fulfillment), 제조흐름관리(Manufacturing Flow Management)이다. 그리고 각각의 관리 프로세스에서 기업 및 공급사슬에 기대되는 여러 가지 이익을 파악할 수 있고, 이를 위해 필요한 물류활동들을 실행해야 한다.[15]

4. 물류활동

물류시스템을 구성하고 있는 주요 활동은 고객서비스, 수요예측, 유통, 재고관리, 자재관리, 주문처리, 부품 및 서비스 지원, 공장, 창고입지 선정, 구매조달, 포장, 반품관리, 폐기, 수송, 창고보관 등이다. 이러한 활동들은 모두 공급사슬 안에서 일어나게 된다. 우리나라의 경우 물류활동별 물류비를 살펴보면 수송비가 75.1%, 재고유지 관리비가 18.3%, 포장비와 하역비가 각각 1.9%, 1.7%, 그리고 물류정보관리비가 3.1%를 차지하고 있다.[16] 미국기업을 대상으로 각 물류활동이 차지하는 비용을 조사한 결과를 보면 2015년 기준으로 운송비가 63.2%로 가장 많았으며, 재고유지비관리비가 30.3%를 차지하고 있다.[17] 물류시스템내의 하위활동을 핵심활동(Key Activities)과 지원활동(Support Activities)으로 나누고 각각의 활

---

14 Lambert, D.M., Garcia−Dastugus, S.J. and Croxton, K.L., "The role of logistics managers in the cross−functional implementation of supply chain management", Journal of business Logistics, Vol. 29 No. 1, 2008 pp. 112−132.

15 Marcia Maria Penteado Marchesini, Rosane Lucia Chicarelli Alcantara, "Logistics activities in supply chain business process", The International Journal of Logistics Management, Vol. 27 No. 1, 2016 pp. 6−30.

16 2015년 국가물류비조사 및 산정, 한국교통연구원, 2017.

17 CSCMP, Annual State of Logisticcs Report, 2016.

동과 관련된 주요 의사결정사항들을 정리하면 다음과 같다.[18]

1) 핵심활동

핵심활동은 물류비의 대부분을 차지하는 활동으로 물류성과를 달성하기 위해 긴밀하게, 그리고 효율적으로 협력해야 할 활동들이다. 특히 고객서비스는 물류시스템의 산출물의 수준을 정하는 일이다. 물류서비스 수준을 결정하는 일은 곧 그에 수반되는 물류비용의 수준을 결정하는 일이다. 운송과 보관활동은 물류활동에서 일차적으로 비용을 발생시키는 활동들이다. 운송활동은 제품이나 서비스에 대해 장소적 가치를 부가하는 활동이며, 보관활동은 시간적 가치를 부가하는 활동이다.

(1) 고객서비스

고객이 원하는 서비스 수준을 제공해서 궁극적으로 고객의 만족을 이끌어내는 것이다. 고객서비스는 기업의 시장점유율, 수익성에 큰 영향을 미쳐 기업의 경쟁우위를 창출하는 중요한 요인이다.

고객서비스는 물류서비스에 대한 고객의 니즈와 요구사항을 파악하는 일, 서비스에 대한 고객의 반응을 확인하는 일, 그리고 고객서비스 수준을 결정하는 일로 구성된다. 특히 고객서비스 수준은 고객 그룹별 맞춤형으로 결정되며 이때 그룹별로 고객서비스 비용을 산출하여 그 수준을 정하게 된다.

(2) 운송관리

운송관리는 고객 주문정보를 바탕으로 운송노선 계획, 적재계획 등 운송계획을 수립하여, 수·배송 실행에 대한 배차, 정산관리, 차량추적 등 운송과정을 실행하고 관리하는 데 필요한 모든 활동이다. 운송관리에는 운송수단 및 수송서비스의 선택, 화물 혼재, 수송루투의 결정, 장비선택, 클레임 처리, 운임결정 등의 업무로 구성된다.

---

18 Ronald H. Ballou, Business Logistics/Supply Chain Management(5th ed.), Pearson Prentice Hall, 2004, pp. 10−11.

(3) 재고관리

재고는 기업이 재고자산을 보유하고 있는 상태를 말한다. 재고자산은 제품, 반제품, 원재료 등의 형태로 보관 혹은 수송 중의 자산이다. 재고관리의 궁극적인 목표는 고객서비스를 향상시키기 위해 재고를 확보하고 있어야 하며, 동시에 재고를 줄여나가고, 재고기간을 단축하여, 재고비용을 최소화하는 것이다. 재고관리는 원자재 및 완제품 재고저장 정책, 단기매출전망, 재고 장소별 제품 믹스 결정, 재고 저장소의 수, 크기, 장소결정 등의 업무로 구성된다.

(4) 정보시스템

물류정보는 종합적인 물류활동을 하기 위해 생산에서 소비에 이르기까지 물류활동을 구성하고 있는 운송, 보관, 하역, 포장 등 제 물류기능을 효율적으로 수행할 수 있도록 결합시켜주는 역할을 수행한다. 그리고 화주, 운송업자, 주선업자, 창고업자, 하역업자 등을 상호 연결하는 기능을 갖고 있다. 물류정보시스템은 수주처리시스템, 재고관리시스템, 창고관리시스템, 수·배송관리시스템, 물류관리시스템으로 구성되어 있다.

2) 지원활동

지원활동은 업체의 직접적인 물류활동으로 포함되지 않는 경우도 있다. 즉 완성차나, 철광석, 석탄 같은 제품이나 상품은 창고활동이 필요하지 않을 수 있다. 그러나 대부분의 제품의 경우 공장이나, 시장에 직접 투입되기보다는 창고에 보관되었다가 수요에 맞추어 투입되기 때문에 주요 물류활동으로 포함된다.

(1) 창고관리

공장에서 직접 물품을 보내게 되면 고객이 요구하는 리드타임에 맞추지 못할 수 있기 때문에, 시간에 맞출 수 있는 범위 내에 배송하기 위한 거점을 만들게 된다. 이것이 물류거점이며, 창고시설이다. 창고는 공급사슬 과정에서 원자재 구매, 가공 및 제조과정, 유통물류, 그리고 회수물류 등의 업무프로세스와 관련된다.

창고관리는 창고크기의 결정, 물품 반입대 및 이송 저장 레이아웃, 창고 보관설비 및 운반설비, 재고 저장 위치, 창고관리시스템 등의 업무로 구성된다.

(2) 자재관리

생산에 필요한 자재를 적정한 가격으로, 이를 필요로 하는 부문에, 필요한 시점에 공급할 수 있도록 계획을 세워 구매하고 보관하는 일을 말한다. 자재관리의 기능에는 계획·구매·보관이라는 3가지 기본적인 기능이 있다. 자재관리는 원자재 및 중간재, 완제품 관리를 위한 장비선정, 재고 저장 및 반출관리 등의 업무가 포함된다.

(3) 조달구매

원자재나 부품의 조달, 구매는 완제품에 영향을 미치고 곧 최종 소비자 고객에게 직접적인 영향을 미치게 된다. 글로벌 경쟁의 가속화로 이전보다 더 자재관리에 관심을 두어야 하는 상황으로 환경이 바뀌고 있다. 글로벌 기업에게는 원자재나 부품 조달이 전 세계를 대상으로 하기 때문이다. 조달구매는 기업의 생산활동에서 요구되는 원자재, 부품 등을 보장할 수 있는 재고를 유지하는 일, 공급업체의 선정, 구매시점의 선정, 구매량의 결정 등의 업무가 포함된다.

(4) 포장 디자인

포장은 유통, 저장, 취급과 같은 물류시스템 및 활동에 상당한 영향을 미치게 된다. 포장은 일관 파렛트화 및 일관수송의 전제가 된다. 포장상자의 규격을 합리적으로 조정하고 배치하여 최대의 적재효율을 나타낼 수 있도록 함으로써 물류비 절감을 꾀할 수 있다. 포장모듈의 표준화에 따라 수송, 포장, 보관, 하역, 정보 등 물류활동에 영향을 미친다. 즉 포장은 하역, 취급, 보관에 적합해야 하며, 손실이나 손상을 방지하면서도 상품성을 유지시킬 수 있어야 한다.

(5) 생산연계 활동

생산량이 늘어나면 재고량이 증가하고 물류에서는 이를 저장하고 유통경로를 최적화해야 한다. 생산활동이 물류와 연계하여 출하나 재고 상황에 관한 정보를 바탕으로 생산 활동을 실시한다면 기업조직 내에서 물류최적화를 위한 생산이 이루어질 수 있다.

(6) 정보처리 활동

물류활동에 있어서 정보처리 활동이란 조달과 제조, 판매의 각각의 부문에서 물류관리의 적절한 판단과 행동에 대한 의사결정을 하는 것이다. 특히 정보처리의 컴퓨터화에 의해서 정보의 연계가 촉진되어, 기존의 물류가 시스템으로서 인식되면서 물류의 전체적인 모습을 인식하여 최적화된 물류관리 활동이 가능해졌다.

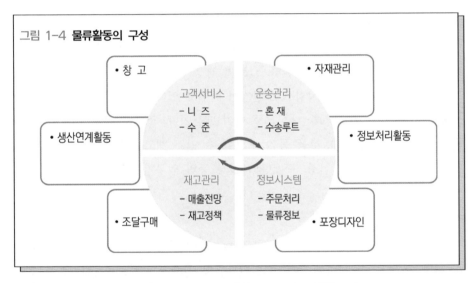

그림 1-4 **물류활동의 구성**

자료: Bardi, Coyle, Novack, *Management of Transportation*, 2006, p. 8.

로지스틱스로 이룬 경쟁우위: UPS사의 사례

글로벌 물류 기업 UPS(United Parcel Service)는 1907년에 설립된 이후 지속적인 물류 시스템 혁신 및 인프라 투자를 통해 경쟁 우위를 확보하고, 고객에게 높은 가치를 제공하며 효율성을 향상하여 세계 최대의 물류 기업으로 성장하였다. 2022년 기준 UPS는 하루에 2천 4백만개 이상의 택배 패키지를 처리하고 있으며, 연간 52억 개의 택배를 배송하였다. 이러한 성장의 중심에는 UPS의 강력한 물류 및 공급망 관리 시스템이 자리 잡고 있다. UPS의 물류혁신 사례는 데이터 분석 및 디지털 기술 도입, 지속가능한 물류 체계 구축, 글로벌 네트워크 확장, 고객 중심 서비스 혁신에 초점을 맞추고 있다. [사례 1-1] 로지스틱스로 이룬 경쟁우위: UPS사의 사례

● 디지털 기술 및 데이터 분석

ORION(온-로드 통합 최적화 및 네비게이션)은 UPS의 배송 경로 최적화 시스템으로, 매일 250,000명 이상의 배송 운전사들에게 최적의 경로를 제공한다. 이를 통해 연료비 절감, 운송 시간 단축, 탄소 배출 감소 등의 효과를 얻었다. 방대한 양의 데이터를 수집하고 분석하여 운영 효율성을 극대화한다. 예측 분석을 통해 수요를 예측하고, 재고 관리를 최적화하며, 고객의 요구에 신속하게 대응하는데 인공지능 기술을 적극 도입하였다.

● 지속가능한 물류 체계 도입

전기 트럭, 하이브리드 차량, 자전거 등 친환경 차량을 도입하여 이산화탄소 배출량을 줄이고 있다. UPS에 따르면, 2025년까지 모든 신규 차량의 25%를 대체 연료 차량으로 교체할 계획으로 알려져 있다. 태양광 발전 및 에너지 관리 시스템을 통해 물류 센터 운영비를 절감하고 탄소발자국을 줄이는 데 기여하고 있다.

● 글로벌 네트워크 구축 및 자동화 인프라 투자

UPS는 Coyote Logistics, Marken, Roadie, Mail Boxes 등 다양한 물류 회사를 인수하여 네트워크를 확장하고, 서비스 가능한 물류 솔루션 범위를 확대하고 있다. 물류창고에 로봇을 도입하여 자동화된 재고 관리, 패키지 분류 및 적재, 주문 처리 등의 작업을 신속하고 정확하게 수행하여 인건비를 절감하고, 처리 속도를 높이는데 노력하고 있다. 드론 배송 서비스를 도입하여 배송 속도를 향상시키고 있다. 드론은 접근이 어려운 지역이나 긴급 배송이 필요한 경우에 특히 유용하며, 2019년에 FAA(연방 항공국)로부터 상업용 드론 배송 승인을 받아 미국 내 다양한 지역에서 드론 배송을 테스트 중이다.

● 고객 맞춤형 서비스

전자상거래의 급성장에 발맞춰 중소기업을 위한 e-풀필먼트 서비스를 통해 창고 관리부터 배송까지 전자상거래와 관련된 원스톱 물류 솔루션을 제공하고 있다. 또한, 고객이 패키지 배송 일정을 직접 관리하고 조정할 수 있는 My Choice 서비스를 도입하여, 고객 만족도를 높이고 불필요한 재배송을 줄였다.

이러한 물류 혁신을 통해 트럭 운송 거리감소 및 연료비 절감과 탄소 배출 감소, 글로벌 네트워크 확장과 새로운 서비스 도입, 매출 확대 및 고객 만족도 향상의 성과를 달성했다. 기술 통합, 지속 가능성, 글로벌 네트워크 확장, 고객 중심 서비스 혁신 등 다양한 전략을 통해 UPS는 경쟁우위를 확보하고, 업계를 선도하고 있으며, 향후에도 UPS는 변화하는 시장 환경에 대응하여 혁신을 지속해 나갈 것으로 기대된다.

출처: UPS, Freightwaves

사례 1-2 로지스틱스로 이룬 경쟁우위: Amazon사의 사례

치열한 글로벌 경쟁 환경에서 기업의 성공은 효율적인 물류 및 공급망 관리에 크게 의존한다. 1994년 미국 시애틀에서 온라인 책 판매 비즈니스 모델로 처음 전자상거래 시장에 뛰어든 Amazon은 물류 혁신을 이끌며 전 세계 전자상거래 시장에서 선도적인 위치를 차지하고 있다.

● 풀필먼트 센터 네트워크의 확장과 자동화

Amazon의 물류 혁신은 전자상거래 전용 물류 창고인 풀필먼트 센터 네트워크 확장과 최적화에서 시작되었다. Amazon은 2024년 기준 전 세계에 175개 이상의 풀필먼트 센터를 운영하며, 고객의 주문을 신속하고 효율적으로 처리하고 있다. 풀필먼트 센터들은 전략적으로 위치하여 배송 시간을 최소화하고, 각 지역별 수요를 유연하게 관리하는 데 기여한다. 특히, Amazon은 2012년 Kiva Systems(현 Amazon Robotics)를 인수하여 풀필먼트 센터의 자동화 수준을 크게 높였다. 물류 로봇을 활용하여 상품 보관 선반을 이동시키고, 작업자들이 필요한 상품을 신속하게 포장할 수 있도록 하여 효율성을 극대화하였다. 이러한 로봇 기반 자동화는 인건비를 절감하고, 물류 프로세스를 24시간 운영할 수 있게 하였다. 또한, 드론을 이용한 혁신적인 배송 방식인 Amazon Prime Air를 도입하였다. 드론 배송은 소형 패키지의 신속한 배송을 가능하게 하며, 특히 도심지의 교통 혼잡을 피할 수 있어 효율적인 배송 수단으로 부상하고 있다.

- 첨단 인공지능 및 데이터 분석 기술

인공지능(AI)과 머신러닝을 도입하여 물류 및 공급망 관리를 더욱 정교하게 만들었다. 이 기술들은 수요 예측, 재고 관리, 최적 경로 계산 등을 자동화하고 최적화하는 데 사용된다. AI와 머신러닝 알고리즘은 고객의 구매 패턴을 분석하여 정확한 수요 예측을 가능하게 하고, 이를 통해 재고 부족이나 과잉을 방지한다. Amazon은 디지털 기술 관련 투자 및 기술 개발을 지속하는 과정에서 클라우드 서비스인 AWS(Amazon Web Services)를 시장에 제공하였으며, 이는 Amazon이 물류 서비스 역량뿐 아니라 디지털 서비스 경쟁력을 세계 최고 수준으로 끌어올리는 데 기여하였다.

- 고객 중심의 서비스 제공

Amazon의 물류 혁신은 고객 경험을 최우선으로 고려한 결과물이다. Amazon은 Prime 회원 제도를 도입하여, 회원제에 가입한 고객에게 빠른 배송, 스트리밍 서비스, 독점 할인 등을 제공하여 높은 충성도를 유지하게 한다. 이러한 혜택은 고객의 재구매를 유도하고, 안정적인 매출 성장을 지원한다. 특히, 신속한 배송 서비스를 무료로 제공하는 것은 고객 만족도에 큰 영향을 미쳤다. 신선식품 배송 서비스인 Amazon Fresh의 경우 고객이 필요로 하는 상품을 신속하게 집 앞까지 배달하는데, 코로나19 팬데믹 기간 동안 큰 인기를 끌며 고객 충성도 제고에 기여하였다. 고객 중심의 서비스는 Amazon이 고객 만족도를 높이고, 장기적인 충성 고객을 확보하는 데 중요한 역할을 한다.

Amazon의 물류 및 공급망 관리 혁신은 명확한 성과로 이어졌다. Amazon은 2023년 전년 대비 12% 증가한 5,700여 억 달러의 매출을 기록하였으며, 미국 전자상거래 시장의 38%를 차지하여 경쟁사를 압도하고 있다. 이러한 성과는 물류 혁신을 통한 고객 서비스 만족도 제고가 기업의 경쟁력을 크게 강화하고 있음을 보여준다.

출처: amazon, aboutamazon.com, statista.com

02

물류, 기업 경쟁우위의 원천

 핵심포인트

물류는 기업의 경쟁우위의 원천이다. 가치사슬을 구성하는 각각의 활동들을 어떻게 조직하고 실행시키는가에 따라 기업의 경쟁우위가 결정되는데 가치사슬의 핵심 5가지 활동 중 2가지가 물류이다.

아직 많은 기업에서 물류활동의 중요성이 제대로 이해되지 않고 있는 것이 사실이다. 그러나 최근 들어 국제기업환경의 변화에 의해 범세계적 사업을 하는 기업에게 물류의 역할이 크게 증가하게 되었는데, 그 요인들을 살펴본다.

1. 포터의 가치사슬 핵심활동 중 물류활동

생산라인에 원자재나 부품, 그리고 관련서비스를 공급하는 조달물류(inbound logistics)와 생산라인에서 빠져나온 완제품이 고객에게까지 흘러가는 것을 관리하는 유통물류(outbound logistics)가 있다.

2. 물류, 기업의 경쟁우위 원천

고객은 낭비시간을 줄여 빠른 배송을 요구하며, 배송 정보를 지속해서 전해주기를 바란다. 이와 같은 고객니즈에 꾸준하게 부응하는 능력만이 경쟁우위이며 이는 바로 잘 계획되어 있는 물류시스템이 있어야 가능한 일이다.

3. 물류시스템의 주요 구성요소

경영에서 물류에 대해 관심이 고조되는 이유는 범세계적인 교역추세, 고객에 대한 가치 전달, 운송의 자유화, 운송보안, 환경적 관심, 그리고 재고에 대한 새로운 시각들을 들 수 있다.

1. 물류와 경쟁우위

최근 들어 물류에 대한 인식이 많이 변하고 있다. 그중에서도 가장 큰 변화는 물류활동이 단순히 시장에서 물건을 팔기 위해 비용을 발생시키는 활동이 아니라, 비록 운송과 보관 등의 활동에서 비용을 발생시키지만 최종소비자에게 적기에, 적정한 가격으로 제품을 전달해줌에 따라, 소비자에게 제품 가치를 높여주는 긍정적인 역할을 수행한다고 보는 점이다.

즉 물류를 단지 비용개선의 분야 이상으로 간주하고, 시장에서 경쟁우위의 주요 원천으로 보고 있다. 물류서비스 역량은 고객 서비스 개선을 통해 고객 및 공급업자의 가치를 창출하여 결국 시장점유율을 높이는 안정적인 경쟁우위의 원천이 될 수 있기 때문이다.[1]

기업은 어떻게 경쟁우위를 창출할 수 있는가? 산업 내에서나 시장에서 혁신

그림 2-1 **마이클 포터의 가치사슬(value chain) 개념도**

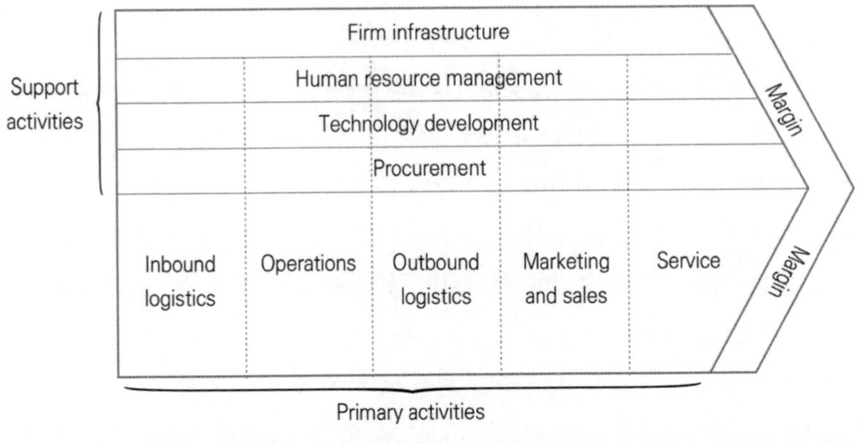

자료: Porter, Michael E., *The Competitive Advantage of Nations* (New York: The Free Press, 1990), p. 41.

---

1 Day, G. S., "Managing Market Relationships," Journal of Academy of Marketing Science, Vol. 28, No. 1, 2000, pp. 24−30.

활동을 통해 좀 더 새롭고 개선된 방법으로 경쟁할 수 있는 방법을 통해 경쟁우위를 창출하게 된다. 마이클 포터(Michael Porter)의 관점으로 보면 경쟁우위는 낮은 비용을 바탕으로 이루어질 수 있고, 경쟁자들과 차별화하여 고객에게 자신만의 고유한 가치를 전달해 줄 수 있어야 한다고 하고 있다.[2]

포터 교수의 가치사슬(Value Chain) 개념은 물류가 기업조직에서 어떤 역할을 하는지 이해할 수 있도록 해준다. 마이클 포터는 기업이 고객에게 이득을 제공하도록 수행해야 하는 활동들을 핵심활동과 지원활동으로 나누어 설명하였다. 핵심활동(primary activities)으로는 기업의 생산 활동, 마케팅, 물류, 서비스 등이 포함되어 있고, 이들 핵심활동을 지원하기 위한 지원활동(support activities)으로 자재구매, 기술, 인력, 전반적인 기업 인프라 등을 들고 있다.

흥미로운 것은 핵심 활동으로 들고 있는 조달물류, 생산, 유통물류, 마케팅 및 판매, 그리고 서비스 등 5개 활동 중 2개가 물류와 관련된 활동이라는 점이다. 즉 생산라인에 원자재나 부품, 그리고 관련서비스를 공급하는 조달물류(inbound logistics)와 생산라인에서 빠져나온 완제품이 고객에게까지 흘러가는 것을 관리하는 유통물류(outbound logistics)가 포함되어 있다.

장기적으로 볼 때 기업이 경쟁자를 물리치고 성공하기 위해서는 지속가능한 경쟁우위를 가지고 있어야 한다. 그 경쟁우위는 낮은 가격으로 재화나 서비스를 제공하거나 아니면 같은 가격으로도 구매자에게 더 많은 이익을 제공할 수 있는 차별화를 할 수 있는 능력에서 유래하는 것이다. 즉 경쟁우위는 그 요인이 낮은 가격이든 차별화든 간에 기업이 받은 것보다 많은 가치를 고객에게 제공한다는 것이다. 따라서 가치사슬을 구성하는 각각의 활동들을 어떻게 조직하고 실행시키는가에 따라 기업의 경쟁우위가 결정되는 것이다. 핵심은 경쟁기업에 의해 쉽게 따라 할 수 없는 경쟁우위의 원천을 찾아내는 일이다.

특히 기업마다 경쟁우위 전략이 다를 수밖에 없다. 통관, 물류, 유통 가공, 보관뿐만 아니라 원자재 조달, 생산, 유통, 판매에 이르기까지 모든 공급사슬 서비스를 최적화하여 비교우위를 점할 수 있다. 이 비교우위는 크게 보아 서비스와 비용의 두 가지 측면으로 볼 수 있다. 물류서비스에서의 비교우위를 점하기 위해

---

2 Porter, M. E., The Competitive Advantage of Nations (Macmillan, London), 1990, p. 45.

서는 고객 맞춤형 물류서비스를 개발하거나, 다양한 고객의 니즈에 부합하도록, 여러 가지 유통채널을 활용한 물류서비스를 제공하는 일 등이다. 또는 운송시간이나, 주문납기를 보장하는 서비스를 개발하기도 한다. 두 번째는 물류비, 물류생산성 비교우위이다. 재고수준을 낮게 유지하거나, 물류시설 및 장비의 이용률을 극대화하는 등 물류비 절감을 위한 여러 가지 수단이 동원될 수 있다.

사례 2-1 물류 및 SCM 실패로 어려움을 겪은 글로벌 기업들

물류 및 공급사슬 관리는 기업 경쟁력 및 고객 만족도 제고의 필수적인 요소가 되고 있다. 제품의 생산에서부터 고객에게 도달하기까지의 모든 과정을 원활하게 이루어지도록 관리함으로써 고객이 원하는 상품과 서비스를 효율적으로 제공할 수 있는 것이다. 그러나 이러한 요소를 제대로 관리하지 못할 경우 성공적인 글로벌 기업이라 하더라도 어려움에 직면할 수 있으며, 이는 매출 손실과 기업 이미지 손상으로 이어질 수 있다는 점을 이해해야 한다.

● Apple: iPhone 5 출시 문제

Apple은 2017년 iPhone 5 출시 당시 물류 및 공급사슬 문제로 인해 초기 제품을 충분히 공급하지 못하는 어려움을 겪었다. 생산 원가를 줄이기 위하여 다양한 글로벌 부품 공급업체와 협력하여 제품을 생산하는 과정에서 관리의 복잡도가 증가하고 부품이 제때 공급되지 못하여 생산 지연 현상이 발생한 것이다. 또한, 글로벌 동시 출시에 따라 물류 네트워크에 과부하가 걸려 제품을 주요 지역으로 배송하는 과정에서 지역적 편차가 발생하게 된다. 이로 인해 많은 고객들이 긴 대기 시간을 견디지 못하고 경쟁사의 제품을 선택하게 되었으며, 이는 Apple의 시장 점유율에 부정적인 영향을 미쳤다. 고도로 발달된 기술 기업일지라도 물류 및 공급사슬 관리에서 발생하는 문제로 인해 피해를 입을 수 있음을 보여준다. Apple은 2021년에도 공급 부족 현상을 겪게 되는데, 코로나 팬데믹 기간 동안 밀려드는 화물을 제때 처리하지 못한 미국 주요 항만에서의 컨테이너 하역 정체로 인하여 고객 대기 시간이 크게 감소하였다.

● Nike: 글로벌 SCM 정보 시스템 업그레이드 실패

2000년대 초, Nike는 전체 제조 및 물류 네트워크를 관리하는 SCM 시스템을 업그레이드하는 과정에서 큰 문제를 겪었다. 새로운 정보 시스템은 예상치 못한 오류를 일으켜 Nike가 신발과 의류를 제때 생산하지 못하게 만들었으며, Nike는 1억 달러의 매출 손실을 입었고 브랜드 신뢰도에도 타격을 입었다. 새로 도입된 정보 시스템은 네트워크 내 재고 정보와 수요 예측 등 데이터 분석 및 최적화에 있어 오류를 발생시켰으며, 이 사례는 물류 및 공급사슬 정보 시

스템 업그레이드가 제대로 계획되고 실행되지 않으면 얼마나 큰 문제가 발생할 수 있는지를 잘 보여주는 사례라고 할 수 있다.

● KFC: 물류 서비스 제공업체 변경에 따른 식자재 공급 실패

세계적인 패스트푸드 기업 KFC는 2018년 물류 서비스 제공업체를 Bidvest에서 DHL로 변경하였으나, 갑작스런 사고로 인한 고속도로 폐쇄로 트럭들이 교통체증에 걸려 식자재를 매장에 공급하지 못하는 어려움을 겪었다. 기존 Bidvest는 6개의 물류 창고를 영국 및 아일랜드에 운영하고 있었지만, 비용 효율화를 위해 DHL은 물류 창고를 통합하여 운영함에 따라 통합된 물류창고가 고속도로 폐쇄로 영향을 받은 상황에서 식자재를 매장에 공급할 대안을 마련할 수 없었다. 이로 인해 KFC은 영국 및 아일랜드 내 870개 매장 중 266개만 정상적으로 운영할 수 있었고, 이 기간 동안 매출 감소 및 브랜드 이미지에 타격을 입었다.

이와 같은 글로벌 기업들의 사례는 물류 및 공급망 관리 실패가 단순히 비용 증가의 문제로 인한 기업의 경제적 손실뿐만 아니라 매출 및 시장 점유율 감소, 브랜드 이미지 훼손으로 이어질 수 있음을 명확히 보여준다. 성공적인 물류 및 공급사슬관리는 단순히 제품을 효율적으로 이동시키는 것뿐만 아니라, 변화하는 시장 환경에 유연하게 대응하고 고객이 원하는 제품과 서비스를 공급하는데 핵심적인 역할을 한다는 것을 알 수 있다.

자료: Digital Trends, CIO, Supply Chain Digital

2. 고객지향 공급사슬, 경쟁우위의 새로운 원천

기업들은 최근 들어 잘 관리된 물류시스템이 조직에게 지속가능한 경쟁우위를 가져다 줄 수 있음을 알게 되었다. 전통적인 기업의 경쟁우위 원천은 낮은 인건비나 풍부한 천연자원, 시장규모, 그리고 독창적인 기술적 우위 등의 요소이었다. 그러나 점차 이러한 요소들은 지속적 경쟁우위의 요인으로서의 중요성이 감소하고 있다. 생산과 판매의 국제화가 이루어지는 글로벌화(globalization)의 진전에 따라 생산요소에 의한 기업 경쟁력 확보는 더 이상 지속가능한 것이 되고 있지 못하게 되었다. 또한 기술력에 의한 개별 특정기업의 시장 지배력이 점차 약화

되고 있다. 어제의 경쟁우위는 오늘의 세계표준이 되는 세상이기 때문이다.

고객은 낭비시간을 줄여 빠른 배송을 요구하며, 배송 정보를 지속해서 전해 주기를 바란다. 이와 같은 고객니즈에 꾸준하게 부응하는 능력만이 경쟁 우위이며 이는 바로 잘 계획되어 있는 물류시스템이 있어야 가능한 일이다. 특히 시장경쟁이 심화되고 고객의 요구가 높아질수록, 기업들은 고객서비스를 우선적 경쟁우위 요인으로 인식하고 있으며, 이 고객서비스를 향상시키기 위해서는 가치가 없는 활동들을 감소시키거나 제거함으로써 물품이 공급자로부터 소비자까지 막힘없이 흘러갈 수 있도록 만드는 일이다.

글로벌 기업들은 재고감축에 초점을 맞춘 전통적 SCM(SCM 1.0)을 바탕으로 하고, 차별적 경쟁력 확보를 겨냥한 차세대 SCM(SCM 2.0)을 추진 중이다. 'SCM 2.0'의 3대 트렌드는 '탄력', '그린', '고객지향'으로 유연성 확보를 중시하고 있다.[3] '탄력적 SCM'은 위기대응력 강화를 위해 기존 공급사슬을 재설계하는 것이다(노키아, HP, GM 등). '그린 SCM'은 제품의 설계, 제조 및 배송에 이르는 공급사슬 관리에 있어 에너지 절감, 폐기물 회수 및 재활용 등 친환경 요소를 반영하는 것이다(HP, 인텔, 존슨앤드존슨 등). 공급사슬 내 모든 의사결정의 초점을 제품중심에서 고객중심으로 이동하는 '고객지향SCM'은 다양한 채널을 통해 고객 관련 정보를 수집해 이를 공급사슬에 반영한다(노키아, 맥도날드 등).

1992~1993년 미국 기업들이 SCM개념을 처음 도입한 이후로 1995~1998년에 여러 나라들의 기업들이 기업 경쟁력 향상 차원에서 도입하기 시작했다. 우리나라의 경우 1990년대 말 대기업을 중심으로 SCM이 도입되었으나, 매출 1천억원 이상 국내 제조 193개사 중 2006년까지 SCM을 도입한 기업은 19.7%에 불과할 정도로 확산이 미흡하다. 높은 물류비, 원자재 수급불안 등 원가상승 압박에 늘 시달리는 한국제조기업의 경우도 고객지향 SCM 전략을 수립하여 경쟁우위의 원천으로 삼아야 할 것이다. 이를 위해서는 우선 SCM을 단순한 솔루션이 아닌 관리의 패러다임으로 인식해야 한다.

---

3 삼성경제연구소, "경쟁우위의 새로운 원천: SCM," 「CEO information」, 제668호, 2008. 8.

Wal-Mart: 고객 지향 공급사슬이 가져온 경쟁력

전자상거래 시장의 급격한 성장과 더불어 Amazon과의 유통 시장 경쟁이 치열해지고 있는 가운데, Walmart는 고객 중심의 서비스 품질 제고를 위한 물류 혁신을 통해 Amazon과의 경쟁에서 경쟁력을 회복하고 매출 확대 및 주가 상승의 성과를 창출해낸 것으로 평가받고 있다. 실제 2023년 Walmart의 매출은 6,113억 달러로 전년 대비 6.7% 증가하였으며, 10,500개 이상의 매장과 전자상거래 웹사이트에 매주 2억 4천만명의 고객이 방문하며 매출 성장을 이어가고 있다. 이를 통해 월마트의 주가는 amazon과의 경쟁에도 불구하고 2024년 초 사상 최대를 기록하며 성장에 대한 기대가 커지고 있다. Walmart는 Amazon과 같은 전자상거래 전문 기업과 차별화된 전통적인 오프라인 유통업체로서의 강점을 바탕으로 유통 시장에서의 입지를 강화하기 위해 다양한 물류 및 공급사슬 혁신 전략을 도입하였다.

● 오프라인 매장의 활용

2024년 기준 미국 전역에 분포된 4,600개 이상의 오프라인 매장을 활용하여 신선 식품을 신속하게 고객에게 전달하는 체계를 구축하였다. 각 매장은 지역 사회 내의 물류 허브 역할을 수행하여 주변 고객들에게 신속하게 신선 식품을 전달할 수 있는 기초 인프라를 제공한다. 매장의 재고 시스템을 최적화하여 신선 식품의 공급을 효율적으로 관리하고 상품의 신선도를 유지할 수 있게 하였으며, 고객 주문이 들어오면 가장 가까운 매장에서 직접 배송을 처리함으로써 배송 시간을 단축하고 신선도를 보장할 수 있다.

● 편리한 고객 서비스 제공

Walmart는 고객이 온라인으로 주문한 신선 식품을 근처 매장에서 직접 픽업할 수 있는 서비스를 제공하고 있다. 고객은 온라인으로 주문한 후, 편리한 시간에 매장에 방문하여 상품을 픽업할 수 있다. 이를 통해 배송 시간을 기다릴 필요 없이 빠르게 상품을 수령할 수 있다. 많은 매장에서 드라이브 스루 픽업 옵션도 제공하여, 고객이 차에서 내리지 않고도 주문한 상품을 받을 수 있게 하였다. 이는 고객의 편의를 극대화하는 데 기여한다. 특히 2020년 이후 코로나19 팬데믹 상황에서는 비대면 서비스가 중요해졌는데 픽업 서비스를 통해 안전하고 편리한 쇼핑 경험을 제공하였다. Walmart는 온라인으로 구매한 상품을 근처 매장에서 손쉽게 반품할 수 있는 서비스도 제공하고 있다. 고객은 번거로운 배송 절차를 거칠 필요 없이 가까운 매장을 방문하여 즉시 반품할 수 있으며, 매장에서 바로 반품을 처리함으로써 환불 절차가 신속하게 진행되며, 고객 만족도를 높인다. 매장 반품을 통해 불필요한 배송을 줄이고, 더 나은 환경 친화적 쇼핑 환경을 조성할 수 있다.

● 신선한 자체 브랜드 상품 공급사슬 체계 구축

신선한 자체 브랜드 상품을 효율적으로 공급하기 위한 체계적인 공급망을 구축하였다. 지역 농가와 직접 계약을 체결하여 신선한 농산물을 공급받음으로써 중간 유통 단계를 줄이고 품질을 보장하고 있으며, 자체 브랜드를 부착한 Walmart 전용 신선 가공식품의 종류를 다양화하고 전용 공장 구축에 대규모 투자를 진행하여 저렴하면서도 품질 높은 식료품을 고객에게 제공하였다. 엄격한 품질 관리 시스템을 도입하여, 자체 브랜드 상품의 신선도와 안전성을 지속적으로 모니터링하고 유지하고 있다.

Walmart는 오프라인 매장을 효과적으로 활용하여 신선 식품을 고객에게 빠르게 전달하는 물류 체계를 구축하고, 이를 통해 다양한 혁신적인 서비스를 제공하였다. 빠른 배송 서비스와 품질높은 자체 브랜드 신선 가공품 공급 체계 구축 등은 모두 고객 편의성을 높이고 만족도를 증대시키는 데 큰 역할을 하여, Walmart가 치열한 유통 시장 경쟁에서 경쟁력을 유지하는 결정적인 역할을 담당하고 있는 것이다.

자료: Walmart, Nasdaq

3. 경영상 물류관심 고조 이유

기업들이 글로벌 경영을 하기 위해 여러 가지 의사결정을 해야 한다. 어디에서 생산하는 것이 좋을까 하는 공장입지 선정, 원부자재·제품을 어느 곳에 보관해 둘 것인가 하는 창고입지 선정, 어디에서 제품들을 판매할 것인가 하는 대상고객의 결정, 그리고 각종 시설에 대한 구입·임차 의사결정, 운송· 보관 등 물류서비스의 아웃소싱 등을 결정하는 재무적 상황에 대한 판단 등을 해야만 한다. 이런 모든 의사결정은 공급사슬관리와 관련된 일들이다.

이러한 측면에서 많은 기업들이 그들의 공급사슬 능력이 시장에서 핵심 차별능력이라고 보고 있다. Apple이나 Wal-Mart사 등은 회사 조직상 공급사슬부문에 높은 위치에 두어 매우 성공한 케이스에 속한다. 즉 점차 많은 기업들이 공급사슬 지식을 갖춘 능력 있는 CEO를 찾고 있는 이유이다.

Apple사가 CEO로 지명한 Tim Cook이 가장 대표적인 사례이다.[4] 1998년에 Apple사는 캘리포니아와 아일랜드, 그리고 싱가포르에 자신의 공장을 소유하고 있었다. Dell사 같은 수익성과 효율성이 높은 기업이 just-in-time 생산 모델로 옮겨 갔으나, 애플은 여전히 90일 분의 재고를 갖고 있는 회사였다. 이에 Cook은 자체생산을 중단하고 아시아 공급 네트워크를 통한 아웃소싱 생산으로 바꾸었다. 재고수준은 60일, 30일로 줄다가 나중에는 just-in-time 수준까지 줄어들게 되었다. Cook의 공급사슬 전략은 재고를 줄여 마진을 증가시킨 결과를 가져왔다. 그는 애플로 하여금 자체 생산을 포기하도록 하였고, 대신 제조 파트너에게 투자하였다. 나중에 이들 업체가 최고의 전자 부품을 애플에게 독점적으로 공급하게 된 것이다. Cook의 이와 같은 자체생산 중단이 애플의 운명을 전환시킨 핵심차별성이 되었던 것이다.

사실, 기업이 점점 더 경쟁력 있고 수익성을 유지하기 위해 공급사슬 관리(SCM)가 기업전략으로 수행되어야만 한다. 공급사슬 관계의 복잡성, 글로벌 경제에서의 공급사슬 합리화의 어려움 가중 등을 감안할 때, 공급사슬 관리의 필요성은 더욱 증가하고 있다. 이러한 필요성을 조직 고위층, 특히 CEO가 충분히 이해하고, 회사의 공급사슬의 필요한 변화를 이끌어나 갈 수 있을 때 기업은 경쟁력을 유지하고 수익성을 유지해 나갈 수 있다.

최근 들어 국제기업환경의 급격한 변화에 의해 범세계적 사업을 하는 기업에게 물류의 역할이 크게 증가하게 되었다. 물류에 대한 관심이 높아진 요인을 살펴본다.[5]

1) 글로벌 경영에 의한 물류의 복잡성 증대

기업들의 글로벌 경영, 즉 범세계적인 조달활동, 범세계적인 생산활동, 그리고 범세계적인 판매활동이 크게 증가하고 있다. IT의 발전과 함께, 세계화의 현상이 가속화되었기 때문이다. 세계경제는 점점 더 통합되고, 상호의존성이 높아져

---

4 TI Logistics, 2011. 10.

5 이 절은 다음 두 책의 내용을 참고하여 재작성. (1) Kent N. Gourdin, Global Logistics Management(2nd Edition), 2006, pp. 10–13. (2) Paul R. Murphy, Jr., Donald F. Wood, Contemporary Logistics(9th ed.), Pearson Education, 2008, pp. 7–10.

서 기업들은 여러 국가의 공급자와 고객들을 대상으로 할 수밖에 없다. 세계화는 기업들 사이에 치열한 경쟁을 유발한다. 이전에는 경쟁을 크게 하지 않았던 회사들도 글로벌리제이션하에서는 전 세계 기업들과 경쟁해야 한다. 이 결과, 세계화는 품질과 비용의 국제 경쟁력을 갖추지 않으면 생존이 어려워질 수 있다.

세계화의 결과로 공급사슬이 더 복잡해진다. 공급사슬이 품질과 비용관리, 서비스 향상의 부담 속에서 생존하기 위해서는 제품과 서비스의 증대, 배송 거점의의 확대, 공급업체와 아웃소싱의 확대 등 공급사슬상의 파트너가 늘어나는 복잡성을 가져오게 되었다.

중국, 동유럽, 러시아, 인도 등 생산요소가 저렴한 국가들이 출현함에 따라 범세계적인 경쟁을 위해서 이들 국가로 생산공장을 이전할 수밖에 없다. 또한 값싼 원자재 산지의 개발, 그리고 제조방법의 개선 등으로 과거에는 상상도 못한 나라에서 원자재나 부품을 구입할 수 있게 되었다. 물론 이러한 기회를 활용하기 위해서는 기존의 성숙한 시장과는 다른 형태의 물류시스템이 필요하게 된다.

조달·생산·판매의 국제화가 추진될 수밖에 없는 여러 가지 요인에 의해, 시장의 지리적 위치와 관계없이 생산자와 소비자의 물류수요를 만족시켜야 하는 상황이 전개되고 있다. 이와 같이 글로벌 경영을 하게 되면 공급사슬도 글로벌화 되고 공급사슬관리의 복잡성이 증가하게 된다. 이러한 복잡성은 물류에 미치는 영향이 크게 된다. 즉 공급주문에서 도착까지의 리드타임 증가와 재고 증가, 현지 지역기호에 맞는 제품을 완성하기 위한 생산 지연(postponement), 운송연계 관리의 복잡성, 운송시간의 신뢰성 확보, 공급사슬의 가시성 증대 등의 과제가 더욱 중요하게 된다.

사례 2-3 Procter & Gamble사의 물류 혁신

P&G는 세계적인 물류의 선구 관리자로 평가받고 있다. P&G의 물류 활동 추세를 보면 현대의 공급사슬은 서비스 수준에서 치열함이 증가하고 있고, 낮은 재고 수준과 빠른 속도의 운송 서비스로 특징지어진다는 것을 보여준다.

1) 전략적 맥락

P&G사에게 물류 변화를 가져오게 한 계기는 2005년 질레트사를 인수하면서 기업규모가 2배 이상 커지면서부터이다. 1999년 수익 380억 달러에서 2007년에 760억 달러로 규모가 커졌다. P&G사는 세계에서 가장 큰 소비재 상품회사가 되었고, 듀라셀 배터리에서 휴고보스 향수까지 새로운 영역으로 확장하게 되었다.

P&G사는 그들의 물류 인프라뿐만 아니라 회사의 전략으로서 물류의 역할에 관해 근본적으로 다시 평가해야 했다. P&G사는 효과적인 물류시스템이 주주 수익과 이익에 대한 계획을 실현시킬 수 있는 하나의 방법이었다.

2006년에 P&G는 물류를 재설계하기 위한 프로젝트인 '물류 재혁신(Distribution Reinvention)'이라고 불리는 것을 실행하였다. '재 혁신'의 목적은 P&G의 물류를 비용측면에서 더 효율적으로 만드는 것뿐만 아니라 마케팅 측면에서도 더 효과적으로 만드는 것이었다. 이는 세계 도처에 있는 P&G가 소유하거나 아웃소싱한 상당수의 시설 폐쇄와 P&G 물류 운영 강화를 포함했다.

이 '재혁신'프로젝트의 실행 담당 최고중역으로 P&G의 제품 공급 부회장인 Daniel Myers는 회사의 규모를 활용하기 위해 무엇을 시도하였는지 다음과 같이 강조했다. "질레트 인수는 우리 공급사슬의 규모를 볼 수 있는 기회를 주었다 …. 이는 세계에서 가장 큰 소비자 회사가 되는 것을 기반으로 지속가능한 우위 창출의 필요를 만들었다." 계속해서 그는 "우리가 필요한 것은 민첩성을 창출하면서 우리의 서비스 수준을 높이는 일이다"라고 말했다.

P&G는 그들의 물류시스템을 이용하면서 '질레트'사업에 가치를 더할 수 있게 되었다. 질레트가 큰 회사였음에도 불구하고, P&G라는 브랜드 아래에서 더 많은 고객에게 접근할 수 있었다. 예를 들어, Myers는 멕시코와 같은 시장에서도 듀라셀 배터리 브랜드의 유통망은 50%까지 성장할 수 있었고, 더 큰 P&G의 물류 범위로 인해 세계적으로 브랜드 매출의 18%가 성장했다고 언급했다.

프로젝트를 과장하는 것처럼 보일지도 모르지만, 이는 손익이 즉각적으로 반영되는 소비재 회사들에게 물류는 마케팅 믹스의 중요한 부분이라는 것을 분명히 보여준다. 이는 현대 물류의 본질이며, Myers가 부르는 '소비자에 의한 공급 네트워크(consumer driven supply network)'로 생산보다 시장에 집중하는 것이다.

2) 새로운 채널

그럼에도 불구하고, 기업규모가 커지는 것은 양날의 검이 될 수 있다. P&G는 재고 요구가 서로 다른 여러 세분 시장을 관리해야 하는 문제에 직면하게 되었다. P&G의 고객은 온라인 소매점에서부터, 오프라인 매장, 면세점까지 더욱 다양해졌다. 그들의 제품은 너무 다양해서 심지어 같은 상점에 있는 경우에도 각각 재고수준이나 목표 시장, 소비자 기대가 다양하게 나타났다.

　P&G와 같이 규모가 큰 회사에게 서로 다른 시장 영역이 급증하는 데 따른 적절한 대응을 다하기란 매우 어려운 일이다. 그러나 P&G는 제품 그룹별로 다른 서비스 수준을 제공할 수 있는 독립적인 유통채널 등 물류시스템을 설계했다. 실제로 서비스 수준에서의 차별화로 재고수준과, 보충기간을 달리하였다. 물론 이와 같은 차별화에도 불구하고, 동일한 창고시설이나 운송과 같은 자산을 함께 사용할 수 있었다.

3) 재　　고

　재고는 P&G의 '유통 재발명'의 핵심이다. 회사의 고위간부는 이 프로젝트의 목표는 재고 수준을 줄이는 것이고, 이는 그들의 수익을 유지하는 핵심 요소라고 언급했다. 이를 실행하는 데 두 가지 방법이 있다. 첫째로 창고의 수를 줄였다. 예를 들어, 주요 생산 지역인 오하이오 주의 Lima에서 8개의 창고 중 7개를 폐쇄하였다. 동시에 주 1회 배송에서 1일 2회 배송으로 전환하여 재고회전의 속도를 크게 증가시켰다. 이렇게 하여 Lima의 경우 재고 수준을 80%가량 줄였다.

　이러한 속도의 증가로 더 짧은 보충주기 시간을 유지할 수 있었고, 소매점의 재고 관리에도 도움이 되었다. P&G는 운송비가 더 지출되더라도 더 많은 재고보다는 더 빠른 속도를 통해 시장 점유를 높일 수 있었다.

4) 운　　송

　P&G의 도로운송 수요는 세계적으로 3만 대의 트럭을 이용해야 할 정도로 거대하기 때문에 적재율 증가에 대한 노력을 기울일 필요가 생기게 된다. P&G는 다양한 제품의 운송요구를 동일 운송자원에 결합시킴으로써 적재율을 높이는 것을 목표로 했다. 이는 한 차 분량의 운송(TL)을 늘리는 일이고, 이를 위해 창고 통합을 하고, 여기서 만재화물을 만들 수 있게 되었다.

　이러한 것이 운영에 미치는 영향은 매우 컸다. 직접적인 영향은 시설이 크게 감소하였다는 것이다. 질레트와 통합하면서, P&G는 180개국의 500개의 창고를 가지게 되었는데, 이 숫자를 반으로 줄였음에도 불구하고 오히려 처리량은 늘었다. 중국과 같은 새로운 시장에서의 운영도 마찬가지다. P&G는 중국에서 20년 동안 운영하면서 35개의 유통센터 복합단지를 운영했다. 2009년에 P&G는 중국에서의 네트워크를 재설계하여 유통센터를 7개만 운영하였다. Daniel Myers는 이렇게 함으로써 재고수준을 낮췄을 뿐만 아니라, 주문 이행 주기 시간도 25%에서 50%사이로 증가했다고 한다.

5) 물류서비스 제공자

　이렇게 사업이 세계적으로 걸쳐 있고, 물류서비스에 대한 수요가 크기 때문에 P&G는 지역과 세계적인 물류서비스 제공업자(LSPs: Logistics Service Providers)들에게 주요 고객이다.

그러나 P&G같이 규모가 커지는 고객의 요구는 더 큰 규모와 더 높은 수준의 물류서비스를 필요로 한다. Daniel Myers는 다음과 같이 말했다. "우리는 명백히 우리의 물류서비스 제공자의 규모도 커지길 원한다." LSPs들도 통합을 거쳐 범세계적인 네트워크를 갖추고, 대형화되어야 한다는 것이다.

자료: Transport Intelligence, August 21, 2007

2) 고객 기대수준 상승

고객의 기대수준이 과거보다 높아지고 있다. 과거의 고객만족수준으로는 지금의 고객에게 만족을 줄 수 없다는 것이다. 대량생산, 대량수송에 의해 낮은 가격으로 고객에게 공급하는 일도 중요하지만 특정 고객의 요구사항도 개별적으로 만족시킬 수 있는 물류시스템을 요구하는 것이다.

시장의 탈대중화(market demassification)는 대량판매 시장(mass market)과 상반되는 의미로서 끊임없이 증가하는 시장의 세분화에 대한 선호도를 보여주는 말이다. 시장의 탈 대중화는 대량 고객맞춤 생산(mass customization)이라는 용어를 통해 설명할 수 있는데, 이는 기업이 고객 각각의 개별적인 요구와 필요를 만족시켜줄 수 있도록 맞춤화된 제품과 서비스를 공급할 수 있는지의 여부를 의미한다. 대량 고객맞춤 생산에서 한 종류의 크기는 모든 요구를 충족시킬 수 없고, 즉 이것이 물류 체계가 엄격하기보다는 유동적이어야 함을 시사한다.

이런 목적으로 FedEx와 UPS같은 물류 서비스 제공자들은 예상 고객들을 위해 다양한 운송 옵션을 제공한다. 예를 들어, 익일 배송 서비스(next-day delivery)의 경우 단순히 주문 다음날 배송해 주는 것을 의미했었다면 이제 다음날 중에서도 이른 아침, 늦은 오후, 저녁 시간까지도 선택하여 구매를 결정할 수 있게 되었다.

고객은 제품을 구매할 때 '고객에게 가져다주는 가치'가 가장 높은 것을 선호하게 된다. '고객에게 가져다주는 가치'란 고객이 재화나 서비스를 구매할 때 기대하는 총이익을 의미하는 총 고객가치에서 구매에 따른 직접적, 간접적인 총비용을 의미하는 총 고객비용을 차감한 것을 말한다. 총 고객가치에는 제품가치, 서비스가치, 이미지 브랜드가치 등이 포함되며, 총 고객비용에는 제품가격, 구매 활동과 관련한 시간비용, 에너지비용 등이 포함된다. 이 총 가치와 총 비용의 차이인 고객에게 전가된 가치를 극대화하기 위해 물류시스템이 고객 지향적으로 발전하고 있다.

3) 운송 자유화와 민영화

1970년대와 1980년대를 거치면서 규제완화(deregulation)로 불리는 경제적 규제를 크게 완화시켰다. 즉 운송인의 시장진입과 요율결정, 서비스 개발, 인수합병 등에 대한 정부의 통제를 대폭 완화시킨 것이다.

한 나라의 경제에서 차지하는 운송의 역할이 중요했으며, 또한 운송이라는 사회간접자본에 대한 투자가 막대하게 소요되는 특성상, 역사적으로 항공, 철도, 해운 등 운송 산업은 정부가 소유, 운영하면서, 진입, 가격설정 및 서비스 등에 각종 규제를 해왔던 산업이다.

1968년 영국에서 처음으로 도로운송 서비스에 대한 정부의 개입을 축소하였다. 운송회사의 영업활동에 대한 정부의 역할을 감소시킨 이러한 정책이 규제완화로 불리게 되었다. 영국에 이어 미국이 1977년에 화물전용 항공에 대해 규제를 완화하였고, 이후 항공운송, 철도운송, 트럭운송, 해상운송 등 모든 운송 산업에 대해 규제완화를 하여 민간의 참여가 증가하였으며, 이는 세계적인 추세가 되었다. 중국의 경우 국철에 대해 1998년에 민간 운영사에게 개방하였으며, 2004년에는 외국자본의 투자를 개방하였다. 유럽의 경우도 철도소유와 철도운영을 분리함으로써 철도운송의 효율성을 높일 수 있게 되었다. 항공도 항공자유화(open sky) 정책이 크게 확산되어 항공운송산업의 경쟁이 이루어지고 있다.

운송자유화는 운송서비스시장의 경쟁을 가져와 화주들은 낮은 가격으로 양질의 서비스를 제공받을 수 있게 되었다. 이에 따라 물류담당자는 경쟁시장에서 계속 변하는 운송가격/서비스 조건을 숙지하여 가장 경쟁력이 있는 운송서비스를 선택하면 된다.

4) 운송보안

운송보안이 세계적으로 큰 관심사가 된 것은 2001년 미국에서 있었던 9·11 테러가 계기가 되었다. 우선 고위험 화물의 정의가 바뀌게 되었다. 과거 고위험

화물은 고가의 제품으로 절도의 대상이 되었기 때문이다. 그러나 오늘날 고위험 화물은 테러와 관련시켜보면 대부분의 화물이 대상이 될 수 있다.

그리고 항만을 통해 수입되는 화물에 대한 보안을 위해 새로운 방식의 관련 서류와 취급절차 이행에 따른 화물운송 지연, 추가비용 발생의 문제가 생기게 되었다.

5) 환경적 관심

물류에서는 재고의 이동이 발생하는데, 이 수송활동이 국민생활이나 경제활동을 밑바탕에서 지탱하고 있는 것이나, 환경을 악화시키는 하나의 요인이라는 것은 부정할 수 없다. 물류에서 운송활동이 차지하고 있는 부분이 크기 때문에 물류시스템은 환경을 배려하는 의무를 지고 있는 것이다.

고객의 요구를 맞추기 위해 수반하는 대기오염, 수질오염, 소음공해, 폐기물, 에너지소비 등은 사회적 비용이다. 즉 재화 운송에 따라 대기오염, 소음공해, 차량체증, 에너지소비와 같은 사회적 비용이 발생하게 된다. 선박, 트럭 등 운송수단에서 발생하는 오염물질 저감을 위한 녹색물류(green logistics)에 관심을 두지 않을 수 없다.

또한 수배송, 보관을 위해 포장을 하게 되는데 이때 포장재 및 충진재 등 폐기물 공해가 발생하게 된다. 이의 회수를 위한 회수물류(reverse logistics)도 환경적 관심사이다.

6) 재고에 대한 인식 변화

소비자의 요구에 즉각 대응할 수 있도록 재고물량이 많으면 많을수록 판매하는 입장에서는 유리하다. 생산의 입장에서도 원자재나 재공품의 재고 물량이 많을수록 안정적인 생산을 계속할 수 있기 때문에 재고가 많은 것을 선호한다.

1980년대 초 재고를 갖고 있는 것이 비용이라는 문제의식 속에 JIT기법 도입이 급속하게 확산되었다. 그러나 장기적으로 볼 때 JIT도입으로 재고비용은 절감되었으나, 재고부족에 따른 판매감소(cost of not sale)도 증가하고, 고객서비스 수준이 떨어지는 문제가 발생하여 재고비용절감을 초과하는 비용이 발생한 것으로 보고 있다. 특히 전세계를 대상으로 판매하는 경우 재고관리는 더욱 중요한 일일 수밖에 없다. 따라서 재고수준을 낮추는 것이 목표라 하더라도 물류시스템에서 고객서비스를 유지할 수 있는 원칙이 우선되어야 하는 것이다.

또한 영업, 생산, 매입이라는 기업활동을 수행하면서 각 부문 독자의 평가기준으로 재고를 확보하고 있다. 더욱이 대부분 각 부문의 재고확보가 시장동향과는 무관한 형태로 움직일 경우, 그 결과 필요 없는 재고를 많이 갖게 되고 이는 기업의 투자수익률을 낮추는 큰 요인이 된다. 결국 출하동향이나 재고상황을 일원적으로 관리할 수 있는 로지스틱스 부문의 중요성에 대한 인식 변화를 가져오는 이유이다.

7) 기술적 진보

현대사회는 기술적 진보의 시대라 부를 수 있다. 개인의 생활은 물론 기업경영이나, 물류경영에서도 기술진보가 가져다 주는 영향은 매우 크다. 특히 많은 양의 데이터들을 하드웨어적으로, 그리고 소프트웨어적으로 처리해주는 컴퓨터, 인터넷 기술진보가 있기 때문에 최적의 물류관리를 해나갈 수 있는 것이다. 이러한 기술 덕분에 범세계적인 경영을 하면서도 고객서비스, 운송의사결정, 재고관리, 기타 물류활동에 대한 정확한 의사결정을 해나갈 수가 있는 것이다.

03

공급사슬관리

거래에서 기업들의 연계를 공급사슬(supply chain)이라 한다. 공급사슬은 과거에도 생산 제품을 소비자에게 전달하는 과정에 있어 왔던 개념이다. 그러나 이들 다양한 업무가 몇 개 의 독립된 기업에 의해서 분담되고 있어 이들 공급사슬 간의 물류를 최적화, 효율화하기 위한 통합관리가 필요해졌으며, 이를 공급사슬관리(SCM)라 한다. 본 장에서는 공급사 슬관리의 개념, 공급사슬관리의 목표, 공급사슬이 갖는 문제점, SCM과 물류에 대해 좀 더 자세히 살펴본다.

1. 공급사슬과 공급사슬관리

경쟁에 있어서 시간적 요소가 깊게 연관되기 시작되었고, 기업간 연결이 늘어나면서 공급 사슬의 복잡화가 현저해졌다. 이에 따라 공급사슬 간의 물류를 최적화, 효율화하고 공급사슬 간의 물류제약요인을 해결하기 위해 공급사슬관리(SCM)가 필요하게 되었다.

2. 공급사슬관리의 목표

독립 기업끼리 연계하려고 하면 수주와 발주, 그리고 납품으로 기업들을 연계할 수밖에 없 다. 즉 공급사슬을 구성하는 기업 사이를 물류를 바탕으로 연계하는 것이 SCM의 목표인 것 이다.

3. SCM과 물류

SCM의 구체적인 모습은 고객으로부터 주문을 받지 않고도 적절한 재고보충을 하는 것이 다. 다시 말해 출하동향을 바탕으로 자사의 물류거점 재고를 공급자가 보충한다는 개념이다.

1. 공급사슬관리

세계 각지에서 원자재 및 부품을 조달하고, 세계적으로 분업화된 생산 활동을 원활하게 연결하고, 전 세계 판매 시장에서의 경쟁력을 높여 나가기 위해서는 고도의 공급사슬 형성이 필수적이다. 글로벌 시대에 전 세계적으로 퍼져있는 복잡한 공정을 시스템으로 관리하는 것이 공급사슬관리(supply chain management: SCM)이다.

수요를 전망하여 제품을 대량으로 싸게 생산하고 신속하게 수송하는 것을 우선으로 했던 물류에서, 소비자의 요구에 따른 생산 및 배송을 세밀하게 동기화하는 물류, 즉 공급사슬관리로 진화하였다. 즉 글로벌 시대의 시장에서의 가치창조는 제품의 생산에 의해 이루어지는 것이 아니라, 시장의 요구에 치밀하게 대응하는 물류산업에 의해 이루어지고 있다고 할 수 있다. 이에 따라 물류는 기업의 물류거점에서 출하 및 재고에 관한 정보를 물류부문이 통합적으로 파악하고, 그 정보를 바탕으로 공급활동을 하는 형태로 전개된다. 즉 시장이 필요로 하는 재고를 배치하고, 필요로 하는 만큼을 각 물류거점에 보충하는 것과 동시에 필요로 하는 재고를 보충하기 위해서 생산하는 역할을 맡고 있다. 그 경우 바탕이 되는 것은 자사의 물류거점에서 고객에게로 가는 출하에 관한 정보이다. 이것을 바탕으로 자사의 공급활동을 시장과 맞추기 위한 관리활동이 물류이다.

공급사슬관리도 물류와 마찬가지로, 소비자 측, 즉 흐름의 끝에서부터 생각하고, 조달, 생산, 물적유통, 판매를 하나라고 생각하고, 판매시점정보 등의 정보기술을 구축하고 효율화를 도모하고, 재고의 극소화를 목표로 하고, 부분최적이 아닌 전체 최적을 지향한다.

공급사슬관리라는 용어는 1982년 경영 컨설턴트이던 Keith Oliver에 의해 사용되었다.[1] 올리버는 이 개념을 기업경영에서 생산활동, 마케팅, 유통활동들이 서로 분리되어 있던 것을 타파하기 위한 비전으로 사용하였다.[2] 이 개념은 1985년

---

[1] Keith Oliver, "When Will Supply Chain Management Grow Up?" Strategy+Business, Fall 2003, Issue 32.

[2] Stephan Hays Russel, "Supply Chain Management More than Integrated Logistics," Air

에 Houlihan에 의해 확장되는데, 그는 공급사슬 내의 협력적 의사결정과 정보공유를 통해 효율성을 높일 수 있고 상호이익이 됨을 강조하였다.[3]

공급사슬관리는 기업활동의 이상적 성과를 추구하는 관리기법이다. 공급사슬관리를 정의한다면 공급사슬에 포함되어 있는 모든 활동들이 마치 하나의 기업처럼 조화롭게 협력하여, 각 단계별 수요와 공급을 일치시키고, 혁신을 증강시키며, 리드타임을 줄이고, 재고를 흘러가게 만들고, 고객수요에 효율적으로 대응하고, 비용을 절감하며, 궁극적으로 고객만족을 증대시키는 것이다.[4] 특히 공급사슬관리를 하는 주된 목적은 공급사슬 내 가용한 자원을 최대한 효율적으로 활용하게 하는 일이겠지만, 궁극적으로는 고객서비스를 향상시키고, 고객에 대한 가치를 부가시키는 일이다.

SCM의 이상적인 모습은 소매단계의 판매정보를 공급사슬을 구성하는 기업들끼리 공유하고 물류를 전개하는 관리활동이다. 구체적으로 말하면, 예를 들어 제조업체가 도매업자의 출하정보를 공유할 수 있어서, 거기서 주문을 받기 전에 그 출하정보를 바탕으로 도매업자의 물류거점에 재고를 보충하게 되면 도매업자까지의 공급사슬을 대상으로 한 SCM이 된다. 또한 제조업체 혹은 도매업자가 소매점의 판매시점(point of sale: POS)정보를 공유하고, 소매로부터 주문을 받지 않고 소매의 유통센터 혹은 소매점의 진열장까지의 재고 보충을 할 수 있다면 이것도 SCM이 된다.

SCM의 구체적인 모습은 바로 고객으로부터 주문을 받지 않고 고객의 재고보충을 하는 것이다. 다시 말해 출하동향을 바탕으로 자사의 물류거점 재고를 보충한다는 물류와 같은 개념이며, 자사의 물류거점도 고객의 물류거점도 같다고보면 된다.

왜 이렇게 할 수 있느냐 하면 고객의 출하정보를 입수할 수 있다는 것이 전제되어 있기 때문이다. 지금까지는 고객의 출하정보는 입수할 수 없었기 때문에고객으로부터의 주문을 기다리지 않으면 안 되었던 것이다.

Force Journal of Logistics, Volume XXXI, Number 2, 2007, p. 58.

3 J. B. Houlihan, "International Supply Chain Management," International Journal of Physical Distribution and Materials Management, Vol. 15, No. 1, 1985, pp. 51 – 56.

4 Stephan Hays Russel, op. cit., 2007, p. 58.

따라서 공급사슬의 어느 단계의 출하정보를 사용할 수 있느냐에 따라서 물류를 전개할 수 있는 범위가 달라진다. 물류를 자사 내부에서 전개할 것인지, 공급사슬의 범위까지 넓힐 것인지의 차이가 있을 뿐이다. 공급사슬을 대상으로 물류를 전개한 경우 SCM이라고 부른다고 생각하면 된다.

최근 들어 SCM이 주목받게 되는 이유를 살펴보면 우선 첫째로 경쟁에 있어서 시간적 요소가 깊게 연관되기 시작되었다. 과잉생산능력 시대의 배후에는 소득의 향상과 소비자의 상품에 대한 욕망의 충족이 존재한다. 그 결과 다양한 상품이 패션성을 갖게 됨과 동시에 경쟁이 치열해졌고, 신상품의 개발은 힘들어졌다. 다시 말해서 스피드 경영을 시대가 요구하게 된 것이다.

둘째로 기업간 연결이 늘어나면서 공급사슬의 복잡화가 현저해졌다. 국제화의 진전으로 국제분업을 더욱 심화시켰는데, 이 같은 국민경제를 넘어선 세계화는 시장의 국제화, 해외생산의 보편화, 해외조달의 일반화, 규모의 경제성의 심화를 촉진하고, 엄청난 경쟁을 각 기업에 강요하게 되었다. 그것은 한편으로 과점화를 촉진시키고, 공급사슬을 복잡화, 장대화시켜 왔다. 아웃소싱과 제휴를 모색하지 않을 수 없게 된 것이다.

공급사슬은 다양하며, 관리주체는 누구나 할 수 있을 것 같지만, 현실적으로는 대기업 제조업체나 대기업 유통기업이 그 핵심역할을 하고 있다. 경쟁시대를 맞이하여, 스피드 경영이 필요한 것은 그들이며, 길고 복잡해진 체인을 경영할 수 있는 것도 그들이기 때문이다.

2. 공급사슬과 공급사슬관리

거래에서 기업들의 연계를 공급사슬(supply chain: SC)이라고 한다. 소비자에게 제품을 공급하기 위해 이루어지는 다양한 업무의 연쇄를 사슬로 비유한 것이다. 이들 다양한 업무는 하나의 회사가 아니라 몇 개의 독립된 기업에 의해서 분담되고 있다.

소비재를 예로 들면 제조업체, 물류업체, 도매업자, 소매업자 등 많은 기업에 의해서 각각의 업무가 분담되고 있다. 따라서 공급사슬은 공급활동에 관한 기업연쇄라고 할 수 있다. 따라서 공급사슬은 새로운 개념이 아니며, 소비자에게 상품을 공급하기 위해 불가결한 것으로 옛날부터 있어 온 개념이다.

공급사슬의 개념을 살펴보기 위해 자동차 제조를 예를 들어 보자. 자동차를 소비자가 손에 넣기까지는 다음과 같은 과정을 거친다. 철광석을 탄광으로부터 채굴하여, 몇 천 킬로미터에 이르는 해상수송을 해서 제철소에서 철강을 생산한 후, 이 철강제품을 내항선 및 트럭으로 수송하고, 철강유통 센터에서 절단하여 자동차 부품업체로 배송하면 자동차 제조업체에서 조립하고 완성차를 자동차 판매소에게 배송하여 소비자에게 인도하게 된다. 또한 자동차 제조업체의 공장 라인을 보면, 타사로부터의 부품을 공급받고, 엔진부착, 용접, 도장과 기타 여러 가지의 공정으로 구성되어 있다. 이 하나하나의 공정을 사슬로 연결한다면, 공장 전체도 하나의 사슬로 구성되어 있다고 볼 수 있다. 제철소에게는 광산이 공급자이지만, 자동차 제조업체에게 있어서는 제철회사가 공급자이며, 이 밖에 다수의 공급자가 있는 것이다.

공급사슬을 구성하는 기업은 독립된 존재이기 때문에 각각이 각자의 경영을 하고 있고, 자신의 이해를 바탕으로 거래를 해왔다. 서로를 간섭하는 일은 결코 없다. 예를 들어 재고를 보면, 제조업체가 재고를 갖고, 그리고 소매업자도 재고를 갖고 있다. 재고를 어떻게 유지할 것인가는 각 회사마다 방침이 다르다. 공급사슬을 구성하는 기업이 각각의 독자적인 재고를 갖는 것은 당연한 것이었다. 이러한 공급사슬 간의 물류를 최적화, 효율화하고 공급사슬간의 물류제약요인을 해결하기 위해 공급사슬관리가 필요하게 되었다.

예를 들어 반품이 있을 수 있는 주문도 받을 수밖에 없고, 출하를 해야 한다. 출하동향이 반드시 시장동향을 반영하고 있지 않는 경우가 있다고 할지라도 물류는 제 기능을 해야 한다. 그러나 이런 경우 출하를 바탕으로 한 재고관리는 적정한 재고가 되지는 않는 물류의 제약요인이 등장할 수 있다. 공급사슬관리는 거래관계를 갖는 기업의 연관성을 관리함으로써 이와 같은 물류의 제약요인을 해결할 수 있는 것이다.

각종 상품 및 재화의 흐름은 공급사슬로 설명할 수 있으나, 각각의 기업은 독립적이기 때문에 실제로 연결되어 있지 않다. 계열이나 하청관계를 제외하면,

실제로 있는 것은 거래관계라고 하는 접점일 뿐이다. 따라서 공급사슬을 연결하기 위해서는 첫째, 접점을 결합시키기 위한 제휴관계의 구축이 필요하다. 둘째, 정보의 공유가 불가결하다. 파트너관계인 이상 서로 "대화"가 필요하지만, IT가 그것을 가능하게 했다. 셋째, 사슬을 주도할 수 있는 리더가 필요하다. 복수의 링크로 형성되는 사슬을 관리하는 이상, 제휴관계의 주체가 되는 리더가 필요하다.

3. 공급사슬관리와 로지스틱스

공급사슬관리(SCM)를 이해하기 위해서는 지금까지 공급사슬은 있었지만, 그것을 관리(management)할 의식은 없었다고 생각하면 된다. 지금까지의 공급사슬은 거래를 할 때 기업과 기업 사이에 관계가 있었을 뿐이다. 단순히 거래로만 이어진 관계이다. 구체적으로 말하면 "수주와 발주" 그리고 "납품"이라는 두 가지 활동으로 이어져 있다. 수주와 발주, 그리고 납품이라는 활동은 재고의 소유권의 이전을 하는 매매행위라는 거래이다. 이 거래는 각각의 이해관계에 따라 이루어지기 때문에 힘의 논리가 적용되어 과다구매, 비효율적 운송, 높은 가격, 리베이트 등 불합리한 거래가 존재하였다. 이러한 것들은 각각의 기업이 자신에게 유리한 거래를 하기 위해서 일어나는 일로 예전에는 당연시되어 왔던 것이다.

즉 지금까지의 공급사슬에서는 기업이 각각 관리를 해왔다. 이 관리는 기업 각각에게는 이득일지 모르지만, 힘의 논리가 적용되기 때문에 공급사슬 전체를 보면 많은 낭비를 만들어 왔다. 단순히 기업과 기업 사이에서 재고를 이동시키는 것뿐인데, 반품이 있거나 높은 빈도의 배송이 있다거나, 소량 납품이 있기도 했다. 그리고 팔릴지 어떨지 모르는 재고를 각 기업이 물류거점에 두기도 했다. 개별로 관리가 되어 있기 때문에 이러한 낭비가 발생한다는 인식을 거쳐 공급사슬을 구성하는 기업들이 연계하면 어떻게 될까 하는 SCM에 관한 개념이 등장하게 된 것이다. 여기서 연계란 어떤 공통의 목적을 향해서 서로 협력하여 행동하는 관계를 말한다.

기업과 기업 사이를 연계한다고 했는데 무엇을 연계하는 것인가? 기업과 기업을 이어주고 있는 것은 수주와 발주, 그리고 납품이다. 주식을 서로 나누어 갖고 있는 관계회사간의 연계와 달리, 독립 기업끼리 연계하려고 하면 수주와 발주, 그리고 납품으로 기업들을 연계할 수밖에 없다. 즉 공급사슬을 구성하는 기업 사이를 물류를 바탕으로 연계하는 것이 SCM의 목표인 것이다.[5]

SCM은 물류보다 범위가 넓다는 견해가 있다. SCM은 공급사슬을 구성하는 제조업체, 도매업자, 소매업자 등의 기업을 공급활동뿐만 아니라, 공급활동 이외의 업무도 관리의 대상으로 한다는 것이다. 즉 SCM이 대상으로 하는 활동이 상품의 기획, 개발이나 판매, 그리고 결제와 금융 등도 포함하기 때문이다. 즉 로지스틱스가 통합물류를 지향하는 관리방식이라면, 공급사슬관리는 마케팅과 재무와의 상호관계를 고려하고, 비즈니스 프로세스의 연계, 위험 공유, 신제품 개발시

표 3-1 공급사슬관리와 로지스틱스

	로지스틱스	공급사슬관리
조 직	기업경영의 통합	공급사슬의 통합
전 략	계획이나 활동 미리 결정	유연한 대응을 위한 계획 조정 능력강조
관리 초점	로지스틱스 최적화	기업간 최적화
성과표준	공급업자 기준	고객 기준
파트너 연계	단기계약	장기계약, 전략적 제휴
계약환경	법적 계약	신뢰를 바탕
관계 목적	유리한 기회포착	관계유지에 의한 상호 이익
조달목적	최소비용	최고 가치(혁신, 품질, 서비스, 가격)
공급업자	많은 공급업자 활용	세계 최고 공급업자 등 선택적 활용
자재확인	자재 검수	공인된 공급업자
기업환경	대 립	상호이익
운 송	최소비용의 서비스 목표	신뢰성있고, 요구에 응하는 서비스
재 고	푸쉬(push) 시스템	풀(pull) 시스템
정 보	산업표준, 성과보고	ERP, 인터넷 연계, 공급사슬분석
비용 및 서비스	상충관계	서비스 수준 향상과 비용절감을 위한리엔지니어링
비용관점	취득비	총소유비용(Total cost of ownership)

자료: Stephan Hays Russel, "Supply Chain Management More than Integrated Logistics," Air Force Journal of Logistics, Volume XXXI, Number 2, 2007, p. 61.

---

5 湯浅和夫, 物流와 로지스틱스의 基本, 日本實業出版社, 2008, pp. 152－155.

공급업자의 참여 등이 포함되는 등 통합물류 이상의 경영관리 범위를 포함하고 있는 것이다.

로지스틱스와 공급사슬관리를 기업내, 그리고 기업간 물류최적화로 설명하는 것 외에 좀더 구체적인 차이점을 살펴보자. [표 3-1]에서 볼 수 있듯이 전략, 관리 초점, 조달, 운송, 보관, 정보, 비용과 서비스 측면에서 공급사슬관리가 로지스틱스보다 신뢰나 관계성을 중시하고, 유연성을 추구하며, 고객지향적임을 알 수 있다.

사례 3-1 세계시장을 제패한 가구왕국 이케아의 'SCM 전략'

● '물류 혁신'이 가격, 브랜드 경쟁력의 핵심

이케아 공급사슬의 가구상품이라는 물류적 특성 때문에 규모의 경제를 통한 공급사슬 효율화를 추구한다. 단순한 상품의 부피, 물류센터의 규모의 경제가 아니라 전 세계 공급, 제조, 유통업체 등 공급사슬 네트워크의 통합, 제어를 통해 재고 최적화를 통해 물류비를 절감하고, 원하는 상품을 언제, 어디서나 구매할 수 있도록 하여 소비자의 요구를 충족시켜주고 있다.

이케아 공급사슬의 성공요인은 3가지로 꼽을 수 있다. 첫째 단품으로 인한 손실이 발생하지 않도록 충분한 재고를 확보하는 것, 두 번째는 소비트랜드에 맞게 지속적으로 제품을 개발하는 것, 공급이 이루어질 수 있도록 유연성을 확보하는 것, 세 번째는 물류효율성을 끌어올리고, 물류비를 획기적으로 낮추는 것이다.

● 이케아 브랜드 경쟁력의 핵심은 '물류 혁신'

부피가 큰 가구제품의 경우 제조단계부터 가정에 배달될 때까지 물류비용이 상대적으로 높고, 파손 또한 빈번하게 발생하기 때문에 가구공급사슬에서 물류는 가장 큰 장애요인이다. 이케아는 이를 극복하고 물류비 절감을 통한 경쟁력 확보하기 위해 상품 디자인, 생산, 조립 등 모든 단계에 물류효율성을 고려하고 있다.

물류센터 내에는 철도시설이 갖춰져 센터 내 모든 입출고가 자동으로 진행되는데 오전 5시 30분부터 오후 11시까지 연평균 가정용 소가구 1만 2000㎥를 포함 2억 3000만㎥의 주문량이 처리되고 있다.

이케아의 '평면포장'시스템은 제품의 생산, 조립, 물류 프로세스 전 과정에서 효율성 향상, 물류비 절감뿐 아니라 물류센터의 업무를 자동화하는 데 핵심적인 역할을 하고 있다. '평면포장'은 트레이 사용을 가능하게 하여 기존 3~4시간 이상 소요되던 컨테이너 적재, 선적, 하역 등의 전 과정을 30분 내외로 줄여 물류비를 획기적으로 줄일 수 있었다.

표준파렛트 시스템 사용 역시 이케아의 물류효율을 높이는 데 크게 기여했다. 현재 유럽 전역에서는 표준 파렛트 규격 800mm×1200mm를 사용하고 있지만 트레이의 경우 E0부터 E9까지 10가지 규격을 사용하고 있다. 그러나 이케아는 제품 적재 효율성을 극대화하기 위해 이케아의 자체 물류센터 구조, 제품 디자인, 사양별로 최적화된 트레이 표준 I0-I9를 개발해 사용하고 있다. I0-I9 규격은 E0-E9까지의 표준규격을 미세 조정한 것으로 이케아 제품 특성에 맞게 적재효율성을 최적화한 규격이다.

물론 전 세계가 이와 같은 표준파렛트를 표준으로 채택하고 있진 않다. 중국에서 입고되는 제품의 경우 파렛트 없이 선적되는 경우가 대부분이지만 본부 물류센터에 입고될 때에는 반드시 유럽 트레이 규격 E3, E4 또는 자체 트레이 규격 I3, I4를 사용해야만 입고가 가능하도록 엄격하게 관리하고 있다. 이케아는 엄격한 파렛트 사용관리를 통해 본부 물류센터에서는 26m 선반, 스태커 11세트, 22터널 규모에 8000~9000여 종의 제품 5만 7000개 파렛트를 보관하고 있다.

이케아의 물류센터 자동화 시스템도 세계 최고수준을 자랑한다. 스위스로고(SWISSLOG) 제품으로 구성된 이케아의 물류센터는 3차원 라이브러리 방식의 무인작동 시스템으로 특별한 유지보수 인력 없이 1명의 응급조치 인력만으로 가동되고 있다.

이케아는 평균 10만여 개의 트레이가 물류센터를 통해 출하되지만 유통센터에 입고된 상품은 상품회전율이 8주 내외, 물류센터에서 출하되는 상품의 경우에도 16주를 넘기지 않는다.

자료: SCM Journal, 2012. 1. 3

4. 공급사슬관리의 효과

공급사슬 자체는 옛날부터 존재해 왔던 것으로 그것이 없다면 생산한 것을 소비자에게 판매할 수 없다. 공급사슬의 최전선에 위치하는 것은 소매점이다. 소매점에서 상품이 팔리면, 거래처인 도매업자에게 발주를 한다. 도매업자는 그 주문을 받고 자신이 갖고 있는 재고에서 출하하고, 재고가 적어지면 거래처인 제조업체에게 발주를 한다. 그것을 수주한 제조업체의 영업부문이 물류거점에 출하의

뢰를 하는 것과 동시에, 공장에 물류거점 재고의 보충요청을 내는 형태로 시장의 판매동향이 생산단계까지 이어져 왔다.

그러나 기존의 공급사슬의 특징은 공급사슬의 각 단계에서 발주하는 양이 반드시 시장의 판매동향을 반영한 것이 아니라는 점이다. 발주한 현장에서는 실제 수요보다 항상 더 많이 발주하는 경향이 있다. 다시 말해, 소매에서 도매를 거쳐 제조업체의 생산에 이르기까지 주문이 증폭된다. 이것은 발주를 담당하는 사람의 생각이나 기대 혹은 안도감 등에 기인하는 것이다. 즉, 어떤 상품에 대한 주문이 들어오면 "이 상품은 꽤 팔리지 않을까?"라고 생각하면서 동시에 품절이 되면 안 된다는 생각으로 조금 더 많은 주문을 내게 된다. 이런 단계를 거쳐서 증폭하는 것이다. 즉 발주담당자의 심리적인 요인으로 인하여 발주는 항상 많아지게 되고, 이렇게 되면 주문을 받고 출하를 하면서 수요가 크게 증가하는 것으로 보여 시장동향을 왜곡할 위험이 있다. 이를 채찍효과(bullwhip effect)라 부른다. 채찍효과는 공급사슬관리에서 반복적으로 발생하는 문제점 중 하나로, 이것은 제품에 대한 수요정보가 공급사슬상의 참여 주체를 하나씩 거쳐서 전달될 때마다 계속 왜곡됨을 의미한다. 어떤 아이템에 대한 수요가 변동은 유통업체, 제조업체, 공급업체, 2차공급업체, 3차공급업체 등 공급사슬상의 다른 구성원에서 '만약에 대비하기에' 충분할 정도의 재고를 축적하도록 만든다. 이런 공급사슬을 통한 왜곡 확산이 재고, 생산, 창고, 운송 등에 과도한 비용을 발생시키는 요인이 된다.[6]

이러한 사태를 피하는 방법은 공급사슬 안에서 실제 수요에 대한 정보를 공유하고, 그것을 바탕으로 공급활동을 하는 것이다. 공급사슬관리의 효과인 것이다. 이러한 정보공유는 지금까지는 당연하다고 생각해 왔던 "수주와 발주"와 "납품"이라는 행위에 근거하지 않고 수요예측에 따른 공급행위를 하는 것으로 SCM은 기존의 거래관계를 크게 변화시키는 것이라 이해해야 할 수 있다.[7]

공급사슬 파트너들간에 정보공유를 바탕으로 공급활동을 한다면 공급의 가

---

6 Lee, Hau L., V. Pasmanabhan, Seungjin Whang, "The Bullwhip Effect in Supply Chains," Sloan Management Review, Vol. 38, No. 3, Spring 1997, pp. 93-102.

7 물론 이렇게 설명하는 것은 공급사슬관리의 이상적인 형태를 가정한 것으로 장차 학문적으로 발전해 나가야 할 목표를 설명한 것이고, 실제 업계의 SCM에서는 여전히 수주와 발주가 이루어지고 있음.

시성(visibility)을 높여, 공급활동의 속도를 빠르게 할 수 있고, 결국 공급사슬의 가변성(variability)이라는 불확실성을 크게 줄일 수 있는 것이다. 가시성은 정보를 공유하면서 확보할 수 있는 것이다. 예를 들어 판매시점의 자료(pos data)가 창고나 제조공장, 공급업체에 동시에 볼 수 있다면 모든 파트너들이 적절한 대응을 할 수 있도록 만드는 것이다.

오늘날 공급사슬의 효과를 향상시키기 위해 POS, EDI, QR(quick response), ECR(efficient consumer response)과 같은 수많은 기술과 모델이 제시되고 기업에서 사용되고 있지만 여전히 많은 기업의 공급사슬에서는 낭비가 발생하고 있으며, 기업의 공급사슬 담당자들은 이 때문에 고민한다. 미국에서 식료품 산업을 대상으로 진행된 한 연구결과에 의하면 공급사슬 파트너 사이의 잘못된 조율로 연간 300억 달러가 낭비되고 있으며, 다른 산업도 수요예측능력의 부족으로 나타나는 초과공급과 재고부족 사이에서 어려움을 겪고 있다.

이런 새로운 아이디어와 기술들이 넘쳐남에도 불구하고 왜 공급사슬의 효과는 향상되지 않을까? 공급사슬 담당자들이 자신들의 기업에 적합한 아이디어나 기술을 채택할 수 있는 체계(framework)가 결여되어 있기 때문이며, 많은 공급사슬 문제의 근본원인은 제품타입과 공급사슬 타입의 불일치에서 온다고 했다.[8]

제품타입과 공급사슬 타입을 일치시키는 효율적인 공급사슬 전략을 고안하기 위해서는 우선 소비자의 수요패턴을 기반으로 제품 수요의 본질, 즉 기능적 제품인지, 혁신적 제품인지를 확인해야 한다. 기능적 제품은 기본적인 욕구를 만족시키는 제품으로 수요가 안정적이고, 예측이 가능하나, 시장 내 경쟁이 치열하고 낮은 수익률 구조를 갖는다. 반면, 혁신적 제품은 기능적 제품의 낮은 수익률 구조를 탈피하고자 유행과 기술이라는 개념을 사용하는 것으로 높은 수익률 구조를 갖지만 수요예측의 불확실성이 수반된다. 예를 들어, 일반 자전거는 기능적 제품이지만, 자전거에 새로운 디자인과 기능을 더한 산악용 자전거 같은 경우 혁신적 제품이 되는 것이다.

이 두 종류의 제품은 공급사슬을 필요로 하기 때문에 이 차이점을 이해하기

---

8 Marshall L. Fisher, What is right supply chain for your product?, Harvard Business Review, March – April 1997.

위해서는 각각 적합한 공급사슬의 기능에 대해 이해해야 한다. 기능적 제품의 경우, 수요예측이 가능하기 때문에 재고 최소화, 생산성·효율성 증대와 같은 원재료에서 완제품까지의 제품 흐름 및 공급사슬 내에서의 운송 기능의 효율화를 필요로 한다.

반면, 혁신적 제품의 경우 재고부족, 공급과잉과 같은 많은 불확실성과 위험을 포함하고 있기 때문에 시장의 반응에 따라 제품수요를 충족시킬 수 있도록 소비자가 구매를 원할 때, 원하는 장소에 다양한 제품을 배치시키는 일에 집중할 필요가 있으며, 이는 유연성을 높이고, 주문납기 시간을 줄이는 것이 필요하다.

많은 공급사슬 담당자들이 공급사슬 내 낭비와 고객 불만족으로 고민하며 이를 어떻게 해결해야 할지를 모른다. 원인은 제품과 전략의 불일치이며, 이를 일치시키는 것이 쉽지는 않다. 그렇지만 일단 달성하게 되면 기업의 경쟁우위 및 판매와 수익의 증대를 가져오는 가치 있는 일이 될 것이다.

5. 공급사슬관리의 장벽

공급사슬관리가 이론적으로는 매우 훌륭하지만 그 효과적인 실행을 막는 몇가지 장벽이 존재한다.[9]

1) 최고경영자 관리책임의 부재

한 기업이 새로운 도전, 프로그램과 상품개발을 시행하고자 할 때 최고경영자의 관리는 일반적으로 중요한 구성요소로 언급된다. 공급사슬관리는 조직 상호간의 거래에 초점을 맞추기 때문에 최고경영자의 관리는 필수적인 요소이다. 최고경영자는 공급사슬관리에 필요한 자원을 할당하고 조직과 조직 상호간의 목적을 달성하는 데 집중할 수 있도록 정책을 구성할 수 있기 때문이다.

그러나 최근 조사에서 최고경영관리자가 공급사슬 관리에 대한 책임을 지지

---

9 Paul R. Murphy, Jr., Donald F. Wood, op. cit., 2008, pp. 41-44.

않는 경우가 많은 것으로 나타나고 있다. 최고경영자들은 공급사슬관리에 대해 알고 있기는 하지만 실제 직접 관리하는 경우는 세 기업 중 한 곳만이 이루어지고 있다는 조사였다.[10] 대부분의 CEO들이 공급사슬관리의 기반에 대해 잘 알지 못하기 때문에 그들이 관리 전면으로 나서기를 주저하기 때문이다.

2) 공유, 사용허가, 관련 정보 거부

성공적으로 관리되는 공급사슬은 공급사슬 참여자들간 정보공유가 그 특징인 경우가 많다. 그러나 아직 많은 기업들은 소유권과 연관되는 특정 정보에 대한 공유를 꺼리는 경향이 있다. 그러나 이러한 거부는 관계자들이 부정확한 정보와 추측에 근거하여 결정을 내리게 되고, 공급사슬에 심각한 문제를 초래하는 원인으로 작용할 수 있다.

특히 컴퓨터의 하드웨어와 소프트웨어의 발전으로 신속하게 막대한 양의 정보를 접하고 분석할 수 있게 되었다. 이 데이터 가운데 숨겨져 있는 유용한 상관관계를 발견하여, 미래에 실행 가능한 정보를 추출해 내고 의사 결정에 이용하는 '데이터 마이닝(data mining)'과정이 있다. 예를 들어 마트와 같은 잡화점에서 제공하는 고객 카드는 자세한 고객 신상정보를 보유가 가능하도록 한다. 그러나 몇몇 기업들은 이 데이터의 정보 공유를 거부하기도 한다. 또한 그들은 고객들이 언제 어디서 무엇을 어떻게 구매하였는지에 대한 카드 정보를 제공받는 것이 고객의 사생활을 침해하는 것이라 여기기 때문이다.

3) 양립할 수 없는 기업문화

공급사슬관리는 다양한 관계자들 사이에서 장기 지향성과 파트너십을 중요시하기 때문에 함께 일하는 기업들과 양립할 수 있어야 한다. 넓은 관점에서 기업문화란 "어떻게 일할 것인가"와 조직의 비전, 가치 그리고 전략적 기획을 반영한다. 양립할 수 있는 기업문화가 모든 기업들이 같아야 한다는 것을 의미하는

---

10 Stanley E. Facett, Jeffery A. Ogden, Gregory M. Magnan, and M. Bixby Cooper, "Organizational Commitment and Governance for Supply Chain Success," International Journal of Physical Distribution & Logistics Management, Vol. 36, No. 1, 2006, pp. 22−35.

것이 아니다. 기업들은 공급 효율 및 효용성에 부정적으로 영향을 미칠 수 있는 차이점을 동일시할 필요가 있다. 예를 들어 한 기업의 참여 집단형 관리법은 다른 기업의 독재적인 관리법과 잘 어울리지 않을 수 있다.

4) 세 계 화

공급사슬이 점차 세계화되어가고 있다. 증가하는 공급사슬의 세계화의 원인에는 저가의 제품과 인력, 그리고 공급사슬 내부 기업들간의 세계화 지향성 및 국제적 경쟁의 심화를 들 수 있다. 특히 공급사슬 통합은 내수 물류환경에 익숙해 있는 기업에게는 더 큰 도전이다. 세계화로 인해 문화적·경제적·기술적·정치적·공간적 그리고 물류적 차이가 있는 글로벌 공급사슬의 통합이 어려움을 겪을 수 있다.

5) 천재지변, 정치적 상황

지진, 해일, 홍수 같은 천재지변과 전쟁이나 국가 불안정같은 정치적인 상황이 공급사슬관리에 장벽으로 작용할 수 있다. 일본 동북부 지진해일이나, 태국 방콕의 대홍수 및 침수 사태에 따라 많은 공급사슬망이 붕괴되는 것을 경험했다.

또한 중동국가들의 민주화 봉기, 아프리카의 끊임없이 이어지는 내란, 이라크 전시상황 등에서 그 장벽을 목격할 수 있었다. 이러한 정치적인 불안정으로 인해 이들 나라에 위치한 기업들의 공급사슬 참여를 어렵게 하고 있다. 공급사슬은 조직상호간의 협력에 의존하는 경향이 강하기 때문에 정치적 안정성이 매우 중요하게 고려되어야 할 사항이다. 정치적 정책은 협력을 저해하거나 특정 국가들과 사업 교류를 하는 데 또한 저해 요인으로 작용할 수 있어 공급사슬 효율성에 큰 영향을 미칠 수 있다.

6. 정보공유

SCM과 물류의 관계에 대해 살펴볼 때 정보공유가 핵심요건이다. 간단하게 정보공유라고 했지만, 실무적으로는 커다란 벽이 존재한다. 예를 들어 어떤 제조업체가 거래처의 도매업자와 출하정보에 관한 공유체제를 구축하여, 자사제품에 관해 도매업자로부터 소매업자로의 출하동향을 파악할 수 있는 체제를 만든 경우, 이 제조업체는 이 정보를 통해 도매업자의 재고의 보충은 물론이고, 나아가 이 정보를 생산계획에 반영할 것이다. 이 제조업체는 원래 자사의 물류거점의 출하정보를 바탕으로 생산활동을 하고 있었다. 즉, 사내에는 물류가 기능을 발휘하고 있었다. 자사의 물류거점에서의 출하정보에 비하면 도매업자의 출하정보 쪽이 보다 시장에 가까운 정보이며, 시장동향을 나타내는 정보로는 정밀도가 높다고 할 수 있다. 그러나 이 제조업체는 이 정보를 재고 보충을 위해서도 사용할 수 없었다. 그 이유는 단순했는데, 정보를 공유했는데도 불구하고 도매업자로부터 주문이 계속된 것이다. 조직을 만들어서 정보를 공유하는 체제는 만들었지만, "수주와 발주"라고 하는 지금까지의 기업을 연계하는 관계를 바꾸지는 못한 것이다. 이렇게 되면 정보공유는 의미가 없어지고 참고자료에 불과하게 되는 것이다.

도매업자의 출하동향을 보면 어떤 상품에 대해서 다음 주 필요량은 100개라고 제조업체측이 판단해도, 실제로는 도매업자로부터는 150개의 주문이 오게 된다. 이런 상황에서는 도매업자의 출하정보는 전혀 사용할 수 없다.

SCM에서는 반드시 "정보공유"가 강조되지만 정보를 공유하기만 해서는 아무런 변화가 없다. SCM에서 중요한 것은 무엇을 위해서 정보를 공유하는지에 대한 목적을 명확하게 해야 하는 것이다. 즉 정보를 공유하는 목적은 그것을 바탕으로 공급활동을 전개한다는 것을 밝혀야 하는 것이다. 그것을 위해서는 지금까지 간접적으로 정보를 전달하는 수단이었던 "수주와 발주"라는 활동을 그만두는 것이 전제되어야 한다. 즉, 정보를 공유한 범위 안에서는 모두 이 정보를 바탕으로 공급활동을 할 필요가 있다는 말이다.

수주와 발주가 사라지면, 실제로는 엄청난 일이 일어난다. 고객의 요구에 맞추어서 제공했던 물류 서비스가 사라지기 때문이다. 물류 서비스는 주문에 맞추어서 제공하고 있기 때문이다. 그렇다면 주문이 없을 경우에 고객으로의 납품은 어떻게 될 것인가. 주문이 없으면 공급측이 책임을 져서 고객의 재고를 보충하게 되고, 당연히 납품의 형태도 공급 측에 모두 맡겨진다.

고객이 공급 측에 요구하는 것은 품절과 과잉재고를 내지 않도록 하는 것 하나밖에 없다. 짧은 납기는 물론이고 높은 빈도의 주문도 소량 주문도 발생하지 않고, 긴급 주문도 없어진다. 결과적으로 물류비용의 절감은 물론이고, 다빈도 소량 물류 서비스에 기인한 적재율이 낮은 트럭의 운행도 적어질 것이다. 교통 혼잡도 완화되고 환경부담도 크게 줄일 수 있다.

물류 서비스가 없어지는 것은 물류거점에도 영향을 미치게 한다. 지금까지의 물류는 물류 서비스를 전제로 하고 물류거점을 배치하여, 거점내부의 작업을 구축해 왔다. 물류거점을 전국에 몇 군데나 배치해온 것은 고객이 요구하는 물류 서비스를 제공하기 위한 것이다. 그러나 물류 서비스가 없어지고 공급 측의 판단으로 고객에 필요한 재고를 보낼 수 있는 체제가 만들어지면, 아마도 대부분의 물류거점은 필요 없어질 것이다. 이처럼 SCM이 진전하면 물류에 혁명적인 변화가 일어날 수 있다. 이것이 정보공유의 결과이다.[11]

사례 3-2 복잡한 공급사슬과 정보 공유 실패, 보잉 드림라이너

보잉의 787 드림라이너는 현대 항공기 산업의 혁신을 상징하는 기종으로, 경량화와 연료 효율성을 높이기 위해 첨단 소재와 최신 기술을 도입하여 성공적으로 시장에 진입하였다. 그러나 드림라이너의 생산 과정에서 복잡한 글로벌 공급사슬 구조와 정보 공유 실패로 인한 수요예측 실패 및 재고 미스매치 문제가 발생하면서 보잉은 2000년대 후반부터 2010년대 초반까지 공급 지연 사태에 봉착하게 된다.

● 글로벌 공급사슬과 항공기 설계의 복잡성

보잉 787 드림라이너의 생산은 글로벌 공급사슬에 크게 의존했다. 보잉은 비용 절감과 효율성을 위해 전 세계 다양한 지역의 부품 공급업체를 활용했다. 이러한 공급사슬 구조는 각국의 규제와 관세, 물류 문제 등으로 인해 제조 및 물류 복잡성을 증가시켰다. 특히 드림라이너는 기존 항공기와 달리 탄소섬유 복합재료를 사용하여 제작되었는데, 이는 경량화와 연료 효율성 측면에서 큰 이점을 제공하지만 새로운 소재를 다루는 것은 기술적으로도 큰 도전이었다. 이로 인해 생산 초기 단계에서 품질 관리와 조립 과정에서 예기치 않은 문제들이 빈번하게 발생했다.

---

11 湯浅和夫, 앞의 책, 2008, pp. 156–157.

• 복잡한 공급사슬 구조와 정보 공유 실패로 인한 생산 및 배송 미스매치

드림라이너의 글로벌 공급망에서 가장 큰 문제 중 복잡한 공급사슬 구조로 전체 네트워크에서 필요한 정보를 공유하는 데 어려움이 가중되었다. 보잉은 전 세계의 다양한 협력사와 긴밀하게 협력해야 했지만 실시간 정보 공유와 커뮤니케이션이 원활하지 않았고, 이는 부품 공급의 지연, 품질 문제의 적시 파악 실패, 그리고 생산 일정의 차질로 이어졌다. 시장의 변화와 공급 지연을 정확히 반영하지 못한 채 생산 계획이 진행되면서 재고 부족, 품질 문제로 인한 생산 지연, 불필요한 비용 증가가 발생했다. 이는 보잉의 공급망 관리 시스템의 취약성을 드러내는 사례가 되었다.

보잉은 이러한 문제를 해결하기 위해 몇 가지 중요한 조치를 취했다. 첫째, 공급사슬 관리 시스템을 개선하고 디지털화를 추진했다. 이를 통해 실시간으로 부품의 위치와 상태를 추적하고, 협력사와의 정보 공유를 강화하여 문제 발생 시 신속히 대응할 수 있도록 했다. 둘째, 품질 관리를 강화하고 조립 과정을 개선했다. 보잉은 주요 부품 공급업체와의 협력을 강화하여 품질 기준을 높이고, 조립 라인에서 발생하는 문제를 조기에 식별하고 해결할 수 있는 시스템을 구축했다. 셋째, 공급망의 다양성과 유연성을 확보하기 위해 전략적 파트너십을 재구성하고, 대체 공급업체를 확보하여 특정 부품의 의존도를 줄였다. 이를 통해 공급망의 리스크를 분산시키고, 예기치 않은 상황에서도 생산 지연을 최소화할 수 있게 되었다. 보잉 787 드림라이너의 사례는 글로벌 공급망의 복잡성과 정보 공유의 중요성을 잘 보여준다. 복잡한 글로벌 공급망에서의 기업간 협력 및 정보 공유 실패는 품질 관리 실패, 재고 부족, 생산 지연 등의 문제를 초래할 수 있다는 점을 이해할 필요가 있다.

자료: Seattle Times, Supply Chain Today

7. 공급사슬에서의 역할분담 재구축

제조업체는 거래처인 도매업자의 장래의 출하를 예측하여, 그것을 위한 재고로서 무엇을 얼마나 가지면 되는지를 판단하고 그것을 보충한다. 지금까지 도매업자가 해왔던 일을 제조업체가 대행하게 된 것이다. 이것은 수요를 예측하고 재고를 관리하는 능력이 도매업자보다 제조업체 쪽이 훨씬 뛰어나다는

것을 가정하고 있기 때문이다. 만약 제조업체보다 도매업자 쪽이 예측이나 재고관리가 뛰어나다면, 도매업자가 제조업체에게 대행시킬 리가 없다.

즉, 수요를 예측하고 재고를 관리하는 능력이 뛰어난 기업이 공급사슬의 수요예측이나 재고관리를 맡게 된다는 것이다. 이것은 SCM에서는 공급사슬의 어떤 하나의 기능은 그것을 가장 잘하는 회사에 맡기게 되는 것이다.

위의 사례에서 도매업자는 앞으로 자신의 재고의 유지와 보충이라는 업무를 하지 않아도 된다. 그렇다면 이 도매업자는 공급사슬에서 어떤 역할을 하는가? 공급사슬에서 자사가 담당하는 것이 가장 좋다고 생각하는 업무, 즉 그 회사가 제일 잘하는 분야로 특화하게 된다. 이것을 핵심역량(core competency)이라 한다. 핵심역량은 핵심이 되는 경쟁력이라는 의미로 다른 회사에 비해서 자신의 회사 쪽이 경쟁력이 뛰어난 업무를 뜻한다. SCM에서는 이러한 각 회사의 핵심역량을 연쇄하는 형태로 공급사슬을 형성해 간다.

그리고 물류 분야에 뛰어난 능력을 가진 물류업자가 있다면 그 업자가 제조업체로부터 도매업자를 거쳐서 소매업자에 이르는 공급사슬 전체의 재고배치와 보충을 대행하게 된다. 이처럼 공급사슬에서 필요한 기능을 그것을 잘하는 당사자가 담당하는 역할의 새로운 분담관계의 구축을 SCM이 만들어주는 것이다. 특별하게 뛰어난 능력이 없다면 공급사슬에서 퇴출되는 기업도 나타날 것이라 예상할 수 있다. SCM은 가장 효율적인 공급사슬을 구축하는 것이기 때문에 효율적으로 공급사슬의 업무를 수행할 수 없는 기업을 퇴출하는 냉철한 측면도 갖고 있다.

SCM은 대기업에 의한 공급사슬의 지배라는 인식을 하게 된다. 그러나 원래 SCM은 한 개 회사 단독으로는 해결할 수 없는, 기업과 기업에 걸친 문제나 낭비를, 거래를 통하여 연계되어 있는 기업들이 함께 해결하고, 거기서 발생하는 이점을 공유하는 데 본질이 있다. 이 본질에 있어서 대기업이든 중소기업이든 상관이 없다.

따라서 SCM은 우선 현재의 거래조건은, 거래하고 있는 기업 양쪽에게 어떠한 이익이 발생하고 있으며, 어떠한 문제가 있는지를 확인하고, 서로의 이익을 증진시키기 위해 거래조건을 어떻게 바꾸면 되는가 하는 점에 대해서 협의하는 것이 현실적이다.

04

고객서비스

 핵심포인트

물류에 있어 고객서비스의 중요성을 살펴본다. 고객서비스는 어떠한 물류시스템에서도 가장 중요한 요소이다. 물류시스템을 구성하는 요소들이 운송, 보관, 창고, 하역 등 여러 가지가 있지만 이들은 모두 기업의 고객서비스라는 목적을 지원하기 위해 각각의 기능을 수행하는 것이라 말할 수 있다. 우선 기업전략차원에서 고객서비스의 의미가 무엇인지 알아보고, 고객서비스를 구성하는 요소들을 살펴본다. 또한 고객서비스를 향상시키는 데 장애요인은 무엇인지를 통제할 수 있는 것과 통제할 수 없는 것으로 나누어 살펴본다. 고객서비스의 부족으로 기업이나 제품에 대한 부정적인 인식을 주는 경우 치명적인 고객이탈로 이어질 수 있다. 낮은 수준의 고객서비스가 가져다주는 위험성에 대해서도 살펴봄으로써 고객서비스를 기업의 전략으로 삼아야 하는 이유를 이해할 수 있게 한다.

1. 고객서비스는 기업의 경쟁우위 창출 요인

고객서비스는 기업운영의 철학으로 인식되어야 한다. 이를 통해 고객이 원하는 서비스 수준을 제공해서 궁극적으로 고객의 만족을 이끌어내는 것이다. 고객서비스는 기업의 시장점유율, 수익성에 큰 영향을 미쳐 기업의 경쟁우위를 창출하는 중요한 요인이다.

2. 고객서비스의 특성

고객서비스를 구성하는 4가지 요소가 있는데 신뢰성, 시간, 편의성, 의사소통이다. 또한 국가별로 고객의 취향, 구매 특성이 다르기 때문에 시장별로 별도의 고객서비스가 개발되어야 한다.

3. 고객서비스 향상의 장애요인

고객 세분화가 미흡하여 모든 고객에 대해 동일한 서비스 수준을 제공하는 경우가 많다. 기업의 고객서비스 전략의 일부분이 아닌 일시적인 판매촉진책으로 고객서비스를 향상시키는 경우도 있는데, 단기적 의사결정은 장기적으로는 고객서비스에 대해서는 부정적인 영향을 끼칠 수 있다. 특히 충분한 훈련을 받지 않은 종업원들은 고객서비스의 질을 떨어뜨리는 주요인이 된다.

4. 고객서비스 성과 향상방안

고객서비스를 향상시키기 위해 우선 고객을 구분하여 그들의 니즈를 파악하고 이를 만족시켜줄 수 있는 전략을 세워야 한다. 그리고 경영자는 고객서비스의 결함을 가능한 빨리 찾아 수정할 수 있도록 고객에 대한 피드백을 꾸준히 해나가야 한다.

고객서비스는 어떠한 물류시스템에서도 가장 중요한 요소이다. 물류시스템을 구성하는 요소들이 운송, 보관, 창고, 하역 등 여러 가지가 있지만 이들은 모두 기업의 고객서비스라는 목적을 지원하기 위해 각각의 기능을 수행하는 것이라 말할 수 있다. 우선 기업전략차원에서 고객서비스의 의미가 무엇인지 알아보고, 고객서비스를 구성하는 요소들을 살펴본다.

1. 물류시스템에서의 고객서비스

오늘날의 사업 환경에서 서비스 경쟁은 필수적이다. 가격과 기능, 기술적인 면에서 유사한 제품들이 경쟁을 하고 있어 소비자들은 다양한 제품 중에 선택해야 하는 상태에 놓여 있다. 대부분의 상품들은 동일하게 취급되고, 다양한 공급자들이 제공하는 서비스에는 큰 차이가 없다.[1] 따라서 판매자는 소비자에게 제공할 수 있는 차별적 요소를 찾아야만 한다.[2]

일반적으로 고객서비스(customer service)는 경영전략의 일환으로 다른 기업과의 차별적 우위성을 갖기 위한 전략적 수단으로 중시되고 있다. 즉 고객서비스가 물류시스템의 하나의 요소로 다른 요소들과 상호 관계를 가지고 있으나, 기업의 경쟁우위를 가져온다는 측면에서 물류시스템의 목적(objective)이기도 하며, 결과

---

1 Parasuraman, A., Zeithaml, V. A. and Berry, L. L., "A conceptual model of service quality and its implications for further research," Journal of Marketing, Vol. 49, 1985, pp. 41–50.

2 Spector, R. and McCarthy, P. D., The Nordstrom Way: The Inside Story of America' #1 Customer Service Company (John Wiley & Sons, Inc., New York, NY), 1995.

물(output)이기도 한 중요성을 갖고 있다.

공급사슬에서 고객 서비스는 중요한 요소이며, 공급사슬 내 참가자 간 협력 전략의 본질은 보다 좋은 고객 서비스 제공을 목표로 한다. 이는 많은 이들에 의해 정의된 공급사슬이 대부분 고객과 관련되어 있다는 것으로도 확인할 수 있으며, 공급사슬에 있는 모든 기업들은 그들의 제품 혹은 서비스를 구매하고자 하는 고객이 있기 때문에 존재할 수 있으므로 공급사슬에서 고객의 역할은 부수적인 것이 아니다. 그러므로 공급사슬은 고객을 위한 가치를 창출할 수 있는 제품 혹은 로지스틱스 서비스를 제공함으로써 최종 고객에게 직접적으로든 간접적으로든 영향을 미칠 수 있는 구조여야 한다.

기업이 수익성을 확보한다는 것은 곧 소비자, 고객의 니즈에 부합하는 일을 의미하고, 이는 기업의 차별적 비교우위를 점한다는 것을 의미한다. 이런 의미에서 고객서비스란 고객이 기꺼이 지불의사(willing to pay)가 있는 제품이나, 서비스를 제공할 수 있어야 한다는 것이다.[3]

2. 고객서비스의 의미

서비스 질(quality of service)의 향상은 시장점유율의 증가와 수익 증가라는 결과로 나타나고 있다. Arthur D. Little사의 연구에 의하면, 회사 서비스의 질에 대한 지침여부가 회사 영업매출의 10%를 올리거나 내리는 원인이 될 수 있다고 한다.[4] 서비스는 미래의 경쟁적인 무기가 되는 것이다. 경쟁은 회사들이 그들의 물건을 어떻게 만드는가에서, 그 물건을 판매하기 전과 후에[5] 어떻게 잘 고객에게 서비스하는가로 변하고 있는 것이다. 따라서 제조업체들은 고객의 진정한 포괄적인 요구의 범위에 대해서 예측하고, 대응할 수 있어야 한다. 고객서비스와 관련하

---

3 Jan Dlugosz, "Strategic nature of the logistics customer service in the supply chain," Electronic Scientific Journal of Logistics, LogForum, Vol. 6, No. 2, 2010.

4 Shycon, H. N., "Improved customer service: measuring the payoff," The Journal of Business Strategy, 1992, pp. 13−17.

5 Pre-sales service와 After-sales service를 의미.

여 자주 언급되는 법칙은 현존하는 고객을 유지하는 것보다 새로운 고객을 유치하는 것이 약 5배 정도 비용이 더 들어간다는 것이다. 정확한 수치와는 관계없이 기업이 새로운 고객을 끌어들이는 것보다 현존하는 고객을 유지하는 것이 더 쉽다는 얘기이다. 따라서 고객서비스는 함께 일하기 쉬운 기업이라는 개념을 심고, 항상 고객을 행복하게 만들기 위해 노력해야 한다.

물류시스템에서 가장 중요한 요소인 고객서비스란 무엇인가? 고객서비스는 몇 가지 방식으로 이해되고 있다.[6]

첫째는 고객서비스를 기업 활동(business activity)의 하나라고 인식하는 경우이다. 조직구성상 고객서비스 부서가 설치되어 있어 고객의 불평접수, 특수주문처리, 반품 등의 수행 업무를 의미한다. 가장 좁은 의미의 고객서비스라 할 수 있다.

두 번째는 성과측정지표(measure of performance)로써 고객서비스를 인식하는 경우이다. 예를 들어 주문접수의 95%를 24시간 이내에 처리한 것을 고객서비스라 부르는 경우이다.

실무에서 고객서비스는 보통 최종 고객으로부터 주문을 받은 경우 그 주문계약상의 리드타임(lead time, 또는 order cycle) 이내에 배송을 완료할 수 있는 서비스 확률을 의미한다. 그 서비스 확률은 리드타임 내에 배송을 완료한 횟수(혹은 수량)를 총 발주횟수(총수량)로 나눈 비율로 산출한다.

세 번째 고객서비스는 기업운영의 철학(corporate philosophy)으로 인식되어야 한다는 것이다. 앞선 두 가지의 고객서비스 시각은 문제해결의 좁은 시각이며, 적극적으로 고객의 니즈를 찾아 고객만족을 주는 진정한 고객서비스라 할 수 없다. 물론 기업의 철학으로 고객서비스를 인식하고 있는 기업도 고객서비스 부서가 있을 수 있으며, 평가척도로 고객서비스를 이용하기도 한다. 그러나 핵심적인 인식의 차이는 고객서비스의 의미를 업무흐름에 두는 것이 아니라 고객 자체에게 두고 있는 점이다.

고객서비스는 종종 소비자 만족(customer satisfaction: CS)으로 통하기도 하지만 이 두 개념은 같지 않다. 고객서비스는 고객 만족의 한 분야일 뿐이다. 고객만족은 고객의 기대치와 실제 경험을 비교하고 만약 실제 경험이 같거나 기대치

---

6 Kent N. Gourdin, op. cit., 2006, p. 45.

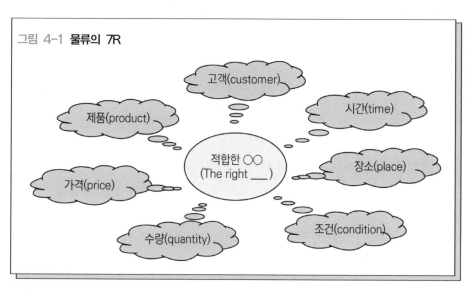

그림 4-1 **물류의 7R**

고객(customer)

제품(product)

시간(time)

적합한 ○○
(The right ___)

장소(place)

가격(price)

조건(condition)

수량(quantity)

자료: Stock, James R., Lambert, Douglas M., Strategic Logistics Management (Mcgraw-Hill), 2001.

를 넘었을 경우 고객은 만족한다는 것이다. 반대로 만약 실제 경험이 기대치보다 낮을 경우 고객은 불만족스러울 것이다. 고객서비스를 물류와 연관시켜 보면 판매물류의 경우 기업이 고객에 대해 상품의 리드타임을 단축시켜 주는 것이라는 의미가 될 것이며, 고객만족을 물류와 연관시켜 보면 물류사업자 입장에서 고객인 화주(제조업자 또는 유통업자)에게 적절한 물류서비스를 제공한 의미가 될 것이다.

물류가 고객서비스를 어떻게 창출하는가에 대해서는 소위 '물류의 7R(7R's of Logistics)'로 설명할 수 있다. 적합한 정보(right information)를 가진 적정가격(right price)에 적합한 조건(right condition)에서 적시에(right time), 원하는 장소에(right place)에 적합한 제품(right product)의 적량(right amount)을 배송하는 능력이다.[7]

'7R'은 좋은 고객서비스를 제공하기 위한 핵심요인들로 시장에서 제품을 판매하기 위해 구현해야 할 물류서비스의 여러 측면을 설명한 것이다.

결론적으로 물류시스템은 고객이 원하는 서비스 수준을 고객에게 제공해서 궁극적으로 고객의 만족을 이끌어내는 것이다. 이와 같이 고객서비스가 기업의

---

7 Stock, James R., Lambert, Douglas M., Strategic Logistics Management (Mcgraw-Hill), 2001.

시장점유율, 수익성에 큰 영향을 미치는 것이다. 과거에는 생산성향상과 원가절감으로 기업의 경쟁우위를 차지하였으나, 최근에는 고객서비스의 고도화로 기업의 경쟁우위(competitive advantage)를 지켜나가고 있다.

3. 고객서비스의 특성

1) 고객 서비스 지표

고객서비스의 특성은 일반적으로 시간, 신뢰성, 의사소통, 편의성 등 4 가지로 볼 수 있다. 고객에게는 시간이 중요하다. 특히 고객은 주문 이후 납품까지 걸리는 시간(order cycle)이 짧으면 짧을수록 좋아한다. 오늘날 인터넷주문 등 대부분의 경쟁 시장에서 빠른 스피드가 역량이 되는 경우가 많다. 그러나 속도는 신뢰성(reliability)을 갖고 있을 때 의미가 있는 것이다. 그런 의미에서 신뢰성은 고객에게는 가격보다도 더 중요한 요인일 수 있다.

신뢰성은 일관성 있는 주문 주기, 안정 배송 및 배송 완료의 세 요소를 일컫는다. 일관된 주문 주기를 지키지 못하게 되면 높은 재고 요구량을 필요로 한다. 따라서 기업에서는 점차 운송속도보다는 일관된 주문주기에 더 중점을 두고 있는 추세이다. 안전 배송은 손실 및 손상 문제와 관련이 있다. 제품이 손상 또는 손실되는 것이, 고객에게 그다지 중요하지 않지만 그것으로 인해 발생하는 재고 부족과 같은 문제는 부정적인 영향을 미치게 된다. 그리고 역시 손실과 손상에 의해 미완성된 배송은 재고부족과 같은 소비자 불만족을 초래하게 된다.

편의성이란 주문 편리성, 상품을 가져가거나(pick-up) 배달 오는(delivery) 시간, 배송빈도, 기술지원, A/S서비스 등과 관련되는 것으로 고객서비스의 유연성으로도 불릴 수 있는 특성이다. 즉 고객 서비스의 편의성은 판매자와 거래하는 데 있어 편리함에 중점을 둔 특성이다. 최근에는 상품을 가정에서 컴퓨터로 검색하여 구매, 배송을 시키는 일이 늘고 있어 이에 대한 접근성도 중요한 편의성 요인이 되고 있다.

일반적으로 의사소통은 고객의 의견을 듣고, 그들의 니즈를 파악하여 고객을 만족시켜주는 노력을 하는 것으로 설명될 수 있다. 효과적인 의사소통은 판매자와 소비자 사이의 쌍방의 교환형식이 되어야 한다. 또한 효과적인 의사소통을 위해서는 적합한 사람이 의사소통에 나서야 한다. 만약 소비자가 물류와 관련된 질문이 있다면 물류 관계자와 이야기를 나누어야 할 것이다. 의사소통에는 화물을 추적하고, 고객요구에 정확하고 시의적절한 응대를 하는 것, 결제청구, 정보관리 등의 활동을 포함한다.

2) 고객서비스와 관련된 물류 서비스 지표

물류 측면에서 고객서비스 제고와 관련된 서비스 지표는 물류 시스템의 성과를 측정하고, 개선이 필요한 부분을 식별하며, 최종적으로는 고객 경험을 향상시키는 데 기여한다. 물류 분야에서 고객 서비스와 직접적으로 관련된 서비스 지표는 다음과 같다.

먼저, 주문 처리 시간(Order Processing Time)은 고객이 주문을 완료한 시점부터 물류 시스템에서 해당 주문이 준비되고 발송될 때까지의 시간을 측정한다. 이는 고객이 얼마나 빠르게 주문 제품을 받을 수 있는지를 직접적으로 반영하는 지표이다. 고객은 빠른 주문 처리와 배송을 기대하고 있으며, 주문 처리 시간이 짧을수록 고객 만족도가 높아져 재구매 가능성도 증가한다. 자동화된 주문 처리 시스템 도입, 효율적인 재고 관리, 주문 접수와 처리 단계 간의 통합을 통해 주문 처리 시간을 단축할 수 있다.

배송 시간(Delivery Time)은 주문이 발송된 시점부터 고객이 제품을 수령할 때까지의 시간을 의미한다. 이는 물류 네트워크의 효율성을 평가하는 중요한 지표이다. 배송 시간이 짧을수록 고객의 만족도가 높아지고, 빠른 배송은 고객이 다시 구매하도록 유도하는 강력한 동기가 된다. 지역 창고에의 재고 전진 배치, 배송 경로 단축, 소량 다빈도 배송 시스템 도입 등을 통해 배송 시간을 단축할 수 있다.

배송 정확도(Delivery Accuracy)는 고객이 주문한 제품이 정확하게, 손상 없이, 제때 배송되는지를 평가하는 지표이다. 이 지표는 고객이 기대하는 품질과 서비스 수준을 반영하며, 높은 배송 정확도는 고객 신뢰를 강화하여 반품 및 교환으로 인한 추가 비용을 줄이는 데 기여한다. 자동화된 포장 시스템, 철저한 품질 검사, 정확한 주소 확인 절차를 통해 배송 정확도를 높일 수 있다.

재고 가용성(Inventory Availability)은 고객이 원하는 제품을 언제든지 구매할 수 있도록 보유한 재고를 측정하는 지표로 구성된다. 이는 주문 처리의 원활성과 고객 만족에 직접적인 영향을 미친다. 높은 재고 가용성은 신속하게 고객 수요를 만족시키는데 기여하여 고객의 구매 의도를 높이고 주문 취소나 대기 시간을 줄이는 데 중요하다. 효율적인 재고 관리 및 수요 예측, 안전 재고 수준 유지 등을 통해 재고 가용성을 개선할 수 있다.

반품 처리 시간(Return Processing Time)은 고객이 반품을 요청한 시점부터 해당 반품이 처리되고, 환불 또는 교환이 완료될 때까지의 시간을 한다. 이는 고객이 반품 절차를 얼마나 빠르고 편리하게 이용할 수 있는지를 준다. 신속한 반품 처리는 고객의 신뢰를 유지하고, 긍정적인 구매 경험을 제공한다. 이를 위해 반품 절차의 간소화, 자동화된 반품 처리 시스템, 반품 센터의 지역별 분산 운영을 통해 반품 처리 시간을 단축할 수 있다.

물류비용(Logistics Cost)은 제품을 고객에게 전달하기 위해 발생하는 모든 비용을 측정한다. 이는 물류 효율성을 평가하고, 고객에게 더 나은 가격을 제공하는 데 중요한 역할을 한다. 물류비용을 효과적으로 관리하면 제품 가격 경쟁력을 유지할 수 있으며, 고객에게 무료 배송이나 할인 혜택을 제공할 수 있다. 경로 최적화, 물류 자동화 등을 통해 물류비용을 절감할 수 있다.

반품률(Return Rate)은 고객이 구매한 제품 중 반품된 제품의 비율을 의미하며, 제품 품질과 고객 만족도를 평가하는 데 중요한 지표이다. 낮은 반품률은 제품과 서비스의 질이 높다는 것을 의미하며, 물류 비용 절감에도 기여한다. 제품 품질 개선, 정확한 제품 정보 제공, 반품 정책의 최적화 등을 통해 반품률을 낮출 수 있다.

4. 고객서비스의 목표 설정

　　고객서비스의 목표 설정은 기업의 매출에 영향을 미칠 뿐만 아니라, 물류비용에도 영향을 미치기 때문에 물류시스템을 설계할 때 가장 먼저 결정해야 할 부분이다. 많은 기업이 고객서비스에 대해 무엇을 달성할지에 대한 구체적인 목표와 보다 구체적인 목적이 없는 경우를 보게 된다. 고객서비스 목적은 구체적이어야 하고 측정 가능해야 하며 성취가능하고 비용의 효율성을 고려해야 한다.

　　고객서비스의 수준을 결정하는 것은 곧 관련된 비용지출의 수준을 결정하는 일이다. 서비스 수준과 비용 발생 사이에는 정의 관계가 성립하지만, 일직선의 관계라기보다는 지수함수 관계에 가깝다. 즉 고객서비스를 10% 증가시키기 위해서는 비용이 15%나 혹은 50%까지도 증가할 수 있기 때문이다.

　　서비스 달성 목표가 너무 높다면 매우 값비싼 비용을 치러야 할 수도 있다. 예를 들면 12개월 안에 주문 피킹오류를 5%에서 2%로 줄이려는 목적을 설정했다면, 이를 위해 얼마만큼의 추가 비용이 들어갈 것인가를 고려해 보아야 한다.

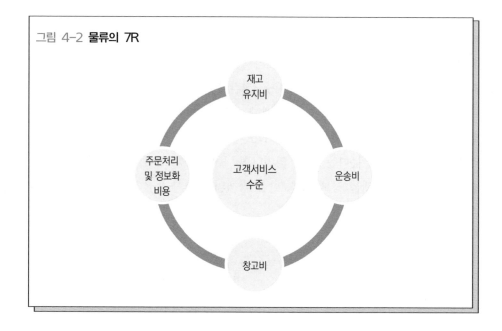

그림 4-2 **물류의 7R**

추가적인 인력을 고용하고, 주문 피킹 과정을 재설정하고, 새로운 기술의 도입을 해야 할 것이다.

고객서비스 목표와 목적은 고객의 관점에서 수립되어야 할 것이다. 이것은 고객들에게 고객서비스에 대한 의견을 묻는 것을 의미한다. 현재 판매자로부터 제공되지 않는 것 중에서 어떠한 서비스를 소비자들이 원하는 것인가? 소비자들은 고객서비스에서 무엇을 가장 으뜸으로 생각하는가? 현재 판매자들은 얼마나 소비자의 요구를 충족시키고 있는가? 어떻게 향상시킬 수 있는가?

고객서비스는 경쟁적인 수단이기 때문에 고객들이 경쟁하는 판매자들을 어떻게 평가하는지를 아는 것도 중요하다. 많은 기업들이 벤치마킹을 통해 서비스를 평가하고 경쟁업체뿐만 아니라 동종업계 최강 기업을 벤치마킹하기도 한다.

고객서비스 목표가 계량적으로 표시되지 않고 상투적인 목표로 설정된다면 이는 미사여구에 지나지 않는다. 고객서비스를 수치화할 수 있다는 것은 제어할 수 있는 능력이 있다는 것이고, 목표와 목적이 성취되지 않았다고 나타낼 때 올바른 조치를 취할 수 있다는 의미이다. 시간, 신뢰성, 편의성, 의사소통 등 4가지 특성을 포함하여 고객서비스를 수치화해야 할 것이다.

기업별로 구체적인 고객서비스가 다를 수 있지만 일반적으로 물류분야에서는 다음과 같은 항목에 중점을 둔다. 배송빈도, 배송의 신뢰도, 재고 보충의 연속성, 신뢰성, 주문처리의 정확성, 송장의 정확도, 고객문의 처리 등이다. 각각의 고객서비스 항목별로 중요도를 매겨, 고객서비스 관리 및 고객서비스 조사 등에 활용하게 된다.

사례 4-1 고객 중심의 서비스 혁신, Johnson & Johnson

Johnson & Johnson (J&J)은 1886년에 설립된 다국적 기업으로, 의료 기기, 의약품 및 소비자 포장 제품을 판매하고 있다. J&J는 세계 최대의 헬스케어 기업 중 하나이며, J&J의 제품 포트폴리오에는 타이레놀, 밴드에이드 등 의약품과 의료기기 등이 있다.

● 코로나19 팬데믹 기간 동안의 위기

팬데믹은 J&J의 공급망에 전례 없는 도전이 되었다. 특히 의료 제품에 대한 급증하는 수요와 제조 및 물류의 혼란, 국경 간 이동 제한으로 인한 복잡한 물류 문제를 겪었다. 타이레놀과 같은 일반 의약품에 대한 수요가 큰 폭으로 증가하였으며, 의료 기기 및 의약품의 생산에 필요한 원자재 확보의 어려움도 큰 상태에서 봉쇄 조치와 이동 제한으로 인한 복잡한 물류 문제까지 발생하여 위기를 맞게 되었다.

● 고객 중심의 물류 혁신 전략

이러한 위기를 극복하기 위해 J&J는 철저히 고객 중심의 접근 방식을 통해 높은 투자비와 운영비용 지출에도 불구하고 새로운 물류 및 공급사슬 시스템을 적극 도입하였다. 먼저 J&J는 공급사슬관리를 위한 정보시스템 고도화와 디지털 기술을 활용하여 실시간 물류 및 공급사슬 가시성 확보 체계를 도입하였다. RFID 등 제품 추적 센서와 GPS 기반 물류 기술을 사용하여 실시간으로 배송을 모니터링하고, 제품이 지연 없이 목적지에 도착할 수 있도록 지원하였다. 또한, 증가된 수요에 대응하기 위해 J&J는 제조 공장을 24시간 운영하는 체계로 전환하였는데, 이러한 전략적 조치는 필수 의약품의 지속적인 공급을 보장하고 제품 품질이나 배송 시간을 손상시키지 않으면서 높아진 수요를 충족시킬 수 있었다. 팬데믹 동안 생산을 최적화하기 위해 J&J는 복잡한 제품 종류를 단순화하여 일부 제품의 생산을 일시적으로 줄였고, 가장 수요가 많은 필수 일반 의약품의 대량 생산에 집중하였다. 또한, J&J는 챗봇 및 메시징 서비스를 통합하여 고객 서비스의 디지털화를 통해 더 빠르고 효율적인 고객 대응 서비스를 제공하였다. 이러한 도구는 고객의 질문을 즉시 해결하고 전체적인 고객 만족도를 향상시키는 데 도움이 되었다.

J&J는 고객의 요구를 우선시하고 디지털 기술 도입에 비용을 투자함으써 탄력적이고 유연한 공급망을 유지하여 필수 의료 제품이 필요한 사람들에게 도달할 수 있도록 했다. 이러한 고객 중심 전략은 브랜드 평판을 향상시키고 위기 상황에서도 고객 중심의 공급망 관리의 중요성을 보여준 사례라고 할 수 있다.

자료: Inside Johnson & Johnson's Supply Chain Operations, RFGen

5. 고객서비스 향상의 장애요인[8]

1) 고객 세분화 미흡

많은 기업들이 모든 고객에 대해 동일한 서비스 수준을 제공하는 경우가 많다. 이러한 전략은 경영자가 고객에 대해 동일한 서비스를 제공하겠다는 의식적인 경우가 많으나, 역설적으로 고객의 니즈(needs)에 대한 인식을 제대로 하지 못하고 있다는 것을 나타내 줄 뿐이다. 어떤 기업도 소수의 고객이 기업 수익의 많은 부분을 차지하기 마련이다. 실제로 '파레토의 법칙'(Pareto's Law)은 '80/20 규칙'으로도 알려지고 있는데 기업의 80%의 이익은 20%의 고객으로부터 발생한다는 것이다. 기업은 이들 20%의 고객이 행복할 수 있도록 어떤 일이라도 할 수 있어야 한다. 이들 고객이 구매하기 위해서는 기업이 가장 중요한 고객으로 여기며 높은 수준의 서비스를 제공할 때만 가능한 일이다. 따라서 경영자는 이들 최우수 고객이 원하는 고객서비스 이상을 제공할 방법을 찾아야 한다.

2) 판매수단으로 오용

종종 고객서비스 향상이 매출 증대를 위한 유인책으로 약속되는 경우가 있다. 예를 들어 신속한 배송, 자유로운 반품정책, 또는 다른 혜택을 제공하기도 한다. 그러나 이와 같은 것은 기업의 고객서비스 전략의 일부분이 아닌 일시적인 판매촉진책으로 약속되는 것이다. 이와 같이 고객서비스가 기업의 철학이나, 전략을 바탕으로 제공되지 않고 단지 판매촉진을 위해 일시적으로 사용될 경우, 약속을 지키지 못하거나, 지키지 않으려 할 수도 있으며 이는 결국 고객 불만의 요인이 될 수 있다. 예를 들어 가격을 저렴하게 공급하겠다고 판촉행사에서 약속한 경우, 운송수단이나 운송사를 변경할 수밖에 없으며, 이는 배송지연이라는 고객서비스의 질적 하락을 초래하게 되는 것이다.

---

8 Kent N. Gourdin, op. cit., 2006, pp. 47-48.

3) 단기적 경영 의사결정

만약 기업의 재무상태가 어려워지게 되면 경영자는 단기적 수익성 향상을 위한 방법을 강구하게 된다. 보통 두 가지 대안을 사용하게 된다. 하나는 재고를 줄이는 일이다. 이는 재고관련비용을 줄이는 효과뿐 아니라, 재고자산을 줄이는 이중 효과를 낼 수 있는 대안이다. 두 번째 대안은 외상매출 시 지불유예 기간을 줄이는 일이다. 이를 통해 고객은 지불을 더 빨리 할 수밖에 없어 회사의 현금흐름이 개선될 수 있다. 그러나 이 두 가지 의사결정은 모두 장기적으로 볼 때 고객 서비스에 대해서는 부정적인 영향을 끼치는 요인이 된다. 재고를 줄이는 것은 품절의 가능성이 높아지고, 판매기회 손실의 위험이 증가하는 것이다. 또한 구매자 입장에서 보면 지불유예 기간을 단축시키는 일은 실질적으로 가격이 인상된 결과인 셈이다.

6. 시장별 고객서비스 개발

고객서비스를 향상시킨다고 해서 모든 고객에 맞는 서비스를 개발할 수는 없는 일이다. 제품의 품질별, 주문방법별, 혹은 국가별, 연령별, 고객세분별로 서비스 수준이나 중점을 두어야 할 서비스 요소들이 달라지기 때문이다.

1) 국가별 고객 니즈 차이

문화적인 요인들이 고객서비스를 결정하는 데 큰 영향을 미치게 된다. 이에 따라 고객서비스는 특히 최종소비와 관련된 고객서비스는 국가별로 다르게 제공되어야 한다.

예를 들면 유럽의 소비자는 사는 고장의 도심 중심의 상점을 선호하며, 제품별 전문점에서 구매하는 경향이 있어 여러 곳을 들리며 구매하는 경향이 있다. 그러나 유럽 내 국가별로도 고객 특성에 많은 차이를 보인다. 프랑스인들은 비교적 신용카드를 많이 사용하지 않는다. 영국 가족은 일요일 아침 외식은 상상도 못한다. 스페인은 소매점들이 한낮인 오후 3시에도 문을 닫아 버린다. 독일 국민은 가격에 아주 민감하여 예를 들어 식품구입 시 포장 없는 할인매장을 선호한다.

이에 비해 미국의 소비자들은 도심에서 좀 떨어져 있어도 넓은 주차장을 요구하는 경향이 있다. 케이마트(K-mart)는 도시 내에 매장을 위치하였는데 이 결과 기존 소형업체와의 경쟁이 불가피했고 규모 확장에 한계를 갖게 되었다. 이에 비해 월마트(Wal-mart)는 고속도로와 연결되는 시골벌판에 건설하여 넓은 주차장을 확보할 수 있었다. 또한 미국 소비자들은 언제든지 상품을 살 수 있어야 하는 특성으로 24시 판매점이 늘어났으며, 제품 매진이나, 재고부족에는 관대하지 않아 바로 상점을 바꾸는 경향이 있다. 이 밖에 차에서 내리지 않고(drive-thru) 구매를 할 수 있는 편의점이나 업무를 볼 수 있는 은행 등을 선호한다.[9]

중국의 시장은 지역별, 세대별, 계층별로 나누어져 있다. 지역별로 비즈니스 환경이 다르기 때문에 중국 공동체(Chinese Union)로 간주하고 접근해야 한다. 예를 들어 자동차 구매시 청두지역 소비자들은 연비와 고장률, 차량 유지비용에 주목하나, 같은 스촨(四川) 지역이지만 충칭지역 소비자들은 차량의 외관과 운전 편의성을 중점적으로 살핀다고 한다. 좁고 비탈진 지형의 특성상 체면을 중시하는 이 지역 소비자들의 성격이 반영된 듯하다. 중국 동부 연안지역일수록 합리적 구매 의사결정을 하는데, 광둥지역 소비자들은 무엇보다 가격을 중시한다고 한다.

우리나라의 소비자들은 일종의 직접 판매, 직접구매의 형태인 인터넷 쇼핑을 많이 하는 경향이 있어 주문/배송시간의 단축, 화물추적 정보제공여부에 매우 민감하고 가격비교사이트를 통한 정보에 힘입어 가격수준에도 민감하게 작용한다. 그리고 전문점보다는 쇼핑의 편의성이 크게 높아진 대형 할인점, 백화점 등을 선호하는 경향이 크다.

2) 시장에 맞는 고객서비스

이상과 같은 국가별로 고객의 취향, 구매 특성이 다르기 때문에 시장별로 별도의 고객서비스가 개발되어야 한다. 특정국가의 소비자들은 익일배송이어야만 만족하지만 다른 나라 소비자들은 다음 주 배송에도 만족하기도 한다. 독일의 맥

---

9 Kent N. Gourdin, op. cit., 2006, pp. 49-50.

도날드는 도심 한복판에 편리한 식당으로 꾸며져 있지만 미국에서는 주차장 건물의 서서 먹는 공간이나, 차량에 탄 채 구매할 수 있는 차량레인 옆에 자리 잡기도 한다.

기업의 물류시스템은 고객을 지원하기 위해 작동되어야 한다. 이를 위해 경영자는 각각의 시장에 맞는 고객서비스 믹스를 개발해야 한다. 즉 시장이 받아들일 수 있는 서비스 수준을 시장별로 파악해야 한다. 고객서비스의 니즈를 정확히 파악해내지 못하면 비효율적인 물류시스템을 개발하게 될 것이고 이는 곧 기업의 매출기회 상실로 이어질 수밖에 없다.

사례 4-2 타이어 대신 서비스를 팔았다

한국타이어는 2000년대 초반에 경쟁이 치열해지면서 수익성이 악화됐다. 이 회사는 제조업에 유통서비스업을 통합해 자동차 종합관리센터인 'T 스테이션'을 프랜차이즈 형태로 개설, 새로운 성장 동력을 찾았다. 서비스 통합 세부 전략은 다음과 같다.

① 가격 표준화로 신뢰 회복

우선 한국타이어는 'T 스테이션'을 통해 소비자들의 막연한 불안감을 불식시켜주기로 했다. 'T 스테이션'은 모든 점포에서의 가격을 통일했고, 서비스를 표준화했다. 언제 어느 곳의 'T 스테이션'을 가더라도 고객들은 같은 가격에 타이어를 살 수 있었다.

② 안전 컨설팅으로 고객 관리 지속

운전은 안전과 직결된 문제이기 때문에 컨설팅이 큰 고객 가치를 창출할 수 있다. 한국타이어는 이 점을 적극 활용했다. 'T 스테이션'은 단순히 타이어 정비, 교환, 판매에 그치지 않고 고객 차량의 특성, 운전습관, 운행행태 등을 고려해 가장 적합한 타이어를 추천해주고, 안전 진단까지 해줬다. 뿐만 아니라 매장을 찾은 고객들에게는 타이어를 교체할 만한 시기에 자동으로 문자메시지를 보내 타이어 위치 바꾸기, 오일 교환 시점 등을 알렸다. 단순히 타이어를 판매하거나 타이어를 교체해주는 것에 그치지 않고 각종 상담을 해주니 차량점검을 하러 왔다가 타이어를 구매하는 고객들도 적지 않았다. 고객과의 상담 과정에서 추출된 데이터 베이스는 한국타이어의 귀중한 자산이 되었다. 한국타이어가 신제품을 개발할 때 현장에서 바로 추출한 고객 니즈 관련 데이터를 이용할 수 있었기 때문이다. 대표적인 사례가 저가형 실속 타이어인 '스마트 플러스'다. 'T 스테이션'에 입력되는 정보를 분석한 결과 경기 불황에 대한 고객들의 체감 지수를 즉각적으로 알아낼 수 있었고, 경쟁사보다 빠른 시일 내에 저가형 타이어

개발에 착수할 수 있었다.

③ 매장의 주인공은 차량 아닌 사람

매장 레이아웃도 고객 중심으로 만들었다. 기존 카센터들은 차량 중심으로 매장을 설계했다. 따라서 분위기가 다소 어수선하고 고객이 앉아 있을 수 있는 공간도 부족했다. 하지만 'T 스테이션'은 점포 내에 별도의 대기 공간을 만들어 소파나 테이블을 갖다 놓았다. 동시에 대기공간의 투명 유리창을 만들어 고객이 자신의 차량 정비 장면을 지켜볼 수 있게 했다. 이와함께 'T 스테이션' 외관도 오렌지 색깔로 포인트를 줘 기존의 칙칙한 분위기의 카센터와 차별화했다.

④ 친절까지 팔았다

고객을 기분 좋게 하는 고객 환대(hospitality) 교육도 적극 실시했다. 이를 위해 각 매장의 판매 교육직원인 세일즈 마스터(Sales Master)를 운영했다. 각 매장 종업원에게 판매 스킬과 고객 응대, 판촉 활동, 서비스 마인드 개선 등을 위해 현장에서 직접 교육을 실시한다. 카센터에서도 백화점 못지않은 서비스를 받게 한다는 게 목표였다. 이를 위해 판매시점(Moment of Truth)을 8단계로 나눠 표준화했다. 고객 맞이, 고객 상담용건 파악하기, 차량 확인, 고객 점수, 차량 정비, 결과 설명, 요금 수납, 고객 전송 등으로 체계적으로 구분했다.

⑤ 가맹점 사업으로 돈 벌지 않겠다

당초 한국타이어는 'T 스테이션' 가맹사업으로 돈을 벌겠다는 목표를 설정하지 않았다. 목표는 한국타이어의 시장 지배력을 높이는 것이었다. 따라서 다른 프랜차이즈와 달리 가맹료를 받지 않았고, 'T 스테이션' 점포를 지원하기 위해 아낌 없는 투자를 했다. 일 년에 두 차례씩 평가를 실시해 평가결과에 따라 가맹점을 엄격하게 관리한다. 타이어 매출액뿐 아니라 본사 정책 준수도, 가격 준수율, 고객 입력비율, 점포환경 관리, 직원 친절도 등을 골고루 평가한다.

⑥ 전산화로 물류비용과 재고비용 등 절감

또 물류관리, 매장 운영, 영업 관리, 고객 관리, 회계 관리 등을 일괄적으로 전산으로 연결시켜 놓았다. 또 운영 재고 관리(PSI: Purchasing Sales Inventory)시스템을 구축했다. 전산에 입력된 정보는 본사로 통보되고 전국 13개 물류센터 중 가까운 곳에서 타이어가 자동으로 배달돼 'T스테이션'은 항상 적정재고를 유지할 수 있다. 과거 25일치 재고분량을 쌓아뒀던 한국타이어는 이 시스템을 도입해 재고 물량이 14일치로 줄어들었고 물류비용도 감소했다.

토의 주제: 이 회사는 고객서비스를 어떤 의미로 정의하고 있는가? 또한 근무하는 회사, 또는 다른 회사에서는 고객서비스를 어떤 의미로 정의하고 있는가?

자료: Special Report, Chief Logistics Officer, Jul 2011, No. 19

05

통합물류

통합물류는 모든 물류 활동은 개별적인 의사결정이 전체에 영향을 미친다는 것을 고려하여 통합시스템으로 관리되어야 한다는 것이다. 물류의 특정부문이 비용 최소화된다 해도, 이는 다른 부문의 비용증가로 이어져 총비용이 더 커질 수도 있기 때문에 항상 좋은 것만이 아니기 때문이다. 이를 위해 사용하는 총비용분석을 살펴본다. 또한 운송을 중심으로 보관, 포장, 하역과의 관계 및 포장과 하역의 관계를 살펴본다. 또한 기업활동과의 통합 그리고 공급사슬과의 통합문제를 다룬다.

1. 총비용분석

총비용분석은 물류기능 상호 간에 상충관계가 생길 경우, 혹은 기업활동의 여러 기능 간의 상충이 생길 경우, 그리고 공급사슬 기업 간 활동의 상충이 생길 경우 총물류비를 최소화할 수 있는 최적화 분석수단으로 활용된다.

2. 물류활동 간의 통합

물류활동에서 운송과 보관에 드는 비용은 상충(Trade-off) 관계가 성립된다. 운송비를 절약하려면 대량운송을 해야 하고, 이는 대량재고를 안게 되어 보관비용이 늘어난다. 물류를 전체로 관리하여 총비용을 최소화하려는 관점에서 운송과 보관활동을 함께 생각해야 한다. 이 밖에 운송과 포장, 운송과 하역, 포장과 하역의 관계를 정리해야 한다.

3. 기업활동과의 통합

물류활동은 기업의 전체 경영구조 내에서 중요한 부분을 차지하고 있어 마케팅이나 생산, 재무 등 기업의 여타 활동과 상호관련성을 가지게 된다. 마케팅활동과는 고객서비스 수준의 결정, 포장, 물류센터 입지, 재고수준, 주문처리시스템 등에서 의사결정을 공유해야 한다. 생산활동과는 생산계획, 생산량, 공장 창고 설계, 원부자재 저장 등에서 물류계획과 관련성을 갖게 된다. 그리고 물류활동은 재무측면, 재고관리, 각종 장비 및 시설 투자, 물류비 절감 등과 상관관계가 있다.

4. 공급사슬 내 통합

공급사슬 내의 업체 간 업무 통합 및 상충문제는 로지스틱스에서 다루는 기업 내 각 기업 활동들 간의 상충에 대한 조정, 최적화와 기본 원리는 동일하다. 다만 공급사슬 내에서는 그러한 업무를 독립적인 기업들이 수행하기 때문에 공급사슬 전체 최적화를 위한 상충조정이 기업 내 상충조정, 최적화보다는 어렵다는 점이 다를 뿐이다.

1. 총비용분석

통합물류(integrated logistics)는 모든 물류 활동은 개별적인 의사결정이 전체에 영향을 미친다는 것을 고려하여 통합시스템으로 관리되어야 한다는 것이다. 한 분야에서 결정된 사항은 타 분야에 대해서도 충분히 고려해야만 한다는 것을 의미한다. 예를 들어, 소비자의 요구와 수요를 만족시킬 수 있는 마케팅전략이 물류적 관점에서 보면 재고 유지량과 재고 품목의 현저한 증가, 그리고 추적해야 할 품목의 증가를 의미한다고 볼 수 있다.

따라서 기업의 주요 기능을 볼 때 관련되는 상호의존도에 대해서도 반드시 인식해야 하며, 또한 물류의 기능을 구성하는 기능내 영역(intra functional)의 다양한 역할을 이해해야만 한다. 물류 관리자는 반드시 각각의 물류 활동이 다른 영역에 미치는 영향을 고려하여 균형을 맞추어야 한다.

정해 놓은 고객서비스 수준을 유지하는 상태에서 총비용을 최소화하는 것이다. 물류의 특정부문이 비용 최소화된다 해도, 이는 다른 부문의 비용증가로 이어져 총비용이 더 커질 수도 있기 때문에 항상 좋은 것만이 아니다. 즉 경영자는 경우에 따라 한 부문(운송)의 비용을 올려, 다른 부문(재고)의 비용을 절감할 수도 있는 것이다. 이 결과 총비용을 낮출 수 있다면 의사결정은 만족스러운 것이기 때문이다.

그림 5-1 3단계 최적화

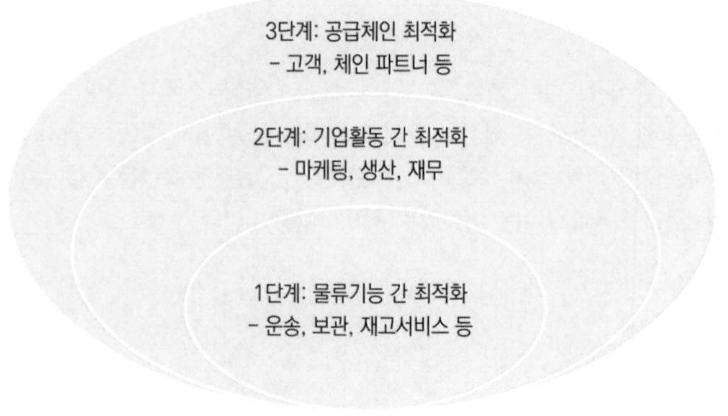

3단계: 공급체인 최적화
- 고객, 체인 파트너 등

2단계: 기업활동 간 최적화
- 마케팅, 생산, 재무

1단계: 물류기능 간 최적화
- 운송, 보관, 재고서비스 등

이를 위해 일반적으로 물류에서 의사결정시 총 물류개념(total logistics concept: TLC)이라 불리는 총 비용의 개념으로 접근하는 방식을 사용한다. 총원가에는 생산, 구매비용, 재고유지비, 수송 중 재고비, 수송비 등 여러 비용이 포함되는데, 이들 비용들은 서로 상충관계의 속성을 갖고 있다.

기업물류의 총비용분석(total-cost analysis)은 물류기능 상호 간에 상충관계가 생길 경우, 혹은 기업활동의 여러 기능간의 상충이 생길 경우, 그리고 공급사슬 기업간 활동의 상충이 생길 경우 총물류비를 최소화할 수 있는 최적화(optimality)의 분석수단으로 활용될 수 있다.[1]

첫 번째 단계의 최적화는 운송, 보관, 재고, 고객서비스 등 물류활동 상호 간에 상충이 발생할 경우 최소 물류비의 조합을 찾아내는 것이다. 예를 들어 기업은 낮은 운송비를 지불하는 운송수단을 사용할 경우, 운송비는 절약할 수 있지만 이로 인해 서비스 수준이 떨어지고, 창고나 재고비용이 증가할 수 있는 것이다. 이런 경우 운송과 보관, 그리고 고객서비스를 함께 고려한 총비용분석을 하여 최적의 운송수단을 선정할 수 있는 것이다.

두 번째 단계의 최적화는 마케팅이나 생산부문 등 타 기업활동과 물류활동

---

1 Bardi, Coyle, Novack, op. cit., 2006, pp. 11-12.

이 상충될 경우 이를 총비용분석에 의해 최적화하는 것이다. 낮은 가격의 운송수단을 선택했을 경우 마케팅부문에게는 재고부족으로 매출기회상실에 의한 비용을 지불해야 할 것이며, 생산부문에게는 원자재 부족에 의한 생산 중단이 발생할 수도 있는 것이다.

세 번째는 공급사슬 전체의 최적화를 위한 수단이 될 수 있다. 물류의사결정이 공급사슬의 다른 파트너들에게 영향을 미칠 수 있는 것이다. 예를 들면 창고에서 결정한 파렛트 규격이 고객이 요구하는 파렛트 규격과 상이할 경우 고객에게 인도할 때 추가비용이 발생할 수 있는 것이다.

2. 물류활동 간의 통합

물류활동은 프로세스 능력을 개선시키고, 시간을 단축하고, 품질을 개선하며, 비용을 개선할 수 있는 방법을 항상 찾고 있다. 여기에서는 의사결정자들이 운영을 개선하고, 능력을 증가시키며, 필요한 시스템 시간을 단축시킬 수 있게 활동을 설계 혹은 재설계할 수 있는 방법을 제시하고 있다. 그 첫 단계가 물류활동의 상호관계에 대한 정의이다.

물류활동을 구성하는 활동들은 고객서비스, 운송, 보관시설관리, 자재관리, 재고관리, 정보시스템 등이다. 물류의 경우도 이들 활동들이 서로 상호작용을 한다. 예를 들어 JIT를 채택한 경우 재고비용은 크게 감소할 수 있지만 재고부족에 따른 품절과 매출기회상실의 위험성이 상존하게 된다. 이와 같은 고객 불만족을 방지하기 위해 좀 더 빠른 운송수단을 사용하게 되는데, 이 경우 운송비 증가가 재고비용 감소분을 상쇄하게 된다. 물론 운송비의 증가분보다 재고비용의 감소분이 크다면 JIT 채택 의사결정은 기업에 이익이 된다.

보다 일반적으로 보면 한 물류활동에 대한 의사결정은 다른 물류활동들에게 영향을 미치게 된다. 예를 들어 고객서비스를 향상시키기 위해 야간운송, 익일배달 서비스를 시작할 경우 이는 운송, 재고, 보관시설, 주문처리 기능 등 물류믹스 전반에 영향을 미치게 된다.

활동에는 어떤 재료, 제품 혹은 정보가 투입되는가? 활동에서는 어떤 재료, 제품 혹은 정보의 흐름이 나오는가? 하나의 활동은 다른 활동들과 어떤 상호작용을 하는가? 어떤 활동의 설계를 착수하거나 재작업하기 전에, 그 활동의 역할이 다른 활동들을 활용하는지를 이해하는 것이 중요하며, 이는 의사 결정자들이 서로 관계가 있는 시스템 혹은 활동들의 최적화를 만들어 줄 것이다. 물류활동들 간의 상호관계, 상충관계는 운송과 보관, 포장, 하역, 정보처리 간의 관계를 살펴볼 수가 있다.[2]

1) 운송과 보관

물류활동에서 운송과 보관에 드는 비용은 상충(trade-off) 관계가 성립된다. 운송비를 절약하려면, 1회 운송량을 늘리고 빈번한 운송을 줄여야 한다. 그러나 화물을 받는 측에서는 대량의 재고를 안게 되어 보관비가 늘어난다. 보관비를 절약하려면 재고를 줄이고 필요한 만큼만 구매하면 된다. 그러면 재고가 떨어지지 않도록 빈번하게 운송하지 않으면 안 된다. 물류를 전체로서 관리할 수 있게 되면서, 총비용을 최소화하려는 관점에서 운송과 보관활동을 함께 생각해야 했으며, 보유재고의 적정화를 목표로 하기 시작했다.

제조공장에서 부품 등의 재고를 제로, 또는 최소화하기 위해 Just in time(JIT) 기법이 많은 부문에서 응용되기 시작했다. JIT의 보급에 의해서 운송과 보관은 서로 결합하게 되고 심지어는 보관기능이 운송활동에 포함되는 운송 중 재고 (inventory in transit) 등의 개념이 나타나기 시작한다. 즉 JIT는 창고를 필요 없게 함으로써 보관비를 획기적으로 줄일 수 있으나, 창고를 없앴기 때문에 운송부분에서 보관기능을 담당하게 되었다.

적은 수량의 다빈도 운송에 의해 적재효율이나 운송효율이 크게 저하되는 현상이 나타나게 된다. 그리고 JIT운송으로 인하여 공공의 통로인 도로가 이동하는 창고의 역할을 하고 있다는 지적도 있다. 교통량의 증가, 시간 조정을 위한 주정차 등에 의한 도로정체 등의 공해가 사회적 외부비용으로서 발생하고 있는 것이다. 이 비용은 기업이 물류최적화 행동을 취할 때에는 고려되지 않기 때문에

---

2 國領英雄, 「現代物流概論」, 成山堂書店, 2003, pp. 35-39 참조 보완 기술.

JIT방식의 보급과 함께 문제가 되고 있는 것이다.

한편 보관이 주된 기능이었던 창고가 물류센터나 유통센터로 대표되는 유통형 창고로 전환되고 있다. 유통창고는 상품의 보관기관이 비교적 짧고, 빈번하게 상품이 출입되고 있으며, 저장보다는 화물을 배분하는 것을 주목적으로 하여 설계되어 있다. 여기서는 재고관리뿐만이 아니라, 고객서비스를 위한 기지로서 배송 전의 유통가공 등도 이루어진다. 이 유통창고에서는 화물의 신속한 출입을 지원하기 위해서 정보처리시스템과 연동된 무인 기계화 하역을 사용한다. 컴퓨터가 관리하는 자동창고가 많이 보급되어 있다.

보관과 운송이 밀접하게 이어지고 이처럼 유통 성격으로 바뀌어 가는 것은 재고를 줄이려는 단순한 보관비 절감의 목적 때문만은 아니다. 소비자의 요구가 다양화됨에 따라 생산 자체가 다품종 소량생산으로 변하였고, 대량생산하던 시절처럼 단일품목을 대량으로 보관할 필요가 없어졌기 때문이다. 그 대신 고객 요구에 신속하게 대응하기 위해서 유통가공을 포함한 상세한 재고관리가 필요하게 된 것이다.

2) 운송과 포장

포장활동은 운송활동과의 관계에서 보자면 운송중의 흔들림, 진동, 충격으로부터 내용물을 보호하는 것을 첫 번째 목적으로 한다. 튼튼함만을 추구하면 무거워지며, 무거워지면 운송비도 비싸진다. 따라서 운송비를 절감하면서도 내용물을 보호하기에 충분한 포장을 하면 된다. 이를 위해서는 포장재질의 기술개발과 포장기법이 진보해야 한다. 경량화, 모듈(module)화 등이 하나의 방법이다.

포장은 그 자체로는 가치가 없기 때문에 운송의 입장에서 보면 최소한도로 하는 편이 좋다. 또한 상품의 형태나 크기나 무게는 천차만별이기 때문에 운송의 효율화를 위해서는 화물의 형태를 일정하게 맞출 필요가 있다. 물류에서 포장부분은 표준화를 위한 여러 가지 시도가 있으며, 그 시도 덕분에 포장재료, 포장형태, 포장방법의 혁신이 끊임없이 이루어지고 있다. 보다 저렴하고, 가벼우며, 간단하며 동시에 기능을 충분히 발휘해야만 한다. 제품 1개당 포장의 차이는 작다고 할지라도, 몇만 개, 몇십만 개가 되면 운송을 비롯한 물류의 효율화적인 측면에서는 무시할 수 없는 영향을 미치게 된다.

생산에서 소비까지 이동하는 사이에 그 기능을 발휘하던 포장은 물류의 각 최종지점에서 대부분 폐기된다. 그러나 최근에는 불필요한 부분의 폐기가 쓰레기 처리문제, 환경문제에 관한 큰 문제로 부각되고 있으며 사용한 포장의 처분에 대해서도 배려하지 않으면 안 된다.

어떤 제품에 대해서 환경대책을 위해서 개별포장을 간소화했는데, 제품보호를 위해 운송을 위한 완충재, 내장이 증대하여 결국에는 운송효율이 저하된 예도 있다. 또한 자원 절약의 관점에서 포장재의 회수와 재사용이 가장 이상적인데, 이를 위해서는 추가적인 운송비용이 필요하며 이것이 일회용 포장보다 비용이 증가한 경우도 있다. 어느 쪽이든 포장 원래의 상품보호 기능을 갖으면서도, 운송에서 포장이 차지하는 낭비를 얼마나 줄이고 운송효율을 향상시킬 것인가 하는 것이 과제이다.

판매조건에 따라 제품이 공장에서 전달될 수도 있고 유통전문회사로 이동되기도 하고 조건이 까다로우면 로트(lot)별 각기 다른 소매상에게 배송되는 조건일 수도 있다. 해외무역일 경우에는 대부분 FOB조건[3]으로 출발지 항구에서 선박에 선적하면 모든 책임이 끝난다고 하여 더 이상의 해외물류과정을 생각하지 않는 경우가 많다.

그러나 이제 공급사슬관리가 강화되는 시대가 되었다. 자동차 제조사의 구매부서는 부품단가를 낮추기 위하여 공급하는 물류비의 내역을 요구하기도 한다. 해외에서 조달되는 원부자재는 어떻게 이동되고 어느 포인트에 장치되고 보관되는지가 실시간으로 추적되고 있다. 소비자는 전달되기 전에 상품의 형태와 전달과정에 관심이 크다.

물류과정이 복잡하거나 여러 경로로 소비자에게 운송될 경우에는 물류 운송경로에 따라 포장방식도 달라진다. 물류과정에는 취급물량과 종류에 따라 상품포장인 1차 포장, 꾸러미 포장인 2차 포장, 대량 꾸러미 3차 포장과 파렛트와 컨테이너를 취급하는 4차 포장 방식을 사용할 수 있고 필요에 따라 다른 변형을 가할 수 있다.

---

3 Free on Board, 선측인도조건.

포장 방식이 달라지면 관련한 관리 영역도 달라진다. 만약 포장에 관한 아웃소싱을 받은 업체라면 당연히 공급한 포장, 예를 들면 골판지 상자에 관련한 재질, 강도, 원가분석, 납품일자, 생산일정, 자체 생산비, 보관비용 및 납품 물류비 등이 관리내용이 될 것이고 생산공장 입장에서는 골판지 상자의 제품 장입 적합성, 외관, 크기, 강도, 습도 허용성, 단가, 안전재고, 공급자의 신용, 용적과 효율, 파렛트 종류, 파렛트 적재방식, 제품 상하차 연습, 운송 중 안전 테스트, 파렛트 구매 또는 임대 결정, 파렛트 회수 등을 관리할 것이다.

운송자의 입장에서는 제품적재 장소의 작업성, 트럭의 적재 효율성, 안전한 장착, 운송원가, 운송경로, 환경적 영향의 고려, 분실방지 봉인 등이 될 것이다. 물류센터 입장에서는 정시 도착, 제품의 안전성, 배송관리, 보관관리, 작업인원의 준비, 센터의 환경 등이 관리되고 유통매장에서는 상품의 품질여부, 유통절차, 포장의 안전성, 고객불만의 여부, 클레임 유무, 재고관리 등이 관리적 포인트가 될 것이다.

물류과정에 따라 관리적 관점이 달라질 수 있는 현상과 공급사슬에 있는 제품의 이동을 생산기획 단계에서 미리 예측하고 그에 대한 대비가 필요하다. 왜냐하면 공급의 형태와 판매조건, 운송지역과 물량에 따라 실질적인 제품의 상품성이 좌우될 수 있고 시행착오의 오류를 그만큼 줄일 수 있기 때문이다. 그러나 무엇보다 경제적인 이익 즉 원가절감요인이 생각보다 클 수 있다는 데 관리적 포인트를 둘 수 있다.

3) 운송과 하역

하역은 운송의 전후에서 필요한 활동이다. 운송에 비해서 하역의 근대화가 늦었기 때문에 이것이 운송에 있어서 병목현상으로 자리 잡고 있었다. 하역의 기계화를 위해서는 화물의 형태를 정비하는 표준화가 불가피했으며 이 점에서 하역은 포장과 관련된다. 단일 벌크 화물인 석유나 석탄, 곡물 등의 화물은 펌프나 컨베이어 등에 의해 이송되는 하역 기계화가 이루어졌다. 그러나 잡화는 제품의 형태도 모습도 다양하기 때문에 기계하역이 가능하기 위해서는 화물의 규격표준화 시스템(unit load system: ULS)이 필요했다.

화물의 규격표준화에 의해서 한 회당 취급할 수 있는 양이 커져서 취급 (handling)이 용이해졌고 하역이 대폭 빨라지고 효율이 향상하게 되었다. 표준화가 파렛트에서 컨테이너로 발전하면서 하역은 크게 변화하여 운송수단에도 영향을 미치게 되었다. 전형적인 예가 항만의 하역이다. 선박의 스피드가 개선되어 태평양을 2주 정도면 항해할 수 있는 대형화물선이 취항해도, 인력에 의존하는 기존 하역으로는 2주 정도 정박해야 했다. 그러나 컨테이너 전용선박으로 바뀌면서 같은 물량의 화물량을 단 하루 만에 하역할 수 있게 되었다. 최근 18,000TEU급 초대형 컨테이너 선박은 기존의 하역기계화로도 생산성의 한계를 맞이할 수 있어 하역기술의 획기적인 혁신이 이루어져야 하는 시점에 있다.

표준규격화의 또 한 가지 수단이 파렛트이다. 파렛트는 표준규격의 물품을 포크리프트로 하역할 수 있도록 물품을 올려놓고 들어올릴 수 있는 받침대이다. 하역의 속도가 수작업의 10배에 이르기 때문에 하역의 에너지 절약과 운송의 효율화를 크게 촉진시켰다. 생산지에서 최종 판매 장소까지의 운송을 한 장의 파렛트로 완결하는 것을 일관 파렛트화(palletization)라고 하며 그 과정 중 하역이 완전 기계화로 이루어져 물류효율화가 촉진된다.

하역에서의 기계화가 급속하게 진행되고 있지만 아직도 많은 곳에서 하역이 수작업으로 이루어지고 있다. 모두 기계화로 하려면 접점 지점에서 양측의 시스템이 서로 표준화가 되어 있어야 한다. 그러나 현실적으로는 비용문제로 기계화가 전부 되어 있지 않으며, 많은 노동력을 사용하고 있다. 예를 들어 앞서 말한 일관 파렛트화는 ① 포장에서의 회수와 재사용에 이르기까지 파렛트를 관리하는 데 비용이 든다. ② 운송수단에서 파렛트 크기 및 분량만큼 적재효율이 저하된다. 왜냐하면 파렛트의 형태와 운송수단의 바닥의 형태가 딱 맞지 않을 수가 있다. 또한 파렛트의 두께만큼 화물을 싣지 못한다면 그만큼 운송효율이 떨어지는 것이다. ③ 화물이 파렛트에서 정리가 안 될 정도로 다품종이며 다양하고, 동시에 소량이다. ④ 최종 말단에서는 기계화가 되어 있지 않은 경우가 많다.

그러나 현재는 물류활동이 유통형으로 변하였기 때문에 신속한 제품의 분별이나 출하의 기능을 중시하게 되었으며, 하역기능을 중심으로 운송시스템을 구축해 갈 필요가 있다고 생각한다.

4) 포장과 운송, 하역

제품은 포장되어 파렛트에 올려 트럭의 짐칸에 실어서 옮겨진다. 이때 중요한 것은 제품설계단계에서 제품의 크기나 형태를 파렛트에 맞는 형태로 설계하거나 포장한 화물의 크기를 파렛트에 맞추는 일이다. 파렛트나 트럭의 적재효율을 최대한으로 높이고 트럭 대수를 절감할 수 있다면 결과적으로는 많은 비용을 절감할 수 있기 때문이다.

운송수단은 이동하기 때문에 진동이나 충격 등의 영향을 피할 수 없다. 그러나 운송기술의 진보에 따라 적재화물은 이동하는 사이에는 오히려 정지되어 있고 안전한 상태일 수 있다. 문제는 흐름이 끊어지는 접점 지점에서의 하역활동 등이다. 여기서는 짐을 옮겨 싣거나 할 때 화물에 큰 진동이나 충격이 가해질 수 있고, 파손에 이를 수가 있다.

수출 포장은 일반 포장보다 세심한 주의를 기울여야 한다. 우선 세관통관에 대비해서 포장해야 하며, 컨테이너의 중량에 대한 세금을 부과하는 나라의 경우, 가벼운 포장물질을 선택해야 한다. 또한 원양해운에 대비한 포장을 해야 한다. 일반적으로 포장 안에 제품을 넣고, 다시 나무로 된 용기 안에 넣어야 습기 피해를 막을 수 있기 때문이다.

그리고 사람의 힘으로 하역하는 경우 이러한 위험이 많이 나타났으며, 그렇기 때문에 예전에는 튼튼한 나무상자에 완충재를 많이 사용한 포장이 이루어졌다. 당연히 중량이나 부피는 커졌다. 그러나 접점 포인트에서의 하역이 기계화되면서, 충격이나 진동의 영향은 줄어들었다. 그와 함께 포장도 간소화되고 종이 박스의 이용이 보급되기 시작했다.

여기서 또 한 가지, 하역의 기계화로 인해 화물의 형태를 일정한 크기로 만들어야 하며, 이로 인해 물류효율화가 향상될 수 있다. 그 대표적인 예로 컨테이너를 들 수 있다.

영국규격협회(Institute of Packaging: IOP)의 패키징은 '물품 또는 상품을 소비자에게까지 수송, 보관, 배송하기 위해 시도되는 준비에 관한 기법과 공정'이라고 했다. 또한 포장은 '소비자 가치, 매출, 그에 따른 이윤의 극대화와 조합을 이룬,

표 5-1 포장과 물류활동의 관계

물류활동		관 계
운송	포장정보의 증가	선적 지연 감소; 포장 정보 증가는 선적 추적 손실을 감소시킴.
	포장보호의 강화	일시적으로는 손상과 절도를 감소시키지만 포장 무게와 운송비용을 증가시킴.
	표준화 증가	취급 비용과 상·하역 대기 시간 감소, Modal Shift 선택용이 및 특별 운송 장비의 필요성 감소.
재고	제품보호의 강화	절도·손상·보험료 감소. 제품 가용성(매출) 증가. 제품 가치와 운송비용 증가.
창고	포장정보의 증가	주문 완료 시간 및 인건비 감소.
	포장보호의 강화	제품의 크기 증가로 인해 용적 활용 공간 감소.
	표준화 증가	취급 장치 비용 감소.
통신	포장 정보 증가	화물 추적을 위한 통신 감소.

자료: Lambert DM, Stock JR, Ellram LM., Fundamentals of Logistics Management, 1998 (McGraw-Hill: Singapore).

안전하고 효율적이며 효과적인 취급, 운송, 배송, 저장, 소매, 소비, 재활용 또는 폐기가 조율된 시스템이다.[4] 포장이 물류 및 유통에 있어서 중요한 분야인 동시에 포장의 설계사양에 따라 물류 형태에 많은 영향을 미치기에 표준화와 모듈화의 추진에서부터 시작되어야 할 필요가 있으며, 물류비 절감의 주요 수단이 되고 있는 것이다. 즉 포장은 제품의 생산 초기에서부터 제품이 소비되어 포장재가 폐기되기까지 제품의 전체 생애주기(life cycle)에서 그 기능이 충족되어야 한다는 점을 강조하고 있는 것이다.

이같이 포장은 공급사슬을 통해 그리고 유통, 저장, 취급과 같은 물류시스템 및 활동에 상당한 영향을 미치는 것으로 인식되고 있지만, 물류시스템 내에서 관련 기능이나 비용들은 자주 간과되고 있다. 포장이 가지는 전략적 영향력을 강조하면서 기업이 경쟁적 우위를 가지기 위해서는 모든 포장 관련 과정들에 대한 검토가 필요하다.[5]

포장모듈은 일관 파렛트화 및 일관수송의 전제가 된다. 포장상자의 규격을

---

4 Saghir, M., A platform for packaging logistics development-a systems approach. Doctoral thesis, Division of Packaging Logistics(Lund University, Sweden), 2004.

5 Lockamy, A., "A conceptual framework for assessing strategic packaging decisions," Int. J. Logist. Manag, Vol. 6, No. 1, 1995, pp. 51-60.

합리적으로 조정하고 배치하여 최대의 적재효율을 나타낼 수 있도록 함으로써 물류비 절감을 꾀할 수 있다. 포장모듈의 표준화에 따라 수송, 포장, 보관, 하역, 정보 등 물류활동에 영향을 미치기 때문에, 포장활동시에는 물류활동의 전체범위를 대상으로 하여야 한다.

5) 물류활동과 정보처리

(1) 정보처리와 물류관리활동

물류관리는 물류를 구성하는 각 활동이 그 기능을 충분히 발휘할 수 있도록 기능의 적절한 분담과 조정을 실시하는 관리 기능이다. 물류활동에 있어서 정보처리 활동이란, 조달과 제조, 판매의 각각의 부문에서 물류관리의 적절한 판단과 행동에 대한 의사결정을 하는 것이다.

특히 정보처리의 컴퓨터화에 의해서 정보의 연계가 촉진되어, 기존의 물류가 시스템으로서 인식되면서 물류의 전체적인 모습을 인식하여 최적화된 물류관리 활동이 가능해졌다.

물류 활동이 일단 구축된다고 하여도 변하지 않는 것은 아니고, 끊임없이 외적 요인의 영향을 받아 변화한다. 오늘날의 최적화 상태가 내일도 유효하다고 할 수는 없다. 물류 시스템은 이러한 변화에 대응해야만 한다. 그것을 위해서는 정보처리 활동은 전사적인 관점에서, 그리고 공급사슬 전체의 입장에서 검토되어야 하며, 그 결과를 피드백함으로써 예측과 계획, 그리고 수정이 항상 이루어져야 한다.

(2) 물류정보처리 시스템과 경영

물류정보처리의 가장 흔한 예로 편의점을 들 수 있다. 좁은 점포 안에서 재고가 거의 없는 상태로 상품의 부족을 막기 위해서는, 물류관리정보와 판매정보가 직결되어야만 한다. 상품이 판매되면 상품에 부착된 바코드와 점원의 계산에 의하여 판매점(장소), 시간, 고객정보까지 판매정보로서 구축된다. 동시에 주문처리 시스템과 주문을 받은 시점에서 재료확보 공정관리 완성예정일 등을 종합적으로 처리하는 주문접수 시스템(order entry system: OES)에 연결되어 물류관리에 피드백된다.

상품의 보충은 실시간으로 이루어지는 것과 동시에, 잘 팔리는 것과 안 팔리는 것을 구분하여 판매경향을 바탕으로 이루어진다. 이렇게 점포별 판매 정보로부터 축적된 정보는 지역의 수요예측은 물론이고 진출과 철수 등에 관련한 경영전략에도 활용된다.

이처럼 물류의 정보처리 시스템이 다른 경영기능의 정보처리 시스템과 이어짐으로써, 최종적으로는 기업 활동 전체를 판단해가는 경영관리 정보시스템이 완성된다. 여기에서 물류활동이 경영 의사결정과 직접 이어지는 것이다. 판매정보관리가 물류관리, 생산관리와 직결되면서 온라인으로 된 정보 시스템이 경영전략을 수립케 하고, 경영관리까지 지원하는 경영정보시스템이 된다.

이 정보처리 시스템은 개별기업의 틀에 머무르기에는 한계가 있다. VAN 혹은 인터넷과 같은 정보통신망을 통하여 기업과 기업 사이, 그리고 사회전체와 이어짐으로써 전 세계가 고도정보화에 의한 경영혁신을 이루게 된다.

이렇게 구축되는 물류정보시스템은 앞에서 말한 개별 물류정보처리에서 진화하여 고차원에서 연계된 정보처리시스템으로서, 아래와 같이 구성되어 있다.

① 물류모델의 구축, 시뮬레이션, 평가, 분석 등의 물류계획 시스템
② 계획적 물류예산편성, 물류비 실적 집계, 평가, 분석을 실시하는 물류비용관리
③ 주문접수 시스템(OES), 출하처리, 주문관리 등의 주문출하처리
④ 재고계획, 재고분배 등의 재고관리
⑤ 운송 배송 계획, 화물추적, 출하계획, 운임 및 비용 계산 등의 운송배송관리
⑥ 각종 작업의 관리, 재고, 재고 처리 기록 등 창고관리

이들이 온라인으로 일원화하여 관리됨으로써 물류를 구성하는 각 요소의 기능향상뿐만이 아니라 요소 사이의 최적화가 이루어진다. 이때 고객 서비스의 향상과 물류비용의 절감의 양쪽 모두를 이루어야만 한다. 이 두 가지는 원래 상충관계에 있기 때문에 최종적으로는 그 목적과 수준에 맞는 균형 수준을 경영차원에서 결정해야 한다.

사례 5-1 전사적 통합 물류체계 구축, AGCO Corporation

AGCO Corporation은 1990년에 설립된 세계적인 농업 기계 제조 및 유통 회사로, 본사는 미국 조지아주에 위치하고 있다. AGCO는 Massey Ferguson, Fendt, Valtra, Challenger와 같은 여러 브랜드를 인수하여 성장하였으며, 트랙터, 콤바인, 분무기, 사료 장비 등 다양한 농업 기계를 판매하고 있다. 또한, 농업 생산성을 높이기 위해 정밀 농업 장비, 원격 정보 수집 시스템, 고효율 엔진 등 기술 집약적 시스템과 서비스 혁신에 노력하고 있다.

● 제품 브랜드 확장에 따른 분산된 공급망 관리

AGCO는 다수의 브랜드를 인수하고 확장하면서 물류 및 공급망 복잡성이 증가하였고, 이에 따라 2010년대 이후 비용 증가 및 납품 지연 등의 어려움에 봉착하였다. 다양한 브랜드와 기업을 인수하고 공장을 확장하는 과정에서 글로벌 물류 및 공급망은 매우 분산되어 있었으며, 각국의 공장이 독립적으로 물류를 관리하는 과정에서 비효율성과 일관성이 부족해졌다. 특히, 부품 및 완제품의 생산에서 물류까지 전체 과정이 각각 분리되어 관리됨에 따라 공급망 전반에 걸쳐 투명성이 부족해지고, 이는 공급망 운영에 있어 규모의 경제를 활용하기 어렵게 만들었다.

각 조직 및 공장, 국가로 분산된 관리 방식은 중복 프로세스와 높은 운영 비용을 초래하였고, 각 지역은 다양한 도구와 시스템을 독립적으로 사용하여 표준화 부족과 비효율적 물류 관리의 문제가 발생하였다. 농업 기계 시장은 계절적 변동에 따라 수요와 공급이 달라져야 하는데, 이는 공급망 관리에 추가적인 복잡성을 더했다.

● 문제 해결을 위한 혁신: 통합 물류 시스템 구축

AGCO는 이러한 문제를 해결하기 위해 전략적 통합 물류 체계를 도입하였다. AGCO는 2012년 유럽에서 시작하여 글로벌 통합 운송 관리 시스템(TMS)을 도입했다. 이 시스템은 운임 협상, 배송 일정 관리, 운송 계획 최적화 등 모든 일일 물류 활동을 중앙에서 통합적으로 조정하고 관리하도록 프로세스를 개선하였다. TMS는 물류 관리를 위한 통합 플랫폼을 제공하여 투명성과 효율성을 향상시켰다.

물류 통합운영 센터를 설치하여 모든 물류 활동을 통합적으로 관리하였다. 통합운영 센터는 실시간 공급망 모니터링과 전사적 측면의 최적화를 가능하게 하여 AGCO가 장애에 신속하게 대응하고 물류 운영을 최적화할 수 있게 지원하였다. 물류기업들과 전략적 파트너십을 맺어 물류 역량을 강화하였으며, 글로벌 물류 운영 전반에 걸쳐 프로세스를 표준화하고 모범 사례를 구현하여 중복을 줄이고 공급망을 간소화하였다.

이러한 통합물류체계로의 혁신을 통해 AGCO는 공급망 성과를 크게 개선하였다. 유럽에서 새로운 물류 솔루션을 도입한 후 18개월 이내에 AGCO는 운송 비용을 18% 절감했고, 연간 3-5%의 비용 절감이 이루어진 것으로 보고되었다. 통합 물류 접근 방식은 물류 네트워크 관리 효율을 25% 향상시켜 AGCO가 글로벌 공급망에서 더 효율적이고 효과적으로 운영할 수 있게 지원하였다. 재고 수준을 25% 줄여 재고 보유 비용을 절감했으며, 이는 TMS와 통합운영센터를 통해 수요 예측 및 재고 관리 최적화가 가능해져 달성한 성과이다. 전략적 통합 물류 혁신을 통해 AGCO는 공급망을 변화시켜 비용 절감, 효율성 향상 및 서비스 수준을 향상시켰으며, 이는 회사의 전체적인 성장과 발전에 성공하였다.

자료: Logistics Bureau

3. 기업활동과의 통합

물류활동은 기업의 전체 경영구조 내에서 중요한 부분을 차지하고 있어 마케팅이나 생산, 재무 등 기업의 여타 활동과 상호관련성을 가지게 된다. 마케팅활동과는 고객서비스 수준의 결정, 포장, 물류센터 입지, 재고수준, 주문처리시스템

표 5-2 물류활동과 기업내 타 활동의 상충관계 예시

	마 케 팅	유 통	생 산	재 무
값싼 수송포장	배송중 파손위험 증가	수송수단 선정에 제약	–	비용절감
물류센터 집중화	고객까지의 운송거리 증가로 서비스 수준 하락 우려	물류구조 단순화, 총 안전재고량 감소	–	비용절감
낮은 완제품 재고수준	재고부족에 의한 고객에 대한 품절사태 우려	창고보관시설 확장 불필요	생산기간 단축으로 생산비 증가 요인	비용증감
낮은 원부자재 재고 수준	–	낮은 재고 유지비	원부자재 재고 부족으로 비효율적 생산 우려	비용절감

등에서 의사결정을 공유해야 한다. 생산활동과는 생산계획, 생산량, 공장 창고 설계, 원부자재 저장 등에서 물류계획과 관련성을 갖게 된다. 그리고 물류활동은 재무측면, 재고관리, 각종 장비 및 시설 투자, 물류비 절감 등과 상관관계가 있다.

1) 마 케 팅

마케팅은 고객만족을 목표로 한다. 물류전략은 고객이 구매하여 사용하고자 하는 물품을 접근성에 있어 다양한 선택의 폭을 넓혀주면서 저렴한 비용을 통해 마케팅의 목표를 이룰 수 있도록 한다. 또한 물류 전략은 경쟁업체간의 경쟁에서 기업이 차별화할 수 있도록 하는 한 방법을 제공하고 현재 마케팅에 있어 우위를 차지할 수 있는 방향을 제시해 주기도 한다. 즉 공급사슬에서 마케팅과 로지스틱스의 상호기능적 협력을 개선하기 위해 상호 기능적 협력과 효과적인 부서간의 협력관계가 필요하다. 또한 이 협력에 의해 유통서비스 성과에 긍정적인 영향을 미칠 수 있다.

SCM에서 개별의 업무 또는 기능은 종종 전체적인 목표를 위해 통합되고 협력해야 한다. 마케팅과 로지스틱스도 고객서비스를 위해 책임을 공유한다. 우수한 고객서비스를 제공하고자 하는 목표가 이루어지려면, 상호 기능적 협력이 잘 이루어져야 가능한 것이다. 마케팅과 로지스틱스 사이의 기능이 통합되지 않고 협력관계가 잘 작용되지 않으면, 커뮤니케이션의 부족으로 최적의 유통서비스를 제공하기 어려워진다. 즉 마케팅과 로지스틱스의 협력적 관계는 기업이 책임에 대한 상호이해를 높이고, 아이디어와 정보, 자원을 공유하며, 운영문제를 해결하기 위해 팀으로 함께 일함으로써 우수한 서비스를 제공할 수 있는 시스템을 만들 수 있는 것이다.

물류활동에 대한 의사결정은 마케팅믹스에도 영향을 미칠 수 있다. 만약 저렴한 운송수단을 이용할 경우 높은 파손율 때문에 고객에게 부정적인 제품 이미지를 줄 수 있다. 이를 방지하기 위해 과다한 포장을 할 경우 기업이 환경에 무관심하다는 오명을 들을 수도 있다. 특히 판촉을 위해서는 마케팅과 물류 사이에 긴밀한 협조가 요구된다. 기업에서 특정제품에 대해 저가 판매를 홍보하고자 한 경우 그 제품의 재고확보와 수송대책을 충분히 마련 해두지 않은 경우, 기업의 이미지에 먹칠을 하는 큰 타격을 줄 수 있기 때문이다. 마케팅과 로지스틱스의 관계, 4P라고 불리는 마케팅 믹스(Price, Product, Promotion, Place) 영역에서 로지스틱스의 활동을 살펴보면 다음과 같다.[6]

■ 가격(Price): 운송업체들은 화물의 크기가 크면 낮은 운임을 적용한다. 즉, 한 번에 많은 화물을 선적하면 할인된 가격을 적용한다는 것이다. 일반적으로 제품을 판매하는 회사들도 대량구매에 대해 할인가격을 제공한다. 만약 이런 대량구매에 대한 할인이 운송업체의 대량운송 할인에 대한 이해를 바탕으로 한다면 제품을 판매하는 회사 혹은 그 회사의 고객들은 비용을 절감할 수 있을 것이다. 예를 들어, 어떤 회사가 제품을 판매할 때 판매단위가 운송업체가 요구하는 대량운송 할인 단위에 부합한다면 이 회사는 할인이 적용된 운송요금으로 제품을 판매할 수 있기 때문에 비용을 절감할 수 있다. 그러므로 회사들은 특정금액의 판매단위를 계산할 때는 운임을 고려해야 한다. 역으로 운임이 구매자가 부담하게 되어 있을 경우에 고객이 낮은 운임으로 구매할 수 있기 때문에, 고객 입장에서 비용 절감이 가능하다.

■ 제품(Product): 매년 새로운 제품들이 시장에 출시되고 있으며, 신제품의 크기, 모양, 무게, 포장 등은 제품을 이동하고 보관하는 로지스틱스 시스템에 영향을 미친다. 그러므로 로지스틱스 관리자는 마케팅이 신제품의 물리적 차원을 결정할 때 조언할 수 있어야 하며, 신제품의 이동과 보관에 관한 적절한 정보를 공급할 수 있어야 한다. 회사들은 종종 신제품뿐만 아니라, 판매를 향상시키거나 유지하기 위해, 기존 제품을 새로 꾸미기 위해 포장 디자인이나 크기를 변경하기도 한다. 이는 역시 보관과 이동 시스템에 영향을 주고, 기존에 사용하던 운송업체, 필요한 장비, 손상률, 저장률, 자재관리 장비 등 많은 영역에 영향을 미친다.

■ 판매촉진(Promotion): 판매촉진은 조직에서 가장 많은 관심을 받는 마케팅 영역이다. 마케팅 부서가 판매를 신장시키기 위해 판매촉진을 결정했다면 충분한 재고의 확보를 위해 반드시 로지스틱스 관리자에게 알려야 한다. 또한 판매촉진은 푸시(Push)전략과 풀(Pull)전략이 있는데 각 전략이 로지스틱스에 어떠한 영향

---

6 John J. Coyle, Edward J. Bardi and C. John Langley, Management of Business Logistics: A Supply Chain Perspective, 7th ed. (South-Western College Pub.), 2002.

을 미치는지도 이해해야 한다. 풀전략은 다양한 매체를 통해 제품 광고를 함으로써 고객의 수요를 직접 자극하여, 고객의 수요는 소매점에 영향을 주고, 소매점은 도매점에 영향을 주어 제품을 유통채널을 통해 고객수준에서 공급업자까지 잡아당기는 전략이다. 반면, 푸시 전략은 유통채널이 협력하여 고객의 수요를 자극하는 것으로, 공급업자가 지역광고 비용의 일부를 지불하거나 수요를 자극하기 위해 점포 내 특별한 진열 공간을 제공하는 것을 말한다. 또한 도매업자와 공급업자는 협력을 통해 제품 수요를 자극하기 위해 소매업자에게 일정 기간 동안 특별가격을 제안할 수도 있다. 2개의 전략은 서로 다른 로지스틱스 시스템이 요구되는데 풀전략의 경우 수요예측이 어렵고, 로지스틱스 시스템에 긴급한 수요를 발생시킬 수 있으며, 이는 높은 운임을 발생시킬 수 있다. 반면, 푸시전략은 좀 더 안정적인 수요 패턴을 갖으며, 소매점과의 협력을 통해 공급업체들은 제품을 안정적으로 공급할 수 있다.

■ 장소(Place): 장소의 결정은 유통채널의 결정과 관련이 있으며, 제품을 도매업자에게 판매할지, 소매업자에게 판매할지에 대한 결정은 로지스틱스 시스템에 큰 영향을 미친다. 예를 들어, 유통채널로 도매업자만을 사용하는 회사는 소매업자와 직접 거래하는 회사보다 로지스틱스와 관련된 문제가 많지 않을 것이다. 일반적으로 도매업자는 대량 구매하여 소매업자에게 판매하기 때문에 주문이나 재고관리에 있어 좀 더 예상 가능하고, 일관성이 있어 로지스틱스 관리자의 일을 쉽게 한다. 그러나 소매업자, 특히 작은 소매업자는 종종 소량을 주문하고, 재고 부족 전 보충을 위한 리드타임이 충분하지 않기 때문에 공급업자는 배송 요구를 맞추기 위해 할증된 가격으로 시간에 민감한 운송 서비스를 사용하게 될 것이다.

2) 생산활동

생산과 물류는 생산량과 관련되어 있다. 대부분의 생산 관계자들은 고정된 비용에서 더 많은 양을 생산해 냄으로써 저가의 상품을 만들어 낼 수 있도록 하는 것을 선호한다. 생산량이 늘어나면 재고량이 증가하고 물류 관계자들은 이를 저장하고 유통경로를 파악하는 책임을 지게 된다. 또한 여기에 수요가 예상보다 적을 경우 특정 제품에 대한 초과 재고가 늘어나는 문제가 발생하게 된다. 이러한 재고들로 인해 회사의 운송비용이 늘어나고, 또한 다른 재고를 저장할 장소마저 차지하여 문제가 되는 것이다.

생산부문은 생산효율을 높이기 위한 생산계획을 수립하는 데 중점을 두게 되는 것이다. 그러나 아무리 생산효율을 올려도 낭비되는 재고가 발생한다면 의미가 없다. 대량생산으로 제조원가를 낮추어 총이익을 키워도, 팔다 남은 재고가 발생하고 그것이 팔리지 않고 처분해야만 하는 사태에 이르게 되면 그 손해는 결국 이익을 잠식한다.

많은 제조업체가 다품종 소량생산 방식으로 전환하고 있다. 그 배경은 다품종화의 진전과 함께 시장이 불투명하게 되어 실제 상품을 시장에 출시하지 않으면 얼마나 팔릴지 알 수 없는 시장 상황을 맞이하고 있기 때문이다. 즉, 생산 부문도 사전에 대량으로 만드는 방식을 그만두고 판매 현황을 보면서 만드는 방향으로 전환할 수밖에 없게 된 것이다. 여기서 중요한 것이 그 판매 동향에 관한 정보이다.

따라서 물류부문이 제시하는 출하나 재고 상황에 관한 정보를 바탕으로 생산 활동을 실시한다면 기업조직 내에서 물류최적화를 위한 생산이 이루어지고 있는 것이다. 다른 부문으로부터 정보를 제공받고 그것을 바탕으로 생산한다는 관계는 지금까지는 없었던 역할 분담이다. 지금까지 대부분의 기업에서 출하 동향 등을 파악할 수 있는 체제를 갖추고 있지 않았기 때문이다.

경영자가 주력 제품에 대해서 얼마나 팔리는지를 알고 싶다면, 영업부문에 그 판매 자료를 제출하도록 지시하게 된다. 영업부문에서는 각 지점의 매출 데이터를 집계하여 매출 보고서를 작성하게 된다.

그러나 이 과정에서 영업부문에서는 생산량 대비 판매량, 재고량의 증감, 지역별·일자별 출하정보 같은 각 상품별 출하량에 대한 정보는 만들지 않고 있다. 이 같은 출하 정보는 출하업무를 담당하는 물류부문이 분석하고 정리해야 하지만, 물류시스템을 기업의 경쟁원천으로 인식하고 이를 전략적으로 활용하는 기업이 아닐 경우 물류부문은 그러한 정보를 정리하거나, 분석하여 기업전체 활동의 최적화에 활용하고 있지 못하고 있었다.

시장으로의 출하동향을 바탕으로 생산한다는 것은 변화하는 시장동향에 생산이 유연하게 대응할 수 있다는 것이 전제되어야 한다. 반대로 말하면, 아무리

출하동향에 관한 정보가 있다고 할지라도 그것이 제조에 민감하게 반영되지 않으면 의미가 없게 된다.

몇 개를 만들어도 같은 원가로 만들 수 있는 생산방식을 구축할 필요가 있다. 몇 개를 만들어도 원가가 같다면 시장동향에 유연한 대응이 가능해질 수 있다. 캐논사를 비롯한 '셀 생산방식'의 확대로[7] 상징되는 것처럼 지금까지의 대량생산에 대한 상식은 서서히 과거의 것으로 변해가고 있다. 물론 아직도 소량생산은 비용이 높아진다며 난색을 표하는 기업도 적지 않다. 당연히 이런 기업은 물류로 얻을 수 있는 이점을 향유할 수 없다는 뜻이며 기업들 경쟁에서 크게 뒤처지는 결과를 낳게 될 것이다.

즉 회사의 재고를 줄이고자 하는 물류의 실현은 생산기술에 좌우된다고도 할 수 있다. 시장이 필요한 상품을 필요할 때에 필요한 만큼, 그것도 같은 비용으로 만들 수 있는 기술이 수요와 공급을 가능한 한 맞출 수 있게 해주는 것이다. 이러한 유연한 생산방식이 확립된다면 출하동향에 맞추어 물류거점에 재고를 배치하고, 필요한 것만을 공장창고에서 보충하고, 보충한 분량만큼을 생산하는 체제가 구축된다.

실제로 물류시스템을 도입한 기업에서는 물류부문과 생산부문 사이에 어떤 관계를 구축하고 있을까? 대표적인 세 가지를 소개하면 다음과 같다. 첫째, 물류부문이 출하동향을 바탕으로 일정기간의 상품별 필요수량을 계산하여 그것을 생산토록 한다. 둘째, 물류부문의 수급조정 담당자와 공장의 생산계획 담당자가 함께 생산계획을 세운다. 셋째, 물류부문을 만들고 거기에 지금까지 생산부문에 속해 있었던 생산계획 담당자를 옮겨서 출하동향에 맞춘 계획책정을 실시한다.

3) 포장활동

한국산업표준에 의하면 포장(packaging)이란 물품의 수송, 보관, 취급, 사용 등에 있어서 그것의 가치 및 상태를 보호하기 위하여 적절한 재료, 용기 등을 물품에 부여하는 기술 또는 그 상태를 의미한다.[8] 표준에서 포장은 다시 낱포

---

7 사카마키 히사시, 김경철 옮김, 『캐논 대담한 개혁』, 북쇼컴퍼니, 2008.

8 출처: 한국산업표준 KS T 1001(포장용어, Glossary of terms for packaging)의 번호 1002–

장, 속포장, 겉포장의 3종류로 대별하고 있다. 낱포장(individual packaging)은 물품 개개를 보호하기 위하여 적절한 재료, 용기 등을 물품에 부여하는 기술 또는 그 상태로서, 낱개 포장, 단위 포장이라고도 하며, 상품으로서 표시 등 정보 전달의 매체로 이용할 수도 있다. 속포장(inner packaging)은 포장 화물 내부의 포장으로 물품에 대한 수분, 습기, 광열, 충격 등을 고려하여 적절한 재료, 용기 등을 물품에 부여하는 기술 또는 그 상태를 말하며, 내부 포장이라고도 한다. 겉포장 (outer packaging)은 포장 화물 외부의 포장으로 물품 또는 포장 물품을 상자, 포대, 나무통, 금속 캔 등의 용기 등에 넣거나 혹은 무용기 상태로 결속하여 기호, 화물 표시 등을 부여하는 기술 또는 그 상태를 말하며, 외부 포장이라고도 한다.

4) 유통경로

유통경로는 어떤 상품과 서비스를 어떤 방식으로 시장에 내놓을 것인가에 대한 설정으로 설명될 수 있다. 기업과 고객을 연결시켜 주는 다양한 유통경로가 가능하며, 경로가 결정되면 선정된 경로디자인을 기초로 하여 물류시스템이 그 유통경로를 지원하도록 조직화하게 된다. 제품을 제조업체와 고객을 연결시켜 주기 위해 유통경로나 물류경로를 디자인하게 되는데 여러 가지 구조가 가능하다. 원칙적으로 제조업체에 고객이 직접 방문하여 구매할 경우[9] 중간 경로가 필요하지 않다. 다만 고객은 운송, 보관 등 고객이 직접 물류활동의 대부분을 수행하게 된다.

그러나 기업의 공급업자, 중개인, 고객 간의 네트워크가 전 세계로 확대 되면서 유통경로의 복잡성과 관련 물류비용이 급격하게 증가하게 된다. 일반적으로는 생산자와 소비자 간에 여러 유통경로가 존재하는데 수입업자, 도매상, 무역상사, 중개인, 유통업자, 소매상 등이다. 이들은 거래가 활성화되도록 판매, 보관, 운송, 금융, 위험부담, 홍보 등 제품마케팅과 관련된 모든 기능을 수행한다. 결국 이들은 고객이 원하는 제품을 선택해서 제공하는 일을 하는 것이다.

보통 시장점유율이 높거나 재무구조가 튼튼해 유통경로를 주도하고 있는 주

1004.
9 direct channel이라고 한다.

체가 있게 되는데 보통 이를 경로리더(channel leader)라 한다. 시장점유율이 높은 제품을 생산하는 제조업체나 유명한 프랜차이즈 업체, 자동차 업체, 가전 업체 등은 자신의 시장점유율을 무기로 하여 유통경로를 주도할 수 있다. 또는 소매상이 소규모로 산재되어 있는 경우 도매상이 유통경로를 주도해 나갈 수도 있다. 최근에는 소매상이 마트의 형태로 대형화되어 관련 유통경로 참여자들에게 큰 영향력을 행사한다. 경로리더로 가격인하, 또는 서비스개선을 주도해 나가기도 한다.

유통경로에 영향을 미친 요인을 살펴보면 다음과 같다. 공급사슬관리(SCM)는 기업의 조달물류와 유통물류를 통합하여 고객에 대한 이익을 창출하려는 것으로 공급사슬상의 참여기업 간의 파트너십을 바탕으로 정보를 공유하여 체인 전체의 혁신을 추구한다. 이 경우 유통경로 기업들도 SCM에 포함되므로 SCM에서 요구하는 경로 단순화, 효율화의 요구를 받게 될 것이다. 물론 기업의 SCM 전략에 따라서 그리고 고객의 니즈에 따라서 다양한 유통 경로를 사용할 수 있다.

신속물류(quick response logistics)는 제조업체에서 소매상까지의 완제품의 흐름을 강조하는 것으로 다빈도, 소량 즉시 배송체제를 지향한다. 신속물류의 확산은 물류체계를 단순화시키는 구조조정이 수반된다. 중간 물류를 담당하던 유통경로가 단순화되기 때문에 조직에 큰 영향을 미치게 된다.

물류시스템 내에서 전략적 제휴(strategic alliance or partnership)는 유통경로의 목적을 달성하기 위해 기업조직의 경계를 넘어 기업 간 장기적인 협력계약을 맺는 것이다. 이는 단순한 한두 분야의 제휴관계라기보다는 고객만족이라는 높은 차원의 기업 간, 기능 간 제휴 협력이라 할 수 있으며, 관련 유통채널의 일부 혹은 전부가 관련될 수 있다.

화주와 단일 혹은 복수의 제3자 간에 일정 기간 동안 일정 비용으로 일정서비스를 상호 합의하에 수행하는 과정을 제3자 물류(third-party logistics) 또는 계약물류(contract logistics)라고 한다. 이때 제3자(third-party)란 물류채널 내의 다른 주체와의 일시적이거나 장기적인 관계를 가지고 있는 물류채널 내의 대행자 또는 매개자를 의미한다. 공급사슬 내 관련 주체 간의 파트너십 또는 제휴의 형성이 제조업체와 유통업체 간의 전략적 제휴로 나타난 것이 신속대응(quick response: QR)이라면, 제조업체, 유통업체 등의 화주와 물류서비스 제공업체 간의 제휴라는 형태로 나타난 것이 바로 제3자 물류라 할 수 있다.

전자상거래(e-commerce)와 인터넷의 발전으로 유통경로가 계속 변화하고 있다. 기존의 유통경로의 변화를 초래할 뿐만 아니라 전자상거래도 진화하고 있다. 즉 새로운 정보전달 방법이 계속 개발되고, 웹 접속 비용이 크게 낮아짐에 따라 새로운 전자상거래 모델이 속속 개발되고 있다. 이러한 추세는 유통경로를 단순화시키는 요인이 되고 있다.

5) 재   무

미래의 현금흐름(cash flow)을 예측하고 고려해야 하는 재무팀은 기업의 생산지점에서 소비자에게 이를 때까지의 물류정보에 의지할 수밖에 없다. 또한 재무팀은 기업 내의 다양한 부서들로부터의 요구들을 한정된 예산안에서 할당하는 책임을 맡기도 한다. 그러므로 자재운반관리 기기(예: 포크리프트)와 포장기기(압축포장기)의 구매나 임대와 같은 물류에 영향을 미치는 예산책정 승인에 중요한 역할을 한다.

재고는 재무관리자에 있어 매우 중요한 분석 대상이다. 왜냐하면 재무상 재고는 유동자산과 같은 의미로 쓰이기 때문에, 기업의 모든 재고자산의 현금화 여부가 관심사일 수밖에 없다. 공급업체로부터 제품을 받아 지불하여 재고를 보유하는 시점부터 그 제품이 팔려 다시 같은 제품을 발주하기까지의 시간의 단축이 현금흐름의 원활화를 위해 중요한 사안인 것이다.

물류활동은 창고나 장비, 재고 등 투자가 필요한 활동이며, 동시에 물류는 기업매출에도 영향을 미치고 반대로 물류비도 발생시키기 때문에 기업의 투자이익률(return on investment: ROI)에 플러스적인 요소와 마이너스적인 요소를 동시에 가지고 있다. 우선 이익에 미치는 영향을 보면 효율적인 물류활동을 통한 기업경쟁력 제고로 매출이 늘어날 수 있다. 반면에 다빈도 수송, 재고유지, 보관, 물류센터 운영, 재고 진부화, 인력투입, 아웃소싱 등에 따른 물류비 증가의 원인이 될 수 있다. 또한 투자자본면에서 보면 재고투자는 물류센터의 수와 위치에 의해, 재고정책에 의해, 주문정책에 의해 투자비가 늘어날 수도 줄어들 수도 있다. 또한 창고 신설, 하역장비, 운송수단 확보 등의 고정투자비가 늘어날 수 있다.

4. 공급사슬 내 통합

일반적으로 공급사슬 내의 업체 간 업무 통합 및 상충문제는 로지스틱스에서 다루는 기업 내 각 기업활동들 간의 상충에 대한 조정, 최적화와 기본 원리는 동일하다. 다만 공급사슬 내에서는 그러한 업무를 독립적인 기업들이 수행한다는 점에서 공급사슬 전체 최적화를 위한 상충조정이 기업 내 상충조정, 최적화보다는 어렵다는 점이 다를 뿐이다.

그래서 공급사슬은 장기적인 참여와 실행을 통해 서로간의 이익 공유 합의를 거쳐 통합될 수가 있다. 이러한 협의는 파트너십, 전략적 제휴, 제 3 자 물류서비스제공, 계약물류로 다양한 이름으로 표현될 수 있다. 무엇으로 불리든 간에 이러한 협의들은 협동적인 사업이 성공적이었을 때 모든 관계자들에 보상이 돌아가도록 해야 한다.

기업 간에 파트너십을 형성할 때 이것이 공급사슬에 어떻게 영향을 미칠 수 있는지에 대해 반드시 염두에 두어야 한다. 모든 참여기업들은 공급 체인내의 기능들이 가장 바람직한 방향으로 이뤄지도록 통합되어야 할 필요가 있다.

어떤 파트너를 선택하는가의 요인과 파트너를 맺은 기간이 얼마큼 되는가가 공급사슬성과에 가장 큰 영향을 것으로 분석되기도 했다.[10]

특정 공급사슬을 통합하기 위해서 참여 기업들은 현재 체계의 단점을 파악하고 혁신방향을 검토해야 한다. 이것은 기업의 최고경영자의 관리목표와 목적을 달성하고자 하는 물류전략뿐 아니라 기업의 전체적인 전략구조 내에서 이루어져야 한다.

넓은 의미에서 기업에서 공급 체인을 통합하는 방법은 다음 세 가지 방법이 가능하다. 한 가지는 한 기업이 공급사슬 내에 소유하고 있는 다양한 관계 업체들을 수직적으로 통합하는 것이다. 두 번째 방법은 다양한 관계자들 사이에서 공식적인 계약을 사용하는 공급사슬 협력이다. 이에 해당하는 가장 대중적인 계약방

---

10 Miriam Catarina Soares Aharonovitz, Jose Geraldo, Vidal Vieira, Suzi Sanae Suyama, "How logistics performance is affected by supply chain relationship, IJLM, Vol. 29, Vo. 1, 2018, pp. 284–307.

법은 프랜차이즈이다. 공급사슬 관점에서 체인점 경영자는 체인점 운영자와 제품의 공급업체에 의해 어떤 제품이 구매되어지고, 운송되는지 계약상의 압력을 발휘할 수 있다. 공급사슬 통합의 세 번째 방법은 공통의 목표와 목적 달성을 위해 공급사슬 내에서 가장 영향력이 강한 기업의 압력에 의해 통제되는 기업 간의 비공식적 협의이다. 비록 이 방법이 공급사슬 참여자들에게 낭비적이고 비생산적인 시스템에서 벗어나게 한다는 관점에서 유동성을 발휘하지만 각 기업들은 잠재되어 있는 단점에 대해서도 인식하고 있어야 한다. 영향력을 발휘하는 기업의 힘이 너무 강해서 공급사슬이 협력관계보다는 독재적인 형태로 흘러갈 수도 있기 때문이다.

공급사슬에서 고객서비스를 개선하기 위해서는 공급사슬 각 참여 기업 기능 간 상호협력관계를 증진시킬 수 있도록 평가와 보상시스템을 사용해야 한다. 즉 공급사슬의 상호기능적 협력에 대한 인정과 보상을 연결함으로써 이들의 기능영역에 걸쳐 상호문제해결과 협력을 증진시킬 수 있다. 특히 각 기업의 영역 공헌을 반영하는 성과지표를 사용해야 한다.

특히 공급사슬 전체의 최적화를 위한 수단도 총 원가접근법에 의해 이루어져야 하지만 기업상호간의 활동, 기능과 프로세스에 있어 협력하여 총원가분석을 하기가 매우 어려운 일일 수 있다. 특히 공급사슬관리자들이 주로 사용하는 총원가는 원자재 조달에서 판매 후 수리에 이르는 모든 것을 포함한 TLC(total landed costs)개념이다. TLC 총 원가는 여러 가지 비용이 포함되는데 그중에서도 운송수단별 운송비 및 할증료, 관세 및 세금, 반품, 수리, 폐기 등 회수물류비, 품질유지를 위한 추가비용, 통제를 위한 네트워크 정보통신비용 등이 포함된다.

이에 대한 대안이 바로 많은 정보와 데이터 분석을 가능케 하고 문제 해결능력을 갖춘 공급사슬 소프트웨어 패키지의 활용이다. 소프트웨어 패키지는 재고관리, 역 물류, 운송 관리 또는 창고 관리와 같이 특정 분야의 문제 해결능력에 특화된 소프트웨어 패키지도 있다. 어떤 소프트웨어 패키지는 협력적인 기획, 예측과 보충, 소비자 관계조정, 공급업체 관계조정과 같이 특정한 공급사슬 프로세스에 특화된 것도 있다.

사례 5-2 가상 통합을 통해 컴퓨터 산업의 구조를 바꾸다, Dell

물류 및 SCM 혁신을 컴퓨터 산업의 구조를 바꾼 것으로 평가받는 Dell의 사례는 부품공급 업체와의 전략적 파트너십과 협력을 통해 공급사슬을 구성하는 기업들이 비용 절감과 서비스 향상을 동시에 달성한 모범적인 사례로 알려져 있다. 델의 성공 사례는 조립 공정과 판매 채 널 혁신을 달성하기 위한 "가상 통합 Virtual Integration" 공급사슬 혁신 전략을 통해 이루어 졌다.

● 컴퓨터를 만들고 판매하는 과정을 바꾸다

1990년대 초반 Dell은 대량생산에 따른 가격 경쟁 중심의 전통적 컴퓨터 산업 구조가 고객 맞춤형 제품 경쟁으로 변화할 것으로 예상하고, 컴퓨터 판매 방식의 변화를 통해 비용을 절감 하고 고객 가치를 극대화하기 위한 전략을 수립하였다. Dell은 중간 유통 단계를 제거하여 운 영 비용을 줄이고, 고객이 자신의 필요에 맞춘 컴퓨터를 구매할 수 있도록 전화 판매, 인터넷 판매 등 고객 직접 판매 방식의 유통 채널을 구축하였다.

유통 방식을 바꾸기 위해 Dell은 컴퓨터 조립 공정을 재편성하였는데, 전통적인 형태의 대량 조립 생산 라인 대신 "제조 셀 Cell" 기반의 조립 공정을 도입하였다. 이 방식에서 작업자들은 하나의 워크스테이션 주위에 모여 고객 사양에 맞춘 PC를 완전히 조립했다. 제조 셀 방식은 조립 공간당 생산성을 두 배로 늘리고, 조립 시간을 75% 줄이는 효과를 가져왔으며, 고객 수 요에 맞는 다양한 제품을 생산하는데 도움이 되었다.

● 공급업체와의 전략적 공급사슬 파트너십: 가상 통합 전략

Dell은 고품질 부품의 안정적인 공급을 위해 자체 부품 제조 대신 선택된 부품 제조업체와 전략적 공급사슬 파트너십 관계를 구축했다. 주요 공급업체들에게 자사 조립 공장 근처에 재 고 허브를 설립하도록 요청하고, 실시간으로 수요 정보 및 부품 발주 정보를 공유하며 재고 허 브와 소통하였다. 이를 통해 필요한 부품을 신속하게 공급받아 재고를 최소화하면서도 신제품 출시 속도를 단축시켰고 재고로 인한 폐기물 발생을 줄였다. 또한 생산 일정, 판매 예측 및 신 제품 계획을 공급업체와 공유하여 높은 수준의 협력을 유지하였다.

이러한 사례는 전략적 파트너십과 운영 혁신이 결합되어 공급망의 효율성을 극대화하고 비 용을 절감하며, 동시에 고객 서비스 품질을 향상시킬 수 있음을 보여준다. 즉, 통합 물류의 범 위가 기업 내부의 기능간 통합 뿐 아니라 공급사슬을 구성하는 기업 간 통합을 통해 공급사슬 혁신이 가능하다는 메시지를 주고 있다.

자료: MaRS Startup Toolkit

06

물류와 SCM 전략

물류전략을 수립할 때는 기업 목표를 달성할 수 있는 기업전략의 틀 안에서 이루어져야 하며, 또한 제조, 마케팅, 재무 등 관련분야의 전략도 감안해야 한다. 기업 내 타 부문과 혹은 물류사슬 구성원들과 물류에 관해 어떻게 하면 협력적인 관계를 수립할 수 있는가 하는 것이 물류전략 수립의 과제이다. 특히 수요전망과 생산계획에 대한 정보를 공유하는 전략이 중요하다.

1. 물류전략 수립

물류전략을 수립할 때는 큰 틀의 기업 목표를 달성할 수 있는 기업전략의 틀 안에서 이루어져야 한다. 또한 제조, 마케팅, 재무 등 관련분야의 전략도 감안해야 한다. 예를 들어 기업의 생산 능력과 기업의 마케팅 믹스는 물류계획을 수립할 때 반드시 고려해야 하는 요소이다.

2. 공급사슬 전략

공급사슬의 전략적 목표는 종종 수익성 혹은 시장점유율과 관련이 있었으나, 최근에는 고객 서비스 수준이 전체 공급사슬의 가장 중요한 지표로 언급되고 있다. 공급사슬관리의 목표는 주문 납기 리드 타임 단축, 배송의 신뢰성, 적정한 빈도, 품질과 유연성의 보장, 전체 공급사슬 내 재고 수준의 최적화, 상품흐름의 총비용 최소화 등이 있다.

1. 기업 전략계획

기업은 특정 목표를 달성하기 위해 존재한다고 할 수 있다. 이 목표를 달성할 수 있도록 해주는 것이 일련의 전략계획이다. 이 전략계획은 기업경영의 다른 요소 즉 조직구성, 인력충원, 관리, 통제 등의 기능을 고려해 수립하게 된다. 일반적으로 기업의 전략은 전략의 핵심요소와 계획으로 구성된다. 전략의 핵심요소는 전략적 대안들이 평가되고 의사결정이 이루어지는 대상으로 추진사업의 결정, 대상 시장의 범위, 성장전략, 주주에 대한 책임, 핵심역량이 포함된다. 기업의 전략이란 이들 핵심 요소에 대한 의사결정이 이루어지는 것이며, 보다 상세한 세부 의사결정을 하기 위한 대안선택 기준이나 평가기준들도 수립하게 된다.

기업전략의 계획과정은 일반적으로 주주, 고객, 공급자, 종업원, 일반 대중을 만족시키기 위해 달성해야 할 비전이나, 일련의 목표로부터 시작된다. 다음으로 기업이 갖고 있는 가용자원을 평가하되 기업내부, 혹은 공급사슬에서의 강점과 약점으로 구분하여 평가한다. 특히 미래 기업의 성과에 영향을 미칠 외부로부터의 위협이나 기회를 식별해야 한다. 이와 같은 강점, 약점, 위협, 기회를 분석하는 SWOT 분석을 통해 현재 진행하고 있거나, 앞으로 진행될 잠재적 환경변화를 파악해야 한다. 그 변화에 따른 사회적인 대응이 어떻게 나타날 것인가 하는 점과, 그리고 환경변화에 따른 세금이나, 규제정책 등 정부의 정책적 변화도 예측해야 한다. 그리고 시장에서의 경쟁기업의 위치 변화에 대응할 수 있는 방안도 강구해야 한다.

일반적으로 전략계획을 수립할 때 고려해야 할 원칙은 다음 세 가지가 있다. 우선 기업환경의 불확실성이 높아지면 계획은 보다 단기적이고, 명확하게 수립되어야 한다. 다음 불확실성이 높아질수록 여러 경우의 수에 대비한 대안계획들을 수립해야 한다. 또한 현재 수립한 계획이 미래 여러 기간에 걸쳐 영향을 미치는 경우에는 장기계획까지 수립해야 한다. 계획은 너무 단기적이어서도, 너무 장기적이어서도 비효율적이다.[1]

고급관리자는 이상과 같은 기업 내외적인 환경변화 분석을 통해 식견과 경

---

1 Arie P. de Geus, "Planning as Learning," The Magazine, Harvard Business Review, March 1988.

험으로 의미 있는 변화를 예측하고 그에 대응할 수 있는 방안을 수립하는 역할을 수행해야 한다. 그리고 그 대응 방안을 달성하기 위해 사용가능한 자원이 어떤 것이 있는지 파악해야 한다.

　다음으로 원하는 목표를 달성할 수 있는 현실적인 기업 전략(strategic) 대안들을 수립한 후 기업의 미션, 목적, 영업환경에 가장 잘 맞는 전략을 선택하게 된다. 기업의 전략계획이 선택되면 같은 방법으로 마케팅, 생산, 재무, 물류 등 기능별 전략(tactics)을 수립하게 된다. 마지막으로 전략 목표에 따라 매일 매일의 운영(operarional)계획을 세우게 된다. 즉 기업의 전략계획 수립은 전략계획, 전술계획, 그리고 운영계획으로 나누어 단계적으로 수립하게 된다. 전략계획은 3~5년간의 장기계획으로 큰 틀의 기업운영계획을 다룬다. 전술계획은 1년의 단기계획으로 전략 추진계획이다. 운영계획은 매일매일의 운영을 다루는 실행계획이다. 이 실행계획은 시장의 변화에 따른 전략계획 수정에 필요한 피드백 정보를 제공하는 기능도 갖게 된다.

　기업차원에서 기업전략의 핵심요소와 계획수립과정과 관련된 의사결정을 하는 것은 기업 내 각 기능간의 연계와 기능 구조를 결정하게 한다. 예를 들어 기업이 다국적 생산을 한다든지 아니면 전 세계를 대상으로 조달구매를 한다는 전략 의사결정을 한 경우, 물류네트워크는 크게 변화할 수밖에 없다. 이 경우 물류관리자는 기업전략을 이해하고 핵심 사업과정과 실무에 정통해야 할 것이다.

2. 전략계획 수립 기법

　계획수립 기법은 관리자로 하여금 환경변화를 이해할 수 있게 해준다. 과거에는 관리자의 경험과 직관으로 미래 기업환경변화를 예측해 왔으나, 이제는 기업의 미래환경을 보다 정확히 예측할 수 있는 기법을 사용할 수 있게 되었다. 몇 가지 활용가능 기법이 있다.[2]

---

2 Robbins, S., DeCenzo, D., Fundamentals of Management − Essential Concepts and Applications (Prentice Hall), pp. 134 − 151.

1) 기업환경분석

기업의 대내적, 대외적 환경에서 나타나는 수많은 정보에서 특기할 만한 새로운 추세를 찾아내고, 그 방향에 대한 여러 가지 시나리오를 만들어내는 과정이다. 이렇게 함으로써 기업환경의 미래 변화를 해석하고 궁극적으로 기업의 높은 수익률을 달성할 수 있는 것이다. 특히 환경분석을 통해 기업의 경쟁자에 대한 분석을 하게 된다. 경쟁자들이 누구이며, 그들이 어떤 행동을 할 것인가, 그리고 그들의 행동이 기업에 미치는 영향은 무엇인가를 예측해야 한다. 대부분의 경쟁사에 대한 정보는 인터넷이나 광고, 기사, 연차보고서 등에서 구할 수 있다. 글로벌 환경에 대한 분석도 해야 한다. 선진국 경기침체 및 신흥개발국의 교역전망, 항공사의 경우 연료유 시장에 대한 분석, 해운사들은 석탄이나 철광석, 곡물시장 같은 특정시장에 대한 환경변화도 살펴보아야 한다.

2) 전　　망

환경분석은 미래 전망을 하기 위한 기초자료가 된다. 이들 정보를 기반으로 해서 시나리오별 매출 및 수익, 그리고 기술적 진보에 대한 예측을 하게 된다. 수익전망은 미래 수익에 영향을 미치는 시장추이에 대한 예측을 하는 것이다. 운송시장 및 포워딩 시장, 해운시장, 항공운송시장 등에 대한 예측을 통해 매출 및 수익의 증가율을 예측하는 것이다. 또 하나 중요한 예측은 기술적 진보에 대한 것이다. 새로운 기술이 언제 시장에 진출할 것인가를 예측하는 일이다. 물론 초기 혁신 기술은 매우 비싸게 시장에 나오게 되지만 곧 기존 제품을 대체할 만큼 경쟁력이 있는 가격을 제시하게 된다. 이때 이 기간이 얼마가 될 것인가를 예측하는 일이 중요하다. 신기술을 개발하면 경쟁자를 누를 수 있지만 결국 신기술의 성패는 가격이기 때문이다.

3) 벤치마킹

벤치마킹(benchmarking)은 우수한 경쟁자를 대상으로 그들의 뛰어난 운영 프로세스를 배우면서 자기 혁신을 추구하는 것이다. 기업의 비즈니스 프로세스를 경쟁사의 성공적인 문제해결 방법(best practices)과 비교하여 그 성과를 개선할 수 있게 하는 방법이다. 업계 리더회사의 업무프로세스를 복사하여 적용해서 서비스를 개선하고자 하는 것이다. 벤치마킹 과정을 요약하면 우선 벤치마킹 계획 팀을 구성하고, 비교우위가 있는 대상기업을 찾고 나서 관련 내부자료, 외부자료를 수집한다. 이 자료를 바탕으로 성과 차이를 규명하고, 그 차이의 원인을 분석한다. 마지막으로 목표 성과에 이를 수 있는 실행계획을 세우고 수행하게 된다.

3. 물류 전략계획

물류 전략계획도 기업의 전략계획 수립과 마찬가지로 전략계획, 전술계획, 그리고 운영계획으로 나누어 단계적으로 수립하게 된다. 전략계획 시 가장 먼저 고객서비스 수준을 결정하고, 여기에 맞는 각종 물류전략을 세우게 된다. 중요한 것들을 보면 공급업자의 선정, 생산위치, 물류센터의 수와 위치와 크기 및 자동화 수준, 운송수단 선택, 아웃소싱의 범위, 재고수준, 유통채널 등이다. 전술계획은 각 전략을 달성하기 위해 금년에 수행해야 할 내용들을 계획하게 된다. 운송부문의 경우는 수송차량의 크기, 차량대수, 수송루트, 배송계획, 운전자 확보, 영업용 차량 이용, 지원시설 등에 대한 계획을 세우게 된다. 물류센터의 경우는 보관품들에 대한 공간할당, 하역방법, 포크리프트 대수 등을 계획한다. 기타 재고관리, 주문처리, 재고통제, 정보처리시스템, 문서처리 등에 대한 전술계획도 수립하게 된다. 일상 물류활동에 대한 계획인 운영계획을 수립하게 된다. 운영계획에는 물류센터를 예로 들면 화물인수 및 검품, 주문 피킹작업, 재고보충, 반품관리, 인력계획, 차량유지, 문서처리 등이 포함된다.

물류전략을 수립할 때는 큰 틀의 기업 목표를 달성할 수 있는 기업전략의 틀 안에서 이루어져야 한다. 또한 제조, 마케팅, 재무 등 관련분야의 전략도 감안해야 한다. 예를 들어 기업의 생산 능력과 기업의 마케팅 믹스는 물류계획을 수립할 때 반드시 고려해야 하는 요소이다. 특히 물류가 기업 내 타 부문, 혹은 공급사슬들과의 상호관계가 필수적인 특성으로 말미암아 물류정책 수립 시에도 가시성이

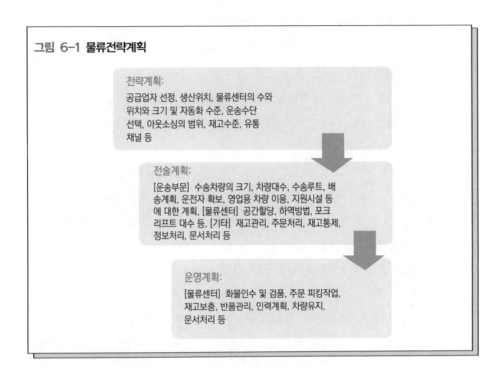

그림 6-1 물류전략계획

전략계획:

공급업자 선정, 생산위치, 물류센터의 수와 위치와 크기 및 자동화 수준, 운송수단 선택, 아웃소싱의 범위, 재고수준, 유통 채널 등

전술계획:

[운송부문] 수송차량의 크기, 차량대수, 수송루트, 배송계획, 운전자 확보, 영업용 차량 이용, 지원시설 등에 대한 계획, [물류센터] 공간할당, 하역방법, 포크리프트 대수 등, [기타] 재고관리, 주문처리, 재고통제, 정보처리, 문서처리 등

운영계획:

[물류센터] 화물인수 및 검품, 주문 피킹작업, 재고보충, 반품관리, 인력계획, 차량유지, 문서처리 등

요구된다. 따라서 물류관리자는 이들 기업 내 타 부문과 혹은 물류체인 구성원들과 물류에 관해 어떻게 하면 협력적인 관계를 수립할 수 있는가 하는 것이 큰 과제이다. 그 해답은 공급사슬 통합에서 찾을 수 있다. 공급사슬이란 원부자재 공급업자로부터 생산과정을 거쳐 완제품으로 소비자에게 이르는 제품의 흐름이 일어나는 기업들 또는 관계회사들의 경로라 할 수 있다. 이러한 공급사슬이 통합되어 관리되는 것으로 그렇지 않은 것보다 성과에서 우수하다는 것을 전제로 한다. 통합을 한다는 것은 정보를 공유하는 것이고, 특히 수요전망과 생산계획에 대한 정보를 공유하는 것이다.

물류전략 계획이 원활히 수행되기 위해서는 기업전략계획과 연계되어야 한다. 물류활동이 기업활동과 통합하여 계획될 수 있기 때문이다. 기업전략과 통합하여 물류전략을 계획할 경우 다음과 같은 요소에 대한 전략 공유가 필요하다.

① 고객 서비스 수준: 품목별로, 그리고 시장별로 고객서비스의 최적수준을 결정해야 한다. 대안을 평가하기 위해 고객에 대해 분석해야 하며, 차별화할 수

있는 기회를 정하고, 경쟁자의 성과나 전략을 분석해야 한다. 마지막으로 제공해야 할 서비스의 수준에 따른 비용을 분석해 최적의 대안을 선정해야 한다.

② 공급과 배송경로: 공급, 배송경로 상 참여자 수를 결정하고 그들의 관계를 설정해야 한다. 많은 기업에서 가급적 공급자, 운송자, 중간자들의 수를 줄여나가는 추세에 있지만, 대신 그들과 장기계약, 혹은 파트너십 협약으로 관계는 밀접화해 나가고 있다.

③ 물류네트워크 설계: 물류네트워크상 어떤 원자재 공급처, 혼재거점, 보관 및 배송시설, 현장 서비스센터를 포함시킬 것인가 하는 문제나 이들 물류시설, 거점의 규모는 어느 정도로 해야 하는지, 그리고 책임은 어디까지인지 등을 결정해야 한다. 전체 공급사들이 만족하기 위해서는 이러한 결정은 사내에서는 생산, 마케팅 부문과, 그리고 공급사슬상의 참여자들과 긴밀한 의사소통이 있어야 가능하다.

④ 재고관리 정책: 재고관리시스템의 기능을 정하거나, 재고수준을 결정하는 일, 그리고 어떤 품목을 보관할 것인지에 대해 계획해야 한다. 과다재고에 따른 보이지 않는 비용발생을 이해하여 적정수준으로 줄이는 계획을 세우는 동시에 품절에 따른 고객서비스 하락을 방지하기 위한 계획도 수립해야 한다.

⑤ 운송관리 정책: 어떤 운송수단을 선정할 것인가, 운송인과 운송량을 결정하는 일 등이 포함된다. 운송에 대한 자유화로 운송비 절감과 운송서비스의 질적 개선이 가능하며, 이에 대한 기회를 포착하는 것이 계획의 핵심이다.

⑥ 물류정보시스템 설계: SCM을 가능케 할 수 있는 정보시스템의 구축, 정보분석과 예측시스템의 구축, 공급사슬간의 정보전달방식, 화물추적시스템의 활용 등에 관한 계획을 세우게 된다.

⑦ 물류조직구조: 물류부문이 기업 전체의 비용 최소화, 고객서비스 극대화를 통해 기업의 경쟁우위 원천을 가져다주는 기능을 수행하기 위해서는 그 잠재력이 발휘될 수 있도록 기업의 타부문과의 협력에서 주도권을 발휘할 수 있도록 조직구조가 뒷받침되어야 한다.

4. 공급사슬 전략

공급사슬의 전략적 목표는 종종 수익성 혹은 시장점유율과 관련이 있었으나, 최근에는 최종 고객 서비스 수준이 전체 공급사슬의 가장 중요한 지표로 언급되고 있다. 공급사슬관리의 주요 목표는 대부분 고객 서비스와 관련이 있으며, 흔히 언급되는 특징은 다음과 같다.

- 주문 납기 리드 타임 단축
- 배송의 신뢰성, 적정한 빈도, 품질과 유연성의 보장
- 전체 공급사슬 내 재고 수준의 최적화
- 상품흐름의 총비용 최소화

주문 납기 리드 타임의 단축과 배송활동의 보장은 로지스틱스 고객 서비스의 기초적인 목표이며, 재고 수준의 최적화는 최소화가 아닌 최적화로, 재고 수준은 상품의 가용성을 결정하기 때문에 고객의 기호에 맞춰 조정할 수 있게 유연성이 있어야 한다는 것이다. 상품흐름의 총비용 최소화는 배송 서비스 수준과 항상 상충관계(trade-off)에 있으며 이는 전체 로지스틱스 시스템의 기본적인 상충관계이다.

이러한 목표들은 최종 고객에게 중점을 둔 공급사슬 전략의 개발과 실행으로 달성할 수 있으나 높은 고객 서비스 수준을 달성하는 것은 어려울 수도 있다.

1) 리드타임 차별화 전략

일반적으로 특정기업이 공급사슬 전략을 세운다는 것은 곧 경쟁기업에 대한 차별화전략을 세우는 것을 의미한다. 고객의 입장에서 볼 때 시장에서 독특하고 효과적인 기업으로 보여지는 공급사슬 역량이 있다면 차별화된 공급사슬 전략을 수행하고 있다고 볼 수 있다. 이 경우 고객들은 이 회사의 제품이나 서비스에 대한 특별한 가격을 기꺼이 지불할 의사가 생길 수 있는 것이다. 이 공급사슬 역량은 과거에는 부가가치 제품, 서비스라 했으나, 현재는 바로 핵심역량인 공급사슬 우수성이라고 할 수 있다.

'시간은 돈이다'라는 말이 있듯이, 공급사슬에서 차별화 전략 중 가장 중요한 것이 주문부터 인도까지의 리드타임(lead time)을 줄이는 일이다. 즉 시간 관련 물류전략 수립이 공급사슬 차별화의 중요 전략 방향이다. 수송 수단 대안을 포함한 재고모델을 검토할 경우, 보다 빠른 운송이 가능하다면 재고수준을 줄일 수 있고, 창고비용도 절감시킬 수 있다. 비록 빠른 운송에 대한 운송비가 높아진다 해도 재고비용과 창고비용의 절감이 더 크다면 총비용 절감이 가능한 전략이 되는 것이다. 특히 공급사슬 주문 사이클 타임의 단축에는 제품추적, 바코드, RFID 스캔, 장치위치 확인 등 정보기술이 잘 뒷받침되어야 한다.

특히 리드타임을 단축하는 일은 공급사슬관리에서 고객서비스 향상에 중요한 요인이지만, 기업들 입장에서 보면 현금화를 앞당기는 요인이 되기도 한다. 현금회전 개념으로 본 리드타임을 구성하는 과정은 다음과 같이 나누어 볼 수 있다. 각 단계마다 현황분석과 개선을 통해 리드타임을 단축할 수 있다. 우선은 고객이 주문 전 계획을 세우게 된다. 어떤 물건을 언제까지 받을 것인가를 계획하는 일이다. 그리고 조달주문을 하게 된다. 주문서 제출과 주문확인 과정이 있게 된다. 이후부터는 생산 혹은 창고에서 발생하는 리드타임이다. 우선 생산이 필요한 경우라면 생산준비와 생산과정을 거쳐, 완제품 포장 및 물류센터로의 수송완료까지의 시간이 소요된다. 추가 생산이 필요 없는 경우는 생산, 수송단계의 시간이 소요되지 않는다. 물류센터에서는 주문접수, 피킹, 포장 및 상차까지 배송을 위한 준비에 소요되는 시간이 필요하게 된다. 이후 배송을 거쳐 수령, 그리고 대금 수령 후 공급사슬 참여자에게 대금지급까지 걸리는 모든 시간이 리드타임에 포함된다.

물론 리드타임을 짧게 가져가는 것이 목표가 될 수 있으나, 기업의 생산방식에 의해 영향을 받을 수 있다. 고객이 원하는 제품을 원하는 기한 내에 공급하기 위한 생산방식의 선택도 가능하다. 기본적으로 고객이 주문한 후 얼마나 기다려 줄 수 있는가에 따라 생산방식을 달리할 수 있다. 생산방식은 재고판매(make to stock: MTS), 주문생산(make to order: MTO), 조립생산(assemble to order: ATO), 조립맞춤생산(configure to order: CTO)으로 나누어 볼 수 있다.[3]

재고판매는 판매를 예상하여 미리 생산한 완제품 재고를 기반으로 고객주문

---

3 박성칠, Supply Chain 프로세스 혁신(Sigma Insight), 2008, p. 160.

에 대응하는 체제로, 고객이 주문 후 즉시 공급을 원하는 경우에 활용된다. 이때 완제품의 적정재고수준은 시장수요 예측을 기반으로 한다. 주문생산은 고객의 주문에 의해 생산해 공급하는 것이다. 고객은 생산완료까지 기다려야 하며, 이를 감안하여 시간을 두고 주문해야 한다. 이 경우에는 재고관리보다는 생산리드타임과 자재 구입리드타임을 줄이는 것이 관건이다. 조립생산도 고객의 주문에 의해 생산하지만 리드타임을 단축하기 위해 반제품을 사전에 준비해 두고, 주문 시 최종 조립 생산하여 공급하는 방식이다. MTS와 MTO의 장점을 활용하면서 고객서비스를 높이는 방법이다. 조립맞춤생산은 고객이 직접 정한 사양대로 생산 공급하는 방식이다. Dell이 인터넷으로 개별고객의 요구사항을 받아 사양대로 하나씩 생산하여 공급하던 것이 대표적 사례이다. 이 경우에도 리드타임을 단축하기 위해 범용성이 높은 반제품을 미리 만들어 놓는다.

최근 SCM에 대한 높은 관심과 재고 최소화를 위해 MTS에서 MTO나 CTO로 전환하는 경우가 많아지고 있다. 잘 팔리는 주력 제품은 MTS로 하고, 나머지는 MTO방식을 채택할 수도 있다. 또한 업종이나 제품별로 다를 수는 있지만 재고 절감을 위해 최대한 CTO를 기반으로 한 생산방식인 대량 고객맞춤 생산(mass customization) 방식도 바람직할 수가 있다.

2) 리드타임과 수요예측 결합전략

글로벌 공급사슬전략을 선택하기 위해서는 제품 수요에 대한 예측가능성과 보충 리드타임의 특성을 감안해야 한다.[4] 수요와 공급특성에 따라 린(lean)과 애자일(agile) 같은 공급사슬전략을 선택할 수 있다. 린 방식은 과잉생산, 과잉재고, 보관기간, 운송시간 등 낭비적 요소를 제거해 종래의 공급사슬의 문제점을 해결하는 전략이다. 애자일 방식은 고객들이 원하는 바를 파악해 이를 재빨리(agile) 개발한 후 시장에 내놓고 반응을 살피는 것으로, 소규모 인원이 신속하게 제품을 개발하고 지속적으로 이를 업데이트하는 전략이다.

리드타임에 따라, 그리고 수요에 대한 예측가능성 여부에 따라 글로벌 공급

---

4 Christophor, M., Peck, H. & Towill, D., "A taxonomy for selecting global supply chain strategies," International Journal of Logistics Management, Vol. 17, No. 2, 2006, pp. 277−87.

사슬전략이 달라질 수 있다. 리드타임이 짧고 수요 예측이 가능하다면 린 방식으로 JIT 같은 기법을 활용하여 지속적인 보충을 하는 전략을 채택할 수 있다. 리드타임이 짧지만 수요예측이 어려울 경우 공급사슬전략은 애자일 방식이 가능하다. 즉 불규칙한 수요에 대응하면서도 신속한 납기를 위해 신속물류(quick response logistics)를 통해 재고는 줄이고 판매를 높이는 전략이다. 신속물류는 제조업체에서 소매상까지의 완제품의 흐름을 강조하는 것으로 다빈도, 소량 즉시 배송체제를 지향한다. Dell 컴퓨터와 스페인 의류 제조 및 유통업체인 ZARA사의 경우가 대표적인 사례이다.

수요가 예측 가능하고 보충 리드 타임이 길다면 '린, 계획 및 실행(Lean, planning and execution)' 전략을 사용할 수 있다. 이는 '린, 연속 보충'과 비슷한 전략이지만, 리드 타임이 길어서 더 많은 계획이 필요하다는 점이 차이가 있다. 수요가 실제로 실현될 시점보다 훨씬 앞서야 하기 때문이다. 린 원칙은 리드 타임으로 인한 불확실성을 관리 할 수 있는 경우라면, 공급사슬에 적용될 수 있다.

보충 리드 타임이 오래 걸리면서도, 수요를 예측할 수 없는 경우, 기본 제품은 원격지에서 제조되어 최종 시장에 가까운 위치로 배송된 후, 필요한 최종 제품을 생산하는 방식이다. 이 경우 기본제품 생산은 린방식에 의존하고, 시장 인근에서의 최종제품 생산은 애자일 방식에 의존한다. 이를 리가일(Leagile) 방식이라는 합성어를 사용하기도 한다.

이상과 같이 관리자는 공급망 전략을 수립할 때 이들 원칙을 살펴보고 가장 부합한 글로벌 공급사슬 전략을 취해야 한다.

표 6-1 글로벌 공급사슬 전략

리드타임과 수요특성	공급사슬 전략
짧은 리드타임 + 예측 가능 수요	린(Lean), 지속적인 보충
짧은 리드타임 + 예측 불가능 수요	애자일(Agile), 신속 물류
긴 리드타임 + 예측 가능 수요	린, 계획 및 실행
긴 리드타임 + 예측 불가능 수요	Leagile 생산/이연전략

자료: Christophor, M., Peck, H. & Towill, D., "A taxonomy for selecting global supply chain strategies," International Journal of Logistics Management, Vol. 17, No. 2, 2006, pp. 277-287.

Dell 컴퓨터의 공급사슬관리 전략

Dell 컴퓨터사는 1983년 당시 의대생이었던 Michael Dell에 의해 설립된 이후 경이적으로 성장하였다. 회사의 미션은 간단하게도 '우리가 상품을 제공하는 시장에서 고객에게 최고의 경험을 전달하는 세계에서 가장 성공적인 컴퓨터 회사가 되는 것'이다.

1970년대 후반 PC 시장은 애플, IBM, 컴팩, HP 등 여러 유명한 회사들이 판매업체, 소매업체를 통해 상품을 간접적으로 판매하는 방식이었다. 하지만 델은 창립 초기부터 유통과정을 없애고 직판을 통해 고객에게 더 저렴한 가격에 PC를 공급했다. 델의 직판 모델은 주문 처리시간 단축 및 재고 절감에 초점을 맞춰 고객이 원하는 상품을 가장 신속하게 공급하여 고객의 만족도와 충성도를 높일 수 있었다.

1) 델의 공급사슬전략

(1) 간접 판매 모델에서 제품 생산 후 유통업체를 거쳐 소비자들에게 상품이 도착될 때까지의 물류비는 일반적으로 판매 수입의 13.5~15.5%이지만, 델의 직판 모델에서는 중간 유통과정을 거치지 않기 때문에 전체 물류비가 판매수입의 2%에 불과했다. 또한 델은 상품 배송 효율성을 높이기 위해 외부 물류업체에게 최대의 자율권을 보장해 전체 공급사슬의 리드타임을 대폭 단축시킬 수 있었다. 지난 1994년 델의 재고량은 35일치 판매량 정도였으며 2000년에는 5일 동안의 재고량만으로도 시장 변화에 대응할 수 있게 되었다. 델은 공급사슬 최적화를 통해 신속한 대응능력을 확보했을 뿐만 아니라 상품 라이프 사이클이 계속해서 줄어들고 있는 PC시장에서 경쟁 우위를 차지할 수 있었다. 1996년 Economist 매거진은 Dell에 대해 'PC를 바나나처럼 직접 판매한다(selling PCs like bananas)'고 묘사했다.

(2) 직접적인 고객 관계관리

Dell에게 사업 시장 세분화는 매우 중요했고, 회사는 핵심고객과 가까운 관계를 유지하기 위해 고객 관계 관리(CRM: Customer Relationship Management)에 투자하며, 마찬가지로 서로 다른 고객 세분화의 서비스 원가를 평가하고 제품 제공을 설계했다. 간접 판매의 모델에서 PC 제조업체는 유통업체나 대리점을 통해 접수되는 상품에 대한 불만이나 서비스 요구에 즉각적인 대응이 어려웠다. 그러나 델의 직판 모델에서는 본사가 직접 판매하고 A/S를 처리하기 때문에 고객의 피드백 정보가 정확하게 전달되어 고객 응대 시간을 대폭 단축시킬 수 있었다. 델은 현재 수천명에 달하는 기술지원 인력이 24시간 유선 대기하고 있으며 이를 통해 90% 정도의 A/S를 직접 처리해 시간과 비용을 절감시켰다.

(3) 완전한 가시성과 공급업자와의 파트너십

인터넷은 Dell 전략의 핵심으로 고객과 직접 의사소통하고 구매 형태의 실시간 가시성이 가능하게 하였다. 확실히 Dell 공급사슬의 핵심 속성은 생산 라인의 매우 짧은 리드타임과,

just-in-time으로 부품을 공급하는 공급업자의 완전한 가시성이다. 그 결과 Dell은 원자재 조달에 있어 창고 공간을 많이 필요로 하지 않았다. Dell의 전 세계적인 조달을 담당하는 상무에 따르면 이렇게 선정된 공급업자들이 Dell의 성공에 있어 핵심적인 역할을 한다고 한다. 공급업자들이 Dell이 기대하는 품질과 가치를 제공하고 있기 때문이다.

(4) 주문 후 생산방식(Build-to-order) 및 적기 공급 생산방식(Just-in-time)

간접판매 모델에서의 PC생산은 대부분 수요예측에 의존했다. 그러나 델의 직판 모델은 고객의 원하는 PC사양을 자유자재로 선택할 수 있으며, 정확한 상품 유형과 수량을 확정하는 데 최대한의 자유가 보장된다. 델은 주문 생산방식(Build-to-order) 및 적기 공급 생산 방식(Just-in-time)을 채택해 생산된 PC를 직접 지정 고객에게 배송하고, 원재료와 완성품 모두 재고가 발생되지 않아 재고원가를 대폭 절감할 수 있었다. 즉 이러한 전략의 이득은 많고, 제품 라인 전체에서 공통부품을 공유하는 것을 포함하기 때문에 운반되어야 하는 SKU(stock keeping units)의 수를 줄일 수 있다. 이러한 전략은 자동차 산업(Volkswage, Audi, Seat and Skoda)과 패션 산업(Benetton, Zara)과 같이 마진이 적고 수요 변동성이 있는 다른 분야에도 적용할 수 있다.

(5) 특정한 타깃을 집중 공략

PC를 처음 접하는 고객들은 대리점이나 대형마트에서 직접 기능이나 성능, 가격, 판매 점원의 상담을 거쳐 PC를 구입하는 경우가 대부분이다. 그러나 델의 고객은 PC에 대한 사전지식이 있어야만 본인에게 맞는 사양을 선택해 구입할 수 있다. 하지만 IT기술의 발전과 숙련된 PC사용자가 증가하는 만큼 델의 고객층은 점점 더 늘어날 수 있다.

2) 최근 문제

Dell은 그러나 격변을 겪고 있다. 2006년 불량 랩 탑 배터리 때문에 400만 개의 랩 탑 배터리를 리콜했다. 그 다음에 라이벌인 HP에 선두 위치를 빼앗기자 CEO를 교체하였다. 회사의 회장인 Michael Dell은 다음과 같이 말했다. "우리는 전 세계적으로 끊임없이 성장하기 때문에, Direct Model을 통해 우리의 능력을 증가시키고, 고객 가까이에서 제조하고, 우리의 공급사슬을 하나의 세계적 조직에 완전히 통합시키는 것이 중요하다. 이는 우리에게 더할 수 없이 훌륭한 품질, 운영 시간과 인도가격을 이끌게 해 줄 것이다." "우리는 우리의 공급사슬 모델이 차별화된 제품 설계, 제조, 유통 모델을 만드는 것을 도울 수 있도록 혁신시키고, 조정할 것이다."

토의주제: - Dell의 공급사슬모델의 성공 원인이 무엇인가?
- Dell의 공급사슬모델이 모든 산업에 적용될 수 있는가?
- Dell이 경쟁우위를 유지하기 위해 어떤 전략을 가져가야 할 것인가?

자료: John Mangan, Chandra Lalwani & Tim Bucher, Global Logistics and Supply Chain Mangement (Wiley), 2007, pp. 53-55)

사례 6-2   Nike의 제품 판매 및 공급망 관리 전략 변화

역사상 가장 성공적인 스포츠 브랜드를 구축해 온 Nike는 2017년 새로운 도전에 직면하게 되었다. Nike는 전통적으로 스포츠 스타에 대한 투자와 이를 통한 브랜드 평판도 강화에 초점을 맞추어 경영전략을 수립해 왔으며, 농구, 골프, 육상 등 세계적인 선수들과 맺은 계약을 통해 신제품을 출시하고 대규모 마케팅을 전개함으로써 전세계 소비자들이 가장 선호하는 스포츠 브랜드로 자리매김할 수 있었다.

그러나, 경쟁 스포츠 브랜드들 역시 차별화된 제품 및 마케팅, 신규 계약을 통해 성장하게 되었고, 고객 수요가 다변화되며 Nike의 고객층을 일부 잠식하기 시작했다. Under Armour, Hoka, On 등 새로운 경쟁 기업들은 시장 수요 변화에 맞춰 새롭게 디자인된 제품을 시장에 내놓으며 성장을 지속하였고, 이러한 변화에 대응하기 위하여 Nike는 2017년 CDO (Consumer Direct Offense) 전략을 도입하게 되었다.

CDO 전략은 소비자와의 직접적인 연결을 강화하고, 디지털 및 오프라인 채널을 통합하여 고객 경험을 개선하며, 제품 개발 주기를 단축하고 신속하게 제품을 생산하여 공급하는 유연한 공급망 구축을 목표로 하였다. 이 전략은 다음 세 가지 핵심 요소로 구성되었다.

- 2X Innovation: 제품 혁신을 두 배로 가속화하여 소비자에게 더 다양한 제품 제공
- 2X Speed: 제품 개발 주기를 절반으로 단축하여 소비자 수요에 신속하게 대응
- 2X Direct Connections: 소비자와의 직접적인 연결을 두 배로 강화

소비자들은 더 개인화된 경험과 신속한 서비스를 기대하며, 이를 충족시키기 위해서는 디지털 및 오프라인 채널의 통합이 필요했다. 또한, 도매 유통 채널을 통한 판매보다 직접 판매를 통해 더 높은 이익을 창출할 수 있으며, 수익성 확보에 기반하여 혁신적인 제품과 경험을 제공함으로써 시장에서의 경쟁력을 강화하고, 새로운 고객층을 확보할 수 있다는 판단이었다. Nike의 CDO 전략은 일반적으로 DTC 비즈니스 모델이라고 알려진 공급망 전략의 하나의 사례라고 볼 수 있다.

DTC 모델은 기업이 중간 유통 단계를 거치지 않고, 직접 소비자에게 제품을 판매하는 방식을 의미한다. 이를 통해 기업은 소비자 데이터를 직접 수집하고 분석하여 더 개인화된 서비스를 제공할 수 있으며, 확보된 데이터를 바탕으로 신제품을 개발하고 신속하고 유연한 공급망 운영이 가능해진다. Nike는 CDO 전략에 따라 직접판매 및 디지털 채널 강화, 오프라인 매장 혁신, 기술 투자에 집중하였다.

- 직접 판매 채널 강화: 기존의 도매 유통 채널은 주요 채널 중심으로 통폐합하고, 자체 디지털 채널 및 직영 매장을 통한 직접 판매 강화.
- 디지털 채널 강화: Nike.com, Nike 앱, SNKRS 앱 등 다양한 디지털 플랫폼을 통해 제

품을 판매.
- 오프라인 매장 혁신: Nike House of Innovation, Nike Unite, Nike Live 등 혁신적인 매장 콘셉트를 도입하여 소비자에게 새로운 경험을 제공.
- 기술 투자: 데이터 분석, 3D 스캐닝, 클라우드 기반 마이크로서비스 등 최신 기술을 도입하여 운영 효율성을 극대화

Nike의 CDO 전략은 코로나 바이러스로 인한 팬데믹 위기에 빛을 발하며 Nike의 성장을 이끌었다. 팬데믹 기간 오프라인 매장을 통한 판매에 경쟁 브랜드들이 어려움을 겪을 때, Nike는 자체 온라인 서비스와 직영 매장을 통해 고객들에게 제품을 효과적으로 판매할 수 있었고, Nike의 글로벌 매출은 2016년 323억 달러에서 2023년 512억 달러로 7년간 약 58% 성장하는 성과를 달성하였다.

그러나, 2024년 Nike는 도매 유통 채널들과의 계약을 새롭게 맺으며 중간 유통 단계를 없앤 DTC 모델에서 도매 유통 채널과 직접 판매 채널을 모두 활용하는 하이브리드 모델로 전환하기 시작했다. 성공적인 Nike의 성장에도 불구하고, DTC 모델이 가진 여러 한계들로 인하여 기존 도매 유통 채널들과의 판매 계약을 확장하게 된 것이다. DTC 모델의 강점에도 불구하고, 소비자들은 여전히 여러 브랜드와 제품을 비교할 수 있는 오프라인 매장 및 온라인 쇼핑 서비스를 선호하는 경향이 있고, 팬데믹 이후 물가 상승으로 경제 불확실성 증가 및 소비 지출 감소로 저가의 상품을 구매하려는 소비자들이 증가하게 되었다. 경쟁 브랜드들 역시 혁신적인 제품과 마케팅 전략을 통해 Nike의 시장 점유율을 위협하고 있다. 직접 판매 채널은 통해 수요 정보를 신속하게 파악하고, 신속한 제품 개발 및 유연한 공급망을 운영하는 것이 가능했지만, 변화하는 경영 환경에 대응하기 위해 DTC 모델을 일부 수정하게 된 것이다.

Nike의 2017년 CDO 전략을 통한 DTC 모델 도입과 2024년 도매 유통 채널과의 협력 재개에 기반한 하이브리드 모델로의 전환은 공급망 전략 수립에 있어 고객 접점에서 공급망 운영에 이르는 전체 단계에서의 전략 수립이 환경에 따라 유연하게 바뀌어야 함을 잘 보여주는 사례라고 볼 수 있다.

토의주제:
- Nike가 CDO 전략을 도입한 이유는 무엇인가?
- DTC 모델이 기존 제품 판매 방식과 차별화된 장점은 무엇이고, 한계는 무엇인가?
- Nike는 DTC 모델을 강화해야 할까, 아니면 하이브리드 모델로 변화해야 할까?
- 공급망 전략 수립 측면에서 DTC 모델이 의미하는 시사점은 무엇인가?

자료: Modern Retail

3) 재무성과 전략

공급사슬의 재무성과 전략은 운영 효율성과 관련되는 전략이다. 비용통제, 서비스 품질, 자산활용 정도 등에 우선순위를 두는 전략이라 할 수 있다. 구체적으로는 자산이익률(ROA)이나 투자이익률(ROI) 등으로 나타나는 공급사슬의 재무적 성과를 의미한다.

그 첫째는 재고 전략이다. 많은 기업이 관심을 두는 자산 활용의 대상이 재고이다. 따라서 고객서비스를 유지하는 수준에서 재고 수준을 감축시키는 전략을 세우게 된다. 특히 재고자산은 운전자본이 투하된 재고로 쌓아두기보다는 회전이 이루어져야 하는 자산으로 기업 전체 자산에서도 상당부분을 차지하기 때문에 활용성을 높이는 전략은 매우 중요하다. 그 방법으로 JIT(just-in-time), VMI(vendor-managed inventory), CRP(continuous replenishment Planning) 등이 있다. 이런 방법을 통해 재고를 줄여나갈 수 있다면 이는 곧 공급사슬 전체의 성과 향상을 가져올 수 있다.

다음으로는 설비자산 활용전략이다. 공급사슬의 공장, 창고, 장비, 물류센터 등 각종 설비를 효율적으로 이용할 수 있는 전략이다. 이들 설비들이 거의 최적 활용이 될 수 있도록 함을 목적으로 한다. 특히 설비자산 활용성은 전체 자산 활용가능시간 중 해당자산이 활용되지 않는 고장, 수리 등의 기간(다운타임)비율로 측정하게 된다.

또한 아웃소싱 전략이 있을 수 있다. 물류서비스를 전문 물류서비스 제공자(3PL 등)에게 아웃소싱을 하는 전략을 의미한다. 운송서비스나 창고 같은 자산 기반 서비스는 고객지향적이고, 전략적으로 잘 만들어져 있기 때문에 전통적으로 아웃소싱이 크게 늘어나고 있다. 이와 함께 운송료 검사 및 지불, 고객서비스, 정보기술, 간단한 조립가공 같은 비자산 기반 서비스의 아웃소싱도 늘어나고 있다. 결국 이런 물류전문서비스를 제공해주는 제3자 물류서비스 제공자(3PL)에게 물류를 아웃소싱하는 전략이 크게 늘고 있다. 아웃소싱을 함으로써 기업은 핵심역량부문에 집중할 수 있는 장점이 생기게 되나, 결국은 아웃소싱으로 관련 자산투자를 얼마만큼 줄일 수 있는지, 그리고 비용절감이 지불하는 수수료에 비해 얼마만큼 경제적인지가 아웃소싱 전략의 관건이다.

5. 물류에 영향을 미칠 향후 이슈

물류전략을 계획하는 과정에서 미래 환경변화를 예측하는 것이 중요하며 미래 물류활동에 영향을 미칠 몇 가지 중요한 사안을 검토한다.

그 첫째는 글로벌 영업이 지속적으로 확대되고 있는 점이다. 지금까지는 신흥공업국가에서 선진국으로 상품이나 제품을 수출하는 형태의 무역을 해왔다. 그러나 아시아, 남미, 일부 아프리카 국가의 소득이 향상됨에 따라 이전에 찾지 않던 제품을 소비하기 시작하고 있다. 물류관리자들은 이들 신흥 시장과 새로운 공급원을 모두 개척할 수 있는 물류시스템을 개발해나가야 한다.

또한 향후 물류업무는 환경 친화적인 방법으로 수행되어야 하는 점이다. 포장재를 재생 가능한 것 혹은 미생물로 분해되는 것으로 바꾸어야 하며, 운송에서도 에너지 소비를 줄이며, 오염물질 배출을 최소화하기 위한 대책을 마련하고, 폐기물 등의 수거를 위한 회수물류체계가 구축되어야 한다.

그리고 범세계적으로 교역량이 증가하면서 도로, 교량, 공항, 항만, 철도, 수로에 대한 수요도 크게 늘어나고 있다. 그러나 시간이 지남에 따라 이들 운송 인프라 시설들은 노후화되어 느린 운송 속도, 화물에 손상을 주는 운송서비스가 늘어날 수 있다.

그리고 판매자를 상대로 하여 구매자들의 세력을 증대시키는 일종의 사회운동이라고 할 수 있는 소비자주의(consumerism)의식이 퍼지고 있는 점도 감안해야 한다. 소비자의 필요와 욕구 충족에 미흡한 기업계에 대해 소비자들이 자신의 이익증진 활동을 해나갈 것이기 때문이다.

마지막으로 향후 기술발전을 고려해야 한다는 점이다. 컴퓨터와 정보통신기술의 발전으로 실시간 공급사슬관리와 실시간 통제가 가능해지고 있다. 실시간 공급사슬관리는 인터넷 메가포탈(internet mega-portal)의 등장과 이를 채택함으로써 가능해지고 있다. 인터넷 메가포탈은 인터넷 기반의 정보허브라고 정의할 수 있으며, PC, 휴대폰, PDA 등 다양한 방식으로 접근이 가능하여, 물류관리자들에게 직접 정보를 제공할 수 있는 방식이다. 새로운 기술을 바탕으로 하는 물류서비스가 고객서비스 향상과 물류비용절감에 긍정적인 효과를 가져올 수 있다. 다만 그에 수반되는 비용증가를 감안해야 한다.

공급사슬 및 물류관리

PART II

07

물류의 구성요소 및 네트워크

재화의 매매가 이루어지면 그 재화의 소유권은 판매자에게서 매입자로 이전된다. 그 재화가 판매자에게서 매입자에게로 이전되기 위해서는 대부분의 경우 공간적·시간적 차이를 극복할 필요가 있다. 이 차이를 극복하는 활동이 물류이며, 구체적으로는 운송, 보관, 포장, 하역, 유통가공, 정보의 6가지 활동이 유기적으로 결합된 것이다. 이번 장에서는 물류활동을 구성하는 각 요소 중 운송, 보관, 포장, 하역, 유통가공, 물류정보, 물류네트워크에 대해서 살펴본다.

1. 운　　송

활발한 운송활동은 생산 활동을 증진시키고 운송범위에 따라서 시장을 확대하며, 혹은 물자의 편중을 완화하고 그 결과 물가의 평준화를 이룩하는 등의 역할을 수행한다. 또한 운송은 장소적 거리 조정기능으로 생산자와 소비자 간의 재화의 유통을 원활히 하며, 효용가치를 창출하게 된다.

2. 보　　관

보관이란 단순히 물건을 저장하는 것이 아니라 자체 품질이나 형상이 변하지 않도록, 즉 그 물건의 가치를 유지하도록 관리하는 것을 의미한다. 최근 들어서는 종래의 보관효율을 중시하는 저장창고에서 종합적인 물류합리화를 위해 상품을 출하장소별로 나누어 원활하게 유통시키기 위한 기능을 중시하는 유통창고가 증가하고 있다.

3. 포　　장

포장의 기능은 생산에서 소비에 이르는 과정에서 제품의 가치와 상태를 유지하기 위해 외부환경으로부터 보호하고, 파손·변질·감량을 방지하기 위한 것, 그리고 제품을 일정단위로 정리하여 운송·보관·하역 등의 활동을 효율적으로 하기 위한 것이다.

4. 하　역

하역이 어떻게 이루어지느냐에 따라 물류 전체의 흐름이 좌우될 수 있는 것이다. 창고의 자동화, 기계화도 에너지 절약은 물론이고 창고 내의 하역작업의 신속화, 효율화를 위해서 도입된 것이다. 하역의 합리화를 위해 하역이나 운반의 최소화, 이동거리의 최소화, 표준 규격화, 기계화, 시스템화 등이 요구된다.

5. 유통가공

일정한 규격의 제품을 대량 생산하여 한꺼번에 운송하고, 개별 주문에 대한 대응은 소비지에 가까운 공장에서 가공하여 배송하도록 하고 있다. 이러한 유통단계에서의 제품 등의 가공을 유통가공이라고 한다. 유통가공의 중요성은 유통효율화에 있다기 보다는 오히려 고객만족을 높이기 위한 기능으로 변해가고 있다.

6. 물류정보

물류정보로 인해 지금까지 독립되어 있던 각 활동의 제어나 관리를 종합적으로 실시할 수 있게 되어, 정보 기능에 의한 물류의 각 활동의 통합화에 의해서 물류라고 하는 통합 개념이 완성될 수 있다.

7. 물류네트워크

물류의 구성요소로 이상의 활동들이 유기적으로 네트워크화되어 있어야 한다는 것이다. 물류네트워크의 유기적 운영으로 나타나는 가장 큰 효과는 물류의 부가가치 창출이다.

1. 운송 활동

1) 운　송

생산능력이 많은 공장에서는 저렴하고 양질의 제품을 대량으로 생산할 수 있다. 그러나 대량생산된 제품이 수요자에게로 배달되지 않으면 그대로 공장에 쌓여서 생산한 의미가 없어지게 된다. 대량생산된 제품은 많은 사람들의 손에 들어가야만 효용이 발생한다. 대부분의 경우 재화의 산출지와 수요지는 다르기 때문에, 이 사이에서는 재화의 이전, 이동이 필요해진다. 이처럼 재화를 다른 지역에 이동시키는 활동을 운송이라고 한다.

운송은 그 대상이 무엇인가에 따라서 출발지와 도착지가 달라진다. 예를 들어 생산에 필요한 원재료라면 원산지에서 공장으로, 기계부품이라면 부품공장에서 제품제조공장으로, 상품화된 제품의 경우에는 제조공장에서 유통업자(도매상, 소매상 등)로, 최종적으로는 소비자에게 도착하게 된다. 그리고 각각의 경우에 운송에 의해서 재화의 장소적 효용이 창출된다.

이처럼 운송은 현대 경제생활에 있어서 큰 의의를 갖고 있다. 활발한 운송활동은 생산활동을 증진시키고 운송범위에 따라서 시장을 확대하며, 혹은 물자의 편중을 완화하고 그 결과 물가의 평준화를 이룩하는 등의 역할을 맡고 있기 때문이다. 사회에서의 재화의 공간적 이동을 보면, 운송은 물류 중에서 주된 역할을 맡고 있으며 물류를 구성하는 기능 중에서도 가장 중요하다고 할 수 있다.

운송을 물류주체인 화주의 관점에서 보자면, 생산과 소비 사이를 어떤 경로나 채널로 재화를 보낼 것인지가 아주 중요해진다. 그 경우에는 무엇을(재화의 종류), 언제(공급의 빈도), 얼마만큼(공급 단위), 어디까지(거리), 얼마에(비용) 등이 운송조건이 되면, 이것을 고려하면서 운송방법이 결정되고 운송수단이 함께 선택된다.

운송의 효율성 여부는 물류시스템에서 매우 중요한 요소가 되고 있다. 운송수단별 진입장벽에 대한 자유화로 인해 과거보다 낮은 운송비로 더 양질의 운송서비스가 가능해져 화주의 입장에서는 선택의 폭이 넓어졌다. 그리고 JIT가 재고수준을 낮출 수는 있지만 고객서비스에 대한 위험이 증가할 수 있는 문제점을 내포하고 있는데 수송의 서비스 질 향상이 이 문제를 어느 정도 보완할 수 있다.

2) 운송수단

운송은 운송수단의 차이에 의해서 도로운송, 수상/해상운송, 철도운송, 항공운송으로 나뉜다. 그리고 운송수단은 종류별로 철도차량, 자동차(트럭), 선박, 항공기 등으로 분류된다. 여기에 이들 운송수단을 복합시킨 해륙복합운송(land bridge)이나 해공복합운송(sea & air)과 같은 복합운송(intermodal)도 있다.

철도나 자동차에 의한 육상운송, 선박에 의한 수상 및 해상운송 및 항공기에 의한 항공운송을 담당하는 사업은 운송업이라 불리는데, 모두 특정 운송수단을 사용하여 운송서비스를 제공하는 사업이다. 운송사업을 하고 있는 운송인에는 실제로 운송수단을 갖고 운송서비스를 제공하는 실 운송사업자와, 자신은 운송수단을 갖지 않고 화주와 운송계약을 이행하기 위해서 실 운송사업자를 이용하여 운송서비스를 제공하는 운송주선사업자가 존재한다.

3) 수송과 배송

수송과 배송은 무엇이 다른가? 배송도 운송이며 엄밀한 정의가 있는 것은 아니지만 일반적으로는 최종소비자까지의 마지막 운송을 의미하며, 단거리, 적은 규모의 화물운송을 배송이라 부른다. 그 성격상, 배송은 운송수단으로서 트럭이 이용되는 것이 보통이다. 즉 고객에 대한 수송은 따로 배송이라는 말을 사용한다.

2. 보관 활동

1) 보   관

석유비축, 식량비축 등의 예를 들 필요도 없이 우리들의 생활의 주변 여기저기에서 보관이 이루어지고 있다. 식료품의 냉장고에서의 저장이 좋은 예일 것이다. 이처럼 재화의 보관은 시간적 간격을 극복하는 활동이다.

보관은 그 어의에서 보면 "보장(保藏)"과 "관리(管理)"를 의미한다. 단순히 물건을 저장하는 것이 아니라 그 자체의 품질이나 형상이 변하지 않도록, 즉 그 물건의 가치를 유지하도록 관리하는 것을 의미하고, 이것이 보관의 의미이다. 따라서 유통관리상에서 상품의 안전관리, 상품의 열화 방지, 보관 장소의 효율적인 사용 등이 과제가 된다.

보관은 수요와 공급의 시간적인 차이를 조정함으로써 경제 활동을 안정시키고 촉진시키는 역할을 맡고 있다. 가을에 수확한 쌀을 일 년 동안 계속 소비할 수 있는 것은 바로 시간적 수급조정 기능으로서의 보관 기능이다. 또한 일시적으로 대량의 상품을 공급하면 가격이 붕괴되는데 이것을 보관함으로써 수요에 따라서 공급하면 가격의 붕괴를 막을 수도 있고, 반대로 부족에 의한 가격 폭등도 방지할 수도 있다.

또한 재고를 유지하기 위해서는 보관시설이 필요하다. 보관하역에서는 무슨 보관 공간이 필요한지, 그리고 그 공간 내에서 어떤 하역시설이 필요한지를 다루게 된다. 전자와 관련해서는 보관시설의 수, 규모, 배치, 설계 등이 관심사이며, 후자와 관련해서는 제품의 반입, 이동, 반출에 필요한 장치, 설비시스템이 관심사이다. 즉 화주는 무엇을(보관화물), 얼마나(규모), 어디에(장소), 어떻게(보관방법), 얼마에(보관비용) 등의 보관조건을 설정하여, 그것을 바탕으로 보관시설을 선택하게 된다. 기업입장에서 보면 주문에 따라 즉각적인 출하, 수송, 배송을 하기 위해서는 주문이 있을 상품을 재고로 두고 주문이 있을 때 즉각 출하, 수송, 배송을 할 수 있다. 즉 보관은 운송, 배송, 출하 작업의 준비 기능인 셈이다.

2) 저장형 시설, 유통형 시설

앞서 말한 대로 보관의 원래 기능을 생산, 판매, 소비 등을 위해서 필요할 때까지 특정 재화를 유지하는 것이라고 규정하면, 그 재화를 시간이 경과해도 변질하지 않고 현상을 유지할 수 있도록 안전하게 저장하고 관리하는 것을 뜻하게 된다. 이 저장의 기능을 갖는 보관시설이 창고이다. 창고에는 그 기능에 따라 많은 종류가 있지만 공통적인 것은 재화의 성질, 형태를 바꾸지 않고 외부환경에서 보호하는 저장 기능의 부분이다.

창고는 입지에 따라서 생산지창고, 집산지창고, 소비지창고로 나눌 수 있으며, 보관 형태에 따라서는 범용성이 있는 보통창고와 특정한 화물만을 보관하는 특별창고로 나뉜다. 특별창고의 대표적인 것의 예는 냉장창고지만, 화물의 특성에 맞추기 위해서 가스탱크처럼 형태만 보면 창고의 이미지와 다른 것도 많이 포함된다. 그리고 관리나 소유의 차이에 의해서 자가 창고와 영업 창고로 나뉜다.

최근 들어서는 시간에 맞추어 원재료나 부품을 공급하여 생산효율을 높이거나, 또는 제품을 수요에 맞추어 출하하여 판매효과를 높일 필요가 많아져, 종래의 보관효율을 중시하는 저장창고(storage warehouse)에서 종합적인 물류합리화를 위해 상품을 출하장소별로 나누어 원활하게 유통시키기 위한 기능을 중시하는 유통창고(distribution warehouse)가 증가하고 있다.

유통창고는 선적, 출하를 위한 조립, 혼합, 분류활동을 하게 되고, 보관창고(storage warehouse)는 일정한 생산활동을 유지시키기 위해 피크시즌이나 공급패턴

조절을 위해 사용하는 창고이다. 보관은 단순히 물건을 저장하는 것이 아니라 그 자체의 품질이나 형상이 변하지 않도록, 즉 그 물건의 가치를 유지하도록 관리하는 것이다. 보관은 수요와 공급의 시간적인 차이를 조정함으로써 경제 활동을 안정시키고 촉진시키는 역할을 맡고 있다.

3. 포장 활동

1) 포장의 기능

상점에서 상품을 구입할 때, 그 상품이 포장되어 있지 않는 상태인 경우는 거의 없다. 예를 들어 약국에서 사는 감기약은 병에 담아져 있거나, 1회 분량씩 포장되어 상자에 담겨 판매되며, 컴퓨터 본체나 모니터 등은 완충재와 박스상자로 내용물이 보호되어 있다. 이처럼 적절한 재료나 용기 등을 물품에 적용하는 기술 및 적용한 상태를 포장이라고 한다.

포장의 기능은 두 가지로 나뉜다. 즉 생산에서 소비에 이르는 사이에 제품의 가치 및 상태를 유지하기 위해서 외부환경으로부터 보호하고, 파손/변질/감량을 방지하기 위한 것과, 제품을 일정단위로 정리하여 운송/보관/하역 등의 활동을 효율적으로 하기 위한 것으로 나뉜다.

포장은 최소단위의 것부터 순서대로 개별포장, 내장, 외장으로 나뉜다. 개별 포장은 물품 하나하나에 대한 포장이며, 소매점에서의 최소판매 단위의 포장이다. 제품을 보호하고 상품 가치를 높이기 위한 것이다. 상품에 있어서 그 표지가 정보전달의 매체가 될 수 있다. 내장은 그 개별포장을 정리하여 최소거래단위로서 만든 포장으로 물품에 대해서 외부로부터 가해지는 물, 습기, 광열, 충격 등의 영향을 방지하기 위한 포장이다. 외장은 포장한 화물을 보관, 하역 등의 작업성을 고려하여 큰 단위로 정리하여 상자, 캔, 봉투 등의 용기에 담은 상태를 말한다.

2) 포장의 분류

한국산업표준에 의하면 포장(packaging)이란 물품의 수송, 보관, 취급, 사용 등에 있어서 그것의 가치 및 상태를 보호하기 위하여 적절한 재료, 용기 등을 물품에 부여하는 기술 또는 그 상태를 의미한다.[1] 표준에서 포장은 다시 낱포장, 속포장, 겉포장의 3종류로 대별하고 있다. 낱포장(individual packaging)은 물품 개개를 보호하기 위하여 적절한 재료, 용기 등을 물품에 부여하는 기술 또는 그 상태로서, 낱개 포장, 단위 포장이라고도 하며, 상품으로서 표시 등 정보 전달의 매체로 이용할 수도 있다. 속포장(inner packaging)은 포장 화물 내부의 포장으로 물품에 대한 수분, 습기, 광열, 충격 등을 고려하여 적절한 재료, 용기 등을 물품에 부여하는 기술 또는 그 상태를 말하며, 내부 포장이라고도 한다. 겉포장(outer packaging)은 포장 화물 외부의 포장으로 물품 또는 포장 물품을 상자, 포대, 나무통, 금속 캔 등의 용기 등에 넣거나 혹은 무용기 상태로 결속하여 기호, 화물 표시 등을 부여하는 기술 또는 그 상태를 말하며, 외부 포장이라고도 한다.

외장 공업포장은 물류적인 측면에서는 내용물의 보호 및 취급의 편리함이라는 기능을 갖게 된다. 이에 비해 상업포장은 상품의 식별이나 판매촉진에 목적이 있다. 상업포장은 상품 그 자체의 일부이며 주로 상품을 상품으로서 완성시키기 위한 포장이므로 이 포장은 물류 활동으로서 보기 힘들다는 의견도 있다. 판매촉진이라는 포장의 기능은 원래 상업포장으로서 물류의 범주 밖에 있었다.

그러나 공업포장과 상업포장의 구분이 모호해지면서 물류의 범주에 들어가는 포장이 판매촉진의 기능을 가질 수도 있게 되었다. 즉 포장의 주요 기능이 제품보호에 있지만 판매촉진의 기능을 갖고 있다. 대량 생산의 증가와 영업 인력의 감소로 인해 소비자들은 제품을 선택하는 데 포장 외부에 인쇄된 광고 등을 통해 제품을 판단하는 경우가 많다.

또한 포장의 첫 번째 의의는 물품의 보호에 있지만, 포장은 그 역할이 끝나면 불필요한 물품으로서 폐기된다. 이것은 물품의 각 물류과정에서 발생한다. 오늘날 회수물류 차원에서 불필요한 것을 가능한 한 발생시키지 않으려 하는 노력이 자원보존, 환경보호 등의 관점에서 필요하다. 물류합리화에 더해서 재사용 가능성 등이 주목받고 있으며 이를 위한 포장재질의 선택 등에 유의해야 한다.

---

1 출처: 한국산업표준 KS T 1001(포장용어, Glossary of terms for packaging)의 번호 1002−1004.

4. 하역 활동

1) 하　역

트럭이나 선박 등에 의한 운송을 하기 위해서는 화물을 싣거나 내리는 또는 옮겨 싣거나 하는 행위가 이루어진다. 창고나 물류센터에서는 물품의 반입, 운반, 적재, 해체, 출입화물의 분류, 상품을 보관 장소에서 꺼내는 작업 등이 이루어진다. 이들 작업을 하역(material handling)이라고 한다. 그리고 동일 시설 내에서의 물품의 운반을 하역운반이라고 하기도 한다.

어떤 제품이 공장에서 유통업자의 보관 장소로 운송되는 경우를 생각해보면, 우선 공장의 제품보관 장소에서 반출되어, 트럭에 실리고, 운송되고, 목적지에 도착하면 거기서 트럭에서 내려 유통업자의 창고에 반입된다. 이 경우에는 보관－운송－보관(임시보관)의 각각 포인트에서 4번의 하역이 이루어지고 있다. 하역이 어떻게 이루어지느냐에 따라 물류 전체의 흐름이 좌우될 수 있는 것이다. 즉 하역은 운송 및 보관에 수반하여 발생하는 부수작업으로서 수송이 공간적 효용을 창출하고, 보관이 시간적 효용을 산출하는 것과는 달리 그 자체로는 가치를 창출하지 않는다. 부대작업이라 하더라도 수송, 보관의 전후에는 하역작업이 수반되는 것이기 때문에 하역의 합리화는 중요하다. 원재료의 조달에서부터 생산, 소비에 이르는 전 유통과정에서 하역이 행해지고 있다. 이러한 점에서 하역합리화는 물류합리화에 큰 의미를 가지는 것이다.

특히 하역은 운송이나 보관이 있음으로 해서 발생하기 때문에 운송이나 보관이라는 기능에 결합되어 있다고 볼 수 있다. 따라서 물류비용을 산정할 때 상하차에 따른 하역비용을 별도로 분류하지 않고 운송비에 포함시키기도 하며, 창고 내 하역비도 보관비에 포함시키기도 한다.

2) 하역의 합리화

운송수단의 기술발달에 의해서 고속운송이 가능해진다 해도 화물을 내리는 것이 재빨리 이루어지지 않으면 전체적인 운송 시간의 단축은 실현되지 않는다. 신속하게 대량의 하역이 이루어지기 위해서는 하역이 기계화되어야 한다. 이를 위해 포크리프트, 컨베이어벨트, 수직반송기, 무인반송기, 크레인 등의 하역기기가 도입되고 있다. 창고나 항만에서 종횡으로 움직이는 포크리프트(fork lift)를 보고 있으면 수작업으로는 도저히 할 수 없는 효율적인 작업이 이루어지고 있음을 알 수 있다.

특히 컨테이너 선박이 과거의 재래정기선의 경우 수십 일씩 걸리던 항만에서의 정박시간을 하루 이내로 대폭 단축시킬 수 있었던 것은 화물의 컨테이너라는 규격화뿐만 아니라, 그에 대응한 컨테이너 전용선박(full container ship)이라는 선박의 사양변경이 있었으며, 동시에 항만에서의 하역작업에 컨테이너 크레인(container crane: C/C), 스트래들 캐리어(straddle carrier: SC) 또는 트랜스테이너(transtainer crane: TC) 등의 고성능 컨테이너 전용 하역장비로 컨테이너 하역시스템을 구축했기 때문이다.

하역기기의 기계화를 보면 자동운반으로 인력이 불필요한 '컨베이어(Converter)', 물품을 자동적으로 적재하는 '파렛타이저(Palletizer)', 자동 '오더 피킹(Order Picking) 기기', 지시된 장소까지 자동주행하여 적재하는 '무인반송차(Automatic Guided Vehicle)', 자동으로 대차를 견인하여 지시된 장소까지 자동주행하는 '무인견인차(Automatic Guided Tractor)', 지시된 장소까지 자동주행·하역작업을 하는 '무인지게차(Automatic Guided Tractor)', 반송물을 정해진 입력정보에 의해 자동으로 분류하는 '자동분류장치(Auto Sorter Machine)' 등이 있다.

창고의 자동화, 기계화도 에너지 절약은 물론이고 창고 내의 하역작업의 신속화, 효율화를 위해서 도입된 것이다. 화물의 흐름을 부드럽게 하기 위해서는 병목현상이 해소되어야만 하는데, 실제로 화물량의 증대와 함께 하역자체가 병목현상이 될 경우도 많다.

5. 유통가공 활동

1) 유통가공

알루미늄 창틀 등은 제조업체에서 출하될 때에는 조립하면 바로 창틀이 될 수 있도록 재단되어 있지 않고, 유통과정에 있어서 소비자로부터의 주문에 따라서 길이를 맞추어 가공되고 있다. 또한 제조업체에서 유통센터까지는 큰 캔에 넣어서 운송되고, 유통센터에서 판매단위별로 개별 패키지가 되는 경우도 많다. 철강재 등은 사용자에 따라서 필요한 사이즈가 다르기 때문에, 그것을 공장에서 각각 생산하고 있으면 생산의 측면뿐만이 아니라 물류면에서도 비효율적이다. 따라서 일정한 규격의 제품을 대량 생산하여 한꺼번에 운송하고, 개별 주문에 대한 대응은 소비지에 가까운 공장에서 가공하여 배송하도록 하고 있다. 이러한 유통단계에서의 제품 등의 가공을 유통가공이라고 한다.

2) 유통가공에서의 작업과 기능

유통가공의 작업은 기본적으로 다음과 같이 다양하다. 창고에 입고하여 보관할 때 포장을 열고, 검수 등의 확인을 하는 작업이나, 반출 지시서 등에 따라서 고객의 주문품을 창고에서 꺼내는 작업, 또는 화물정리, 포장, 배송처 선별 작업, 그리고 가격표 작성과 가격표 부착 작업, 그 외에도 라벨 부착, 조합, 조립, 재포장, 작은 사이즈 포장, 사전포장, 절단, 가공, 도장 등 간단한 작업에서 대규모 작업까지 다양하다.

현재와 같이 소비자의 요구가 다양화한 상황에서는 유통단계에서의 가공의 필요성은 더욱 높아지는 경향을 보인다. 특히 식품관계에서는 신선도의 유지와 관련하면서 유통효율을 높이기 위해서 자주 가열, 냉각 등을 실시한다. 이것은 외식산업의 보급과 함께 식재료를 반제품상태로 운송하기 때문에, 냉동냉장식품이나 냉동건조식품이 증가했기 때문이다. 또한 일반소비자의 가정에서도 전자레인지나 다기능냉장고가 보급되면서 가공식품의 보급이 확산되고 있다. 그리고 가공기술이 발전하면서 개인소비에 맞춘 보다 신선하고 조리가 완성된 많은 종류의 식품이 다양하게 상품화되고 있다. 이러한 제품은 슈퍼마켓이나 편의점 등을 중심으로 유통하는데, 이를 위해서는 유통가공이 필요불가결하다.

유통가공은 생산에서 소비에 이르는 물류과정의 여러 장소에서 다양한 가공이 이루어지고, 이들 물류가공에 의한 효과가 제조나 판매에 피드백된다. 물류효율성을 목표로 할 때 물류를 구성하는 각 개별 활동의 개선만으로는 한계가 있기 때문에 전체의 흐름(flow)을 보다 좋게 하기 위해서 필요에 따라서 물류과정에서의 형태변환 등의 물류가공이 이루어진다. 물류효율화에 따라서 소비지 근처에서 개별 요구에 대응하기 위한 제품 유통가공을 통하여 고객 만족도를 높일 수 있기도 한다. 예를 들어, 자동차에서 판매자의 옵션이나, 패스트푸드 가게의 식품에 대한 주문조리 추가 등이 그것이다.

물류의 이와 같은 유통가공은 판매에서의 서비스의 기회 확대나 상품의 고부가가치화나 그에 따라 판매촉진 등과 같은 효과를 나타낸다. 따라서 현재의 유통가공의 중요성은 유통효율화보다는 오히려 고객만족을 높이기 위한 기능으로 변해가고 있다고 할 수 있겠다. 고객의 요구가 다양화되고, 생산이 이를 따라갈 수 없을 경우, 판매에 맞춘 유통가공이라는 수요가 앞으로 점점 늘어나고, 유통가공은 더욱 다양해질 것이라 예상된다.

3) 유통가공과 물류효율화

유통가공은 원래 유통과정에서의 물류비용의 절감과 물류효율화를 목적으로 한 것이었다. 그러나 생산과 판매를 위한 유통가공이 고객만족도를 높이기 위해서라고는 하지만 부가가치를 더하는 과정에서 작업이 복잡해져서 물류효율화를 오히려 저해하거나 비용이 증대해버렸다면 본말이 전도된 것이라고 할 수 있다. 실제로 소비자의 요구나 가치의 다양화와 함께 다품종 소량생산은 물건에 따라서는 개별주문에 맞추는 것까지 이루어지고 있다. 이 정도가 되면 물류효율화가 역행한다는 것이 명확하다. 그러나 생산비용에 대해서 전체적으로 생각했을 때, 제조원가는 재료비에 가공비가 추가된 것이다. 개별 대응에 의한 가공비의 증대를 유통가공을 통해서 절감할 수 있으며, 그것이 물류비용이 증대한 분량보다 많은 경우, 혹은 그것이 판매이익보다 커진 경우 전체로 보아 그 상품의 이익률이 향상한다면 경영의 측면에서 보아 추진될 수 있다. 유통과정에서 있어서는 기능향상과 그 자체의 비용 절감은 물류활동 전체의 비용이나 효율화에 영향을 미치기 때문에 물류 중에서도 가장 중요한 과제인 셈이다.

유통가공의 전개와 그 파급효과는 물류가 단순한 상품의 장소적, 시간적 이전이라는 물건 자체의 가치가 변하지 않는다는 것을 전제로 한 기능에 머무르지 않고, 최근에는 부가가치의 창출이 큰 역할이 되고 있음을 나타내고 있는 것이다.

6. 물류정보 활동

물류정보는 수주정보, 재고정보, 생산(매입) 지시정보, 출하정보 그리고 물류관리정보로 나뉜다. 구체적으로는 고객으로부터의 주문정보나 판매수량, 그에 따른 제품 관리의 방침의 결정이나 유지, 선반 관리 등의 재고 관리, 운송 준비나 배차 계획 등이 포함된다. 그리고 그에 따라 발생하는 상품의 손상이나 잘못된 출하나 배송 등의 클레임도 포함된다. 각 물류 구성요소는 이 물류정보에 따라 활동한다. 물류관리정보는 이들 정보를 신속하게 처리하고 각 기능 및 전체의 흐름을 원활하게 함으로써 목적을 합리적으로 달성하게 한다.

현재는 단순히 물건을 보내기만 하면 되는 대량생산시대와 달리, 다품종 소량생산에 의한 물류를 처리하지 않으면 안 되는 시대이기 때문에, 필요 없는 비용이 발생하기 쉽다. 그렇기 때문에 정보에 의한 최적 물류비용 관리가 필요 불가결하다. 컴퓨터가 도입되고 물류활동 전체의 시스템화가 가능해짐으로써 총체적인

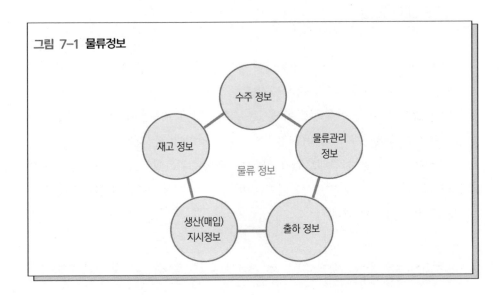

그림 7-1 물류정보

효율화가 가능해졌다.

컴퓨터 도입 이전에도 상업 활동에서 매입정보나 판매정보는 존재했다. 하지만 그 정보처리는 개인마다의 능력과 경험에 의해서 이루어졌었다. 정보라고 하면 컴퓨터화의 상징처럼 보이지만, 그것은 기능화의 하나에 불과하다. 컴퓨터의 도입에 의해서 데이터 처리가 빨라졌지만, 컴퓨터 도입의 목적은 개별 정보처리 속도의 향상뿐만이 아니라 정보를 통합하고 하나의 시스템의 형성을 달성하는 큰 의미가 있다. 이에 따라 지금까지는 독립되어 있던 각 활동의 제어나 관리를 종합적으로 실시할 수 있게 되어, 이 정보 기능에 의한 물류의 각 활동의 통합화에 의해서 물류라고 하는 통합 개념도 완성되었다고 볼 수 있다.

정보처리 기능은 기업의 각 부문의 정보를 관리의사결정에 사용될 수 있게 만들어 주는 의사결정시스템(decision support system: DSS)의 역할을 수행한다. 즉, 물류정보는 종합적인 물류활동을 하기 위해 생산에서 소비에 이르기까지 물류활동을 구성하고 있는 운송, 보관, 하역, 포장 등 제 물류기능을 효율적으로 수행할 수 있도록 결합시켜주는 역할을 수행할 뿐만 아니라, 화주, 운송업자, 주선업자, 창고업자, 하역업자 등을 상호 연결시키는 기능을 수행하기도 한다.

7. 물류네트워크

물류의 구성요소로 이상의 활동들이 유기적으로 네트워크화되어 있어야 한다는 것이다. 물류네트워크의 유기적 운영으로 나타나는 가장 큰 효과는 부가가치 물류의 창출이다. 이를 이해하기 위해서는 부가가치 물류활동이 어떤 형태로 전체 물류네트워크 상에서 부가가치를 창출하는지를 알아야 할 것이다.

부가가치 물류는 물류네트워크 상에 각 활동주체들의 물류활동에 의해서 발생한다. 즉 부가가치 물류가 창출되기 위해서는 각 활동주체들의 물류활동이 유기적으로 연계되어야 한다.[2]

---

2 손병석, 김윤정, 김태복(2008), "부가가치 물류의 분석적 체계에 대한 연구," 한국항만경제학회지, 제24권 제 1 호.

물류네트워크 상에 활동주체는 공급업자(vendor), 제조업자, 물류센터, 항만·공항, 대리점, 고객으로 구분할 수 있을 것이다. 이들 활동을 시간의 흐름에 따라 구분하면 제조업자가 상품을 제조하여 물류센터까지 입고하는 제품제조시간, 물류센터에서 출고되어 대리점까지 도착하는 상품이동시간, 고객이 원하는 시간까지 서비스를 제공해야 하는 고객대응시간으로 구분할 수 있을 것이다. 이와 같은 물류네트워크 상에서 부가가치 물류활동이 발생할 수 있는 영역은 고객대응시간을 제외한 상품제조와 상품이동시간일 것이다. 이것은 물류네트워크상의 부가가치는 기업의 물류비용, 구매비용, 판매비용의 절감도 있겠지만 고객의 서비스 향상으로 인한 판매량 증가로 이어질 것이다.

고객대응시간[3]은 고객서비스와 직접적으로 관련된 부분으로 이 시간에 발생되는 물류활동은 고객 배송으로 고객에게 제공되는 화물운송정보 등은 사전에 제공되는 부가서비스이다. 이와 같은 인터넷이나 핸드폰을 통해 제공되는 배송정보나 위치정보 등은 대리점 측면의 고객서비스가 아닌 전체 물류네트워크 측면(WMS, TMS 등)의 고객서비스로 고려해야 할 것이다.

물류네트워크 상의 활동주체들의 물류활동은 다른 활동 주체들의 물류활동과 긴밀한 관계가 있다. 이것은 전체 물류네트워크의 가치를 창출하는 하나의 흐름으로 연결되며, 부가가치 창출을 위한 각 활동 주체들 간의 물류활동 흐름이 가치경로(value route)이다. 가치경로는 계획단계에서 정의된 각 활동 주체들의 활동과 제품의 특징 등에 따라 다양한 형태로 나타날 것이며, 부가가치 창출을 위해서는 각 활동 주체들의 활동을 분석하고 관리할 수 있어야 할 것이다.

부가가치 물류가 물류네트워크상에서 창출되기 위해서는 전체 물류네트워크 상의 가치(비용, 시간)를 높일 수 있도록 활동주체별 물류활동이 이동되거나 변화될 것이다. 이것은 활동주체들의 물류활동 중 일부가 다른 활동주체로 이동하거나 통합되어 시너지를 창출하는 것이다.

제조업자의 물류활동 중 포장 기능이 물류센터로 전이됨으로써 부가가치가 발생할 수 있다. 예를 들어 와인의 사례를 보면 기존에는 와인을 병채 수입하여

---

3 고객대응시간이란 대리점이나 제품회사가 제품을 고객에게 제공하기로 약속한 서비스 시간을 의미함.

물류네트워크를 통해 고객에게 제공하였다. 그러나 이 회사는 와인을 벌크 상태로 국내의 물류센터로 배송하고 물류센터에서는 와인을 병에 포장(bottling)하여 고객에게 제공하게 되었다. 이와 같은 물류활동의 전이를 통해 물류부가가치가 발생하는 것이다.

물류네트워크상에서 기업의 전략에 따라 활동주체들의 위치를 바꿈으로써 부가가치를 창출하는 사례도 있다. 자동차나 정밀기계 산업에서 이뤄지고 있는 부가가치 활동으로 해외 현지에 조립공장을 설립한 후 완성품이 아닌 부품을 수출하여, 현지에서 조립·판매하는 방식이다. 이 방식은 자동차에 대한 관세, 국제 운송비용 상승 등의 환경변화에 대응하기 위해, 물류네트워크를 재구축한 것이다. 이것은 국내에서 생산한 부품을 컨테이너로 수출하고 외국 공장에서 조립하여 고객에게 제공함으로써 부가가치를 창출하는 것이다.

MEMO

08
재고관리

최근 재고관리에 대해 많은 관심이 집중되는데 이는 주로 가능한 한 재고량을 줄일 수 없는가에 대한 것이다. 그러나 재고는 기업의 수익창출에 긍정적인 기능을 수행하는 것으로 이해해야 하며 이를 위해 관련비용은 최소화하면서 고객수요에 부응해야 한다. 이를 위해 우선 재고비용이 어떻게 구성되어 있는지를 살펴본 후, 언제 주문할 것인지, 한 번에 얼마큼의 양을 주문할 것인지, 얼마나 자주 주문할 것인지 등에 대해 살펴보자. 그리고 전통적인 재고모델로 EOQ모델과 정량주문, 정기주문 방식에 대해 알아보도록 하자. 또한 재고관리의 기업 관행상 문제점을 살펴본 후 재고관리를 개선할 수 있는 방안에 대해 살펴본다.

1. 재고관리란?

재고(inventory or stock)란, 기업이 재고자산을 보유하고 있는 상태를 말한다. 재고자산은 제품, 반제품, 원재료 등의 형태로 보관 혹은 수송 중의 자산이다. 기업의 궁극적인 목표는 재고를 없애는 것이다. 즉 재고를 줄여나가고, 재고기간을 단축하며 나아가 무재고 경영(JIT와 관련)을 목표로 한다.

2. 재고관리는 고객서비스 차원 활동

재고는 고객납품이라는 고객서비스와 밀접하게 관련되어 있다. 고객은 그들이 필요로 할 때 원하는 품목을 얻을 수 있을 것으로 기대하고 있기 때문이다. 물류부문은 "고객납품을 위해서 재고를 적정하게 유지한다." "고객납품을 확실하게 실시한다."는 두 가지 부분에 대해서 책임을 지게 된다.

3. 재고관리의 기능

재고관리의 기능은 첫째, 타부문의 규모의 경제를 가능하게 하는 기능, 둘째, 수급조정 혹은 생산조절을 위한 것이고, 셋째, 예기치 못한 상황이나, 유통과정의 경쟁 심화 등에 대한 대응하기 위한 것이다.

4. 적정재고와 재고비용(inventory costs)

재고는 적으면 적을수록 이상적이지만, 현실적으로는 어려운 문제이다. 재고는 매입(주문)에 의해서 늘어가기에 이 매입량을 줄이는 노력이 필요하다. 그때 품절 발생을 막는 것과 동시에 과잉재고를 막는 적절한 재고량을 실현시킬 필요가 있다.

5. 전통적인 재고모델

주문방식으로서는 비정량 정기주문방식이 실무적으로 넓게 채용되고 있으며, 가장 흔한 주문방식으로 지금까지 사용되고 있다. 그러나 비정량 정기주문방식에서의 최대의 문제는 "주문량"을 정하는 데 있다. 또한 다음 주문하는 날까지 재고가 없어지지 않도록 할 필요가 있기 때문에 아무래도 많은 양을 주문하게 된다.

6. 재고관리 문제점

물류의 부재에 기인하는 낭비는 주로 "재고"에 관해서 발생하고 있다. 재고유지는 대부분 영업부문이 담당해 왔고, 이들이 재고에 관해서 최우선적으로 생각하는 것은 품절을 방지하는 것이기 때문에 필연적으로 재고를 많이 갖게 된다.

이런 재고들은 창고에서 팔다 남은 재고를 대량 발생시키게 되어, 매출만을 생각하고 재고는 생각하지 않는 구조가 커다란 낭비를 낳고 있는 것이다.

1. 재고관리의 의미

공급사슬에서의 재고관리는 중요한 위치를 차지하고 있다. 기업은 공급사슬의 재고를 관리함으로써 비용의 절감과 납기를 동시에 만족시키고자 노력하고 있다. 재고관리는 적정재고를 유지하기 위한 과학적인 방법으로, 특히 과잉재고와 품절을 방지하기 위해 조절하는 것이다. 넓은 의미의 재고관리(inventory management)는 기업이 유통전반의 재고 분배를 최적화하는 것을 뜻하지만, 좁은 의미의 재고관리(inventory control)는 특정 거점에서 재고를 수량적으로 관리하는 것을 뜻한다.

최근 경영에서는 린 경영(lean management)이라는 말이 유행하고 있다. 자재 구매에서부터 생산, 재고관리, 유통에 이르기까지 모든 과정에 손실을 최소화하여 최적화한다는 개념이다. 이 개념의 핵심은 낭비의 원인을 찾아내 이를 제거한다는 것이다. 재고관리에 린 경영을 접목시켜보면 불필요한 재고를 찾아내 이를 제거한다는 의미로 볼 수 있다. 재고는 분명히 필요한 것이지만 공급사슬 전체에 누적되어 있는 과잉재고는 심각한 문제를 유발시키게 되기 때문에 적정한 수준까지 재고를 줄여나가고, 재고기간을 단축해 나가야 한다는 것이다.

그러나 경영관리에서 신속한 대응능력을 의미하는 신속성을 강조하는 민첩성 (agility)분야도 있다. 신속한 대응을 한다는 린 경영의 상대어로도 사용되는 개념이다. 즉 민첩성은 매우 적고 가변적인 수요에 대응하기 위한 공급사슬의 전략이라고 할 수 있다. 반면에 린 경영은 수요가 많고 안정적인 경우 최적의 공급사슬 전략이라 할 수 있다. 물류분야에 적용한다면 수요의 가변성이 심한 시장에서 예측하지 못한 변동에도 대응할 수 있어야 한다는 개념이기 때문에 충분한 재고를 보유하고 있어야 한다는 의미이다. 특히 제품 수명주기가 짧아, 재고에 따른 손실의 위험이 높기 때문에 고가 패션의류 등 마진이 많은 제품에 적합한 전략이다.

재고를 유지하는 비용은 매우 클 수 있다. 특히 재고에 묶여 있는 자금은 운전자본으로 시급히 현금화해야 할 대상인 것이다. 재고관리의 효율성으로 판단하는 대표적 지표가 재고자산 회전율(inventory turnover)이다. 재고자산 회전율은 특정 기간 동안의 평균 재고를 같은 기간 동안 팔린 상품의 매출원가로 나눔으로써 계산될 수 있다. 예를 들면, 연간 매출원가가 2천만원이고, 보유 평균 재고액이 5백만원이라면 재고자산 회전율은 4가 된다. 최적의 재고자산 회전율을 제시하기는 어렵지만 재고자산 회전율은 기업 경쟁력과 효율성에 대하여 중요한 판단을 할 수 있게 해준다. 경쟁회사에 비해 회전율이 낮다면, 회사가 자신의 재고를 판매하는 데 시간이 오래 걸린다는 것을 의미하며, 제품의 진부화 또는 가격 문제 때문일 수 있다. 반대로 회전율이 상대적으로 높다면 낮은 재고수준을 의미하고, 자칫 제품 품절의 우려를 낳게 하는 것일 수도 있다.

재고관리의 업무는 첫째, 재고자산의 재고량을 적정하게 관리하는 것과 둘째, 재고삭감을 실현하기 위한 개선을 하는 것, 그리고 셋째, 고객서비스 수준과 경제성을 고려하여 적정한 재고량이나 보충량을 검토하는 것 등이다. 특히 첫 번째 업무는 일상적인 업무로 발주, 반입, 검품, 보관, 출하, 단가계산, 수량계산, 품질관리 등이 업무내용이다.

재고관리는 재고를 보유하는 비용과 재고를 보유하고 있지 않은 비용의 양쪽을 어떻게 균형화시킬 것인가 하는 것이 핵심 사안이다. 즉 재고를 유지하는 비용은 보험, 세금, 보관료, 진부화에 따른 비용, 그리고 재고로 묶여 있는 운전자본 등이다. 이에 비해 재고를 유지하지 않는 데 따른 비용은 낮은 고객서비스 비용, 매출기회 상실 비용, 또는 생산중단 비용 등을 들 수 있다.

이상은 제조업체의 측면에서 본 재고관리지만, 창고업에서의 재고관리는 보관중인 품목의 수량을 정확하게 파악하고 입출고량을 확인하는 재고조사 관리업무를 뜻하며, 이와 같은 실무적인 관리업무는 창고관리라고도 한다. 실제 재고량과 기록된 재고량의 차이가 있을 수 있기 때문에 이 오차를 해소하기 위해서 재고조사를 실시한다. 재고조사란 재고자산(원재료, 반제품, 완제품)의 잔고를 알기 위해서 실제의 사용량을 조사하여 기록대장과 실제 재고량을 일치시키는 것이다.

2. 재고와 고객서비스[1]

보통 영업이나 마케팅의 성과는 고객으로부터의 주문이라는 형태로 나타난다. 무엇을 얼마만큼 필요하다고 하는 고객의 주문에 대응하는 것은 물류의 역할이다. 수요자의 요구에 대응하기 위해서 상품을 조달하고, 재고를 보관하고, 주문에 따라 고객에게 보내는 업무가 물류이기 때문이다.

그러나 실제 기업의 활동은 조금 다르게 움직이고 있다. 대부분의 기업에서 재고를 조달하고 있는 것은 영업부문의 사람들이며, 고객을 위해서 스스로 재고를 확보한다는 생각이 깔려 있다.

조달한 재고는 영업점에 인접한 창고에 보관된다. 그 이후에 고객으로부터 주문이 오면 남은 일은 물류가 담당한다. 재고로부터 주문받은 상품을 반출해 고객에게 보내기만 하는 간단한 일이라는 것이 물류에 대해서 지금까지 갖고 있던 솔직한 기업 내의 인식이라고 해도 과언이 아니다. 재고확보는 영업이 할 테니까, 고객에게 보내는 일은 물류가 하라는 형태로 역할분담이 되어 왔던 것이 대부분의 기업의 실태이다.

---

1 湯淺和夫, 物流와 로지스틱스의 基本, 日本實業出版社, 2008, pp. 18 – 19.

재고의 조달로부터 고객 납품까지의 활동을 일원적으로 관리하고 운영한다는 생각이 존재하지 않았다는 것이다. 이런 의미에서 재고관리를 고객서비스 관점에서 재고의 조달부터 납품까지를 일관된 것으로 생각하는 것은 기업물류를 한 단계 더 고도화시키는 일이라 할 수 있다.

재고는 고객납품이라는 고객서비스와 밀접하게 관련되어 있다. 고객은 그들이 필요로 할 때 원하는 품목을 얻을 수 있을 것으로 기대하고 있기 때문이다. 만약 내부고객(원자재를 이용하는 생산공정)이 원자재나 재공품의 재고부족을 겪게 되면 생산과정이 중단될 것이다. 그리고 외부고객(소비자)이 완제품 재고부족으로 구매를 못하게 된다면 경쟁자에게 그 매출이 이전될 것이다.

이에 따라 물류부문은 고객납품을 위해서 재고를 적정하게 유지하고, 고객납품을 확실하게 실시한다는 두 가지 부분에 대해서 책임을 지게 된다. 물론, 재고는 고객납품을 위해서 갖는 것이기 때문에, 물류부문이 "고객납품"에 대한 책임을 지게 되는 것이다. 그러나 지금까지 대부분의 기업에서 물류부문에서 재고책임을 지지 않았던 것을 생각해보면, 물류가 재고책임을 진다는 것은 획기적인 일이다. 고객납품의 책임을 다하기 위해서 재고를 시장동향에 맞추어서 유지한다. 즉 고객서비스에 문제없음을 보증할 수 있어야 한다.

사례 8-1 전략적 재고 비축으로 충격을 흡수하다, JD.com

JD.com은 1998년 Qiangdong Liu에 의해 설립된 중국 전자상거래 기업으로, 초기에는 광저우에서 전자 제품을 판매하는 오프라인 매장으로 시작했으나 2004년부터 온라인 전자상거래 플랫폼으로 전환하여 중국 내 최대 전자상거래 기업 중 하나로 자리잡았다. 2023년 기준으로 JD.com의 시장 점유율은 약 27.2%로, 46%의 시장 점유율을 차지하는 Alibaba에 이어 두 번째로 큰 비중을 차지하고 있으며, 특히 가전제품, 3C(컴퓨터, 통신, 소비자 전자제품) 및 소비재 부문에서 강점을 보이고 있다. JD.com은 미국 Amazon, 한국 쿠팡과 같이 자체 물류 네트워크를 통해 빠르고 신뢰할 수 있는 배송 서비스를 제공하며, 이는 경쟁력의 중요한 요소로 작용하고 있으며, 인공지능(AI)과 빅데이터를 활용하여 수요 예측에서 주문 발주, 재고 관리 등 운영 효율성을 극대화하고 있다.

- 팬데믹 기간 동안의 갑작스러운 수요 증가와 공급 부족 현상

코로나19 바이러스로 인하여 마스크, 손 소독제, 식료품 등 필수품에 대한 수요가 급증하였고, 공포와 불확실성으로 인해 많은 소비자들이 일상 용품을 대량으로 구매하려는 경향을 보였다. 오프라인 쇼핑이 제한됨에 따라 온라인 쇼핑에 대한 의존도가 급격히 증가하였으며, 이는 JD.com과 같은 전자상거래 플랫폼에 갑작스러운 주문 폭주를 야기했다. 사회적 거리두기 및 봉쇄 조치로 집안에서 보내는 시간이 증가하며 전자제품, 가국 등 소비재에 대한 수요가 대폭 증가하기도 하였다. 이러한 수요 증가에 대응하기 위하여 전자상거래 기업들은 효율적 물류 시스템을 구축해야 했는데, 팬데믹 기간 초기에는 여러 지역에서 봉쇄 조치가 시행되어 물류 네트워크가 크게 혼란을 겪었고, 주요 물류 허브와 생산 시설이 일시적으로 폐쇄되면서 제품의 원활한 공급이 어려워졌다. 이로 인해 재고 보충이 지연되고, 특정 제품군의 공급 부족이 지속적으로 발생하였다.

- 전략적 재고 비축으로 공급망 충격 완화

JD.com은 인공지능(AI)과 빅데이터 분석을 통해 실시간으로 수요를 예측하고, 이를 기반으로 적정 재고를 사전에 비축하는 방식을 도입하였다. 빅데이터를 활용하여 고객의 구매 패턴과 시장 트렌드를 분석함으로써 어떤 제품이 언제, 어느 정도의 양이 필요할지를 일정 수준 예측할 수 있게 되었다. 제품 카테고리별 우선순위를 명확히 설정하고, 중요 제품군을 우선적으로 재고로 비축하는 전략을 도입함으로써 물류 창고 부족 현상을 완화하고 공급 중단에도 고객 수요에 따라 제품을 공급할 수 있는 체계가 구축되었다. 여러 지역에 물류 창고를 운영하며 재고를 분산 비축함으로써 특정 지역의 물류 중단이 발생하더라도 공급망 단절없이 다른 지역에서 신속하게 재고를 재배치할 수 있었다. 공급업체와의 전략적 협력관계를 구축하여 재고 비축과 신속한 공급이 가능하도록 지원하였다.

이러한 전략적 재고 비축을 통해 JD.com은 팬데믹 동안에도 안정적인 제품 공급을 유지하고 고객의 신뢰를 확보할 수 있었던 것으로 평가받고 있다. 결과적으로 JD.com은 팬데믹 상황에서도 높은 매출 성장을 이루며, 전자상거래 시장에서의 경쟁력을 더욱 강화할 수 있었다.

자료: Investor Insights, Channel News Asia, Technode

3. 재고의 유형 및 기능

재고란, 기업이 재고자산을 보유하고 있는 상태를 말한다. 재고자산은 완제품, 반제품, 부품, 원재료 등의 형태로 보관 혹은 수송 중의 자산이다. 재고의 종류를 생산과정별로 살펴보면 원자재 재고, 재공품 재고, 그리고 완제품 재고로 나눌 수 있으며, 각 단계별로 이송중인 운송 중 재고를 포함시킬 수 있다.

원자재(raw material) 재고는 공장생산에 필요한 원재료나 부품을 계획적으로 조달하기 위한 것이고, 재공품(work in process: WIP) 재고는 생산 중 재공품으로 판매 변동과 생산 유지를 위한 것이다. 그리고 완제품(finished goods) 재고가 있다. 운송 중 재고(in-transit inventory)는 한 지역에서 다른 지역, 혹은 공장, 창고, 소매점 등으로 운송 중에 있는 재고를 의미한다. 무역거래조건에 따라 화주(생산자)의 것도 또는 고객의 것도 될 수 있다. 해상운송 중인 화물은 FOB조건하에서는 수입상의 소유이며 CIF조건에서는 화주(생산자)의 소유이다. 특히 운송 중 재고에 대해 부가가치를 창출시키는 것을 부가가치 물류활동(value added logistics: VAL)이라 한다.

재고관리의 관점에서 볼 때 재고를 정상재고, 안전재고, 투기적 재고 등으로 구분하기도 한다. 정상재고(normal inventory)는 확실한 상황에서 보충해 줄 수 있는 재고의 수준, 즉 수요와 주문/납품 주기(order cycle)의 변화가 없다면 정상재고 수준으로 고객의 니즈에 부응할 수 있다. 안전재고(safety stock)는 정상재고에 부가하는 재고로 수요나 주문/납품 주기의 불확실성을 대비하는 것이다.

투기적 재고(speculative stock)는 비축재고라고도 하며, 현재 소요되는 재고 이상으로 재고를 보유하는 것으로, 가까운 장래에 원자재 가격의 상승이 예상될 경우 이에 대비하기 위해, 또는 가까운 장래에 원자재 구매가 원활히 이루어지지 않을 것으로 예상될 경우 이러한 사태에 대응키 위해 많은 양의 재고를 비축할 수 있다. 재고는 조직 내에서 여러 가지 다양한 목적을 달성하는 데 필요한 유용한 수단이다. 기업에서 재고의 기능은 타부문의 규모의 경제를 가능하게 하는 기능, 둘째 수급조정 혹은 생산조절을 위한 것이고, 셋째는 예기치 못한 상황이나, 유통과정의 경쟁 심화 등에 대해 대응하기 위한 것이다.

일반적으로 재고의 기능은 다음 세 가지로 요약될 수 있다. 첫째, 재고는 물류시스템의 다른 부문에서 규모의 경제를 달성할 수 있도록 하는 데 활용된다. 즉 구매가격 할인을 위해 대량으로 구매할 경우나, 운송비 절감을 위해 한 번에 대량 운송을 할 경우, 그리고 제조원가절감을 위해 대량생산을 할 경우 모두 재고가 감당해 주어야 가능한 일이다.

둘째, 재고는 수급조절수단을 제공한다. 어떤 경우 연중 특정한 때에만 매출이 발생하거나 아니면 매출의 계절성(seasonality)이 있는 경우, 투자된 고정자산, 장비 등을 활용하고, 숙련된 인력을 유지하기 위해 연중 생산을 계속하게 되는데 이 경우 재고가 이 수급을 조절해 주는 역할을 하게 된다.

셋째, 예기치 못한 상황이나 기대하지 않았던 수요에 대응할 수 있게 해준다. 수요예측을 아무리 잘해도 정확히 맞출 수는 없는 법이다. 수요의 이상패턴에 대응하기 위해 재고가 필요한 것이다. 즉 막대한 재고유지 비용지출은 수요예측의 불확실성 때문이다. 또는 운송자동차의 고장, 원자재 공급의 갑작스런 중단, 생산라인의 정지 등 예기치 못한 상황에 대응하기도 해야 한다.

오늘날 기업들은 증명된 공급사슬 재고 전략과 재고협동의 새로운 형태, 그리고 다계층 최적화 기술과의 결합에 대해 수용할 수 있는 기회를 가진다. 이러한 접근법을 따르는 기업들은 그들의 조직에 걸쳐서 재고수준을 감소하면서, 동시에 서비스 수준과 생산성을 개선한다. 중요한 것은, 이들은 그들의 공급자에게 재고를 밀어내는 것이 아니라 공급자 또한 재고 수준을 낮출 수 있도록 돕는다는 것이다.[2]

4. 적정재고와 재고비용

일반적으로 재고라고 하면 장래의 판매에 대비해서 갖는 상품을 의미한다. 그러나 얼마만큼 보유해야 되는가라는 것이 문제이다. 그 수량의 결정은 대부분

---

2 Supply Chain Inventory Strategies Benchmark Report, Aberdeen Group, Dec. 2004.

다소 자의적으로 이루어지는 경우가 많다. 즉 품절은 내지 않으려는 것이 판단기준이 되어 안전을 우선시하는 재고관리가 이루어져 왔던 것이다.

그러나 이와 같이 재고를 결정하는 방식을 못하게 하는 상황이 발생하기 시작했다. 시장이 불투명해진 것이다. 이 불투명화에 의해서 사전에 대량의 재고를 가질 수 없게 된 것이다. 왜냐하면 불량재고가 될 위험이 크기 때문이다. 시장이 불투명해지면서 무엇이 팔릴지 알 수 없게 된 상황이 되었다. 고객의 주문에 앞서 재고를 갖추어서 대응하는 방식으로는 수요변동이 심한 시장에서 많은 재고 부담을 가질 수밖에 없기 때문에, 재고의 양을 적절하게 관리한다는 적정재고의 개념이 등장하는 것이다.

재고는 적으면 적을수록 이상적이지만, 현실적으로는 어려운 문제이다. 가장 이상적이라면 주문을 받은 후에 생산을 한다면 재고를 크게 줄일 수 있다. 그러나 이 같은 예약 생산방식으로는 높은 고객서비스 기대에 부응할 수가 없다. 오늘날 대부분의 기업에서 막대한 재고비용을 지출하면서도 재고자산을 보유하고 있는 것은 그것이 필요한 시기에 필요한 수량을 필요로 하는 곳에 조달하기 위함이다. 재고관리란 수요에 신속히 그리고 경제적으로 적응할 수 있도록 재고를 최적상태로 관리하는 것으로 볼 수 있다.

기업의 입장에서 볼 때, 시장의 제품수요 동향에 신속히 적응할 수 있는 생산체제를 갖추고 아울러 제품, 공정품, 부분품, 원재료 등의 재고량을 경제적 관점에서 가능한 최소량을 유지하는 것이 바람직한 재고관리이다.

재고는 기업의 수익창출에 긍정적인 기능을 수행하는 것으로 이해해야 하며 이를 위해 관련비용은 최소화하면서 고객수요에 부응해야 한다. 이를 위해 언제 주문할 것인지, 한번에 얼마만큼의 양을 주문할 것인지, 얼마나 자주 주문할 것인지 등을 결정해야 한다.

재고수준을 결정하는 데 고려해야 할 재고비용(inventory costs)은 다음 세 가지이다. 우선 재고유지비용(carrying costs)으로 보관료, 취급비용, 보험, 세금, 노후화비용, 도난 멸실 비용, 제품제조 자금에 대한 이자 등이 포함된다. 재고수준이 높을수록 재고유지비용도 증가한다. 재고유지비용을 최소화하기 위해서는 다빈도 소량주문을 해야 한다. 재고유지비용은 보통 평균재고량 (1회 주문량(Q)의 1/2)에 제품단가(V)의 일정비율(I)을 곱하여 산출(1/2QVI)한다.

두 번째는 주문비용(ordering costs)으로 주문 시 발생하는 비용으로 구매부서 인건비, 관련 서류작성비용 등이 포함된다. 주문비용을 낮추려면, 대량 소빈도 주문을 해야 한다. 보통 주문비용은 주문당 금액(주문량(Q)에 단위당 주문비용(C)을 곱해서 산출(QC))으로 표시한다.

다음으로는 품절비용(stockout costs)으로 제품재고가 없어 판매기회를 잃어버린 비용, 또는 생산라인의 중지에 따른 비용으로 실제 계산하기 어려운 비용이나, 고객에 의해 발생되는 비용이라는 측면에서 제일 중요한 비용일 것이다. 품절비용을 계산하기 위해, 품절에 대한 여러 고객 반응을 파악하고, 각각의 발생비율을 분석해야 한다. 대표적인 고객 반응은 다음 세 가지이다. 첫째, 브랜드 충성도가 있어 단순히 판매가 지연되는 경우, 두 번째는 당해 판매만 잃어버리는 경우로 다음번 구매 때부터는 다시 돌아오는 고객, 그리고 아예 고객을 잃어버리는 경우가 있을 수 있다. 판매지연과, 판매손실, 그리고 고객이탈의 발생확률을 가정하고 각각의 비용을 산출하면 품절 평균비용을 산정할 수 있다. 여기서 고객이탈비용은 새로운 고객을 개발하는 데 드는 비용이다.[3]

이들 재고비용들은 동시에 관리되어야 한다. 즉 재고유지비용을 낮추고자 하면 주문비용과 품절비용이 높아질 것이고, 품절비용을 낮추려 하면 주문비용과 재고유지비용이 증가할 것이다. 또한 주문비용을 낮추려 하면 재고유지비용이 높아지나, 품절비용은 낮아질 것이다. 따라서 재고관리자는 이 세 가지 비용의 균형을 가져가면서 고객서비스 목적에 부합되도록 관리해야 할 것이다.

5. 재고모델

1) 경제적 발주량

재고관리시스템에서 재고유지비 및 일정기간의 수요량을 고려해서 가장 경제적이라 생각되는 자재 및 제품의 롯트의 크기를 결정하는 방식이 경제적 발주

---

3 Paul R. Murphy, Jr., Donald F. Wood, op. cit., 2008, pp. 220−221.

량(EOQ)이다.

적정재고란, 재고비용을 최소한으로 줄이면서도 효율적인 매출을 가능하게 하는 재고량을 말한다. 재고량을 최소한으로 하면 재고비용이 줄고 보관 공간도 적게 차지하지만, 출하에 대비한 재고량을 확보하기 위해 주문빈도가 높아져 주문비용이나 운송비용이 더 들게 된다. 반대로 주문비용이나 운송비용을 최소화하기 위해서는 1회 주문량을 늘이고 주문횟수를 줄일 필요가 있지만, 재고비용이 증가하며, 넓은 보관 공간이 필요하다. 이처럼 상반되는 두 가지 방법을 조정하여 전체적으로 적정해지도록 재고량, 금액을 실현하는 것이 적정재고이다.

일반적으로 1회당 주문량이 많으면 주문횟수는 줄어들고, 재고보충에 따른 주문비용도 감소한다. 하지만 평균적 재고량은 늘어나기 때문에 재고유지비용이 증대한다. 반대로 1회당 주문량이 적어지면 주문횟수는 많아지고, 주문비용도 증가한다. 이들 비용의 합을 최소화하는 1회당 주문량이 가장 경제적이 된다.

즉 경제적 발주량(economic order quantity: EOQ)은 주문비용과 재고유지비용의 합인 총 재고비용이 최소가 되는 발주량을 말한다. 경제적 발주량(EOQ)은 계산이 간편하기 때문에 아직까지 많은 기업에서 사용되고 있다. 그러나 이 모델은 수요가 비교적 안정된 상태에서는 유용하지만 수요의 변화가 심한 경우에는 적절하지 못한 단점이 있다. 1915년 F. W. Harris에 의해 고안된 고전적인 재고관리 모델은 다음과 같은 가정을 하고 있다.

① 발주비용은 발주량의 크기와 관계없이 매 주문마다 일정하다.
② 재고유지비는 발주량의 크기와 정비례하여 발생한다.
③ 구입단가는 발주량의 크기와 관계없이 일정하다.
④ 수요율과 조달기간이 일정한 확정적 모델이다.
⑤ 단일품목을 대상으로 한다.

이러한 가정 때문에 경제적 주문량 모델은 현실성이 떨어지기 때문에, 모델의 수정이 불가피하다. 여기에는 물량에 따른 운송비 절감분, 운송 중 재고, 주문량에 따른 가격할인 등의 변수를 고려한 수정모델이 개발되어 있다. 그러나 볼트, 너트와 같이 제품가격이 비싸지 않고, 주문량이나 운송량에 따른 할인 폭이 개당 가격에 큰 영향을 미치지 않는 품목에 대해서는 다소간의 수정으로 실제 유용한

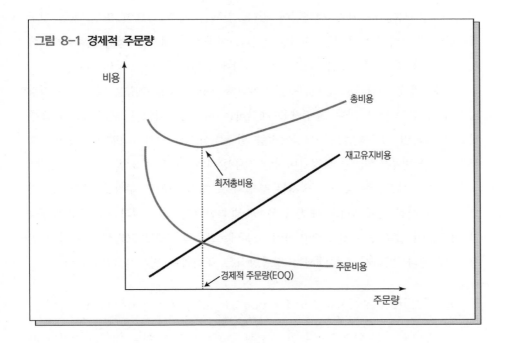

그림 8-1 경제적 주문량

모델로 사용될 수 있다. 경제적 주문량은 다음의 식으로 계산이 가능하다.

$$EOQ = \sqrt{\frac{2OD}{C}}$$

EOQ=주문량, O=1회 주문시 주문비용, D=연간수요량,
C=재고 유지비용(단위제품가격대비 %로 표현된 재고유지비율×제품평균
단가)

예를 들어 O는 32달러, 연간수요량(D)은 10만개, 재고유지비율 20%에 평균
단가 8달러일 경우, 다음과 같이 1회 2,000개가 경제적 주문량이 된다.

$$EOQ = \sqrt{\frac{2 \times 32 \times 100,000}{0.2 \times 8}} = \sqrt{4,000,000} = 2,000개$$

2) 주문 방식

주문을 할 때 주문시점과 주문량에 따라 주문방식이 달라지게 된다. 주문시

점과 관련해서는 두 가지 선택권이 있다. 첫째는 매주 월요일 또는 매월 첫날 등, 정해진 시기에 발주하는 정기발주이다. 이것과 반대가 부정기 발주이다. 이 것은 재고가 줄어드는 것을 보고 어떤 시점에서 발주를 하는 방법이다.

주문 양에 대해서도 2가지로 나누어진다. 매번, 일정 수량을 발주하는 정량 방식과, 발주를 할 때마다 발주량을 계산하는 비정량방식이다. 발주시점과 발주 량을 조합하면 발주방법은 ① 정기정량 발주방식, ② 정기비정량 발주방식, ③ 부정기정량 발주방식, ④ 부정기비정량 발주방식의 네 가지 방법이 될 수 있다.[4]

그러나 정량발주 방식은 정기든 부정기든, 매번 정해진 수량을 발주하는 것 으로 출하 변동 상황에서도 매번 같은 양 발주한다는 것은 결과적으로 출하동향 과 상관없이 발주하는 것을 의미하기 때문에, 결품과 과잉재고발생의 위험이 항 상 있게 된다. 따라서 실무에서는 정량방식은 채택하는 경우가 거의 없다.

(1) 정량주문방식(fixed order point/fixed order quantity model)

이 방법은 주문/납품주기 동안 수요를 충족시켜줄 수 있는 재고가 있다고 판 단하는 주문시점(fixed order point)에서 고정적인 EOQ를 주문하는 방식(fixed order quantity)을 의미한다. 주문시점과 주문량을 설정해두면 되기 때문에 주문 관리업 무가 용이하다는 특징이 있다. 그러나 수요변동에 대응할 수 없는 문제점이 나타 날 수 있다.

예를 들어 EOQ가 1,000개, 주문/납품주기가 5일, 고정주문시점은 250개 재 고수준에서 이루어진다고 할 때 250개 재고 시점에서 주문해서 5일 후에 납품을 받게 된다. 그러나 어떤 기간의 경우 수요가 급증해서 재고가 250개가 된 시점에 서 주문을 해도 며칠간 품절사태를 면할 수 없을 수도 있으며, 반대로 수요가 둔 화된 기간에는 아직 재고가 남아 있는 상태에서 납품을 받을 수도 있다.

정량주문방식은 매번 정해진 수량을 주문한다. 매출이 변동하는데 주문량을 매번 같은 양 주문한다는 것은 결과적으로 매출동향과 상관없이 주문하는 것을 의미한다. 이렇게 되면 품절과 과잉재고발생의 위험이 항상 있다.

출하가 변동되지 않고 균등하다면 괜찮지만, 그런 매출 패턴을 갖고 있는 상

---

4 湯浅和夫, 앞의 책, 2008, pp. 108-109.

품은 어떤 기업에도 없을 것이다. 주문방식을 검토할 때 정량주문방식은 제외하고 생각하는 것이 타당하다.

(2) 정기주문방식(Fixed order Interval model)

주문주기를 고정하는 경우 주문량은 EOQ 대신 다음 주기 동안 예상되는 매출량을 예측하여 결정하는 방법이다. 예를 들어 1개월이라는 일정 시간을 정하여, 그 이후의 1개월의 판매예정량, 출하량의 견적을 만들어, 그때마다 주문량을 정한다. 주문량이 변동하기 때문에 판매 속도가 일정하지 않은 상품이나 계절에 따라 변동이 심한 상품에 적절한 주문방식이다.

예를 들어 주문주기를 30일로 고정하고 주문/납품주기를 5일로 할 때, 매25일이 되면 다음 주문주기간의 주문량을 결정한다. 수요가 예상보다 증가하여 재고가 바닥이 나면 많이 주문을 하게 될 것이고, 수요가 부진해 재고가 미 소진됐을 경우 적게 주문할 수 있는 것이다.

비정량 정기주문방식은 사실 제조업체에서 생산계획을 책정하는 데 있어서 가장 많이 사용하는 방식이다. 매월 중순쯤 다음 달의 생산계획을 책정하는데, 무엇을 얼마나 만들 것인가는 그때의 판단으로 정해진다. 그리고 도매상이나 소매상도 주 1회 정해진 요일에 주문하는 형식으로 많이 채용되고 있다. 즉, 주문방식으로서는 정비정량 정기주문방식이 실무적으로 넓게 채용되고 있으며, 가장 흔한 주문방식으로 지금까지 사용되고 있다.

그러나 지금까지의 실태를 보면 비정량 정기주문방식에서의 최대의 문제는 "주문량"을 정하는 데 있다. 논리적으로는 그 재고를 사용하는 기간의 출하를 예측한다고 하지만, 현실적으로 예측 데이터도 없고, 또한 주문량을 산정하는 방법도 확립되어 있지 않았기 때문에 결과적으로는 판매계획이나 주문량, 혹은 경험이나 감으로 정해져 왔던 것이다.

그리고 주문이 정기적이기 때문에 다음 주문하는 날까지 재고가 없어지지 않도록 할 필요 때문에 아무래도 많은 양을 주문하게 된다. 반대로 생각보다 많이 팔리기 시작하면 품절을 회피하기 위해서 긴급 주문이 발생하는 등, 주문이 정기적이기 때문에 문제를 안고 있음은 부정할 수 없다.

이에 따라 정기주문방식보다 부정기 주문방식을 채택하는 경우도 늘어나고 있다. 주문시점은 주문/납품주기인 리드타임의 일수분량의 재고에 도달했을 때에 재고일수 분량의 재고량을 발주하면 된다. 재고량을 더욱 줄일 수 있는 방식이기도 하다.

(3) 부정기 비정량 주문방식

부정기 비정량 발주방식은 출하동향에 맞출 수 있다는 점에서는 가장 좋은 주문방식이라고 할 수 있다. 실시간 주문방식이라 할 수 있는 이 방식은 재고가 얼마나 줄어드는지를 모니터하여, 지금 시점에서 발주하면 재고가 없어지기 전에 입고될 수 있는 발주점을 정해두고, 재고가 발주점에 다다랐을 때 발주하는 방식이다. 재고가 언제 발주점에 다다를지 알 수 없고, 발주시기가 정해져 있지 않기 때문에 부정기라고 하는 것이다.

이 방식에서도 재고상품별로 출하에 따른 재고량의 감소를 파악하고, 발주점에 도달했는지에 대한 체크가 필요하며, 이는 정보시스템의 지원을 받아야 분석이 가능하다. 최근 컴퓨터 및 정보시스템, 소프트웨어 등의 발전에 의해 재고량의 파악이나 모니터가 쉬워져 쉽게 사용할 수 있는 방식으로 인식되기 시작했다.

6. ABC 재고분석

재고관리의 구체적인 방법으로서 ABC 분석(ABC analysis)이 있다. 기업의 재고유지 품목(stock-keeping units: SKUs)을 ABC로 분류하여 중점 관리 대상을 정하는 분석 관리법이며 재고의 품목별 중점관리대상이나 품목별 재고배치를 결정하는 데 이용된다. 이탈리아 학자 파레토(Pareto)가 "아주 소수의 요인에 의해서 대세는 결정된다."라는 경험 법칙을 도출했기 때문에 파레토, 혹은 80/20 법칙이라고도 불린다. 매출액과 상품군과의 관계에 있어서 전체 매출의 80%는 20%의 상품만으로 이루어지는 경향이 있기 때문에 이것을 보통 "80 대 20의 법칙"이라고 부른다. 예를 들어 상품재고가 100품목이고, 어떤 기간의 매출액이 1억 원일 경

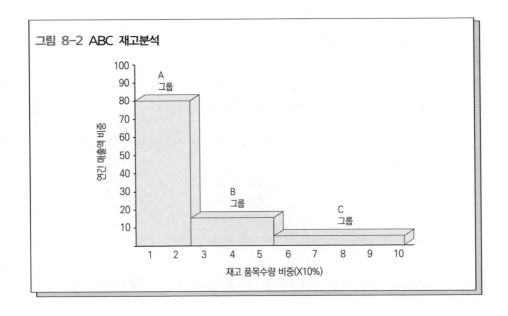

그림 8-2 ABC 재고분석

우, 매출이 큰 상위 20개 품목이 전체 매출의 80%(약 8,000만원)를 차지하게 된다.

재고관리의 ABC분석은 다음과 같은 절차를 통해 수행한다. 우선 모든 재고품을 연간 매출액이 많은 순서로 나열한다. 그리고 각 품목별 매출금액을 창고에 있는 전체 품목에 대한 비율과 그 누적비율을 구한다. 다음 그래프의 가로축에 품목별, 세로축에 품목별 비율과 그 누적비율을 표시한다. 누적비율의 점을 이은 것을 파레토 곡선이라고 한다.

이 그래프에서 누적비율이 80%까지인 품목들을 A그룹, 80~95%까지 품목들을 B그룹, 95~100%에 해당되는 품목들을 C그룹으로 분류한다. 결국 A그룹에는 20%의 품목수가 포함되지만, 매출액으로 보면 80%에 해당된다. 그리고 B그룹의 품목은 전체의 30%를 차지하지만 매출액으로 보면 15% 밖에 되지 않는다. 그리고 C그룹은 품목수는 50%나 차지하지만 매출액으로 보면 5%에 불과하다. 즉 A그룹은 품목 수는 적지만, 재고량이나 재고금액 비율이 높다. C그룹은 반대로 품목 수는 많지만, 재고량이나 재고금액 비율은 낮다. B그룹은 A와 C의 중간의 특성을 갖고 있다.

그 결과 회전율이 높은 A상품을 중점적으로 관리하면 품목수가 적어도 재고의 대부분을 효과적이며 경제적으로 관리할 수 있다. 또한 A상품의 보관은 작업

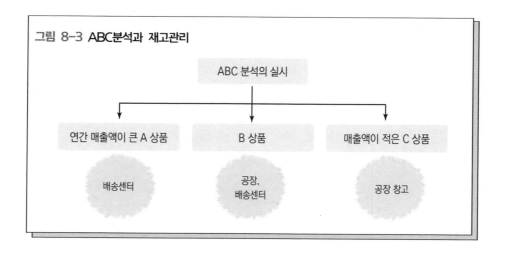

그림 8-3 ABC분석과 재고관리

ABC 분석의 실시

| 연간 매출액이 큰 A 상품 | B 상품 | 매출액이 적은 C 상품 |

배송센터

공장, 배송센터

공장 창고

이 하기 쉬운 장소(창고 안의 입구근처 등)로 정하면, 입출고작업의 효율성을 높일 수 있다.

ABC 분석은 적정 재고배치에도 활용될 수 있다. 종류가 많고 다양한 상품을 공장 바로 옆에 있는 공장창고(물류센터)에 집중시켜 재고로 둘 것인가, 소비지(고객, 점포)에 가까운 각 지의 배송 센터에 분산시켜서 재고로 관리할 것인가의 문제이다. 일반적으로 기업은 재고물품을 공장 창고에서 집중적으로 관리하고, 거기서 배송센터까지는 대형차량으로 대량 로트로 배송하지만, 배송 센터로부터 점포까지는 소형차로 소량 로트로 배송을 한다. 그때 모든 상품을 보관하는 배송 센터를 전국에 만들면 고객에 대한 서비스의 질은 높일 수 있지만, 회전율이 낮은 상품 재고도 안게 되므로 추가적인 보관비가 발생하게 된다.

그래서 ABC분석을 실시하여 연간 매출액이 큰 A상품을 배송센터에 두면, 보관비는 들지만 배송비의 절약 효과를 얻을 수 있을 뿐만이 아니라, 고객이 주문해도 바로 보낼 수 있는 질 높은 서비스가 가능해진다. 매출액이 적은 C 상품은 공장창고에 집중보관하면 배송 센터에 분산 관리하는 경우에 비해서 리드타임은 길어져서 서비스의 질은 저하되지만, 보관비를 절약할 수 있다. 또한 B상품은 공장창고와 배송 센터에 나누어서 재고를 두면 된다.

ABC분석이 가진 문제점은 A, B, C로 분류하는 비율의 자의성이라는 것이다. A품목 비중을 너무 높거나 너무 낮게 운영할 경우 재고관리 효율성을 떨어트릴

재고 증가 억제를 통한 투자수익률 개선사례

Wal-Mart는 전 세계적으로 240개의 중요한 전략적 지역에 포진한 방대한 물류센터 망과 8,000명의 운전기사가 연간 9억 마일 이상 물건을 실어 나르는 자체 트럭운송 시스템 등을 비롯한 뛰어난 공급사슬관리 시스템과 첨단정보 기술에 크게 힘입어 눈부신 발전을 이룩하였으며 앞으로도 지속적으로 성장할 것으로 기대된다. 구체적인 성과를 보면, 2006년과 2007년 1년 사이에 매출은 3,157억 달러에서 3,487억 달러로 10.45% 늘었으나, 재고자산은 322억 달러에서 337억 달러로 단지 4.64%만 늘어났다.

Wal-Mart는 재고확보율을 지속적으로 개선하면서도 재고자산의 증가율을 매출액 증가율의 절반 이하로 억제하여 투자수익률을 개선하려는 매우 공격적인 목표를 추구하였다. 이를 위하여 Wal-Mart는 자사의 광대한 점포망을 지원하는 데 필요한 막대한 재고 유지 필요성을 뛰어난 정보시스템으로 대체했다. 경쟁사들이 지니지 못한 이러한 능력 덕분에 Wal-Mart는 재고 증가를 억제하면서도 높은 재고확보율을 유지할 수 있었다.

2005년에 Wal-Mart는 종래의 제품군 위주에서 유통 속도에 따라 배송망을 바꾸는 리믹스(Remix) 프로그램에 착수했다. 수요가 높아서 가장 빨리 팔리는 제품 5,000가지는 동일한 트럭에 실어서 각 매장으로 운송하고 도착 즉시 바로 매대에 진열되도록 했다. RFID기술을 이용하여 재고의 움직임을 추적하며 공급자들도 이 정보를 리테일 링크(Retail Link)라는 정보시스템을 통하여 제품이 트럭에서 매장에 내려지는 순간부터 볼 수 있다.

이렇게 하여 재고보충 리드타임을 상당히 줄인다. 더욱이 소규모 공급자들이 실어오는 부분적재(Less Than truck Load: LTL)화물들을 모아서 만차(Truck Load: TL)로 수송함으로써 단위당 운송비용을 줄이고 점포의 하차구역에서 혼잡을 피한다. 이 프로그램은 물류센터에서 제품을 취급하는 방식을 바꾼다.

리믹스 프로그램은 재고 수준을 더욱 더 낮추기 위하여 매장 내에서의 제품 취급 방식도 일부 바꾼다. 진열대 사이 통로를 막는 운반용 파렛트보다 폭이 좁은 로켓카트(Rocket Cart)라는 알루미늄으로 된 소형 고가 수레를 만들어서 이것을 이용하여 매장 직원들이 잘 팔리는 물건들은 수시로 진열하여 재고회전을 한층 더 높인다.

자료: Chief Logistics Officer, No. 27, Mar. 2012

수 있기 때문이다. 두 번째는 관리자가 자주 확인하지 않을 수 있다는 문제이다. 한 번만 분석해도 창고에서 재고 패턴을 파악할 수 있기 때문이다. 따라서 품목군별로 확인주기에 맞추어 계속 사용해야 한다. ABC분석에 4번째 분류를 추가해야 한다고 하는 의견도 있다. 수요가 없는 재고품목(D)이다. 이러한 재고는 재고 유지비용을 증가시킬 뿐만 아니라, 재고 회전율을 감소시키게 된다.

7. 재고관리 문제점

지금까지 많은 기업에 경영의사결정상 물류라는 개념이 존재하지 않았다. 물류의 부재라는 상황은 기업에 많은 낭비를 만들어내고 있다. 최근 물류에 대한 관심이 고조되는 이유는 이러한 낭비를 깨닫고, 그 낭비를 배제하고자 하는 것이다. 물류의 부재에 기인하는 낭비는 주로 재고에 관해서 발생하고 있다.

"창고는 기업의 다양한 활동의 낭비의 은신처"라고 하는 말이 있다. 아쉽게도 그러한 낭비를 실감하면서도 물류부문이 해결하기 위한 조치를 취하지 않았다는 점이다. 어떤 낭비가 창고에 숨어 있을까?

대부분의 기업에서 재고유지는 영업부문이 담당하고 있다. 재고는 많은 고객의 주문에 응답하기 위해서 존재하기 때문에 자신들이 하는 것이 당연하다는 인식을 갖고 있다. 그럼 고객을 첫 번째로 생각하는 영업부문이 재고에 관해서 최우선적으로 생각하는 것은 무엇일까? 말할 필요도 없이 절대로 품절 상황이 되지 않는 것이다.

품절이란 고객이 주문한 상품 재고가 없는 상황을 말한다. 주문이 왔지만 재고가 없다면 보낼 수가 없다. 즉, 판매기회를 놓치게 된다. 이런 일을 피하기 위해서라도 품절을 두려워하지만, 사실은 품절을 내기 싫다는 마음의 뒤에는 그로 인하여 고객의 불만을 사는 것을 두려워하는 면이 있는 것이다.

여기서 문제가 되는 것은 품절은 없어야 한다는 기준으로 재고를 갖게 되면, 재고를 항상 많이 갖게 되는 것으로 나타난다. 품절사태가 발생하면 고객의 불만을 사게 되지만 재고가 남아 있다고 해도 그 누구도 불만을 갖지 않는 상황이기 때문에 필연적으로 재고를 많이 갖게 된다.

이는 공급사슬관리에서 채찍효과(bullwhip effect)라 불리는 현상과 같다. 공급사슬관리에서 반복적으로 발생하는 문제점 중 하나로, 제품에 대한 수요정보가 공급사슬상의 참여 주체를 하나씩 거쳐서 전달될 때마다 계속 왜곡됨을 의미한다. 수요가 유통업체, 제조업체, 공급업체, 2차공급업체, 3차공급업체 같은 공급사슬상의 구성원을 거치면서 각자의 입장에서 만약에 대비하기에 충분할 정도의 재고를 축적하도록 만든다. 이런 대응 추세는 주문계획에서 작은 변화가 증가되고, 재고, 생산, 창고, 운송과 관련된 과도한 비용이 발생되는 가운데, 공급사슬을 통해 확산되어 나간다.

이런 재고들은 창고에서 팔다 남은 재고를 대량 발생시키게 되고, 팔다 남은 재고가 결국 폐기처분될 수밖에 없다. 영업부문이 매출만을 생각하고 재고는 생각하지 않는 구조가 커다란 낭비를 낳고 있는 것이다. 이러한 낭비를 제거하기 위해서 물류가 필요하다.

창고 안에 필요 없는 재고를 쌓아두고 있는 것은 생산부문도 마찬가지이다. 시장에서의 판매동향과 관계가 없는 형태로 생산하고 있는 경우가 많이 있기 때문이다. 생산부분은 생산단가 하락을 위해 대량생산, 대량 원자재 구매를 통해 대량의 재고를 유발시킬 수 있다. 생산부문에 필요한 정보는 최근 품목별 출하와 재고정보이다.

이러한 정보는 출하와 재고의 동향을 일상적으로 파악할 수 있는 물류부문만이 가능하며, 물류부문이 존재하지 않는 회사에 이러한 정보는 어디에도 없다.

그럼 재고의 낭비, 즉 필요 이상의 재고를 안게 되면 어떤 문제가 발생할까? 창고 안을 보면 아마도 창고에 놓여 있는 재고 중에는 팔릴 가능성이 없는 것이 적지 않게 있다. 이러한 과잉재고, 불량재고가 많을 경우에는 품절도 적지 않게 발생하고 있을 것이다. 왜냐하면 품절 역시 재고에 대한 관리부재에 기인하기 때문이다. 과잉재고의 관리를 할 수 없다는 것은 품절을 막기 위한 관리도 못한다는 것과 같다. 관리부재이기 때문에 낭비되는 재고가 발생하고, 동시에 필요한 재고도 없는 최악의 사태가 벌어지고 있는 것이다.

특히 과잉재고, 불량재고의 발생은 현금흐름상 커다란 문제를 발생시킨다. 재고투자라는 말이 있듯이, 재고에는 당연히 자금이 투입된다. 기업경영의 원칙에서는 투입한 자금은 가능한 한 빨리 회수할 필요가 있다. 재고에 투입한 자금은 매출이 되어야 회수가 된다. 그러나 팔지 못하고 창고에 쌓여 있는 한 자금의 회수는 할 수 없다. 운전자본이 장기간 고정화되어 버린다면 현금흐름상 유동성에 큰 문제가 발생할 수가 있다. 이 재고는 기업의 재무상황을 나타내는 대차대조표에 재고자산이라는 형태로 기록되지만 미래에 판매될 가능성이 없다면 불량자산이 된다.

결국 그 재고가 팔릴 가능성이 없다면 처분할 수밖에 없다. 즉 처분에 의한 손실이 발생하고 특히 재고를 관리하지 않아서 발생하는 손해가 된다.

낭비되는 재고는 손해요인이 되는 것으로 그치지 않는다. 재고를 갖는다는 것은 그 재고를 두는 장소가 필요하게 된다. 즉, 재고가 많다면 그만큼 창고도 넓을 필요가 있다는 말이다. 재고를 두는 공간에는 당연히 비용이 발생한다.

지금까지 창고비용은 물류비용이므로 물류부문이 관리할 것이라면서 재고를 발생시키고 있는 영업이나 생산, 매입 부문은 창고비용에는 거의 관심을 두고 있지 않았다. 그러나 물류부문은 재고의 양을 조절할 수 없는 입장이다. 즉, 재고에 관한 창고비용은 누구도 관리하고 있지 않는, 누구도 해결할 수 없는 낭비되는 비용이 되어 왔다.

특히 제조업체의 경우 공장에서 각지의 창고나 물류 센터에 재고가 보내어진다. 즉, 재고를 수송함으로써 수송비용이 발생하는 것이다. 이 경우에는 결국 팔다가 남은 재고에 대해서 수송비용은 회수 불가능하다. 수송한 재고가 팔리면 그 매출로 수용비용을 회수할 수 있지만, 팔지 못한 재고의 수송비용은 회수할 수 없다.

8. 재고관리 개선방안

1) 물류부문의 재고책임

물류부문은 당연히 재고에 대해서 적정량을 유지하고 품절 발생을 가능한 한 억제해야 한다는 책임을 져야 한다. 영업부문은 판매에 전념하면 되고, 재고에는 일체 관여하지 않는다.

다만 통상적인 출하에 대해서는 물류부문에서 파악할 수 있으나, 그 이외의 특가판매나 세일처럼 한 시기에 대량으로 출하가 발생할 수 있는 것은 영업 담당자밖에 모르기 때문에 사전에 물류부문에 전달하는 것이 내규로 정해져야 한다. 그 내규를 지키지 않았을 때에 발생하는 품절에 대해서는 영업부문의 책임이 되어야 한다.

공장은 물류부문이 제시하는 조달계획을 최대한 중시하고 생산을 할 필요가 있다. 생산효과를 생각해서 안이하게 제시된 필요량 이상을 만들어서 그것이 재고로 남게 된다면 그 재고책임은 공장이 지도록 되어야 한다.

2) 출하정보의 파악에서 시작

실시간으로 각지의 물류거점에서 상품별 출하상황을 파악해야 한다. 이 출하 데이터를 통해서 물류가 시작될 수 있다. 물류부문에서는 출하정보를 바탕으로 각지의 물류거점에서 각각의 재고가 얼마나 줄었는지를 보고 필요한 보충분량을 산정하여, 자사공장과 위탁공장의 각각의 리드타임을 감안하여 각 공장의 출하담당자에게 보충지시를 내리게 된다. 물류부문은 보충지시를 내리는 것과 동시에 자사공장이나 위탁 공장에 대해서 각 공장의 생산계획을 정할 때에 앞으로의 재고 조달 계획을 제시하게 된다. 각 공장에서는 이 정보를 바탕으로 생산 계획을 책정하고 생산을 실시한다.

즉 물류부문이 제시하는 정보를 바탕으로 생산을 실시하고, 물류부문의 지시를 바탕으로 물류거점의 출하와 재고보충이 이루어지게 된다. 공장에서의 생산에서 물류거점으로의 재고보충까지가, 물류거점의 출하동향을 바탕으로 움직일 수 있는 것이다.

이처럼 생산계획책정부터 고객 납품까지의 공급활동 전반에 관해서 물류부문이 책임을 진다는 것이 원래 있어야 할 모습이다. 물류가 기능을 다하면 과잉생산이나 과잉매입 등에 의한 과잉재고나 불량재고의 발생을 막게 되고, 동시에 불량재고에 의한 운전자본의 고정화를 막고, 팔리지 않을 불량재고를 계속 보관하여 발생하는 손실이나 재고처분에 의한 손실 등을 회피할 수 있게 된다.

3) 최고경영자의 적극적인 추진

물류가 기업전반에 걸친 기능의 조화를 통한 재고비용의 절감이라는 새로운 역할을 맡음으로써 얻을 수 있는 경영적인 효과의 크기를 생각하면, 물류는 기업의 새로운 "이윤의 근원"으로 자리 잡을 수 있는 것이다.

다만 이와 같은 물류의 재고 책임기능을 위해서는 기존의 생산이나 매입, 영업 등의 활동과 부딪히는 부분이 많이 있게 된다. 그 결과 그러한 부문과의 사이에 기능의 재편이나 새로운 역할분담의 결정 등이 필요하게 된다. 이 경우 재고책임을 효과적으로 지기 위해서는 핵심경영자의 지원이 필수적이다.

특히 다른 물류부문의 개선을 통해 재고수준을 하락시킬 수 있는데 운송부문, 주문처리부문, 창고·보관 부문의 활동의 개선을 통해 주문/납품주기의 변동성을 줄임으로써 필요재고량을 낮출 수 있으며, 이는 범 부서적인 협조가 필요한 일이다.

4) 최적 재고관리 프로그램 도입운영

정교한 재고관리 프로그램들이 개발되어 있으며 이러한 프로그램의 도입 운영을 통해 최적 재고관리를 수행할 수 있다.

(1) 자재소요량 계획(Materials Requirements Planning: MRP)

자재소요량 계획은 최종제품의 수요에 맞추어 원자재나 부품을 공급하는 계획을 세우는 일이다. 제품의 납기계획을 맞추기 위해 재고수준을 최소화하는 자재수급계획을 수립하여 소요자재품목, 소요시기, 소요수량을 계획하는 기법이다. 광의로 보면 종합적인 생산관리시스템으로 발전되어 생산계획이 자재소요량을 이끌어가는 시스템으로 볼 수 있다. 그 다음 MRP는 최종제품 생산 스케줄에 맞추어 요구되는 각 부품의 수요량과 수요시점을 계획해 나간다. MRP는 생산계획을 시간대별 재고 요구량으로, 그리고 이 요구량이 충족될 수 있도록 바꾸어 놓는 일련의 의사결정 과정으로 볼 수 있다.

(2) 유통자원계획(Distribution Resource Planning: DRP)

DRP는 재고를 시장수요에 맞추어 배분하는 시스템이다. 제조업체에서의 제조자원이 기계나 인력인 것처럼 유통시스템에서의 유통자원은 창고, 인력, 운송장비 등이라고 할 수 있다. DRP전개를 한 결과는 구매계획이나 재고 계획 등을 수립하는 데 이용된다. DRP의 기본 로직은 데이터를 기반으로 자원요구량의 시계열적 모델을 생성하고 자원요구량에 대해 공급원의 현 가용량과 미래의 가용량을 파악하여, 미래의 부족재고를 예상하고, 부족을 피할 수 있는 대안을 제공한다.

(3) JIT(Just-in-time) 재고관리

1970년대 초 도요타 자동차사는 적은 재고로 주문/납기주기를 단축하고, 품질을 개선하며 공급사슬에서 낭비와 비용을 제거하는 새로운 생산전략을 개발하였다. 이 JIT 생산 철학은 제조업체가 공급자들과 운송사와 호흡을 맞추어 생산라인에서 요구하는 부품을 정확한 시간에 공급할 수 있도록 하는 것이다. 이 생산방식은 일본과 경쟁관계에 있던 미국과 유럽의 자동차 제조업체에서 채택한 이후, 컴퓨터 산업같은 타 산업에도 급속히 전파되었다.

JIT시스템의 핵심적인 개념은 부품공급자와 파트너관계에 있다는 것이다. 일반적으로 JIT생산에서는 품질과 서비스를 보증할 수 있는 소수의 공급자에 집중하게 된다. 공급업자들은 소비자의 니즈에 관한 것이나 제조업체와 판매 및 생산예측 등에 관한 정보를 공유하는 파트너관계에 있게 된다.

예를 들어 미시간에 있는 지프(Jeep)사 디트로이트 공장에서는 그랜드 체로키(Grande Cherokees)의 시트 주문이 차체가 도색공장에서 나갈 때 이루어진다. 이 주문은 시트의 색깔과 모양별로 전자메시지로 공장에서 30분 거리에 있는 존슨(Johnson)사 공장에 전해지고, 시트는 차체조립 라인에 즉시 납품된다. 이와 같은 JIT시스템을 도입하면서 양사가 모두 재고를 최소화할 수 있게 되었다.

JIT생산방식의 장점은 재고를 최소화할 수 있다는 데 있다. 또한 재고 보관장소를 최소화할 수 있는 장점이 있다. 이에 비해 JIT방식은 공급업자와 물류서비스 제공자들의 높은 신뢰의 서비스에 의존하여 재고를 최소화할 수 있지만, 물류서비스의 예기치 못한 가변성이 있을 경우 품절사태가 유발 될 수 있는 위험이 있다. 또한 소량으로 구매하고 소량으로 운송하다보니 구입단가가 대량 구입 시보다 높아지게 되고 운송비도 상대적으로 높아지는 단점이 발생한다.

JIT는 JITⅡ로 발전하게 되는데 이는 납품회사의 영업업무와 발주회사의 구매업무를 묶어 하나의 가상기업으로 보는 것이다. 즉 공급업자와 물류서비스 제공자, 발주업체가 장기적인 협력·신뢰를 바탕으로 하는 파트너십을 갖는 것을 목표로 한다. 예를 들어 보통은 공장 생산 이후, 창고에 보관된 후 배송되는 것이 일반적이지만, JIT Ⅱ에서는 운송업체 대리인이 공장에 상주, 생산 상황에 맞추어 운송업체의 운송계획을 수립함으로써 배송시간 단축의 효과를 가져올 수 있는 것이다. 보통은 양자 간에 양질의 정보를 공유할 수 있는 관계로 100% 자회사이거나 혹은 그룹 내 계열사 등이 우선대상기업이 될 수 있다. JIT가 부품 및 원자재 등 공급업체의 기여를 바탕으로 한 시스템이라 한다면, JIT Ⅱ는 파트너십을 기반으로 공급업체와 발주업체가 서로 윈-윈(win-win)을 달성할 수 있는 시스템이다.

9. 공급사슬 재고관리 전략[5]

공급사슬을 따라서 어떻게 재고가 흘러가고 저장되는지에 대한 다양한 전략이 존재한다. 제품의 특성에 따라 다른 유통 채널을 가질 것이고, 재고관리전략도 달라지게 된다. 기업들은 그들이 바라는 성과를 얻기 위해 이러한 전략들을 적절히 사용할 수 있어야 한다.

1) 풀(Pull) 방식 재고보충 전략

재고관리기법에는 푸시(push)방식과 풀(pull)방식이 있다. 푸시(push) 방식은 생산자가 수립한 계획대로 생산하여 유통하는 것이다. 푸시 방식의 애플사의 아이폰처럼 기업들은 자신들의 제품이 기술혁신이나 디자인에서 우위를 가지고 있기 때문에 시장에 내놓자마자 소비자들이 자연스럽게 줄을 서서 구매할 것이라 기대한다. 그래서 몇 달치의 물량을 대량으로 생산하고 유통시킨 후 시장반응을 살피고 이를 다시 생산과 개발에 반영한다. 이 경우 대량재고는 불가피하고, 재고

---

5 Janus D. Pagh and Martha C. Cooper, "Supply chain postponement and Speculation Strategies: How to Choose the right strategy," Fournal of Business Logistics, Vol. 19, No. 2, 1998, pp. 13-33.

관리의 어려움을 겪게 된다.

그러나 최종 소비자의 구매 패턴이 다양화되고 가변적으로 바뀜에 따라 재고보충 전략도 풀(pull) 방식으로 전환되고 있다. 부품재고는 수요예측을 통해 관리하고, 제품조립 생산은 소비자 수요에 따라 대응하는 방식이다. 풀 방식이 이와 같이 기본적으로 과잉생산으로 인한 재고발생을 방지할 수 있지만, 다만 이 경우에도 공급자는 수요가 발생할 때까지 원부자재 재고를 보유해야 하기 때문에 공급자가 추가적인 대량의 재고와 높은 재고 위험을 가짐에 따라, 높은 재고 유지비용이 발생되는 단점이 존재한다.

2) 푸시-풀 재고보충 전략

소비자의 요구가 보다 세분화되고 자주 변화하는 것에 대응하기 위해 풀 방식으로 대응하는 것이 재고를 최소화할 수 있는 전략이다. 그러나 여전히 물류에서는 규모의 경제를 통해 일정 시점까지 푸쉬 정책을 활용하는 전략이 요구되고 있다. 즉 푸시(push)와 풀(pull)의 적절한 활용이 요구된다. 가장 일반적인 푸시 - 풀 전략은 조립공정 이전에는 푸시 전략을 이용하고, 조립공정 이후에는 풀 전략을 사용하는 방식이다. 이 경우 주문, 조달에 걸리는 리드타임이 긴 조립공정 이전은 재고를 수요예측에 의해 결정하는 푸시 방식을 사용한다. 그리고 리드타임이 짧아 리드타임 관리가 중요한 조립공정 이후는 실제 소비자의 수요에 대응하는 풀 방식으로 재고를 관리하는 방식이다.

3) 지연전략

지연전략(postponement)은 말 그대로 제품을 공장에서 출하 시에 완성된 형태로 출하하는 것이 아닌 유통 과정 중에 완성하는 것을 의미한다. 이렇게 함으로써 기업은 완제품에 대한 재고물량을 줄이게 되어 상당한 비용을 절약할 수 있게된다. 원자재에서 완성품 단계로 이동할수록 부가가치가 증가하기 때문에 원자재 단계에서 재고를 가지고 있는 것이 완성품의 재고를 가지고 있는 것보다 훨씬 유리하다는 전략이다.

지연 전략은 다양한 방식으로 공급망 관리에 활용될 수 있다. 제조 지연 방식이 가장 일반적인 지연 전략으로, 제품의 생산을 마지막 단계까지 완료하지 않고 고객의 주문에 따라 최종 조립을 실행한다. 예를 들어, 가전제품 제조업체는 제품의 기본 형태만 생산해 두고, 고객 주문에 따라 색상이나 기능을 추가하여 최종 완성하게 된다. 포장 지연 방식은 제품을 미리 포장하지 않고 고객의 요구에 맞춰 포장을 최종 단계에서 수행하는 방식이다. 다양한 시장에 맞는 포장 디자인이나 사은품, 매뉴얼 등을 주문 후에 결정하여 포장할 경우 재고 및 작업 비용을 절감할 수 있다. 이와 유사한 형태로 라벨링 지연 방식도 운영 가능하다. 제품의 라벨 부착을 연기하여 최종 목적지 또는 고객의 요구에 따라 라벨을 붙이게 된다. 이는 국제 시장에 진출하는 제품의 경우 특히 유용하며, 다양한 언어와 규격에 맞는 라벨을 고객 주문 확인 후 진행할 수 있다. 배송 지연 방식의 경우 제품의 배송을 연기하여 고객의 실제 주문에 맞춰 배송 일정을 조정하는 것이다. 동시에 여러 상품이 하나의 주문에 포함되었지만, 일부 상품이 품절인 경우 해당 상품이 재입고될 때까지 다른 상품의 출고를 지연시키는 것이 이에 해당된다.

사례 8-3 지연 전략을 통해 제품 다양성 확보, Imation

Imation은 1996년에 3M에서 분사된 데이터 저장 및 정보 보안 솔루션 분야 글로벌 기업으로, 전통적인 자기 테이프 및 광학 미디어에서 시작하여 다양한 데이터 저장 기술을 개발해왔다. Imation은 특히 데이터 백업, 아카이브, 보안 솔루션, 그리고 의료 이미지 시스템에서 강점을 가지고 있다. 2017년 Imation은 GlassBridge Enterprises로 사명을 변경하고, 데이터 보안 및 관리 사업에 집중하고 있다. GlassBridge Enterprises는 이후 Imation 브랜드 이름을 한국의 O-Jin Corporation에 매각했으며, PNY Technology 및 Ritek Corporation과 같은 회사들이 Imation 브랜드를 라이센스하여 사용하고 있다. 2023년 Imation의 매출은 약 1.5억 달러로 보고되었으며, Imation의 성공은 3M 시절부터 이어진 기술적 혁신과 글로벌 유통 네트워크 덕분에 가능했던 것으로 알려져 있다.

● 지연 전략을 통한 제품 다양성 확보

Imation은 지연 전략을 통해 제품 다양성을 높이고 재고 비용을 최소화하며 납기 관리를 안정적으로 운영하는 데 성공한 대표적인 사례이다. 지연 전략의 핵심은 최종 제품 생산을 고객 주문이 들어온 후로 지연시키고, 재고는 거의 완성된 범용 제품으로 유지하는 것이다. 최종 고객의 주문이 확정되면 범용 제품 재고에 대해 최종 공정을 진행하여 고객 요구사항에 적합한 제품으로 생산할 수 있었다. Imation은 데이터 스토리지 관련 공통된 모듈과 부품을 기반으로 다양한 제품을 생산할 수 있는 지연 생산 시스템을 구축하였다. 예를 들어, 데이터 저장 장치의 경우 기본적인 하드웨어와 소프트웨어 플랫폼을 유지하면서 특정 고객 요구사항에 따라 최종 제품을 맞춤 제작하는 방식을 활용하였다.

● 지연 전략의 전략적 이점

미리 완성된 제품을 대량으로 보관할 필요가 없어 재고 비용이 크게 절감되었으며, 필요한 경우에만 제품을 완성시키기 때문에 불필요한 재고 축적을 방지할 수 있었다. 지연 전략을 통해 주문이 들어온 후 제품을 빠르게 커스터마이징할 수 있어 납기가 단축되었다. 기존에는 완제품 재고에 해당 스펙의 제품이 없을 경우 새로 제품을 생산해야 했지만, 지연전략은 공통모듈을 가진 거의 완성된 범용 제품에서 생산이 시작되어 납기를 단축할 수 있었던 것이다.

출처: Nolan (2021), How a Postponement Strategy can Reduce Cost and Lead Time for Pharma Supply Chains, MIT Master Thesis

4) 공급자 주도 재고 관리 VMI

공급자 주도 재고관리 모형(vendor managed inventory: VMI) 방식은 공급업체가 고객의 재고를 관리하는 모델이며, 이 모델에서는 공급업체가 고객의 재고 수준과 수요 정보를 모니터링하고 이를 기반으로 재고를 적시에 공급하게 된다. VMI는 전통적인 재고 관리 방식에서 벗어나 공급업체가 주도적으로 재고를 관리함으로써 효율성을 높이고, 비용을 절감하는 것을 목표로 한다.

VMI 전략하에서 고객은 재고 수준, 판매 데이터, 예측 수요 등의 정보를 공급업체와 공유하고, 공급업체는 이를 기반으로 재고 보충 계획을 수립 한다. 공급업체는 고객의 재고를 실시간으로 모니터링하고, 고객의 재고 수준과 예측 수요를 분석하여 주문을 자동으로 생성하고 처리하여 재고를 재보충한다. 고객은 주문과 재고 관리에 대한 부담을 덜게 된다.

VMI 전략이 전통적인 재고관리 방식 대비 효과가 있는 이유는 VMI 전략 하에 공급업체는 고객의 실제 수요를 정확하게 파악할 수 있다는 것이다. 전통적 재고관리 방식에서는 고객이 실제로 필요로 하는 수요와 공급업체에 전달되는 주문

사이에 차이가 있어 정확한 수요 예측이 어렵고 채찍현상(Bullwhip Effect) 등 수요 정보의 왜곡이 발생할 수 있었다. 하지만, VMI 재고 관리 방식에서는 고객이 실제로 필요할 때 재고를 사용함에 따라 실수요 정보를 공급업체가 실시간으로 파악할 수 있게 되고, 이에 따라 수요 예측 역량이 향상되어 고객과 공급업체 모두 상호 시너지를 창출할 수 있게 된다.

MEMO

09
운송시스템

 핵심포인트

운송산업에 대한 규제완화로 물류시스템의 운송담당자들은 더 나은 서비스와 더 낮은 비용 기회를 포착할 수 있게 되었다. 이와 함께 사회간접자본인 운송산업을 민영화함으로써 운송산업의 운영에서 경쟁체제가 도입되어 물류담당자로서는 운송의 효율을 기할 수 있는 여건이 이루어지고 있다.

1. 운송의 기능

운송은 생산과 소비의 장소적 거리 조정을 하는 장소적 효용(place utility)기능이 있다. 물류의 장소적 거리 조정 기능으로 생산자와 소비자 간의 재화의 유통을 원활히 하며, 효용가치를 창출하게 된다.

2. 운송수단

도로 트럭운송은 운송의 완결성이 뛰어나 문전수송이 가능한 운송방식이며, 해상운송방식은 낮은 운임의 장점으로 장거리 원양운송에 적합하며, 항공운송은 비싼 운임에도 불구하고 매우 빠른 속도의 장점을 갖고 있다. 철도운송은 해상운송까지는 아니지만 낮은 운임으로 장거리 운송에 적합하다. 각 운송수단이 갖고 있는 운임, 속도, 포장비, 파손위험, 유연성, 의존성 등의 장단점을 감안하여 선택하여여 한다.

3. 국제복합운송

물류개념이 포함된 복합운송이라는 것은 화물의 출발지로부터 최종목적지까지 일관된 운송체제를 통해 가장 저렴한 비용으로 질 높은 서비스를 제공하는 것이다. 전형적인 국제복합운송은 집배, 선적항 인도, 선적, 해상운송, 양하, 통관, 철도운송, 내륙터미널 인도, 보관, 배송의 과정을 거치게 된다.

4. 규제완화와 민영화

운송자유화는 기본적으로 운송업자에게 시장진입 및 철수, 개별서비스 개발, 운임설정, 합병 및 공동운항 등을 시장기능에게 맡기는 것이 효율적이라는 사상에 기초하고 있다. 민영화는 경제적 측면에서 운송수단, 설비의 효율성을 제고하고 운영성과의 향상을 통한 편익의 증대를 꾀하려는 것이며, 정치적 측면에서는 정부의 재정부담과 관리업무를 경감하려는 것이다.

5. 운송에 있어 정부의 역할

운송산업에 대해 대부분의 정부는 독점화를 방지하거나 또는 파멸적인 경쟁심화를 방지하려고 관여한다고 하고 있다. 이 밖에 운송산업에 환경 책임과 관련한 규율, 운송보안과 관련된 제도 등으로 운송산업에 영향을 미치고 있다.

1. 전략적 측면의 화물운송

운송활동을 매일매일의 단순한 배차관리 정도로 생각하는 경향이 있다. 그러나 운송비가 물류비 전체에서 차지하는 비중이 50%로 가장 높은 점을 감안할 때, 물류와 마찬가지로 운송활동도 기업의 전략적 측면에서 이해되어야 한다. 오늘날과 같이 글로벌 기업활동이 일반화된 상황에서 운송은 공급사슬관리에서 중요한 역할을 하고 있고, 이를 원활히 수행하기 위해서는 기업 전략의 일환으로 다루어지지 않으면 안 된다. 이는 운송관리가 공급사슬 전체의 상황을 조망하고, 앞서 예측하여 물류, 공급사슬 의사결정과정에서 중요한 공헌을 해야 한다는 의미이다.

시대의 변화에 따라 운송활동이 전략적 개념으로 발전되는 과정을 살펴보면, 1980년대 이전은 미국, 유럽 등 대부분의 국가에서 운송산업을 규제대상으로 삼았던 시대이기 때문에 운송 혁신이 이루어지기 어려운 때였다. 이때 운송산업은 운송에 투자되는 투자비를 줄이는 것이 관심사였고, 당연히 재고량이 많아지는 것을 감내해야 했었다. 운송 가격도 원가에 연동한 방식으로 결정하였다.

1980년대 이후 2000년대까지는 단순 화물운송이 로지스틱스 개념으로 확대되는 시기라 할 수 있다. 운송시장이 글로벌화되고 규제완화로 가격결정과 서비스개발이 자유롭게 이루어질 수 있었기 때문이다. 운송가격도 원가기준에서 벗어나, 운송서비스를 기준으로 결정하게 되었다. 로지스틱스 관점에서 운송을 하게 되면서 높은 재고비용이 물류비의 큰 부담이 되는 것을 알게 되었고, 이를 완화시켜 줄 수 있는 운송방식 개발에 역점을 두게 되었다. 결국 재고수준을 낮출 수 있는 JIT 방식을 가능케 하는 운송관리 등이 주요 관심사였다.

2000년대 이후부터는 기업활동의 글로벌화가 더욱 광범위해지고, 공급사슬의 비효율성을 제거하는 리엔지니어링이 활발히 이루어지는 시대가 되었다. 당연히 운송산업도 글로벌 시장을 대상으로 하는 공급사슬관리의 중요한 부분으로 자리매김하게 되었다. 총 재고비용 등 총 매출원가를 낮출 수 있도록 운송서비스가 공헌할 수 있는 것을 찾는 것이 운송관리의 핵심이 되고 있다. 운송관리가 공급사슬관리에서 최종 고객에게 어떠한 가치를 가져다 줄 것인가에 초점을 두게 된 것이다.

고객은 제품 구매활동 자체보다는, 실제 배송된 제품 구매에 더 큰 관심이 있다고 보아야 한다. 운송활동에 의해 고객이 느끼는 가치는 서비스 수준, 비용, 리드타임으로 나누어 볼 수 있다. 서비스는 시장변화에 따른 고객의 니즈변화에 지속적으로 부응하는 일이다. 배송시간의 정확도인 신뢰성, 제품확보 여부인 제품 가득성, 일관된 서비스를 나타내는 일관성 등을 의미한다. 비용은 제품가격으로 제품 설계나 생산 등에서 결정되기도 하며, 배송과정, 보관 등에서 발생하는 비용이 추가되는 것이다. 운송부문이 공급사슬 전체의 비용을 절감하는 데 기여하게 되면 고객에게 전달되는 총비용의 절감으로 이어질 수 있는 것이다. 리드타임, 즉 주문/납품주기의 단축은 고객 및 시장까지 도달하는 시간을 단축하는 것으로 시장여건 변화에 적응하는 시간을 단축하는 일로, 효율적인 운송관리로 시간 단축이 가능하다.

2. 운송의 기능

운송은 생산과 소비의 장소적 거리 조정을 하는 장소적 효용(place utility)기

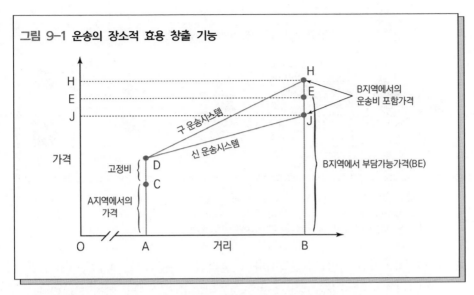

그림 9-1 운송의 장소적 효용 창출 기능

B지역에서의 운송비 포함가격
구 운송시스템
신 운송시스템
B지역에서 부담가능가격(BE)
고정비
A지역에서의 가격

가격

거리

자료: Bardi, Coyle, Novack, *Management of Transportation*, 2006.

능이 있다. 물류의 장소적 거리 조정기능으로 생산자와 소비자 간의 재화의 유통을 원활히 하며, 효용가치를 창출하게 된다.

A지역에서 AC의 가격으로 팔리던 것이 B지역에서는 BJ의 가격으로 팔릴 수 있다. 이러한 가격 창출은 운송에 의한 효용창출 기능인 것이다. 물론 운송시스템이 비효율적이라면 B지역에서 BH의 가격을 제시하게 되고 이는 B지역 구매자의 구매 부담가격인 BE를 넘어서기 때문에 판매가 이루어지지 않는다. 좀 더 효율적인 운송수단의 개발로 BE수준 이하인 BJ로 가격제시가 가능해짐에 따라 판매가 이루어지게 되었다. 여기서 CD는 B 지역까지 운송하기 위한 터미널 등 각종 고정투자비를 의미한다. 또한 DH에서 DJ로 그래프가 바뀌는 것은 운송 혁신에 의해 이루어질 수 있다.

전통적인 화물운송시스템과 비교할 때, 공급사슬의 진화에 따라 운송시스템은 다음 세 가지의 특징을 지니게 된다.[1]

■ 수요자의 운송요구: 화물운송수요에 따른 공급사슬을 확립하는 것이 상품

---

1 Logistics and Freight Distribution, THE GEOGRAPHY OF TRANSPORT SYSTEMS.
(http://people.hofstra.edu/geotrans/eng/ch5en/conc5en/ch5c4en.html).

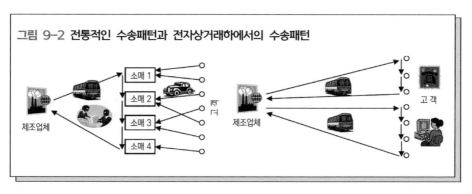

그림 9-2 전통적인 수송패턴과 전자상거래하에서의 수송패턴

자료: TSENG, Yung-yu and YUE, Wen Long, Michael A. P. TAYLOR, "The Role of Transportation in Logistics Chain," Proceedings of the Eastern Asia Society for Transportation Studies, Vol. 5, 2005, pp. 1657－1672.

화 계획의 기본적인 기업혁신전략이다. 전통적인 운송은 주로 공급측면에서 관리되었지만, 현재 공급사슬은 수요측면이 중요시되면서 수요에 의해 관리된다.

■ 시간단축: 운송은 전통적으로 공간을 극복하기 위한 툴로서 간주되어 왔으나, 물류는 시간단축에 중점을 두었다. 즉 시간단축은 공급사슬에 있어 재고유지비용과 제품의 가치하락비용을 방지할 수 있어 화물운송에서 주요한 이슈가 되고 있다.

■ 전문화: 물류기능이 아웃소싱이라 불리는 수직적 통합을 통해 전문화되고 있다. 물류서비스는 더욱 더 복잡해지고 있어 3자 물류공급업자(third party logistics: 3PL)로 불리는 전문 물류서비스 공급업자에게 아웃소싱하는 경우가 늘고 있다.

또한 최근 운송활동은 전자상거래에 따라 그 중요성이 더욱 커지고 있다. 전자상거래가 21세기 경제에서 중요한 변화로 자리매김하면서, 원자재, 부품 구매는 물론 소비자들이 자신이 원하는 어느 곳에서든지 상품을 편리하게 주문하는 상거래 행태가 늘어나고 있는 것이다. 이러한 상거래 형태의 변화로 말미암아 운송 화물은 전국, 나아가 전 세계를 대상으로 하게 되었고, 주문 후 빠른 시간 안에 상품을 받고 싶어 하는 욕구로 인하여 전자상거래 산업에서는 상품을 빠른 속도로 신뢰성 있게 소비자에게 전달할 수 있는 운송서비스를 필요로 하게 되었다.

이러한 전자상거래는 운송 산업에게 엄청난 기회로 다가오고 있다.

전자상거래(E-commerce)는 비즈니스형태의 미래 트렌드로, 기업과 소비자 모두에게 이익을 가져다주고 있다. 운송에 미치는 영향을 보면 첫째, 전자상거래는 지역적인 시장의 영역은 글로벌로 확장한다. 둘째, 운송의 수가 증가하는 반면, 개별 운송의 평균 운송량은 감소하는데, 이는 만약 동일한 운송수단이 이용된다면 더 많은 운송이 필요시 되는 것을 의미한다. 셋째, 전자상거래는 증가된 운송으로 인해 운송시스템에 영향을 끼친다. 넷째, 전자상거래는 창고의 수와 재고비용을 감소시킬 수 있고, 그로 인해 가격이 낮아질 수 있다. [그림 9-2]는 전통적인 거래와 전자상거래의 운송패턴의 차이를 나타낸다.

3. 운송수단

글로벌 물류에 있어 운송은 매우 중요한 부분이다. 따라서 기업의 물류시스템에 맞는 운송(inbound, outbound)시스템의 구축이 필요하다. 특히 운송산업에 대해 정부가 경제적 통제를 해온 것이 자유화되면서 민간 참여가 늘어 경쟁적인 산업으로 변모해왔다. 그 결과 물류시스템의 운송담당자들은 더 나은 서비스와 더 낮은 비용 기회를 포착할 수 있게 되었다.

운송수단은 크게 도로, 철도, 항공, 해상 및 수상운송으로 나누어질 수 있으며, 각각은 경제적 특성과 서비스 특성을 지니고 있다. 도로 트럭운송은 운송의 완결성이 뛰어나 문전수송이 가능한 운송방식이며, 해상운송방식은 낮은 운임의 장점으로 장거리 원양운송에 적합하며, 항공운송은 비싼 운임에도 불구하고 매우 빠른 속도의 장점을 갖고 있다. 철도운송은 해상운송까지는 아니지만 낮은 운임으로 장거리 운송에 적합하다. 운송담당자는 각 운송수단이 갖고 있는 운송수단의 특성을 감안하여 선택하여야 한다. 운송수단의 특성을 나누어 보면 다음 다섯 가지로 나누어 볼 수 있다. 즉 운송업자가 운송하기 위해 드는 비용, 집화에서 배송까지 경과된 운송 시간, 운송의 일관성 등 신뢰성, 다양한 유형의 제품을 운송할 수 있는 능력, 한 번에 운송할 수 있는 양인 수송능력, 다양한 고객에 제품을

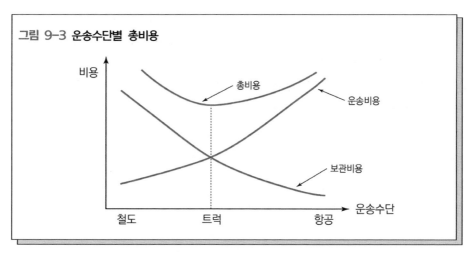

그림 9-3 운송수단별 총비용

자료: TSENG, Yung-yu and YUE, Wen Long, op. cit., 2005.

운송할 수 있는 유연성이다.[2]

　　운송수단 선택시 고려 요인 또는 수송수단 선택을 결정하는 요인은 여러 가지로 분류할 수 있으나 실제로 수송수단 선택을 결정하는 주요 변수는 시간과 비용이라 할 수 있다. 제품의 특성 또는 가치에 따라 수송비용에 대한 부담 능력이 달라지며, 기업의 물류전략 또는 시장 상황에 따라 수송시간의 조절이 이루어지고 이에 따라 수송수단이 선택되므로 수송비용과 수송시간은 수송수단을 선택할 때 고려되는 가장 중요한 변수라 할 수 있다.

　　운송수단별 운송비와 재고 보관비가 다르고, 서로 상충관계에 있기 때문에 운송비가 낮은 수송수단은 필히 재고비용을 많이 발생시키게 되기 때문에 총 물류비로 운송수단을 선정해야 할 것이다. 총 물류비는 화물의 선적지로부터 도착지까지의 총 물류비용을 계산한다. 비용 결정요소는 화물선적 크기인데 선적 크기는 수송비와 재고유지비와의 상충관계에 근거하여 정해진다. 재고유지비에는 재고로 묶여 있는 자본금의 기회비용, 재고서비스 및 취급비, 창고비, 기타 리스크 관련 비용 등이 포함된다. 따라서 총 물류비에 의해 글로벌 운송수단을 선택할 경우 고려해야 할 요소로는 운임, 운송경로상의 재고유지비용, 물

---

2 Paul R. Murphy, Jr., Donald F. Wood, op. cit., 2008, p. 137.

표 9-1 운송수단별 장단점 비교

	장 점	단 점	신속성	기동성	안전성	경제성
철 도	‣ 대량효율운송 ‣ 정시성 ‣ 저공해, 에너지절약	‣ 공간의 제약 ‣ 최종운송수단과의 연계에 의한 시간, 비용의 손실이 큼 ‣ 긴급운송의 어려움	중	저	중	고
자동차	‣ door to door 일관수송 ‣ 소량 다빈도 운송 ‣ 운송용 포장이 간단	‣ 대량운송에 부적합 ‣ 교통사고, 공해가 많음	고	고	고	중
선 박	‣ 대량 저빈도 운송 ‣ 중량품, 거대화물운송	‣ 날씨의 영향을 받음 ‣ 항만관계, 높은 하역비 ‣ 운송속도가 느림	저	저	저	고
항공기	‣ 아주 빠른 운송 ‣ 화물손상이 적고 포장도 간단	‣ 높은 운임 ‣ 중량제한 ‣ 공항주변의 이용으로 제한됨	고	중	고	저

자료: 國領英雄, 現代物流槪論, 成山堂書店, 2003, p. 27.

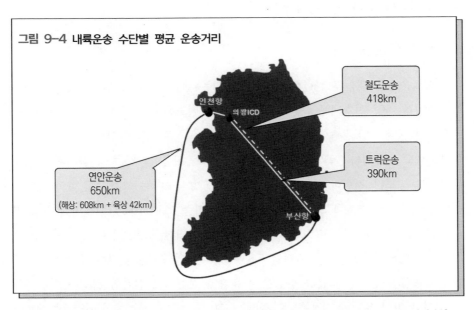

그림 9-4 내륙운송 수단별 평균 운송거리

철도운송
418km

트럭운송
390km

연안운송
650km
(해상: 608km + 육상 42km)

인천항

의왕ICD

부산항

자료: 내륙운송사 인터뷰 결과[2009. 5. 22. SCM & Logistics(soungwoo@klnews.co.kr 재인용)].

류센터에서의 안전재고 비용, 운송경로상의 재고유지분에 상당하는 제품생산을 위해 소요되는 투자비용, 보험료, 기타 비용 등이 있다.

우리나라의 운송수단별 수송분담률은 톤 킬로미터 기준으로 2005년 기준으로 도로 74.2%, 철도 7.1%, 해운 18.7%, 항공 0.1% 수준이었으나, 10년 뒤인 2015년 기준으로 보면 도로는 76.2%로 운송점유율이 크게 오른 반면, 철도운송은 5.5%로 크게 하락하였고, 해상운송과 항공운송은 각각 18.3%, 0.1%로 큰 변화가 없었다. 이용편리성이 높은 도로중심의 화물수송체계가 고착화되고 있으며, 철도를 이용한 화물수송은 점차 줄어들고 있음을 알 수 있다.

수출입 화물의 내륙운송 수단은 도로, 철도, 연안 세 가지로 구분되며 각각의 운송거리는 도로의 경우 390km, 철도운송 418km, 연안운송 650km 순으로 나타났다.

보통은 이들 운송수단을 연계하는 국제 복합운송을 수행한다. 한국에서 스위스로 TV를 컨테이너에 실어 운송할 경우 한국 내에서 항만까지 트럭운송에 이어 선박에 의한 해상운송, 그리고 유럽 항만에서 내륙까지 철도운송 또는 트럭운송을 하는 복합운송이 이루어져야 한다.

1) 도로운송

도로운송은 운송의 완결성과 유연성이라는 편리함으로 문전수송을 수요하는 화주들에게 가장 선호되는 운송방식이다. 보통 철도운송에 비해 소량 고가화물을 운송하게 된다. 항공운송이나, 철도운송, 그리고 해상운송을 완성하는 부수적 운송수단으로도 사용된다. 그러나 고속도로 등 도로를 이용한 자동차 운송서비스 비용은 항공운송보다 저렴하기는 하지만 여타 운송방식보다는 고가인 경향이 있다.

우리나라의 경우 도로 총연장은 2017년 기준으로 110,091킬로미터이며, 이중 고속도로 연장은 4,717킬로미터에 이른다. 이러한 도로연장은 일본의 120만 7,867킬로미터의 10%, 미국 654만 5,839킬로미터의 2%에 불과한 수준이다.[3]

서유럽의 경우 트럭운송 산업은 자유화의 진전으로 심각한 경쟁이 이루어지고 있어 운임이 유일한 경쟁수단이 되고 있고, 고속도로 시스템이 가장 잘 갖추어

---

3 국토교통부, 국토교통통계누리, 2018. 7.

져 있다. 1970년에서 1995년까지 트럭 운송량은 150% 이상 증가하여 철도운송의 동기간 25% 증가를 압도하고 있다. 이 결과 2003년 기준으로 EU의 총 화물 운송량 중 트럭운송의 차지 비중이 톤킬로 기준으로 72%를 차지하고 있다. 특히 이러한 트럭운송 편중현상이 더욱 심화되고 있어 공해, 소음, 추가적인 도로건설 등의 부작용이 발생되고 있다. 이에 EU에서는 교통정책의 우선순위가 운송수단 다변화 정책으로 내륙수로운송, 연안운송, 철도운송으로의 이전을 유도하고 있다.

미국의 경우는 1956년 아이젠하워 대통령이 유류세를 걷어 조성한 연방정부 예산으로 미국 내 주간(interstate)고속도로 시스템을 구축하기 시작하여, 총 1,200억 달러를 투입하여 총 74,000킬로미터를 구축하였다. 1950년에 트럭 운송량이 8억 톤이었으나 2001년에는 41억 톤으로 5배 이상 증가하였다. 이에 비해 동기간 중 철도화물은 14억 톤에서 21억 톤으로 1.4배 증가에 그쳤다. 그러나 톤킬로를 기준으로 하면 2001년 기준으로 철도운송 비중은 41.7%로 트럭운송 비중 27.8%에 비해 높은 상태이다. 미국도 규제완화 이후 트럭운송업체가 크게 늘어 2001년 기준으로 58만개 이상의 다수 사업자간 경쟁이 심한 산업이다. 다만 복수화물운송업(less-than truckload: LTL)의 경우는 대형화되어 있어 상위 몇 개의 업체 간 과점형태를 띠고 있다.

중국의 경우는 1989년까지도 고속도로는 불과 270킬로미터에 불과하였다. 그러나 2003년까지 약 15년간 중국정부는 420억 달러를 투입해, 총연장 30,000여 킬로미터의 고속도로를 건설하였다. 이 기간 중 중국의 도로건설에 소요된 시멘트 양은 세계 도로건설 시멘트의 40%에 해당되는 양이다. 중국은 2010년 기준으로 고속도로 총연장이 7만 4,100킬로미터에 달해 세계 2위를 차지하고 있다.

2) 철도운송

철도운송은 대량화물을 장거리로 운송할 때 비용 절감적이면서 에너지 절약형 운송방식이다. 보통 철도운송은 석탄, 화학제품, 농산물과 같이 저가의 대량화물을 운송하지만 복합운송을 하는 많은 부분의 컨테이너 운송을 담당하고 있다. 철도 운송산업은 트럭운송과 경쟁 상태에 있지만, 철도운송과 트럭운송이 복합운송으로 보완적 관계를 갖기도 한다.

철도는 보통 정부의 소유로 대부분의 국가에서 국영 또는 공영으로 운영되고 있다. 이에 따라 국가 간 철도 이동시 즉 국경통과 시 다른 나라 철도로 이송해야 하는 물류상 문제점이 발생하기도 한다. 예를 들어 스페인과 프랑스는 국가 철도 규격이 다르기 때문에 상대국 화차에 화물을 옮겨 실어야만 한다.

미국의 경우는 1869년에 대륙횡단 철도가 완공되면서 1850년대부터 1950년대까지 미국의 운송시스템을 주도해 왔다. 1950년대 이후 서비스와 비용 면에서 우월한 트럭운송이 등장하면서 운송에서의 위치나 중요도가 감소되었다. 그러나 컨테이너 운송에서 미국대륙을 횡단하는 이단적열차(Double Stack Train: DST)로 파나마운하 통과가 제약되는 대형선의 화물운송을 수행하고 있다.

중국의 경우 철도운송에서의 가장 큰 문제점은 경제성장과 물동량 증가를 받쳐 줄 수 있는 철도용량이 크게 부족하다는 점이다. 2002년 기준으로 세계 철도 총연장은 120만 킬로미터이며, 이중 중국의 철도 연장은 6%인 72,000킬로미터에 불과했다. 그러나 중국의 톤킬로 기준 철도 운송량은 2조 톤킬로로 세계전체의 철도 운송량 8.5조톤 킬로의 24%나 차지하고 있었다. 이러한 불균형을 해소하기 위해 중국은 2003년에 총 2,500억 달러를 투자하여 2008년부터 2020년까지 총 12만 킬로미터의 고속철도를 건설[4]하는 세계 최대 고속 철도개발 프로그램을 수립하고 이행 중에 있다.[5] 2011년 기준 고속철도는 13,000킬로미터에 이르고 있다.

중국 철도를 관리하는 국유기업인 중국철로총공사(中国铁路总公司)에 따르면, 2020년까지 중국 전역의 철송 운송량을 2017년 대비 30% 이상 늘린 47억 9,000만 톤까지 늘릴 계획이며, 이 중 벌크화물의 비율이 90% 이상을 차지하고 있다.[6] 중국 철도 수송에서 벌크화물이 이렇게 많은 비중을 차지하는 이유는 중국의 자원이 대륙 전역에 고루 분포되어 있지 않기 때문이다. 석탄의 경우 네이멍구(内蒙

---

4 이는 75,000마일에 해당되며, 당시 전세계 고속철도 총연장을 상회하는 규모로, 1950년대 미국 아이젠하워 대통령의 연방고속도로 건설사업인 'Interstate Highway System' 건설사업 이후 가장 규모가 큰 공공인프라 사업임.

5 Peishen Wanf, Ning Yang and Juan D. Quintero, China The environmental challenge of railway development, China Transport Topics, No. 06, World Bank Office Beijing, June 2012.

6 중국철로총공사(中国铁路总公司), 2018~2020년 화물운송 증량 행동 방안(2018－2020年货运增量行动方案)

古), 산시(山西), 섬서(陝西) 등 내륙 지방에 위치해 있어, 이를 친황다오(秦皇島), 톈진(天津) 등의 항만으로 운송한 뒤, 다시 해운을 통해 남쪽 연안의 항만으로 운송하고, 석탄이 필요한 발전소나 기업이 있는 곳으로 다시 이동하는 물류 프로세스를 거치기 때문이다. 철송은 한 번에 실을 수 있는 벌크화물의 양이 많고, 환경오염 정도가 적고, 정시성이 비교적 높다는 점에서 다른 교통수단에 비해 큰 장점을 가지고 있다.

한편 우리나라의 철도수송은 2001년에 10.6%, 2010년에 5%대를 차지했으나, 2011년 이후 분담률이 2%대로 크게 준 이후 2016년에는 1.6%까지 하락했다.[7]

국내 내륙운송의 중추적인 역할을 담당해 오던 철도가 그 역할이 감소하게 된 원인은 철도건설의 부족과 도로건설의 급격한 증대를 들 수 있다. 도로에 대한 투자증대에 따라 트럭의 운송단가 감소, 운행시간 단축, 정시성 확보 등이 가능해짐에 따라 상대적으로 철도의 운임과 시간측면의 경쟁력 저하를 초래하고 있다. 또한 산업단지나 항만 등 일부 대규모 화물발생지에 야적장이나 하역장비가 부족할 뿐만 아니라 철도 인입선이 없는 경우도 많아 철도 화물 운송물량의 증대에 한계가 있다.

물론 우리나라 철도운송의 점유율이 낮아지는 근본적인 원인은 수송거리가 짧은 데 비해, 트럭과 철도의 복합운송은 장거리에 대한 많은 양을 이동하는 데 적격이기 때문이다. EU의 경우도 대다수의 운송이 상대적으로 짧은 거리를 이동하는 작은 양을 가지는 경향이 있어 많은 인센티브를 제공하지만 철도로 컨테이너 수송을 이전시키려는 노력이 성공을 거두지 못하고 있다.[8] 따라서 우리나라의 철도화물운송이 활성화되려면 남북종단철도(Trans-Korean Railway: TKR)가 연결되고 이것이 중국 동북 3성, 그리고 중앙아시아 등과 연결되어야 할 것이다.

---

7 국토교통부, 국토교통통계누리, 2018. 7.

8 Fredrik Barthel, Johan Woxenius, "Developing Intermodal Transport for Small flows over Short Distances," Transport Planning & Technology, Vol. 27, No. 5, 2004, pp. 403-424.

사례 9-1 **스위스 고트하르트 터널, 유럽 철도의 새로운 도전**

친환경 정책을 적극적으로 도입하고 있는 유럽에서 철도 운송으로의 운송 모드 전환은 지속 가능한 물류 체계를 구축하는 중요한 전략으로 부상하고 있다. 철도 운송은 비용 절감, 대량 운송, 온실가스 배출 감소 측면에서 기존 도로 운송에 비해 많은 장점을 가지고 있어 철도 운송을 기존 운송 방식의 대안으로 활용하는 정책 및 투자가 최근 활발하게 검토되고 있다.

● 철도 운송으로의 전환: 도전 과제

철도 운송으로의 전환에는 몇 가지 도전 과제가 있다. 첫째, 철도 운송은 도로 운송에 비해 시간 효율성에서 불리할 수 있다. 철도 운송은 고정된 노선과 시간표에 따라 운행되므로 유연 성이 떨어지며, 특히 수요 지역에서 최종 목적지까지의 운송이 필요한 경우 중간 환승 시간이 추가로 소요될 수 있어 이에 대한 대응방안 마련이 필요하다. 둘째, 철도 인프라의 확충과 유 지에는 막대한 초기 투자가 필요하다. 도로에 비해 철도는 초기 건설 비용이 높고, 국가 간 연 결성을 강화하기 위해서는 국제적인 협력이 필수적이다.

● 고트하르트 터널 프로젝트 Gotthard Tunnel Project

이러한 한계에도 불구하고 유럽과 같이 여러 국가가 경제적으로 통합되어 연결된 지역에서 철도운송은 매우 매력적인 운송수단이 된다. 고트하르트 터널 프로젝트는 유럽에서 가장 중요 한 철도 인프라 프로젝트 중 하나로, 스위스 알프스를 관통하는 철도 터널이다. 이 프로젝트는 고트하르트 베이스 터널(Gotthard Base Tunnel)로 불리며, 철도 운송의 효율성을 극대화하고 유럽 내 화물 및 여객 운송의 병목 현상을 해소하는 데 중점을 두고 있다. 이 터널은 총 길이 57.1km로, 세계에서 가장 긴 철도 터널로 알려져 있으며, 120억 스위스 프랑 (약 14조원)의 투자를 통해 17년간의 공사 끝에 2016년 6월 개통되었다. 고트하르트 베이스 터널은 취리히 에서 밀라노까지의 철도 이동 시간을 약 2시간 40분으로 단축시켰으며, 이는 기존 경로보다 약 1시간 정도 빠른 이동 시간을 보장한다. 더 긴 화물열차와 더 많은 승객을 수용할 수 있도 록 열차 운송 시스템을 개선하였으며, 터널을 통한 더 빠르고 효율적인 물류 운송은 유럽 경제 전반에 긍정적인 영향을 미쳐 스위스를 주요 유럽 물류 허브로 자리매김하게 하는데 기여한 것으로 평가받는다. 스위스 정부는 철도 인프라에 대한 지속적인 투자와 환경 보호 정책을 통 해 고트하르트 베이스 터널 프로젝트를 지원했으며, 유럽연합(EU)과의 협력도 중요한 역할을 했다.

출처: McKinsey (2022), Bold moves to boost European rail freight

3) 항공운송

항공운송은 제1차 세계대전 때 취항한 미국 우편국(U.S. Post Office)의 항공우편서비스에서 비롯되었으며 실제로 여객 항공운송은 항공우편서비스의 부차적인 서비스로 시작되었다.

항공운송은 가장 빠르고 정시에 화물을 받을 수 있는 특급 서비스의 운송방식이다. 오늘날의 제트 여객기는 한 시간에 800에서 950킬로미터를 운항할 수 있는 능력을 가지고 있고 속도는 다른 어떤 운송수단보다 훨씬 더 빠르다. 실제로 항공은 일반적으로 1,000킬로미터를 넘기는 배송을 위한 가장 빠른 운송 방법이다.

2015년 기준으로 세계 항공화물운송은 5,220만 톤으로 교역액으로 보면 5조 6천억 달러에 이른다. 비록 항공운송으로 수송된 양으로 보면 전체의 1%에 불과하지만, 교역액으로 보면 전세계 교역액의 35%가 항공운송으로 수송된 것이다.[9] 항공화물운송은 글로벌 물류에서 빠른 리드타임 환경이 강조되는 상황에서 향후에도 성장세가 지속될 것으로 보인다.

항공수송은 수송비가 높으나 이를 재고비의 절감으로 보충함으로써 총 물류비를 낮추게 된다. 즉, 국제물류서비스에서 항공 서비스 이용을 기본으로 할 경우 운임부담률은 상승하나 이를 상회하는 재고비의 절감으로 총비용을 낮춤으로써 항공 수송을 기본으로 하는 물류 서비스 수요를 유발시킨다.

항공으로 수송되는 주요 제품으로는 소량화물, 부패성화물, 제품의 민감도가 높은 화물, 긴급화물 등이 있다. 이와 같이 항공수송 제품은 경량으로 부가가치가 높은 화물과 시간가치가 높은 화물이 많다. 항공운송은 속도가 빠르고, 화물의 손상이나 도난이 적고, 리드 타임이 단축되고, 재고 유지비가 낮은 장점이 있다. 또한 항공수송의 이용은 포장비, 보험료, 창고비 등의 비용을 줄일 수 있으며, 통관 후 트럭으로의 신속한 연계 수송이 가능하다.

그러나 항공운송은 고가의 운송 형태이기 때문에 많은 기업들이 항공운송료를 지불할 수 없어 이용하지 못하는 경우가 있다. 또한 대부분의 운송업체들과 수취업체들이 공항과 가까운 곳에 위치하지 않고 있기 때문에, 공항에서 운송업체,

---

9 Value of Air Cargo: Air Transport and Global Value Chains, IATA, 2016. 12.

혹은 수취업체까지의 추가운송시간 및 비용이 발생하는 단점이 있다.

민간항공수송이 여객을 중심으로 발전하면서, 화물의 경우는 여객기의 화물칸을 이용하여, 긴급한 의료/약품, 보도용 물품, 귀중품 등이 수송되는 것이 전부였다. 그러나 대형 점보제트기가 취항한 이래로 고속성, 대량성에 더해서 운임이 저렴해졌다. 대형기를 도입한 항공 기업은 화물의 유닛화, 업무의 전산화도 도입하고, 항공화물설비의 자동화, 화물취급의 신속성/능률성을 추진해왔다. 그 결과 항공이용화물의 범위가 넓어졌고, 화물의 항공화율도 높아지고, 항공화물수송이 급성장하게 되었다.

항공화물의 성장요인은 공급의 측면에만 있었던 것은 아니고, 수요의 측면에서도, 차츰 물류의 총 비용개념이 침투하기 시작하고, 혹은 생산의 국제 분업과 그에 따른 로지스틱 활동의 글로벌화가 신속한 항공수송에 대한 수요를 높이게 되었다. 즉 시간을 맞추어 운송해야 하는 기회비용이 있는 긴급수송화물 등은 항공으로 운송되고 있다.

항공화물의 수송력은 항공기의 대형화에 따라 비약적으로 증가했다. 항공화물은 해상운송 컨테이너처럼 항공화물수송기기(unit load devices: ULDs)로 불리는 전용기에 의해 수송된다. 기존에는 항공화물이 여객기의 복부에 위치한 하부화물실(belly compartment)을 사용하였다. B747−400의 경우 하부화물실에 35톤의 화물 탑재용량을 갖추고 있어, 이 중 절반을 탑승객의 체크인 수화물을 사용하더라도 17~18톤의 화물을 탑재할 수 있다.

하지만 최근에는 화물수요의 증대에 따라 화물전용기(cargo freighter)가 등장하게 되었다. 특히 항공화물 전용기(freighter)와 FedEx나 UPS 같은 항공화물운송 전용사는 주로 미국, 유럽 내에서 이루어지고 있으며, 극동과 유럽, 극동과 북미 간의 항공화물은 아직 많은 부분이 여객기의 화물창으로 수송되는 비중이 높다. 화물전용기에 비해 운행편수가 압도적으로 많은 여객기의 화물운송능력이 많은 노선에서 화물전용기의 수송력을 상회하고 있기 때문이다.

그 외에도, 객실의 절반을 화물실로 이용하여, 수요상황에 맞추어 공간 할당을 조절할 수 있는 화물여객 혼용기(combi, semi−freighter)도 이용되고 있다.

동아시아 경제권의 경우 생산부문과 소비부문의 두 측면에 있어 상호의존성이 심화되는 경향이 있다. 이에 따라 동아시아에서도 네트워크의 효율성을 최대한으로 살리는 기업 간 경쟁이 강화되어 왔다. 즉 글로벌 SCM을 지탱할 물류시스템 구축에 대한 요구가 더욱 커지고 있는 것이다. 그런 의미로 동아시아에서 항공화물운송의 발전과 항공 네트워크의 형성은 매우 주요한 변화가 이루어지고 있는 분야이다. 동아시아지역에서는 1998년 홍콩의 첵랍콕 공항, 말레이시아의 쿠알라룸푸르 공항, 1999년에는 대만의 타이페이(장개석) 공항(제 2 기), 중국의 상하이(푸둥)공항, 2001년 우리나라 인천공항, 2004년에는 중국의 광저우(신바이윈) 공항 등이 확장, 신설되었고, 여기에 지역 거점공항의 정비와 항공네트워크의 형성을 둘러싼 경쟁이 전개되고 있다.

특히 중국은 공항 건설을 크게 늘리고 있어 2010년말 기준으로 175개였던 공항이 2017년 말에는 228개까지 늘어났다.[10] 또한 중국민항국의 조사에 따르면, 2017년 말 기준 중국 내 항공화물운송업체는 총 143대의 항공화물기를 보유하고 있으며, 이 중 중국 1위 민영택배업체 슌펑(順丰)이 가장 많은 화물항공기(41대)를 보유하고 있다.

항공화물의 특징은 항공회사 자신이 거의 집하를 하지 않고, 대리점이나 항공포워더(Air Freight Forwarder)에게 집하를 맡기고 있다. 이것은 항공회사의 운영 노선이 길어지고 기항지가 늘어나면서 경영이 복잡해짐에 따라 자신이 집하하는 것보다는 대리점이나 포워더에 맡기는 편이 유리하기 때문이다.

대부분의 항공화물운송업체는 기본적으로 계약운송업자(Contract Carrier)인 경우가 많으며, 직접 화주에게 영업을 하거나 도어 투 도어(Door-to-door) 서비스 제공 능력이 부족하기 때문에 대부분 가격 경쟁력을 무기로 경쟁하는 경향이 있다. 따라서 포워더나 화물운송 대리업자가 규모의 경제를 통해 많은 물량을 내세우며 요구하는 가격 인하 요구를 받게 된다.

따라서 항공물류에서는 포워더가 많이 등장하게 된다. 포워더는 항공대리점을 겸업하는 경우가 많고, 대리점으로서 집하하는 경우도 있고, 그리고 혼재업자(consolidator)로서 다수의 화주로부터 각각 운송을 담당한 소량 화물을 큰 로트로 모아서 자신이 화주가 되어 항공회사에 운송을 의뢰하는 경우가 많다.

---

10 첸쟌산업연구원(前瞻产业研究院), 2018~2023년 중국 항공물류업계 발전 전망과 투자 예측 분석 보고서(2018－2023年中国航空物流行业发展前景与投资预测分析报告).

2017년 기준 전세계 항공화물 포워더 상위 25개사가 총 1,600만톤의 화물을 처리하였다. 그 중 1위는 DHL사로 224.8만톤을 처리하였고, 2위인 Kuehne & Nagel사가 157만톤, 그리고 DB Schenker사가 130만톤으로 3위를 차지하였다.[11]

사례 9-2 팬데믹을 극복하는데 기여한 항공운송 산업

팬데믹 기간 동안 항공화물운송은 백신의 글로벌 유통에 중요한 역할을 하였다. 국제항공운송협회(IATA에 따르면, 백신의 안전하고 효율적인 국제 운송을 보장하기 위해 항공운송은 가장 중요한 역할을 한 것으로 평가된다. 여기에는 백신의 무결성을 유지하기 위해 온도 조절 환경을 유지하는 것과 신속한 글로벌 백신 유통이 포함된다.

코로나19 팬데믹 동안 전 세계적으로 여객 항공편이 크게 감소하면서 전통적으로 여객 항공기에 실리는 화물 운송 능력도 감소했다. 항공운송은 화물전용기와 여객기 내 빈 공간을 활용한 운송이 포함되는데, 여객 항공편이 감소하며 항공화물 운송 가능 용량이 제약된 것이다. 백신, 개인 보호 장비(PPE), 기타 의료 장비 등을 운송할 수 있도록 항공사들은 여객기를 화물 전용으로 신속하게 전환하였으며, 이러한 전환은 팬데믹 기간 동안 글로벌 공급망을 유지하는 데 중요한 역할을 했다. 특히, 백신 운송은 신속한 항공운송의 강점을 살린 사례라고 할 수 있다.

WHO, UNICEF, Gavi와 같은 국제 조직들이 협력하여 만들어진 COVAX Facility와 같은 글로벌 이니셔티브도 백신을 참가국에 전달하는 데 항공 운송에 크게 의존했으며, 백신이 적절한 조건에서 보관되고 신속하게 운송되도록 온도 조절 시설, 전문 장비, 민감한 의약품을 처리할 수 있는 인력을 훈련하는데 노력하였다. IATA의 제약 물류 독립 검증 센터(CEIV Pharma) 프로그램은 백신 운송에 참여하는 회사들이 필요한 표준과 요건을 충족하도록 지원하였다.

팬데믹 기간 동안 신속한 국제 화물 운송에 대한 수요가 증가하며, 항공화물 운송 산업은 급격히 성장하였다. 국제항공운송협회(IATA)에 따르면, 2020년과 2021년 동안 항공화물 운송량은 매우 큰 폭으로 증가하여 2021년에는 전체 항공화물 운송량이 전년 대비 18.7% 증가하여 IATA가 1990년부터 기록을 시작한 이래 두 번째로 높은 연간 성장률을 기록하였다. 팬데믹 이후 미래에도 항공화물 운송은 글로벌 경제 회복과 공급망 안정에 중요한 역할을 할 것으로 예상된다.

---

11 www.aircargonews.net 2018. 6. 5.

4) 해상운송 및 컨테이너화

일반적으로 국경을 넘는 화물운송의 약 60%가 해상운송에 의해 이동된다고 한다. 해상운송(ocean transport)은 원양해운과 연안해운으로 나눌 수 있고 수상운송(water transport)은 강을 이용한 내륙수로운송, 호수운송, 그리고 운하운송이 있을 수 있다. 원양해운은 극동에서 북미로 가는 태평양항로나 극동에서 유럽으로 가는 구주항로, 그리고 북미에서 동남아시아간의 아시아 역내항로, 북미와 유럽간의 대서양항로 등 장거리 해상운송을 의미한다. 연안해운(coastal shipping)은 한 국가 내의 비교적 단거리 연안운송을 의미한다.

해상수송은 가장 경제적인 수송 방법으로서 신속성을 요하지 않는 대량화물의 장거리 수송에 적합하다. 이는 수송비가 저렴하고 적재율이 높아 규모의 경제를 달성할 수 있기 때문이다. 그러나 해상수송은 항공수송에 비해 수송시간이 많이 걸리고, 장기간 수송으로 인해 화물의 손실 가능성이 높으며, 파업이나 적체에 의해 화물의 수송이 지연되는 단점이 있다.

해상운송은 원자재의 대량운송을 하는 벌크선 운송과 완제품을 컨테이너에 실어 운송하는 컨테이너선 운송으로 나누어진다. 특히 물류에서 컨테이너 해상운송이 차지하는 중요성이 커지고 있다. 컨테이너 운송이 가져온 가장 큰 혁신은 해상운송에서 많은 시간을 차지하던 양하와 적하시간을 대폭 단축시켰다는 점이다. 4만톤 기준 선박에서 재래선의 경우 양하와 적하에 소요되는 시간은 총 24,000인시간(man-hour)이었는 데 비해 컨테이너화가 된 이후 같은 규모의 선박에서 양적하에 소요되는 시간은 750인시간에 불과하다. 컨테이너는 바퀴 없는 트레일러 모양의 철재 박스용기이다. 컨테이너는 국제 표준 규격으로 20피트 컨테이너 (TEU: twenty-foot eqivalent units)와 40피트 컨테이너(FEU: forty-foot eqivalent units)로 나누어지며 각각의 길이는 6미터(20피트), 12미터(40피트)이고, 내부높이 2.36미터와 폭은 2.34미터로 동일하다. 보통 컨테이너 화물량이나 컨테이너 선박 크기를 나타낼 때 20피트 컨테이너를 나타내는 TEU를 기준으로 한다.

현재 전 세계에 운항되는 화물선은 총 4만여 척에 이른다. 선박은 30년 동안 운항할 수 있도록 설계, 건조되었다. 따라서 이론적으로 연간 총선박의 3.3%씩 선박이 대체되어야 한다. 그러나 실제는 선박운항이 30년을 넘기는 경우가 많아 매년 평균 2% 내외의 선박이 대체되고 있다. 또한 세계 교역량 증가에 맞추기 위해 세계 화물선대 선박량은 매년 2.8%씩 증가해야 한다. 실제로는 선박의 대형화가 진행되면서 척수 기준으로 연간 2% 정도의 선박이 증가하고 있다. 이에 따라 매년 4만 척의 4%, 즉 1,600여척의 선박이 신규로 건조되고 있다.[12]

우리나라의 해운산업은 국내 수출입의 98%를 담당하고 있다. 사실상 우리나라 국제운송의 대부분을 차지하고 있다. 2017년 기준 우리나라 상선대 보유 선박량은 1,282척 7,009만 중량톤[13]으로 세계 7위를 기록하였다.[14] 선박법에 의해 등록한 국내 등록 선박은 2017년말 기준으로 총 9,079척이며, 이 중 여객선은 326척 화물선은 691척 유조선은 757척 등이다.[15]

5) 내륙수로운송

내륙수로운송(inland waterway)은 보통 석탄이나 곡물 등과 같은 저가의 대량 화물을 운송한다. 그러나 독일 같은 경우는 광범위한 수로 네트워크를 이용해서 벌크화물은 물론 컨테이너 화물, 자동차 등 다양한 화물을 운송하고 있다. 내륙수로운송은 보통 철도운송과 경쟁관계에 있게 된다. 철도보다는 운송시간이 더 소요되지만 운임이 철도보다 낮아 제일 저렴한 운송수단이라는 장점이 있다. 미국 수로운송의 경우 시간당 평균 10킬로미터 이하의 느린 속도로 운항하고 있다. 상류 쪽으로 갈 때에는 물살 때문에 하류로 움직이는 것보다 더 느리다.

유럽의 경우 내륙수로운송은 도로운송편중을 완화시키기 위한 대체 운송수단으로 정책적 육성의 대상이 되고 있다. 즉 도로운송을 하던 화물을 내륙수로운송으로 전환할 경우 보조금을 지급하고 있다.

---

12 Dictionary Picture, http://networkedblogs.com/C3YVI

13 중량톤(deadweight tonnage: DWT). 선박이 적재할 수 있는 무게의 한도를 나타냄으로써 선박의 크기를 정하는 것이다. 선박이 화물·연료를 가득 실었을 때의 무게에서 자중(自重)을 빼서 그 적재중량을 측정.

14 IHS Fairplay, World Fleet Statistics 2017(KMI, 2018해운통계 요람에서 전재).

15 해양수산부.

사례 9-3 국내 최초 내륙수로 경인 아라뱃길

2012년 5월 25일, 서해에서 한강까지 18킬로미터에 이르는 국내 최초 내륙수로인 경인 아라뱃길이 공식 개통되었다. 경인운하 건설사업이 민자 대상사업으로 시작된 이후 27년 만에 경인운하라 불리었던 경인 아라뱃길이 드디어 개통되었다.

1987년 굴포천 유역의 대홍수를 계기로 굴포천의 홍수량을 서해로 배수하는 방수로 사업이 기반이 된 경인운하 건설사업은 서해와 서울을 해운으로 직접 연결, 물류 수송비용을 줄이고 내륙교통난을 완화할 목적으로 추진된 국책사업이다. 주운수로는 운하 18km(폭 80m, 수심 6.3m)이며 이 중 14.2km는 홍수시 방수로로 사용한다. 터미널은 인천에 245만㎡, 갑문 2기, 김포에 170만㎡, 갑문 1기로 구성되며, 이중 물류단지는 인천에 116만㎡, 김포에 87만㎡ 규모로 건설되었다.

2011년 10월, 시범운영을 개시하였다. 2011년 12월에는 대한통운이 경인항 김포터미널 일반부두에 제주-김포 터미널간 다목적선 화물선을 처음으로 취항하였고, 2012년 5월에는 인천-중국 청도 간에 취항 중인 한진해운 한서호(215TEU급)가 첫 외항선으로 경인 아라뱃길 수로를 따라 내륙터미널인 김포터미널에 기항했다. 우리나라에서 첫 내륙수로(inland waterway)가 열린 것이다. 한반도 대운하, 그리고 4대강 사업으로 국민적 정서가 내륙수로 운송에 대해 큰 거부감을 심어 준 것이 사실이나, 내륙수로 자체는 도로운송을 대체할 또 하나의 운송수단임은 틀림이 없다.

경인항 인천터미널은 경인 아라뱃길의 외항으로 중국, 일본 등 외국으로부터, 그리고 부산 등 국내 연안항으로부터 선박이 도착하게 된다. 이들 선박이 인천터미널에 기항하는 이유는 서울이라는 동북아 최대 소비도시에 근접한 항만이라는 장점 때문일 것이다. 그리고 김포터미널은 경인 아라뱃길을 통한 소형 선박의 컨테이너화물을 취급하게 된다. 인천터미널에 비해 물동량은 많지 않지만 서울에 가장 가까운 터미널이라는 장점으로 서울을 대상으로 하는 최종물류단지의 역할을 담당하는 항만이라는 장점을 지니고 있다.

이에 따라 인천터미널은 중국이나, 일본과 서울 및 수도권 화물의 수출, 수입항만의 기능을, 그리고 김포터미널은 부산, 인천항으로부터의 컨테이너 반입항만으로의, 그리고 일부 중국항만으로부터의 수입항만의 기능으로 특화될 수 있다. 이 두 터미널은 상호 보완적 성격을 지니고 있다. 김포터미널은 인천터미널의 내륙컨테이너기지(ICD)역할을 수행할 수 있는 것이고, 인천터미널은 김포터미널의 해상터미널 역할을 수행할 수 있다.

자료: 양창호칼럼, 한국해운신문, 2012. 5. 31

4. 복합운송

1) 복합일관운송

복합운송[16]이라는 용어는 1929년 항공운송에 관한 바르샤바(Warsaw) 조약 중 "복합운송에 관한 규정(Provisions Relating to Combined Transport)"에서 처음 사용되었다. 복합운송이란 특정화물을 육상, 해상, 항공 등 두 가지 이상의 다른 운송수단(two different mode of transport)을 이용하여 출발지에서 최종 목적지까지의 운송구간 중 화물을 옮겨 싣지 않고 일관운송(through transport)하는 것을 말한다.[17] 이러한 일관운송의 전 기간에 대해 책임을 지는 주체가 바로 복합운송인 (combined transport operator)이다.

컨테이너 운송은 원래 화주로부터 운송을 위탁받은 컨테이너 화물을 그대로 외국의 수화인에게 보내는 시스템인 도어 투 도어 운송시스템이다. 당초에는 항만에서 항만까지의 해상 컨테이너 운송에 머물렀지만, 문전운송이 전세계에 급속하게 퍼져감에 따라 복합일관운송이 대세를 차지하게 되었다. 한 운송인이 복수의 운송수단을 조합하여 일관된 책임과 운임으로 화물을 운송하는 복합 일관서비스로 발전한 것이다.

복합 운송은 재적재 또는 분배 없이 다른 유형의 운송수단으로부터 컨테이너 또는 다른 기기를 함께 사용할 수 있는 운송 형태로 정의될 수 있다. 즉 복합운송은 문전수송(door-to-door) 운송망에서 통합된 방식으로 적어도 2개 이상의 다른 운송수단을 이용하는 것이다. 복합운송을 촉진시키기 위해서는 항만(port), 공항(airport), 강 항만(river port), 내륙 드라이 포트(inland dry port)를 포함하는 운송 연결(link)과 접점(node)의 개발이 필수이다.[18]

일반적으로 국제교역에 있어서는 도로, 철도, 항공, 해운, 내륙수로 등 5가지

---

16 multimodal transport, international transport, combined transport 등으로 불림.

17 Mary C. Holcomb, "Beyond Containerization: The Broader Concept of Intermodalism," Transportation Journal, Vol. 35, No. 3, 1995, pp. 5−13.

18 Shinya Hanaoka, Madan B. Regmi, "Promoting intermodal freight transport through the development of dry ports in Asia: An environmental perspective," IATSS Research, 2011.

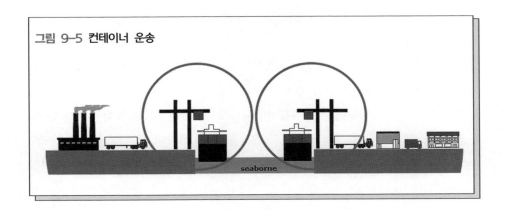

그림 9-5 컨테이너 운송

의 운송형태 중 두 가지 이상의 운송수단을 사용하게 된다. 단순히 두 가지 이상의 운송수단을 사용한 것에 의미가 있는 것이 아니라, 물류개념이 포함된 복합운송(intermodal transportation)이 중요한 것이다. 물류개념이 포함된 복합운송이라는 것은 화물의 출발지로부터 최종목적지까지 일관된 운송체제를 통해 가장 저렴한 비용으로 질 높은 서비스를 제공하는 것이다. 전형적인 국제복합운송은 집배, 선적항 인도, 선적, 해상운송, 양하, 통관, 철도운송, 내륙터미널 인도, 보관, 배송의 과정을 거치게 된다.

문제는 화물이 어떻게 한 수송수단에서 다른 수송수단으로 옮겨지는가에 달려 있다. 과거처럼 개별화물들을 사람의 힘으로 선박에서 철도나 트럭으로 옮겨 싣는다면 그 시간과 비용이 막대하게 소요될 것이다. 컨테이너(container)라는 용기가 개발되면서 두 가지 이상의 운송수단 간의 이적이 시스템으로 이루어질 수 있게 되었다. 컨테이너는 트럭 뒤에 샤시라 불리는 평평한 판에 컨테이너를 올려 고정시킨 다음 트럭운송을 하게 된다. 이 컨테이너는 크레인에 의해 들어 올려져 선박이나 화차에 옮겨 싣게 되거나, 장치장에 놓이게 된다.

컨테이너를 이용한 국제 복합운송이 화주에게 주는 큰 이점은 화물이 화주의 창고를 떠나기 전에 컨테이너에 넣어 봉인을 하게 되는데 여러 운송수단과 연결점을 거치는 장거리 운송이면서도 최종 목적지에 도착할 때까지 컨테이너가 개봉되지 않을 수 있다는 점이다.

트럭운송의 기동성과 철도가 갖는 대량운송의 이점을 결합하여 운송하는 철도복합운송방식에는 피기백(piggyback) 운송방식과 철도/도로 겸용 운송시스템(RoadRailer)이 있다.

피기백 운송방식은 화물열차의 대차위에 트레일러를 적재하는 TOFC (trailor on flat car)와 컨테이너만 직접 열차의 대차위에 적재하는 COFC (container on flat car)방식이 있다. 국제운송이 주류를 이루는 오늘날에는 COFC방식이 주류를 이루고 있다. 이 방식은 화물을 트럭으로 운송한 다음 나머지 장거리 운송을 철도에 의해 운송할 경우 활용하게 된다. 또한 COFC가 발전한 형태로 이단적열차(double stack train: DST) 운송방식이 있다. 이는 철도운송이 중장거리에서 트럭운송에 비해 우위를 차지하기 위해 한 화차에 컨테이너를 2단으로 적재하여 운송량을 2배로 증가시킨 혁신적 운송방식이다. 보통 한번에 5대의 기관차로 총 400TEU를 수송한다. 그리고 로드레일러(RoadRailer)사가 개발한 철도/도로 겸용운송방식은 철도차륜과 도로 주행용 타이어를 겸비한 차량을 이용하여 철도에서는 화차로, 도로에서는 트레일러로 사용하는 방식이다.

해상운송에서는 컨테이너를 전용으로 운송하는 컨테이너선(containership)이 개발되어 국제 복합운송에서 해상구간을 운송하게 된다. 컨테이너 전용선박의 개발은 곧 컨테이너를 트럭이나 철도로 운송한 다음 선박으로 이적하여 복합운송을 하기 위한 것이었다. 따라서 컨테이너를 해상으로 운송하기 시작한 해운회사들이 해륙 국제복합운송을 발전시킨 원동력이라 할 수 있다. 화물의 컨테이너화가 해상운송의 혁명을 가져왔을 뿐만 아니라 항만에서의 철도나 트럭과의 유기적 연계를 가능하게 하였기 때문이다.

또한 항공화물운송도 일정구간 트럭운송으로 보완되어야 운송을 완결할 수 있다. 공항이 보통 공장근처에 위치하고 있지 않기 때문이다. 따라서 항공－트럭 복합운송(truck-plane services)을 이용하게 된다.

2) 국제복합일관운송

국제복합일관운송 서비스는 실제 운송수단을 갖고 있는 해운회사나 항공회사에 의해서도 제공이 가능하지만, 1984년 미국 신해운법에 의해 무선박운송인(non-vessel operating common carrier: NVOCC)이 화주에 대해서는 운송인으로서,

표 9-2 국제복합일관수송 항로

항 로 명	항 로
극동/유럽 항로	
시베리아 랜드 브릿지(SLB)	극동-(선박)-보스트치니-(철도)-구소련국경-(철도/트럭/선박)-유럽/중동
아메리카 랜드 브릿지(ALB)	극동-(선박)-미국 서안-(철도)-미국 동안-(선박)-유럽
캐나다 랜드 브릿지(CLB)	극동-(선박)-밴쿠버/시애틀-(철도)-세인트존/몬트리올-(선박)-함부르크, 로테르담, 르하브르
북미서안 경유 Sea & Air	극동-(선박)-북미서안-(철도)-중남미-(항공/철도)-몬트리올-(항공)-유럽/중남미
러시아 경유 Sea & Air	극동-(선박)-보스트치니-(트레일러)-블라디보스톡-(항공)-모스크바-(항공)-유럽, 중동, 아프리카
동남아시아 경유 Sea & Air	극동-(선박)-홍콩, 방콕, 싱가포르-(항공)-유럽
유럽항로 경유 일관수송	극동-(선박)-유럽항만-(철도/트럭)-유럽 내륙 지역
극동/북미 항로	
미니 랜드 브릿지(MLB)	극동-(선박)-미국 서안-(철도)-미국 동안, 미 걸프지역
인테리어 포인트 인터모덜(IPI)	극동-(선박)-미국 서안-(철도/트럭)-미국내륙지역
리버스 인테리어 포인트 인터모덜(RIPI)	극동-(선박)-미국 동안-(철도/트럭)-미국내륙지역
한중일 항로	
한일 일관 수송	한국-(선박)-고베, 도쿄-(철도/트럭)-일본 각지
중일 일관 수송	일본-(선박)-상해, 천진, 청도-(철도/트럭)-중국 각지
한중 일관 수송	한국-(선박)-상해, 천진, 청도-(철도/트럭)-중국 각지
극동/동남아 항로	극동-(선박)-싱가포르, 포트클랑, 홍콩, 킬룽-(철도, 트럭, 바지)-동남아시아, 중국, 대만
극동/아프리카 항로	극동-(선박)-아프리카 연안-(철도 트럭)-아프리카 내륙 국가
극동/중남미 항로	극동-(선박)-남미동안/서안-(트럭, 철도)-볼리비아, 파라과이

자료: 國領英雄, 現代物流槪論, 成山堂書店, 2003, p. 165.

선사에 대해서는 화주가 된다고 정해짐에 따라,[19] 실제 운송수단을 갖지 않는 NVOCC가 일반 운송인(common carrier)으로서 국제복합 일관운송을 할 수 있게 되었다.

이처럼 실제 운송수단을 갖지 않는 이용운송자인 운송주선인(freight for-warder)들은 스스로 운송수단을 갖지 않는다는 입장을 살려서, 다양한 루트를 형

---

19 1984년 미 신해운법 개정시 사용했으나, 1998년 미국외항해운개혁법(Ocean Shipping Reform Act of 1998: OSRA)에서는 'ocean transportation intermediary'라고 명칭 변경.

성할 수 있으며, 또한 화주에 대해 전체비용을 절감할 수 있는 서비스를 제공할 수 있으며, 도어 투 도어 서비스를 제공할 수 있는 이점을 살려 활동 영역을 넓혀 가고 있다.

국제물류에서 컨테이너선이나 항공기에 의한 장거리 수송뿐만 아니라 컨테이너선과 항공기(Sea & Air), 컨테이너선과 철도(Sea & Rail), 또한 컨테이너선과 항공기 및 철도의 조합에 의한 육해공 국제복합일관수송이 증가했다.

해공복합운송은 해상운송의 저렴성과 항공운송의 신속성을 결합함으로써 비용 효과적으로 운송시간을 단축하는 운송방식이다. 보통 아시아에서 유럽이나 중남미, 그리고 미국동안까지의 항로에서 많이 활용되는 운송방식이다.

화물운송을 복합운송으로 하는 경우 운송수단들의 효율적 운송뿐만 아니라 운송 수단간 연결점(node)에서의 양적하가 효율적이고 신뢰성 있게 이루어져야 한다. 따라서 복합운송에서 가장 중요한 과제는 물류경로상의 다양한 운송수단과 연결점의 운영과 통제, 그리고 관리의 효과적인 통합이라 할 수 있다.

특히 컨테이너선과 철도를 이용한 해륙복합운송에는 대륙과 해상을 잇는 교량역할을 하는 land bridge 방식이 이용되고 있는데, land bridge는 대륙횡단을 위한 철도 및 도로운송 방식을 이용하여 매개운송 구간화함으로써 해상과 해상을 잇는 해륙복합운송을 위한 교량의 역할을 하고 있다. 그중에서도 국제복합일관수송의 대부분을 차지하는 것은 Sea & Rail 수송 방식으로 북미횡단철도(MLB), 시베리아 횡단철도(TSR), 유라시아 횡단철도(ELB), 아시아 횡단철도(TAR)의 각 국제화물 열차는 국제 물류에서 중요한 역할을 담당하고 있다.

(1) Mini Land Bridge(MLB)

Mini Land Bridge는 극동에서 미국 및 캐나다 태평양안까지의 해상운송에 이어 미국 대서양안 및 걸프만, 혹은 캐나다 동안의 제 항만까지 철도운송을 하는 해륙복합운송을 말한다. 이는 극동에서 뉴욕이나, 걸프만 제항까지 의 해상운송(all-water service)을 대체하기 위해 개발된 것이다. 일본에서 북미 동해안까지의 해상운송 거리는 9,800마일(1만 5,680킬로미터)이지만, 북미 서안을 통해 철도로 북미 대륙을 횡단 수송하면 7,600마일(1만 2,160킬로미터)로 수송거리가 줄어들 수 있다.

Micro Land Bridge는 Interior Point Intermodal(IPI)이라고도 하며 전 미국의 철도 및 도로망을 이용하여 내륙지역의 목적지까지 운송을 하는 것을 말한다. 즉 MLB가 항만까지로 한정되는 데 반하여, IPI는 문전까지 서비스로 확대한 것이다.

(2) Trans Siberian Railway(TSR)

TSR에 의한 복합운송은 극동지역과 유럽지역 간의 운송에 있어서 해상운송 수단을 이용하는 것보다 시베리아대륙을 횡단하는 것이 수송시간이나 비용면에서 경제적이라는 점에 착안하여 1971년 3월부터 TSR서비스가 개시되었다. TSR서비스는 극동(한국, 중국, 일본)에서 러시아의 나호트카항 또는 보스토치니항까지 컨테이너선을 이용하고 동 항만에서 러시아 서부국경지역까지는 시베리아 횡단철도를 이용하고, 유럽이나 중동에 있는 최종목적지까지는 철도, 선박 또는 트럭으로 운송된다.

또한 러시아의 수도인 모스크바와 러시아 극동 연안의 블라디보스토크항을 잇는 길이 9,289킬로미터(본선)에 이르는 러시아 국내를 동서로 횡단하는 대동맥이다. TSR은 1만 3,000킬로미터의 철도운송시스템으로 세계 3대 복합일관수송시스템(MLB, TSR, ELB) 중 최대 규모이다.

(3) Eurasia Land Bridge(ELB)

1992년 12월 1일에 국제 컨테이너 열차가 중국 연운항에서 출발한 것을 계기로 아시아와 유럽을 잇는 ELB 컨테이너 운송이 시작되었다. ELB는 중국의 중국 대륙 횡단철도(CLB)와 유럽의 네덜란드 로테르담항까지 철도로 구성되어 있는 총연장 1만 900킬로미터의 철도수송 시스템이다.

ELB의 루트에서는 먼저 아시아, 미국 등 태평양국가의 유럽 및 중동지역 수출화물을 중국 연운항으로 해상운송한 후 그곳에서 기차로 중국과 카자흐스탄의 국경 역까지 운반된다. 그러나 양국의 철도 궤간이 다르기 때문에 그래서 화물의 환적 작업이 필요하다. 환적 작업이 끝난 후 화물열차는 구소련의 내륙을 통과하고 다시 각 국경 역에서 환적 작업이 이뤄지고, 철도, 도로, 심지어는 해상운송으로 유럽 및 중동 각국으로 수송된다.

(4) Trans-Asian Railways(TAR)

아시아횡단철도(TAR)의 시작은 1995년 동남아시아 국가연합(ASEAN) 정상 회의에서 당시 말레이시아 수상이 제안한 중국과 ASEAN을 연결하는 종단 철도(길이 5,500킬로미터)이었다. TAR 계획은 당초 동남아시아－방글라데시－인도－파키스탄－이란－터키를 연결하는 남부노선만을 포함하였지만 추후 한반도, 중국, 러시아, 중앙아시아 등을 연결하는 북부노선을 포함하게 되었다.

아시아 횡단철도는 가능한 한 각국의 기존 철도 노선을 이용하여 국경 부분에서 그들을 연결하여 노선망을 실현하려 하고 있으며, 주로 컨테이너 차량으로 구성된 화물열차가 운행된다. 이는 아시아 국가 간이나 아시아와 유럽 간의 화물 운송 시간과 비용을 절감시킬 것으로 기대되고 있다. 또한 내륙 국가 항구에 연결 통로를 만들고, 지역의 경제 발전을 지원하는 것도 계획의 목적의 하나이다. 종단 철도의 건설로 중국과 동남아 각국의 경제 관계의 긴밀화가 더욱 진행되어, 주변 국가 간 무역 왕래 및 금융 투자 등 경제 · 기술 협력을 위한 환경 정비가 진행될 것이 기대된다.

3) 주요국의 철도를 이용한 해륙복합일관운송

주요국의 철도복합운송 현황을 간단히 살펴보자. 미국 철도산업이 성장산업으로 발전하고 있는 것은 무엇보다도 컨테이너화물의 철도복합운송이 큰 역할을 하고 있기 때문이다. 미국철도협회(AAR)에 따르면 미국의 철도복합운송은 이단적 열차의 지속적인 증가로 인해 화주들이 앞으로도 계속해서 대륙횡단 운송시장에서 트럭으로부터 철도로 화물운송을 전환시킬 것으로 전망하고 있다.

유럽에서도 화물의 복합운송에 대한 관심은 철도분야에 집중되고 있다. 특히 유럽의 해운회사들은 당연과제로서 철도복합운송방안을 모색하고 있다. 복합운송의 발전을 위해서 간선운송을 담당하는 철도의 활성화가 불가피함을 강조되고 있다. 이를 위해 유럽철도시스템의 자유화를 추진해 철도의 소유 및 운영에 있어서 더 많은 민간의 참여를 가능하게 하고 복합운송관련업체간에 보다 전략적인 제휴 관계를 강화시키고 있다.

일본 항만의 수출입 컨테이너 물동량은 2010년 2억 5,000만톤이지만, 그 국내 수송의 90% 이상이 트레일러로 수송되고 있다. 또한 2012년 일본의 대외 무역 컨테이너 물동량은 1752만TEU에 달했지만 철도의 해상 컨테이너 물동량은 2만 1000TEU에 그쳤다. 그 이유는 수출입 컨테이너의 ISO(국제 표준화기구) 규격과 일본 내에서 사용되는 철도 컨테이너 JIS(일본 공업 규격) 규격이 상이하여 터널의 높이 제한 등 하드웨어 측면의 제약으로 수출입 컨테이너 철도 수송이 소량에 그쳤기 때문이다. 즉 국제규격의 40피트 컨테이너는 일본 철도규격 컨테이너보다 약 30센치가 높기 때문에 일본의 많은 철도노선의 터널 통행에 지장이 생기는 구간이 존재하고 있다.[20]

중국은 구 철도부(현 국유기업 중국철도총공사)가 나서 철도 컨테이너 수송과 Sea & Rail 복합운송을 발전시키기 위해 상해, 청도, 대련, 정주, 서안, 성도, 중경, 곤명, 무한 등 전국 18개소의 컨테이너역 건설을 계획하고 2006년부터 순차적으로 정비하고 있다. 철도 컨테이너 센터역이라고 불리는 이 컨테이너 취급역은 규모나 기능, 기술 수준 등의 측면에서 기존의 취급역과 크게 달라 중국 철도 컨테이너 운송시스템의 핵심 거점으로 큰 역할 것으로 보인다.[21]

우리나라도 유라시아 대륙을 관통하는 물류네트워크를 주도적으로 구축해 나가려는 정책을 추진하고 있다. 유라시아 대륙을 관통하는 국제 복합운송의 랜드브리지를 구축하자는 것이다. 이렇게 되면 우리나라가 유라시아 대륙의 한쪽 끝을 담당하는 Sea & Rail 국제복합운송의 중심지가 될 수도 있다. 그러나 이렇게 되기 위해서는 통일 이전에는 북한을 통과하는 한반도 종단열차가 국제공동 투자 사업으로 추진되어야 가능한 일이다.

한반도 종단철도(TKR)가 연결되면 부산항을 이용한 국제해륙복합운송이 가능해진다. 미주, 일본, 중국, 동남아에서 부산항을 통한 철도운송으로 러시아, 중국, 중앙아시아, 유럽으로 운송이 가능해진다.

EU의 복합운송 보고서에 따르면 철도복합운송이 경쟁력을 갖기 위해서는 600km 이상 되어야 한다고 한다. 남북종단철도가 개통되기 전까지 우리나라의

---

20 物流/海コン´, "鉄道輸送拡大めざす° 15年度予算で事業実施へ," 日本海事新聞, 2014. 9. 5.
21 李瑞雪, "内陸における結節点『コンテナセンター駅』", 日本海事新聞, 2013. 11. 26.

국토 길이를 볼 때 철도를 이용한 Sea & Rail 복합운송이 트럭운송에 비해 경쟁력을 가질 수 없다. 더구나 수출위주 국가에서 하행 화물열차에 비해 상행 열차는 그 물량을 채우기가 어려운 수송물량 불균형까지 있어 철도를 이용하는 컨테이너 등 화물수송이 활성화되지 않는 구조적인 문제를 안고 있다.

　　이에 따라 대부분의 하주사의 경우 계절, 혹은 월말, 주말 등 물동량의 차이가 발생하는 운송수요의 차이를 보정하기 위한 대안으로 철도수송을 이용하는 경우가 대부분이다. 즉 주말에서 주초까지는 컨테이너 운송수요가 많지 않기 때문에 화물자동차를 이용한 도로운송에 운송물량을 우선적으로 배정하고, 주중에 운송수요가 증가하면서 화물자동차의 공급 부족하게 되면 철도수송을 이용하는 것이다. 또한 국내 대형 컨테이너 운송주선업체의 대다수가 화물자동차운수사업을 겸하고 있어, 자사의 화물차량이나 위수탁 및 용차차량을 주된 운송수단으로 이용하고 철도는 보조적 운송수단으로 이용하고 있는 실정이어서 철도운송을 크게 늘리는 데는 한계가 있다.[22]

5. 운송산업의 규제완화 및 민영화

1) 규제완화

　　역사적으로 많은 국가에서 운송은 전력생산이나 통신서비스처럼 공공재로 취급해왔다. 왜냐하면 운송산업은 민간이 하기에는 투자규모가 막대해서, 정부가 재정으로 수행하든가 아니면 일부 사업수익성을 보전해 주고 있기 때문에 정부가 운송산업을 독점하게 되었고, 시장진입이나, 요율결정, 서비스 규제를 하는 당위성이 어느 정도 인정되어 왔기 때문이다. 이에 따라 운송산업에 대해서도 정부는 경제적 통제를 가해왔다. 그러나 이 같은 규제와 통제가 운송산업의 비효율성을 가져오고, 소비자에게는 비싼 가격을 지불하게 하는 요인으로 인식되면서 엄격한

---

22 구교훈, "철도화물수송의 감소와 철도CY 조성 및 운영방식의 문제점," 쉬핑가제트, 2015. 5. 6.

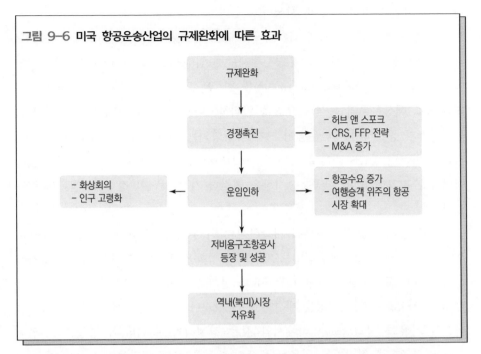

그림 9-6 미국 항공운송산업의 규제완화에 따른 효과

규제완화

경쟁촉진 → - 허브 앤 스포크
- CRS, FFP 전략
- M&A 증가

- 화상회의 ← 운임인하 → - 항공수요 증가
- 인구 고령화 - 여행승객 위주의 항공
시장 확대

저비용구조항공사
등장 및 성공

역내(북미)시장
자유화

자료: 전일수, 홍석진, "동북아 물류허브: 동북아 항공운송자유화 정책 추진방안," 동북아허
브전략연구, Vol. 4, No. 2, 2004.

통제를 개방하는 규제완화, 자유화를 시행하게 되었다.

운송자유화는 기본적으로 자유경제체제하에서 독점 및 독점적 행위는 바람직하지 못한 것이며, 운송업자에게 시장진입 및 철수, 개별서비스 개발, 운임설정, 합병 및 공동운항 등을 시장기능에게 맡기는 것이 효율적이라는 사상에 기초하고 있다.

운송부문에서 자유화의 의미는 운송자원을 할당하는 문제에 대해 그리고 운임을 결정하는 문제, 제공하는 서비스의 내용에 대해 자유 경쟁시장의 형성을 허락하는 것이다. 물류관점에서 볼 때 이 같은 운송에 대한 경제적 규제 철폐는 운송 기업체로 하여금 비용과 서비스면에서 더 폭넓은 선택권을 부여하므로 매우 중요하다.

어떤 나라에서는 일부 운송수단에 대해서만 자유화를 하는 경우도 있고, 미국과 같은 나라는 모든 운송수단에 대해 자유화를 시행하는 등 나라에 따라 처해

진 산업 여건에 따라 다르게 시행하고 있다.[23]

1977년 미국의 항공산업 규제완화(Airline Deregulation Act)를 필두로 1980년 자동차산업에 대해 트럭의 자유경쟁체제를 도입(Motor Carrier Act)하고, 철도산업에 대해서도 규제완화(Rail Stagger Act)를 한 후, 1984년 미 신해운법(Shipping Act 1984)으로 해상운송의 독점적 요인을 완화하였다.[24] 이 결과 운임은 낮아지고 운송서비스가 증가하여 복합운송이 크게 활성화되는 계기가 되었다(그림 9-6 참고). 지금은 미국의 항공사들이 2001년의 9·11테러라는 산업외적인 요소에 의해 많은 어려움을 겪고 있으나, 항공운송시장은 여전히 가장 강력한 경쟁체계를 구축하고 있다.

유럽의 경우 1950년대부터 시작한 시장의 통합에 대한 시도를 먼저 하였고, 후에 미국의 국내 항공운송산업 규제완화에 영향을 받아 점진적인 자유화 정책을 선택하였다. 통합시장의 점진적인 자유화 정책을 추진하기 이전에는 일부 국가들 간 보다 자유로운 양자협정을 체결하였다. 1997년 4월부터 실시한 역내 항공운송시장의 자유화 정책으로 미국에서와 같은 경쟁격화, 운임하락, 항공운송산업의 저비용 구조화로 항공기를 이용한 물품의 이동을 보다 촉진하였고, 이러한 전략을 주도적으로 채택한 네덜란드와 아일랜드는 지역의 물류중심지로서 그 역할을 충분히 수행하고 있다.[25]

운송자유화는 대부분 자국 내 운송의 자유화에 관련된 것이며, 국가 간 운송에는 아직도 많은 규제가 존재한다. 예를 들어 국제항공서비스는 아직도 양자 간 협정에 의해 이루어지고 있으며, 최근 미국의 주도로 영공개방(open skies)정책을 추진하고 있으나, 이 역시 근간은 양자 간 협상이 주된 내용이다. 국제간 운송자유화를 가로막는 가장 큰 관건은 자국 내 화물은 자국 선박으로 운송해야 한다는 자국선적주의이다. 즉 외국운송사가 국내여객이나 국내화물운송을 할 수 있는 권리인 캐보티지(cabotage)를 인정하지 않는 것이다. 유럽의 경우 1998년에 EU가 등록 트럭운송사업자로 하여금 EU 회원국 어디에든 화물을 운송할 수 있도록 하는

23 Kent N. Gourdin, op. cit., 2006, p. 112.
24 Bardi, Coyle, Novack, op. cit., 2006, p. 59.
25 전일수, 홍석진, "동북아 물류허브: 동북아 항공운송자유화 정책 추진방안," 동북아허브전략연구, Vol. 4, No. 2, 2004.

개방정책을 발표했으나, EU는 각국이 갖고 있는 자국 내 화물운송에 대한 법규를 바꿀 권한이 없어 아직 EU 회원국 국가별 자국 내 도로운송에 대해 규제를 시행하고 있다.

사례 9-4 미국 항공규제 완화 30년

미국 항공 산업은 30년간 규제완화를 통해 좋은 안정성 기록을 유지하면서 낮은 평균 운임 달성과 더 많은 항공기의 제공, 운송 효율성 증가 측면에서 성공적이었다. 그러나 항공사들의 수익성이 크게 흔들려, 얻은 것보다 잃은 것이 많았으며, 이런 재정적 격변은 서비스 품질이 감소하면서 산업구조의 불안정성을 증가시켰다. 또한 작은 도시를 위한 운임과 서비스, 짧은 운항 노선, 하나의 운항사가 우위를 점하는 시장의 집중도 부정적인 측면이다.

왜 규제완화가 있었던 30년 동안 항공 산업의 재정적 성과가 좋지 않은가? 일부 원인은 산업의 주기적인 본질과 경제 상황에 취약한 점 때문이다. 1990년대 후반 닷컴붐(dot-com.boom)이 한참일 때와 같이 경제 상황이 좋을 때 항공 산업은 좋은 성과를 내는 경향이 있었다. 그러나 1990년대 초반과 2000년대 초반의 경제적, 국가적 안정성 위기와 같이 경제가 긴축되는 기간에 항공 산업은 다른 산업보다 더 많은 부정적인 영향을 받는다. 1990년대 초반에 경제침체와 걸프전쟁 개입은 항공여행의 수요를 하락시켰고, 이는 1990년에서 1993년 사이 130억 달러 이상의 손실을 가져왔다. 비슷하게 2001년에서 2006년 사이 악재가 겹친 상황에서는 300억 달러의 손실이 있었다. 그러나 손실규모의 원인이 되는 다른 요소들이 있는데 항공사들 스스로는 잘못된 관리와 재정의사결정을 꼽는다. 또한 많은 파산한 항공사들이 구조조정을 하는 동안 계속 운항을 할 수 있게 하는 너무 관대한 파산법도 언급한다. 이는 경기침체 기간 동안 추가적인 능력과 낮은 운임을 유지하게 하였고, 결과적으로는 전체 산업에서 큰 손실의 원인이 되었다.

또 다른 원인은 규제완화 그 자체이다. 규제가 있었던 1938년과 1978년 사이에 미국 항공 산업은 재정적 손실을 경험하지 않았으며, 이 40년 동안 미국 항공 산업은 수익성이 있었고, 꾸준한 성장과 발전이 있었다. 그러나 산업 규제가 완화되면서 항공사들은 진입, 퇴장, 운임, 인수합병에 관한 결정을 할 수 있게 되어, 몇몇은 좋은 결정을, 몇몇은 나쁜 결정을, 또 다른 이들은 명백히 최악의 결정을 하였다. 이론적으로는 자유 시장에서의 보이지 않는 손이 실적을 내지 못하는 이들은 골라내야 하지만, 항공 산업은 본질적으로 과점이기 때문에 어떤 회사들에 의해 수행되는 경쟁전략이 다른 이들의 행동에 필연적으로 영향을 끼치지 않고, 집단의 결과가 반드시 긍정적이지 않다. 그러므로 이 산업은 파괴적 경쟁의 경향을 보이기 때문에 규제력이 있는 관리가 필요하다. 필수적이고 성공할 수 있는 항공 산업은 국가의 경제 경쟁력, 지역 경제 개발, 공익에 있어 중요하며, 자유방임주의 체제의 불완전한 경쟁에서 단독으로 있어서는 안 된다. 이는 과거와 같이 엄격한 규제로 돌아가자는 것이 아니라, 본질적으로 과점이고, 국익에 중요한 산업에 책임감 있는 규제 책무를 다해야 한다는 것이다.

다가오는 미래에 항공 산업의 주요한 관심사는 재정적 안정성이다. 미국 항공 산업이 직면하고 있는 손실은 명백히 지속가능하지 않다. Southwest 항공사 외에는 어떤 항공사도 일관된 수익성을 유지하지 못했으며, 손실을 커버하기 위해 산업의 통합을 통한 요금의 인상이 불가피하다. 그러나 요금의 인상이 승객 수요에 미칠 영향의 정도가 명백하지 않다. 많은 여행자들이 낮은 운임에 익숙해지고 있으며, 높은 운임 인상은 꺼려서 비즈니스 여행과 레저 여행의 행동 변화가 항공 서비스 능력의 축소에 필요한 신호를 보낼 것이고, 운임이 인상되면 다른 여행 수단을 더 많이 이용하게 될 것이다. 항공 여행의 수요는 탄력적이며, 큰 운임인상은 수요를 감소시킬 것이다.

자료: Andrew R. Goetz, Timothy M. Vowles, "The good, the bad, and the ugly: 30 years of US airline deregulation," Journal of Transport Geography, 2009

2) 민 영 화

정부소유의 항공사, 외항선사, 철도회사를 민간에게 매각하는 것을 민영화라고 한다. 정부가 소유했던 영국의 영국항공(British Airways)이나 독일의 루프트한자(Lufthhansa)는 매각되어 현재는 민간이 소유하고 있다. 어떤 경우는 정부소유의 지분 일부를 남겨두고 나머지만 민간에 매각하기도 한다. 이탈리아 재무성은 알리탈리아(Alitalia) 지분의 62%를 소유하고 있고, 프랑스 정부도 에어프랑스 - 케이엘엠(Air France - KLM)그룹의 20%를 소유하고 있다.

일반적으로 민영화는 자산민영화(asset privatization)와 서비스민영화(service privatization)로 나눌 수 있다.[26] 영국이 단행한 항만과 항공사를 민간에게 판매한 것은 자산민영화에 해당되고, 항만이나 철도서비스, 그리고 항공서비스를 민간에게 이전하는 것을 서비스민영화라 하며 거의 대부분의 항만민영화가 이에 해당된다.

민영화의 동기는 운송시장 자유화에 따라 고비용, 저효율의 국영회사로는 민

---

26 Wayne K. Tally, Port Economics, Routledge, p. 127.

간과 경쟁이 어려우며, 투자자의 유치도 어렵게 되었기 때문이다. 철도사업도 민영화가 추진되고 있는데 특히 EU의 경우 정부소유 철도를 레일은 사회간접자본으로 보유하더라도 민간이면 누구나 철도 운영부문에 진입할 수 있도록 하고 있다. 그러나 영국, 독일, 스웨덴, 프랑스 등에서만 이를 적용하고 있으며, 스페인 등 많은 EU 회원국 나라에서는 이 같은 운영분리를 하고 있지 않다.

민영화는 일반적으로 경제적, 정치적 목적에서 추진된다. 경제적 측면에서는 운송수단, 설비의 효율성을 제고하고 운영성과의 향상을 통한 편익의 증대를 꾀하려는 것이다. 정치적 측면에서는 정부의 재정부담과 관리업무를 경감하려는 것이다.

민영화를 통해 기대할 수 있는 효과는 서비스 효율성 향상, 개발 재원의 확보, 경영능력의 강화, 정부의 재정적 행정적 부담 경감, 관리 및 운영의 관료적 정치적 영향 배제 또는 최소화, 운영에 경쟁체제 도입을 통한 경제적 편익의 증대 등을 들 수 있다.

그러나 민영화에 따른 문제점도 있는데 다음과 같은 점들이 지적될 수 있다. 우선 공공서비스 기능 저하가 우려될 수 있다. 민간투자 및 운영자는 원가절감 및 이윤극대화를 추구하게 되므로 수익성이 수반되지 않는 시설 및 서비스의 공급은 회피하려 할 것이기 때문이다. 또한 지리적 위치, 운송체계 등의 원인에 의하여 경쟁이 제한될 경우 민영화는 공공부문의 독점이 민간부문의 독점으로 단순히 전환하는 데 불과하게 될 가능성이 있다. 그리고 소유와 운영이 분리됨으로써 투자, 운영 등의 측면에서 협조체제의 유지가 어렵게 될 우려가 있다. 이용자에 대해 차별적 대우를 할 우려도 있다. 일반국민의 경제적 사회적 활동에 중요한 역할을 담당하므로 어느 정도까지는 무차별적이고 자유로운 이용이 보장되어야 한다. 즉 민간운영자는 이윤의 극대화를 최우선 목표로 추구하므로 이용자의 차별, 독과점 체제의 구축 등으로 공공성의 확보에 부정적인 영향을 미칠 가능성이 있다.

3) 자유화 및 민영화 전망

운송산업에 대한 규제완화와 민영화는 자국의 물류 경쟁력 강화를 위해서 지속될 것으로 예상된다. 다만 운송자유화가 진행된다 하더라도 다음 몇 가지에 유의해야 한다.

우선 규제완화는 개별국가나 국가공동체에서만 이루어지고 있으며 국가 간에 일반화된 자유화로 발전되지 못하고 있는 점을 알아야 한다. 두 번째는 복합운송이 크게 증가하면서 자국 내 두 지점간 화물 운송권인 캐보티지(cabotage)에 대한 외국운송사의 참여 금지가 약화될 것으로 예상된다. 중국의 경우 자국 내 연안운송에 외국선사의 참여를 허용했으며, 호주의 경우 연안 운송의 국제경쟁을 유도하기 위해 외국선사의 참여를 연구 중에 있다.

세 번째는 자유화라 해서 모든 규제를 없애는 것이라기보다는 규제의 방식과 초점을 바꾸는 것이라 해야 될 것이다. 주 목적은 시장이 경쟁적으로 유지될 수 있도록 통제해야 한다. 마지막으로 민영화가 진행되더라도 정부는 운송자원통제권을 행사할 수 있어야 한다. 철도, 항공, 해운은 많은 고용을 창출하고, 유사시 운송수요에 부응할 필요가 있으며, 국가를 상징하는 자부심과도 상관되기 때문이다.

항공산업 자유화는 미국, 유럽과 같은 선진국 이외에 아시아 일부, 아프리카, 중남미 일부 국가에서도 매우 빠른 속도로 진행되고 있다.[27] 상대적으로 경제규모가 큰 동북아시장에서 시장통합과 자유화를 이루어낼 경우 그 경제적 효과는 북미와 유럽 지역의 경우보다도 훨씬 클 것으로 예상된다. 이 지역에서는 각 국가 내의 항공운송산업도 다른 국가에 비해서 비경쟁적 체제를 갖추고 있으나, 지역시장의 통합과 자유화를 유도함으로써 경쟁적 체계를 유도할 필요가 있다. 이를 통해 지역 내의 산업을 활성화할 수 있고, 중국의 부족한 공항 인프라 시설에 대해 한국이 상호 보완적 역할을 수행할 수 있을 것이다.

---

27 전일수, 홍석진, 앞의 책, 2004.

6. 운송에 있어 정부의 역할[28]

1) 운송기업에 대한 직접적 통제 및 규제

국민경제에서 운송산업이 차지하는 중요성 때문에 일부 운송산업은 정부가 직접 소유하기도 하고 통제하기도 한다. 정부가 소유, 운영하는 것은 철도산업 같은 경우 재화나 여객의 이동도 중요하지만 고용창출의 효과가 크기 때문이며, 항공사나 외항 해운사 같은 경우는 국제사회에서 국가의 이미지나 위상을 나타내주기 때문에도 중요하다.

어떤 나라는 운송산업을 민영화하여 정부가 전혀 소유권을 갖지 않고 있는 경우도 있다. 그러나 이 경우에도 정부는 기업운영에 통제나 규제를 가하고 있다. 예를 들어 가격결정, 신규시장에의 참여, 서비스 빈도, 고객서비스 수준 등에 대한 변경이나 실행을 하려면 사전에 정부의 승인을 득하도록 하는 경우가 많다. 이와 같은 정부의 관여는 운송회사들이 극단적으로 철도 등에서 보이는 것과 같은 독점화로 가든가 아니면, 항공, 해운산업 등에서 볼 수 있는 파멸적인 경쟁심화로 갈 수 있기 때문에 그 당위성이 있다고 여겨지고 있다. 즉 이러한 상황에 들어가지 않게 하기 위해 정부의 규제, 통제가 필요하다는 것이다.

그러나 화주입장에서는 이와 같은 운송산업에 대한 규제가 가격결정의 유연성을 떨어뜨리고 운송대안의 선택에 제한을 가져와 운송비 상승과 서비스 수준 저하를 초래한다고 주장하고 있다. 정부의 관여로 운송의 장점이 최대한 발휘되지 못한다는 것이며, 궁극적으로 운송의 자유화와 민영화만이 운송의 편익을 극대화시킬 수 있다고 인식하고 있다.

2) 운송 사회간접자본의 제공

도로, 교량, 공항, 항만, 철도 등은 일반적으로 정부에 의해 건설되고 유지되고 있다. 일부 도로나 항만 등이 민간자본을 유치하여 건설되기도 한다. 다만 민자유치에 의해 건설될 경우 민간의 영리목적이 개입되어 있어 대부분 매우 비싼

---

28 Kent N. Gourdin, op. cit., 2006, pp. 100-102 참조 기술.

비용을 지불해야 한다. 따라서 주요 운송 사회간접자본은 정부재정에 의해 건설될 당위성도 있다. 또한 항공관제, 날씨예보, 준설, 항로유지 등과 같은 운송관련 서비스 역시 정부에 의해 제공된다. 이러한 것들은 공공재 성격의 사회간접자본이다. 정부는 이 사회간접자본을 사용하는 사람이나 기업에게 자동차세, 유류세와 같은 세금이나, 통행료의 형태로 사용료를 징수하고 있다.

3) 환경/안전/보안 규제

정부는 대기오염, 소음, 해상오염과 관련된 규제를 강화하고, 관련 법규를 제정하여 운송산업에 대해 직접적인 영향을 미친다. 예를 들어 야간시간에 항공기 이착륙을 금지시킨다든지, 주말 또는 휴일에 고속도로에 중량트럭의 운행을 금지시킬 수 있다.

또한 운송산업에 환경 책임과 관련하여 많은 비용을 지불하도록 하고 있다. 예를 들어 고효율성의 연료를 사용하게 하는 것 혹은 청정연료엔진을 사용하게 하는 일들은 모두 추가비용이 소요되는 일이다. 그러나 이러한 규제에도 불구하고 운송산업은 환경에 여러 가지 형태로 해를 끼치고 있음을 알아야 한다.

정부가 운송산업에 직접 영향을 주는 또 하나의 요인은 안전(safety)에 관련된 규정이나, 법규 제정이다. 이러한 법들은 운전시간에 대한 규제, 최대 적재용량, 항공관제 절차 등과 같이 운송의 안전을 보장할 수 있도록 하기 위한 사회적 요구와 관련된다. 그리고 2001년 9·11테러로 인해 미국이 주도하고 있는 외국과의 교역시 운송보안이 가장 높은 우선순위로 규율되고 있다.

사례 9-5 　미국 바이든 행정부의 운송 인프라 지원 법안

미국 Biden 대통령은 2021년 Bipartisan Infrastructure Law(초당적 인프라 법안)에 서명하며 미국의 운송 인프라를 대대적으로 개선하기 위한 정책을 도입하였다. Biden 대통령의 초당적 인프라 법안은 미국의 낡고 비효율적인 인프라를 개선하고, 경제 성장과 일자리 창출을 촉진하기 위해 도입되었다. 특히, 수십 년 동안 제대로 된 투자가 이루어지지 않아 도로, 다리,

철도 등의 상태가 악화되어 물류 병목 현상과 안전 문제를 야기한다는 점을 강조하며, 경제 성장과 함께 기후 변화 대응 및 환경 정의 촉진, 소외된 지역 사회를 지원하는 것을 목표로 하고 있다.

초당적 인프라 법안 중 운송 인프라 지원 관련 내용은 다음과 같다. 법안은 1,100억 달러를 투입하여 도로와 다리를 보수 및 재건하고, 660억 달러를 투자하여 여객 및 화물 철도 인프라를 현대화하는데 투입한다. 기존 Amtrak 네트워크의 유지보수, 북동 회랑의 현대화, 새로운 고속 철도 프로젝트 등을 포함한다. 항구와 공항에 각각 170억 달러와 250억 달러를 투자하여 물류 역량을 강화하고, 환경 영향을 줄이는 프로젝트를 시행한다. 미국 Biden 행정부는 이 법안을 통해 다음과 같은 효과를 기대하고 있다. 첫째, 인프라 개선을 통해 물류 효율성이 높아지고, 공급망 병목 현상이 해소되어 경제 성장이 촉진된다. 둘째, 다양한 건설 및 개선 프로젝트를 통해 수백만 개의 일자리가 창출된다. 셋째, 친환경 교통수단 도입과 인프라 개선을 통해 온실가스 배출이 감소하고, 기후 변화에 대한 대응 능력이 강화된다. 넷째, 소외된 지역 사회와 농촌 지역에 대한 투자를 통해 지역 간 격차가 줄어들고, 모든 미국인이 인프라 혜택을 받게 된다.

이상과 같이 정부의 운송 인프라 관련 지원 정책 및 예산 집행은 운송 네트워크 확장 및 고도화를 통해 물류 산업 전반의 발전으로 연결되고, 무역 흐름을 촉진하여 경제성장을 이루는 중요한 수단이 된다.

출처: Whitehouse, US Department of Transportation

10
운송관리

실무에서는 운송이나 배송관리에서 물류부문은 기본적으로 관여할 수 없는 상황에 놓여 있는 경우가 있다. 생산부문이나 영업부문의 생각이 그대로 운송이나 배송에 반영되고 있기 때문이다. 물류를 로지스틱스, 즉 하나의 시스템으로 이해하고 있지 못하고 있는 관점에서 보면 시급히 바뀌고 개선되어야 할 부분이다. 이 밖에 이번 장에서는 화주와 운송인이 어떻게 서로 상호 이득이 관계로 발전하는지와 운임의 결정과정에 대해 살펴본다.

1. 운송관리의 당면과제

실무에서는 운송이나 배송관리에서 물류부문은 기본적으로 관여할 수 없는 상황에 놓여 있는 경우가 많다. 생산부문이나 영업부문의 생각이 그대로 운송이나 배송에 반영되고 있기 때문이다. 물류를 로지스틱스, 즉 하나의 시스템으로 이해하고 있지 못하고 있는 관점에서 보면 시급히 바뀌고 개선되어야 할 부분이다.

2. 운송관리시스템

운송관리시스템은 고객 주문정보를 바탕으로 운송노선 계획, 적재계획 등 운송계획을 수립하여, 수·배송 실행에 대한 배차지시, 정산관리, 차량추적 등 운송과정을 실행하고 관리하는 데 필요한 모든 활동을 지원하는 시스템이다.

3. 운송인의 선정

화주는 운송인을 선정할 때 신뢰성, 서비스빈도나 정기성, 그리고 서비스운임을 비교하게된다. 글로벌 공급사슬의 중요성이 부각되면서 운송인은 화주의 공급사슬의 일부를 담당하거나 혹은 제3자 물류서비스 제공자(3PL)로서 전체 물류서비스를 관장해야 하는데, 결국 운송인보다는 화주위주의 운송시장으로 변화하고 있는 것이다.

4. 운송운임 결정이론

운송운임은 결정은 운송시장의 구조, 화주의 서비스 수요, 그리고 운송인의 운송원가에 의해 결정된다. 이 세 가지 요인은 화물이 운송되는 구간에 따라 매번 다르게 상호작용하여 운송운임이 결정된다.

5. 운송관련 서류

운송부서는 회사의 제품을 운송하는 데 필요한 모든 서류를 갖추는 책임이 있다. 오늘날, 많은 운송업체는 선적업체가 흔하게 사용되는 모든 서류를 소프트웨어를 이용하여 작성한다.

1. 운송관리의 당면과제

기업경영의 다국적화 글로벌화에 따라 조달 및 유통 물류비를 줄이고, 공장과 소비자에 대한 물류서비스의 향상이 기업경쟁력의 핵심요인이 되고 있다. 이 중에서도 가장 많은 물류비를 차지하고 있는 글로벌 운송(global transportation)에 대한 관리가 공급사슬 경영에서 가장 중요한 과제이다.

특히 전 세계로부터 원부자재를 조달하고, 전 세계 시장으로 완제품을 보내야 하는 물류활동에서 정교한 글로벌 운송관리가 필수적이다. 폭우나 홍수와 같은 기상문제, 정치적 불안정, 유가변동 등 많은 변수에 의해 운송이 지장을 받을 수 있다. 각각의 경우에 여러 공급대안 중에 최소비용으로 가장 빠른 방법의 최적 운송경로를 실시간으로 찾아내고 변경하는 의사결정을 해야 한다.

화물 운송비는 물류비에서 50% 이상을 차지하는 가장 비용이 많이 들어가는 물류 활동이다. 따라서 운송관리는 공급사슬의 성공적인 운영을 위해 매우 중요한 대상이다. 따라서 운송관리자는 운송비 절감을 위한 대량운송에 따른 운송비 절감을 제시하고, 신뢰할 수 있는 배송을 위한 운송업체와 경로선택을 하고, 운송에 적합한 포장과 하역 등 물품 취급방법, 그리고 생산에 대해 충고함으로써 제조하는 것까지 지원할 수 있다. 또한 운송관리자는 혼재와 경쟁력 있는 국제운송도 수행할 수 있다. 운송비를 통제하고, 인바운드 납품의 품질에 대하여 충고할 수 있다.

그러나 실제 업계에서는 물류부문이 운송관리의 최적화 통제를 하고 있다고 보기 어려운 것이 사실이다. 유통업에서 운송은 물류거점까지 매입부서에서 담당하고 물류부문은 관여할 수 없는 상황이다. 그 비용은 당연히 매입가격에 포함되어 있다. 제조업체인 경우에는 물류거점에 대한 재고보충을 위한 운송은 공장에서 이루어진다. 그 경우 보통 영업부문의 재고보충 지시를 받고, 공장의 출하담당자가 운송을 수배한다. 즉, 언제, 어느 거점에, 무엇을 얼마만큼 보낼지는 기본적으로 영업부문의 재고보충 요청에 의해서 이루어진다.

고객에 대한 수송의 의미인 배송의 경우도, 제조업체나 유통업은 고객이 요구하는 물류 서비스에 의해 결정된다. 고객으로부터 매일 약간씩의 주문이 들어오는 경우 배송은 소형운송트럭을 사용하게 된다. 이 경우 운송효율도 떨어지며, 운송비도 높아지지만 고객의 요구를 모두 들어주려면 이 방법밖에 없다. 그러나 이런 소량 매출로 인한 수익보다 물류비 증가가 더 클 수도 있는 것이다. 기본적으로 배송도 물류부문에서 통제할 수 없다면 물류최적화를 할 수 없는 것이다.

배송에서 물류부문을 곤란하게 하는 여러 가지 일이 발생한다. 예를 들어 모든 고객에 대해서 배송순서시간을 정해서 그 시간에 도착할 것을 고객에 약속할 수 있어야 하는데, 특정 고객에 대한 시간만을 따로 지정받으면 배송효율에 지장이 있게 된다. 이러한 불합리함을 물류부문이 지적해도 고객과 마주하고 있는 영업부문은 매출이 우선일 것이다. 이것은 트럭운송의 낭비로 이어진다.

이와 같이 실무에서는 운송이나 배송관리에서 물류부문은 기본적으로 관여할 수 없는 상황에 놓여 있는 경우가 많다. 생산부문이나 영업부문의 생각이 그대로 운송이나 배송에 반영되고 있기 때문이다. 운송의 수배나 배송 지시가 물류의 사정을 고려하지 않고 이루어지고 있는 것이 실태여서 운송비용이나 배송비용에 대해서 물류가 관여할 수가 없다. 즉 영업부문에서 언제 얼마만큼의 재고보충을 요청하느냐에 따라 운송비용이 결정되고, 또한 고객이 어떻게 주문하고 어떻게 납품조건을 정하느냐에 따라 배송비용이 정해지기 때문이다.[1]

비록 현업에서 이루어지고 있는 상황이라 그 관행을 어느 정도 이해할 수는 있다 하더라도 물류를 로지스틱스, 혹은 공급사슬, 즉 하나의 시스템으로 이해하

---

1 湯浅和夫, 앞의 책, 2008, pp. 84−85.

고 있지 못하고 있는 문제점을 드러내는 것으로, 시급히 바꾸고 개선되어야 할 부분이다. 물류부문은 당연히 운송에 대해 운송비를 줄이면서도 고객서비스를 제고할 수 있도록 하는 효율성을 높일 수 있도록 하는 책임을 져야 한다. 영업부문은 판매에 전념하면 되고, 운송에는 관여하지 않아야 한다.

물류부문이 제시하는 정보를 바탕으로 생산을 실시하고, 물류부문의 지시를 바탕으로 물류거점에서의 운송이 이루어지게 된다. 공장에서 물류거점으로의 운송 및 물류거점에서 고객에게로의 배송까지 고객서비스 향상 및 최소 운송비의 원칙하에 이루어져야 한다.

즉 운송부문은 물류시스템을 구성하는 요소 중에서 가장 많은 비용을 차지하고 있기 때문에, 글로벌 공급사슬의 구성요소로서 운송부문에서는 어떻게 하면 주어진 고객서비스 수준을 유지하는 한 가장 낮은 비용으로 서비스를 제공할 수 있는가 하는 것에 중점을 두어야 한다. 이는 회사 전체의 시스템으로서 물류부문의 책임 하에 이루어져야 그 성과를 달성할 수 있다.

2. 운송관리시스템

이러한 복잡한 의사결정은 많은 기업에서 컴퓨터 소프트웨어인 운송관리시스템(transportation management systems: TMS)을 채택하고 있다. 운송관리시스템은 고객 주문정보를 바탕으로 운송노선 계획, 적재계획 등 운송계획을 수립하여, 수·배송 실행에 대한 배차지시, 정산관리, 차량추적 등 운송과정을 실행하고 관리하는 데 필요한 모든 활동을 지원하는 시스템이다. 또한 다양한 운송제약 조건을 고려하여 운송수단을 결정하고, 최적의 운송계획 수립을 지원한다. 이를 통해 공급사슬 전반에 걸친 운송비 절감, 고객 대응력 개선, 정시납기 등을 수행할 뿐만 아니라, 복잡한 운임관리, 노동집약적인 배차계획 프로세스, 통합 운송계획을 통한 가시성 부족 등을 해결해 주는 시스템이다.

운송관리시스템의 주요기능을 살펴보면 다음과 같다.

- 운송네트워크 설계: 기업을 창업하거나, 아니면 운송네트워크 설계나 물류

센터 위치 결정 같은 공급사슬 파트너와의 협력관계를 맺는 기업전략의 변화가 있을 때 최적 운송 네트워크 설계를 지원한다.

■ 출하운송계획: 출하계획에 필요한 최적 운송네트워크를 제시한다. 운송수단, 운송인, 경로계획 등을 결정하게 된다.

■ 운송자산관리: 자사 보유 차량, 선박 등 운송수단의 효율적인 운영관리를 지원한다. 매일 매일의 배차계획도 포함한다. 운송능력을 극대화하기 위해 최소 운송경로, 최소 운송거리로 운항, 운송하도록 계획한다.

■ 운송인의 선정: 자가운송에 의할 것인지, 일반운송인(common carrier)을 활용할 것인지, 중개인에게 위탁할 것인가 등의 의사결정을 지원한다. 일반 운송인 중 특정 운송인을 선정할 때에는 운송료, 정시배달률, 화물손상여부 등의 과거 자료를 기준으로 한다.

■ 최적 운송지 및 운송능력: TMS는 주문 납품시 재고비와 운송비를 최소화할 수 있는 최적 운송장소와 그곳에서 가용한 운송능력을 판단할 수 있도록 지원한다.

■ 운송운임 결정: 운송수단, 운송인에 따른 적정한 화물 운송료 결정을 지원한다.

■ 관련 서류작업: 운임청구와 관련된 실제 운송관련 발생 비용, 총 운송비용, 운송 중 화물 손상 보고서 등을 지원한다.

최근에는 운송관리시스템을 창고관리시스템(warehouse management systems: WMS)과 연계하여 운송관리의 효율을 높이는 경우가 늘고 있다.[2] 조달(inbound shipment)과 유통(outbound shipment)에서 리드타임의 불확실성이나 변동성은 계획된 공급이나 수요 불확실성을 초래해 안전재고 확보양의 증가를 가져오기 때문에, 기업 입장에서는 비용 증가의 요인이 된다. 그러나 TMS와 WMS 간 통합으로 리드타임 변동성을 최소화시킬 수 있다. 통합시스템은 운송업자가 운송 중 문제가 있거나, 주문이 도중에 취소되거나, 운송시간을 효율적으로 사용하여 다급한 고객의 필요를 만족시키기 위해 여정을 변경해야 할 경우, 실시간(real-time)으로 제품의 가시성을 이용하여 해결책을 제시할 수 있다.

---

2 Scott J. Mason et al., "Integrating the warehousing and transportation functions of the supply chain," Transportation Research Part E, Vol. 39, 2003.

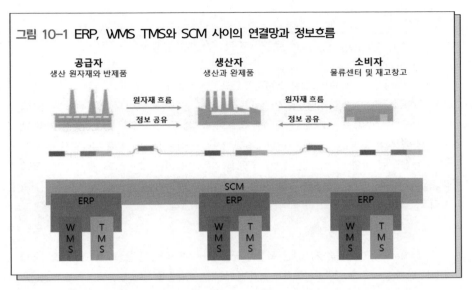

그림 10-1 ERP, WMS TMS와 SCM 사이의 연결망과 정보흐름

자료: Nettsträter, A., Geißen, T., Witthaut, M., Ebel, D., & Schoneboom, J., Logistics
Software Systems and Functions: An Overview of ERP, WMS, TMS and SCM Systems,
In Cloud Computing for Logistics, 2015, pp. 1-11. Springer International Publishing.
에서 재작성

　공급업자 입장에서는, 통합된 WMS/TMS로 인한 실시간(real-time) 정보가
증가하게 되면 좀 더 효율적인 관리와 앞으로 들어오는 주문의 통합, 더 효율적인
크로스 도킹(cross-docking) 운영, 그리고 운송 중 제품발주의 변동에 더 잘 반응
함으로써 리드타임 변동성을 줄일 수 있다. 또한 WMS/TMS 시스템은 전통적인
TMS기능을 사용하여 트럭, 철도, 해상운송 중 시간과 비용 측면에서 더 효율적인
운송수단을 결정할 수 있다.

　통합시스템은 현재 가능한 재고를 기반으로 최적의 운송비용과 고객 서비스
를 극대화하기 위해 어디서 주문에 응대하는 것이 최선인지를 결정할 수 있다.
또한 운송업자의 신뢰성은 공급업자와 고객의 리드타임 변동성에 영향을 줄
수 있기 때문에 운송업자의 서비스 보증이 필요한데, 시스템에 의해 발생된 실
시간 운송정보로 이미 이루어진 배송의 결과를 분석하여 운송업자의 성과확인에
사용할 수 있다. 그리고 통합된 WMS/TMS로 인해 공급사슬의 가시성이 증가함에
따라 화주와 고객은 주문을 실시간으로 추적할 수 있게 된다.

Volvo Cars, 부품 조달 TMS 고도화

Volvo Cars는 1927년에 설립된 스웨덴의 대표적인 자동차 제조업체로, 스칸디나비아의 디자인 철학과 첨단 기술을 바탕으로 안전성, 품질, 환경 친화성을 핵심 가치로 삼고 자동차를 생산 판매하고 있다. Volvo Cars는 전 세계적으로 인기를 끌고 있으며, 특히 안전한 차량 제조로 유명합니다. Volvo Cars는 2023년에 SEK 3,993억(적용 환율에 따라 달라지지만, 2024년 초 환율 기준 한화 약 45조원 이상)의 매출을 기록하며, 전년 대비 21% 증가한 역대 최고 매출을 달성했다. 이는 글로벌 판매량 70만 8,716대와 함께 이루어진 성과로, 특히 전기차와 플러그인 하이브리드 모델의 판매 증가가 큰 역할을 하였다.

● 기존 물류 시스템의 문제점

Volvo Cars의 기존 물류 시스템은 복잡한 공급망 관리와 다양한 운송 수단 간 비효율적인 연결로 인해 운영의 효율성이 저하되고 있었다. 주로 철도 운송을 통해 납품되던 주요 부품들은 여러 운송 시스템 간의 통합이 부족하여 정보가 정확하지 않고 커뮤니케이션 오류가 빈번하게 발생하였다. 이러한 문제는 생산공장으로의 부품 납품 과정에서 운송 지연, 비용 증가, 고객 만족도 저하 등으로 이어지고 있었다.

● 부품 조달 분야 운송정보시스템(TMS) 고도화

Volvo Cars는 이러한 문제를 해결하기 위해 새로운 운송관리시스템(TMS)을 도입하였다. 새로운 시스템은 모든 운송 관련 데이터를 한 곳에서 관리하여 데이터의 일관성과 정확성을 높였으며, 실시간으로 화물의 위치와 상태를 추적할 수 있어 운송 과정에서 발생할 수 있는 문제를 즉각적으로 파악하고 대응할 수 있게 지원하고 있다. 주요 부품 납품과 관련된 운송 경로와 비용을 자동으로 최적화하여 효율성을 극대화하고 비용을 절감한다. 시스템 간 통합을 통해 커뮤니케이션 오류를 최소화하고, 다양한 운송 수단 간의 원활한 정보 교환을 지원한다.

시스템 도입을 통해 중앙 집중화된 데이터 관리가 가능해지고, 자동화된 최적화 기능을 통해 운송 경로가 최적화되고 불필요한 비용이 절감되었다고 보고되었다. 모든 운송 데이터가 통합 관리되면서 데이터의 일관성과 정확성이 향상되고, 통합 커뮤니케이션 플랫폼을 통해 시스템 간의 정보 교환이 원활해져 커뮤니케이션 오류가 감소했다. 실시간 추적 기능을 통해 공장에 보다 정확한 부품 운송 정보를 제공할 수 있게 되었다. Volvo Cars의 열차 운송 기반의 부품 조달 분야 TMS 도입 사례는 복잡한 물류 환경에서도 효율성과 비용 절감을 동시에 달성할 수 있는 좋은 예시로 평가받고 있다.

출처: Whitehouse, US Department of Transportation

3. 운송인의 선정

화주와 운송인은 서로 편익을 극대화하려 하기 때문에 이해가 상충될 수 있는 관계에 있지만, 점차 상호간에 서로 이익이 되는 방향인 윈-윈(win- win)관계로 발전되어 가고 있다. 화주와 운송인 간의 상호작용이 운송수단을 결정한다는 점은 여러 연구에서 널리 받아들여지고 있다.[3] 운송수단의 선택은 화주(shipper)와 운송인(carrier) 간 상호작용의 결과로서 이해해야 한다.

운송인(carrier)은 수송 물동량을 안정적으로 확보하기 위해서는 무엇보다도 화주에게 제공하는 운임의 안정성을 유지해야 한다. 또한 모든 운항노선과 장비 계획을 컴퓨터화하여 운영을 개선해야 하며, 이러한 기능들을 통합 자동화하여 운송수단의 이용률을 제고하고, 고객서비스를 개선하고, 신규고객 및 노선변경에 대한 영향 등의 분석이 가능해야 한다. 운송인은 또한 운송 고유의 기능을 넘어서 고객에 대한 가치를 부가할 수 있도록 하는 고객 지향적(market-oriented carriers)이 될 필요가 있다. 많은 기업들이 고객에 대한 보관시설, 재고관리, 운송관리와 같은 깊이 있는 물류서비스를 제공하고 있다. 그리고 운송인은 운송비를 절감시킬 수 있도록 투입대비 산출을 높이는 생산성을 향상시키는 노력을 해야 한다. 일반적으로 운송부문에 있어 생산성을 향상시키는 가장 쉬운 방법은 트럭이나, 항공기, 선박 등의 운송수단을 대형화하는 일이다. 운송인이 운송사의 자산활용 극대화에만 역점을 두게 되면 곧 화주에 대한 서비스 질이 떨어질 수가 있다. 고객 만족에 역점을 두고 운송 시스템을 고객의 니즈에 맞추어 나가야 한다.

화주(shipper)는 보다 양질의 운송서비스를 저렴하게 이용하기를 바란다. 이를 위해 화주는 운송목적에 부합하는 운송수단을 선택하고, 운송수단별로 적합한 운송인을 선택하게 된다. 운송수단과 운송인을 선정하는 가장 중요한 기준은 운송비용, 운송서비스의 운송시간(transit time) 및 신뢰성(reliability), 즉 빠르게 운송하되 얼마만큼 정시에 화물을 도착시킬 수 있는가 하는 능력이다. 이 밖에

---

3 Jose Holgun-Veras, et al., "An experimental economics investigation of shipper-carrier interactions on the choice of mode and shipment size in freight transport," Networks and spatial economics, Vol. 22, No. 3, 2011.

접근성(accessibility), 운송능력(capability), 일정기준 이하의 파손율 유지를 포함한 보안/안전(security), 문제 발생 시의 대처능력 등이 그 기준이다.[4]

과거에는 운송수단이나 운송인을 선정하는 데 있어 운송운임이 매우 중요한 기준이 되었다. 화주는 일정량의 화물을 고정적으로 운송 의뢰하는 대가로 낮은 운임을 보장해 주기를 원했다. 그러나 오늘날 화주는 공급사슬의 안정성이 중요한 가치가 되면서 운송인을 선정할 때 신뢰성, 서비스빈도 등 운송서비스의 질적인 측면이 더욱 강조되고 있다. 글로벌 공급사슬의 중요성이 부각되면서 운송인은 화주의 공급사슬의 일부를 담당하거나 혹은 제3자 물류서비스 제공자(3PL)로서 전체 물류서비스를 관장해야 되기 때문이다.

4. 운송운임 결정[5]

일반적으로 운송운임의 결정은 운송시장의 구조, 화주의 서비스 수요, 그리고 운송인의 운송원가에 의해 결정된다. 이 세 가지 요인은 화물이 운송되는 구간에 따라 매번 다르게 상호작용하여 운송운임이 결정된다. 특정항로나 노선에서도 운송 품목별로 운임이 다르게 결정되며, 특정 품목에 대해서도 항로별로 운임이 다를 수 있다.

1) 운송시장의 구조

운송시장의 구조는 완전경쟁시장, 독점시장, 과점시장, 그리고 독점적 경쟁시장으로 나누어 볼 수 있다. 충분히 많은 수의 매수자와 공급자가 시장에 존재하고, 그 중에 누구도 가격이나 공급에 영향을 미칠 수 있을 만큼 크지 않을 때 완전경쟁(pure competition)이 이루어질 수 있다. 산업에 대한 진입장벽이 없으며, 판매되거나 공급되는 제품이나 서비스가 거의 동질적이어야 한다. 따라서 개별기업

---

4 Bardi, Coyle, Novack, op. cit., 2006, pp. 335, 412－414.

5 Kent N. Gourdin, op. cit., 2006, pp. 111－116 참조, 보완 기술.

의 수요곡선은 수평선으로 표시된다. 즉 시장에서 결정된 가격 이상으로는 팔리지 않으나, 그 가격으로는 얼마든지 수요가 있는 한 판매할 수가 있다. 현실에서 완전경쟁시장의 사례가 많지 않으나 자원의 최적 배분에 대한 기준을 제공한다는 점에서 자주 인용된다. 운송산업에서는 벌크선 해운시장이 대표적인 완전 경쟁시장이며, 여러 나라의 도로운송부문도 완전경쟁 시장 구조를 보이고 있다.

만약 특정 재화나 서비스 공급업자가 혼자이고 그 대체재나 경쟁자가 없을 경우, 그 공급업자는 제품이나 서비스에 대한 가격을 결정하기도 하고 자신에게 유리하도록 가격을 변경시킬 수도 있다. 이러한 시장 구조를 독점(monopoly)이라 한다. 독점체제를 유지하기 위해서는 시장진입을 규제할 수 있어야 한다. 나라별로 다르지만 우리나라를 포함한 여러 나라의 철도산업, 항공산업이 이러한 독점시장을 유지하고 있다.

과점(oligopoly)은 몇몇의 대형 공급자들 간의 경쟁시장이다. 공급하는 제품이나 서비스가 동질적이고 상호 대체적이어서, 이 경우 가격결정을 할 때 서로 경쟁자들의 반응을 염두에 두어야 한다. 즉 이들 소수의 공급자들 간에 상호 의존성이라는 특성이 있는 시장이다. 이 경우 담합을 하게 되면 경쟁이 제한되기 때문에 정부에서 업체 간 담합을 규제하고 있다. 자유경쟁시장에서의 항공산업, 그리고 정기 컨테이너선 해상운송산업이 전형적으로 과점시장 구조를 보이고 있다.

독점적 경쟁시장(monopolistic competition)구조에서는 많은 공급자들이 존재하지만 공급하는 제품이나 서비스가 어느 정도 차별화되어 있다. 이 시장 구조는 완전경쟁시장처럼 공급업자의 수가 충분히 많으며, 그중 어느 누구도 시장을 통제할 만큼 크지 않다. 이 시장 구조에서는 다른 경쟁자들의 가격정책과 관계 없이 자신만의 차별화된 제품이나 서비스로 가격을 올리거나 내릴 수가 있다. 미국과 영국의 트럭운송 산업이 이런 시장구조를 가지고 있다.

2) 화주의 서비스 수요

화주의 운송서비스에 대한 수요는 파생수요(derived demand)이다. 운송이란 한쪽에서 다른 쪽까지 이송시키는 수단이지 목적이 아니기 때문이다. 즉 수송되어야 할 제품이나 상품에 대한 수요가 없다면 수송서비스에 대한 수요도 없기 때문이다.[6] 그러나 개별 운송수단에서 보면 운송시스템의 개선에 의해 유발되는 잠재적 편익에 의해 운송서비스가 유발될 수도 있는 것이다.[7] 운송서비스에 대한 화주의 수요는 운임결정에 큰 영향을 미친다. 화주에게 필요한 운송수단이 무엇인지? 그리고 화주는 운송의 대가로 얼마를 지불할 의사가 있는지? 등이 운임결정에 영향을 미치게 된다. 예를 들어 운송도중 상하기 쉬운 화물로 시장에서의 수요가 많으나, 다른 운송대안이 많지 않은 경우 화주의 지불의사금액은 수익을 초과하지 않는 한 운송인이 제시하는 수준까지 될 것이다. 그러나 반대로 수익성이 크지 않은 품목으로 운송대안도 많은 경우 화주는 가장 낮은 운송수단이나 운송인을 선택하려 할 것이다. 즉 운송수요 탄력성은 운송 품목과 운송구간에 따라 다르게 된다.

서비스가치 가격결정(value-of-service pricing)이란 구매자의 지불의사에 따라 가격을 정하는 것이다. 이 가격결정방식은 일종의 가격차별의 형태로 동일한 제품이나 서비스에 대해 구매자들을 다른 그룹으로 분리해 각각에 다른 가격을 제시하는 것이다. 보통 이러한 가격차별화가 불법이 아닌가 생각이 들겠지만 실생활에서 흔히 볼 수 있다. 극장의 요금이 시간대별로, 좌석에 따라 차별화되어 있으며, 식당에서도 점심과 저녁때의 가격을 다르게 책정하고 있다.

서비스가치 가격결정을 하기 위해서는 우선 구매자를 수요탄력도에 따라 여러 그룹으로 분류해야 한다. 운송부문에서는 화주들을 운송 화물별로 그리고 운송구간별로 세분화하게 된다. 즉 운송운임이 운송화물별로, 그리고 운송구간별로 다르게 책정된다. 따라서 동일품목 같은 양에 대해서도 운송구간별로 운임이 다르게 책정되는 것이다. 항공운송의 경우 서비스가치 운임결정 방식을 성공적으로 채택한 경우라 할 수 있다. 만약 2~3일 후에 도착해도 되는 화물을 UPS에 의뢰한 경우, 당일 혹은 익일 수송보다 낮은 운임으로 운송이 가능할 것이다.

---

6 Wayne K. Talley, op. cit., 2008, p. 77.

7 Sergio Jara-Diaz, Transport Economic Theory, 2007(輸送의 經濟理論, 勁草書房, 번역서, p. 126).

3) 운송인의 운송원가

총 원가는 고정비와 변동비로 구성된다. 고정비는 운송 물동량과 관계없이 발생하는 것으로 재산세, 건물유지관리비, 경영자 급여, 부채에 대한 이자 등이다. 변동비는 운송량에 따라 변동하는 것으로 연료비, 타이어 비용, 엔진유지관리비 등을 들 수 있다.

일반적으로 철도운송은 철도부설과 운영을 함께하는 특성으로 고정비 비중이 높은 반면, 도로운송, 항공운송, 해상운송 등은 수송을 위한 인프라시설을 사회간접자본으로 정부가 건설하고 이를 변동비화 한 시설이용료 등을 징수하고 있어 고정비 비중이 낮으며, 변동비 비중이 높다. 운송물동량이 많아지면 단위당 고정비가 낮아져, 총 운송비가 하락할 수 있다. 따라서 운송물동량의 과다에 따라 수익성에 큰 영향을 미치게 된다.

운송수단별로 보면 철도운송이 고정비가 가장 크다. 따라서 수송물량이 증가하면서 나타나는 규모의 경제 효과도 철도운송이 가장 크게 나타날 수 있다.[8]

서비스원가 가격결정(cost-of-service pricing)은 판매하고자 하는 제품이나 서비스에 대한 적합한 원가를 파악해 낼 수 있어야 한다. 일반적으로 물류원가를 정확히 파악해 내기가 매우 어려운 작업이다. 왜냐하면 기존의 재무회계 상으로는 물류비용을 집계할 수 없기 때문이다. 따라서 특별히 고안된 기준에 의해 다른 성격의 비용과 함께 발생한 비용 중 물류의 성격을 갖고 있는 비용을 특정 서비

표 10-1 운송수단별 고정비·변동비 비중

	고정비(%)	변동비(%)	비 고
도로운송	50	50	인건비와 연료비가 주된 비용
철도운송	80	20	철도레일과 터미널 비용은 고정비에 산입
항공운송	60	40	연료비와 관리비가 주된 비용
해상운송	60	40	연료비와 항만비용이 주된 비용

자료: Bard, Coyle, Novack, Management of Transportation (Thomson south-western), 2006,
pp. 145–146.

---

8 Bard, Coyle, Novack, Management of Transportation (Thomson south-western), 2006,
pp. 145–146.

스별로 배분하여 추출해 내야 하기 때문이다. 운송원가의 경우도 일반 물류비와 마찬가지로 이러한 과정을 거쳐야 하므로 서비스별로 정확한 원가를 산출하기가 어렵다.

4) 실질 운송 운임

경제적인 규제완화로 운송관리자가 운송가격과 서비스 사이에서 거래의 장점을 취하는 것이 가능하게 되었다. 예를 들면, 제품의 2일 배송은 제품의 익일 배송보다 가격이 더 싸야 한다. 요금과 서비스 협상은 미리 결정된 요율에 의해 결정되기보다는 운송관리자의 창의적 구상을 얼마만큼 수송부문이 구현해주는가에 달려 있고, 구체적인 협상에 의해 결정된다.

서비스가치 가격이 가격결정의 상한선이라면 서비스원가 가격은 가격결정의 하한선이 된다. 따라서 원칙적으로 경쟁시장에서의 가격은 이 두 가격 사이에서 결정된다. 그러나 실제로 운송운임은 이러한 경쟁시장 방식보다는 정부에 의해 결정되는 경우가 많다. 즉 운송 시설이나 수단을 정부가 소유하고 있는 경우 운송운임은 간단히 정부 고시에 의해 결정된다. 민간이 운영하는 운송수단의 경우라 해도 정부의 규제가 있을 경우 운송인이 운임을 책정해도 정부가 물가안정과 같은 다른 우선순위의 정책으로 재검토하여 수정하게 된다. 이런 경우 화주는 운송의 대가로 지불하는 금액에 대해 거의 통제를 할 수가 없게 된다.

운송시장이 글로벌화하고 경쟁시장화함에 따라 사전에 결정된 공시운임에 의존하기보다는 화주와 운송인 간의 협상에 의해 운임이 결정되는 경우가 많아지고 있다. 보통 화주가 일정기간 동안 특정항로에서 일정물량 운송위탁을 보증하게 되면, 운송인은 화주에게 그에 상응한 낮은 운임을 보증하게 된다. 이렇게 함으로써 화주는 운송비를 절감할 수 있으며, 운송인은 안정적 운송계획을 수립할 수 있어 원가를 낮출 수 있다.

해상운송 운임의 경우 벌크선 같은 부정기선은 일반적으로 컨테이너선인 정기선보다 더욱 해운시황에 따라 가변적으로 움직인다. 일반적으로 선적되는 화물의 중량 톤당, 혹은 큐빅미터당 운임으로 표시된다. 세계 해운시장의 수요와 공급에 의해 선박별, 화물별 운임이 결정되며, 거의 완전경쟁 상태에서 결정된다.

이에 비해 컨테이너선은 선주와 화주 간의 사적 계약으로 운임이 결정되기 때문에 외부에 공표되지 않는다. 따라서 동일항로에서 선사별로, 화물별로 차이가 발생할 수 있다. 항로별로 운임이 다르고, 한 항로의 왕항과 복항 간에도 운임 차이가 크게 발생한다. 보통 적재되는 화물에 관계 없이[9] 컨테이너 한 개당 운임[10]으로 표시된다. 이 기본요금에 각종 할증료가 부가되는데 중요한 것이 유류할증료(bunker adjustment factor: BAF)와 통화할증료(currency adjustment factor: CAF)이다. 선주들은 벙커유가 상승분을 수입업자의 비용으로 전가하려는 것이 유류할증료이다. 그러나 실제로 유류할증료를 부과해도 유가상승분의 많은 부분은 선사가 부담하는 경우가 많다. 왜냐하면 시황이 하락국면에 있거나, 공급과잉으로 인해 운임이 낮은 상태에서는 유가할증료를 부과해도 100% 화주가 받아들이지 않는 경우가 많기 때문이다. 통화할증료는 환율변동이 심해 자국화에 비해 달러가치가 하락하게 되면 자국화로 환산한 운임수입이 크게 줄어들기 때문에 이를 조정해주는 할증료이다.

5. 운송관련 서류

운송과 선적에 관련된 서류작성은 중요한 물류정보의 하나이다. 운송 관계서류는 만약 어떤 것이 잘못됐다면 법적구제뿐만 아니라, 무엇이, 어디로, 그리고 얼마나 운송되고 있는지에 대한 정보를 제공하게 된다. 운송부서는 회사의 제품을 운송하는 데 필요한 모든 서류를 갖추는 책임이 있다. 오늘날, 많은 운송업체는 선적업체가 흔하게 사용되는 모든 서류를 소프트웨어를 이용하여 작성한다.

1) 선하증권

가장 중요한 운송서류는 선하증권(Bill of Lading)이다. 선하증권은 제품이 운

---

9 FAK(Freight All Kinds) rates를 의미.
10 Box rate라고도 함.

송업체에 인도될 때 운송화물의 수령 또는 선적을 인증하고, 그 물품의 인도청구권을 문서화한 증권이다.

일정 운송물의 선적 또는 수취를 인증하고, 또 지정항에서 그 운송물을 증권의 정당한 소지인에게 인도할 것을 약정하는 유가증권이다. 육상운송의 경우 화물상환증에 해당된다. 운송물의 수령 후 선적 전에 발행하는 것을 수령선하증권, 선적 후에 발행하는 것을 선적선하증권이라고 하며, 우리 상법은 선하증권에 관한 통일조약에 의하여 이 두 가지를 인정하고 있다. 즉 선하증권에 기재된 화물은 운송업체가 화물을 받았다는 선적업체의 법적 증거이다. 선하증권은 구속력이 있는 계약인데, 운송업체와 선적업체 모두의 의무와 책임을 명시하고 있다.

해상운송인이 운송물을 수령하였거나 선적하였다는 것을 증명하고, 이를 양륙항에서 그 정당한 소지인에게 인도할 것을 약정한 유가증권을 말한다. 운송계약이 성립된 후 송하인이나 용선자의 청구에 의하여 발행(상법 제813조)하는 것이지만, 운송계약서로서 발행되는 것은 아니다. 그러나 운송계약의 내용이 앞뒤에 상세하게 기재되어 있기 때문에 선하증권은 운송계약서처럼 이용되고 있다. 우리나라의 상법은 선하증권과 관련하여 화물상환증과 공통되는 사항에 대해서는 편의상 육상운송의 규정을 준용하도록 하고 있다.

선하증권은 수하인(consignee)이 특정되어 있는가 아닌가에 따라 기명식 선하증권(straight B/L)과 지시식 선하증권(order B/L)의 2가지로 대변된다. 기명식 선하증권이라 함은 지명된 수하인 앞으로 발행된 선하증권을 말하는 것인데, "또는 그 지시인"(or order)이라는 추가문언이 없기 때문에 양도가 불가능(non-negotiable)하여 제3자 앞으로 배서하여 양도할 수 없는 증권이다. 그러므로 기명식 선하증권이 발행된 화물의 소유권이전은 일반채권의 양도방식에 따를 수밖에 없다. 지시식 선하증권은 '송하인이 지시하는'(to the order of shipper), 또는 '수하인이 지시하는'(to the order of consignee) 사람에게라는 형식을 취하고 있어서 양도가 자유로운 선하증권이다.

화물의 인도지시서(D/O: delivery order)를 수령하기 위해서는 그것과 상환으로 선하증권의 정본(original B/L) 1통을 제시하여야 한다. 다만 증권에 기재된 양륙항 이외의 곳에서 화물을 인도받기 위해서는 발행된 선하증권 전부를 제출하여야 한다. 화물을 대표하는 선적서류(shipping document), 즉 선하증권, 보험증권, 송장 및 기타 통관절차에 필요한 여러 서류가 담보로 붙어 있는 어음을 화환어음(documentary bill)이라고 하는데, 성하인은 거래은행으로부터의 할인으로 대금을 회수하며, 거래은행은 양륙지에 있는 수하인의 거래은행으로 선하증권을 보내, 수하인으로 하여금 어음의 대금을 지급하고 선하증권을 찾아가도록 조치한다. 이 경우 선하증권은 대금에 대한 담보기능을 한다.

2) 운임 청구서

운송관리자가 알아야 하는 또 다른 기본 서류가 운임 청구서(freight bill)이다. 이는 운송인이 운임지불을 요청하기 위해 발행하는 송장(invoice)이다. 운송관리자는 발행하기 전에 각각의 운임 청구서를 승인해야 한다. 운송서비스에 대해 비용을 과잉으로 청구하는 일들을 감시해야 한다.

3) 기타 서류

국제 선적을 위한 문서중 주요한 것은 원산지 증명서, 상업송장 등이 있다. 원산지 증명서(certificate of origin)는 제조업체의 위치를 입증하기 위해 서류로 수출업체는 제조원산지 나라를 열거해야 한다. 상업송장(commercial invoice)은 전체 운송을 요약하고 상품 명세서, 매매와 지불 조건, 선적량, 선적 방법, 기타 등을 포함한다.

11
해상물류

운송부문에서 가장 중요한 해상운송에 대해 살펴본다. 해상운송은 매우 실무적인 분야로 쉽게 그 내용을 파악하기가 어렵다. 여기서는 부정기선과 정기선으로 나누어 해상운송을 설명한다. 그중에서도 국가 간 교역, 글로벌 물류와 큰 관련이 있는 컨테이너 운송에 대해 이해해야 한다.

경쟁심화의 환경에서 컨테이너 운송업체가 생존을 하기 위해서는 첫째, 화주기업이 요구하는 종합물류서비스를 제공할 수 있어야 한다. 또한 운송원가를 하락시키기 위해 초대형 컨테이너선을 계속 건조할 수밖에 없다. 이번 장에서는 이러한 컨테이너 운송을 중심으로 한 해상물류의 전개에 대해 살펴본다.

1. 해상운송

국제물류에서는 해상운송에 의존하는 비율이 매우 높다. 국제운송은 대부분 장거리 운송으로 이 점은 항공운송과 같으나, 해상운송은 대량성과 저렴성의 특징을 가지고 있다. 해상으로 운송되는 화물은 크게 나누면, 벌크화물과 컨테이너화물이 있다.

2. 컨테이너 해상운송과 공급사슬

정기선 기업체들은 복합운송, 포워딩, 통관업무, 창고, 배송 등 글로벌 물류의 필요요건을 갖추어야 한다. 이렇게 됨에 따라 컨테이너 운송업체는 단순한 해상운송 업체에서 물류서비스 제공자로서의 종합물류 업체로 바뀌기 시작했다. 화주에게 부가가치를 제공해줄 수 있는 서비스야말로 21세기의 해상컨테이너물류라고 할 수 있다.

3. 글로벌리제이션과 경쟁심화

조달, 생산, 판매의 국제화로 요약할 수 있는 글로벌리제이션에 의해 가격과 서비스 경쟁이 심화되면서 화주의 물류비 절감이 경영의 핵심으로 부각되었다. 이들 화주들은 물류비 절감의 핵심으로 운송 중 물류활동인 부가가치 물류를 통해 물류비 발생을 상쇄하고 또한 물류비 비중이 가장 큰 해상운송비에 대한 절감노력을 하게 되었다.

4. 초대형 컨테이너선 시대

주요 선사들은 초대형선을 건조하여 선박건조비와 운항비의 단가를 낮추는 규모의 경제를 추구할 수밖에 없게 되었다. 이 외에도 화주들의 다양한 수요에 부응하기 위해 전세계적인 운송네트워크를 구축해야 하고 문전수송을 위해 내륙운송시스템도 함께 구축해야 하는 자금적인 부담 때문에 선사 간에 전략적 제휴를 할 수밖에 없는 상황에 이르렀다.

5. 화주위주 해운정책

화주위주의 자유경쟁시장 정책으로 선사 간 파멸적 경쟁으로 운임이 더욱 하락하고 있고, 수익성이 악화되어 시장에서 도태되거나 아니면 흡수합병으로 독과점이 되는 요인이 되고 있다.

1. 해상운송

국제물류에서는 해상운송에 의존하는 비율이 매우 높다. 국제운송은 대부분 장거리 운송으로 이 점은 항공운송과 같으나, 해상운송은 대량성과 저렴성의 특징을 가지고 있다. 해상운송은 운송되는 화물을 기준으로 벌크화물(bulk cargo)을 수송하는 부정기선(tramper) 운송과 컨테이너화물(containerized cargo)을 수송하는 정기선(liner) 운송으로 나누어 볼 수 있다. 부정기선 운송은 다시 드라이 벌크선과 유조선으로 나누어진다. 2011년 기준으로 드라이 벌크선과 유조선, 컨테이너선은 각각 36억 톤, 27억 톤, 15억 톤을 운송하였다.[1] 이 중에 컨테이너선 운송이 세계 무역 흐름의 핵심역할을 수행하고 있다. 2010년 기준으로 1억 4,000만TEU의 컨테이너 운송이 이루어졌고, 이 중 90%가 해상운송이 담당하였다.[2]

세계 무역혁명에 해운이 기여한 것 중 하나가 해상 운송비가 저렴하다는 것이다. 석탄과 석유 운송비가 2003년 이후 급격한 해운경기 붐 이전인 1990년대와

---

1 Robert Wright, "Hard Astern," Financial Times, December 22, 2011.

2 Forest L. Reinhardt, Ramon Casadesus—Masanell, Fredrik Nellemann, "Maersk Line and the Future of Container Shipping," Harvard Business School, June 1, 2012.

비교하면 50년 전보다 오히려 낮다. 1950년대에 북미동안에서 일본으로 수송된 석탄 수송비는 톤당 8달러였다. 1947~2006년의 50년 동안 평균 운송비는 톤당 12.30달러였다. 석탄 운송비가 가장 저렴할 때는 1972년에 톤당 4.5달러에 불과했고, 가장 비싼 때는 2004년으로 톤당 44.8달러였다. 호황이었던 2006년 기준으로 석탄운송비는 톤당 32달러였다. 원유 운송비도 같은 기간 동안 배럴당 0.5~1달러 정도를 유지했다. 운송비가 가장 높았던 때는 2004년으로 배럴당 3.37달러까지 상승하기도 했다. 그러나 2002년에는 운송비가 배럴당 0.8달러로 떨어졌고, 2006년에는 2.2달러를 보였다.[3]

1) 부정기선 운송

석유, 철광석, 석탄, 곡물 등은 선박에 벌크로 실어서 운송되기 때문에 벌크화물이라 부른다. 이들은 유조선, 벌크선 등의 부정기선(tramper)으로 한꺼번에 대량 운송되고 있다. 화물의 운임 부담력이 낮기 때문에 운임은 대부분이 저렴하다. 부존자원이 적은 우리나라는 에너지 자원을 비롯한 제철원료, 식량을 많이 해외에 의존하고 있다.

보통 벌크(bulk)화물은 '단위비용을 줄이기 위해서 화물을 대량으로 해상운송수단을 통해 운송하는 모든 화물'로 정의한다. 벌크화물은 원유 및 석유제품, 5대 건화물, 그리고 소량 건화물(마이너 벌크)로 나누어 볼 수 있다.

5대 건화물 중 철광석과 석탄은 제철의 원자재이고 철은 건축물, 자동차, 선박, 기계, 산업 생산품에 사용되는 기본 자재이다. 현대의 주식은 빵과 고기로서 이 두 가지를 위해 밀과 잡곡이 주류를 이루는 곡물의 대량운송이 필요하다. 보크사이트와 알루미나는 현대 사회의 두 번째로 중요한 금속인 알루미늄 제조의 원료이고 인광석은 작물 생산의 비료로 쓰인다.

벌크 해운 시장에서 보다 복잡하고 다양한 것이 소량 건화물 교역일 것이다. 원자재 또는 반가공품 형태로 전량이 또는 일부가 벌크의 형태로 선적되고 있는데 주로 철강 제품들, 임산물, 설탕, 비철 금속광석, 비료 그리고 스크랩과 선철 같은 산업 자재, 쌀 등이 포함된다.

---

3 Martin Stopford, Maritime Economics, 3rd ed. (Routledge), 2009, p. 73.

부정기선은 운송수요에 따라서 세계 각지에 항로를 바꾸어서 취항하는데, 에너지원이나 제철원료는 반영구적으로 공급이 필요하기 때문에, 최근에는 특정한 항로를 운항하는 형태를 갖는 것이 많아지고 있다. 원유는 보통 초대형 유조선(VLCC)으로 운송이 되며, 철광석과 석탄은 10만톤(DWT) 이상의 대형 케이프사이즈선박으로, 곡물과 석탄은 6~8만톤급인 파나막스선박으로, 그리고 소량 건화물은 6만톤 미만의 핸디막스 또는 핸디사이즈선박으로 운송된다.

2) 정기선 운송과 컨테이너화(化)

부정기선 서비스가 운송수요에 따라서 항해할 때마다 화물수송 항로와 운송시간이 바뀌는 운항형태임에 반해서, 정기선(liner) 서비스는 고정된 항로(fixed itinerary)를 규칙적으로 선박운송서비스를 제공하는 것으로, 모든 화주로부터 화물수령을 받아들여야 하고, 화물이 만재여부와 관계없이 공표된 스케줄대로 운항하는 서비스를 말한다.[4] 또한 정기선서비스는 공표한 운임으로 화물을 운송하게 된다. 정기선이 운송하는 화물은, 제품/반제품을 중심으로 한 공업제품이 주가 되며, 부정기선박에 비해서 운임은 높다. 운송량은 부정기선에 비해서 적지만, 항공운송화물량과는 비교가 되지 않을 정도로 많다.

정기선 분야에서는 오랜 기간 동안 본선의 크레인으로 선창으로 혹은 선창에서 화물을 싣고 내리는 하역방식을 해왔고, 연간 주행일수와 정박일수가 반반이 되는 비효율적인 운항이 이루어져 왔다. 1960년대 중반이 되면서 컨테이너선에 의한 정기운송이 시작되었고, 컨테이너화(containerization)로 불리는 화물의 유닛화와 하역의 기계화가 항만에서의 정박시간을 단축하였으며, 정기선운항의 효율성을 높이게 되었다. 이 운송형식은 급속히 세계로 퍼졌으며, 지금 정기항로는 컨테이너운송이 주류를 이룬다. 기존 재래정기선에 의해 운송되던 화물을 컨테이너에 적입하여 운송하는 컨테이너화의 진전에 따라 대부분의 정기선화물은 컨테이너 화물로 변화하게 되었다.

컨테이너의 등장으로 해상운송뿐만 아니라 세계 경제활동이 크게 변화했다. 이와 같은 사실은 마크 레빈슨의 '컨테이너 이야기(The Box)'가 일반인에게도 큰

---

4 위의 책, p. 512.

인기를 끌면서 널리 인식되고 있다. 컨테이너 덕분에 물류비용이 크게 낮아지자, 글로벌 생산업체들은 지가와 인건비가 낮은 국가로 생산거점을 옮기게 되었다. 소비자들은 더 싼값에 더 좋은 물건을 구입할 수 있게 된 것이다. 컨테이너 덕분에 세상은 더 가깝고 좁아지면서 세계경제는 더 커진 것이다. 이처럼 1956년에 말콤 맥린[5]에 의해 시작된 컨테이너화는 지난 50년간 물류혁명과 글로벌리제이션에 일조하였다.

스웨덴의 룬드대학에서 2013년 2월에 발행한 "세계 무역의 컨테이너 혁명의 영향 분석"이란 논문에 따르면, 컨테이너화가 세계 무역증대에 미친 영향을 숫자로 분석해 볼 수가 있다. 컨테이너화에 의해 1962년부터 5년간 국가 간 무역은 무려 320%나 증가하였다. 그리고 이후 20년 동안에도 790%나 증가했다. 이는 지난 20년간 양국간 상호무역협정에 따른 무역 증가율 45%나 GATT(관세 및 무역에 관한 일반 협정) 등 다자간 무역협정에 따른 무역 증가율 285%보다 월등히 큰 것으로 분석되었다.

이러한 이유는 비용과 시간의 단축에 의한 생산성 향상으로 볼 수 있다. 선적비용은 기존 방식에 의하면 톤당 5.83달러였으나, 컨테이너 도입 후에는 톤당 0.16달러로 크게 절감되었다. 그리고 선적 생산성도 기존방식에 의하면 시간당 1.7톤에 불과했으나, 컨테이너 도입 후 시간당 30톤 이상 선적이 가능해졌다. 이에 따라 선박의 항만체류시간이 줄어들면서 선박대형화, 항만대형화를 가져오는 계기가 된 것이다. 결국 더욱 값싸게 대량으로 운송하고 하역할 수 있는 물류혁명이 이루어진 것이다.

역사적으로 보면 해운에서 컨테이너 시스템을 도입하면서 만들어 낸 혁신은 선박 이외에도 장비, 항만 터미널, 내륙연계 복합운송 등 여러 분야에서 일어났다. 1950년에 미국의 맥린(Mclean Industries)사가 유조선을 개조한 선박(Ideal X)으로 컨테이너 연안서비스를 최초로 시작하였고, 3년 후에 알래스카 스팀십(Alaska

---

5 2007년 5월 '포브스'지에서는 '20세기 후반 세계를 바꾼 15인'이란 기사에서 말콤 맥린 (Malcolm P. Mclean)을 15인 중 한 사람으로 선정한 바 있다. 말콤 맥린은 컨테이너를 발명한 사람은 아니었지만 오늘날 컨테이너의 구조와 쓰임새 그리고 운송시스템을 처음으로 개척한 운송사업자였다. 그는 부두의 크레인이 트럭의 트레일러 부분을 통째로 들어 올려 선박 위로 옮길 수만 있다면, 그리고 이 철제상자를 선박, 트럭, 기차에 자유롭게 실어 이동할 수 있다면 얼마나 효율적이겠느냐는 생각을 해내고, 이를 현실화한 개척자였다.

Steamship)은 재래화물선으로 첫 번째 컨테이너 수송서비스를 시작하였다. 이어서 1958년에 맷슨(Matson Navigation)사가 하와이까지 컨테이너 운송서비스를 하였고, 시랜드(Sea-Land)사가 1957년에 풀 컨테이너선을 처음으로 건조하고 운영하였다. 이후 10년 후 1966년 5월에 북유럽 로테르담까지 컨테이너 원양서비스가 개시되었다.[6]

아시아, 북미, 유럽의 3개의 극을 잇는 정기항로는 3대항로로 불려왔지만, 아시아지역이 적극적으로 외국투자를 도입하고, 외국기업의 현지생산기점이 촉진되면서 역내무역이 활성화됨에 따라, 아시아발착 3항로인 아시아~북미항로, 아시아~유럽항로, 및 아시아역내 항로가 세계 3대 항로로 자리 잡게 되었다. 즉 아시아 역내항로가 북미~유럽의 대서양항로의 화물의 운송량을 능가하게 된 것이다.

또한 컨테이너 정기선사들이 글로벌 서비스의 구축을 기본방향으로 하면서 컨소시움 등 전략적 제휴가 확산되고 있다. 주요 선사들은 기존의 선대 및 조직으로는 단시일에 전 세계에 걸친 서비스망을 구축하는 것이 현실적으로 불가능하기 때문에 타 선사와의 다각적인 전략적 제휴를 통해 이를 조기에 달성하는 방안을 추진하기 시작하였다. 정기선에서의 제휴는 다양한 형태를 취하지만, 가장 두드러진 형태는 전략적 또는 글로벌 제휴로 알려진, 해운업에서 상대적으로 새로운 형태의 협력계약이다.[7] 이러한 협정은 1990년대 중반에, 글로벌 규모의 멤버들 간에 협력을 체결하기 위한 목표를 가지고 형성되었으며, 특정 주요한 글로벌 루트에서 해상운송업자들의 협력을 포함한다.

전략적 제휴는 글로벌 규모에서 선박, 터미널, 슬롯 등의 공유를 포함한 특정 항로에 대해서 선박의 이용과 활용의 협력을 목표로 한다. 해상운송에서의 전략적 제휴는 공동판매, 마케팅 또는 가격 조작, 자산의 공동소유, 수익/손실의 공유 또는 공동출자, 그리고 공동관리 및 운영기능은 포함하지 않는다. 제휴 멤버십은 회원들의 비회원 운송업자사용에 대해 제재를 가하며, 보통 5년의 계약기간동안 소유권의 변화와 철회에 관해 구체적인 조항을 적용한다. 전략적 제휴는 가격

---

6 David Hummels, "Transportation Costs and International Trade in the Second Era of Globalization," Journal of Economic Perspectives, Vol. 21, No. 3, 2007, pp. 131-154.

7 Photis M. Panayides, Robert Wiedmer, "Strategic alliances in container liner shipping," Research in Transportation Economics, Vol. 32, 2011, pp. 25-38.

결정이 목표가 아니라, 회원들의 서비스 역량을 하나로 완전 통합하는 데 목표가 있다.

2. 컨테이너 해상운송

1) 물류서비스 제공자

컨테이너 해상 물동량이 크게 증가하게 된 주된 요인은 제조업체의 해외거점 설치 때문이라 할 수 있다. 국내중심의 부품공급과 제품제조 과정이 해외로 확대되면서 해외 부품공급과 해외 제품제조로 이어지고, 글로벌한 물류관리의 필요성이 강화되면서 글로벌 물류의 중요성이 부각되었다. 다시 말하면, 글로벌 제조업체는 원재료의 조달, 생산거점, 제품판매지라고 하는 세 공간 사이에서, 물류를 어떻게 관리할 것인가 하는 문제가 기업경쟁력을 좌우하는 요인이 된 것이다. 즉 글로벌 물류가 가격이나 품질과 함께, 제품의 국제경쟁력을 결정짓는 중요한 요소가 된다고 인식되기 시작한 것이다.

국내에서 제품 디자인 이루어지고, 해외에서 그 제품을 생산하고, 선진국에 그 제품을 판매하는 등의 광범위한 글로벌 물류전개에 대해서, 신속하고 정확하게 대응할 수 있는 운송체제가 필요해졌다. 그 결과 원재료나 부품을 해외까지 신속하게 운송하기 위한 주문, 납기시간(leadtime)의 개선이 이루어져야만 했다.

세계 컨테이너 운송기업들도 이 새로운 변화에 신속하게 대응할 필요가 발생했다. 제조업자에 의한 생산거점의 해외이전은 복합일관운송(intermodal)을 활용하는 글로벌 물류의 필요성을 강화시켰다. 1980년대 중반 이후 제조업자는 컨테이너 운송 업체에게 이러한 글로벌 물류를 해주도록 바라게 된 것이다. 정기선 기업체들은 복합운송, 포워딩, 통관업무, 창고, 배송 등 글로벌 물류에 필요요건을 갖추어야 한다. 이렇게 됨에 따라 컨테이너 운송업체는 단순한 해상운송 업체에서 물류서비스 제공자로서의 종합물류 업체로 바뀌기 시작하였다.

그렇다면 정기선기업은 어떤 물류기능을 전개하면 제조업자의 요구에 맞는 서비스를 제공할 수 있는 것일까? 정기선 업체들이 종합물류업체로 변신하기 위

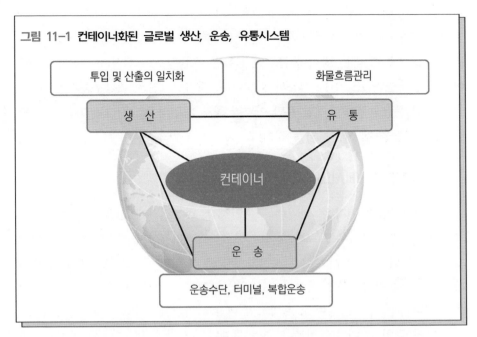

그림 11-1 컨테이너화된 글로벌 생산, 운송, 유통시스템

투입 및 산출의 일치화

화물흐름관리

생 산

유 통

컨테이너

운 송

운송수단, 터미널, 복합운송

자료: Notteboom, Theo and Jean-Paul Rodrigue, "The future of containerization: perspectives from maritime and inland freight distribution," GeoJournal, Vol. 74, 2009, pp. 7 – 12.

해서는 다음과 같은 조건을 갖추어야 할 것이다. 첫째는 수요와 공급의 관계에 대한 세밀한 분석이 필요하다. 제조업자의 생산과 소비자의 수요를 파악하는 것은 물류서비스의 기초가 되는 활동이다. 둘째는 기업의 재고관리에 대해서 가능한 한 낭비가 발생하지 않도록 세심한 노력을 할 수 있어야 한다. 셋째는 최종소비자에 줄 수 있는 만족도를 가능한 한 높이는 것이다.

제조업자는 수요를 상회하는 제품을 생산하여 상품의 부족을 방지할 필요가 있다. 제품이 부족하면 기존의 고객들이 다른 경쟁 제조업체로 이행할 가능성이 높기 때문이다. 정기선 업체도 고객 요구에 맞는 운송 서비스를 제공하기 위한 운송 수요량 이상으로 공급능력(capacity)을 늘리는 경우가 있다. 이렇게 되면 제조업자는 재고가 늘어나게 되고, 정기선업체는 컨테이너선의 공급능력 과잉사태가 발생하게 되고, 나아가 운임하락의 문제로 이어질 수 있다. 이러면 물류의 본래의 목적에서 벗어나는 사태가 발생한다. 제조업자도 정기선기업도 수요의 균형을 유지하는 것이 매우 어려운 과제이나 그렇다고 해서 이 점을 무시해서는 효율적인 물류의 전개는 불가능하게 된다.

이를 가능케 하는 방법이 글로벌 물류를 효율적으로 개선하기 위해서 만들어진 공급사슬관리(SCM)를 적용하는 것이다. 정기선기업은 해상운송과 내륙운송을 조합한 운송활동을 전개할 뿐만 아니라 화주 기업의 공급사슬관리에 부응하는 종합물류기능을 제공해야 되는 것이다.

2) 경쟁시대에서의 운송서비스

정기선기업의 전략은, 과거에는 운임경쟁, 비용절감에 집중해 왔다. 그러나 21세기의 정기선기업은 글로벌 물류나 공급사슬관리에 부응해야만 생존할 수 있게 되었다. 화주의 요구에 맞춘 부가가치가 높은 서비스를 제공할 필요가 있다. 정기선시장의 경쟁격화로 컨테이너 선박의 운임은 장기적으로는 계속 낮은 수준을 벗어나기 어려운 실정이다. 선박과잉 현상과 컨테이너선의 초대형화의 추세는 변하지 않고 있다. 태평양 항로나 유럽 항로에서 선박과잉이 해소될 조짐이 보이지 않는다. 동맹기능의 약화로 운임의 조정은 현실적으로 어려워졌으며, 자율적으로 바꿀 수 있는 것은 비용밖에 없다. 그 결과 낮은 비용을 추구하게 되고, 선박 대형화와 경쟁선사 간 전략적 제휴를 지향할 수밖에 없다.

21세기에서는 이와 같은 운임을 중심으로 한 행동이 아닌, 부가가치를 중심으로 한 행동도 필요하다. 글로벌화에 따라 화주의 요구에 대응한 종합물류전략이 필요한 것이다. 종합물류 대책으로서 필요한 것은, 화주의 물류거점의 세세한 부분까지를 감안하여, 화주에게 신뢰도가 높고 정확한 물류서비스를 제공하는 것이 필요하다. 터미널 운영이나, 피더(feeder) 서비스의 강화도 필요하다. 다양한 화주의 요구에 대응하기 위해서 대형 컨테이너선 회사는 글로벌 네트워크의 구축을 위해 노력할 필요가 있다. 해상운송부문에서 양질의 서비스를 제공하고, 육상부문에도 진출하여 서비스의 차별화를 도모하는 노력이 필요하다. 효율성이 높은 서비스를 제공할 수 없다면, 물류비용의 절감은 힘들다. 화주에게 부가가치를 제공해줄 수 있는 서비스야말로 21세기의 해상컨테이너물류라고 할 수 있다. 세계적인 컨테이너 운송업체의 대부분은 이미 종합물류서비스 제공 기업으로 화주기업을 위한 공급사슬관리 전략을 전개하고 있다.

3. 해상물류와 공급사슬

　화주들은 다국적 생산과 분배활동의 발전으로 이룬 글로벌리제이션으로 인해 공급사슬상의 시간과 장소의 조정을 해야 하기 때문에 좀 더 나은 물류 활동을 전개해 나가지 않을 수 없다. 공급사슬관리(SCM)는 단지 이익의 원천이 아니라 공급사슬 안에서 활동하고 있는 화주, 해운 혹은 내륙 운송업자, 포워더 혹은 물류 전문가들에 의해 공급사슬이 조절되는 것이다.[8] 오늘날 글로벌 운송업자들은 그들이 운영하는 글로벌 네트워크의 장점에 의해 운송사슬 안에서 중요한 역할을 하고 있다.[9] 나아가 컨테이너 운송업체가 삼자물류업자로 활동할 수 있는 기회까지 가지게 되었다.[10]

　우선 해운물류를 이해하기 위해 선박 물류(vessel logistics)와 컨테이너 물류(container logistics), 그리고 화물운송 물류(freight logistics) 사이의 명확한 구별이 이루어져야 한다.[11] 선박물류는 선박 이용률의 최대화와 관련되며, 선사의 핵심 사업이다. 두 번째 컨테이너 물류는 컨테이너 용기의 관리와 조절을 하는 것이다. 이는 해운물류의 중요한 부분이며, 선사는 컨테이너 용기 재배치(repositioning)와 관련되는 업무이다. 세 번째 화물운송 물류는 공급사슬 내에서 상품을 관리하고 조직화하는 것으로, 이는 단순히 운송 서비스를 제공하는 것 이상이라고 할 수 있다.

　선사들이 수직적 통합을 통해 화주의 물류체인 최적화에 부응하고자 하는

8 Heaver, T. D., "The evolving roles of shipping lines in international logistics," International Journal of Maritime Economics, Vol. 4, 2002, pp. 210−230.

9 Slack, B., Comtois, C. and McCalla, R., "Strategic alliances in the container shipping in−dustry: a global perspective," Maritime Policy & Management, Vol. 29, No. 1, 2002, pp. 65−66.

10 McConville, J. and A. Morvillo, International Maritime Transport Perspectives (London/New York: Routledge), pp. 191−120.

11 Antoine Fremont, "Shipping Lines and Logistics," Transport Reviews, Vol. 29, No. 4, July 2009, p. 538.

추세 역시 이 세 가지 물류로 구분하여 살펴보아야 한다. 수직적 통합에 화물운송 물류가 포함되지 않는다면 선박물류와 컨테이너물류만의 수직적 통합의 시너지 효과를 얻지 못할 수도 있기 때문이다.

지난 40년 동안 컨테이너운송이 크게 증가해온 것은 4가지 중요한 이유가 있다. 첫 두 가지 이유는 컨테이너선의 크기가 계속 대형화하면서 항만 화물취급 효율성 증가와 단위당 운송비용의 감소가 가능해졌다는 것이다.[12·13] 이러한 해상운송의 발전은 선사들의 항만 간 운송비용을 줄일 수 있는 규모의 경제가 가능해졌기 때문이다. 세 번째 이유는 컨테이너 복합운송(intermodal)으로 문전수송(door-to-door) 서비스가 가능해진 것이다. 복합운송은 내륙운송 네크워크에 해상운송을 연계함으로써, 선사가 글로벌 규모의 Hub & Spoke 네트워크를 형성할 수 있도록 해주었다.[14] 네 번째 이유는 엄밀히 말하면 운송분야 밖의 물류서비스로의 발전이다. 이 같은 해운의 물류서비스 진출은 컨테이너 운송은 화주가 정한 시간 내에 신뢰할 수 있는 배송이 이루어지도록 하는 적시(JIT)시스템의 한 부분이기 때문이다. 특히 컨테이너 운송에서 중요한 것이 한 개의 컨테이너에 몇 개의 다른 화주 화물들을 함께 적입 운송하는 LCL(less then container load)화물을 처리해야 한다는 점이다.

운송비용의 감소, 글로벌 네트워크, 물류서비스의 발전, 높은 수준의 정보시스템으로 국제적인 수준의 생산성과 물류활동을 원하는 화주의 요구를 대부분 만족시킬 수 있다. 화주의 기대를 만족시키기 위하여 선사들은 컨테이너 수송으로 얻게 된 기회들을 발전시킬 수 있어야 한다.[15] 컨테이너 수송은 규모의 경제, 범위의 경제를 통해 화주가 물류활동을 하면서 이익을 얻을 수 있도록 해준다. 선사

---

12 Cullinane, K. P. B. and Khanna, M., "Economies of scale in large container ships," Journal of Transport Economics and Policy, Vol. 33, No. 2, 1999, pp. 185－198.

13 Cullinane, K. P. B. and Khanna, M., "Economies of scale in large container ships: optimal size and geographical implications," Journal of Transport Geography, Vol. 8, No. 3, 2000, pp. 181－195.

14 Hayuth, Y., Multimodal freight transport, in: B. Hoyle and R. Knowles(Eds.), Modern Transport Geography (London: Belhaven), 1992, pp. 200－214.

15 Kuipers, B., The end of the box? in: H. Leggate, J. McConville, and A. Morvillo(Eds.), International Maritime Transport Perspectives (London/New York: Routledge), 2005, pp. 215－219.

들은 해운물류의 가교역할로 그들의 범위를 제한할 수도 있지만, 물류 사슬의 처음에서부터 마지막 단계까지 부분적으로 혹은 전체적인 역할을 지휘할 수도 있다. 후자의 경우 선사는 물류 리더가 될 수 있을 것이다.

사례 11-1 Maersk사의 'Daily Maersk'서비스의 의미

세계 최대 정기선 업체인 머스크라인사는 2011년 10월부터 아시아-유럽 항로에서 새로운 서비스인 "데일리 머스크(Daily Maersk)"를 시작하였다. 머스크의 이 서비스는 CY(컨테이너 야드)에 반입에서 인도까지 총 운송 기간(Transit time)에 초점을 맞춘 것으로 100%의 정시 배달을 가능하게 할 수 있다는 장점을 내세우고 있다. 불확실성이 높은 해상수송에서 이러한 운송시간을 보장한다는 것은 기존 서비스 한계를 깨는 시도로 지금까지의 정기선 업계의 상식을 넘는 혁신적인 실험으로 평가되고 있다.

"데일리 머스크"는 정요일 서비스(정해진 요일에 본선 기항) 여부와 상관 없이 언제든지 컨테이너 화물을 CY에 반입하기만 하면 정해진 총운송기일 내에 상대국 CY에 인도해주는 이른바 "벨트 컨베이어"와 같은 개념인 것이다. 서비스 대상은 유럽 서향항로(아시아에서 북쪽 유럽향)이며, 아시아 측은 4개 항만(닝보, 상하이, 엔티안, 탄중팔레파스)에서 북유럽 3개 항만(로테르담, 훼릭스토어, 브레머하벤)으로 향하는 12항로이다. 예를 들어 닝보에서 북유럽 3개 항만으로 향하는 항로의 경우 CY 반입부터 유럽항만 CY인도까지 총 운송일수가 36일로 정해져 있다. 화주입장에서 보면 CY에 컨테이너를 반입하기만 하면 인도일을 알 수 있기 때문에 글로벌 공급사슬상 운송의 불확실성을 거두어 낼 수 있는 것이다.

컨테이너 수송은 지연 등의 이유로 운송시간의 불확실성이 높은 것이 사실이다. 유럽항로에서 움직이는 컨테이너 중 44%가 어떤 형태로 지연하고 있다고 한다. 특히 공장으로 공급되는 부품의 경우 수송이 늦으면, 그것이 비록 하루라 하더라도 그 파급금액은 매우 크다. 따라서 최근에는 각사 모두 정시성을 향상시킨 고품질 서비스를 판매하고 있다. 그러나 대부분 모두 일부 고객을 대상으로 프리미엄 서비스로 제공되며 일정 요금이 추가된다. 반면 머스크라인의 데일리 머스크 서비스는 프리미엄 요금은 부과하지 않는다. 오히려 머스크사가 정한 총운송시간보다 늦은 경우에는 지연 1-3일 안에는 컨테이너 1개당 100달러, 4일 이상의 경우는 300달러의 보상금을 지불하는 구조를 도입하고 있다.

자료: Lloyd's List, 2011. 9

4. 글로벌리제이션과 해운산업 경쟁심화

　　동북아시아를 중심으로 하여 컨테이너물동량은 지속적인 성장세가 유지될 것으로 전망되며, 이러한 물동량 증가추세에 따라 시장점유율을 높이기 위해 세계 주요선사들은 선박건조를 늘리고 있다. 전통적으로 세계해운산업은 물동량이 늘어나면 호황기 시장점유를 높이기 위해 물동량 증가보다 더 많은 선박을 건조하여 선박과잉을 초래하곤 하였다. 최근의 물동량 증가에 따라 유럽항로, 북미항로 등 주요항로에서 선복의 공급량은 연평균 두 자리 수 이상의 큰 폭의 증가가 이어지고 있다.

　　조달, 생산, 판매의 국제화로 요약할 수 있는 글로벌리제이션(globalization)에 의해 가격과 서비스 경쟁이 심화되면서 화주의 물류비 절감이 경영의 핵심으로 부각되었다. 이들 화주들은 물류비 절감의 핵심으로 운송 중 물류활동인 부가가치 물류를 통해 물류비 발생을 상쇄하고 또한 물류비 비중이 가장 큰 해상운송비에 대한 절감노력을 하게 되었다. 부가가치 물류를 수행하는 국제물류의 전략화는 화주, 선사, 항만, 항만배후지를 연계하는 공급사슬에서 이루어질 수 있다. 그리고 해상운송비에 대해서는 선사가 화주의 요구를 받아들일 수밖에 없는 상황이기 때문에 컨테이너리제이션 등과 같은 물류혁신을 통해 운송물류비를 절감하게 된다.

　　여기에다가 미국의 신해운법(Shipping Act, 1984)이 제정되면서 그동안 운임동맹(Liner Conference)이라는 가격카르텔의 기능이 약화되어 선사 간 운임경쟁이 가속화됨에 따라 해운선사들은 만성적인 선박과잉 상태에 대내외적인 경쟁심화에 따라 운송경쟁력을 지니지 못하면 시장에서 도태될 수밖에 없는 상황을 맞이하게 되었다.

　　이에 세계 주요 선사들은 초대형선을 건조하여 선박건조비와 운항비의 단가를 낮추는 규모의 경제를 추구할 수밖에 없게 되었다. 다만 초대형선을 건조하여 주요 항로에 운항하는 것은 일시적으로 규모의 경제를 갖을 수 있으나 주요 선사들이 모두 초대형선을 건조 운항하는 경쟁상태가 된다면 더욱더 큰 극초대형선을 건조해야 하며, 이는 궁극적으로 산업 내 선박공급을 과잉으로 만드는 원인이 될

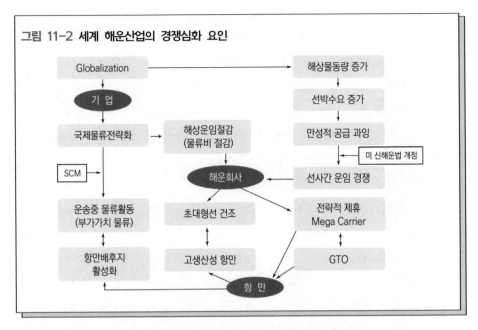

그림 11-2 세계 해운산업의 경쟁심화 요인

자료: Bardi, Coyle, Novack, *Management of Transportation*, 2006, p. 8.

수 있다. 또한 주요선사들은 이러한 초대형선을 건조하는 것 이외에도 화주들의
다양한 수요에 부응하기 위해 전 세계적인 운송네트워크를 구축해야 하고 문전수
송을 위해 내륙운송시스템도 함께 구축해야 하는 자금적인 부담 때문에 선사간에
전략적 제휴(strategic alliance)를 체결하거나 아예 합병을 하는 수평적 통합을 할
수밖에 없는 상황에 이르렀다.

5. 초대형 컨테이너선 시대

1960년대에 일반화물선을 개조하여 시작된 해상운송의 컨테이너화는 1970
년대 컨테이너 전용선으로 건조된 풀 컨테이너선이 취항하면서 본격화되었으며,
이와 함께 규모의 경제를 실현시키기 위한 대형화도 병행되었다. 제1세대 컨테
이너선은 1,000TEU급이었으나, 1970년대 들어 컨테이너 전용선으로 건조된

2,000TEU급이 취항하였으며, 1980년대에 들어 파나막스급인 3,000~4,000TEU급으로, 1990년대에는 포스트 파나막스 5,000~6,000TEU급으로 발전하여 북미 및 구주항로의 주력선대로 투입되기 시작하였다.

2003년에 머스크-시랜드(Maersk-Sealand)사의 엑셀머스크호와 오오씨엘(OOCL)사의 센젠호 등 2척의 8,000TEU 컨테이너선 운항을 시작했다. 2003년 10월에는 시스팬(Seaspan)사가 9,150TEU 컨테이너선 8척을 발주하면서 9,000TEU의 벽을 넘어섰으며, 2005년 4월에는 중국의 코스코(COSCO)사가 1만TEU급 신조선을 발주하였다.

1만 8,000TEU형이 등장한 것은 2013년 머스크 라인의 Triple E 시리즈가 최초이다. Triple E는 규모의 경제성(Economy of scale), 에너지 효율성(Energy efficiency), 친환경(Environmentally improved)을 의미한다. 이후 COSCO Shipping과 MSC 등이 1만 9,000TEU형을 발주했으며, 2017년에는 MOL이 세계 첫 2만 TEU형을 준공(현재는 ONE이 운항중)한 바 있다. 그리고 OOCL, 에버그린, CMACGM 등도 잇달아 2만 TEU형을 투입하고 있다.

1만 8,000TEU형에서 2만 1,000TEU형까지 각 선형별 선박의 폭은 상이하지만, 총 길이 400미터·23열이라는 기본 스펙은 공통적이다. 2018년 말 기준으로 동 구간 선형의 준공척수는 111척으로 발주잔량과 더하면 1만 8,000TEU 이상 선박은 143척이 된다.

알파라이너에 따르면 2019년부터 2020년까지 2만 2,000~2만 3,000 TEU형 컨테이너 선박이 잇달아 준공될 예정이다. MSC가 11척(2만 3,500TEU형), CMACGM 9척(2만 2,500TEU형), 현대상선 12척(2만 3,000TEU형)으로, 2021년까지 32척이 준공될 예정이다.

특히 2019년부터 준공되는 2만 2,000~2만 3,000TEU형은 길이 400미터, 폭 61미터 정도의 선박제원으로 선박 갑판의 컨테이너 적재열수가 24줄로 2만 1,000TEU형 등에 비해서 적재열이 1줄 늘어나게 된다. 2만 1,000TEU형까지가 23열이고, 엄밀히 말하면 2만 2,000TEU형부터 컨테이너 3기 시대가 시작되는 것이다.

2020년 SOx 규제 대응하여 22,000TEU 이상 메가 컨테이너선 32척 중 MSC는 11척에 대해 모두 스크러버를 탑재하고, CMACGM 9척은 모두 LNG 추진선이

표 11-1 컨테이너선의 단계별 대형화 추이

구분	제1세대	제2세대	제3세대	제4세대	제5세대	제6세대	제7세대	제8세대	제9세대	제10세대
길이 (m)	190	210	210~290	270~300	290~320	305~310	355~360	365	400	400
속력 (노트)	16	23	23	24~25	25	25	25-26	26	26	-
선폭 (m)	27	27	32	37~41	40~47	38~40	43	55	59	61.5
흘수 (m)	9	10	11.5	13~14	13~14	13.5~14	14.5	15	16	16.5
적재량 (TEU)	1,000	2,000	3,000	4,000 이상	4,900 이상	6,000 내외	8,000 내외	12,500 내외	18,000	23,000
갑판적	1~2단	2단 8열 2단 10열	3단 12열 3단 13열	3단 14열 4단 16열	6단 16열	6단 17열	6단 17열	7단 22열	23열	24열
창내적	5~6단	6단 7열 6단 8열	7단 9열 9단 10열	9단 10열 9단 12열	-	9단 14열	9단 14열	10단 18열	-	-
시기	1960년대	1970년대	1980년대	1984년	1992년	1996년	2000년	2006년	2013년	2021년
선형	개조선	Full Container	Panamax	Post Panamax	Post Panamax	Super Panamax	Super Panamax	Ultra Panamax	Triple-E	-

자료: 여러 자료를 기초로 저자 재작성.

며, 현대상선 2만 3,000TEU형을 포함 메가 컨테이너선은 모두 스크러버를 탑재하는 방식을 채택하고 있다. 스크러버로 결정한 MSC, 현대상선 등은 저유황유 가격이 예상보다 높게 형성될 경우 타사 대비 경영실적 개선이 발생할 수 있을 것이다.

해운분석기관인 알파라이너(Alphaliner)사에 의하면 2018년 말 기준으로 파나마 운하를 통과할 수 없는 초대형 컨테이너선인 15,200~23,000TEU 선박은 총 123척이 운항 중에 있고, 49척이 발주되어 있다. 네오 파나막스급[16] 인 12,500~15,199TEU선박은 총 237척이 운항중이고 53척이 발주 중에 있다. 10,000~12,499TEU 선박은 총 159척이 운항중에 있고, 35척이 발주되어 있다. 1만 TEU급 이상 선박은 선박량 기준으로 컨테이너 전체 선박량의 32%를 차지하고 있고, 1만 TEU 이상 선박 발주량은 총 발주량의 80%를 차지하고 있다. 1만

---

16 2016년에 확장된 파나마 운하는 선폭 51.25미터까지 통항이 가능하며 12,500TEU 이상 15,199TEU 이하의 크기를 가지고 이 선폭을 유지하는 선박을 네오 파나막스(Neo-Panamax)급이라고 부른다.

TEU 이상 선박을 기준으로 할 때 2010년말에는 총 선박량의 7%에 불과했었다.

운항선사별로 살펴보면 7,500TEU 이상 선박을 기준으로 할 때 2018년 말 기준으로 스위스 MSC사가 196척 운항에 18척 발주, 덴마크 머스크사가 188척 운항에 4척 발주, 중국 코스코사가 146척 운항에 11척 발주, 프랑스 CMA CGM 사가 141척 운항에 9척 발주, 그리고 일본의 통합선사인 ONE사가 76척 운항에 4척 발주를 하고 있다. 우리나라의 현대상선은 16척 운항에 20척 발주에 불과한 상태이다.

2008년 아시아-유럽항로의 평균 선형은 6,390TEU에 불과했으나 2012년 기준으로 9,350TEU로 크게 대형화되었고,[17] 2015년에는 평균선형이 12,200TEU 그리고 다시 2018년 말에는 아시아-유럽항로의 컨테이너선의 평균선형은 14,253TEU까지 커졌다. 2020년이 되면 유럽항로 운항선박의 90%가 14,000TEU 이상이 될 것으로 예상하고 있다.[18] 아시아-유럽항로의 평균 선형이 이처럼 급격하게 커진 것은 2008년 이후 인도된 1만TEU급 이상 초대형 컨테이너선의 90% 이상이 아시아-유럽항로에 배선되었고, 최근 발주가 크게 늘고 있는 18,000TEU 이상 선박 모두 유럽항로에 배선되고 있기 때문이다.

초대형 컨테이너선은 TEU당 수송원가면에서 규모의 경제효과를 갖게 된다. 85% 적재율을 기준으로 컨테이너선 선형별로 슬롯(slot)당 원가를 비교하면 8천 TEU급 선박의 단위수송비용을 1,000달러로 둘 때, 1만 TEU의 단위비용은 930달러, 14,000TEU의 단위 비용은 500달러, 그리고 18,000TEU의 단위 수송비용은 259달러로 낮아지게 된다.[19]

초대형선 건조는 개별선사에게는 운항 선박의 운송 유닛당 비용 절감을 추구하고자 한 것이지만, 모든 선사가 초대형선을 취항시킨다면 원가경쟁력은 다시 같아지고 선복을 채우지 못하는 공급과잉 리스크가 커지는 문제를 나타날 수 있다. 이러한 이유로 컨테이너선 시장에서 초대형선 건조로 인한 선박과잉이 나타나고 장기불황의 원인이 되고 있다. 실제로 2015년 아시아-유럽항로 운임은 사

---

17 프랑스 해운조사기관인 알파라이너(Alphaliner)의 Monthly Monitor.
18 SeaIntelligence Consulting, 2017. 10.
19 Drewry.

표 11-2 7,500TEU 이상 급 선박 보유 및 발주 척수(2018. 12)

선사	MSC	Maersk	CMA-CGM	cosco	Hapag-Lloyd	ONE	에버그린	양밍	현대상선
보유	197	189	145	144	99	76	67	34	16
발주	23	4	9	11	0	3	27	14	20
합계	220	193	154	155	99	79	94	48	36

자료: Alphaliner, Monthly Monitor, 2018. 12.

상최저치로 하락했다. 상하이발 북유럽항 현물시장 운임은 2015년 6월 기준으로 20피트당 200달러대로 사상 최저치를 기록했는데, 이는 아시아 지역 근해항로 운임수준 밖에 되지 않는 것이었다.

이처럼 컨테이너 선박의 초대형화가 운송인의 필요에 의해 진행되고 있지만 운송업계의 내적 요인인 선박 자체의 물리적 구조, 항만설비, 법적규제(특히 안전규제), 집하능력, 운송인 자체의 경영능력 등의 문제, 여기에 외적인 요인으로서 앞으로의 화주인 제조업의 생산체제, 정보화의 진전에 따른 무역구조의 변화 등 복잡한 요인이 많이 있다. 특히 초대형선에 의한 운송이 다빈도 소량, 스피드 수송을 원하는 화주의 국제 분업체제에 합치할 수 있느냐 없느냐가 큰 문제가 될 것이다.

컨테이너선의 초대형선화에 대응하는 선사의 전략은 간단했다. 경쟁선사에 뒤지지 않도록 선박을 초대형선으로 대체하는 일이었다. 그러나 초대형화가 거의 한계에 다다르면 그 이후부터의 경쟁력은 다시 고객서비스에 달려 있게 될 것이며, 비용경쟁력도 선박이 아닌 인력 및 조직 감축, 글로벌 운영 효율성 제고 등 경영혁신을 통해야만 할 것이다. 평준화된 선사서비스의 차별화는 쉬운 일이 아닐 것이고, 선사별 인력, 조직 감축 및 운영효율을 제고하는 일도 엄청난 고통을 수반하는 일이 될 것이다.

화주들은 세계 각지에서 원자재 및 부품을 조달하고, 세계적으로 분업화된 생산 활동을 원활하게 연결하고, 전 세계 판매 시장에서의 경쟁력을 높여 나가기 위해서는 고도의 공급사슬 형성을 요구하고 있다. 그러나 이와 같은 초대형 컨테이너선 경쟁은 화주에게 일견 낮은 운임을 제공하는 혁신으로 보일지 몰라도 이는 해상운송업으로 볼 때 지속가능한 방안이 될 수 없다. 더욱이 이는 화주가 요

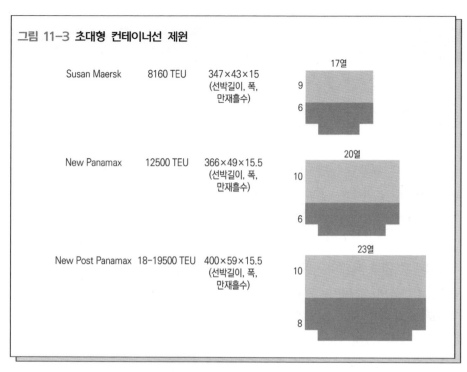

그림 11-3 초대형 컨테이너선 제원

Susan Maersk	8160 TEU	347×43×15 (선박길이, 폭, 만재흘수)
New Panamax	12500 TEU	366×49×15.5 (선박길이, 폭, 만재흘수)
New Post Panamax	18-19500 TEU	400×59×15.5 (선박길이, 폭, 만재흘수)

자료: Drewry.

구하는 운송서비스의 차별화, 고도화에 따른 가치 창출이라는 공급사슬관리를 향상시키기 위한 목적이 아니다. 초대형선이 한계에 다다르면 혁신을 통한 서비스 차별화와, 범위의 경제를 이루지 못한다면 시장에서 퇴출될 수밖에 없는 상황에 놓이게 될 것이다.

사례 11-2 초대형 컨테이너선 규모의 경제 효과 있나?

Drewry사(Drewry Maritime Research)의 분석 자료에 따르면 머스크라인의 18,000TEU 초대형 컨테이너선인 Triple-E 선박은 이전까지 초대형선의 주류였던 13,100TEU 선박에 비해 연료비와 운항비가 약 30%까지 절감되는 것으로 나타났다. 연료비를 보면 18,000TEU 선박이 하루 164톤의 연료유를 소비한다고 볼 때 13,100TEU 선박의 TEU당 333달러의 연료비를

218달러까지 낮출 수 있다. 또한 선원비, 관리비 등 운항비도 TEU당 85달러를 76달러로 낮출 수 있다. 이에 따라 연료비와 운항비를 합치면 18,000TEU 선박은 TEU당 비용을 13,100TEU 선박의 418달러를 294달러까지 낮추어, 규모의 경제 효과(economy of scale)로 약 30%의 비용을 절감할 수가 있다.

이와 같은 규모의 경제 효과는 아시아-유럽 향 항로에서 TEU당 약 121달러의 비용절감으로 지난주 최근 동 항로(상하이-로테르담) 현물시장운임의 9%에 해당하는 것이고, 유럽-아시아 향 항로에서는 TEU당 128달러 절감으로 동 항로(로테르담-상하이) 현물시장 운임의 30%에 달하는 대단히 큰 비용차이인 것이다. 그러나 Drewry사가 분석한 자료는 여러 가지 가정을 두어 산출한 추정치일 뿐만 아니라, 일부는 머스크사에서 제시한 통계에 의한 것이고, 또한 수에즈 운하통과료나 항만이나 터미널비용, 피더비용 등이 포함되지 않은 것이어서 정확한 절감효과라고는 볼 수 없다.

Clarkson사의 Martin Stopford는 일찍이 초대형선으로 가장 많은 규모의 경제 효과를 내야 할 건조선가와 연료유가의 경우 실제로는 규모의 경제 효과가 없다고 분석하였다. 자본비와 연료유가가 전체 선박비용의 23%를 차지하고 있는데, 우선 선가의 경우 4,000TEU 이상 선박부터는 거의 1천 TEU당 1천만 달러의 건조비가 유지되고 있다는 것이다. 비록 최근 조선소 불황으로 컨테이너선의 수주가격이 역사상 저점수준이어서 건조비가 1천만 달러 이하까지 하락하고 있으나, 단가 면에서는 선박의 크기에 큰 차이를 보이고 있지 않고 있다. 또한 연료유가도 선형 증가에 소비 연료량 증가가 거의 선형관계에 있기 때문에 원칙적으로는 대형선에 의한 연료유가 절감은 기대할 수가 없다. 최근 Triple-E 선박 등의 연료유가 절감은 연료소비 절감형으로 설계된 선박과 그렇지 않은 선박과의 연료유가 차이로 보아야 한다.

또한 규모의 경제효과는 컨테이너선이 2,000TEU에서 4,000TEU로 증가하면서 7%의 비용 절감, 4,000TEU에서 6,000TEU로 증가하면서 4%의 비용이 절감되지만, 이후 18,000TEU까지 선형이 증가해도 절감되는 규모의 효과는 거의 미미하다고 분석하고 있다. 오히려 초대형선박으로 운송하면서 추가되는 비용이 크게 증가된다. 특히 선박비용의 21%를 차지하는 항만 및 터미널 비용의 경우 규모의 비경제 효과가 나타난다. 항만하역 작업물량 증가로 크레인 투입증가에 의한 비용증가, 환적에 따른 피더운송비 및 항만에서의 양적하 횟수 증가에 따른 비용들이 추가되어야 한다. 실제로 Triple-E 제1호 선박인 Maersk Mc-Kinney Moller호가 로테르담 항에 기항했을 때 컨테이너크레인을 총 7대, 최대 8대까지 투입하여 시간당 총 생산성을 37개를 보일 수 있었다. 보통 14,000TEU 선박의 경우 최대 6대만 투입해도 시간당 30개 이상의 생산성을 나타낼 수 있다.

이 밖에 컨테이너 비용 및 유지보수비용, 내륙운송비용, 컨테이너 리포지셔닝 비용 등은 선박비용 중 각각 18%, 25%, 13%로 총 56%로 절반 이상을 차지하는데, 거의 모든 비용이 컨테이너선의 대형화에 따라 특별히 영향을 받지 않는 비용들이다.

외국의 선사들이나 컨설팅사에서 발표되는 18,000TEU 등 초대형 선박의 규모의 경제 효과를 살펴보면 정작 초대형선에 불리하거나 규모에 의해 영향을 받지 않는 비용이 포함되어 있지 않아, 분석이 초대형선을 건조하는 당위성을 부각하기 위한 것에 불과하다는 인상을 지울 수 없다. 50% 이상의 비용이 대형선과 관계없이 발생되는 비용이고, 더욱이 항만과 터미널 비용, 피더운송비용, 자본비 증가에 다른 금융비용 등을 모두 포함해서 제대로 된 규모의 경제 효과를 분석해야 할 것이다. 여기에 18,000TEU 선박의 최적 운항항로제약이나 최적기항 방식, 최대 기항시간 제약 등을 감안한 초대형선의 운항경직성에 따른 선박 및 화주서비스 비용 증가까지 감안한다면 실제 초대형선화를 통해 부담할 총비용은 오히려 증가하는 규모의 비경제(disconomies of scale) 선박이 될 가능성도 높다.

그럼에도 불구하고 최근 너도나도 초대형 컨테이너선을 건조, 운항하고 있는 이유는 이와 같은 경제적인 분석에 바탕을 둔 것이라기보다는 선사 간의 시장점유율 경쟁의 산물일 가능성이 높다. 컨테이너선 해운은 선사의 선박으로만 이루어질 수 없는 것이다. 선박이 비용에서 비교우위를 갖춘다는 것은 선박비용, 항만비용, 물류비용, 화주 서비스 비용 등이 모두 고려되어야 한다. 초대형 컨테이너선이 갖고 있는 여러 리스크 요인들은 아이러니하게도 규모의 비경제 효과에 기인할 수 있기 때문에, 초대형 컨테이너선을 발주하기에 앞서 규모의 경제효과를 제대로 분석해 보아야 할 것이다.

자료: 양창호, 쉬핑뉴스넷 칼럼, 2013. 10. 18

6. 화주위주의 해운정책

포드 자동차 생산방식의 대량 생산은 규모의 경제를 내세우는 전기 산업사회인 포디즘(Fordism)시대의 가치였다. 그러나 수요가 다양화되고 기술이 발전함에 따라 효율성, 다양성을 중시한 생산방식으로 바뀌고 있으며 이를 포스트 포디즘(Post-Fordism)이라 한다. 포디즘 시대에서 모든 것이 수직적 통합을 통한 대량생산이었다면 후기 산업사회의 특징으로 표현되는 포스트 포디즘에는 아웃소싱을 통한 비용대비 효율성, 전문성의 향상을 꾀하고 있는 것이다. 즉 포스트 포디즘의 시장환경에서는 글로벌기업, 아웃소싱, 네트워크 구축, 탈규제, 기술혁신 등이 특징적 요소로 표현될 수 있고, 이를 통해 경쟁력의 원천, 제품의 성격, 환경, 조직 등에 있어 포디즘 시대와 구별된다.

포스트 포디즘시대의 세계해운산업의 방향은 화주들의 요구에 부응해 나가도록 하는 것이다. 즉 화주들은 생산과 판매의 국제화로 생산, 유통 등 공급사슬 기능들이 하나로 통합되어야 하는데 이 공급사슬을 통해 창출하는 가치의 대부분이 물류서비스 제공자에 의해 이루어질 수 있는 것으로 기대하고 있다. 따라서 선사들은 운송서비스를 포함한 넓은 범위의 물류서비스 제공자의 역할을 수행하여 화주들이 요구하는 부가가치물류(value-added logistics)를 수행할 수 있어야 한다. 또한 기존의 규모의 경제에 의한 원가 경쟁력 확보의 전략에서 벗어나 공급사슬 간의 차별화를 가져올 수 있는 서비스 경쟁력이 있어야 하는 것으로 고객에 대한 물류서비스의 차별화가 필요한 시대이다.

그러나 유독 세계해운산업은 아직도 선사의 초대형화, 선박의 초대형화라는 규모의 경제(economy of scale)를 추구하고 있다. 후기 산업사회의 특징인 포스트 포디즘의 형태로 패러다임이 전환되고 있지 못하고 있다. 시대에 역행하는 규모의 경제를 추구하는 후진적 산업 내 경쟁은 해상운송 수요자의 요구와 동떨어진 투자가 될 수 있고 이는 세계 정기선 해운의 커다란 리스크로 작용할 수 있다.

머스크 라인은 2011년 초 18,000TEU급의 세계 최대형의 컨테이너선 20척을 발주하였다. 초대형선 투입에 의한 비용경쟁에서 우위를 차지하고자 한 것이다. 타 글로벌 선사가 머스크 라인처럼 막대한 투자를 하는 데 따른 위험을 '머스크 리스크'라 부르고 있다. 그러나 보다 큰 리스크는 머스크 라인 등 글로벌 선사들의 포디즘 시대에서나 통할 법한 규모의 경제에 의한 비용경쟁을 벌이는 리스크라 할 수 있다.

화주 역시 선박의 초대형선화로 당장의 운임하락으로 얻는 것보다, 추후 시장의 독과점화에 따른 운임상승 가능성, 그리고 초대형선으로 인한 항만기항의 경직성으로 서비스의 질적 하락으로 잃을 것이 더 많아질 수도 있다. 화주들이 요구하는 것은 세계 정기선 해운이 동맹이라는 가격카르텔에서 벗어나 시장에서의 경쟁을 유도하는 것이고 이를 통해 화주들의 공급사슬 전략에 부응하는 양질의 운송서비스를 제공받으려는 것이다.

그러나 결과적으로 세계 정기선 해운산업에는 규모의 경제를 추구하지 않으면 살아남기 어려운 경쟁구조가 되어 있어, 초대형 선사로, 그리고 초대형 선박으로 가지 않으면 안 되는 상황에 놓여 있다. 화주위주의 자유경쟁시장 정책으로 선사 간 파멸적 경쟁(destructive competition)으로 운임이 더욱 하락하고 있고, 수익성이 악화되어 시장에서 도태되거나 아니면 흡수합병으로 독과점이 되는 요인이 되고 있다.

사례 11-3 유럽항로의 과점과 운임상승 사례

2011년 하반기부터 하락을 거듭하던 유럽항로의 컨테이너선 운임이 연말 기준으로 20피트 컨테이너당 500달러를 기록했다. 리먼 쇼크 후 2009년 상반기 수준까지 운임이 하락한 것이다. 그러던 유럽항로 운임이 올해 들어 빠르게 회복하고 있어, 2012년에는 어려울 것으로 생각되던 정기선사들의 흑자전환도 현실적인 시나리오가 되고 있다. 머스크 라인 등 유럽항로에 배선하고 있는 거의 모든 선사들이 750달러 내외의 운임을 인상하였고, 이후 수차례의 운임인상으로 상하이에서 북유럽까지의 현물시장운임이 20피트 컨테이너 기준으로 2,000달러를 돌파하였다.

그러나 운임이 이렇게 빠르게 상승할 것이라고는 예측할 수 없는 상황이었다. 선박수급이 크게 개선된 것도 아니고, 또한 유럽 국가들의 경기침체 등 항로환경 전망이 아직 불투명하기 때문에, 유럽 항로의 컨테이너 운임 시황 회복은 의외였다. 프랑스 해운조사기관인 알파라이너 (Alphaliner)사에 따르면 2012년 컨테이너 선박량은 전년대비 8.3%(127만TEU) 증가하지만 수요는 6.5% 증가에 그쳐, 지난해보다 수급이 더욱 악화되어 공급 과잉에 시달리게 될 것이라는 전망을 하였다.

특히 신조 인도되는 선박 중 절반에 해당되는 60척 이상이 1만TEU급 이상 초대형 컨테이너 선박들로 이들 초대형 선박들은 모두 아시아-유럽항로에 배선될 예정이어서 유럽항로의 공급과잉이 더욱 심화될 것으로 예상되었다. 여기에 금융위기 등으로 어려운 유럽 국가들의 경제사정을 고려하면, 2012년에 수급 환경이 호전될 것으로 기대할 수는 없는 현실이었다. 따라서 선사들의 경영상태가 어렵다 해도 운임을 올리지는 못할 것이라는 것이 시장의 지배적인 분위기였다.

계선 선박이 늘고 있으며, 일부 서비스를 중단하는 등 선박공급이 감소된 것이 시황 개선에 도움이 된 것이 아닌가 하는 의견도 있으나, 그 규모가 적어 운임인상에 큰 영향을 미친 것으로 보기 어렵다.

결국 이번 유럽항로에서의 운임상승은 지금까지와는 다른 양상을 띠고 있다고 볼 수 있다. 일반적으로는 선박 공급량이 대폭 삭감되고 물동량이 증가하여 수급 불균형이 개선된 경우 운임이 오르게 된다. 그러나 이번에는 수급에 관계없이 선사들의 의지만으로 운임이 상승한 것이기 때문이다. 실제로 일본해사신문은 유럽계 선사들은 강한 의지로 운임인상에 주력하였고, 당초 관망자세를 보였던 아시아 선사들도 거의 모두 운임인상에 동참하기 시작하면서 운임인상이 대세로 이어진 것으로 분석하고 있다.

즉 2012년 3월 기준으로 유럽항로의 선박량 점유율 43%를 차지하는 머스크 라인, MSC, CMA-CGM 얼라이언스가 운임인상에 동참한 것이 운임인상 성공의 가장 큰 이유로 볼 수 있다. 여기에 2011년말에 출범한 G6 얼라이언스와 CKYH와 에버그린 그룹 등 정기선사들의 유럽항로 그룹화 진전도 컨테이너 운임인상에 기여한 것으로 보인다. 이들 4개 선사 그룹이 차지하는 유럽항로 시장점유율은 3월 기준으로 무려 81%에 달한다.

자료: 양창호, 한국해운신문 칼럼, 2012. 4. 5

7. 변화하는 해상운송 산업

해상운송 기업들은 지속적으로 변화하는 글로벌 시장에서 경쟁력을 유지하고 강화하기 위해 다양한 전략을 활용하고 있다. 주요 경쟁 전략은 다음과 같다.

- 규모의 경제: 대형 선박을 운용하여 운송 단가를 낮추는 전략으로, 더 많은 화물을 한 번에 운송함으로써 단위 비용을 절감하고, 이를 통해 경쟁력 있는 운임을 제공한다. 이를 위해 신규 선박 확보에 대규모 투자를 진행하고, 보유 선박 규모를 매년 빠르게 늘려 경쟁기업들이 따라올 수 없도록 만든다.
- 통합 물류 서비스 제공: 기존의 해상 운송 서비스뿐만 아니라, 내륙 운송, 물류 창고 서비스 등 다양한 물류 서비스를 통합하여 제공하는 전략으로, 전체 물류 체인에서 발생하는 비용을 절감하여 고객 만족도를 높이는 데 초점을 맞추고 있다. 다른 해운사나 물류 회사와의 전략적 제휴 또는 인수합병을 통해 서비스를 다양화하고, 글로벌 네트워크를 강화하게 된다.
- 디지털화 및 기술 혁신: 디지털 기술을 활용하여 운송 프로세스를 최적화하고,

실시간으로 화물 추적 및 관리를 할 수 있도록 하는 전략으로, 고객에게 투명한 정보를 제공하고 운영 효율성을 극대화한다. 디지털 전환을 통해 서비스 수준을 높이는 것이 목표가 되어 인재 확보, 스타트업 인수, 서비스 개발에 대규모 투자를 진행한다.

- 환경 지속 가능성: 친환경 연료 사용, 탄소 배출 감소 등 지속 가능한 운송 방식을 도입하여 환경 규제를 준수하고, 친환경 이미지를 강화하는 전략.

전통적으로 해운업계는 규모의 경제를 통해 가격 경쟁력을 확보하는 전략을 주로 활용해 왔다. 이는 보다 큰 선박을 활용하여 운송 규모를 키우고, 이를 통해 단위 비용을 줄임으로써 가격을 낮추는 방식이다. 세계 최대의 해운사들인 MSC(Mediterranean Shipping Company), Maersk 등은 이러한 전략을 통해 성장해 왔다. 큰 선박은 더 많은 화물을 한 번에 운송할 수 있고, 선박을 대규모로 확보할 경우 운송가능한 네트워크 범위를 확대하여 전체 비용을 절감하는 데 효과적이다.

그러나 최근 들어 Maersk와 CMA CGM 같은 대형 해운사들은 기존의 전략에서 벗어나 다양한 물류 서비스를 통합하여 제공하는 방향으로 전환하고 있다.[20] 이는 대형 컨테이너 선박이 접안할 수 있는 항만이 제한적이고, 상하역에 걸리는 시간이 많아지는 한계점을 보완하기 위한 전략적 변화이다. 규모의 경제에 기반한 경쟁 전략은 수요가 지속적으로 상승할 때 공급을 빠르게 늘리며 가격경쟁력을 확보하는 방식인데, 컨테이너 운송 수요가 감소할 경우 늘어난 공급이 부메랑이 되어 적자가 심화되는 구조적 문제를 가지고 있다. 반도체 산업의 치킨게임처럼 컨테이너 운송 산업 역시 규모의 경제에 기반한 공급 경쟁으로 독과점 시장이 형성되어 왔으나, 수요가 감소할 경우 산업 전체의 수익성이 감속하는 문제를 피할 수 없었다.

Maersk는 전통적인 컨테이너 운송 서비스 외에도 내륙 운송, 물류 창고 서비스 등을 통합하여 제공함으로써 고객의 서비스 만족도를 높이고자 하고 있다.

---

20 "Shipping giants Maersk and MSC are making different bets on the future of trade", QUARTZ (2023.02.08.)

예를 들어, 고객이 화물을 단순히 항만에서 항만으로 운송하는 것이 아니라, 최종 목적지까지 원스톱으로 운송할 수 있도록 다양한 서비스를 연계하는 것이다. 이 러한 통합 물류 서비스는 고객에게 더 큰 편리함과 효율성을 제공하며, 물류 전반 에 걸쳐 발생하는 비용을 절감하는 데 도움을 줄 수 있다.

반면 MSC는 전통적인 대형 컨테이너 선박의 발주량을 늘리며 규모를 더 키 우는 전략을 유지하고 있다. MSC는 대형 선박을 통해 운송 단가를 낮추고, 이를 바탕으로 가격 경쟁력을 더욱 강화하려 하고 있다. 이는 글로벌 해운 시장에서 더 많은 물량을 확보하고, 시장 점유율을 높이기 위한 전략이다. 대형 선박의 운영을 통해 얻는 비용 절감 효과는 여전히 유효하며, 이를 통해 MSC는 가격 경쟁력을 유지할 수 있게 된다. 이러한 전략의 차이로 인하여 2023년 Maersk와 MSC는 "2M 동맹"이라 불리던 협력 관계를 종료하고 새로운 경쟁 관계를 형성하기 시작 했다.

이와 같은 해운사들의 전략 변화는 해운업계의 다변화된 요구와 환경 변화 에 대응하는 노력의 일환으로 볼 수 있다. Maersk와 같은 기업이 다양한 물류 서 비스를 통합하여 제공하는 것은 고객 중심의 서비스 제공을 통해 차별화된 경쟁 력을 확보하고 수요 변동에 강한 구조로 전환하려는 의도인 반면 MSC는 전통적 인 규모의 경제 전략을 지속하여 비용 경쟁력을 극대화하고자 한다. 이러한 전략 적 차이는 각 기업의 시장 접근 방식과 장기적인 비전에 따라 다르게 나타나며, 해운업계의 변화와 혁신을 이끄는 중요한 요소로 작용하고 있다.

12
국제물류거점

핵심포인트

국제수평분업이 확대됨에 따라 운송의 게이트웨이가 되는 항만의 중요성이 증가하고 있다. 즉, 항만은 국제수평분업체제에 있어서 지역경제의 요충지가 되고 있다. 항만을 단순한 화물을 싣고 내리고, 보관하고, 다른 운송수단으로 연계하는 지점으로 보는 것이 아니라, 관련업무나 업종을 한 곳에 모아, 원활한 운송·정보·사무 처리를 하고 물류비용·리드타임의 단축, 지역경제 산업으로 보아야 한다. 이번 장에서는 국제물류의 거점이 되는 항만, 공항 등 물류거점의 의미에 대해 살펴본다.

1. 허브 앤 스포크(Hub and Spoke) 시스템

물류합리화와 운송수단의 대형화에 의해서 허브 앤 스포크(Hub and Spoke)가 물류 시스템의 기본이 되고 있다. 두 개 항만 사이의 각 항로 비용을 각 루트마다 관리하는 것이 아니라, 운항 비용 전체를 총체적으로 계산하여 가장 비용이 낮은 시스템을 구축하는 것이다.

2. 물류 노드(node)

국제물류의 노드에는 항만(seaport)과 공항(airport)이 있으며, 이를 연결해주는 링크활동은 해상수송(해운), 항공수송(항운) 및 국제복합일관수송이 있게 된다. 노드, 즉 운송수단 간 접점에는 육상과 해상을 이어주는 항만, 하늘과 육지를 이어주는 공항, 육상운송수단 간의 접점인 트럭터미널이 있다.

3. 국제 분업과 항만

국제수평분업시대에는 내륙운송비를 절감하기 위해 생산거점을 항만 배후단지로 이전하고 있다. 국제수평분업이 확대됨에 따라 운송의 게이트웨이가 되는 항만의 중요성이 증가되고 있고, 지역경제의 요충지가 되고 있다.

4. 물류거점으로서의 항만

항만을 단순한 화물을 싣고 내리고, 보관하고, 다른 운송수단으로 연계하는 지점으로 보는 것이 아니라, 관련업무나 업종을 한 곳에 모아 원활한 운송·정보·사무 처리를 하고 물류비용·리드타임의 단축, 지역경제 산업으로 보아야 한다.

5. 항만배후부지

많은 국가와 항만들이 항만배후단지를 조성하는 이유도 바로 고용창출과 연관되기 때문이다. 내륙운송시간과 비용을 줄이는 것이 공급사슬의 경쟁력이기 때문에 항만배후단지에서 다국적 기업 활동을 할 수밖에 없다.

6. 자유무역지대과 국제물류

항만을 물류거점화하여 효율적인 물류시스템의 구축에 성공했다고 해도, 그것만으로는 국제수평분업이 확대되고 경제의 블록화가 진행된 세계의 무역시스템에 대응하기는 불충분하다. 그 해결책의 하나가 항만의 자유무역지대일 것이다.

1. 국제물류거점 형태

국제물류는 국제무역에 필요한 단순한 국제수송과는 다르다. 국제물류는 두 개국 이상 송화인과 수화인 사이에 떨어져 있는 시간, 공간을 극복하여 재화를 이동시키는 경제활동이라고 정의할 수 있다. 즉 수출입 무역에 관련된 포장, 하역, 수송, 보관 등 제반 물류활동을 총칭하는 것이다.[1]

국제물류의 많은 관점은 이전 장들에서 검토되었다. 국내물류와 국제물류를 구별하는 것은 점점 어려워지고 있다. 국제물류, 즉 국경을 넘어 팔리는 상품과 관련되는 물류 활동은 생산제품을 수출하거나, 외국에서 원자재나 부품을 수입하는 경우, 또는 일부 제품의 경우 특정 외국에서 조립된 후 제3국으로 수출되는 경우 발생한다.

국제물류는 생산지와 목적지 사이가 원거리인 것이 특징인데, 그것은 관리자가 운송과 재고 유지비용 사이의 상충관계를 고려해야만 한다는 것을 의미한다.

---

1 鈴木 睦, 國制物流의 理論과 實際, 成山堂書店, 2009, p. 5.

비록 생산지와 목적지 사이에서의 빠른 운송이 낮은 재고 유지비용을 초래할지라도, 빠른 운송은 일반적으로 높은 운송비용을 유발하기 때문이다. 따라서 국제물류에서는 물류거점을 어디에 두느냐 하는 것이 중요하다.

국제물류거점은 기본적으로는 3가지 형태가 있다. 하나는 공업단지에 인접한 물류거점이며, 두 번째는 상업거점으로서의 물류거점이다. 그리고 세 번째는 비교적 노동력이 저렴한 개도국 등의 물류거점이다.[2]

공업에 인접한 물류거점이란, 부산항이나 인천항처럼 가공무역을 하기 위해서 필연적으로 관문인 항만이 발전하게 된 것이다. 여기에서 물류는 어디까지나 공업발전을 위해서 불가결한 부문이며, 자립적인 것은 아니었다. 이에 비해 수평분업시대 상업거점으로서의 물류거점은 공업의 뒷받침이 없기 때문에 경영적 자립이 중요하다. 상업의 부가가치는 공업에 비교해서 낮아, 법적규제완화 등을 통해 물류를 효율화시켜야 했다. 또한 물류거점 중에는 질 좋고 저렴한 노동력을 비교우위로 갖고 있는 곳도 있다. 물류는 노동집약적 산업이며, 이용자에게 있어서 노동비의 저렴함은 커다란 매력이다. 미국 해군기지였던 땅을 재사용한 필리핀의 수빅 만에 위치한 물류거점이 그 하나의 예이다.

물류시스템은 국가나 지역의 경제구조의 변화에 맞추어 변화해 왔다. 가공무역을 기본으로 하는 공업입국이었던 시절에, 사람과 물건과 자금의 흐름은 특히 공업에 집중하고 있었으며, 물류는 생산과 판매를 지원하는 존재에 불과했다. 이에 비해서 가공조립형 산업에서는 해외의 생산거점과 시장과의 연결이 강화되었고, 물류시스템의 효율적인 설계가 필요해졌다. 또한, 해외와의 무역량이 증가한다는 것은, 지역의 관문이 되는 항만의 편리성이 중요해진다는 것을 뜻한다. 실제로 물류거점인 항만도, 가공무역시대의 수출지향형에서 수평분업시대의 수입대응형으로 변화하고 있다. 이것은 공업항에서 상업항으로의 변화라고 할 수 있을 것이다.

오늘날처럼 해외직접투자의 증대가 지속적으로 이어지고, 생산거점이 해외에 이전하게 되면 국내의 제조 산업은 축소되고 경제성장에 맞추어 확대되어 온 항만은 상업항이나 중계항으로서의 역할로 변신하지 않는 한 국제물류거점으로서 존재하기 어려워진다. 그리고 이와 같은 항만으로 바뀌기 위해서는 자유로운 물류거점으로서의 편리성을 이용자에게 주기 위해서, 규제의 완화나 철폐가 필요

---

2 小林照夫國, 澤喜司郎 등, 現代日本經濟와 港灣, 成山堂書店, 2001, pp. 133－134.

하다. 그리고 물류거점의 변화에 따라 물류거점을 생산거점과 일치시킴으로써 물류의 효율화도 필요하다.

2. 허브 앤 스포크 시스템

오늘날 물류합리화와 운송수단의 대형화에 의해서 허브 앤 스포크(Hub and Spoke)가 물류시스템의 기본이 되고 있다. 이것은 1970년대부터 운송인의 총 비용 절감을 목적으로 적극적으로 도입되어 왔던 것으로 선진국이나 개도국 중에서 비교적 교통수단이 발달한 지역에서는 여객, 화물을 가리지 않고 육해공 모든 운송수단에서 도입되고 있다.

이는 특정한 항만과 공항을 중심으로 자전거의 바퀴처럼, 노드와 링크의 네트워크를 구축하고 있는 운송시스템이다. 두 개 항만, 공항, 혹은 도시 사이의 각 항로 비용을 각 항로마다 관리하는 것이 아니라, 운항 비용 전체, 예를 들자면 연료비, 정박료/주기료, 유지관리비, 인건비 등의 비용을 총체적으로 계산하여 가장 비용이 낮은 시스템을 구축하는 것이다.

직접기항(multi-port calling: MPC) 네트워크는 픽업하고 운송하는 외판원(salesman) 문제와 비슷한 모형 특징을 가지고 있다. 이는 운송수단의 과다 사용 없이 다른 배송 고객 전에 집배를 위한 고객이 방문되어지는 반면에, 하나의 역에서 출발하여 모든 고객을 방문한 후 출발한 역으로 돌아오는 한 가지 경로를 찾아내는 것이다.[3] 그러나 선박은 어떤 특정한 항만만을 기반으로 하지 않고, 픽업 화물은 어떤 기항 순서로든 운송될 수 있기 때문에 MPS는 이러한 우선제약을 고려하지 않는다. 또한 일반적으로 선박 용량은 운송 수요의 변동에 얽매이지 않기 때문에 선박 용량의 과다사용은 고려하지 않는다. MPC 구조는 출발지와 도착지 항만 사이에 기항하고, 컨테이너를 적재하는 항만의 세트를 고려할 때 수송량(traffic volume)에 가중치를 둔 전체 여행 길이를 최소화하기 위해 모든 항만에 한

---

3 Akio Imai, Koichi Shintani, Stratos Papadimitriou, "Multi-port vs. Hub-and-Spoke port calls by containerships," Transportation Research Part E, Vol. 45, 2009.

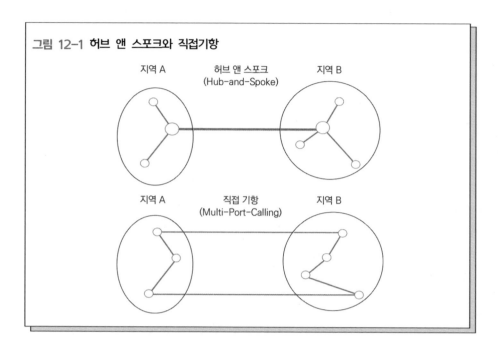

그림 12-1 **허브 앤 스포크와 직접기항**

지역 A   허브 앤 스포크   지역 B
              (Hub-and-Spoke)

지역 A   직접 기항   지역 B
              (Multi-Port-Calling)

번씩 기항하는 편도경로이다.

반면, 허브 앤 스포크에서 각각의 허브는 교역로의 마지막 지역인 동시에 수송량(traffic volume)에 가중치를 둔 전체 O-D 수송거리를 최소화하기 위한 것이다. 허브 앤 스포크의 구조는 교역로 지역 안에 있고, 출발지와 도착지 항만 사이의 수송량이 교역량을 능가하는 2개 세트의 기항 항만을 고려할 때, 각 지역에 있는 2개 항만은 적재된 컨테이너 수송량에 가중치를 둔 전체 수송량을 최소화하기 위한 허브이다.

허브 앤 스포크는 지역 사이와 지역 내부의 2가지 시스템으로 나뉜다. 지역 사이란, 북미, 유럽, 아시아, 호주 등을 가리키는데, 이들 지역에는 소수의 게이트웨이라고 불리는 항만이나 공항이 선택되어, 이 항만이나 공항이 허브가 되어서 그 지역 내의 각 도시에 스포크 서비스를 하는 것이다. 지역 내에서는 소수의 게이트웨이인 허브가 되는 중심도시가, 모든 지역 내의 도시를 커버하는 것은 불가능하기 때문에, 장소에 따라서는 로컬 허브라고 불리는 지역 내 항만이나 공항을 선정해서 최종의 도시와의 연계 서비스를 실시하고 있다.

어느 운송수단에서도 지역 사이 운송에는 대형 운송수단이 사용되고 있으며, 최종 도시와의 서비스가 될수록, 중형이나 소형 운송수단이 사용된다. 지역 간 운송에서는 운송수단을 대형화하여 수익을 증가시키는 것과 동시에, 총 비용의 저하를 목적으로 하고 있다. 허브는 일정 규모 지역의 중심이 되며, 그 허브의 배후지의 크기에 따라서 규모가 결정된다. 보통 수도 등의 대도시의 항만이나 공항이 그 역할을 맡고 있다.

이들 허브 시설을 이용하고 선박이나 항공기를 운항하는 운송인은, 연간 계약사용료를 항만이나 공항 시설에 관리나 운영비로서 지불함과 동시에, 편리성을 높이기 위해서 일부 시설에 대해서는 스스로 투자하여 독점적으로 시설을 사용하는 경우도 있다. 항만과 공항의 중요한 공공시설(부두, 활주로, 상옥 등)은 국가나 지방공공단체, 공익기업이 관리하고 운영한다. 이 때문에 운송인은 스스로 가장 유리하다고 생각되는 항만이나 공항을 허브로서 선택하게 된다.

동북아 지역의 예를 들면 일본경제의 쇠퇴에 의해서 화물량이 감소하고, 효율적인 허브 운영을 할 수 없게 된 운송인은 우리나라의 부산항 또는 중국의 상해항 등 인근 국가 중에서 화물량이 많고, 시설정비가 잘 되어 있고, 사용료가 저렴한 항만으로 허브 기능을 이전하고 있다.

3. 물류 노드

1) 항   만

항만이란 바다와 육지의 접점(node)이다. 즉 해운(선박)과 육운(트럭)의 접점이다. 이 항만은 원재료에서부터 완제품에 이르기까지 해외로부터 수입하고, 해외로 수출하는 나라에게 있어서 중요한 접점이다. 오늘날 항만은 전통적인 이러한 기능들을 유기적으로 연결시켜주는 정보기능이 포함되어 국내는 물론 국제물류의 집중과 분산이 이루어지는 해운물류네트워크의 거점 역할을 수행하고 있다.[4]

---

4 이정호, 최병대(2014), "항만입지특성이 항만도시성장에 미치는 영향에 관한 연구," 한국항

항만은 그 취급하는 화물에 따라 철광석이나 석유 등 공업용 원재료를 다루는 "공업항," 야채나 과일, TV 등의 제품 혹은 컨테이너를 다루는 "무역항" 등으로 구분할 수 있다.

컨테이너 운송에는 컨테이너선박, 컨테이너, 컨테이너 터미널, 하역기계 등의 각 시설/설비가 필요하며, 이들이 하나가 되어서 기능함으로써 효율적인 운송이 가능한 시스템이 되어 있다. 컨테이너화물을 취급하는 컨테이너항만은 선박이 접안하는 안벽과 에이프론(apron), 그리고 컨테이너가 장치되는 컨테이너 야드(Container Yard: CY), 컨테이너 화물을 적입하거나 적출, 그리고 소량 화물들을 모아서 하나의 컨테이너로 만드는 작업을 하는 CFS(Container Freight Station), 그리고 사무실, 게이트, 통관, 그리고 검역시설 등으로 구성된다.

1960년대 중반에 시작된 외항 컨테이너 운송은 급속하게 세계에 퍼졌고, 정기선 해운부문에서는 컨테이너 운송이 주류를 차지하게 되었다. 복합 일관운송의 진전에 의해서 오늘날 컨테이너 터미널은 해륙운송을 접속하는 중요한 거점이 되었다. 여기에서는 접속이 원활하게 이루어지는 것이 중요하며, 그 편리성의 유무, 정도 등이 터미널 평가의 기준이 된다.

2) 공 항

항만과 더불어 큰 노드로 공항이 있다. 공항은 하늘과 육지의 접점으로 항공운송(항공기)과 육상운송(트럭)의 접점이기도 하다. 공항은 활주로가 큰 면적을 차지하지만, 그 외에는 여객 터미널과 화물 터미널이 포함되며, 이 화물 터미널이 항공기와 트럭의 접점이 된다.

화물 터미널에는 항만과 마찬가지로 창고나 항공기용 컨테이너에 화물을 싣거나 꺼내거나, 혹은 벌크 화물(bulk cargo)을 파렛트에 정리하거나 하는 시설이 있다. 그리고 국제공항에는 통관과 검역 등의 시설도 있어서 항만과 비슷한 시설이 배치되고 있다.

공항은 활주로와 공항시설로 구성되어 있지만, 항공화물운송으로 제한해서 보면, 특히 화물을 싣고 내리는 데 있어서 필요한 장소/시설의 정비가 필요하다.

만경제학회지 제30권 제4호, pp. 163-185.

화물 취급이 이루어지는 터미널 지구에는 화물취급시설, 지상교통기관 및 도로, 주차장 시설 등이 있다. 화물취급시설은, 항공교통과 지상교통의 연결점으로서의 역할을 맡게 되는 기능설비로, 화물상옥, 보세상옥, 세관 등의 시설, 대리점 사무소 등이 있다. 화물 취급량이 많은 국제공항에는 항공화물의 전용 화물 터미널 시설이 있다. 항공회사도 자사화물 터미널을 보유하고 있다.

국제물류에 있어서 화물운송에 관해서 항공운송의 점유율이 높아짐에 따라서, 공항의 물류 노드로서의 기능의 고도화가 필요하다. 항공기의 기술개발의 진전에 따라서 공항간의 운송 시간이 단축되고 있다. 국제물류의 총시간의 단축에 대한 요구가 차츰 높아지고 있어, 공항 내에서의 화물처리를 가능한 신속/정확하게 수행하도록 추진되고 있다. 화물 터미널의 하역처리, 정보처리의 시스템화의 필요성도 급속하게 높아지고 있다.

3) 트럭터미널

트럭터미널은 항만과 공항과 달리 육지운송끼리의 접점이다. 즉, 장거리 노선을 담당하는 대형트럭과 지역을 담당하는 소형트럭(배송)의 접점이다. 도시 외곽부에서 간선도로·철도 등의 교통시설과 접속이 잘되는 곳에, 도매시장·창고 등의 유통업무 시설과 더불어 입지시켜, 대형 트럭에 의해 도심으로 들어오는 화물의 종착지로 삼으려는 것이다. 서울의 서초구 양재동에 있는 화물 터미널은 그 규모가 크며, 화물수송 및 유통에 큰 역할을 하고 있다.

트럭이 터미널과 접하는 부분을 버스(berth)라고 하며, 노선 측 버스와 배송 측 버스 사이에 화물을 일단 두는 장소가 있어서, 여기서 각 방면으로 나눈다. 트럭터미널에서는 지역별 운송과 배송화물을 분배할 수 있는 자동분별기를 설치하고 있는 곳도 있다.

4) 내 륙 항

내륙항의 개념은 내륙터미널(inland terminal), 내륙항(inland port), 드라이포트 (dry port) 등 다양하게 부르고 있어 그 개념과 기능이 다소 불분명한 상태이다. 그러나 내륙항이 그 설비나 소유, 운영방식에 있어 해상 항만터미널(port terminal)

과 흡사하기 때문에 내륙에 있는 항만이라는 개념의 내륙항(inland ports)이라는 용어가 더욱 적합하다.[5]

내륙 배후지에 해상 항만과 연계된 내륙항의 개발은 국제적인 운송을 촉진 시킬 수 있으며, 이동, 환적 기능과 통관 기능을 수행하게 된다. ESCAP(The Economy and Social Commission for Asia and the Pacific)은 내륙항을 드라이 포트로 칭하고 다음과 같이 정의했다.[6] "드라이 포트는 차로, 선로, 내륙운송 또는 항공을 포함한 어떤 운송수단을 통해서든 드라이 포트로 들어오거나 나가는 컨테이너 화물과 일반적인 벌크 화물을 처리하고 임시로 저장하는 서비스를 제공한다. 가능할 때마다 모든 통관 관련 서비스와 수출입 화물의 필수적인 조사와 같은 관련 서비스가 드라이 포트에서 실행되어야 한다." 내륙항은 복합운송(intermodal transport)의 핵심 요소이며, 현재 내륙항과 관련된 정부 정책과 규제는 그들의 발전에 영향을 준다. ESCAP은 협동 발전을 촉진시키기 위해 정부 간의 내륙항 협약을 개발하고 있다.

내륙항은 해상항만과 철도나, 고속도로, 혹은 내륙수로 등으로 전용화물운송로(corridor)가 연결되어 있어야 한다. 내륙항의 기능은 다음 3가지 차원(tier)으로 설명할 수 있다. 그 첫째는 수송기능의 역할을 하는데, 기존 항만 배후지에 위치하여 위성터미널 같은 역할을 수행하기도 하고, 혹은 운송수단간 연계를 하는 하역센터 역할을 수행한다. 둘째는 공급사슬의 역할을 수행한다. 다수의 경로와 화주로부터 반출입되는 화물을 혼재하고 배분하는 기능도 수행하고, 환적, 화물대기 등 공급사슬관리의 유연성을 증대시키는 역할을 수행하다. 셋째는 내륙항 인근의 소비지와 산업공단을 배후지로 두는 항만의 역할을 수행한다. 우선 소비지로 유입되는 화물의 결과 나타나는 반출입 불균형에 따른 공컨테이너 재배치 기능을 수행하고, 산업공단에 반출입되는 화물의 흐름을 지원하는 역할을 수행하게 된다.

---

5 Jean−Paul Rodrigue, Jean Debrie, Antoine Fremont, Elisabeth Gouvernal, "Functions and actors of inland ports: European and North American dynamics," Journal of Transport Geography, Vol. 18, 2010, pp. 519−529.

6 Shinya Hanaoka, Madan B. Regmi, "Promoting intermodal freight transport through the development of dry ports in Asia: An environmental perspective," IATSS Research, 2011.

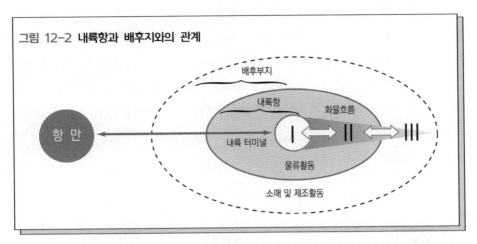

그림 12-2 내륙항과 배후지와의 관계

배후부지

내륙항

화물흐름

내륙 터미널

물류활동

소매 및 제조활동

항 만

자료: Jean-Paul Rodrigue, Jean Debrie, Antoine Fremont, Elisabeth Gouvernal, "Functions and actors of inland ports: European and North American dynamics," Journal of Transport Geography, Vol. 18, 2010, pp. 519-529.

　　내륙항의 계획과 개발에는 고려해야 할 사항이 많으며, 명확한 정책의 부재, 관계자 간 이익의 충돌이 내륙항 위치 선정에 위협이 될 수 있다. 내륙항의 위치에 영향을 주는 일반적인 요소로는 항만 접근성, 다른 운송수단과의 연계성, 개발·운영·운송비용, 수송수단 변경가능성, 환경적 관심, 제조와 유통 시설 유치 가능성, 지역 경제발전의 경제적 자극 등이 있다. 또한 특별한 세금 혜택을 제공하는 특별 경제 구역과 자유 무역지대가 드라이 포트 근처에 생길 수 있다.

　　복합운송은 하나의 운송수단에서 다른 수단으로의 수송수단 변경(modal shift)을 용이하게 한다. 복합운송을 통해 실질적인 환경적 이득을 얻기 위해서는 좀 더 환경 친화적인 운송수단으로의 이동을 장려할 필요가 있다. 철로기반의 복합 화물 운송은 트럭만을 사용하는 운송보다 이산화탄소의 배출과 먼 거리 운송으로 인해 발생되는 오염물의 측면에서 보다 환경 친화적이며, 항만과 내륙항 사이를 연결하는 이상적인 운송 수단으로 고려될 수 있다.

　　그러나 내륙항은 화물을 증가시키고, 이로 인해 트럭 이동이 증가할 수 있으며, 트럭 증가는 소음과 오염물 배출을 발생시킬 수 있다. 화물 차량과 취급 장비의 운영에서 발생되는 소음과 진동은 지역 주민을 귀찮게 할 수도 있으며, 운송 수단에 사용되는 연료의 질과 도로와 내륙항에서의 차량 혼잡은 추가적으로 환경에 영향을 미칠 수 있다. 그러므로 운송에 있어 연료/에너지의 깨끗하고, 환경 친화적인 사용과 운송 서비스의 운영적인 효율 개선, 내륙항의 통합적이고, 전반적인 접근의 적용을 고려해야 한다. 내륙항 개발과 운영을 위한 환경적 영향 평가를 수행할 때는 모든 잠재적인 영향을 고려하고, 오염물의 배출, 소음, 진동을 포함한 모든 가능한 영향의 감소계획을 개발해야 한다. 내륙 복합 화물 운송이 오염물 배출에서 자유로울 수는 없겠지만 그럼에도 불구하고 복합운송을 향하는 것이 좀 더 지속가능하다.

사례 12-1 중국 선전시 내륙항(Dry Port)

선전시(深圳市)는 항만물동량을 증가시키기 위해 중부내륙의 내륙항 건설 및 운영을 확대하고 있다. 중국 광동성 선전시는 2008년 처음으로 Sea-Rail 복합운송을 실시한 이래 지금까지 15개의 노선을 운영 중에 있다. Sea-Rail 복합운송통로를 통해 연결되는 도시는 쿤밍(昆明), 청두(成都), 충칭(重庆), 난창(南昌), 창사(长沙), 리링(醴陵), 간저우(赣州), 샤오관(韶关), 우한(武汉) 등이 있다. 서부대개발을 추진 중인 중서부지역의 내륙항과 노선확대를 통해 항만경쟁력 향상을 추진하고 있다.

2012년 7월 31일, 선전 내륙에 위치한 내륙항을 기반으로 후난성(湖南省) 창사에서 광동성 선전까지 연결되는 컨테이너 Sea-Rail 복합운송 시범프로젝트를 정식으로 실시하기로 하였다. 창사-선전 간 복합운송통로는 2011년 교통운수부와 철도부가 선정한 6대 컨테이너 Sea-Rail 복합운송통로 시범프로젝트 중 하나에 해당한다. 창사지역 내륙항은 창사 진샤경제개발구(长沙金霞经济开发区)에 있는 신창사북부역(新长沙北站)에 건설되며, 선전 서부항구(深圳西部港区)로 연결됨. 동 프로젝트와 관련하여 후난성 상무청(湖南省商务厅)과 선전시 교통관리위원회(与深圳市交通管理委员会), CMHI(Hong Kong)와 광티에그룹(广铁集团, GuangZhou Railway Group), CMHI보세물류센터(주)(招商局保税物流中心)와 창사진샤보세물류센터(주)(长沙金霞保税物流中心)가 각각 협력관계를 맺기로 서명하였다.

이번 내륙항 건설을 바탕으로, 창사-선전 간 보다 원활한 경제교류 및 협력관계를 형성하기 위해 통관, 보관, 금융 등 물류서비스와 관련된 인프라를 확충하여 상호 협력범위를 확대할 예정이다. 선전시 교통운수위원회(深圳市交通运输委员会)는 창사-선전 간 내륙항 건설은 두 도시를 더욱 긴밀하게 연결하는 수출입통로가 형성되는 것으로, 이를 통해 경제적 효율성을 높

4. 국제 분업과 항만

1960년대 후반부터 1970년대 전반에 걸친 유가파동 등 경제적인 변화와 해상 컨테이너 운송, 대형 항공기 등장, 정보시스템의 도입 등 물류나 정보기술의 혁신은 국제 분업의 형태를 크게 변화시켰다고 할 수 있다. 즉 원자재, 부품과 완제품의 교환을 하는 국제수직분업에서, 각국이 경쟁력이 있는 분야를 특화하여, 동질적인 제품이나 부품을 서로 교환하는 국제수평분업으로 변화하였다. 선진국에서의 노동집약적 산업은 노동력이 저렴한 개도국으로 이전되고, 보다 부가가치가 높은 자본/기술 집약적인 산업으로 변화해 갔다. 그러나 노동집약적 산업과 자본/기술집약적 산업, 소재산업과 가공조립형산업 등 각 산업 간에는 어떠한 형태로든 연결되어 있어, 이들 간의 거리적 시간적인 문제를 극복하는 수단으로 운송 분야가 크게 공헌해 왔다.[7]

생산거점이 해외에 이전하고, 국제수평분업이 심화되는 것은 국내에서도 생산거점의 변화가 발생한다는 것을 의미하고 있다. 즉 모든 관련 산업이 국내에 있었던 시대의 생산거점은 내륙에 있어도 관계없지만, 부품 및 제품의 수출입을 해외에 의존하는 국제수평분업시대에는 내륙운송비를 절감하기 위해 생산거점을 항만 배후단지로 이전하고 있는 것이다. 이처럼 국제수평분업이 확대됨에 따라 운송의 게이트웨이가 되는 항만의 중요성이 증가되고 지역경제의 요충지가 되고 있다.

운송이 국제분업에 크게 공헌한 이유의 하나는 산업에 따라서 생산거점의

---

7 小林照夫國, 澤喜司郎 등, 앞의 책, 2001, p. 131.

이전속도에 차이가 있었기 때문이라고 생각할 수 있다. 예를 들어, 소재산업과 가공조립형산업을 보면, 부품산업은 중소기업이 많고, 해외로의 생산거점의 이전에는 제약이 있다. 그러나 가공조립산업의 경우 기업자본의 규모가 크고, 저렴한 노동력이나 시장의 확보 등 보다 좋은 조건을 찾아서 생산거점의 이전의 속도가 빠르며, 지리적으로도 멀어지는 경향이 있다. 그리고 현지의 하청산업의 문제 등에 의해서 본국으로부터의 부품에 의존하지 않으면 안 될 경우도 있다. 운송은 이 거점 사이를 원활하게 이어주는 중요한 수단인 것이다.

5. 물류거점으로서의 항만

최근 글로벌기업들이 생산과 판매의 세계화 추진과정에서 유통과정 중에 부가가치 물류활동을 활발히 수행하고 있다. 다국적기업들은 물류비 절감을 위해 이러한 부가가치 물류활동을 항만배후지에서 수행하게 된다. 이에 따라 항만에서 다국적 기업들이 이러한 물류 활동을 수행할 수 있도록 지원하는 물류중심 거점으로의 기능이 중요하게 되었다.

이를 위해 항만운영업자는 부가가치 물류서비스 제공자와 이러한 물류활동이 수행되는 항만배후지와 수직적, 수평적 협력체제를 구축해 항만을 이용하는 다국적 기업들의 물류활동을 효과적으로 지원해야 할 것이다.

항만도 기능적으로 기업물류 활동의 공급사슬의 한 부분으로 이해되어야 한다. 화물이 항만을 경유할 때 공급자에게도, 소비자에게도 모두에게 가치와 이익을 가져다주고(deliver), 가치와 이익을 창출하는(capture) 화물의 흐름이 되어야 한다. 항만이 이러한 가치전달 및 가치 창출의 화물 흐름을 유도하기 위해서는 항만과 관련된 기업의 공급사슬(supply chain)에 가치를 제공할 수 있는 핵심경쟁 요소를 가지고 있어야 한다.[8]

즉 항만배후지의 부가가치 물류기업, 육상트럭, 철도, 그리고 해상운송업체

---

8 Ross Robinson, "Ports as elements in value-driven chain systems: the new paradigm," Maritime Policy & Management, Vol. 29, No. 3, 2002, pp. 241-255.

등 운송업체, 포워딩 업체, 세관 등 정부기관과의 정보시스템을 공유하고 이를 바탕으로 기업 물류활동상 가치를 창출하고 가치를 전달하는 혁신을 주도해 나갈 때 그 항만은 공급사슬에서의 경쟁력(chain power)을 갖게 될 것이며 그 항만을 선호하는 요인이 될 것이다.

공급사슬 전략에 부응하는 항만물류 전략은 크게 두 가지로 요약될 수 있다. 하나는 초대형선이 기항하는 허브항만을 만드는 일이고, 두 번째는 물류허브항만으로 만드는 일이다. 전자를 초대형선이 기항하는 필요조건이라 한다면, 후자는 기항한 초대형선의 양적하 화물을 화주의 요구대로 경쟁력 있게 연계하는 충분조건이라 할 수 있다.

초대형선이 기항할 수 있는 항만을 만드는 일은 생산성이 높은 항만을 만드는 것이다. 네덜란드의 로테르담항이나 독일의 함부르크항, 싱가포르항의 터미널 자동화가 생산성 향상을 이끌고 있다. 비교적 소규모로 시작한 호주 브리즈번항, 부산 신선대 등도 터미널 일부 자동화에 성공하고 있다. 무인자동화 항만은 아니더라도 세계의 많은 항만들은 항만장비 확충, 항만운영시스템 고도화, 터미널 야드 규모 확대 등 터미널의 생산성을 향상시키기 위한 노력을 경주하고 있다.

한편 물류허브항만을 만들기 위해서는 배후물류단지를 개발하는 일과 항만과 내륙, 또는 다른 항만과의 연계성을 증진시키는 일이다. 물류단지의 개발은 항만이 공급사슬의 거점으로 성장하기 위한 핵심 전략이다. 물류단지는 세계로 수출입되는 제품에 대해 시장가치를 극대화하도록 시장의 움직임과 특성에 치밀하게 대응할 수 있도록 최종 유통가공, 사양 조정, 보관 등 다양한 물류활동을 제공하는 거점이다. 특히 항만은 내륙운송비를 절약할 수 있는 입지적 장점 때문에 빈번히 수출입 되는 화물의 거점이 되고 있다. 유럽이나 미국의 주요 항만 모두 컨테이너 터미널보다 큰 규모의 항만배후단지를 조성해 하주의 화물거점 요구에 부응하고 있다.

항만하역에 이은 2차 교통수단과 연계를 원활하게 하기 위한 복합운송에서의 시간과 비용면의 경쟁력을 갖추는 일이 항만물류허브를 만드는 요체이다. 유럽, 미국의 주요 항만은 배후권 각지와 연결하는 도로와 철도, 내륙 수로의 정비에 적극적이다.

또한 북유럽의 경우 내륙운송을 화주가 지정하는 '화주 내륙운송'(merchant

haulage)이 약 70%를 차지하고 있으며 나머지 30%의 해상운송인이 수행하는 '운송인 내륙운송'(carrier haulage)의 대부분도 항만선택과 관련해서는 화주가 결정하는 '화주의 요구로 수행하는 운송인 내륙운송'(merchant inspired carrier haulage)방식이다.[9] 항만과 터미널 선택을 선사가 아닌 화주들이 주도적으로 결정한다는 의미이다. 화주의 물류체인(logistic chain)상 총비용과 운송시간 요구에 부응할 수 있어야 물류거점 항만이 될 수 있다는 의미이다.

항만을 단순한 화물을 싣고 내리고, 보관하고, 다른 운송수단으로 연계하는 지점으로 보는 것이 아니라, 관련업무나 업종을 한 곳에 모아, 원활한 운송, 정보, 사무 처리를 하고 물류비용, 리드타임의 단축, 지역경제 산업으로 보아야 한다. 이것은 필요한 물건을, 필요한 때에, 필요한 장소에, 필요한 수만큼 운송하는 Just In Time을 생산뿐만이 아니라, 운송기지가 되는 항만을 물류거점으로 보아 효율적으로 운영되어야 한다는 의미이다.

좀 더 실무적으로 보면 화주에게 있어서는 신용장의 조건, 환적에 따른 시간 문제 때문에 자신이 희망하는 출발지와 도착지의 두 가지 지점을 바로 운송하는 것이 이상적이다. 그러나 운송인에게 있어서는 허브 앤 스포크 시스템을 이용하는 것이 총 비용을 절감할 수 있기 때문에 더 선호하기도 한다. 그러나 이 시스템에서는 문전(door to door) 일관 서비스를 수행하는 도중에, 항만 등 터미널에서 화물을 옮겨 싣는 작업이 2~3회 발생하며, 화물의 흐름이 일시적으로 정지할 수도 있다.

물류에서 화물의 흐름이 멈추는 것은 비용이 든다는 것을 의미한다. 원래, 창고보관에 의한 화물의 정지 이외에는, 운송이 이루어져야 한다. 따라서 물류에서 화물흐름의 정지횟수를 줄이는 것과, 정비하고 있는 시간을 이용하여 운송 이외의 필요업무(배분, 검사, 통관 기타 수출입 수속 등)를 처리함으로써 총 물류비용의 절감을 꾀하고 있다. 이와 같은 처리를 할 수 있도록 물류거점은 아래와 같은 기능을 가질 필요가 있다.[10]

① 터미널 기능 – 해상운송과 육상운송, 그리고 해상운송과 육상운송 및 또

---

9 Remco Stenvert and Andrew Penfold, Container port strategy Emerging issues, Ocean Shipping Consultants, 2007, p. 100.

10 小林照夫國, 澤喜司郎 등, 앞의 책, 2001, p. 132.

다른 해상운송(피더운송)과 연계시키며, 화물의 보관, 배분, 수출입 통관 등 운송수단에 맞는 효율적인 처리를 행하는 기능

② 유통가공 기능 – 국내외 시장에 대한 화물의 배분, 가공, 제조 등을 하는 기능

③ 자유무역기능 – 외국화물을 그대로 자유롭게 중계, 보관, 제조 등을 할 수 있는 기능

④ 광역통관기능 – 자국의 통관뿐만이 아니라, 블록 경제의 역내 전체의 수출입통관을 하는 기능

⑤ 화물보세보관기능 – 제품을 외국 화물 그대로 일시적으로 보관하고, 수요에 맞추어 수출입을 행하는 기능

⑥ 정보수집, 처리 기능 – 무역/국제 물류 등에 관한 정보의 수집과 처리를 원활하게 하는 기능

⑦ 금융기능 – 국제금융/무역 등의 결제를 처리하는 기능

우리나라를 포함한 아시아 국가들은 공통적으로 국내에 주된 자원이나 시장을 갖지 못한다. 그러나 높은 교육수준, 질 좋은 노동력을 갖는다는 특징이 있다. 그리고 이들 국가들은 서로 가공무역이나 수출지향형 공업화를 하며, 국제분업체제에 속해 있으며, 원재료나 부품의 수입, 제품의 수출을 위해서 선박을 많이 사용하고 있다. 그렇기 때문에 항만이 국내 산업에 의존하는 비율은 아주 높고, 국내산업의 동향에 좌우되기 쉬운 구조로 되어 있으며, 물류비용의 상승을 억제하기 위해서 항만에서는 효율적인 업무가 불가결하다.

항만의 물류거점화는 물류효율을 높이는 것과 동시에, 그 배후에 있는 산업과 깊은 연관을 갖기 위해서 중요한 과제가 된다. 항만을 물류거점으로서 이용하는 데 있어서의 장점은 다음과 같다.

① 통관 등의 일부 정보를 집적하기 때문에 다른 정보도 집적하기 쉽다.

② 수입에서는 외국화물을 되돌려 보내거나, 폐기 등을 할 수 있으며 수입한 후보다 수속을 간략화할 수 있다.

③ 수출에서는 복수의 부품공급자로부터 화물을 정리하고, 일괄적인 운송이 가능하다.

④ 항만에서의 화물정체시간을 통관, 분별, 유통가공 등으로 유효하게 이용 가능하다.

⑤ 자유무역지대를 형성하여, 자국뿐만이 아니라 인접국가에게도 물류거점 기능을 활용시킬 수 있다.

⑥ 유휴 임해공업지대의 재이용이 가능하다.

그러나 항만을 적극적으로 물류거점으로서 사용할 경우, 거기에는 종래의 법적인 규제, 관습, 물리적인 문제 등이 가로막게 된다. 예를 들어 통관수속, 수출입 규제, 항만산업의 관습(사전 협의제 등), 무역거래에 관련되는 상권, 교통규제, 교통 정체 등이 있다. 이는 국제 분업이나 경제통합의 확대 등 세계적인 조류에 반하는 비관세 장벽이 되며, 해결해야 한다.

사례 12-2 해양수산부 2030 항만정책: 항만별 특성화 전략

정부는 2020년 11월 전국 항만의 중장기 발전 방향에 대한 비전과 개발 계획을 담은 "2030 항만정책 방향과 추진전략"을 발표하였다. 정부의 항만 발전 전략은 "글로벌 경쟁력을 갖춘 고부가가치 디지털 항만 실현"이라는 비전 아래 항만 물류의 디지털 전환, 항만 인프라 확충을 통한 글로벌 경쟁력 강화, 지역과 항만 간 상생협력 체계 구축을 통한 지속가능한 항만 발전의 3대 전략을 도입하였다. 이를 통해 2030년 항만 물동량 19.6억톤 및 생산 유발 83조원, 일자리 55만개의 목표를 달성하고자 한다.

항만 경쟁력 확보를 위해 디지털 기술을 접목한 스마트 항만으로 설비를 고도화하고, 항만 시설 확충을 통해 서비스 경쟁력을 강화하는 목표뿐 아니라 2030 항만정책에서는 항만별 특성화 전략에 대해서도 목표를 설정하고 있다. 글로벌 공급망의 구조적 변화를 고려하여 항만 네트워크를 고도화하고, 국내 항만 간 불필요한 경쟁을 최소화하면서 차별화에 기반한 발전이 가능하도록 권역별 특화된 항만 개발 전략을 마련하였다.

- 부산항 제2신항: 초대형선이 접안할 수 있는 제2신항을 부산항에 건설하여 동북아물류의 핵심 거점으로 자리매김할 수 있도록 지원
- 광양항: 인근 제조산업 단지와의 연계를 통해 산업 활성화와 물동량 창출, 항만 성장으로

6. 항만배후단지

세계의 고도화된 항만들은 글로벌 생산과 부가가치 물류(value-added logistics: VAL)서비스에 대한 높은 요구 때문에 항만의 물류센터의 기능을 지속적으로 강조해 왔다. 이러한 추세들은 ESCAP 지역에서 가치를 창출하는 물류로 향하는 추세가 앞으로도 계속될 것을 강력하게 보여준다. 몇몇의 항만들은 이미 새로운 항만을 개발하거나 기존의 항만을 개조할 때 부가가치 물류 기능을 포함시키기 위해 창고의 기능을 수정하고 있다.[11] 항만 배후지역의 물류 센터에는 기업들이 가치창출 서비스를 수행할 수 있다. 물류센터는 보관과 같은 전통적인 활동뿐만 아니라 라벨링, 조립, 반조립과 고객맞춤화(customizing)와 같은 부가가치 물류서비스도 제공한다는 것이다. 이러한 부가가치 서비스는 곧 고용과 직결된다. 많은 국가와 항만들이 항만배후단지를 조성하는 이유도 바로 고용창출과 연관되기 때문이다.

내륙지역에 위치하던 물류시설이 조달과, 생산 판매의 국제화, 즉 글로벌 경

---

11 Value-Added Services Of Logistics Centers in Port Areas.
http://www.unescap.org/ttdw/Publications/TFS_pubs/pub_2194/pub_2194_ch3.pdf

제활동에 따라 기업의 공급사슬망과 물류시설들이 허브 항만의 항만배후단지에 집중, 통합되는 현상이 나타나게 된다. 내륙지역에 소재하고 있던 화주들의 물류 창고들이 항만 혹은 항만배후단지로 이동하고 또한 내륙물류단지들도 항만과 직접 연계되고 있는 것이다.

즉 항만은 더 이상 단순히 수출입 화물을 선적하는 곳이 아니고, 기업의 글로벌화에 따라 글로벌 기업들의 제조, 보관, 물류, 유통 등의 부가가치활동이 일어나는 곳으로, 항만이 이제 기업들의 글로벌 공급사슬의 연결고리가 되었다. 글로벌 기업으로서는 전체 화물의 97%를 항만을 통한 해상운송에 의존해야 한다. 이때 내륙운송시간과 비용을 줄이는 것이 공급사슬의 경쟁력이고, 따라서 항만배후단지에서 다국적 기업 활동을 할 수밖에 없기 때문이다.[12]

나아가 항만배후단지 물류 통합화가 다른 업종 간의 수직적 통합현상으로 발전하고 있다.[13] 즉 대형 선사, 하역업체, 전문물류회사 등이 종합물류서비스를 제공하기 위하여 항만배후물류단지를 중심으로 다른 업종산업에 대한 수직통합까지 해나가고 있다.

항만의 부가가치물류활동은 대체로 해당항만에 인접한 배후물류단지에서 이루어진다.[14] 싱가포르항의 경우는 부가가치물류활동이 주로 물류단지(Distripark)에서 이루어지는바, 이 공간은 단순 창고기능뿐만 아니라 배송, 물류관리, 샘플링, 검사, 가공, 라벨링, 포장, 컨테이너 적입·적출 등과 같은 부가가치물류서비스를 제공함으로써 고용 및 소득 창출에 기여하고 있다.

로테르담항의 배후물류단지는 유럽배송센터(European Distribution Center: EDC)로 일컬어지고 있는바, 그 주요 기능은 유럽지역에 대한 배송뿐만 아니라 고객의 자문, 패킹, 리패킹, 주문제작, 라벨링, 검수·검사, 샘플링, 재조립 및 유통 등과 같은 모든 물류활동을 지원하는 것이다. 그리고 제품의 수출입에 필요한 모든 서류작업, 화물 및 정보흐름 관리, 재고관리 등 업무지원활동이 수행됨으로써

---

12 양창호 칼럼(105), "항만과 항만도시 발전 정책 연결되어야," 양창호 교수 블로그(http://daedaero.tistory.com/).

13 Ross Robinson, 앞의 논문, 2002, pp. 241–255.

14 정봉민, 김찬호(2007), "주요 물류중심항 항만물류산업의 발전 특징과 시사점 — 싱가포르·로테르담·홍콩항을 중심으로 —," 월간 해양수산, 통권 제269호.

고객의 시간과 비용 절감뿐만 아니라, 물류를 통한 부가가치 창출에 기여한다. 이에 따라 로테르담항은 물류기업, 제조기업 등 다국적 기업의 유럽 시장 공략을 위한 전초기지로 활용되며, 이에 따른 각종 물류산업이 발달하여 관련 서비스가 제공되고 있다.

홍콩항의 경우는 배후단지에 위치하고 있는 물류센터와의 유기적인 연계를 통한 물류서비스의 제공으로 좁은 국토면적의 단점을 보완하는 한편, 서비스의 효율성 향상을 도모하고 있다. 홍콩항의 물류센터 특징은 고객맞춤형 서비스를 제공하는 것으로, 임차인에게 창고 및 사무실을 동시에 임대하고 있으며, 전방위 화물 처리, CFS, 집배송 서비스, 트럭킹, 보세 및 일반저장 서비스를 제공한다. 특히 품질통제 및 검정, 재포장, 상표부착, 화물분류 및 화물정리와 같은 부가가치 물류서비스가 광범위하게 제공된다.

한편, 중국에 있는 많은 항만과 대만의 카오슝 항만은 항만 근처의 자유 무역 지역에서 생산과 제조 기능을 허용한다. 기술과 교역 확장에 대한 인식이 강조되면서, 몇몇의 자유 무역 지역은 제조, 교역, 물류, 유통을 제공함으로써 최첨단 기술과 해외 투자를 이끌기 위한 목표로 그 기능을 조정하였다.

일본에서는 항만 영역에서 가치를 창출하는 서비스 시설의 사용이 빠르게 증가했다. 1970년대 후반, 고베 항만에 포트아일랜드(Port Island)가 개발되었을 때 시작되어, 물류 센터의 개발은 ESCAP 지역의 많은 국가들에 광범위하게 퍼졌다. 1980년대 중반 이래, 중국은 종래의 항만들이 대응하기 어려운 국제적인 물류 지역에 대한 수요가 증가하여 항만 지역 뒤에 물류 센터를 건설했다.

7. 자유무역지대와 항만도시

항만을 물류 거점화하여 효율적인 물류시스템의 구축에 성공했다고 해도, 그것만으로는 국제수평분업이 확대되고 경제의 블록화가 진행된 세계의 무역시스템에 대응하기는 불충분하다. 그 해결책의 하나가 항만의 자유무역지역지대이다.

항만도시는 항만으로부터 여러 경제적 혜택을 받을 수 있다. 무역 비용을 절감하고, 부가가치와 고용을 창출하고, 특정 산업 분야도 유치할 수 있다. 무역 당사국 두 나라가 동시에 항만 효율을 두 배로 증대시키면 양국 간 무역 물동량이 32% 증가하는 것으로 연구된 바 있다. 또한 항만물동량이 1톤 증가하면 경제적으로 평균 100달러의 부가가치가 발생하고, 또한 항만물동량이 100만 톤 증가하면 단기적으로는 항만도시에 평균 300명의 고용이 창출되는 것으로 연구되었다.[15]

즉 항만이 단순히 수출입 화물을 선적하는 곳이 아니고, 기업의 글로벌화에 따라 글로벌 기업들의 제조, 보관, 물류, 유통 등의 부가가치활동이 일어나는 곳으로 항만이 이제 기업들의 글로벌 공급사슬의 연결고리가 되었다는 점이다.

항만이 경쟁력이 있어야 항만도시가 항만 관련 부가가치 및 고용 같은 경제적인 혜택을 받을 수가 있다. 항만은 해상운송 항로의 증대, 항만 운영 및 항만 배후지 연결을 강화하여 경쟁력을 향상시킬 수 있다. 그러나 항만이 경쟁력이 있어 선박입항이 늘어나는 것은 필요조건이고, 더 중요한 것은 항만의 경쟁력을 통해 입항하는 선박과 화물을 통해 항만 밖, 즉 항만배후단지에서 얼마나 많은 부가가치를 얻느냐 하는 충분조건일 것이다.

항만도시가 항만으로부터 받을 수 있는 경제적 혜택을 늘리기 위해, 해상운송 서비스 클러스터, 산업개발, 그리고 항만 관련 워터 프론트 개발 등의 세 가지 모델을 제시하고 있다. 해상운송 서비스 클러스터는 선박금융, 컨설팅, 법률 및 엔지니어링 서비스 등 해운산업 관련 고 부가가치 서비스들의 집합체를 구성하는 일이다. 이를 위해 여러국가에서 항만배후지에 자유무역지대를 지정 운영하고 있다.

항만을 물류거점으로 함과 동시에 자유무역지대로 하고 있는 곳으로 싱가포르나 홍콩, 중국이 앞서가고 있다. 이들 항만은 배후지에 커다란 생산과 소비지를 갖는 도시, 지역을 갖고 있으며, 국내에 수입되는 화물만을 세관이 관리하고, 자유무역지대 내에서의 화물의 관리에 대해서는 운송인, 화주, 통관업자에게 맡기고, 신속한 운송을 하고 있다.

현재, 세계에는 650개 가까운 자유무역지대가 있는데, 자유무역지대란 중계

---

15 OECD, The Competitiveness of Global Port-Cities: Synthesis Report, 2014.

무역, 중계가공무역의 촉진을 위해서, 여기에 출입하는 외국화물에 대해서 일체의 관세, 수량에 대한 규제, 관세법상의 수속을 면제하는 지역을 말한다. 전체를 관세 제외 구역으로 하여, 지역 내의 화물의 저장, 소비, 가공, 제조, 수리, 판매(도매), 전시 등의 모든 자유를 인정하지만, 거주는 인정하지 않는다.

또한 자유무역지대의 목적은 자유무역을 하는 데 있어서 시스템을 보다 국제적으로 평준화하고, 환율관리, 수출입관리 등 인적/물리적 각종 제약을 가능한 한 제거하여, 완화함으로써 국제무역을 보다 활성화하는 것이다.

이처럼 항만을 자유무역지대로 하여 외국화물의 취급에 관해서 자유롭게 세제상의 특전을 보장하는 시스템이 항만의 적극적인 물류거점화에 있어서 중요하다. 그리고 수출가공구역(Export Processing Zone), 보세공장을 인접시키는 등의 우대조치가, 자유무역지대의 가치를 향상시키고, 제조나 물류비용의 삭감으로 이어진다. 그리고 자유무역지대를 포함한 사용하기 쉬운 항만의 구축은 운송인의 투자를 유도할 뿐만이 아니라, 화주의 투자에게도 깊게 연관된다.

중국은 상하이를 자유무역특구(시범구)로 지정하여 홍콩처럼 자본주의를 도입한 특구로 만들고 있다. 일본도 아베총리가 나서 아베노믹스의 실천전략으로 국가전략특구를 지정하겠다고 법안을 통과시켰다. 중국과 일본은 몇몇 대도시를 통째로 경제특구로 지정해, 세계에서 가장 기업하기 좋은 곳으로 만들어, 외국기업의 투자를 유치하고, 이를 통해 경제성장률을 끌어올리겠다는 구상이다.

중국의 '상하이 자유무역시범구'는 2013년 9월 정식으로 출범하였다. 상하이 자유무역시범구에 대하여 분분한 의견이 있었으나 시진핑 주석과 리커창 총리는 자유무역지구(FTZ)를 중국의 시장경제와 무역 및 투자 개혁에 박차를 가하기 위한 중요한 국가전략 사업으로 보고, 앞으로 30년간의 경제번영을 내다보고 실행한 것이라 한다. 여기에 2014년 들어 중국 중앙정부가 상하이 자유무역지역(FTZ) 이외에 텐진시와 광둥성을 포함한 12개 FTZ도 추가 승인하였다. 상하이 등 중국 자유무역시범구 목표는 서비스업 개방과 외자투자 관리체제를 개혁하여 새로운 무역모델로 발전시키는 것이라고 한다. 자본의 통화환전과 금융서비스개방, 투자와 신규정책의 일체화, 상업무역의 국제화 및 법제화 환경조성, 국제수준의 무역투자 편의성, 화폐환전자유, 최단시간 검사관리 등을 실행함을 목표로 한다. 중국의 자유무역시범구 지정으로 인해 해운, 금융, 서비스 산업은 물론 항만배후지 기

업유치, 외국인 투자유치에도 우리에게 큰 경쟁이 될 것으로 보인다.[16]

우리나라는 항만배후지 자유무역지대를 경제자유구역(Free Economic Zone)으로 정하고 있으며, 일정한 구역을 지정하여 경제활동상의 예외를 허용해주며 따로 혜택을 부여해주는 경제 특별구역으로 운영하고 있다. 경제자유구역은 1990년대 이후 중국, 대만, 싱가포르 등 아시아 국가들이 대규모의 외자를 유치하여 금융, 무역, 지식기반 서비스산업 등 고부가가치 산업을 본격 육성하기 시작하자 2003년 8월에 인천, 10월에 부산·진해와 광양만에 경제자유구역을 만들면서 시작된 사업이다. 이 세 지역 이외에도 황해, 대구·경북, 새만금·군산, 충북, 동해안권 등 총 8개가 조성·운영되고 있다. 그러나 국내 경제자유구역은 해외투자유치에 많은 어려움을 겪고 있다. 2014년 기준으로 경제자유구역 내에 입주한 기업은 총 2,235개이며, 이 중 외국인직접투자는 100억 달러 정도이다.[17]

우리나라가 항만배후단지의 고부가가치화, 항만클러스터 육성, 산업단지 유치, 워터프론트 개발 같은 정책을 이미 추진해 오고 있지만, 항만배후단지에 입주하는 외국기업들은 손에 꼽을 정도밖에 되지 않고, 배후단지 물동량은 늘지 않고, 당연히 고용창출도 이루어지고 않는 이유가 무엇일까?

여러 가지 이유가 있을 수 있지만, 가장 큰 원인은 규제 때문이다. 중국과 일본은 도시를 통째로 자유무역지역으로 지정하고 있고, 지정하려 하고 있지만, 우리의 경우 정책적으로 큰 진전이 없다. 또 다른 문제점은 항만정책 수립에 항만도시가 소외되기 때문이다. 우리나라 중앙정부나 국회에서는 항만도시에 경제적 영향을 직접 미칠 수 있는 고유한 정책수단을 찾기보다는 관리기관별 이해, 형평성, 선택과 집중 같은 비 항만적인 기준에 의해 항만정책을 수립하고 있다. 당해 항만도시는 이러한 항만정책 수립에 소외되어 있고, 이에 따라 일부 항만도시는 아예 무관심하기까지 한 상황이다.

이 두 개의 멀리 떨어져 있는 정책을 연계하기 위해 우선 항만도시가 노력해야 한다. 비록 항만개발과 항만의 경쟁력 향상을 위해 중앙정부나 항만공사가 정책을 세우고 예산을 투입한다고 해도, 그 경제적 파급효과가 나타날 수 있도

---

16 양창호 칼럼(83), "중국, 일본에 뒤지는 우리의 경제특구정책," 양창호 교수 블로그(http:/daedaero.tistory.com/).

17 경제자유구역기획단 홈페이지, 2015. 12.

록 하는 지방자치단체, 즉 항만도시의 고유한 정책이 필요하다. 항만의 효율성을 제고하는 항만개발, 항만의 잠재력을 분석해 이를 마케팅하는 포트세일즈, 그리고 내륙연계수송 확충 등 항만도시의 항만물류 고도화를 위한 항만도시 나름의 정책을 세워야 한다. 항만도시의 고용을 창출하는 별도의 정책을 수립해서 이를 정부의 항만정책에 포함시키려는 노력을 해야 한다.

13

창고, 물류센터

 핵심포인트

공장에서 직접 물품을 보내게 되면 고객이 요구하는 리드타임에 맞추지 못할 수 있기 때문에, 시간에 맞출 수 있는 범위 내에 배송하기 위한 거점을 만들게 된다. 이것이 물류거점이며, 창고시설이다. 창고는 공급사슬 과정에서 원자재 구매, 가공 및 제조과정, 유통물류, 그리고 회수물류 등 4개의 업무프로세스와 관련된다. 이 장에서는 창고 또는 물류센터를 보유하는 전략적인 이유와 창고의 기능, 창고의 역할, 그리고 창고의 유형에 대해 살펴본다.

1. 물류거점으로서의 창고시설

제조업체의 물류에서는 원래 공장에서 고객으로 직접 배송하는 것이 기본적인 시스템이다. 그러나 공장에서 직접 보내게 되면 고객이 요구하는 리드타임에 맞추지 못할 수 있기 때문에, 시간에 맞출 수 있는 범위 내에 배송하기 위한 거점을 만들게 된다. 이것이 물류거점이며, 창고시설이다.

2. 창고내 화물흐름

물류센터는 물품수령구역, 저장구역, 오더피킹 및 출하준비구역, 출하발송구역으로 나뉘며, 각 구역에서의 발생되는 활동은 이 순서로 이루어진다.

3. 물류혁신과 창고

반입물품의 수령과 출하활동에 많은 시간과 인력이 요구되기 때문에 창고자동화를 통해 창고관리의 효율성을 개선할 수 있다. 긍극적으로는 창고의 수령, 보관기능을 줄여 나가는 것이 기업들의 재고감축을 위해 이상적인 창고의 기능일 것이다. 공급사슬관리가 완벽하다면 적절한 양의 자재이동이 있고 재고가 없어지며 자연적으로 창고사용은 줄어들게 된다.

4. 물류센터의 입지, 집중화, 분산화

창고의 수는 물류시스템에서의 전체적인 재고 수준에 영향을 미친다. 물류시스템 자체의 재고수준을 낮추기 위해서는, 재고 통합이 필요하고 이는 창고의 수를 줄여야 하는 의미를 갖고 있다. 그리고 창고의 수와 위치는 공장과 창고 간의 거리에 영향을 받는다. 만약 창고의 수가 적어 공장과 창고 간의 거리가 길어질 경우 재고 보충 리드타임이 길어질 뿐만 아니라 리드타임의 변동성이 커져 고객서비스 수준에 영향을 줄 수 있다.

1. 물류거점으로서의 창고시설

제조업체의 물류에서는 원래 공장에서 고객으로 직접 배송하는 것이 기본적인 시스템이다. 그러나 공장에서 직접 보내게 되면 고객이 요구하는 리드타임에 맞출 수 없을 수 있기 때문에, 시간에 맞출 수 있는 범위 내에 배송하기 위한 거점을 만들게 된다. 이것이 물류거점이며, 창고시설이다.

물류 서비스의 요구로 인하여 유통업은 물론이고 대부분의 제조업체도 창고시설인 물류거점을 갖고 있다. 창고시설은 고객과 직접 마주하고 있는 장소이며, 여기의 출하동향이 시장동향을 나타낸다 할 수 있다. 출하동향에 맞추어 적정한 재고를 유지하기 위해서 필요한 양을 보충하는 시스템이 필요하다. 이 재고보충을 효율적으로 하는 것이 재고관리이다.

고객에 납품해서 매출이 실현되기 때문에, 매출의 확보라는 점에서 창고시설은 중요한 역할을 하고 있다. 그러나 물류거점이 크고, 많다고 해서 매출이 증가하는 것은 아니다. 즉, 물류거점으로 사용하는 시설은 가능한 한 작게 하고, 그 시설을 다른 매출을 올리기 좋은 자산으로 전환할 수 있다면 그것이 최선일 것이다.

창고(warehouse)라 불리는 보관시설은 원자재나 완제품을 고객에게 판매를 위해 수송되거나 배송되기 이전까지 보관하는 큰 빌딩을 의미한다.[1] 창고는 공급사슬 과정에서 원자재 구매(inbound logistics), 가공 및 제조과정, 유통물류 (outbound logistics), 그리고 회수물류(reverse logistics) 등 4개의 업무프로세스와 관련된다.

---

1 warehouse란 'house for wares'로 '물건의 집'이라고 직역할 수 있는 곳으로 화물이 장기간 장치될 수 있는 집을 의미한다.

창고 또는 물류센터는 부가가치를 창출하는 기능(value added warehousing)을 수행하는 곳으로, 공급사슬 경쟁력을 유지하기 위해 중요한 역할을 수행한다. 주요 기능을 살펴보면 다음과 같다.[2]

■ 글로벌 영업활동에서 현지재고(local inventory)를 제공하는 기능을 갖게 된다. 즉 글로벌 시장에서 고객들의 빠른 서비스 수요에 부응하기 위해 현지 보관시설의 네트워크가 구축되어야 할 필요가 있다.

■ 제품에 대한 라벨링, 홍보목적 전시와 같은 고객에 대한 부가가치 서비스를 수행할 수 있다.

■ 반입 원자재 통제 센터의 역할을 하며 마치 가까운 곳에 있는 공급업자와 같은 기능을 수행할 수 있다.

■ 동일 주문에 여러 품목이 있을 경우 주문품들을 하나로 혼재(consol)하는 기능을 수행한다.

■ 수배송을 위한 혼재기능을 수행하여 경제적인 운송을 가능하게 한다.

■ 생산기간의 가변성을 완충시켜주는 역할을 한다.

■ 반품, 회수물류를 취급할 수 있다.

■ 제품 품질검사 기능을 수행한다.

■ 대량 생산활동의 규모의 경제나 대량구매의 규모의 경제를 지원할 수 있다.

2. 창고 내 화물 흐름

모든 창고나 물류센터는 물품수령구역, 저장구역, 오더피킹 및 출하준비구역, 출하발송구역으로 나뉘며, 각 구역에서의 발생되는 활동은 다음과 같은 순서로 이루어진다. 물론 이중 일부는 하나의 활동으로 합쳐져서 이루어질 수가 있다.

---

2 Harrington, Lisa H., "The New Warehousing," Industry Week, July 20, 1998, p. 54(Kent N. Gourdin, op. cit., 2006, p. 131에서 재인용).

1) 물품수령 구역

(1) 재고수령(receiving): 창고로 반입, 이후 제품, 원자재, 부품수령, 양화, 수량 및 상태 확인, 서류절차 및 정보입력

(2) 가 포장(prepackaging): 벌크상태로 입고된 화물을 보관 및 출고의 편리성을 높이기 위해 좀 더 적은 양으로 가포장

(3) 수령장소에서 보관장소로 이송(moving): 특정지역으로 이동. 이송지역기록, 입력

2) 저장구역

(1) 보관(storing): 출하를 위해 보관

(2) 보충 이송(moving): 출하수량만큼 보관지역에서 오더피킹지역으로 이송

3) 오더피킹 및 출하준비구역

(1) 오더피킹(order picking): 제품별로 주문수량만큼 선택 피킹

(2) 오더피킹 체크(checking): 오더피킹 품목, 수량을 서류상 주문 품목, 수량과 비교 체크

(3) 포장 및 표시(packaging and marking): 출하제품을 용기에 넣고 최종목적지 정보와 함께 라벨링, 취급주의정보 등을 표시

4) 출하 발송구역

(1) 포장지역에서 출하대기지역으로 이동, 혼재(moving, consolidation)

(2) 외부트럭에 상차 후 출하(shipping)

(3) 창고관리사무소에서 입·출하, 보관정보 입력 등 관리(documentation)

이상의 활동 중에서 반입물품의 수령과 출하활동은 모든 창고직원들에게 많은 시간을 요구한다. 창고자동화를 통해 창고관리의 효율성을 개선할 수 있다. 궁극적으로는 창고의 수령, 보관기능을 줄여나가는 것이 기업들의 재고감축을 위해

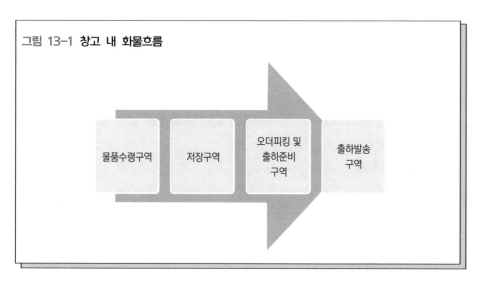

그림 13-1 창고 내 화물흐름

| 물품수령구역 | 저장구역 | 오더피킹 및 출하준비 구역 | 출하발송 구역 |

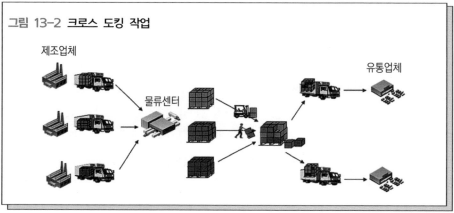

그림 13-2 크로스 도킹 작업

제조업체   물류센터   유통업체

이상적인 창고의 기능일 것이다. 즉 창고 내에 머무는 시간을 짧게 하기 위해 창고의 활동 중에서 가장 중요한 것이 창고 내 화물 흐름이 되고 있다.

　극단적으로는 제품이 수령지역에서 바로 출하지역으로 흘러가는 크로스 도킹 (cross-docking) 방법도 활용되고 있다. 즉 반입도크를 통해 창고내로 들어온 화물이 고객에게로 배송을 위한 트럭으로 분배되어 즉시 옮겨지는 방식이다. 이를 통해 기업은 재고비용과 제품수명주기, 이동제고 등을 효율적으로 관리할 수 있다.[3]

3 Arora, S. N., Iqbal, S. A., & Gidwani, G. D., "CROSS-DOCKING: A STRATEGY TO

이를 위해서는 반입수송과 반출배송을 일치시키기 위해 창고의 기능이 매우 체계적으로 조직되어 있어야 하며, 배송수량의 재포장, 배송을 위한 라벨 부착 등의 작업이 필요하다.

사례 13-1   크로스 도킹, 비용 절감과 서비스 향상에 기여

제조와 소매업체들이 창고작업과 물류센터에서 크로스 도킹을 통해 운송비를 줄이고 서비스 수준을 향상시키면서 점차 크로스 도킹의 활용도가 높아지고 있다.

이것은 크로스 도킹이 물류센터의 대단위화 추세와 더불어 제품 재고를 줄이고 소비자로 가는 속도를 증대시키는 방법으로 인기를 얻고 있기 때문이다.

1) 개   요

크로스 도킹은 속도의 메커니즘으로서, 제품이 시설에서 수령되고 때때로 같은 목적지로 가는 제품과 통합되며 장기 보관되지 않고 바로 운송되는 방식이다.

따라서 들어오는 제품을 미리 알고, 제품의 목적지도 알아야 하며 제품을 차량으로 적절하게 중계하는 시스템과 인프라의 구축이 전제되어야 한다.

잘 확립된 크로스 도킹은 도입 초기에 상품의 절대 다수인 약 80%를 운송하는 것으로 나타났으며 나머지 20%는 재고로 남아 점포 진열대를 보충하기 위해 필요할 때 피킹된다.

만재된 상품 파렛트를 크로스 도킹할지 아니면 파렛트를 케이스별 유통을 위해 분해할지 상관없이 이제 크로스 도킹은 시행 착오를 통해 검증되었다.

조사회사인 RBI-US가 물류 전문가를 대상으로 2008년 1월 실시한 조사에 따르면 응답자의 약 절반인 53%가 이미 물류작업에서 어떤 형태로든 크로스 도킹을 하고 있고 13%는 향후 18~24개월 내 크로스 도킹을 물류 기술플랜에 추가할 계획인 것으로 나타났다.

이러한 움직임은 새로운 것은 아니며 평균적으로 이미 지난 7년 이상 크로스 도킹을 하고 있다고 전해진다.

그 이유는 운송비의 절감이지만 대다수는 소비자로 가는 제품의 속도를 향상시켜 고객 서비스를 증가시키기를 희망하고 있기 때문이다.

15년 전까지만 해도 3개월 운송 기한이 관행이었지만 이제는 3일 운송 기한이 보통일 정도

ENHANCE SUPPLY CHAIN AGILITY," International Journal of Logistics & Supply Chain Management Perspectives, Vol. 3, No. 3, 2014, p. 1115.

로 속도가 중요해진 것도 크로스 도킹의 확산 이유이다.

2) 도요타의 속도 경쟁

일본 도요타는 크로스 도킹을 활용해 공장으로 가는 부품 배송을 통합해 강력한 경쟁력을 유지하고 있다.

동사는 1970~80년대 미 켄터키와 캘리포니아, 캐나다 공장에서 자동차와 트럭을 생산하기 시작했으며 각 지역은 공장별로 독립해 물류지원을 기획했다.

각 공장은 적기 납품(JIT) 물류 철학에 따라 납품업체들로부터 빈번하게 생산자재를 입고받아 공장재고를 최소로 유지했다.

지난 20년에 걸쳐 이 업체는 소비지에서 조립한다는 원칙에 따라, 제조공장을 빠르게 확장, 이제는 인디아나, 웨스트버지니아, 알라버마, 멕시코, 텍사스 주에까지 공장을 건설하였다.

이런 팽창의 결과 복잡성이 아주 높아져 관리가 점차 어렵게 되면서 납품업체들은 8개의 서로 다른 공장에 낮은 물량으로 부품을 운송하는 작업에 문제점이 제기되었다.

이에 따라 2000년 모든 공장을 지원하는 통합물류 네트워크 구상이 전개되기 시작하면서 통합물류 계획의 핵심으로서 크로스 도킹을 도입했다.

복수의 공장 프로세스를 하나로 연계하는 것은 난제였으나 18개월이나 투입해 문제를 파악하고 네트워크를 납품업체, 공장 및 3PL업체들의 수요에 맞게 조정했다.

공장들은 화물을 납품업체로부터 공장까지 필요한 횟수만큼 직접 가져올 수 있는 물량이 있는지 판정하며, 이런 기준에 맞는 충분한 화물이 없으면 그런 화물은 통합물류망에 띄워져 크로스 도크된다.

이 회사는 가까운 제조공장 각각을 지원하고 운송비를 극소화하기 위해 전략적으로 입지를 선정하고 이곳에다 크로스 도크 설비를 설계 건설하였다.

트럭들은 이제 크로스 도크 시설에서 정해진 경로에 따라 복수의 납품업체로 배차되며 기사는 각 납품업체가 배송을 위해 적절한 화물을 준비했는지 확인하고 경로 운행을 마치면 다시 지정된 크로스 도크 설비로 와 복수의 생산과 공장용 부품이 지게차를 이용해 파렛트에 하역된다.

모든 공장이 네트워크에 통합된 후 소량 납품업체들을 대량 공급업체와 결합해 픽업하여 운송 거리와 비용 단축을 실현하였다.

공장에 대한 배달 횟수는 12배송 사이클에서 24사이클로 증가했고 현장 크로스 도크를 통한 경로작업으로 각 공장에 대한 도크에 고유한 경로기획도 가능해졌다.

3) DSI社, 가장 빠른 물류를 실현

물류업체인 DSI사는 크로스 도킹을 많은 소매 고객을 위해 새로운 기술 수준까지 격상시켜 성공을 거두고 있다.

DSI사는 다년간 소매업체를 위해 각종 형태의 크로스 도킹을 해 왔으며 크로스 도킹의 활용도를 빠르게 확대하고 있다.

동사는 하루에 2만 개의 카톤을 처리하고자 2006년 양방향 슬라이딩 슈 카톤 분류기(sliding shoe carton sortation system)를 뉴저지 주에 설치해 분당 70개의 카톤을 크로스 도크시킨다.

이 설비는 6개의 동력 하역 레인과 20대의 중력 상차 레인을 갖고 도킹 문제에 대한 고속의 기계화된 솔루션을 제공한다.

카톤은 동력 컨베이어 레인에 수동으로 하역되고 스캔되며, 이런 스캔은 카톤의 최종 목적지를 결정하며 이어 목적지 레이블을 인지한다.

카톤은 4~6분간 동력 컨베이어 네트워크를 통과해 다시 나가는 상차 레인으로 방향을 전환하고 이곳에서 최종 목적지 트럭에 적재되었다가 소매업체의 물류 창고로 가게 된다.

상당한 선투자 비용에도 불구하고 자동시스템의 노무비 절약은 50%로 상당한 수준임. 자동시스템으로 모든 카톤이 어디에 있는지, 어떤 트럭이 그것을 운송하는지 시간당 얼마나 많은 카톤을 실었는지 실시간으로 파악이 가능해진다.

당초엔 1만 8,000개의 카톤을 크로스 도크하는 데 20시간이 걸렸지만 이제는 오전에만 1만 8,000개를 처리할 수 있다.

또 다른 학습요인은 시스템이 요구하는 끊임없는 작업 흐름을 유지하기 위해 트레일러 야드를 적절하게 관리할 필요성을 인식하게 된 점이다.

동사는 크로스 도크 성공의 핵심은 결국 사람들이 시스템의 작동을 충분히 숙지하고 실천하는 것이라고 지적했다.

자료: Warehousing and Distribution Center Management: The cross-dock revolution
Logistics Management, 2008. 4. 1

3. 물류혁신과 창고

물류혁신이라는 말은 다분히 어떤 행동을 통하여 기업이윤을 얻어내자는 경영상의 어떤 변화의 방향성을 지칭한다. 생산된 제품이 공장을 떠나서 소비자 손에 이를 때까지 수많은 물류과정이 있다. 제품창고에서 대리점 창고나 도매업자 창고로 운송되고 때로는 보관되고, 각 지역별로 일정한 배송 계획에 의해 배송센터나 소매업자 창고로 운송돼 마지막으로 소비자에게 전달된다. 물류는 최종소비자에게 가기 위하여 창고에서 창고로 끊임없이 이동하는 과정을 말한다.

그러나 그 과정에서 일단 창고에 입고된 제품은 짧게는 수일에서 길게는 수주, 수개월 동안 보관된다. 물류를 흐름의 연속선에서 볼 때 창고는 흐름을 정지시키게 된다. 창고의 역할이 있더라도, 창고는 흐름을 막는 걸림돌이 되는 것이다.

만약 기업이 창고까지 가지고 있다면 창고를 갖기 위한 재정적 투자가 있었을 것이고 그를 운영하는 인원 투자가 있을 것이다. 창고는 비용을 발생시키면서 물류의 흐름을 막는 역 기능을 하고 있는 셈이다. 그래서 창고를 가지지 않고 화물이 그대로 전달될 수 있다면 완벽한 물류활동이 된다.

우리는 지금까지 창고의 설치를 물류 흐름 속에 당연하게 생각하고 있다. 1차 생산품에 관하여는 계절적 요인이 있으므로 수확시기가 있고 이를 소비하는 시점까지 보관할 창고의 필요성이 인정된다. 그러나 공산품인 경우의 재고는 비용만 발생시킬 뿐, 오히려 경쟁상품이 나오면 가치가 격하되는 리스크를 갖게 된다.

'창고는 왜 필요한가?' 하고 반문하는 리엔지니어링 사고가 필요하다. 이것이 물류혁신의 출발점이다. 생산비를 투자하여 만든 상품이 팔리지 않은 상태에서 정지되어 있는 것은 비용의 발생이다. 상품의 특수한 형편상 창고가 있어야 하고 소비자의 배달요구에 즉시 대응하기 위하여 창고는 필수적이라는 의견이 있다. 생산 관리상 각 품목의 최저생산을 맞추고 전체적인 생산 일정과 평균화된 생산 공정을 유지하기 위하여 일부 품목의 사전 생산이 필요하고 어쩔 수 없게 이러한 제품들을 위한 창고의 필요성이 인정되기도 한다.

그러나 최근의 경영자들은 고도로 빨라지고 있는 상품 사이클의 속도를 우려하고 있다. 생산해놓은 재고제품이 새로운 추격제품으로 인하여 철 지난 제품이 되고 팔기 어려운 경우가 흔한 시대가 되었다. 범용으로 쓰고 있는 부자재가 아닌 한, 어떤 완제품의 사전 판매예측에 의한 생산은 매우 위험한 결정이 되고 있다. 소비자의 주문이 있고 나서 생산하고 생산한 즉시 배달을 마치는 시스템의 완성이 모든 기업체의 주된 관리항목이 되고 있다. 공급사슬관리가 완벽하다면 적절한 양의 자재이동이 있고 재고가 없어지며 자연적으로 창고사용은 줄어들게 된다.

린 생산(lean production)시스템이 생산에 있어서, 린 유통(lean distribution)시

스템이 유통상의 재고를 없애는 데 집중하고 있다. 저스트 인 타임(just in time)이 적량적기 배달 방식으로 정착되고 있다. 꼭 필요한 양만큼을 수주하며, 수주가 확정되지 않는 한 생산하지 않으며, 리드타임을 줄이고 로트 크기를 축소하는 유통의 합리화로 유통 안전재고량의 필요성도 반감되고 있고 수송 중 재고 또한 특송이나 택배운송 방식에 의하여 계속 줄고 있는 것이다.

국내는 수많은 택배회사에 의하여 익일 배송이 가능하고 급하면 국내의 경우 당일 배송도 가능해졌다. 해외로 발송하는 경우에도 아시아와 미국은 다음날에, 유럽과 아프리카도 2~3일 내 문전(door to door)배송까지 서비스가 가능해졌다. 수송 중 창고로 가는 일은 없어지고 잠시 대기하는 배송 센터가 있을 뿐이다.

이에 따라 창고의 개념도 보관(storing)에서 분류(sorting)로, 단순 취급(handling)에서 지연(postponement) 전략을 하는 등 부가가치를 창출하는 물류센터의 기능을 수행하는 곳으로 그 기능이 바뀌고 있다.

사례 13-2 도시첨단물류단지(e-Logis Town) 조성 정책

정부는 2015년 5월 '전자상거래 활성화를 위한 물류인프라 규제개혁방안'을 발표했다. 도시 내 물류거점인 도시첨단물류단지(e-Logis Town)를 조성해 온라인 기반의 생활물류 인프라를 개선해 나가려는 취지이다. 특히 동일부지에 물류·유통·첨단산업이 한꺼번에 들어설 수 있게 관련 산업의 융·복합을 허용한 점이 눈에 띈다.

최근 글로벌 e-Market이 가파른 성장을 보이고 있으며, 경쟁도 심화되고 있고, 모바일 쇼핑, SNS 등 새로운 방식의 유통이 확산되면서 소량·다빈도의 B2C(기업-소비자간) 물류시장이 급성장 추세이나, 이를 처리할 수 있는 도시물류인프라가 부족해 불법, 영세시설이 증가하고 있는 추세이다. 또한 지금까지는 도시 외곽에 물류단지가 있어 배송기간과 비용을 줄이기 어려운 실정이었다.

국토교통부는 이러한 문제점을 해결하고, 또한 도시에 산재한 기존 물류·유통시설이 낙후돼 주민 기피시설화되고 있어, 이러한 지역 중 일부의 개발 제한을 풀어 도시첨단물류단지 부지로 조성해 나가겠다는 것이다. 일반 물류터미널 34곳과 공구상가·농수산시장·자동차부품단지 등 124개의 도시유통시설 가운데 5곳을 지자체와 협의해 시범단지로 내년 6월 확정 고시한다는 계획이다.

현 정부에서 물류산업에 대한 구체적인 정책을 밝힌 것은 2014년 8월에 물류산업을 7대 서비스 유망산업에 포함시킨 일이다. 보건의료, 관광, 콘텐츠, 교육, 금융, 소프트웨어산업처럼 물류산업을 중점 서비스산업으로 육성해야 하는 중요한 분야로 인식한 정책이다. 물류산업을 산업경쟁력 강화, 국부창출에 기여하는 신 성장 동력산업으로 발전시키고, 지속가능한 산업의 기반을 만들어 글로벌 물류강국 달성을 현 정부의 방침으로 세운 것이다.

큰 틀의 정책은 세워졌지만 물류산업에서 체감할 수 있는 구체적인 후속조치들이 미흡하다는 생각이 들었는데, 이번 국토교통부의 도시첨단물류단지 조성을 통한 생활물류 인프라 개선 대책은 기다려온 일단의 후속 대책의 하나로 환영할 만하다.

특히 산업간 융합을 통한 경쟁력강화라는 세계적 기업들의 추세에 따라 가도록 한 이번 정부의 물류산업 대책은 그 의미가 크다고 할 수 있다. 아마존이나, 알리바바 등 글로벌 기업들은 첨단물류인프라를 기반으로 산업간 융합을 통해 경쟁력을 강화하고 있다.

아마존이나 알리바바 등은 IT, 물류, 유통, 제조를 포괄한 융·복합 기업이다. 클라우드 서비스, 게임제작 같은 소프트웨어 역량은 IT 기업을 위협할 정도이다. 또한 융·복합 기업이라는 면에서 이들 기업들의 시발점은 무엇인지가 중요하지 않다. 아마존은 도서유통을 통해 성장했지만 구글 못지않은 IT 역량, 그리고 애플 못지않은 제조 역량을 보유하려고 노력하고 있다. 그러면서도 중국 상하이자유무역지대에 물류창고를 확보하여 중국내 진출확대를 도모하고 있다.

이번 시책에는 물류기업들이 단일부지에 물류·유통·첨단산업이 한꺼번에 들어설 수 있게 융·복합을 허용하는 것이 포함되어 있다. 그동안 물류시설용지(터미널·창고)와 상류시설용지(대규모점포·도매시장), 지원시설용지(주거·문화·의료·복지)로 구분돼 용지별로 입주대상 시설이 제한됐는데, 앞으로는 같은 부지 안에 들어설 수 있게 한다는 것이다. 지하에는 택배업체나 인터넷·모바일쇼핑몰의 물류시설이 입주하고 지상에는 상가, 사무실, 전시장, 연구개발(R&D)센터 등이 들어서게 한다. 특히 주거와 첨단산업 융합을 허용해 부지 안에 아파트와 오피스텔 건축이 가능하도록 추진한다는 것이다.

획기적인 정책적 변화이다. 마치 20년-30년 전 세운상가와 같은 곳을 만드는 것이라 할 수 있다. 이곳에 가면 신기한 것도 구경할 수 있고, 여러 곳의 부품을 사 모으면 탱크도 만들 수 있다고 할 정도로 무엇이든지 원하는 것을 만들 수 있었고, 질 좋고 값싼 제품이 유통되었던 곳이면서, 상가 위의 아파트에서는 소규모 R&D와 주거가 함께 이루어졌던 곳이다.

이번 대책은 물류시설과 함께 관련 산업이 함께 들어설 수 있도록 한 하드웨어적인 조치이다. 이제 남은 것은 세운상가 같은 관련 산업의 융·복합 서식지가 될 수 있는 곳으로 만드는 소프트적인 정책에 중점을 두어야 할 것이다. 값싼 공간과 연구개발 지원, 그리고 오래 참고 일관된 정책을 펴고 기다리는 배려가 있어야 이런 서식지가 형성될 수 있는 것이다.

또 한 가지 지적하고 싶은 부분은 이번 정부의 물류활성화를 위한 인프라투자 및 운영방안

개선이 국내에 한정되어 있는 점을 넘어서야 한다는 점이다. 글로벌 물류강국을 만들어 물류기업을 제조 및 무역기업 만큼 국제적으로 경쟁력이 있도록 만들고, 해외로 진출하는 인력도 창출해 나가야 하는데, 이에 대한 대책도 시급하다.

산업부는 금년 1월 정부업무보고에서 한·중 FTA 발효에 대비해 중국의 주요 권역에 중소기업 전용매장을 3개에서 올해 5개로 확대하고, 현지 대형유통망과 로컬 유통망을 연계해 우리 제품의 중국시장 유통을 지원하겠다고 했다. 한·중 FTA 플랫폼을 활용해 우리나라를 중국기업의 글로벌시장 진출 거점, 제3국 기업의 중국향 비즈니스 거점으로 육성할 계획이라 한다. 이를 위해 R&D, 창업, 물류, 문화콘텐츠, 금융 등의 분야에서 이미 구축한 인프라와 FTA 플랫폼 효과를 연계하겠다고 하였다.

비록 산업부의 유통 및 물류 정책이 중국시장 진출에 초점을 맞춘 것이지만, 물류의 글로벌 특성을 감안할 때 이와 같은 시각의 물류정책이 전 세계를 대상으로 전개되어야 할 것이다. 그리고 국토교통부와 해양수산부가 이러한 글로벌 물류산업정책의 중심에 서 있어야 한다.

우리나라가 국제 무역대국으로 성장하고 있지만 물류산업은 국내에 머물고 있는 듯한 상황을 정부가 나서서 개선해 나가야 한다. 우리나라 수도권 도심에 물류센터를 설치하는 일도 중요하지만, 주요국 항만 및 배후물류단지를 확보하거나, 공항에 화물터미널을 확보하는 일도 중요하다. 이렇게 하면 국내 물류회사들이 지금보다 더 싸고, 더 빠른 서비스를 할 수 있는 인프라를 갖추는 일이다. 물론 이런 투자는 기본적으로 민간 물류기업이 기업가 정신으로 추진해 나가야 하겠지만, 글로벌 물류기업을 육성하기 위한 선행적인 정부의 투자도 정책적 가치가 있기 때문이다.

자료: 양창호 칼럼(114), "도시첨단물류단지(e-Logis Town) 조성 정책을 환영한다,"
양창호 교수 블로그(http://daedaero.tistory.com/)

4. 물류센터 입지

1) 입지선정

물류센터의 입지를 결정하는 일은 각 접점(nodes)을 통한 화물의 흐름(flow)과 네트워크 전략을 결정하는 중요한 일이다. 물류센터나 창고의 위치는 원자재를 제조공장까지 이송하는 원자재의 흐름에도, 그리고 도매상, 최종 소비자까지

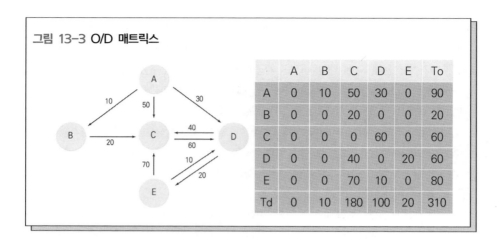

그림 13-3 O/D 매트릭스

	A	B	C	D	E	To
A	0	10	50	30	0	90
B	0	0	20	0	0	20
C	0	0	0	60	0	60
D	0	0	40	0	20	60
E	0	0	70	10	0	80
Td	0	10	180	100	20	310

의 재화 흐름에도 영향을 미치게 된다. 공급사슬 내 필요한 창고나 물류센터의 수, 물류센터별 대상고객, 제품별 저장 물류센터 등을 결정하는 데 물류센터의 입지가 큰 영향을 미치게 된다. 따라서 물류기능을 전략적 요충지에 집중화시키는 전략을 사용하는 경우가 늘어나게 된다. 최근에는 글로벌 판매를 위한 보관, 운송, 유통에 유리한 허브항만 배후지 등을 전략적 물류거점으로 구축하는 일이 늘어나고 있다.

일반적으로 물류센터의 입지 선정에는 고객, 시장과의 근접성이 중요한 요인이 된다. 고객과의 운송거리가 가까울수록 리드타임의 불확실성이 낮아지기 때문이다. 그렇지만 최종 고객에 가까운 부지는 비싼 경우가 많기 때문에 총비용 입장에서 부지를 선정해야 하는 대 원칙은 지켜져야 한다. 그리고 물류거점은 최종 지역까지 효율적인 수송을 할 수 있도록 운송 네트워크가 잘 갖추어져 있어야 한다. 이 밖에 인프라 기반시설의 구비 여부, 환경적인 제약조건이 있는지, 노동력의 질 등을 고려해서 입지를 결정하게 되며, 또한 입지대상 현지국의 정치적 위험, 조세정책, 환율위험도 고려해야 하며, 경쟁사의 입지도 참고해서 결정해야 한다.

입지선정을 위한 계량적 방법으로 많이 사용되는 모델이 O/D 매트릭스(O/D matrix) 모델과 네트워크 최적화(network opimization)모델, 그리고 중력모델(gravity model)이 있다.[4] O/D 매트릭스 모델은 출발지(origin)와 도착지(destination) 간 원

---

4 Rodrigue, Jean-Paul, Claude Comtois, Brian Slack, The Geography of Transport Systems

자재 및 제품의 이동시간 및 비용을 최소화할 수 있는 입지를 찾는 데 도움을 줄 수 있다. 다음 예제 매트릭스를 보면 그림에서 A, B, C, D, E 다섯 곳의 지역 간의 화물 흐름의 양을 출발지/도착지(O/D)별로 보여준다. 그리고 표에서는 각 지역에서 출발한 화물의 합(To)과, 각 지역으로 도착한 화물의 합(Td)을 볼 수 있다. 여기서는 A, E지역의 출발 물량이 많고, C지역으로의 도착량이 많음을 알 수 있다. 이와 같은 매트릭스는 현실에서는 매우 복잡하게 나타날 뿐만 아니라, 매트릭스 작성도 제품 소비자의 세분시장별로 세분화하여 작성하기도 한다. 이를 통해 특정 제품이나, 지역, 고객 그룹을 위한 물류센터의 위치 등을 판단하는 분석자료로 활용할 수 있다.

네트워크 최적화 모델은 화물 흐름이 공장, 소비지뿐만 아니라, 중간의 항만, 물류센터, 창고 들을 경유하기 때문에, O/D 매트릭스 모델을 좀 더 확장하여, 중간 접점(nodes)을 감안한 경로를 구하고, 각 경로별로 흐르는 화물량, 그리고 물류비용을 반영한 네트워크 최적화를 기할 수 있는 해를 구하는 방법이다. 주로 선형계획법(linear programming)을 이용하는 이 방법은 여러 소프트웨어로 개발되어 있다.

중력(gravity) 모델은 운송비 최소화를 위한 입지선정 방법으로 널리 사용된다. 중력이란 이름을 붙인 것은 이 모델이 뉴튼(Newton)의 중력의 법칙 모형과 비슷하기 때문이다. 뉴튼이 발견한 중력의 법칙은 2개의 물체 사이에 작용하는 힘은 인력이며, 그 크기는 두 물체의 질량에 비례하고 거리의 제곱에 반비례한다는 것이다. 중력모델(T)도 이와 비슷하여 출발지(i)와 도착치(j) 두 곳의 경제력 집중도나 인구, 물동량 등 중요도(P)에 비례하고 두 지점간의 거리(d)에 반비례한다는 것이다.[5]

$$T_{ij} = k \frac{P_i P_j}{d_{ij}}$$

(Routledge, 2nd Edition), 2006, pp. 214−217.

5 위의 책, p. 216.

2) 물류센터의 집중화, 분산화[6]

복수의 시장을 하나의 물류센터로 지원하게 할 것인가, 아니면 개별 시장별로 물류센터를 둘 것인가의 문제이다. 전자가 물류센터의 집중화이고, 후자가 분산화 전략이다.

집중화된 물류센터, 재고 전략의 장점은 주문처리 절차가 단순화될 수 있고, 국별 물류센터운영을 하지 않아도 되기 때문에 물류센터운영비가 절감되고, 재고보유량이 줄어들어 운전자본의 필요규모도 줄일 수 있다. 그리고 대량운송에 따른 화물적재율이 향상되며, 운송의 효율성을 높일 수 있는 복합운송을 활용할 수 있다. 이에 비해 집중화에 따른 단점으로는 장거리 운송에 의한 반입 운송비가 증가하며, 판매, 마케팅 분야에서 볼 때 현지국 밖의 먼 거리에서 운송해 오는 데 따른 리드타임의 가변성과 소비자의 부정적 반응, 그리고 시장별로 다른 재고에 대한 소비자의 요구를 충족시키기가 어렵다.

나이키(Nike)사는 유럽지역에 산재해 있던 25개 창고, 물류센터를 네덜란드의 유럽 운영본부로 집중화하였다. 재고가 독일에서는 남아 있는 반면, 프랑스에서는 재고부족 등의 문제가 있어 왔기 때문이다. 나이키사는 이와 같은 물류센터 집중화, 재고관리의 일원화를 통해 총 물류비의 절감을 이루면서도 정교한 물류시스템의 구축으로 고객서비스수준도 유지해 나가고 있다.

그렇다고 해서 창고, 물류센터의 집중화만이 능사는 아니다. 안전기준이나 기술적 표준이 국가별로 다른 경우 등 재고품이 국가적 특성을 많이 보유하고 있는 경우 물류센터를 국가별로 두는 것이 합리적일 수 있다. 특히 유럽의 경우 전통적으로 국별 재고요구사항이 다르기 때문에 지역통합보다는 국가별 배송센터를 운영하는 경우가 많다. 이는 보통 마케팅이 국별로 달리 운영되고 있으며, 배송센터가 마케팅기능과 긴밀하게 연결되어 있기 때문이다.

3) 물류센터입지 선정

물류센터를 어디에 둘 것인가 하는 문제는 글로벌 기업에게는 중요한 의사

---

6 Kent N. Gourdin, op. cit., 2006, pp. 135-136.

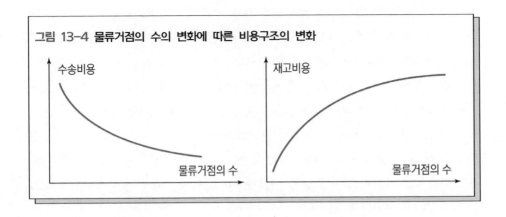

그림 13-4 물류거점의 수의 변화에 따른 비용구조의 변화

수송비용

물류거점의 수

재고비용

물류거점의 수

결정이다. 즉 수백 개의 제품이 수십, 수백 개의 물류센터와 공장, 공급자로부터 수천, 수만 명의 고객에게 다양한 운송수단을 통해 이동되어야 한다. 이 경우 몇 개의 물류센터를 어디에 위치하게 할 것이며, 그 규모는 어느 정도로 해야 할 것인가? 그리고 물류센터마다 고객수요가 얼마만큼씩 할당되도록 해야 하는가? 하는 의사결정을 해야 한다. 이를 위해 최적화모델, 시뮬레이션 모델 등이 활용될 수 있다.

일반적으로 물류센터의 입지를 결정하는 요인은 우선 운송 수단의 활용여부를 따지는 유용성과 운송비 등이 고려되어야 한다. 왜냐하면, 운송비가 전체 물류비용의 많은 부분을 차지하기 때문이다. 공간비용, 노동유용성 등이 동일하다면 최상의 운송 서비스가 위치하는 곳이다. 또한 노동력도 제조, 공정, 조립 그리고 분배를 위한 장소를 선택하는 것에 있어서 관심사이다. 비록 노동 고려사항이 위치 선정 결정에 중요할지라도, 특히 물류센터 설비와 재고자산에 부과되는 세금 또한 중요하다. 또한 지역에 따라서는 정부는 유인책으로 보조금 또는 보상안을 제공하는 경우도 있다.

그리고 재고 비용을 최소화하기 위해 반입재료를 곧바로 제품의 생산에 투입할 수 있는 JIT 관리 방식을 하기 위해 핵심공급업체 근처에 위치하는 것도 고려사항이다. 기타 문화, 관습, 휴일, 언어 그리고 언어의 다양성, 교육 수준, 그리고 종교를 포함한 사항들도 고려 대상이 된다.

물류센터의 위치와 수는 전체 물류시스템에 직접적인 영향을 미친다. 물류센터의 수는 물류시스템에서의 전체적인 재고 수준에 영향을 미친다. 물류시스템 자체의 재고수준을 낮추기 위해서는, 재고 통합이 필요하고 이는 물류센터의 수를 줄여야 하는 의미를 갖고 있다. 물류센터의 수가 늘어나게 되면 각 물류센터의 안전재고 수준은 감소하게 되나, 총 안전재고의 수준은 증가하게 될 것이다. 또한 물류센터의 수가 늘어나면 수송비용이 줄어드는 효과를 가져올 수 있다.

그리고 물류센터의 수와 위치는 공장과 물류센터(물류센터) 간의 거리에 영향을 받는다. 만약 물류센터의 수가 적어 공장과 물류센터 간의 거리가 길어질 경우 재고 보충 리드타임이 길어질 뿐만 아니라 리드타임의 변동성이 커져 고객서비스 수준에 영향을 줄 수 있다.

사례 13-3 국내 전자기업의 IT제품 글로벌 물류 전략

전자제품 제조기업인 A사는 유럽 지역에 10개의 판매법인을 가지고 있으며, 각 판매법인에는 재고를 보관하는 지역물류센터가 구축되어 있다. 유럽에서 판매되는 제품 중 70% 이상은 A사의 글로벌 생산 네트워크에서 생산되어 네덜란드로 해상운송된 후 항만 옆에 위치한 유럽통합물류센터에서 잠시 보관된 후 각각의 판매법인 물류센터로 운송된다. 유럽통합물류센터는 유럽본사에서 직접 운영하고 있으며 보관을 위한 공간은 매우 협소하고, 통관된 제품을 유럽내 판매법인 지역물류센터로 보내기 위한 중간 경유지 역할을 담당하고 있다. A사는 유럽 지역의 환경 변화와 경쟁 심화, 수익성 향상, 고객서비스 수준 향상 등을 목표로 유럽 물류 네트워크 및 조직 재구축 프로젝트를 수행하고자 한다. 아직 어떤 구조로 물류 네트워크를 재편하고, 재고 보관 방식, 기존 물류센터 활용방안 등에 대해서는 정해진 것이 없는 상황이다.

1) Company Background and Global Supply Chain Network

A사는 제품별 사업부 체계를 구축하여 운영하고 있으며, 각각의 사업부는 제품 특성에 따라 전세계에 공장을 운영하고 있으나 주력 제품은 한국에서 생산되고 저가 제품의 경우 중국과 베트남, 인도네시아 등 저비용생산국가(Low Cost Country: LCC)에서 생산되어 전세계로 수출되고 있다.

유럽 시장에서 판매되는 제품은 주로 한국에서 생산된 프리미엄 제품 그룹과 중국 등의 LCC에서 생산된 보급형 제품으로 나누어진다. 유럽으로 수출되는 제품은 해상운송을 통해 네덜란드 항만으로 이동되며 해상운송에 소요되는 시간은 생산지역에 따라 차이가 있으나 일반적으로 27일에서 35일 정도가 소요된다. 유럽 내 판매법인별 물류센터로의 운송은 철도운송과 도로운송을 통합적으로 활용하고 있다. 판매법인별로 계약한 운송회사를 통해 제품이 운송되며, 철도운송이 도로운송보다 30% 정도 저렴한 서비스를 제공하고 있다. 네덜란드 항만이 유럽 수출의 관문이 된 이유는 유럽 내에 위치한 10개 판매법인과의 거리를 고려할 때 중간 지점에 위치해 있기 때문이다. 철도운송을 사용하더라도 네덜란드에서 판매법인 물류센터로 제품을 운송하는 데 3일 이내에 서비스 가능하다. 각 판매법인은 물류센터를 지역 내 물류전문 기업으로부터 임대하여 사용하고 있으며, 물류센터 관리를 위한 인력을 현지채용인력으로 활용하고 있다.

유럽통합물류센터는 파렛트 기반 시스템이 구축되어 있다. 네덜란드 항만으로 들어오는 컨테이너에는 파렛트에 포장된 IT 제품이 들어 있으며, 유럽통합물류센터는 각 파렛트를 임시 보관한 후 운송계획에 따라 외주 운송업체에 파렛트로 전달되어 지역 물류센터로 운송된다. 지역물류센터에서는 파렛트로 입고된 IT 제품을 분류하여 주로 Carton 레벨로 Carton Rack에 보관한다. 작고 판매속도가 빠른 제품은 Item/SKU 레벨로 분류하여 Fast Picking Area 내에 위치해 있는 Digital Picking System, Digital Assorting System 등에 보관된다. 지역물류센터 내에는 보관 기능뿐만 아니라 판매법인 담당 구역내 유통 업체에서 요구하는 다양한 포장 및 프로모션, 관련 법규 등에 따라 제품 포장을 변경하고 필요한 서류를 추가하며 경우에 따라서는 별도의 액세서리를 제품 박스 내에 추가하는 작업도 실시하고 있다. 유럽통합물류센터에서 지역물류센터로는 Full Truck- Load(FTL)로 운송되며, 프랑스, 독일, 이탈리아 등 규모가 큰 판매법인으로는 1주일에 4~5회 운송된다. 지역물류센터는 해당 지역에 대한 정보 및 지식이 축적되어 있고 해당 지역 인력으로 운영되기 때문에 유통 업체의 특별한 요구에 효과적으로 대응할 수 있는 것으로 판단되고 있으나 작업부하가 높은 편은 아니다. 일반적으로 저녁시간대에 입고가 이루어지고 새벽시간대에 출하가 이루어지며 낮시간에는 작업부하가 매우 낮다.

2) Major European Markets

유럽 시장은 크게 프랑스, 독일, 영국, 이탈리아 등의 대규모 수요 시장과 나머지 지역으로 구분된다. A사의 판매법인은 이들 4개 국가에 하나씩 위치해 있고, 나머지 6개의 판매법인은 지리적으로 인접한 여러 국가를 통합 관리한다.

프랑스 시장의 경우 할인점 체인이나 백화점과 같은 유통 채널의 비중이 낮고 IT 제품 전문 판매점의 비중이 높다. 대규모 체인에 소속된 유통채널은 판매법인 물류센터에서 해당 유통채널이 보유한 물류센터로 1회 대량운송하는 반면, 전문 판매점은 각 판매점으로 직접 제품을 운송해줄 것을 요구한다. 이에 따라 지역적으로 넓게 분포되어 있는 소규모 전문 판매점에 제품을 효과적으로 공급하는 것이 쉽지 않다. 독일 시장의 경우에는 대규모 체인에 소속된 유통

채널의 비중이 높아 운송 비용 측면에서는 프랑스보다 효과적인 대응이 가능하나 대규모 체인의 특성상 해당 체인에 적합한 포장을 요구하여 운송비용 외 물류센터에서의 부가적인 작업비용이 높은 상황이다. 이탈리아 시장의 경우에는 유럽 내 다른 시장과 달리 서비스 요구 수준이 그리 높지 않고 납기 만족보다는 구매비용을 낮추는 데 더 큰 관심을 보이고 있다. 이에 따라 운송비용을 낮추고 물류센터 운영비용을 낮추는 데 초점을 맞추고 있다.

3) Challenges Ahead

유럽 시장은 EU 출범과 함께 하나의 시장으로 통합되었다. 이전에는 국가 경계를 넘게 될 때마다 트럭이나 철도에서 제품을 통관하는 절차를 거쳐야 했고 또한 운송서비스 업체 역시 전체 유럽을 대상으로 단일 서비스를 제공해주지 못했다. 그러나 유럽시장의 통합으로 통관절차가 폐지되었고, 운송서비스 역시 하나의 기업이 전유럽을 대상으로 하는 단일 복합운송 서비스를 제공할 수 있게 됨으로써 물류전문기업의 대형화가 급속히 이루어졌다.

현재의 물류체계에서 나타나는 문제 중 하나는 각각의 판매법인에서의 재고 수준 불균형이 있다. 각각의 판매법인은 재고를 중요한 판매전략의 하나로 인식하고 있다. 즉, 똑같은 제품이 독일 판매법인과 프랑스 판매법인에서 유통되고 있는 상황에서, 독일 판매법인에서는 재고가 부족하고 프랑스 판매법인에서는 재고가 충분하더라도 프랑스 판매법인이 보관하고 있는 재고를 독일로 이동하는 것이 불가능하다. 판매법인에서는 재고를 최대한 높게 유지하기를 원하고 있다. 이러한 경향은 해상운송에 따른 운송리드타임이 길어 제품을 원할 때 공급받지 못할 것이라는 우려가 큰 원인이 되었다. 또한, 네덜란드에 위치한 통합물류센터가 제때 물건을 보내주지 못하는 것 역시 문제점이 되었다. 통합물류센터는 항만 통관 후 임시 보관에 초점을 맞추고 있어 현재 규모에서는 각 판매법인별 세세한 주문에 대응하기는 어려운 현실이다. 또한, 각 지역별로 서로 상이한 정보시스템과 아이템 정보 코드를 가지고 있어 판매법인별 재고 수준 정보를 파악하는 것도 불가능하다. 더욱이 경쟁이 치열해지며 수익성 및 원가 경쟁력 향상을 이루어야 하는 상황에서 판매법인별 지역물류센터를 유지하는 것은 유럽 물류네트워크에 보관되는 재고의 수준을 높이는 문제점이 있다(Square Root 법칙 참조). 반면 유럽 내 경쟁이 치열해짐에 따라 고객들에 대한 서비스 수준에 대해서도 큰 도전을 받고 있다. 고객들은 원하는 제품을 원할 때 받기를 원하는데 이러한 측면에서 판매법인별로 물류센터를 유지하는 것은 장점을 가지고 있다.

4) 현재의 문제점에 대한 대안으로 여러 가지 대안이 제안

해상운송 거점인 네덜란드 통합물류센터를 제거하고 지역물류센터를 더 늘려 서비스 수준을 높이는 대안이 있다. 네덜란드 통합물류센터의 기능을 대폭 보완하여 하나의 거대 통합물류센터를 구축하고 지역물류센터를 폐지하는 대안도 있다. 통합물류센터의 경우 물류법인으로 독립하여 판매법인과 대등한 위치에서 공급사슬 프로세스를 관리하도록 하는 방안도 고려될 수 있다. 운송서비스를 담당하는 물류전문기업에 물류센터 자체를 아웃소싱하는 대안도 제안되었다.

토의 내용
1. 지역물류센터를 판매법인별로 유지하게 된 이유는 무엇인가?
2. 네덜란드 항만에 통합물류센터가 위치한 이유는 무엇인가?
3. 현재의 문제점은 무엇인가?
4. 대안에는 어떤 것이 있고, 이들 대안을 평가하기 위해서는 어떤 비용 및 서비스 지표를 비교해야 하는가?
5. 각 대안을 실행으로 옮기는 데 있어 예상되는 문제는 무엇인가?

자료: 인천대학교 동북아물류대학원 국제물류사례, 송상화 교수 작성

4) 물류센터 입지 선정에 영향을 미치는 요인들

물류 센터의 유형에 따라 입지 선정에 영향을 미치는 요인에는 차이가 있으나, 일반적으로 다음과 같은 요소들을 고려할 수 있다.

- 시장 접근성: 물류 센터 유형에 따라 고객과의 거리와 접근성이 중요해질 수 있다. 일반 소비자 대상의 제품을 판매하거나, 유행에 민감한 상품, 신제품 출시가 빈번한 상품 유형의 경우 시장 접근성이 좋은 곳에 위치하면 고객의 요구를 신속하게 충족할 수 있으며, 이를 통해 고객 만족도를 높일 수 있다.
- 교통 접근성: 물류 센터는 상품의 이동이 빈번하게 발생하는 장소이므로, 주요 고속도로, 항만, 공항 등과의 접근성이 중요하다. 도로망이 잘 구축되어 있는 지역은 상품의 신속한 운송과 비용 절감에 큰 이점을 제공한다.
- 부지 비용: 물류 센터 건설 및 운영에 드는 부지 비용도 중요한 고려 사항이다. 저렴한 부지 가격은 초기 투자 비용을 절감할 수 있지만, 너무 외진 곳에 위치할 경우 교통비용 증가나 인력 확보의 어려움이 발생할 수 있어 주의가 필요하다.
- 노동력 접근성: 전자상거래 지원을 위한 물류 센터와 같은 경우 많은 인력이 필요하기 때문에, 접근성이 좋은 곳에 위치하는 것이 유리하다. 이를 위해서는 근처에 인구 밀도가 높고, 노동력이 충분히 공급될 수 있는 지역이 적합하다.

- 기본 인프라: 전력, 수도, 통신 등 기본적인 인프라가 잘 구축되어 있는 지역이 바람직하다. 이러한 인프라가 부족할 경우 물류 센터 운영에 지장을 초래할 수 있으며, 추가 비용이 발생할 수 있다.
- 법규 및 규제: 물류 센터가 위치한 지역의 건축 규제, 환경 규제, 세제 혜택 등을 검토해야 하며, 지역에 따라 물류 센터 설립에 유리한 법적 조건을 제공하는 곳이 있다.
- 안전성: 자연 재해나 범죄율이 낮은 지역은 물류 센터 운영에 있어 안정성을 높이는 요소이며, 특히, 재해 위험이 높은 지역에 물류 센터를 두는 것은 재해 발생 시 큰 피해를 초래할 수 있기 때문에 이를 고려한 입지 선정이 필요하다.
- 확장 가능성: 장기적인 발전 계획을 고려하여, 물류 센터의 확장 가능성도 고려해야 한다. 주변 지역에 충분한 여유 공간이 있어야 향후 물류 센터 확장 시 용이하게 대처할 수 있다.
- 경쟁 환경: 아웃소싱 서비스를 제공하는 물류 기업의 경우 물류 센터가 위치한 지역의 경쟁 상황도 고려할 수 있다. 경쟁이 치열한 지역보다는 상대적으로 경쟁이 덜한 지역에 위치하는 것이 유리할 수 있다.

물류 센터의 유형에 따라 기본적인 입지 요소 외 각각의 센터 특성에 적합한 요인들을 추가로 고려해야 한다. 예를 들어, 국제공항 배후단지에 위치하는 글로벌 물류센터의 경우 기본적인 물류센터 입지 요인 외에도 항공 및 통관 관련 요인들을 추가로 고려할 수 있다.
- 항공 운송의 효율성: 국제공항 배후단지의 물류센터는 주로 항공 운송을 통해 물류를 처리하므로, 항공편의 스케줄, 운송 비용, 운송 시간 등을 고려해야 한다.
- 항공 화물 처리 역량: 해당 국제공항의 화물 처리 역량이 충분한지, 다양한 항공사의 화물 운송 서비스가 제공되는지 확인해야 한다. 공항의 화물 처리 역량이 높을수록 물류센터의 운영 효율성이 향상된다.
- 관세 및 통관 절차: 국제공항 배후단지에서 운영되는 물류센터는 국제 물품의 입출국이 빈번하므로, 관세 혜택, 통관 절차의 신속성 및 효율성을 고려해야 한다. 관세 절감과 빠른 통관 절차, 24시간 운영 여부는 비용 절감과 물류 처

리 시간을 단축하는 데 중요한 역할을 한다.

- 연계 교통 인프라: 국제공항 배후단지에는 항공 교통 외에도 해상 및 육상 교통과의 연계가 중요하다. 인근 항구와의 접근성, 고속도로 및 철도와의 연결성을 고려하여 다양한 운송 모드와의 원활한 연계를 확보해야 한다.

- 보안 및 안전: 공항 인근은 보안과 안전이 중요한 지역으로, 해당 입지에 위치한 물류센터는 공항 보안 규정을 준수해야 한다. 또한, 항공 화물의 안전을 위해 엄격한 보안 관리가 필요하며, 화재나 도난 등 잠재적인 위험에 대비한 안전 계획 수립이 필수적이다.

- 특수 화물 처리: 항공 화물은 일반 화물 외에도 고가의 특수 화물이 많이 포함된다. 온도 관리가 필요한 냉장/냉동 화물, 위험물, 부패성 상품 등 특수 화물의 보관 및 처리 시설이 필요할 수 있다.

이상 살펴본 바와 같이 물류센터 위치를 선정할 때는 수요와 공급 측면의 주요 요소들을 복합적으로 고려하여야 한다.

사례 13-4 iHerb, 인천공항에 국제물류센터 설치

아이허브(iHerb)는 건강보조식품과 생활용품을 판매하는 미국의 글로벌 전자상거래 기업으로, 2018년 CJ대한통운과 협력하여 인천공항 배후단지에 약 30,000m² 규모의 국제물류센터 GDC (Global Distribution Center)를 설치하여 아시아 시장 공략을 강화하고 있다. 이 물류센터는 인천공항 자유무역지역 내에 위치하며, 인천공항의 지리적 이점과 우수한 물류 인프라를 최대한 활용하여 빠른 배송과 효율적인 물류 관리를 목표로 설치되었다.

아이허브는 아시아 지역에서의 급증하는 전자상거래 수요에 대응하고자 인천공항에 물류센터를 설치했으며, 인천공항은 세계적인 수준의 항공 화물 허브로서 아시아를 비롯한 전 세계 주요 시장으로의 접근성이 뛰어나다는 점에서 배송 시간을 단축하고, 물류 비용을 절감하는 데 매우 도움이 되는 지리적 이점이 있다.

아이허브의 인천공항 국제물류센터는 물품의 보관 및 관리, 포장 및 재포장, 그리고 배송까지 일관된 물류 서비스를 제공한다. 특히, 아이허브 국제물류센터는 인천공항의 고도화된 통관

시스템을 이용하여 빠르고 신속하게 국제 물품의 통관 절차를 수행할 수 있다는 점에서 효율성이 높다. 이러한 통관 효율성 덕분에, 고객들에게 더 빠른 배송이 가능하게 되었으며, 이는 고객 만족도를 높이는 데 기여하고 있는 것으로 평가되고 있다.

아이허브의 물류센터는 인천공항의 항공 물동량 증대와 지역 경제 발전에 기여하고 있으며, 제3국 간의 국제 중계무역을 통해 인천공항의 환적 화물 증가에 역할을 하고 있다. 아이허브는 인천공항 물류센터를 통해 아시아 시장에서의 입지를 더욱 강화하고, 전자상거래의 확대를 목표로 하고 있다. 인천공항의 물류센터는 물류 효율성 증대와 비용 절감을 통한 경쟁력 확보는 물론, 지속 가능한 성장 기반을 마련하는 데 중요한 역할을 할 것으로 기대된다.

자료: CJ대한통운 홈페이지

5. 창고 유형[7]

1) 자가창고

회사가 소유하고 운영하는 창고로 창고 내에 자사제품을 보관한다. 기업의 필요에 따라 설비를 설계할 수 있는 장점이 있다. 그리고 기업의 물류시스템과 통합시킬 수 있어 창고기능에 대한 통제를 할 수 있다. 자가창고의 가장 큰 사용자는 소매 체인점이다. 정기적으로 재고품의 많은 양을 처리하기 때문이다. 수요 패턴이 상대적으로 안정되어 있고 많은 양을 보관해야 할 경우 자가창고를 선호하게 된다. 수요에 비해 저장 공간이 부족하게 되면 공동 창고를 이용하게 되는데, 총 창고 비용은 증가하는 요인이 되기 때문이다. 즉 충분한 수요량과 수요의 안정성을 가정하면, 자가창고가 대안이다.

문제는 자가창고를 소유하는 데 따른 비용이 높은 단점이 있다. 즉 초기투자비가 과다하게 소요되며, 또한 운영에 따른 유지관리비가 고정적으로 발생한다.

---

7 Maltz, Arnold B., "The Relative importance of cost and quality in the outsoursing of warehousing," Journal of Business Logistics, vol. 15, no. 2, 1994, p. 48(Kent N. Gourdin, op. cit., 2006, p. 139에서 재인용).

일반적으로 전문 창고업체에 비해 자가창고 운영비가 높은 단점이 있다. 그리고 수요가 크게 증가하거나 급감할 경우 자가창고 설비가 너무 적거나, 너무 과다할 수 있는 문제점이 생길 수 있다.

2) 공동창고

영업용 공동창고는 제3자가 전문으로 운영하는 창고로 복수의 화주나 계약자들의 제품을 보관하게 된다. 필요한 공간만큼만 쓸 수 있는 장점이 있으며, 창고에 투자되는 자본도 필요 없다. 또한 매달 계산서로 청구되는 창고 이용료를 파악할 수 있는 장점도 있다. 회사 소유 설비보다 많은 입지 유연성을 제공하며, 그리고 이것은 회사가 새로운 시장에 들어갈 때 중요하다. 공동창고는 자본투자 없이 새로운 시장에서 저장 서비스를 제공할 수 있기 때문이다.

그러나 공동창고의 일부를 사용하는 것은 창고기능에 대한 통제를 포기하는 것으로, 창고이용 및 창고기능 수행의 임시성, 불안전성의 위험이 있다. 즉 이용 가능한 공간의 제약으로 일부는 한 지역에 저장되고, 나머지는 다른 지역에 저장되는 불편을 감수할 수도 있는 것이다. 그리고 창고 운영비가 창고운영업자의 이익, 관리비를 포함하게 되어 월별비용으로는 높은 수준이 될 수 있다.

3) 계약창고

제3자가 운영하는 창고를 자사의 제품을 보관하는 전용 창고로 계약하는 형태이다. 계약창고도 임차한 회사의 전용창고이므로 제품의 특성에 맞는 설비를 이용할 수 있고, 포장, 라벨링 등 맞춤형 서비스를 제공받을 수 있다. 또한 자가창고에 비해 투자위험도 줄일 수 있고, 비교적 낮은 비용으로 활용이 가능하다. 특히 창고 공급자와 고객은 운영과 관련된 위험을 공유하는 경우가 많아, 계약창고는 공급사슬의 파트너십으로 이해되기도 한다. 계약 창고가 많은 기업에게 선호되는 대안이 되고 있는 것은 공동창고와 자가창고의 단점을 완화하고, 장점을 갖출 수 있기 때문이다. 비용면에서 보면 계약창고는 자가창고보다 비용이 덜 들고 공동창고보다 비용이 더 드는 경향이 있다.

그러나 계약창고는 회사소유가 아니므로 창고기능에 대한 통제가 완벽할 수 없으며, 또한 대외적으로 공개하기 어려운 고객정보를 창고운영자와 공유해야 하는 어려움이 있을 수 있다.

MEMO

14

창고관리 및 하역

🔆 핵심포인트

창고관리를 효율적으로 하기 위해서는 창고관리를 위한 소프트웨어와 하드웨어가 필요하다. 소프트웨어는 창고관리시스템이고 하드웨어는 창고 하역기기이다. 이번 장에서는 창고설계시 고려해야 할 사항을 먼저 살펴보고, 창고관리시스템과 하역방식을 살펴본다. 특히 하역시스템 중 인력에 의존하는 재래식 창고와 자동창고를 비교하여 장단점을 살펴본다.

1. 창고 설계시 고려사항

일반적인 창고는 단층창고시설로 설계하며, 창고에 입고되거나 출고되는 화물의 흐름이 직선으로 이루어지도록 설계하며, 효율적인 하역기기와 운영방식을 사용해야 하며, 효과적인 보관계획을 개발해야 하며, 복도 공간을 최소화, 그리고 건물의 높이를 최대한 활용할 수 있도록 설계하는 것이다.

2. 창고관리시스템(WMS), 창고통제시스템(WCS)

WMS는 창고나 물류센타에서 화물을 관리하기 위한 모든 정보시스템을 총칭한다. WMS는 화물의 입출고관리, 재고관리, 보관위치관리시스템, 출고지시시스템과 피킹시스템 등으로 구성되어 있으며, WMS의 주 목적은 재고의 실시간 확인관리, 보관면적의 효율성 극대화, 피킹작업의 효율적 수행, 다른 물류시스템과의 효율적인 연계 등이다. WCS는 컨베이어와 분류기를 적시에 통제하는 장비통제시스템으로부터 발전해 자동화, 노동, 전통적 업무처리 프로세스를 통틀어 자원 관리의 관점에서 접근한 작업장 내 업무흐름에 초점을 맞춘 자동화 시스템이다.

3. 재래 하역방식과 자동하역시스템

창고 자동화는 노동집약적인 보관활동을 기계화하여 창고 생산성과 효율성을 개선하고자 추진하는 것이다. 자동화로 기존의 사람이 하던 작업을 대신하는 것이다. 자동창고에서 가장 광범위하게 활용되는 것이 자동보관반출시스템(AS/RS)이다.

4. 하역시스템의 목적과 선택

하역시스템의 목적은 공간의 최대활용, 하역작업 취급 감소, 인건비 절감, 위험 회피, 작업 정화도 및 효율성 제고 등이다. 창고의 목적에 알맞은 하역기기나 시스템을 검토해야 한다.

1. 창고 설계시 고려사항

창고설계의 일반적인 과정은 우선 시스템 엔지니어는 제조업체 또는 소매회사로부터 창고설계에 대한 데이터를 받는다. 다음 시스템 엔지니어는 시스템 처리량, 창고 크기(재고의 양) 그리고 선적일정을 결정한다. 그 후, 창고의 개념적 디자인을 만든다. 개념 설계에서 창고에 사용되는 장치의 종류가 결정된다. 창고의 비용의 추정은 고려된 장치의 수에 따라 계산된다. 고객의 요구가 만족될 때까지 데이터 분석 및 개념적 설계 단계는 반복된다. 3PL 기업과 고객은 개념 설계에 관한 동의가 이루어질 때까지 협상을 하고, 고객이 만족하게 되면, 3PL 회사는 계약을 수행한다. 계약이 체결되면, 장치 배치, IT실행과 운영규칙 등 세부사항이 개발된다.[1]

창고의 공간 활용 계획은 여타 물류시스템 내의 물류활동에 많은 영향을 미치는 중요한 사안이다. 창고시설 설계가 비효율적으로 되어 있어 화물이 신속하게 흘러가지 못한다면, 이로 인해 재고와 보관비용이 증가하는 것은 물론 고객서비스에도 부정적인 영향을 미치게 된다.

일반적인 창고 설계 원칙을 살펴보면 다음과 같다.[2] 첫째, 가능한 한 단층창고시설로 설계해야 한다. 왜냐하면 단층구조가 비싸지 않아 투자비에 비해 공간을 더 많이 확보할 수 있기 때문이다. 둘째, 창고에 입고되거나 출고되는 화물의

---

1 M. Nikaido et al., "Conceptual Warehouse Design Algorithm Using a Network Flow Model," Advanced Robotics, Vol. 23, 2009, pp. 705－724.

2 Coyle, John J., Bardi, Edward J., and Langley, C. John Jr., *The Management of Business Logistics,* 6th ed.(St. Paul, MN: West Publishing Company, 1996), pp. 257－258 (Kent N. Gourdin, op. cit., 2006, p. 145에서 재인용).

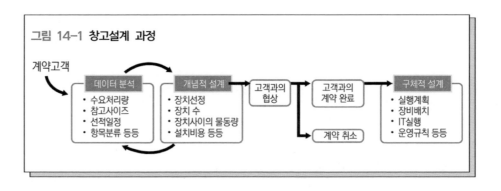

그림 14-1 **창고설계 과정**

계약고객

데이터 분석
- 수요처리량
- 참고사이즈
- 선적일정
- 항목분류 등등

개념적 설계
- 장치선정
- 장치 수
- 장치사이의 물동량
- 설치비용 등등

고객과의 협상

고객과의 계약 완료

계약 취소

구체적 설계
- 실행계획
- 장비배치
- IT실행
- 운영규칙 등등

흐름이 직선으로 이루어지도록 설계하는 것이 나중에 화물을 되돌아 찾으러 가는 비효율을 방지할 수 있다. 셋째, 창고의 생산성을 향상시키기 위해 효율적인 하역 기기와 운영방식을 사용해야 한다. 넷째, 기존 창고 공간을 최대한 사용하면서도 화물에 대한 적절한 접근이 가능하고 화물의 보호가 이루어질 수 있는 효과적인 보관계획을 개발해야 한다. 다섯째, 하역장비의 통과가 가능한 범위 내에서 최대로 화물을 보관할 수 있도록 복도 공간을 최소화하는 설계가 필요하다. 마지막으로 가능한 창고공간을 최대화하기 위해 건물의 높이를 최대한 활용할 수 있도록 설계해야 한다.

이상의 원칙들은 상호 관련되어 있기 때문에 각각의 중요도는 현지 사업 여건에 따라, 보관되는 화물의 특성에 따라, 그리고 전략적 판단에 따라 결정되어야 한다. 예를 들어 홍콩의 물류 책임자는 비싼 지가 때문에 다층 창고로 설계할 수밖에 없을 것이다. 또 한 가지 경영자가 창고설계 및 운영시 결정해야 할 사항은 창고 내 자동화 하역기기 및 운영을 어느 정도까지 도입할 것인가 하는 문제이다.

창고공간의 이용을 최적화하기 위해 여러 다른 형태의 하역시스템을 비교 평가해보아야 한다. 특히 인력에 의존하는 재래식 창고와 자동창고 시스템을 비교 검토해야 한다. 또한 물류센터 개발 프로세스는 크게 물류거점 분석, 물류센터 설계, 시공 및 운영 등으로 구분되며, 세부적으로는 입지분석, 물류거점 기능분석, 투자효과분석, 물류시스템 기본 설계, 건축 상세 설계, 시공, 금융 등의 절차를 거치게 된다.

2. 창고관리시스템

　　창고관리시스템(warehouse management system: WMS)은 창고나 물류센터에서 화물을 관리하기 위한 모든 정보시스템의 총칭을 말한다. WMS는 화물의 입출고관리, 재고관리, 보관위치관리시스템, 출고지시시스템과 피킹시스템 등으로 구성되어 있으며 이러한 시스템은 각 기업별로 물류관리의 목적 및 물류관리의 규모에 따라 사용하는 종류가 다르다. WMS의 주 목적은 정확한 재고수량관리 및 재고금액의 자동적 계산, 재고의 실시간 확인관리, 보관면적의 효율성 극대화, 피킹작업의 효율적 수행, 다른 물류시스템과의 효율적인 연계 및 전사적 자원관리시스템(ERP)과의 연계 등이다. WMS의 주요 기능을 살펴보면 다음과 같다.

- 입출고관리 및 재고관리: 창고관리시스템의 가장 기본적인 기능으로 상품의 입고와 출고 수량이 재고관리시스템에 실시간으로 갱신된다. 또한 상품의 가격이 입력이 되면 회계처리기준에 따라 재고의 금액 및 평균단가, 출고상품의 단가 등도 자동으로 제공해 준다.
- 보관위치관리: 창고의 보관위치관리는 크게 두 가지 형태로 구분된다. 첫째, 고정위치관리(fixed location)는 지정된 랙이나 보관구역에 지정된 상품만 보관될 수 있는 방법으로 해당구역에는 항상 동일한 상품이 보관된다. 이러한 위치관리방법에서는 기본적으로 어느 위치에 어떤 상품을 보관할 것인지를 지정해 준다. 둘째, 자유위치관리(free location)는 랙이나 보관구역에 보관될 상품을 지정하지 않고 빈공간이 발생하면 언제나 어떤 상품이나 보관하는 방법으로서 보관공간을 최대한 활용하기 위한 방법이다.
- 크로스 도킹관리: 트럭-트럭 이적, 소비자 요구대로 화물의 혼재 등을 관리
- 품질관리: 화물별, 입고로트별 품질 확인, 품질문제 보고, 입고 거절 등
- 출고관리: 출고관리시스템은 다음과 같은 종류가 있다. 첫째, DPS(digital picking system)는 랙이나 보관구역에 신호장치(light moudule)가 설치되어 출고시킬 화물이 보관된 지역을 알려줌과 동시에 출고화물이 몇 개인지를 알려주는 시스템이다. 또한 바코드 스캐너와 연결되거나 지정된 수량에 대한 피킹이 완료되면 신호를 꺼서 통제소에 피킹완료 여부를 알려준다. 자동피킹시스템(auto picking

system)은 랙에 보관될 상품을 자동적재장치를 이용하여 자동적으로 보관하거나 출고시키는 시스템이다.

■ 운송장 발행: 피킹 및 포장이 완료되면 운송장이나 거래명세서가 발행되어 배송 및 운송시 배달증빙으로 사용할 수 있도록 한다.

■ 택배와의 연계: 화물이 택배를 이용하여 출고될 때 택배회사의 정보시스템과 연동하여 운송장을 발행하고 출고시킴으로써 택배회사의 화물추적정보를 자사의 정보시스템에서 바로 확인할 수 있다.

■ 반품관리: 출고된 상품에 하자가 발생하거나 판매되지 못하여 반품회수 또는 반송이 되는 상품을 그 사유와 재판매 가능여부 등에 따라 재고량을 갱신하거나 폐기처분하는 등의 관리가 이루어지도록 한다.

창고관리시스템은 화물에 대한 정보를 실시간으로 제공할 수 있다. 창고관리시스템은 계획수립 데이터 유지, 자재 및 제품의 이동, 결과처리 데이터 전송 등을 수행함으로써 공급사슬이 기민한 대응을 할 수 있도록 지원한다. 창고관리시스템은 RFID와 유비쿼터스 기술과 접목하여 발전하여, 전통적인 창고관리의 기능뿐만 아니라 크로스 도킹(cross docking) 기능 등을 제공함으로써 물류정보의 실시간 처리가 가능한 창고관리시스템 형태로 발전해 나아가고 있다.

3. 창고통제시스템의 기능

창고관리시스템(warehouse management system: WMS)과 창고통제시스템(warehouse control system: WCS)은 유사할지도 모르지만, 전체 창고운영을 관리하는 데 있어서 매우 다른 업무를 수행한다.[3]

WMS는 화물 접수, 저장 및 재고관리에 활용되는 시스템으로 아직도 많은 창고업체들이 동 시스템을 활용 중이다. 이 시스템을 통해 업체들은 저장공간을

---

3 QC SOFTWARE, Inc., White Paper, Warehouse Control System, 2008.

채우고, 선적 경로를 지정하는 등의 업무를 수행하며, 궁극적으로 주문 관리 시스템과의 연계를 통해 수천 건의 오더를 그룹핑하고 처리하고 있다. 그러나 수천 건의 주문을 패킷으로 분할하고 음성 인식 장치를 통해 물품 피킹을 지정하는 한편 포장업무를 지시하는 등 창고업무 자동화가 더욱 고도화되면서 한 단계 앞선 개념인 WCS 활용이 확대되는 추세에 있다.

초기의 WCS는 컨베이어, 분류기, 자동저장 장치를 통제하는 장비통제 시스템으로 출발했다. WCS가 강력한 주문처리 엔진에 의거하여 컨베이어와 분류기를 적시에 통제하는 장비통제시스템(equipment control system)으로부터 진화를 해 자동화, 노동, 전통적 업무처리 프로세스를 통틀어 자원 관리의 관점에서 접근하기 때문에 특정 창고에서 인력/장비가 어떻게 활용되건 최적화되고 가장 효율적인 방식으로 주문을 처리할 수 있게 해준다.[4]

최근에 와서는 각 업계의 제품 개발 노력에 따라 WMS와 WCS 간의 경계가 허물어지는 추세이다. 그러나 WMS 역시 최근 발전을 거듭하여 새로운 기능을 도입하고 있다. 결국 WCS가 작업장 내 업무흐름에 초점을 맞춘 반면 WMS는 공급사슬 전체의 관점에서 여전히 다수 창고의 시나리오에서 재고의 흐름을 관리하는 기능을 수행하고 있다.

4. 재래 하역방식과 자동하역시스템

1) 재래 창고[5]

재래 창고는 인력에 의존하는 하역시스템을 채택하고 있어 많은 인력을 필요로 한다. 창고는 화물을 보관할 수 있는 랙 구조물과 선반으로 이루어진 단순한 시스템이다. 물품을 보관하고 꺼내는 작업은 작업자의 손으로 하거나 아니면 포크리프트 같은 장비를 이용한다. 재래 하역방식에서는 이러한 하역장비가 지나다

---

4 "Big Picture: Evolution of the WCS," Modern Materials Handling, 2011. 9.
5 "Storage Equipment for the Warehouse," Modern Materials Handling, 1985 Warehousing Guidebook, Spring 1985, p. 51 (Kent N. Gourdin, op. cit., 2006, p. 147에서 재인용).

닐 수 있게 하기 위해 꽤 넓은 통로를 확보해야 하며, 또한 작업자나 포크리프트 작업 반경에 화물이 있어야 하기 때문에 수직으로 높이 보관하는 방식은 활용하기 어렵다.

재래 하역방식은 보관하는 화물에 대한 수요가 아주 많거나 아니면 아주 적은 경우 적합한 하역 방법이다. 인력에 의존하는 하역방식은 자체로 주문 이행에 높은 융통성이 있는 하역시스템이기 때문이다.

그러나 노동집약적인 창고는 만약 현지 임금 수준이 높을 경우 매우 고비용 창고가 될 수밖에 없다. 더욱이 인력에 의존하는 창고시스템이기 때문에 물품을 다른 장소에 두기도 하고, 주문서와 달리 부정확한 피킹을 하기도 하는 오류가 발생할 수 있다. 이와 같은 오류는 자동창고시스템을 도입할 경우 상당부분 제거될 수 있다.

2) 창고 자동화[6]

창고 자동화는 노동집약적인 보관활동을 기계화하여 창고 생산성과 효율성을 개선하고자 추진하는 것이다. 자동화로 기존의 사람이 하던 작업을 대신하는 것이다. 예를 들어 무거운 것을 드는 반복적인 작업이라면 이를 로봇화하여 인력을 대체할 수 있는 것이다. 특히 위험하거나 힘든 입출고 작업을 자동화로 대체하는 경우가 많다. 보통 자동창고에서 가장 광범위하게 활용되는 것이 자동보관반출시스템(automatic storage and retrieval system: AS/RS)이다. 이는 화물을 보관하는 랙(rack)과 랙 사이를 이동하며 물건을 출납하는 스태커[7] 크레인과 자체의 구동력으로 지정된 경로를 따라 이동하는 무인반송차량(AGV)으로 구성되어 있다. 크레인에는 궤도제어 등을 하는 마이크로 컴퓨터가 탑재되어 있어 창고의 관리용 컴퓨터와 연결되어 있다. AS/RS는 보관 랙에 파렛트를 다루는 포크리프트 작업을 대체할 수 있다. 이와 같은 자동화를 통해 창고관리 수준이 현격하게 향상되고, 창고를 효율적으로 이용할 수 있다.

---

6 Feare, Tom, "Winning with Warehouse Automation," Modern Materials Handling, Jan. 1, 2003 (Kent N. Gourdin, op. cit., 2006, p. 147에서 재인용).

7 자동적재 크레인을 일반적으로 스태커 크레인이라 함.

자동창고시스템의 큰 장점은 좁은 공간에서 수직으로 높게 보관할 수 있어 많은 보관물을 안전하고 효과적으로 보관할 수 있다는 점이다. 그리고 실시간 재고관리가 가능하며, 빠르고 신뢰성이 높은 창고를 운영할 수 있다. 자동창고에서는 하역시스템의 자동화뿐만 아니라 자동정보수집(automatic data capture: ADC)기술도 채택되어야 한다. 모든 프로세스의 과정에서 정확한 정보를 수집할 뿐만 아니라 이 정보가 창고 내 모든 운영부문에 전달되고 또한 다른 공급사슬에게도 공유될 수 있어야 한다. 고객은 실시간 화물 추적 정보를 원하기 때문에 ADC기술의 채택이 불가피하다.

3) 재래창고와 자동창고의 선택

창고 자동화로의 이행에 앞서 고려해야 할 부분이 있다. 첫째는 새로운 시스템으로의 이행을 위한 장비구입과 운영시스템에 초기 투자비용이 소요되는 점을 고려해야 한다. 또 다른 중요한 고려사항은 자동화로 인해 업무가 없어지는 인력에 대한 재교육훈련 문제이다. 장비나 시스템에 대한 신뢰성, 유지보수문제도 잘 살펴야 한다. 최악의 경우 전체 시스템이 정지될 수가 있기 때문이다. 그리고 창고관리 소프트웨어가 기존의 경영정보시스템과 호환이 되어야 할 것이다. 마지막으로 일단 재래식에서 자동화시스템으로 전환되고 나면 또 다른 환경변화에 쉽게 적응할 수 있는 능력이 부족해지는 경직성이 생기는 점도 감안해야 한다.

일반적으로 창고 자동화에 의한 운영비의 절감과 효율성의 개선과 같은 이점이 이상의 단점을 상쇄할 경우 자동화로 이행하게 된다. 따라서 노동력이 풍부하고 저렴할 경우 창고 자동화는 오히려 비경제적일 수도 있다. 따라서 재래식 창고와 자동창고의 선택에 관한 의사결정은 각각이 주는 이득과 위험을 살펴본 후 이루어져야 한다.

사례 14-1 DPS/DAS-동선관리 통한 리드타임 절감

DPS/DAS(Digital Picking System & Digital Assorting System)는 피킹과 분배의 작업 시간 단축과 정확성을 위해 하드웨어와 소프트웨어를 이용한 솔루션이다. DPS는 별도로 부착된 LED에 피킹할 상품의 수량이 표시되고, 작업을 종료하면 확인버튼을 누르는 방식이다. LED 표시기(Light-Module)는 작업 Order를 랙 1세트마다 1개씩 설치하게 되며, 가독성을 높이기 위한 LED액정과 큼지막한 버튼으로 심플하게 구성됐다. 로케이션 번호(랙 번호)와 수량을 체크하는 LED액정이 2개 부착된 제품도 있어 사용자의 편의에 따라 적합한 제품을 설치할 수 있다. 이를 이용하면 먼저 출하하고 싶은 주문부터 피킹하거나 작업 완료 후 피킹 양을 확인함으로써 작업 시 오류를 발견할 수 있다.

DAS(멀티분배 방식)는 한 번에 4종류의 상품을 분배할 수 있다. 작업자는 블록별 바코드판독기를 이용해 상품을 스캐닝한 뒤 표시기가 점멸하는 곳으로 이동해 분배순서에 따라 배송박스에 투입한다. 작업이 마무리되고 아세테크의 LED표시기의 확인버튼을 누르면 다음 분배상품의 번호가 표시된다. DAS는 기본적으로 1차 작업으로 아이템별로 상품을 피킹한 뒤 블록별로 분배하는 2차 작업을 거치게 된다. 이를 통해 수요가 많은 상품의 피킹이 집중됨으로써 피킹 동선이 대폭 단축되고, 작업 단위 배치수를 줄일 수 있어 작업자의 업무가 줄어든다.

DPS/DAS시스템의 도입을 통해 불필요한 동선길이의 간소화, 고 회전, 저 회전에 따른 인원관리 활용, 출고 회전율의 상승, 작업시간의 계획적 활용, 서류의 간소화, 오피킹률 최소화 등의 효과를 거둘 수 있다.

자료: SCM & Logistics, 2012. 3. 15

5. 하역시스템의 목적과 선택

하역장비 및 설비를 창고에 설치하는 첫 번째 목적은 창고의 공간을 최대한 활용해 창고운영비를 줄이기 위함이다. 즉 창고는 길이와 넓이 그리고 폭으로 이루어진 용적이다. 이 용적을 최대한 활용할 수 있도록 하기 위해서는 그에 맞는 장비가 필요한 것이다. 많은 창고에서 공간활용을 극대화하기 위해서는 첫째, 가능한 한 창고의 높이까지 공간을 활용하는 것이다. 창고에서 물품을 높게 보관하지 않아 높은 공간을 낭비하는 경우가 많이 있다. 창고관리자는 바닥면적을 중심으로 관리하기보다는 창고의 수직 높이를 최대한 활용하는 노력을 기울여야 한다. 둘째, 창고에서 복도가 차지하는 공간을 최소화해야 한다. 특히 창고에서 많이 사용되는 포크리프트의 경우 회전을 할 수 있도록 복도에 많은 공간을 할당할 수밖에 없는 단점이 있다.

두 번째 목적은 물품 취급횟수를 줄여주는 역할을 하기 위함이다. 일반적으로 창고에서는 물품을 창고내로 반입한 후, 저장위치에 장치하고, 다시 오더피킹 구역으로 이동하고, 최종적으로 출하구역까지 이송해야 한다. 이과정을 포크리프트에 의해 이동시킨다면 수차례 장비의 취급이 이루어져야 한다. 그러나 컨베이너 시스템 같은 설비가 갖추어진 창고라면 이러한 하역 작업 중 많은 단계의 하역 작업이 줄어들 수 있다.

세 번째 목적은 인건비절감과 작업위험을 회피하기 위함이다. 인력에 의한 물품 취급은 생산성의 저하는 물론 작업위험이 증가하기 때문에 특히 반입과 이송 등, 인력으로 할 경우 힘이 많이 소요되는 과정은 하역장비나 설비에 의해 이루어지도록 설계되어야 한다.

네 번째 목적은 창고 내 작업의 정확도와 효율성을 높이기 위함이다. 고객수요에 빠르고 정확히 대응하기 위해, 하역장비나 설비가 중요한 역할을 수행한다. 고객서비스 향상을 위해, 운송시간을 단축시키기 위해 많은 투자를 하는데, 창고 내의 장비나 설비에 대한 투자가 있어야, 오더피킹 오류를 줄이고 최종 반출시간을 단축할 수 있는 것이다.

이상의 역할을 원할히 수행하기 위해 창고에 맞는 하역기기나 시스템 선정을 검토할 때는 다음과 같은 신뢰도, 통합성, 자동인식, 유지보수 등을 살펴보아야 한다.[8]

1) 신 뢰 도

하역작업은 전체 생산과정과 밀접하게 연결되어 있기 때문에 하역작업의 문

---

8 Kent N. Gourdin, op. cit., 2006, pp. 150−151.

제는 곧 전 공정의 정지로 이어질 수 있다. 과거와 달리 현재, 또는 미래 생산작업은 재공품을 매우 적게 보유하고 있으며, 자재를 이동할 인력도 거의 없는 상황에서 자재 공급을 하는 하역시스템의 중단은 곧 생산의 중단을 의미한다. 하역시스템의 선정 시 최저가 기준을 사용할 수도 있고, 혹은 내구성이 가장 높은 것을 선정할 수도 있다. 그러나 하역시스템의 중단이 가져올 영향을 감안할 때 시스템 실패율이 낮은 것을 선정할 필요가 있다.

2) 통 합 도

하역시스템은 창고 내의 모든 장비와 통합이 될 수 있어야 하며, 나아가 전사적 정보시스템과도 통합될 수 있어야 한다. 창고관리시스템(WMS)이 사내 모든 정보시스템과 연결되도록 개발된 것이다. 기본적으로 WMS는 물류센터에서 입고, 재고 및 출하시점을 관리하고, 상위의 정보시스템과 실시간으로 정보교환이 가능하게 만든다.

3) 자동인식

기존의 하역시스템은 입출고, 재고관리를 위해 바코드 택을 붙이고 이를 바코드 스캐너로 판독하고 이를 컴퓨터와 연결시켜 관리해 왔다. 원거리에서 인식이 가능하고, 여러 개의 정보를 동시에 판독할 수 있는 기술이 발달됨에 따라 하역시스템도 이러한 자동인식기술을 채택해야 한다. RFID(radio frequency identification)는 자동인식 기술의 하나로 제조업, 교통, 의료 등 거의 모든 산업에 걸쳐서 사용되고 있다.[9] 초소형 반도체에 식별정보를 입력하고 무선주파수를 이용하여 이 칩(chip)을 지닌 화물을 판독, 추적, 관리할 수 있는 기술이다. 수십 미터 떨어진 원거리에서도 인식이 가능하고, 여러 개의 정보를 동시에 판독·수정하는 것이 가능할 뿐 아니라 기존에는 불가능했던 많은 정보를 하나의 칩에 담는 것이 가능하기 때문에 상품추적, 창고입출고관리, 재고관리 등에서 활용되고 있다.

---

9 이상학, 차정훈, 서봉진, 박찬영, 하병용, 이은미, … & 여진경, "철도차량 스마트 운영관리를 위한 RFID 기술현황 및 개발 필요성," 한국전자통신학회 논문지, 제 9 권 제 2 호, 2014, pp. 219－230.

4) 유지보수, 성능향상

하역시스템을 유지보수하는 데 소요되는 시간이 짧아야 하며, 소요비용이 저렴해야 할 것이다. 또한 미래 전사적 정보시스템의 발전에 맞게, 그리고 장비나 기술의 발전을 수용해서 개량, 보완이 쉽게 이루어질 수 있어야 한다.

6. 스마트 물류창고(Smart warehouse)

1) 스마트 기술 기반 물류 창고 자동화

4차 산업혁명의 주요기술과 접목되면서 기존의 창고도 크게 변화하고 있다. 스마트 물류창고(smart warehouse)란 항상 변화하는 시장에서 가장 높은 수준의 기능을 제공할 수 있도록 자동화, 다양한 기술 그리고 최고의 모델을 통합해서 효율성이 극대화되는 보관시설을 말한다.[10]

스마트 물류창고 시스템은 로봇공학(Robotics), 무선식별 시스템(RFID, Radio-Frequency Identification), 인공지능(Artificial Intelligence), 사물인터넷(The Internet of Things), 창고관리 시스템(Warehouse Management Systems)과 같은 여러 기술이 상호 연결되어 다음과 같은 기능을 구현할 수 있어야 한다.[11]

스마트 물류창고의 역할을 효과적으로 하기 위해 첫째, 자동화(automation)가 구현되어야 한다. 스마트 물류창고의 가장 중요한 측면 중 하나는 노동력을 줄이기 위해 자동화를 진전시키는 것과 사람의 실수를 줄이는 것이기 때문이다. 또한 자동화 시스템은 속도가 빠르고 안정적이며 이를 통해 배송시간이 단축되고 더 나은 고객 서비스를 제공할 수 있다.

물론 기업의 환경이 다르기 때문에 동일한 수준의 자동화를 구현할 수는 없

---

10 LTX(2018), What Is a Smart Warehouse?, LTX Solution, http://ltxsolutions.com/what-is-a-smart-warehouse.

11 SelectHub, What are Smart Warehouse Systems?, https://selecthub.com/warehouse-management/smart-warehouse-systems.

다. 자동화 초기단계로 주문 과정의 모든 단계에 알림서비스를 제공하는 단순한 자동화도 있고 창고에서 여러 활동을 자금관리 소프트웨어와 연동하여 제품 생산, 포장 또는 출하 효율성을 향상시킬 수 있는 높은 수준의 자동화도 가능하다.

자동화 과정에서 중요하게 확인해야 할 사항은 대형 하드웨어와 같이 대규모 투자를 계획하고 있는 기업의 경우 단기 및 장기 이익을 고려하여 사전 준비 비용이 충분한지 검토를 해보아야 한다. 통상 대규모 자동화를 구현하는 경우 2년이 지난 후 인건비 절감이 자동화 비용절감의 2배 정도가 되는지를 확인해보는 것도 필요하다.

스마트 물류창고의 두 번째 특징은 유연성을 갖추어야 한다. 창고가 산업의 급속한 변화, 고객의 요구에 신속하고 정확하게 대응하지 못한다면 스마트 물류창고의 요건을 갖추지 못할 수 있다. 유연성이란 창고가 현재의 상황에 맞게 최적화되어 있고 기업의 목표에 따라 미래를 준비할 수 있다는 의미가 내포되어 있다. 실질적으로 공간, 직원의 요구 사항 및 소프트웨어, 하드웨어 업데이트에 관한 이해가 요구된다. 예를 들어 스마트 물류창고는 적시에 올바른 제품을 적절한 장소에 제공할 수 있어야 하기 때문에 특정 품목에 대해 수요가 높은 경우 그리고 수요가 낮은 경우 대처할 수 있는 계획도 포함되어야 한다.

세 번째는 실시간 연결(real-time connection)이다. 스마트 물류창고가 구축되었다면 창고에서 발생하는 모든 활동에 대한 정보가 실시간 제공되어야 한다. 이는 회사 그리고 직원에게 성과에 대한 정보를 지속적으로 제공하고 문제가 발생하지 않도록 하거나 신속하게 처리할 수 있게 도움을 주기 때문이다. 예를 들어 품절된 품목에 대한 재고가 확보되면 고객에게 알림서비스를 통해 알리고 이는 기업에게 판매 기회를 늘릴 수 있다. 또한 배송 및 반품에 대한 안내는 고객과의 신뢰를 높이고 주문에 대한 조절이 가능하여 고객의 편의가 증대될 수 있다. 클라우드 기반의 소프트웨어를 활용하게 되면 외부에 있는 직원들도 정보를 손쉽게 확인할 수 있어 업무의 효율성을 높일 수 있다.

사례 14-2

과감한 물류센터 자동화로 성공한 3개 기업 사례

물류자동화 기술이 소프트웨어의 표준화, 지속적인 가격 하락, 하드웨어의 보편화 및 유지보수의 간편화 등에 힘입어 빠른 속도로 확산되고 있다.

CJ대한통운은 인천공항 배후단지 내 GDC(Global Distribution Center)에 '오토스토어(AutoStore)' 시스템을 도입하여 물류 자동화 시스템을 구축하였다. 오토스토어는 큐브 형태의 모듈식 자동창고 기술로, 140대의 물류 로봇이 24시간 연중무휴로 작동한다. 이 시스템은 공간 효율성을 극대화하고, 물품의 빠른 보관 및 발송을 가능하게 하는 것으로 알려져 있다. CJ대한통운은 자동화된 GDC를 통해 아시아 태평양 지역의 이커머스 고객들에게 더 빠르고 정확한 주문 배송 서비스를 제공하고 있다.

쿠팡은 AGV(Automated Guided Vehicle)와 분류 로봇이 활발하게 운영되고 있다. AGV는 물건을 픽업하여 포장 및 송장을 붙이기 위한 작업대로 옮기고, 분류 로봇은 포장이 완료된 제품을 지역별로 자동으로 분류한다. 이 시스템은 물류센터 내의 작업 효율을 크게 향상시키며, 작업자들의 수고를 최소화하는 데 도움이 되고 있다. 대표적인 사례인 대구 풀필먼트 센터의 경우 물류창고 자동화 확산을 위한 실험실 역할을 하며, 로봇이 자동으로 상품을 이동시키고 분류하고 있다. 쿠팡 물류센터에서는 포장 작업도 자동화되어 있으며, 자동 포장 기계는 물건을 자동으로 포장백에 넣고 부피가 큰 물건은 기계가 송장을 자동으로 붙입니다. 포장된 물품은 레이저 터널을 지나며 스캔되고, 지역별로 자동 분류되어 이동된다.

다이소는 2022년 건설된 양주허브센터에 이어 2024년 세종허브센터 신축에서 자동화 설비를 대거 도입하였다. 세종허브센터는 두산로지스틱스가 자동화 설비 구축을 담당할 예정이며, ▲셔틀형 스토리지인 크납(Knapp)의 OSR셔틀 ▲GTP(Goods to Person) 시스템 ▲보이머(Beumer)의 크로스벨트 소터(Cross Belt Sorter) ▲DLS가 자체 설계한 WMS, WCS 등 첨단 제품과 기술이 적용된다.

자료: CJ대한통운 홈페이지, 쿠팡 뉴스룸, 두산로지스틱스 홈페이지

2) 물류 로봇 기반의 유연한 물류 창고 자동화

전자상거래 시장이 성장하며 2000년대 이후 물류 창고 자동화는 무인운송 방식 AGV(Auto Guided Vehicle) 로봇, 자율이동 방식 AMR(Automatic Mobile Robot) 로봇 등 GTP(Goods−to−Person) 시스템 개념에 기반한 물류 자동화가 핵심 기술

로 급부상하고 있다. 물류창고에서 GTP 방식의 물류 자동화는 창고 내의 특정 위치에 위치한 물품을 자동화 설비가 작업자에게 직접 가져다 주는 방식의 시스템을 의미한다. 이는 전통적인 방식과 같이 물품을 사람이 직접 찾아다니는 것이 아니라, 물품이 작업자에게 이동하는 형태의 작업 흐름을 갖추고 있다. 물류 창고 내 가장 많은 비용이 물품 탐색 및 이동에 쓰이고 있다는 점을 고려할 때, GTP 시스템은 물류 효율성을 극대화하고 작업자의 이동 시간을 단축하여 작업 피로를 줄이는 데 효과적이다.

물류 로봇 기반의 물류 자동화 시스템은 기존 물류 자동화와 비교하여 여러 장점이 있다. 기존의 물류 자동화 시스템은 주로 컨베이어 벨트, 크레인, 리프트 등 고정된 인프라를 사용하는데, 이러한 전통적 자동화 시스템은 대규모 자동화 설비를 고정적으로 설치하여 물류 창고의 레이아웃과 변경이 용이하지 않다. 또한, 작업자가 직접 물품을 픽업하고 처리하는 단계가 많아 물품을 찾고 이동시키는 데 시간이 많이 걸리고, 작업자가 피로를 느낄 수 있다. 특히, 시스템을 확장하거나 변경하려면 물리적인 장비를 추가하거나 재배치해야 하기 때문에, 비용이 많이 들고 복잡할 가능성이 있다. 단순한 제품군으로 구성된 물류 창고에서는 빠른 작업 처리가 가능하지만, 제품 유형 및 특성이 다양한 전자상거래 물류 창고와 같은 경우에는 고정된 경로와 제한된 작업 흐름으로 인해 처리 속도와 효율성이 상대적으로 낮을 가능성이 있다.

반면 GTP 기반의 물류 로봇 자동화 시스템은 물류 로봇이 창고 내부를 자유롭게 이동하면서 물품을 운반하며, 인프라가 유연하게 설계되어 있어 창고 레이아웃을 쉽게 변경하거나 확장할 수 있는 장점이 있다. 물류 로봇 기반 자동화 시스템에서는 물품이 고정된 경로를 따르지 않고 로봇이 직접 물품을 선반에서 가져와 작업자에게 전달하는 구조이다. 로봇이 물품을 작업자에게 직접 가져다 주기 때문에 물품을 찾고 이동시키는 시간이 크게 줄어든다. 또한, 제품 및 서비스 특성이 변경될 경우 물류 로봇을 추가하거나 레이아웃을 변경하는 것이 비교적 쉽고 비용 효율적으로 유연하다. 새로운 로봇을 쉽게 도입할 수 있으며, 시스템을 확장하는 것이 간편한 경우가 많다.

기존 물류 자동화 시스템은 고정된 인프라와 제한된 유연성으로 인해 확장성과 작업 효율성에서 한계가 있었지만, 최신의 물류 로봇 기반 자동화 시스템은 유연한 인프라와 높은 유연성으로 물류 창고의 운영 효율성을 크게 향상시키고 있다. 이는 작업자의 피로를 줄이고, 물품 처리 속도를 증가시키는 강점이 있다. 이러한 점에서 물류 로봇 기반의 자동화 시스템은 전자상거래 물류와 같이 복잡하고 다양한 제품에 대한 서비스를 요구하는 물류 창고에 보다 적합한 솔루션으로 평가받고 있다.

15

반입물류, 조달

핵심포인트

조달물류는 생산과정에 원자재나 부품을 흘러 들어가게 하는 것이다. 보통 자재관리라 불리는 조달물류는 생산부문이 고객이기 때문에 생산의 하부시스템으로 여겨지기도 한다. 그러나 물류시스템 전체로 보면 원자재나 부품의 조달, 구매는 완제품에 영향을 미치고 곧 최종소비자 고객에게 직접적인 영향을 미치게 된다. 이번 장에서는 기업의 조달물류시스템을 구성하고 있는 기업활동을 살펴본 후, 유통물류와의 차이점에 대해 살펴본다.

1. 조달물류의 중요도 증가

글로벌 경쟁의 가속화로 이전보다 더 자재관리에 관심을 두어야 하는 상황으로 환경이 바뀌고 있다. 글로벌 기업에게는 원자재나 부품 조달이 전 세계를 대상으로 하기 때문이다.

2. 조달물류 활동

조달물류는 단순히 회사 생산부문에 대한 고객서비스만 하는 것이 아니라, 물류시스템 전체로 보면 최종 고객에 대한 서비스 수준에도 영향을 미치는 활동이다. 또한 원자재 재고의 경우는 생산부문에 자재를 원활하면서도 값싸게 공급하여 궁극적으로 최종고객에게 최대 가치가 전달될 수 있도록 하는 것이다.

3. 총소유비용의 최소화

과거에는 구매원가에 중점을 두었다면 최근에는 구매원가보다는 도착원가, 혹은 총소유비용을 구매원가로 판단한다.

4. 조달구매

구매조달의 목표는 첫째, 기업의 생산활동에서 요구되는 원자재, 부품 등을 보장할 수 있는 재고를 유지하는 일이다. 둘째, 구매조달시 조달가격이 저렴해야 하지만 경영자가 요구하는 품질표준도 만족해야 하며, 지속적으로 품질이 유지되어야 한다.

5. 조달구매 기능 및 통합

조달구매 비중이 점차 늘어남과 동시에 더욱 복잡하게 전개되고 있어 이의 효율적 관리가 필요하다. 경쟁우위 확보를 위한 능력을 갖추기 위하여, 구매부서 혹은 기능이 기업내부의 다른 기능 및 기업 외부의 다른 조직과 밀접하게 통합되어야 한다.

6. 공급업체와의 관계 및 선정기준

원자재 및 부품 공급업체(suppliers/vendors)와의 관계가 구매전략의 성패와 직결되어 있다. 많은 기업에서 조달업무를 공급사슬관리의 중요한 부분으로 보고 있기 때문에, 공급업체와 전략적 제휴관계 혹은 파트너 관계를 유지하고 있다.

1. 조달물류의 중요도 증가

소비자의 요구가 다양해지고 제품의 수명주기가 단축되는 등 시장의 변화에 유연하게 대응하기 위해 기업들의 생산 시스템은 대량생산 체제(Mass-Production)에서 다품종 소량생산 체제(Mass-Customization)로 변화해왔다. 또한, 경기 침체 및 글로벌 경쟁 환경에서 생존하기 위해 기업들은 생산원가 절감을 바탕으로 한 가격 경쟁력을 제고시키기 위해 다양한 노력을 기울이고 있다. 이러한 생산 환경의 변화는 공급사슬(Supply Chain)의 구조 및 관리에 많은 영향을 미치고 있다. 이러한 생산 환경에서는 기존과 같이 높은 수준의 사내 안전 재고를 유지할 수 없으며, 특히 조달 공급사슬(Inbound Supply Chain)에서 발생하는 물류 비용의 경우 제조기업이 제품판매에서 얻어지는 수익보다 더 큰 비중을 차지하는 경향이 있기 때문에 조달 공급사슬을 유연하게 관리하는 것은 매우 중요하다.[1]

조달물류(inbound logistics)는 생산과정에 원자재나 부품을 흘러 들어가게 하는 것이다. 보통 자재관리(material management)라 불리는 조달물류는 생산부문이 고객이기 때문에 생산의 하부시스템으로 여겨지기도 한다. 그러나 물류시스템 전

---

[1] 이기열, 정무영, "역동적인 조달 물류를 위한 차량 운용 모니터링 시스템," 대한산업공학회, 추계학술대회논문집, 2013. 11, pp. 309-313.

체로 보면 원자재나 부품의 조달, 구매는 완제품에 영향을 미치게 되고 곧 최종 소비자 고객에게 직접적인 영향을 미친다. 생산 조달부문의 물류관리 목적은 유통부문의 물류관리 목적과 동일하다. 그 목적은 가장 낮은 총비용으로 일정 고객 서비스를 제공하는 것이다.

그러나 대부분의 제조업체에서 물류비 부분에 큰 비중을 차지하고 있는 조달물류 분야는 유통물류 등 타 물류시스템에 비해 낙후되어 있다. 특히 중소기업들은 인식부족, 재원부족 등의 원인으로 시설 투자를 하지 못했고, 이 같은 상황이 인력의존도를 높여 조달물류의 생산성을 떨어뜨리는 요인이 되고 있다.

글로벌 경쟁의 가속화로 이전보다 더 자재관리에 관심을 두어야 하는 상황으로 환경이 바뀌고 있다. 글로벌 기업에게는 원자재나 부품 조달이 전 세계를 대상으로 하기 때문이다. 생산과 판매의 국제화는 임금과 지대가 저렴한 세계 여러 나라에서 부품 생산, 또는 조립을 하고, 이를 시장규모가 큰 국가에서 조립하거나 혹은 이들 국가로 수출을 하게 된다.

대부분의 제조업체에서 물류비 부분에 큰 비중을 차지하고 있는 조달물류분야는 타 판매물류, 유통물류 등에 비해 상당히 낙후되어 있다. 특히 중소기업들은 인식부족, 재정부족 등의 원인으로 시설 투자를 하지 못했고, 이 같은 상황이 인력의존도를 높여 생산성을 떨어뜨리는 악순환을 만들어냈다. 또한 국내 기업들은 조달물류에 대한 인식과 전문지식이 부족하여 그동안 '조달물류'라는 분야는 종합물류기업도 서비스를 제공하지 않는 '물류 사각지대'에 놓여 있었다.

조달물류의 비중이 절대적이라 할 수 있는 조달청, 국방부 등을 제외하고는 대부분 기업들은 조달품목들을 원재료, 자재 등을 벌크 형태로 공급받아 물류자동화 시설 없이 인력에 의존하여 관리해 왔다. 대기업을 중심으로 원자재의 조달, 생산, 유통 등 물류부문의 전 과정을 통합하는 SCM체제로 전환하여 '물류 사각지대'에 놓여 있었던 조달물류 부분의 물류절감을 위해 많은 시도를 하고 있으며, 조달물류의 적시성과 전체 물류프로세스의 효율성이 기업 경쟁력의 중요한 요소가 되고 있다.

그러나 이는 대형 제조기업에 국한될 뿐 중소 제조업체들은 아직도 조달물류 분야에 대한 관심을 두지 않고 있다. 이 같은 환경이 기업의 물류비를 증가시키는 중요 원인으로 자리하고 있다. 일반적으로 조달물류비용은 제조기업이 제품 판매에서 얻어지는 수익보다 더 큰 비중을 차지한다. 비용의 대부분은 중소 공급 협력사가 자재를 공급하는 과정에서 발생하게 되는데, 수만가지 부품이 들어가는 자동차 산업의 경우 조달물류비의 대부분이 공급협력사에서 발생하고 있는 셈이다. 대형 제조기업과 자재를 공급하는 중소 협력사, 물류업체, 정부 등이 조달물류의 혁신을 위해 노력을 기울인다면 전체 산업의 물류경쟁력을 한 단계 업그레이드할 수 있을 것이다.

2. 조달물류 활동

조달은 사실상 전략적인 의사결정이므로 조달물류 활동의 목표를 설정해야한다. 첫째 목표는 기업의 목표를 지원해야 하는 것이다. 예를 들어 최소 재고가 목표라면 총 조달비용을 최소화에 고집할 필요가 없는 것이다. 두 번째 목표는 구매 절차의 효과적이고 효율적인 관리이다. 효과적으로는 조달은 약속을 얼마나 잘 지키는가와 관련되고, 효율적으로는 조달이 그 약속을 지키는 데에 회사 자원을 얼마나 이용하는지와 관련한다. 세 번째 목표는 공급기반을 관리하는 것이다. 공급업체의 선정, 개발 그리고 유지와 관련되는 것이다. 네 번째는 다른 기능과 연계성을 높이는 것으로, 조달 결정시 물류, 제조, 마케팅과 같은 부문과 더 많은 협력과 조정을 필요로 한다. 결국 조달물류 활동은 고객 만족을 위해 적절한 가격으로, 적절한 자원으로부터, 적절한 가공으로, 적절한 양으로, 고객을 위한 정확한 시간의 배송을 위해 정확한 제품을 구매하는 것으로 요약할 수 있다.

조달물류 활동은 완제품을 다루는 유통물류 활동과 일부 차이를 보이지만 근본적으로는 고객에게 이익을 가져다 줄 수 있도록 물류관리를 한다는 점에서는 그 목적이 동일하다. 실제로 조달물류와 유통물류를 한 관리자가 함께 수행하여 서비스 개선과 비용절감을 이루는 경우가 많다. 이 경우 장점으로는 첫째 한 관리자에 의해 최종고객에 대한 가치 창출을 할 수 있도록 전체 물류시스템의 역량을 발휘시킬 수가 있다. 둘째는 규모의 경제효과를 가져올 수 있다. 예를 들어 부품과 완제품을 함께 운송할 수 있으며, 창고시설도 부품과 완제품을 함께 보관할 수

도 있다. 조달업무의 목표를 다음과 같이 지속적인 공급, 최소 재고투자, 품질유지 등에 둘 수 있다.[2]

1) 지속적인 공급

원자재나 부품이 품절에 이르면 생산계획에 차질을 주게 되거나, 생산중단을 가져와 예상치 못한 비용증가를 야기시킬 수 있다. 조달물류에서 고객은 바로 회사 자신이다. 기업은 완제품을 생산하기 위해 원자재나 부품을 조달한다. 기업은 고객서비스를 제공하기보다는 조달물류라는 고객서비스를 받는 입장인 셈이다. 그러나 경영자는 생산과정에 필요한 자재조달이 곧 원가, 품질, 완제품의 획득 가능성 측면에서 최종 소비자에게도 영향을 미친다는 것을 알아야 한다. 즉 조달물류가 단순히 회사 생산부문에 대한 고객서비스만 하는 것이 아니라, 물류시스템 전체로 보면 최종 고객에 대한 서비스 수준에도 영향을 미치는 활동이다.

2) 최소 재고투자

과거에는 생산에 지장을 초래하지 않게 하기 위해 대규모의 원자재나 부품을 쌓아두곤 했다. 그러나 그 같은 재고 유지가 비용이 많이 들기 때문에 최근 조달구매의 목적은 최소 재고 투자로 지속적인 공급을 유지시키는 데 두고 있다. 재고 관리자는 고객의 니즈를 만족시켜주면서도 재고유지비용을 최소화하려 한다. 원자재 재고의 경우는 생산부문에 자재를 원활하면서도 값싸게 공급하여 궁극적으로 최종고객에게 최대 가치가 전달될 수 있도록 하는 것이다.

원자재의 재고 부족은 곧 생산차질로 이어진다. 따라서 재고유지비용과 생산부문에서 요구할 때 재고를 갖고 있지 못해 발생하는 비용을 함께 고려해서 재고관리를 해야 할 것이다.

3) 운송비 관리

원자재나 부품, 반제품의 반입운송과 최종 완제품의 반출운송 간에는 몇 가

---

2 Bowersox Donald J., David J. Closs, M. Bixby Cooper, Supply Chain Logistics Management, 2nd ed., McGrawhill International, 2007, pp. 82－83.

지 차이점이 있다. 첫째, 운송하는 품목이 달라 운송수단이나, 취급 하역장비가 다르다. 원자재나 부품들은 보통 벌크선이나, 철도운송, 일반 화물트럭을 이용하지만 완제품은 컨테이너선, 컨테이너트럭 등에 의해 운송된다. 둘째, 일반적으로 기업에서는 반입운송에 대해서는 관리하지 않게 된다. 왜냐하면 반입운송비가 조달 물품비에 포함되어 있어 주로 판매자의 관리 하에 있기 때문이다. 셋째, 조달 품목의 반입수송수요는 완제품 수송수요에 비해 안정적이다. 왜냐하면 생산수량은 가변성이 높은 시장수요량에 비해 안정적이기 때문이다.

4) 품질개선 노력

조달구매에서 가장 중요한 것이 조달상품의 품질이다. 최종생산제품의 품질은 조달 원자재나 부품의 품질에 의해 좌우되기 때문이다. 만약 조달 부품의 품질이 기준미달일 경우 최종제품이 고객의 품질기준에 미치기 못하게 된다. 따라서 제조업체는 원자재나 부품 공급업체는 공동으로 품질개선 노력을 기울여야 한다.

5) 창고와 보관

원자재는 생산공장 구내나 혹은 인접한 곳에 보관되어야 하는 반면, 완제품은 시장과 가까운 곳에 보관되어야 한다. 일반적으로 창고는 건물형태를 갖추고 있어야 하지만 원자재 품목에 따라서는 야적장이 그 기능을 수행할 수도 있다. 이는 원자재가 매우 낮은 가격인 경우 원자재의 보관비를 줄여야 하기 때문이다. 비록 야적을 해서 보관비를 줄였다 해도 원자재의 가격이 매우 낮은 경우 원자재비용에서 차지하는 보관비가 높아질 수 있다.

3. 총소유비용의 최소화

최근에는 총소유비용(total cost of ownership: TCO)관점에서 조달구매를 하는 경우가 늘어나고 있다. 과거에는 구매원가에 중점을 두었다면 최근에는 구매원가보다는 도착원가(landed cost), 혹은 총소유비용을 구매원가로 판단한다는 것이다.

도착원가는 구매원가에 창고비용, 운송비용, 화물하역 등 취급비용이 포함된 개념이다. 보다 넓은 포괄적 구매원가는 총소유비용으로 취득원가(aquisition costs)와 소유원가(ownership cost), 그리고 '후 소유원가'(post-ownership cost)로 구성되어 있다.[3]

취득원가에는 구매원가와 구매계획 수립에 소요된 비용, 공급업체 선정 등 품질확인을 위해 소요된 비용, 제세공과금 등이 포함된다. 많은 공급사슬관리자들이 장기적 총소유원가 대신 일부의 원가만을 나타내는 구매원가를 조달원가로 생각하는 경향이 많다.

소유원가에는 우선 리스크 비용이 포함된다. 과잉재고에 따른 비용, 혹은 적은 재고 유지로 인한 품절 비용, 신규 공급업체 선정에 따른 품질, 납기 등의 불안 등 구매활동 전반에 걸친 불확실성 때문에 발생되는 모든 비용이 여기에 해당된다. 또한 주문납기 시간인 사이클타임의 단축을 위해 JIT시스템 구축, 핵심공급업체와의 전략적 제휴 관계정립 등에 투자되는 비용이 포함된다. 그리고 공급된 원부자재가 생산과정에 투입되기에 최적의 규격, 디자인, 품질이 아닐 경우 이를 인건비 등을 투입하여 가공(conversion)하는 비용이 발생하게 된다. 여기에 부가가치를 창출하지 못하면서도 발생되는 비용(non-value added costs)이 포함된다. 통상 비용의 40% 정도는 부가가치를 거의 창출하지 못하는 활동에서 발생된다고 하고 있다.[4] 예를 들면, 원자재 등 재료나 재공품을 공장레이아웃의 문제로 이동시키고, 임시보관해야 하는 경우 추가로 발생되는 비용, 혹은 운송시간과 거리를 단축할 수 있는 최적 운송경로 계획대신 즉흥적으로 특정경로 운송을 결정한 경우 등의 추가비용을 들 수 있다. 활동원가분석(activity based costing)[5]을 통해 어떤 활동의 비용이 가치를 창출하는지, 그렇지 못한지를 판단해서 낭비요소를 줄여나갈 때, 이런 유형의 비용을 줄일 수 있다.

'후 소유비용'에는 환경비용, 보증비용, 제조물 책임비용 등이 포함된다. 환경비용은 조달품과 관련하여 환경적 문제가 나타날 때 이를 방지하거나, 보완하는

---

3 Burt, Dobler, Starling, World Class Supply Management(7th ed.), 2003, pp. 164-170.

4 *Ibid.*, p. 168.

5 본 책 16장 참고.

데 소요되는 비용이다. 예를 들어 조달품의 보관시 발생되는 비산먼지 대책 비용, 유류저장소 신설 비용 등이 해당된다. 보증비용(warranty costs)은 구매 후 품질 문제로 발생되는 추가비용을 의미한다. 제품 반품 등에 수반되는 시간과 비용, 신뢰성 없는 서비스 구매로 발생하는 추가 비용 등을 의미한다. 제조물 책임비용(product liability costs)은 제조물의 결함으로 인해 예상치 못한 피해를 입었을 경우 공급업체가 책임을 지고 손해를 배상하도록 되어 있지만, 그 처리 과정이 매우 길어 관련된 비용이 발생하게 된다.

단순히 구매원가가 저렴하다 해도 TCO, 즉 총소유비용면에서 보면 더 많은 비용을 지불해야 하는지를 검토해야 한다. 구매부터 폐기까지 모든 단계의 총소유비용의 관점에서 원가를 파악하고 줄일 수 있는 여지를 찾아야 한다. 다시 말해 임금이 상대적으로 낮은 곳에서 조달되고 있는지, 신제품 출시기간은 단축되고 있는지, 협력업체의 원가구조는 합리적으로 설계돼 있는지 등 제품제조와 판매에 영향을 미칠 수 있는 구매활동과 관련된 모든 영역을 검토해야 한다.

4. 조달구매의 기능 및 통합

조달구매(purchasing) 활동은 공급자 확인 및 선정, 구매 협상 및 계약, 공급시장 조사, 공급자 평가 및 개선, 구매 시스템 개발 등의 활동을 말한다. 전통적으로 기업에서의 구매부서의 활동은 저렴한 가격으로 공급을 할 수 있는 공급자를 선정하여 공급을 받는 것이었다. 그리고 구매는 조달이라는 확대된 개념으로 발전하게 되었다. 조달(procurement)은 고객이 원하는 제품이나 서비스를 습득하는 데 필요한 모든 활동으로, 조직 내의 기능상 경계 및 조직 간 경계에 걸쳐 있으므로 활동과 관련된 모든 당사자들의 참여가 중요하며, 활동의 효과적인 수행을 통하여 공급사슬 전체의 가치가 최대화된다.

점증하는 글로벌 경쟁으로 인해 자재 및 부품에 대한 아웃소싱이 크게 증가하게 되었다. 과거 자체적으로 제작했던 부품을 세계 여러 지역의 공급자에게 조달구매하게 되었다. 평균적으로 북미 제조회사의 경우 조달부품 및 서비스의 비중이 최종 매출의 55%에 달하는 것으로 나타나고 있다.[6] 이에 비해 제조과정에서의 직접노무비는 매출의 10%에 불과한 것과 비교하면 조달비용의 중요성을 알 수 있다. 결국 조달구매 활동은 기업의 경쟁력에 영향을 미치는 핵심성공요인이 되고 있으며, 글로벌 교역이 증가하면 할수록 그 중요성이 더욱 커지게 된다.

조달구매 기능은 구매과정과 관련된 모든 활동으로, 기업의 전체 필요－충족과정상 시작에 해당된다. 원자재, 부품의 공급을 시작으로 하여 기업의 생산, 조립활동이 가동되는 것이다. 조달구매 비중이 점차 늘어남과 동시에 더욱 복잡하게 전개되고 있어 이의 효율적 관리가 필요하다. 구매조달의 목표는 첫째, 기업의 생산활동에서 요구되는 원자재, 부품 등을 보장할 수 있는 재고를 유지하는 일이다. 다량의 구매를 하게 되면 할인을 받을 수 있지만 재고 유지비용이 발생하게 되므로 재고유지 비용을 초과하는 할인 이익이 있을 경우에만 대량구매가 가능할 것이다. 둘째 구매조달시 조달가격이 저렴해야 하지만 경영자가 요구하는 품질표준도 만족해야 하며, 지속적으로 품질이 유지되어야 한다.

공급업체를 선정하는 일은 매우 어려운 일이지만 전통적으로 공급비용이 낮은 업체를 선정해 왔다. 그러던 것이 1980년대 이후 공급업체 선정 시 낮은 공급가격 이외 다른 기준들이 고려되기 시작하였다. 그 다른 기준이란 품질, 규격 일치, 납품신뢰성, 자재확보 등으로 기업의 고객이 요구하는 서비스를 하기 위해 납품업체에게 요구되는 것들이다. 일반적으로 기업들은 공급자의 수를 줄이고, 공급자와 장기적인 파트너십 관계를 갖는 것이 매우 중요하다.

특히 자재 구매조달 활동이 많은 가치를 갖기 위해서는 가격과 품질의 균형이 이루어져야 한다. 구매조달이 가격위주로 이루어진다면 자칫 낮은 품질의 자재를 조달하는 결과를 초래할 수 있기 때문이다. 그렇다고 너무 고품질의 자재를 조달할 경우 비용이 증가하여 결국 최종소비자의 가치를 줄이는 일이 된다.

조달구매 통합은 경쟁우위 확보를 위한 능력을 갖추기 위하여, 구매부서 혹은 기능이 기업내부의 다른 기능 및 기업 외부의 다른 조직과 밀접하게 통합되어

---

6 Bowersox Donald J., David J. Closs, M. Bixby Cooper, Supply Chain Logistics Management, 2nd ed., McGrawhill International, 2007, p. 81.

야 한다는 것이다. 즉 구매조달 활동은 기업내 마케팅, 재무, 생산활동과 간밀히 협조를 해야 한다. 조달업무를 담당하는 담당자를 두는 대신에 전문가를 고용하는 추세에 있으며, 이들은 제품과 서비스의 혁신, 원가관리, 리스크 관리, 가치사슬 최적화를 통해 구매조달 활동시 가치를 창출하는 목적을 달성해 나간다. 특히 구매조달 활동시 마케팅과의 연계가 매우 중요하다. 이는 최종 고객의 만족을 제공하기 위해 어떤 구매조달 활동을 해야 하는가를 이해시켜주기 때문이다. 통합을 하게 되면 다양한 사람들이 그들의 정보와 전문지식을 내어 놓고 또한 관점이 다양해지므로, 예전에는 생각하지 못했던 관점에서 문제를 바라볼 수 있는 장점이 있다.

조달구매를 통합시키는 데는 내적통합과 외적통합이 있다. 내적통합은 기업 내부의 다른 기능과 밀접하게 연계시키는 일이다. 구매와 생산기능과의 관계는 구매가 생산에 필요한 투입요소의 조달에 책임이 있으므로, 구매 생산기능의 요구에 신속하게 대응할 수 있도록 구매인력을 생산구역에 상주하게 한다. 구매와 품질보증 기능과의 관계는 아웃소싱의 증가와 관련하여 중요해지고 있다. 즉, 공급자가 좋은 품질의 원자재나 부품을 공급할 수 있도록 구매와 품질보증 기능과의 밀접한 협력관계가 유지되어야 한다.

그리고 구매와 엔지니어링의 협력관계는 신제품개발의 개발속도를 높이는 차원에서 중요한 일이다. 구매부서에서 공급자를 선정할 때에 엔지니어링이 원하는 품질과 생산능력을 가진 공급자를 선정하기를 원하고, 공급자가 디자인 프로세스의 초기에 참여하여 독창적인 아이디어를 제공하기를 원하며, 신제품에 통합될 수 있는 새로운 기술을 가진 공급자를 찾아주기를 바란다. 구매와 회계 및 재무기능과 연계는 구매와 관련된 정보는 모두 회계시스템으로 전달되며 구매성과의 측정에 회계시스템을 통하여 수집된 정보가 이용된다. 구매와 마케팅과의 관계는 신제품 아이디어가 주로 마케팅에서 나오고 구매부서는 신제품의 개발 및 생산에 대한 지원을 해야 하므로 관계가 있다.

또한 조달구매의 또 다른 중요한 것은 외부 공급자와의 통합이다. 구매자와 공급자는 비용, 품질, 배송, 시간 차원에서의 개선을 위해서 공급자와의 협력이 중요함을 인식하고 있다. 구매자와 공급자가 협력적인 관계를 유지하게 되면 신뢰관계가 형성되는데, 신뢰관계가 형성될 경우의 이점을 서로 비용자료를 공유하게 되어 공동으로 비용절감을 위한 노력을 기울일 수 있게 된다는 것과 공급자가 구매자의 신제품 개발의 초기단계에서부터 참여함으로써 기여를 하게 된다. 장기적인 계약을 맺을 가능성이 높아져 장기계약의 혜택을 얻게 된다.

5. 공급업체와의 관계 및 선정기준

원자재 및 부품 공급업체(suppliers/vendors)와의 관계가 구매전략의 성패와 직결되어 있다. 많은 기업에서 조달업무를 공급사슬관리의 중요한 부분으로 보고 있기 때문에, 공급업체와 전략적 제휴관계나, 혹은 파트너 관계를 유지하고 있다. 이와 같은 관계를 유지하는 것은 요구되는 적정 품질을 유지시켜주는 것이 구매 비용을 최적화시켜주는 것이기 때문이다. 만약 자동차 부품 중에 아무리 값싼 것이라도 품질에 문제가 있는 것으로 나타날 경우, 모든 차량에 대해 리콜을 해야 하는 추가 비용이 발생된다. 따라서 이와 같은 공급업체와의 파트너십이 경쟁력이 있을 경우 그 기업의 경쟁우위를 가져다주는 요인이 될 수 있는 것이다.

조달업무에서 가장 중요한 것이 공급업체를 선정하는 일이다. 조달구매시 공급업체 선정에 많은 공을 들이는 이유는 공급업체가 추후 부적합한 것으로 나타날 경우 발생할 수 있는 막대한 비능률과 추가 비용발생 때문이다. 또한 공급업체를 공급사슬의 한 파트너로 삼아 공급업체가 혁신적이고 적극적인 공급활동을 할 수 있도록 해야 할 대상이기 때문이다. 만약 구매자가 판매나 재고를 예측하고 있는데, 이 정보가 공급업체와 공유되지 않을 경우 비효율이 발생할 수 있기 때문이다. 공급업체 선정을 위해 우선 파악해야 할 일은 공급에 대한 니즈를 확인하는 것이다. 기존 원부자재 공급에 대한 업체 재선정인지, 아니면 신제품 개발에 따른 공급업체 선정인지에 따라 다른 고려사항이 생길 수 있기 때문이다. 다음으로는 공급업체가 속해 있는 현지국의 환경을 살펴보아야 한다. 현지의 고려사항은 공급업체 및 여러 다른 나라의 잠재 공급업체들의 공급능력과 품질수준에 대해서도 파악해 보아야 하며, 지역별, 국별 시장통제 법적요건과 규정 등도 검토해야 한다.

특정 공급업체를 선정할 때 공급업체가 지니고 있어야 하는 능력에 대한 평가는 여러 기준을 사용하게 된다.[7] 첫째, 경영자의 경력 및 경험의 정도, 전략적 구매의 중요성 이해 여부 등을 고려하여 경영능력을 평가한다. 둘째, 공급자 비용 구조를 통해 효율적 품목 생산, 비용개선 가능성을 파악한다. 셋째 공급업체 공급 품의 품질을 평가한다. 기술적 특성이나, 디자인, 수리 편리성과 같은 품질을 의 미하는 것으로 업계 표준보다 상위의 기준을 만족해야 하며, 공급업체가 품질을 보증해야 한다. 네 번째는 신뢰성이다. 정시배송, 배송보증 같은 공급의 신뢰성이 다. 경험적으로 판단할 수밖에 없는 기준이다. 다섯 번째는 공급업체의 능력이다. 생산능력, 기술적 능력, 노사관계 등을 판단하게 된다. 여섯 번째는 재무상태를 판단해야 한다. 장기적으로 원부자재를 공급하기 위해서는 공급업체의 재무상태 가 안정되어 있어야 하기 때문이다. 이 밖에 공급업체 선정시 보아야 할 사항들은 공급업체의 위치, 포장방법, 수리서비스 등이 포함된다.

6. 상품 유형별 구매 및 물류 관리 전략

조달 과정에서 구매 및 물류 활동은 상품 유형에 따라 달라질 수 있다. 상품 유형별 구매 및 물류, 공급망 관리 전략 수립에 활용되는 Kraljic Matrix는 1983년 Peter Kraljic이 Harvard Business Review에 발표한 논문 "Purchasing Must Become Supply Management"에서 처음 소개되었다. 이 논문은 기업의 구매 활 동이 단순한 거래 활동에서 벗어나 보다 전략적이고 체계적인 접근을 필요로 한 다고 설명하고 있다. Kraljic Matrix는 상품별 공급 위험과 재무적 영향에 따라 4 가지 상품 유형을 분류하고, 각 유형별 최적 구매 및 물류, 공급망 관리 방식을 설계하는 데 활용된다.

먼저 공급 위험과 재무적 영향이 모두 낮은 품목을 **비핵심품목**(Non－Critical Items)이라고 하며, 이러한 유형의 상품은 일반적으로 저렴하면서 동시에 쉽게 대 체 가능한 많은 공급자가 있다. 사무용품, 일회용품, 기본 포장재, 소모품 등 기업

---

7 Langley, Coyle, Gibson, Novack, Bardi, Managing Supply Chains(South－Western), 2009, pp. 518－519.

운영에 있어 간접적으로 필요한 물품들이 여기에 해당된다. 이러한 상품 유형에 대해 구매 전략 수립은 다수의 공급업체를 활용하여 경쟁을 유도하고 가격 협상보다는 구매 프로세스의 효율성에 중점을 두고 자동화하는 데 초점을 맞추게 된다. 주로 대량 자동 구매로 규모의 경제를 실현하고 구매 프로세스를 단순화하는 것이 중요하다. 물류 관리 측면에서 재고 관리의 자동화를 통해 관리 비용 절감과 효율성 증대가 필수적이며, 구매 비용 절감을 위해 재고를 대규모로 보유하는 것도 가능하다. 공급자는 주로 로컬 업체를 활용하며, 협업보다는 경쟁에 의한 상품 공급처 선정이 일반적이다.

비핵심품목과 달리 공급 위험은 낮지만 재무적 영향이 큰 품목을 **레버리지 품목**(Leverage Items)이라고 한다. 이러한 유형의 상품은 다양한 공급처를 통해 공급받을 수 있지만, 가격 절감이 중요하며 플라스틱, 철강 등 원자재와 대부분의 표준화된 부품들이 여기에 해당된다. 단가가 중요한 품목으로 여러 공급업체와의 경쟁을 통해 가격을 낮추는 전략이 필요하고, 장기 계약을 통해 가격 안정성을 확보하는 방식도 도입 가능하다. 재무적 영향이 크기 때문에 중앙 집중식 창고를 활용해 재고 비용을 최소화할 필요가 있고, 주요 공급업체와 긴밀한 협력 관계를 유지하여 가격 협상력 강화가 중요하다.

공급 위험은 높지만 재무적 영향이 낮은 품목을 **병목품목**(Bottleneck Items)이라고 하며, 이러한 유형의 경우 특수 부품, 독점 생산 재료와 같이 공급자가 제한적이며 대체하기 어려운 경우가 많다. 단기적으로는 안정적인 공급처를 확보하기 위해 공급업체와 긴밀한 협력 관계를 구축하고, 재고를 높게 유지하여 공급 중단 위험을 줄이는 것이 중요하다. 공급망에서의 병목 현상을 줄이기 위해 복수의 공급원을 발굴하고, 비상 재고를 확보하는 것이 필요하다. 하지만, 구매 관리 측면에서 장기적으로는 이러한 유형의 상품은 제거하는 것이 중요하다. 재무적 영향이 낮은데도 불구하고 독점적 공급에 따라 안정적 공급이 어려워질 가능성이 높기 때문에 단기적으로 재고를 비축한다 하더라도 장기적으로는 해당 상품을 다른 품목으로 대체하는 것이 필요하다.

공급 위험과 재무적 영향이 모두 높은 품목을 **전략적 품목**(Strategic Items)이라고 하며, 자동차 엔진, 인공지능 반도체와 같은 핵심 제품이 여기에 속한다. 장기적인 파트너십과 협력을 통해 공급망을 안정화하는 것이 중요하며, 소수의 공급업체와 전략적 동맹을 통해 공급 안정성과 품질을 보장해야 한다. 공급망 전반에 걸쳐 투명성을 확보하고, 긴밀한 정보 공유를 통해 리스크를 관리해야 하며, 공급업체와 공동으로 연구 개발을 진행하고 긴밀한 협력을 통해 물류 및 공급망 프로세스를 관리하는 것이 필수적이다. 장기적인 계약과 신뢰를 바탕으로 관계를 강화하는 방향으로 공급망 구조를 관리하는 것이 중요하다.

물류관리 이슈

PART III

16

물류원가분석

 핵심포인트

생산단계에서의 원가를 절감하는 것은 한계에 다다랐고 제품이나 서비스 원가 중 상당부분을 차지하고 있는 물류비용을 제대로 관리해야 한다. 그러나 물류를 담당하는 사람도 물류비용을 절감하기 위해 무엇을 해야 할지 모르겠다라거나, 작업 효율성을 개선하려 해도 물류센터에 들어가서 무엇을 해야 하나 하는 이야기를 들을 때가 있다. 막연히 물류 현장을 보고 있어도 어디가 문제인지를 알 수 없기 때문이다. 물류개선을 위해서는 물류를 시각화해야 한다. 물류를 보이도록 하는 유일한 방법은 숫자로 물류의 전모를 밝히는 물류원가분석을 하는 것이다.

1. 물류원가분석의 중요성

공급사슬 모든 과정에서 총원가를 최소화하기 위해서는 정확한 물류비 산정이 필요하다. 물류비 산정이란 정확한 물류비 계산으로 기업의 물류능력과 원가를 파악하기 위한 것이다.

2. 기업물류비 산정

물류비 발생항목을 상세하게 분해하고 각 비목별로 물류활동에서 발생한 원가가 얼마인가를 계산하는 것이 물류원가계산제도이다. 우리나라의 물류비 산정 기준은 2008년 7월에 고시된 국토교통부의 "기업물류비 산정지침"에 따른다.

3. 물류시스템 재검토로 물류비용절감

물류 시스템을 재검토한다는 말은 비용을 철저하게 절감한 물류조직을 만드는 것을 의미한다. 비용을 철저하게 절감한 물류조직을 만들기 위해서는 물류비용 절감을 방해했던 제약요인을 배제하는 것이고, 또 하나는 비용·이익·기타 물류실태 상황을 숫자를 사용하여 시각화하는 것이다.

4. 활동기준 원가계산

활동기준 원가계산은 물류 활동을 식별하여 해당 물류 활동에 필요로 하는 활동원가를 집계해서 각종의 원가 작용요인을 사용하여 활동원가를 제품별로 할당하는 물류원가 계산의 방식이다.

5. 물류ABC와 물류ABM

활동을 중심으로 하려는 생각은, 단지 회계적인 측정에 머무르지 않고, 넓게 프로세스의 개선으로 확장되고 있다. 물류관리의 관점으로부터 보면, 목적은 물류ABM이며, 물류ABC는 그 수단이다.

1. 물류원가분석의 중요성

예전의 소품종 대량생산을 하던 시대에서는 기업 간의 경쟁이 존재하여 품질이 비슷한 경우 원가경쟁력이 있는 기업들이 경쟁우위를 확보할 수 있으므로 많은 기업들이 생산원가를 줄이는 방법으로 생산원가를 낮추었으나, 현재의 다품종 소량생산시대에서 기업이 지속적으로 생존하려면 고객을 만족시키면서 이익을 창출하여야 한다. 생산단계에서의 원가를 절감하는 것은 이제 한계에 다다랐고 제품이나 서비스 원가 중 상당부분을 차지하고 있는 마케팅 및 물류원가는 아직 제대로 관리하지 못하는 실정이다. 이제 원가절감이 가능한 부분이 바로 물류분야이기 때문에 물류가 제3의 이익원이며 물류원가 분석이 매우 중요하다.[1]

기업의 물류비는 기업고유의 목적에 수반되는 물류활동을 위하여 자사 혹은 타사가 소비한 경제 가치를 말한다.[2] 실무적 관점에서 물류비란 원산지로부터 소비자까지의 조달, 판매, 재고의 전 과정을 계획 실행, 통제하는 데 소요되는 비용을 말한다.[3] 또한 한국공인회계사에서는 물류비를 물류활동을 수행하기 위하여

---

1 이정은, 박상봉, "물류원가절감을 위한 모델 구축과 경로 재설치에 관한 연구-p사의 사례 연구를 중심으로-," 대한경영정보학회, 2014.
2 한국생산성본부, 기업물류계산준칙.
3 대한상공회의소, 기업물류비산정·활용 매뉴얼.

발생하거나 소비한 경제적 가치로 설명하고 있다.

공급사슬 모든 과정에서 총원가를 최소화하기 위해서는 정확한 물류비 산정이 필요하다. 물류비 산정이란 정확한 물류비 계산으로 기업의 물류능력과 원가를 파악하기 위한 것이다. 이를 위해 물류비 발생항목(비목)을 상세하게 분해하고 각 비목별로 물류활동에서 발생한 원가가 얼마인가를 계산하는 물류원가계산제도를 도입하는 것이 중요하다.

물류원가대상(cost objective)은 물류원가 발생에 책임이 되는 장소 내지는 부문(물류서비스, 운송 및 보관부문)으로서 발생된 원가가 적절하게 측정될 수 있는 물류원가발생 활동으로 규정되며 물류원가 중심점(logistics cost center)으로 규정할 수가 있다. 따라서 물류원가회계시스템(logistics cost accounting system)은 적절한 물류원가 분류방식(cost classification)에 의거하여 물류원가를 집계하고 집계된 물류원가를 물류원가대상 내지는 물류원가 중심점에 적절히 배부(allocate cost to cost objective)하는 과정으로 정의할 수가 있다.

이러한 물류원가의 집계 및 배부과정을 거쳐 물류활동으로부터 발생된 원가를 측정하는 과정이 물류원가회계시스템이라 할 수 있다.[4] 물류활동에서 발생되는 물류원가(주로 운송원가)를 경영자가 확인하고 물류활동별로 발생된 원가를 적정하게 배부하는 것은 물류활동을 관리하고 통제할 뿐만 아니라, 물류활동에 대한 수익성분석을 하는 데 매우 중요하다. 보다 정확하고 신속히 이용 가능한 물류원가정보의 미비와 집계부족은 적절한 원가배분이 곤란해져 정확한 물류원가계산을 힘들게 한다.

제조간접비 또는 물류간접비(overhead cost)는 특정제품 및 물류서비스에 바로 부담시킬 수 없기 때문에 이를 따로 모아 인위적인 절차에 의해 각각의 제품·서비스활동에 할당하게 된다. 이렇듯 간접비를 인위적인 절차에 의해 제품 또는 물류서비스활동에 할당하는 과정을 간접비의 배부 또는 물류원가 배부라 한다.

간접비를 배부하기 위해서는 우선 배부기준을 마련해야 하는데 이 배부기준이란 각각의 제품이 차지하는 비율에 따라 간접비를 나눠주기 위한 근거를 말하는 것으로서 직접물류원가(직접운항비) 등의 금액기준, 운송(운항)시간, 물류서비스

---

4 안기명, 양창호, 나영, 박수만, 해운항만물류회계, 박영사, 2009, p. 133.

제공시간 등의 시간기준 등이 주로 이용된다. 가령, 운송시간을 배부기준으로 두 가지의 운송활동(제품)에 물류간접비를 배분한다면 총운항시간 중에서 각각의 운송활동에 소요된 운항시간의 비율에 따라 각각의 운송서비스에 물류간접비를 배부하게 되는 것이다.[5]

2. 기업물류비 산정

우리나라의 물류비 산정 기준은 2008년 7월에 고시된 국토교통부의 "기업물류비 산정지침"에 따른다.[6]

1) 적용대상 및 범위

국토교통부 산정지침에서 적용대상으로 물류비 산정에 있어서 과거에 발생하거나 또는 지불한 물류비 실적을 대상으로 하고 있지만, 이 지침의 목적에서 보면 물류비 산정의 정확성 이외에도 물류비 관리의 합리성 제고에 있으므로 물류활동에 대한 업적평가나 미래의 물류의사결정 등과 같은 물류비정보의 활용에 대해서도 적용대상이 포함되고 있음을 포괄적으로 나타내고 있다.

물류비 산정은 정확한 물류비 계산으로 기업의 물류능력과 원가를 파악하기 위한 것이다. 이를 위해 물류비 발생항목(비목)을 상세하게 분해하고 각 비목별로 물류활동에서 발생한 원가가 얼마인가를 계산하는 것이 물류원가계산제도이다.

물류비 관리의 합리성을 제고하기 위해 산정된 물류비 정보를 기초로 하여 물류비를 절감하는 노력이 이루어질 수 있다. 물류비를 절감하기 위해 예산이나 표준에 의한 물류비 관리제도가 유용하게 이용될 수 있다. 예산이나 표준에 의해

---

5 위의 책, p. 164.

6 우리나라에서 물류원가의 분류기준은 건설교통부 고시에 의한 "기업물류비계산에 관한 지침"에서 일반기준과 간이기준으로 구분하여 제시되어 있고 한국생산성본부(KPC)의 기업물류계산준칙에서는 제5조에 분류기준을 제시하고 있다. 2008년 7월에 국토교통부는 "기업물류비계산에 관한 지침"을 "기업물류비 산정지침"으로 변경 고시하면서 현장의 물류활동을 반영할 수 있도록 물류비 과목분류를 세분화하였다.

물류비를 관리하는 물류예산관리를 하게 되면 실적물류비와 대비함으로써 물류비 증감요인을 분석하고, 이를 기초로 물류비 절감을 위한 물류개선활동을 추진할 수 있게 된다. 그리고 물류채산분석을 통한 물류의사결정도 가능하게 된다.

그리고 이 지침의 적용대상 업종으로는 제조업, 유통업, 물류업 등을 들고 있다. 건교부의 계산지침에서는 일반적으로 적용되고 있는 대상 업종인 제조업과 유통업(주로 도·소매업) 이외에도 1차 생산업을 포함시킨 반면에, 대한상의 매뉴얼에서 포함시키고 있는 물류업을 제외하였었다. 그러나 국토해양부의 기업물류비 산정지침에서는 1차생산업을 제외시키고 물류업을 적용대상 업종으로 포함하고 있다.[7]

당초 이 지침의 적용범위로서 대상기업은 내부사정에 의해 적용하지 않을 수 있다고 한 건교부의 계산지침을 국토교통부 지침에서는 이 내용을 삭제함으로써 지침적용의 의무화를 위한 의지를 보이고 있다. 국내 대상기업의 대다수가 물류비 관리수준이 매우 취약하다는 점과 기업의 물류비 관리는 해당기업의 물류특성에 의해 탄력적으로 관리시스템을 구축하고 운영할 수 있도록 해야 한다는 점 등을 고려하여 적용범위에 있어서 내부사정에 의한 탄력적 적용 규정을 두었던 건교부 지침과 달리 물류비 산정지침의 통일적인 적용과 확산이라는 측면에서는 대상기업으로 하여금 의무적 적용이라는 규제강화를 취한 것으로 볼 수 있다.

2) 일반기준과 간이기준

지침에서 물류비 계산방식으로 일반기준과 간이기준을 제시하고 있다.[8] 일반기준은 물류비를 상세하게 원천적으로 계산하는 방식으로서, 물류원가계산의 관점에서 보면 관리회계방식에 의한 물류비 계산기준을 말한다. 일반기준은 기업에서 물류비 관리에 필요한 정보, 예를 들어, 제품별, 지역별, 고객별로 운송비나 보관비 등과 같은 상세한 물류비 정보를 입수하기 위해 사용되는 기준이므로 매출

---

7 국토교통부 지침 제3조(적용대상 및 범위) 이 지침은 물류비 실적측정을 위한 것으로 제조업, 유통업(도·소매업 등), 물류업(수송업 등) 등을 대상으로 한다.

8 국토교통부 지침 제4조(구성) 이 지침은 원가회계방식에 의하여 별도 원가자료로부터 물류비를 계산하는 일반기준과 재무회계방식에 의하여 회계장부와 재무제표로부터 물류비를 추산하는 간이기준으로 구성한다.

규모, 매출액 대비 물류비의 비중, 물류비의 변동이 일정 수준 이상인 기업이 적용대상이 될 수 있다.

간이기준은 회계장부와 재무제표(주로 손익계산서와 대차대조표)로부터 간단하게 추산하는 방식으로서, 물류원가계산의 관점에서 보면 재무회계방식에 의한 물류비 계산기준을 말한다. 간이기준은 일반기준과는 반대로 상세한 물류비 정보보다는 개략적인 물류비 정보나 자료정도로도 만족하는 중소기업 등 비교적 물류비 관리수준이 낮거나 물류비 산정의 초기단계의 기업에서 사용하는 기준이다. 이 기준을 사용하면 필요로 하는 상세한 물류비 정보의 입수는 곤란하지만 해당기업의 회계부문에서 작성하는 회계자료를 통해 물류비 실적을 산출해 낼 수 있으며, 이 과정에 소요되는 비용이나 노력이 상대적으로 덜 들 수 있기 때문에 유용하다.

대한상의 매뉴얼에서는 물류비 계산기준을 일반모델과 간이모델로 구분하고 있으며, 일반모델은 일반기준에 그리고 간이모델은 간이기준에 해당한다. 한국생산성본부의 물류비계산준칙의 경우는 물류비 계산기준에 대한 구분이 없고 일반기준에 준하는 관리회계방식의 물류비 계산의 방식과 절차가 규정되어 있다.

국토교통부의 이 지침을 적용받는 기업은 기업의 매출규모, 매출액 대비 물류비의 비중, 물류비의 변동 등을 고려하여 일반기준과 간이기준을 선택하여 적용할 수 있다.[9] 건교부의 지침에서 지침을 적용할 경우 2가지의 물류비 계산기준 중에서 해당기업의 요구에 따라 임의로 선택하여 자율적으로 적용할 수 있도록 한 것과 달리, 기업의 매출규모, 매출액 대비 물류비의 비중, 물류비의 변동 등을 고려하여 선택하도록 함으로써 물류회계정보의 공시가 필요한 일정규모이상의 업체는 일반기준을 적용하도록 유도하고 있는 것이다.

물류비 계산의 일반기준은 본 지침의 적용기준 중에서 일반기준에 의한 물류비 계산목적, 물류비의 과목분류, 인식기준, 계산방법 및 계산서에 대해 제6조에서 제10조에 규정되어 있다.

일반기준에 의한 물류비 계산목적을 개별기업의 물류비에 대한 실태를 상세히 파악하고, 개별기업이 물류비를 효율적으로 관리하도록 지원하기 위하여 원가

---

9 국토교통부 지침 제5조(적용기준) 2항, 이 지침을 적용받는 기업은 기업의 매출규모, 매출액 대비 물류비의 비중, 물류비의 변동 등을 고려하여 일반기준과 간이기준을 선택하여 적용할 수 있다.

회계방식에 의한 원가자료로부터 실적물류비를 발생요인별로 계산하는 것으로 규정하고 있다.[10] 이 지침의 목적인 개별기업의 물류비 계산의 정확성을 달성하기 위해서이다. 즉, 물류비에 대한 정확한 정보를 산출해 내기 위해서는 물류비를 상세하게 개념 정의를 한 후, 분류하고 계산해 나가야 함을 의미하고 있다 이를 위해 물류비 계산을 위한 원가의 종류로는 실적물류비만을 대상으로 하고 있다. 여기서 실적물류비란 과거의 물류활동을 위해 발생한 비용을 말하는 것으로서, 미래에 발생할 수 있는 예상물류비와는 상대적인 개념이다. 실적물류비는 발생요인별로 계산하도록 하고 있다.

3) 물류비의 과목분류

물류비의 과목분류는 다음과 같이 영역별, 기능별, 지급형태별, 세목별, 관리항목별, 조업도별로 구분하고 있으며, 이들 물류비 분류체계를 요약하면 [표 16-1]과 같다. 물류비의 과목분류에서 제시하고 있는 물류비의 실태를 파악하기 위해 영역별, 기능별, 지급형태별, 세목별로 구분하고 있으며, 물류비를 관리하기 위해 관리항목별, 조업도별로 구분하고 있다.[11]

이 지침에서 물류비 과목을 영역별, 기능별, 지급형태별, 세목별, 관리항목

표 16-1 물류비의 분류체계

과목 분류	영 역 별	기 능 별	지급형태별	세 목 별	관리항목별	조업도별
비 목	조달물류비 사내물류비 판매물류비 리버스(Reverse) 물류비	운송비 보관비 하역비 포장비 물류정보· 관리비	자가물류비 위탁물류비	재료비 노무비 경 비 이자 · 시설부담이자 · 재고부담이자	조직별 지역별 고객별 활동별 등	물류고정비 물류변동비

---

10 국토교통부 지침 제6조(일반기준에 의한 물류비 계산목적) 개별기업의 물류비에 대한 실태를 상세히 파악하고, 개별기업이 물류비를 효율적으로 관리하도록 지원하기 위하여 원가회계방식에 의한 원가자료로부터 실적물류비를 발생요인별로 계산함에 목적이 있다.

11 국토교통부 지침 제7조(물류비의 과목분류) 물류비의 실태를 파악하기 위하여 영역별, 기능별, 지급형태별, 세목별로 구분하고, 물류비를 관리하기 위해 관리항목별, 조업도별로 구분한다.

별, 조업도별의 순서로 분류하고 있는 것은 후술하는 물류비의 계산방법이나 양식 등과의 통일성을 갖도록 하기 위해서다.

4) 물류비 계산방법

지침에서는 물류비를 물류비 실태를 파악할 목적으로 계산하는 물류비와 물류비를 관리할 목적으로 계산하는 물류비로 구분하여 계산하도록 하고 있다. 물류비 실태파악을 위하여 영역별, 기능별, 지급형태별로 다음과 같은 원칙에서 계산하되, 개별기업의 실정에 따라 선택할 수 있다.

물류비 계산은 물류활동과 관련하여 발생된 것으로 하며, 비정상적인 물류비는 계산에서 제외한다. 물류비를 계상함에 있어서 지침에 특별한 규정이 있는 것을 제외하고는 발생기준에 따라 측정한다. 원가회계방식에 의하여 별도로 파악된 원가자료로부터 영역별, 기능별, 지급형태별로 집계한다. 물류활동에 부수적이고 간접적으로 발생되는 물류비는 주된 물류활동과 관련하여 합리적인 배부기준에 따라 배부한다. 물류비 배분기준은 물류관련 금액, 인원, 면적, 시간, 물량 등을 고려하여 원천별, 항목별, 대상별 등으로 구분하여 설정할 수 있다.

또한 물류비 관리를 위한 의사결정을 지원하기 위해 조업도별 물류비와 관리항목별 물류비를 다음과 같은 원칙으로 계산한다.

물류활동 및 물류기능과 관련하여 물류조업도의 변화에 따른 물류비의 변화를 분석하기 위하여 기능별 물류비를 물류변동비와 물류고정비로 구분하여 집계한다. 관리항목별 계산은 조직별, 지역별, 고객별, 활동별 등과 같은 관리항목별로 물류비를 집계하는 것으로서, 관리항목별로 직접귀속이 가능한 직접비는 직접부과하고 직접귀속이 불가능한 간접비는 관리항목별 적절한 물류비 배부기준을 이용하여 배부한다. 그리고 시설부담이자와 재고부담이자는 별도의 자산명세서와 재고명세서 등의 객관화된 자료와 권위 있는 기관에서 발표되는 이자율 등을 고려하여 계산한다.

이 지침에서 물류비 계산방법에 대해 구체적인 내용을 명시하고 있지 않지만, 분류체계에 의한 영역별, 기능별, 지급형태별로 집계하도록 하고 있어 그 계산과정과 방법을 나타내면 [표 16-2]와 같다.

표 16-2 **물류비 계산과정**

[제 1 단계]	[제 2 단계]	[제 3 단계]	[제 4 단계]	[제 5 단계]
물류비 계산 요구의 명확화	물류비 자료의 식별과 입수	물류비 배부기준 의 선정	물류비 배부와 집계	물류비 계산 의 보고
■ 물류비 계산 목표 확인 ■ 물류비 계산 대상 결정 ■ 물류비 계산 범위 설정	■ 물류비 계산대상 별 자료 식별 ■ 물류비관련 회계 자료(세목별)수집 ■ 물류기회원가 관련자료 입수	■ 물류비 배부기준 결정 -영역별 배부기준 -기능별 배부기준 ■ 물류비 배부방법	■ 영역별 집계 ■ 기능별 집계 ■ 지급형태별 집계 ■ 관리항목별 집계 ■ 조업도별 집계	■ 물류비 보고서 작성 ■ 문제점과 대책 제시 ■ 물류비 정보의 활용 및 피드백

3. 물류시스템 재검토로 물류비용절감

1980년대에 물류관리의 주요한 회계 수단인 물류 원가계산은, 전통적 원가계산(traditional cost accounting: TCA)의 결함을 시정하기 위해서 새롭게 활동기준원가계산(activity-based costing: ABC)이 개발되었다.[12]

활동기준원가 분석방식은 제조원가 계산에 있어서 제조 간접비의 배부 절차를 개선하는 방법으로 개발된 것이다. 지금까지의 전통적 원가계산(TCA)으로는, 공장의 직접 작업시간이나 기계운전 시간에 기초한 제조 간접비를 제품에 자의적으로 배부하는 것이 보통이었다. 회계가 재무제표를 작성하여 기업 외부의 이해관계인(주주, 투자가, 채권자, 세무당국 등)에 손익이나 재정상태를 보고하는 것만을 목적으로 했던 시대에는, 기업의 전제품이 제조 간접비의 총액을 평등하게 부담하면 충분하고, 각 제품에의 배분의 타당성은 그다지 문제 삼을 필요가 없었다.

그런데, 회계를 경영전략의 도구로 활용하고, 특히 제품의 가격결정이나 수

---

12 활동원가분석(activity based costing)은 1980년대에 Harvard Business School의 Robert Kaplan 교수 그리고 Claremont McKenna College의 Robin Cooper 교수에 의해 각각 개발되었다.

익성 평가에 이용하게 되면, 제품별의 엄밀한 원가계산이 불가결하다. 제조 간접비의 배부 방법의 여하에 의해 제품원가가 변동하고, 제품의 수익성이 큰 폭으로 등락한다. 극단적인 경우에는, 오랜 세월 흑자라고 믿고 있던 제품이 실은 적자이거나, 반대로 적자로 단념하고 있던 제품이 사실은 흑자인 경우로 판명될 수 있는 것이다.

물류시스템을 재검토한다는 말은 비용을 철저하게 절감한 물류 조직을 만드는 것을 의미한다. 비용을 철저하게 절감한 물류 조직을 만들기 위해서는 다음 두 가지가 선행되어야 한다. 하나는 지금까지 물류의 비용절감을 방해했던 제약요인을 배제하는 것이다. 또 하나는 비용, 이익, 기타 물류실태 상황을 숫자를 사용하여 시각화하는 작업이다.[13]

지금까지 물류의 제약요인으로서 존재했던 재고에 대해 영업부문이나 생산부문대신 물류부문이 통제한다면 그 제약요인을 배제할 수 있다. 이를 위해 물류서비스 등의 제약에 대해 그 실태를 수치화, 시각화하여 문제를 제기하고, 개선책을 제시할 필요가 있다.

물류비용이라는 것은 어디서 발생하는 것일까? 물류활동의 흐름에 따라 물류비용은 공장, 매입처에서 물류거점까지의 수송비용, 그리고 물류거점 공간비용, 거점내부에서의 작업비용, 그리고 물류거점에서 고객으로의 배송비용이다.

재고수배에 관해서 발생하는 것이 수송비용과 공간비용이다. 이전의 물류에서는 출하동향과 관계가 없는 재고가 수송되어 물류거점에도 보관되어 있다. 재고가 많을수록 수송비용도 많이 들고, 보관공간도 많이 필요하다. 예를 들어, 매출로 환산하면 1개월 분량의 재고가 1주일 분량의 재고로 줄어들면, 불요불급한 재고가 줄어드는 것뿐만 아니라, 수송물량과 재고 공간도 대폭 줄어들게 된다.

이외 물류비용으로는 작업비용과 배송비용이 있다. 이것은 기본적으로 물류서비스에 기인하여 발생하는 비용이다. 물류의 비용을 절감하기 위해서는 이런 부분의 개선을 통해 이루어져야 한다.

---

13 湯浅和夫, 「物流와 로지스틱스의 基本」, 日本實業出版社, 2008, pp. 124–125.

4. 활동기준 원가계산

물류를 담당하는 사람도 물류비용을 절감하기 위해 무엇을 해야 할지 모르겠다거나, 작업 효율성을 개선하려 해도 물류센터에 들어가서 무엇을 해야 하나 하는 이야기를 들을 때가 있다. 막연히 물류 현장을 보고 있어도 어디가 문제인지를 알 수 없는 것이다. 물류의 실태를 보지 못하고 있기 때문이다. 물류의 활동은 보여도 그 실태가 보이지 않기 때문에, 무엇을 어떻게 해야 할지 모르겠다고 하는 말이 나오는 것이다. 물류개선을 위해서 물류를 시각화해야 하는 이유가 여기에 있다.

물류를 보이도록 하는 유일한 방법은 숫자로 물류의 전모를 밝히는 것이다. 숫자의 좋은 점은 물류효율화나 물류비용의 절감의 지식이 없다고 하더라도, 무엇을 해야 하는가를 보여줄 수 있기 때문이다.[14]

숫자로 물류의 실태를 밝히면, 문제가 어디에 있는지 알 수 있는데다 물류에서 낭비되는 요인이 무엇인지도 보여주게 된다. 물류를 시각화하기 위해서는 그것을 가능하게 하는 기법이 필요하다.

전통적인 개별원가계산방식은 단순히 조업도(생산량)에 의해 원가배분하기 때문에 조업도와 직접적으로 인과관계가 없는 많은 간접비의 배분이 잘못되어 산출된 제품이나 서비스의 원가가 잘못 집계되어 진실원가를 계산할 수 없는 단점이 있어 나온 개념이 활동기준 원가계산이다.

활동기준 원가계산의 기원은 존 디어 컴포넌트 워크(John Deere Component Works: JCW)사에서 시작했다.[15] ABC의 초기 방법은 스크류 머신의 비용 계산에 사용된 것이다. 추후 하버드대학의 카플란 교수가 학문적으로 발전시킨 이 원가계산 방식은 모든 원가는 직원들이 수행하는 다양한 업무활동에 의해 발생되기 때문에 활동별로 소비된 원가를 측정하자는 것이었다.

---

14 河西健次, 實戰物流 코스트計算, 成山堂書店, 2003, pp. 2-4.

15 Pasi Kivinen, Anita Lukka, "LOGISTICS COST STRUCTURE AND PERFORMANCE IN THE NEW CONCEPT," Research report 150, Lappeenranta University of Technology, Finland, 2004. p. 79.

즉 활동기준원가분석은 기존의 원가회계에서 사용하는 노무비, 재료비, 경비의 방식이 아닌 직접 제품이나 서비스에 해당되는 원가를 계산하는 방법이다. 기존의 원가회계로는 특정 활동, 서비스에 대한 원가를 알 수 없어 그 활동에 대한 평가 역시 정확하게 수행할 수 없는 단점이 있기 때문이다.

활동기준원가계산이라는 것은 기업의 각 부문 세부 활동 및 각 담당자의 업무를 활동(activity) 단위로 세분하여 원가를 산출하는 방법을 말한다. 가장 간단한 방법은 활동기준 원가(ABC)＝단가×시간×횟수로 계산하는 것이다.

활동기준 원가계산을 물류에 적용하는 원가계산은 물류비용의 발생에 관한 인과관계를 밝혀주기 때문에, 물류의 비용절감에 큰 위력을 발휘한다. 물류 활동을 식별하여 해당 물류 활동에 필요로 하는 활동원가를 집계해서 각종의 원가 작용요인을 사용하여 활동원가를 제품별로 할당하는 물류원가 계산의 방식이다.[16]

물류에 활동기준 원가계산을 적용하면 물류활동에 원가를 모아서 계산하는 것이다. 물류센터의 예를 들면 활동이란 그 내부에서 하고 있는 작업을 뜻한다. 물류센터에서는 크게 나누면, 화물반입, 검품, 재고진열, 피킹(재고 상품에서 꺼내어 배송 준비를 하는 것), 가격표 부착, 출하를 위한 검품, 포장, 적재 등의 작업을 한다. 이들 작업을 원가계산의 목적에 대응하도록 설명한 것이 활동이다.

이 원가계산 방식은 물류센터 작업의 실태 파악에도 큰 위력을 발휘한다. 각각의 물류작업에 얼마만큼의 비용이 드는지도 알 수 있고, 각각의 물류 작업에 얼마만큼의 낭비가 있는지도 알 수 있다. 또한, 주간 혹은 월간 작업인원의 계획책정도 가능해진다.

물류작업의 효율화라고 하면 물류센터 내부의 레이아웃은 어떻게 해야 하는지 혹은 작업 시스템을 어떻게 수정하는지 등의 형태를 중심으로 다루려고 한다. 그러나 성과개선을 하기 위해서는 우선 현재 작업의 실태를 규명하는 것에서부터 시작해야 한다. 물류 활동기준 원가계산은 이와 같은 작업실태의 규명과 해결책을 찾는 데 큰 효과를 발휘한다.

물류 활동기준 원가계산이 밝히는 또 하나의 중요한 항목은 물류비용의 책임구분이다. 물류비용에 대해서 물류부문이 져야 하는 책임범위와, 다른 부문이

---

16 미국 관리회계인협회(IMA)의 SMA·4P, Cost Management for Logistics, IMA, 1992.

겨야 하는 책임범위를 밝혀줄 수 있다.

이를 위해 물류 활동기준 원가계산은 이들 활동에 원가를 모은다. 예를 들어 포장 작업은 포장작업을 하는 공간에서 포장자재를 사용하여 사람이 작업을 하게 된다. 이 포장작업에는 공간비용, 자재비용, 인건비용이 든다. 포장이라는 작업에 이들 비용이 월간 얼마 들었는지 모으는 것이다. 이것이 포장이라는 활동의 월간 원가이다.

다음에는 활동별로 월간 얼마만큼 작업을 했느냐 하는 처리량을 구한다. 예를 들어 포장을 월간 몇 개를 했는가 하는 작업량을 파악하는 일이다. 이처럼 활동별로 월간원가와 월간처리량을 파악했다면, 월간원가를 월간처리량으로 나누어 활동별 1처리당 단가를 산출할 수 있다. 이렇게 할 경우 물류비 상승이나 절감요인을 단가와 처리량의 요인별로 파악할 수가 있다. 예를 들어 포장 1개를 하는 데 1,000원, 1박스를 픽업하는 데 150원, 가격표 1장을 붙이는 데 50원이 든다는 등의 형태로 처리활동당 원가를 알 수 있게 된다. 이 단가를 사용하여 관리를 하자는 것이 물류 활동기준 원가계산이다.

단가에 일정기간(월간 등) 처리량을 곱하면 일정기간 활동별 총비용을 산출할 수 있다. 물품 종류별 피킹, 포장, 검품, 반품 등 모든 세부활동에 대해 이렇게 계산하여 물류비를 산출할 수 있다. 중요한 것은 기간별 총 물류비용의 차이가 발생할 경우, 과거에는 비용이 상승했다는 것은 알았지만, 그 원인은 알 수 없었다. 그러나 물류 활동기준 원가계산에서는 그 원인을 알 수 있다. 물류비용을 계산하는 데 단가가 고정되어 있고, 단가×처리량으로 비용이 계산되어 있기 때문이다. 즉 비용 증가의 원인은 세부활동별 처리량을 보면 된다. 낱개출하가 많아지고, 반품이 급증했다면 이로 인한 물류비용 증가를 파악할 수 있다. 물론 매출이 늘어나면 처리량도 늘기 때문에 결과적으로 물류비용도 올라갈 수 있다. 그렇기 때문에 원인규명에 앞서서 매출에 대한 물류비용의 비율을 산출할 필요도 있다.

5. 고객별 물류 채산성 분석 가능

물류 활동기준 원가계산의 장점은 물류 서비스별, 활동별, 유통경로별, 고객별, 프로세스별 원가를 계산하여 정확한 원가와 수익성정보를 측정, 분석할 수 있게 해준다. 더욱이 공급사슬 전체로 ABC를 확대할 경우 공급사슬 채널 맴버 간에 중복적인 활동, 비 수익적 활동을 배제시킬 수 있다.

즉 활동기준원가계산은 거래처별, 상품별로 물류원가가 얼마인지를 명확하게 해준다. 이에 의하여 서비스의 내용별로 원가가 명확해지므로, 거래처별로 무슨 서비스를 얼마나 제공하였는지를 기초로 하여 거래처별 및 서비스별로 물류원가의 시산이 가능해진다. 또 이 활동기준원가계산을 영업부문에 도입하면 거래처별로 손익을 시산할 수 있다. 또 상품별로도 물류 원가가 명확해진다. 입하 및 보관에 소요되는 비용, 출하에 드는 비용이 상품의 생산특성 및 판매특성에 따라서 배분되어 상품별 수지도 명확하게 판명된다. 이 활동기준원가계산에 의해 활동별로 원가의 구성을 산출하게 되므로 원가 개선효과가 큰 활동도 명확하게 된다. 일반적으로 물류 업무는 그 효율성이 파악되지 않는 경우가 많은데, 이 활동기준원가계산을 산출하는 과정에서 획득되는 작업부하 자료를 아울러 활용함으로써 물류업무 자체의 효율도 개선할 수 있게 된다.

예를 들어 어느 물류회사가 물류 활동기준 원가계산을 도입하였다. 컨설턴트가 사장에게 물류 ABC의 결과를 보여주기 전에 "당신의 회사의 전체 작업시간 중에서 필요 없는 '낭비되는 움직임'에 사용되는 시간은 얼마나 있을 것이라고 생각하는가" 하는 질문을 했다. 사장은 꽤 많이 낭비되고 있었구나, 라고 생각하면서 3분의 1 정도 되나 하고 대답했다. 컨설턴트는 자료를 보여주면서 3분의 2가 쓸모가 없는 움직임이었다 라고 지적하였다. 시간 관리를 하지 않는 물류센터에서는 이 정도까지 낭비가 있을 수 있다. 또한 물류 활동기준 원가계산으로 화주별 원가를 산정하여, 그것을 화주별 수입과 비교한 결과 수입이 가장 컸던 중요 고객이 사실은 채산성이 가장 나쁜 결과가 나왔다. 최대의 고객이지만 사실은 이익을 감소시키는 고객이었던 것이다.

어느 고객으로부터의 주문에서 낱개가 많았는지, 반품이 많은 고객은 어디인지를 알 수 있도록 함으로써 개선할 여지가 생길 수 있다. 이 경우 고객별로 물류 비용을 파악할 수 있어, 고객별 물류비용과 매출이나 영업이익과의 비율을 계산할 수 있다. 예를 들어, 영업이익 대비 물류비용의 비율을 계산해 볼 수 있다. 매출액에서 매출원가를 차감한 것이 매출이익이다. 매출이익에서 판매, 물류, 관리 등에 관한 비용을 뺀 것은 영업이익이 된다. 영업이익 대비 물류비용의 비율이란, 고객별로 영업이익에 대한 물류비용의 비율을 계산한 것이다. 가령 이 비율이 100%라고 한다면, 물류비용이 영업이익을 다 잠식했다는 말이 된다. 물류 서비스에 드는 비용이 영업이익을 넘어서는 경우도 생길 수 있다. 실제로 고객별 영업이익대비 물류비 비율을 x축에 두고 세로축에는 고객당 단위 물류비용으로 피팅하여 그래프를 그려볼 수 있다. 단위당 물류비용이란, 고객별로 물품 취급개수로 물류비용을 나눈 것이다.

만약 물류 비율이 100%라면 영업이익과 같은 금액의 물류비용이 들었다는 것을 나타낸다. 1,000원의 영업이익을 벌어, 1,000원의 물류비용을 들여 상품을 보내고 있다는 것을 의미한다. 이 100%의 오른쪽에 놓여 있는 고객은 모두 100%를 넘은 것이다. 이들 고객에 대해서 물류 활동기준 원가계산은 활동별로 물류비용을 알 수 있기 때문에 무엇이 문제인지 알 수 있게 된다.[17]

물류 활동기준 원가계산에서 물류 서비스를 규명하고, 고객별 채산성을 밝히면 위와 같은 실태가 보인다. 채산성에 문제가 있는 물류 서비스를 계속 이어갈 필요가 있는가라는 문제를 물류부문이 제기할 수 있게 된다.

6. 물류 활동기준관리(ABM)

활동기준관리(activity-based management: ABM)란 활동기준 원가계산에 의한 활동(activity) 분석과 그 원가정보를 이용하여 공정개선, 원가관리, 의사결정, 예산수립, 성과평가 등의 경영관리를 행하는 것을 말한다. 경영의 효율을 높이

---

17 니시자와 오사무, 物流活動의 會計와 管理, 2003.

기 위해 활동기준회계 정보를 이용하는 것으로서 활동기준관리는 고객의 부가가치를 향상시킴으로써 수익성을 높이기 위한 활동관리에 초점을 맞춘 경영관리 기법이다. 물류관리의 관점으로 보면, 목적은 물류 활동기준관리(ABM)이며, 물류 활동기준 원가계산은(ABC) 그 수단에 지나지 않는다.

즉 물류 ABM은 물류 ABC에 의하여 식별된 원가 작용요인을 물량 그대로 제품이나 고객별로 비교하고, 실적이나 표준과 비교해서 효율이 낮은 원가 작용요인을 발견 및 제거하여 효율화를 기하는 기법을 말한다.[18]

물류 ABC에서는, 물류 활동별로 원가 작용요인(물류 코스트의 소비원인)을 식별하고, 그 작용요인을 기준으로 물류 코스트를 제품이나 고객에게 할당한다. 그러나 이 원가 작용요인을 물량 그대로 제품이나 고객별로 비교하거나 전기의 실적이나 당기의 표준과 비교하면, 원가 작용요인이 낭비되고 있는 활동이 판명된다. 이 활동을 제거하거나 축소하면, 물류 활동을 큰 폭으로 개선하여 능률화하여 효율화할 수 있다. 이것이 물류 ABM으로, 물류 효율화의 수단이다.

또 물류 ABM을 적용하면, 고객 서비스에 도움이 되지 않은 「비부가가치 활동」을 발견할 수가 있다. 예를 들면, 창고에서는 입출고·포장·하역은 고객에 도움이 되어도, 저장·보유·절차·회의는 고객에게는 불필요하다. 수주생산 내지 즉납·직송체제를 취하면, 창고나 물류센터마저 필요 없게 된다. 이것이 리엔지니어링이다.

즉 물류 ABM에서는 물류 서비스를 향상하여 물류 이익을 증가시키기 때문에 여러 가지 대책을 강구할 수 있다. 우선 물류 서비스의 향상에 도움이 되는 부가가치 활동과 물류 서비스의 향상에 도움이 되지 않는 비부가가치 활동을 식별할 수 있다. 그리고 물류 활동별로, 활동 작용요인을 추출하여 고객 서비스를 향상시키기 위해서 활동 작용요인을 얼마나 개선, 또는 배제하는지를 조사할 수 있다. 그리고 물류 실적을 분석할 수 있다. 부가가치 활동을 효율화하고, 비부가가치 활동을 배제하는 것으로 물류비를 줄일 수 있다.

ABM을 활용하는 장점을 열거하면 다음과 같다.[19]

---

18 Burt, Dobler, Starling, World Class Supply Management(7th ed.), 2003, pp. 427−428.

19 Wiersema, William H., "Activity−based management," American Management Association, 1995, pp. 3−4.

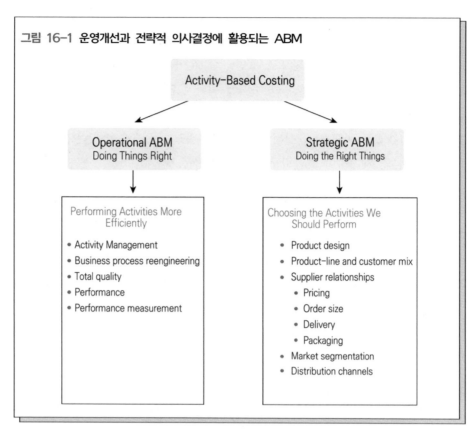

그림 16-1 운영개선과 전략적 의사결정에 활용되는 ABM

Activity-Based Costing

Operational ABM
Doing Things Right

Strategic ABM
Doing the Right Things

Performing Activities More
Efficiently

• Activity Management
• Business process reengineering
• Total quality
• Performance
• Performance measurement

Choosing the Activities We
Should Perform

• Product design
• Product-line and customer mix
• Supplier relationships
  • Pricing
  • Order size
  • Delivery
  • Packaging
• Market segmentation
• Distribution channels

자료: Kaplan, Robert S. and Cooper, Robin, Cost & Effect, Using Integrated Cost systems to Drive Profitability and Performance, Harvard Business School Press, Boston, Massachusetts, 1997, p. 4.

■ 비용을 제어할 수 있다. ABM은 문제의 원인을 식별하고, 자동으로 비효율성을 알려준다. 그것은 전통적 방식의 보고체계나 예산 시스템에 의존하지 않아도 된다.

■ 공통 목표를 발전시킨다. ABM은 작업 중심의 팀 관리를 촉진하여, 쉽게 이해관계를 식별하게 하고 상호 소통을 용이하게 한다.

■ 의사결정을 지원한다. ABM은 새로운 장비 구매에서부터 경쟁적 틈새시장을 찾는 데까지 비용을 포함한 의사 결정에 필요한 가장 유용한 정보를 제공한다.

■ 결과를 예상할 수 있다. ABM 시스템에 의해 제공된 정보로 예를 들어 월말 재무 결과 등을 쉽고 정확하게 예측할 수 있다.

■ 정확한 제품원가를 산출할 수 있다. 재무결과와 직접 연결하여, ABM은 최신 제품원가 계산 시스템을 제공한다.

카플란 교수는 ABM은 운영 ABM과 전략적 ABM의 두 가지 방법으로 그 목적을 달성할 수 있다고 하고 있다.[20] 운영 ABM은 일을 올바로 하자는 것(Doing Things Right)이다. 효율성을 높이고, 비용을 절감하고, 그리고 자산 활용도를 향상시키려는 것이다. 운영 ABM은 기계 고장시간을 줄이거나 없애고, 가치를 내지 못하는 활동이나 공정을 개선하여 조직의 장비나 인력 등 자원 능력을 향상시킬 수 있다. 운영 ABM의 장점은 ABM이 비용 절감, 자원 활용도 향상을 통한 높은 수익, 그리고 자원 활용도 향상으로 장비나 인력에 대한 추가 투자의 비용을 회피시킬 수 있다는 것이다.

이에 비해 전략적 ABM은 올바른 일을 하자는 것(Doing the Right Things)이다. 활동의 효율이 일정하게 유지된다는 가정에서, 생산성을 높이기 위해 활동의 수요를 변경하는 것이다. ABC 모델은 개별 제품, 서비스, 고객 각각에 대해 수익성이 높거나, 또는 수익성이 떨어지면 이를 알려준다. 많은 기업들이 ABC시스템을 사용하는 것은 제품 엔지니어나 디자이너에게 원가에 영향을 미칠 좀 더 나은 정보를 제공하기 위함이다.

물론, 운영 ABM과 전략적 의사결정은 상호 배타적이지 않다. 이 두가지 방식 모두 일정량의 활동을 하는 데 필요한 자원을 절감하는 데 활용할 수 있고, 또한 동시에 모든 활동들이 공정이나 제품 서비스 및 고객에 이익이 되는 방향으로 갈 수 있도록 할 수 있는 것이다.

---

20 Kaplan, Robert S. and Cooper, Robin, Cost & Effect, Using Integrated Cost systems to Drive Profitability and Performance, Harvard Business School Press, Boston, Massachusetts, 1997, pp. 4-6.

17

물류표준화와 공동화

파렛트에 맞는 규격화된 제품의 적재부터, 파렛트를 트럭에 실을 때에도 제품과 파렛트와 트럭적재함의 규격이 서로 맞아야 보관 및 운송 등 물류의 효율성이 증가할 수 있다. 그렇지 않다면 물류비 절감을 위해 제품설계부터 물류거점시설, 운송수단 규격을 모두 표준규격으로 설계변경을 해야 한다. 이러한 노력은 물류부문의 중요한 역할이라고 할 수 있다.

유니트 로드 시스템을 채택해 발송지부터 최종도착지까지 파렛트상에 적재된 화물을 운반·하역·운송·보관하는 물류작업의 과정 중 이를 환적하지 않고 이동시키는 일관 파렛트화, 파렛트 풀 시스템, 그리고 물류공동화에 대해 살펴본다.

1. 물류표준화와 유니트 로드 시스템(ULS)

유니트 로드 시스템(ULS)은 화물의 발송에서 도착까지 화물 파렛트, 컨테이너, 대차, 박스, 용기에 어느 일정량의 단위로 정리한 상태로 일관하여 수송, 보관하는 물류 표준화 시스템이다. 정부차원에서도 운송수단 간 연결거점인 항만, 화물역, 공항, 트럭터미널, 배송센터 등 물류거점시설에서도 규격, 크기를 표준화한 유니트 로드 시스템이 필요하다.

2. 일관 파렛트화와 파렛트 풀 시스템(PPS)

일관 파렛트란 발송지부터 최종도착지까지 파렛트 상에 적재된 화물을 운반·하역·운송·보관하는 물류작업의 과정중 이를 환적하지 않고 이동시키는 것을 의미한다. 파렛트 풀 시스템(pallet pool system: PPS)은 파렛트를 공동으로 이용하여 교환성을 증가시켜 일관 파렛트화가 원활히 이루어질 수 있도록 하는 것이 목적이다. PPS의 선결요건은 전국적인 파렛트 집배망이 설치되어 있어야 하고, 표준 파렛트를 대량으로 보유하고 있어 다수의 화주에게 충분히 공급할 수 있어야 한다는 것이다.

3. 물류공동화

기업 간의 과다경쟁을 방지하고, 물류시설투자에 따른 위험부담을 감소시키며, 운송 공동화에 따른 운송비 절감 등의 시너지 효과를 가져 올 수 있는 방안이 물류공동화 사업이다. 물류공동화를 추진하기 위해서는 화물의 규격, 포장, 파렛트규격 등 물류 표준화가 선행되어야 하며, 일관 운송 파렛트화가 가능해야 한다.

1. 물류표준화와 유닛 로드 시스템

생산 부문과 관련하여 제품설계단계부터 물류부문이 관여를 해야 하는 부분이 있다. 제품의 형태나 크기가 물류의 효율에 커다란 영향을 미치기 때문이다. 제품은 포장된 후 파렛트에 올려 트럭의 적재함에 실어서 운송된다. 이때 파렛트에 제품을 올리는 것은 물론이고, 파렛트를 트럭에 실을 때에도 제품과 파렛트와 트럭적재함의 규격이 서로 맞추어서 실려야 보관 및 운송 등 물류의 효율성이 증가할 수 있다.

물류표준화는 물동량의 흐름이 증대함에 따라 물류의 일관성과 경제성을 확보하기 위해 필요하다. 유가 및 인건비 상승, 교통체증의 심화 등에 따라 물류시설의 장비 이용효율 향상을 위해 기계화, 자동화, 공동화가 필수적이다. 기업은 물류표준화를 통하여 물류비를 줄일 수 있으며, 물류활동의 효율성을 제고시킬 수 있다. 물류표준화는 화물유통장비와 포장의 규격·구조 등을 통일하고 단순화하는 것으로 포장, 하역, 보관, 운송, 정보 등 각각의 물류기능 및 물류단계의 물동량 취급단위를 표준 규격화하고 이에 사용되는 기기, 용기, 설비 등을 대상으로 규격, 강도, 재질 등을 표준화하여 이들 상호간의 호환성과 연계성을 확보하는 유닛로드 시스템의 구축을 말한다.[1] 이렇게 하기 위해서 제품설계단계에서 제품의 크기나 형태를 파렛트에 맞는 형태로 설계하고, 포장 후 화물의 크기를 파렛트에 맞추어야 한다. 파렛트나 트럭의 적재효율을 최대한으로 높이고 트럭 대수를 절감할 수 있다면 결과적으로는 커다란 물류비용을 절감하는 효과를 기대할 수 있다.

---

1 이상진, 김형철, "친환경물류 전환을 위한 결정요인에 관한 연구," 관세학회지, 2014.

많은 기업들이 과거에 물류효율을 전혀 고려하지 않은 채 제품 설계를 해왔고, 제품의 포장도 파렛트 규격에 맞추지 않았기 때문에 수십 가지의 포장형태를 유지하고 있다. 이러한 회사에서는 화물의 규격을 파렛트에 맞도록 설정하고, 제품설계에서 이 규격의 화물에 맞추는 형태가 되도록 설계변경을 해야 할 것이다. 이러한 노력은 물류부문의 중요한 역할이라고 할 수 있다.

유닛 로드 시스템(일관수송시스템, unit load system: ULS)은 화물의 발송에서 도착까지 화물 파렛트, 컨테이너, 대차, 박스, 용기에 어느 일정량의 단위로 정리한 상태로 일관하여 수송, 보관하는 물류 표준화 시스템이다.

원료조달물류, 생산공장 내 물류, 판매, 유통물류, 소비자물류, 폐기회수물류 등 단위별 물류작업의 방법, 설비를 표준화하는 것이 기업의 물류합리화에 필수적이다. 운송수단 간 연결거점인 항만, 화물역, 공항, 트럭터미널, 배송센터 등 물류거점시설에서도 규격, 크기를 표준화한 유닛 로드 시스템이 필요하다.

우리나라의 경우 유닛 로드 시스템의 구축은 전반적으로 상당히 낮은 수준에 머물고 있다. 조사대상기업의 15.6%만이 유닛 로드 시스템을 구축하였을 뿐이며, 향후 구축 예정률도 높지 않아 이에 대한 인식 수준이 낮은 편이다. 이는 주로 시스템 자체에 대한 인지도 부족 및 비표준화 문제에서 주로 기인한다.[2]

유닛 로드 시스템의 선결과제로는 운송장비 적재함 규격을 표준화해야 하며, 포장 및 거래단위를 표준화하고, 파렛트 규격 표준화, 운반하역장비 표준화, 그리고 창고보관시설의 표준화가 함께 이루어져야 한다. 표준 파렛트라는 물류모듈의 기본치수가 유닛 로드의 치수가 되며, 이를 기준으로 배수 또는 약수로 물류표준화가 설계되어야 한다. 즉 컨테이너 내부치수, 트럭적재함, 보관용 랙 규격, 물류센터의 기둥 간 간격, 점포진열대 규격, 운반·하역장비규격 등이 그것이다.

국제적으로는 국제표준화기구(ISO)에서 정한 표준 파렛트 규격은 1,200×1,000, 1,200×800, 1,140×1,140mm이며 허용치가 플러스, 마이너스 40mm로 정해 놓았기 때문에 우리나라의 표준 파렛트 규격 1,100×1,100(T 11형)은 국제규격으로도 표준규격으로 정해져 있다. 우리나라에서 실제 사용하는 플라스틱 파렛트를 보면 1,100×1,100mm가 41.4%로 가장 활용률이 높았으며, 다음으로

---

2 한국무역협회 국제물류지원단, 2008년 주요 물류기업 경영실적, 2009. 6.

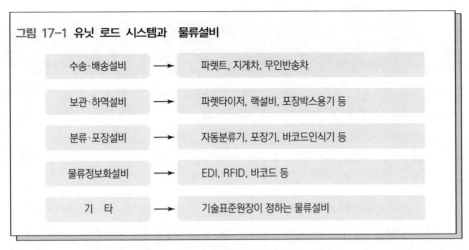

그림 17-1 유닛 로드 시스템과 물류설비

수송·배송설비	→	파렛트, 지게차, 무인반송차
보관·하역설비	→	파렛타이저, 랙설비, 포장박스용기 등
분류·포장설비	→	자동분류기, 포장기, 바코드인식기 등
물류정보화설비	→	EDI, RFID, 바코드 등
기 타	→	기술표준원장이 정하는 물류설비

자료: 이명복, 김웅진, "유닛로드시스템의 표준모듈화에 관한 연구," 물류학회지, 제17권 제3호, 2007.

'1,100×1,000mm'가 29.8%, '1,000×1,000mm'는 20.5%, '1,200×1,000mm'는 15.8%, '1,100×900mm'가 14.0%, '940×940mm'는 10.7%로 다양한 규격이 사용됨을 알 수 있다. 업종별로 보면, 도소매업에서는 '1,000×1,000mm' 파렛트의 활용률이 타 업종에 비해 상대적으로 높으며, 물류업계에서는 '1,100×1,000mm'와 '1,200× 1,000mm'의 파렛트의 활용률이 상대적으로 높게 나타나고 있다.[3]

가로세로가 1,140mm×1,140mm 기준으로 한 T-11형 표준 파렛트 규격을 기준으로 할 때 육상운송의 주요장비인 8톤, 11톤 트럭은 적재함 폭이 2,340mm로 표준파렛트 2열 적재가 가능하며, 8톤 트럭은 2열 6매 등 총 12매를 적재할

표 17-1 국내 트럭의 제원

구 분 \ Maker	현 대		기아·아시아·대우		비 고
	폭	길이	폭	길이	
4.5톤	2,120	6,250	2,100	6,200	
5톤	2,120	6,250	2,100	6,200	
8톤	2,340	7,300	2,350	7,300	아시아·대우는 8.4톤
11톤	2,340	9,100	2,350	9,100	

---

3 이명복, 김웅진, 앞의 논문.

표 17-2 일관수송용으로 사용중인 파렛트 규격(단위: %)

구 분	전체	업 종			종업원 수(인)				
		제조업	유통업	물류업	10~49인	50~99인	100~299인	300~499인	500인이상
1100×1100mm	40.2	40.0	23.4	62.5	42.9	42.3	35.1	41.0	42.1
1200×800mm	1.7	1.5	11.1	0.0	4.2	0.1	1.9	2.2	0.6
1200×1000mm	13.0	12.8	22.2	12.5	10.9	13.6	14.6	17.8	9.5
기 타	45.0	45.7	43.2	25.0	42.0	44.0	48.4	39.0	47.8

자료: 김영주 외, "기업의 일관수송용 파렛트 사용실태 및 인식분석," 유통경영학회지, 제14권, 제 2 호, 2011.

수 있으며, 11톤 트럭의 경우는 2열 8매 등 총 16매의 표준 파렛트를 적재할 수 있다. 해상컨테이너 내부 폭이 2,330mm로 역시 표준 파렛트 2열 적재가 가능하다. 20피트 컨테이너(TEU)의 길이는 5,900mm로 1단적 기준 시 2열 5매 등 총 10매를 적재할 수 있고 40피트 컨테이너(FEU)는 12,000mm 길이에 2열 10매, 총 20매를 적재할 수 있다.

포장 규격 역시 표준형 파렛트 규격 1,100×1,100mm를 분할한 수치가 되어야 한다. 이 같은 분할포장모듈 역시 표준 파렛트를 사용하는 것을 전제로 하기 때문이다. 예를 들어 220×220mm 규격의 포장제품은 표준 파렛트 1단에 25개 (5×5)가 적재될 수 있으며, 550×220mm규격 포장은 총 10개(2×5)가 표준 파렛트에 적재될 수 있다.

해상 컨테이너의 경우 전 세계적으로 ISO 국제표준규격에 따라 표준화 된 컨테이너를 사용하고 있다. 파렛트 역시 ISO에서 6개의 주요 규격을 지정하였지만 각 국가마다 6개의 규격 중 서로 다른 한두 가지 규격을 주로 사용하고 있는 실정이다.

우리나라는 1995년 유닛로드시스템통칙(현재 KST0006)에서 1,100×1,100mm 형 파렛트(이하 T11)를 일관수송용 파렛트로 정하고 이를 기반으로 한 물류효율화를 추진해 왔다. T11형 파렛트는 주로 우리나라와 일본을 중심으로 사용되고 있었다. 그러나 우리나라와 교역을 하는 주요 국가들은 1,200×1,000mm규격(이하 T12형)을 주로 사용하고 있어,[4] T11형이외에 T12형 파렛트도 표준 파렛트로 지정했다.[5]

이 외에도 1,200×800mm를 포함한 기타 규격들이 46.7%에 달할 정도로 다양하게 사용되고 있는데, 이는 기존에는 일관수송을 위해 한 가지 파렛트만 사용한다는 주장이 퍼져 있었지만 실제 산업현장에서는 각자의 상황에 맞는 파렛트를 이용하여 일관수송을 적용하고 있다는 것을 알 수 있다.

2. 일관 파렛트화

일관 파렛트란 발송지부터 최종도착지까지 파렛트상에 적재된 화물을 운반·하역·운송·보관하는 물류작업의 과정 중 이를 환적하지 않고 이동시키는 것을 의미한다. 보통 생산공장에서 배송센터, 그리고 매장에 이르기까지의 물류과정 중 7~8회 이상의 하역작업이 발생하게 된다. 이때 일관수송용 파렛트에 의한 물류표준화가 필수적이다. 일관 파렛트화(Palletization)는 상하차 작업의 기계화가 가능하며, 하역 및 트럭대기시간을 단축시킬 수 있으며, 포장비를 절감하고, 물류작업을 신속화하며, 보관능력을 향상시킬 수 있는 장점이 있다.

특히 미국이나 유럽 등에서는 파렛트를 사용한 복합일관수송을 실시하는 일관 파렛트화가 상당히 진척되어 있으며, 우리나라도 일관 파렛트화가 상당히 진척되고 있다. 그러나 아직 많은 제조업체나 운송업자들이 주로 자사 상품이나 시설에 맞는 규격으로 도입하면서 공장 구내나 회사 내부에서만 사용하는 경우가 많고, 하역이나 운송에 사용되는 일은 적기 때문에 다른 기업과의 일관 파렛트화가 널리 이루어지지 않았다.

일관 파렛트화의 효과는 화주에게도 운송업자에게도, 혹은 사회에게도 커다란 이점이 있다. 즉 사회에서는 물론이고 기업에게 있어서도 작업효율의 향상, 하역의 기계화 등 작업의 표준화, 계획화, 기계화를 가능하게 하며, 물류 시스템 효

---

4 우리나라와 교역이 많은 대부분의 국가에서 사용하는 파렛트는 수출의 62.5%, 수입의 76.6%를 차지하는 T12형이었다.

5 산업통상자원부 국가기술표준원은 2013년 12월 국내·외 물류유통의 효율성을 높이기 위해 '유닛로드 시스템 통칙(KST0006)'에 T12형(1200×1000mm) 일관 수송용 파렛트를 추가해 개정 고시했다. 국내에선 1995년부터 T11형 파렛트(1100×1100mm)만 유일한 일관 수송용 파렛트로 지정돼 있었다. 이번 개정을 통해 미국·유럽 등에서 많이 사용하는 T12형 파렛트를 같이 이용하게 됐다.

표 17-3 일관 파렛트화의 효과

기 업	사 회
1. 현장에서 기계화가 진행되어, 노동환경이 개선된다.	1. 효율적인 물류 시스템이 다양한 경제효과를 낳는다.
2. 운송, 하역 시간이 단축된다.	2. 물류 시스템의 이미지가 향상된다.
3. 물류비용이 저렴해진다.	3. 철도나 해운의 이용에 의해서 환경 문제가 개선된다.
4. 효율적인 물류시스템 형성이 가능해진다.	4. 철도나 해운의 이용에 의해서 도로 혼잡이 해소된다.
	5. 국제적 물류 시스템의 제휴가 가능해진다.

율화에 기여함과 동시에, 노동력 부족에 대한 대책, 물류비용 상승의 억제 등의 효과를 가져오게 한다.

이처럼 효과가 있음에도 불구하고, 석유화학업계나 식료품업계 등 일부만이 사용하고 산업계 전체로 일관 파렛트화가 진전되지 않는 원인은 무엇일까? 그 첫째는 파렛트의 중량 및 부피분량 만큼 많이 적재할 수 없는 문제점이 있다. 즉 파렛트 중량, 부피만큼의 중량낭비, 공간낭비가 생기고 운임도 그만큼 비싸지기 때문이다. 또한 파렛트의 회수가 잘 되지 않는 문제점이 있다. 기업 밖으로 파렛트가 반출될 경우, 화물이 도착해도 바로 반환되지 않고, 나중에 회수하게 되는 경우가 많다. 각 기업이 소유하고 있는 파렛트의 규격이 각각 다른 경우도 있다.

그리고 일관 파렛트화 시스템이 충분히 갖추어지지 않은 문제점이 있다. 즉 파렛트 화물을 꺼내거나 내리거나 하는 하역환경과 기기가 충분하지 않다. 또한 상거래의 단위가 파렛트 크기로 하기에는 너무 큰 경우도 있다. 또한 일관 파렛트화가 제조업체인 화주에게만 부담이 크다는 점이다. 즉 일관 파렛트화의 이익 분배가 합리적이지 않다는 점도 요인이다. 파렛트 자체의 투자이며, 소모도도 높은 특성으로 비용이 수반되는데, 화주만이 그 부담을 지는 경우가 있다.

이들 중에서, 특히 문제가 되는 것은 무엇보다 파렛트의 회수가 잘 되지 않는 것이 일관 파렛트화의 큰 걸림돌이 되고 있다.

일관 파렛트화를 활성화시키기 위해 다음과 같은 노력이 필요하다.[6] 첫째,

---

6 이명복, 김웅진, 앞의 논문.

일관 파렛트화를 성공하기 위해서는 보내는 화주, 받는 화주, 물류사업자, 파렛트 대여 회사 등이 일관 파렛트화를 위한 협력이 필요하다. 둘째, 각 당사자의 일관 파렛트화에 관련한 투자비용의 공정한 분배나, 그 효과의 재분배를 공정하게 하는 것이 중요하다. 셋째, 파렛트 회수를 위하여, 공동회수기구 등을 설립한다. 파렛트 대여 회사의 이용, 업계의 공동회수기구의 설립, 교환방식(보내는 쪽과 받는 쪽이 동일한 규격의 파렛트를 사용할 경우)이나, 업계에서의 파렛트 공동이용, 보증금 제도를 도입하여 파렛트의 회수와 회수율을 높인다.

넷째, KS규격에 따른 표준 파렛트를 사용하여 전체 적재 효율 향상을 추진한다. 순환형 수배송 시스템의 추진, 혹은 파렛트화를 통해서 적재와 하역 작업 시간을 단축하며, 트럭의 회전율을 향상시킨다. 다섯째, 표준 파렛트(T-11형)를 도입한다. 포장 모듈의 변경, 일관 파렛트화의 장점의 광고, 일관 파렛트화 수송에 대한 우대 조치를 촉진시킨다. 여섯째, 받는 쪽의 파렛트 작업에 필요한 포크리프트 보급을 촉진시키고, 발주단위도 파렛트 단위로 하도록 한다. 일곱째, 물류기기 설비의 규격을 통일시킨다. 기기 상호간 일관 파렛트화를 가능하게 한다.

3. 파렛트 풀 시스템

파렛트 풀 시스템(pallet pool system: PPS)은 파렛트를 공동으로 이용하여 교환성을 증가시켜 일관 파렛트화가 원활히 이루어질 수 있도록 하는 것이 목적이다. PPS의 선결요건은 전국적인 파렛트 집배망이 설치되어 있어야 한다. 또한 표준 파렛트를 대량으로 보유하고 있어 다수의 화주에게 충분히 공급할 수 있어야 한다. 그리고 공 파렛트를 회수할 수 있는 네트워크를 보유해야 한다.

우리나라에서는 1985년 파렛트 풀 시스템인 한국파렛트풀(주)가 발족 운영되고 있다. 현재 500만대 이상의 파렛트를 보유하고 있다. 또한 국제간 교역으로 발생되는 물류비용 중 일회용 파렛트의 구입, 파렛트 이적작업, 국가간 이동된 폐자재 처리문제 등에 소요되는 불필요한 물류비용을 절감하고 물류합리화를 이루기 위해 한국, 일본, 대만, 중국, 싱가포르 등에서 공동으로 T-11형 표준 규격 파렛트를 대여방식으로 수행하는 아시아 파렛트 풀 시스템(Asia pallet pool: APP)을 구축 운영하고 있다.

　　PPS의 경제성은 우선 파렛트의 장거리 회송이 불필요한 점을 들 수 있다. 도착된 파렛트를 도착지에서 화주가 회수할 때 생기는 장거리 운임, 또는 분실, 타거래선으로 유출 등에 의한 회수불가능 문제를 해결할 수 있다. PPS하에서는 전국 각 지역에 파렛트 집배소 설치, 도착지에서 가장 가까운 곳으로 공 파렛트를 반납하면 종료된다. 화물운송은 편도운송이 많기 때문에 PPS가 더욱 필요하다. 둘째는 파렛트 수요에 탄력적으로 대응이 가능한 점이다. 파렛트 수요가 증가할 경우 PPS의 파렛트를 이용할 수 있다. 또한 파렛트 수급 조절이 가능하다. 지역적인 파렛트 수급파동에 대한 조절 기능을 하게 된다. PPS는 파렛트를 대량으로 보유하고 있는 공급력으로 수급 불균형을 조절할 수 있다.

　　파렛트 풀 제도를 시행하기 위해서는 파렛트의 표준화는 절대적으로 필요하다. 일본에서 아직 파렛트 풀 시스템이 운영되고 있지 못하는 이유가 바로 파렛트의 표준화가 이루어지고 있지 못하기 때문이다.

　　최근 공급사슬에서 파렛트를 대체할 수 있는 '회수가능 운송용 물류용기(returnable transport item: RTI)'의 사용이 증가하고 있다. 기업들은 RTI를 활용해 운송작업을 효율화시키고 비용절감을 이루며, 나아가 보다 친환경적인 공급사슬을 구축하고자 한다. 궁극적으로는, 운송용 자산뿐만 아니라, 그 위에 실린 상품의 추적과 가시성도 향상시킬 것이다. 지속적으로 활용방법이 다양하게 검토되고 있지만, 아직까지 중요자산인 RTI에 대한 공급사슬에서의 회수에 대해 전 세계적으로 명확한 적용 방법이 합의, 통일되어 있지 않은 상태이다.

4. 물류공동화

1) 물류공동화의 필요성 및 장점

　　물류공동화란 물류체계의 한 부분으로서 동종기업 혹은 이종의 연관기업들이 물류기능을 각각의 기업이 직접 수행하는 것이 아니라 공동으로 물류전문기업을 설립하고, 그 기업을 통해 수행하는 것이다.[7] 즉 물류공동화는 개별기업이 수행하여 왔던, 수송, 보관, 하역, 포장, 물류정보, 구매, 통관 등 물류의 기능을 여러 기업들이 공동으로 설립한 공동물류 전문기업을 통해서 공동화하는 것이라고 할 수 있다. 또한, 화주기업이나 물류기업이 물류활동의 효율성을 높이기 위하여 물류에 필요한 시설, 장비, 인력, 조직, 정보망 등을 공동으로 이용하는 것을 의미한다.[8] 나아가 물류공동화는 물류혁신의 방법이라고 정의할 수 있는데 물류공동화의 개념을 사람, 물자, 자금, 시간 등 물류자원을 최대한 활용하여, 비용을 절감하고 고객에 대한 서비스향상과 대기오염, 소음, 교통체증 등 외부 불경제를 최소화시키는 물류혁신의 한 방법이라고 보았다.[9]

물류공동화는 자사의 물류시스템을 협업기업 나아가 경쟁기업의 시스템과 연동시켜 함께 사용함으로써, 물류관리의 목표인 고객서비스의 수준을 높이고 비용을 절감하고자 하는 것이다. 다시 말하면 물류공동화란 물류활동에 필요한 자원 즉, 노동력, 수송수단, 보관설비, 정비시스템이나 도로 등의 물류 인프라를 복수의 파트너와 공유하고 같이 사용하여 설비투자를 억제하고 궁극적으로 물류비를 감소시키는 물류효율화 사업이다. 일반적으로 기업체는 경쟁업체에 대응하기 위해 자가 물류센터를 건립해야 하지만 그에 따른 투자비 급증문제를 안고 있으며, 다품종 소량생산, 다 빈도 소량주문에 의해 배송차량의 운행횟수가 증가하여 공차운행이 증가하여 배송비가 증가하는 문제를 안고 있다. 이와 같은 기업 간의 과다경쟁을 방지하고, 물류시설투자에 따른 위험부담을 감소시키며, 운송 공동화에 따른 운송비 절감 등의 시너지 효과를 가져올 수 있는 방안이 물류공동화 사업이다.

물류공동화의 대표적인 효과는 사람, 물자, 자금, 시간 등 물류자원의 효율적인 활용을 통한 물류비의 절감, 물류서비스의 안정적인 공급, 물류서비스 수준의 유지와 향상, 외부불경제 즉, 대기오염, 소음, 교통체증 등에 대한 사회적 비용의

7 Leahy, P. R. Murphy, R. F. Poist, "Determination of Successful Logistics Relationships: a thirty−party Provide," Transportation Journal, 1995.

8 이은재, "독일의 e−물류시스템 및 전략과제와 시사점 연구," e−비즈니스연구, 2015.

9 Pittiglio Rabin Todd & McGrath, "Supply−Chain operation reference model(SCOR): the first cross−industry framework for integrated supply−chain management," Logistics Information Management, Vol. 10, Iss. 2, 1997, pp. 62−67.

최소화 등을 들 수 있다.[10]

물류공동화의 기대효과에 대해 한 연구에 의하면 다음과 같이 조사되었다.[11] 첫째, 물류기업들은 물류공동화를 시행함으로써 얻는 기대효과 중 '물류비용의 절감(66.0%)'을 가장 중요하게 평가하고 있으며, 이어서 '물류서비스의 향상(25%)', '친환경성 강화(5.0%)', '생산성 제고(4.0%)'의 순서로 중요성을 인식하고 있다. 또한 화주기업들도 물류기업과 동일하게 '물류비용의 절감(82%)'을 가장 중요하게 평가했다. 둘째, 물류기업과 화주기업들의 기능별 물류공동화에 의해 발생하는 다양한 사회 및 환경적 편익들에 대해 기대효과 수준을 평가한 결과, 물류공동화의 기대효과는 기능별로 서로 다른 패턴을 보여 주었다. 또한 물류(화주)기업들의 업종 및 규모에 따라 많은 차이를 보이고 있다. 예를 들어 수배송 공동화에 의한 기대효과는 물류기업의 경우 대기오염 물질배출 감소(9.4%)와 교통 혼잡완화(8.8%) 등 사회 및 환경적 효과가 가장 크고, 수송비 감소효과(8.4%), 인건비 감소(6.7%), 운영효율성 및 생산성 증대(6.6%)의 순으로 모든 기대효과가 긍정적인 반면, 화주기업의 경우 수송비 감소효과(13.4%), 대기오염 물질 배출감소(7.9%), 교통혼잡 완화(7.9%)의 순이며, 결품률 감소효과(-3.4%)는 오히려 부정적인 효과를 갖는 것으로 분석되었다.

정부의 입장에서도 소형배송트럭의 운행증가에 따른 교통체중 심화, 대기오염증가, 그리고 기업의 물류, 배송비 증가에 대한 대책이 필요한데, 물류공동화 사업을 장려하는 것이 이와 같은 문제를 해결할 수 있는 한 방안으로 그 필요성을 인정하고 있다.

우리나라도 상공회의소가 주축이 되어 「물류공동화사업」이 추진되고 있으며, 공동집배송단지, 복합화물터미널 등이 조성 운영되고 있다. 일본의 경우 공동화의 추진이 정부주도하에 1960년대부터 「중소기업의 공동화」를 주목적으로 신발, 섬유, 의류 등 업종별로 추진되었다.

물류공동화를 통해 화주는 소량 화물 집배송이 가능케 되며, 운임부담을 경

---

10 Frankel, R. and J. S. Whipple, "Alliance Formation Motives: A Comparison of International Perspective," The International Journal of Logistics Management, Vol. 7, 1996, pp. 19 − 31.

11 서상범, 한상웅, 환경친화적 물류공동화 추진 방안 연구, 한국교통연구원 연구총서, 25호, 2009, pp. 11 − 148.

감할 수 있고, 물류공간을 확보하고, 물류인력을 감축할 수 있는 장점이 있다. 운송업자의 경우도 운송효율을 향상시킬 수 있으며, 물류비를 절감하고, 과당경쟁을 방지할 수가 있다. 공동 수·배송 이전에는 제조회사와 운송사가 단독으로 배송하여, 트럭적재율이 낮을 수밖에 없으나, 공동 수·배송 실시 이후 공동창고, 검품, 분류, 공동배송으로 트럭적재율이 크게 향상, 물류비를 감소시키는 효과를 가져올 수 있다.

2) 물류공동화의 전제조건

물류공동화를 위해서는 자사의 물류시스템이 회사 외부의 물류시스템과 접점을 갖지 않으면 안 된다. 외부의 물류자원을 사용할 기회가 혹 있어도 시스템이 모두 자사 독자적인 것으로서 완전히 닫혀 있다면, 외부의 물류자원과의 연결과 연동의 길은 완전히 닫히고 만다. 자사의 시스템을 외부에 어느 정도 개방하느냐에 따라 외부의 자원을 이용할 수 있는 기회가 생겨나게 되는 것이다. 즉 물류공동화는 자사시스템을 개방하여 상대방 시스템과 연계, 연동시키는 공동활동이기 때문에 정보시스템, 각종 규격 및 서비스에 대한 정보가 공유되어야 한다. 동시에 공동화 서비스 내용이 명확화, 표준화되어야 한다.

특히 일정 지역 내에 공동 수·배송에 참여하는 복수의 화주가 존재하고, 배송처도 일정 지역 내에 분포할 경우 적재 효율향상이 가능하다. 또한 동종업종이어서 배송조건이 유사하고 표준화가 용이할 때 유리하며, 대상화물의 형태가 잡화, 문구, 의약품 등 균일한 상품이 유리하다.

물류공동화를 추진하기 위해서는 화물의 규격, 포장, 파렛트 규격 등 물류 표준화가 선행되어야 한다. 그리고 일관 운송 파렛트화가 가능해야 한다. 물론 공동 수·배송을 주도할 신뢰할 수 있는 중심업체가 존재해야 공동화 추진이 용이하다.

물류공동화를 꺼리는 장애요인으로는 여러 가지 유형이 있을 수 있으나 그 중에서도 "자사상품 관리가 어렵고 배송시간에 대한 결정권 부재, 화물파손 우려, 이윤 배분분쟁 상존 등 우려"(4.06) 항목이 가장 높게 나타났다. 그 다음으로 "거래처정보, 판매실적 등 기밀사항 누설"(3.86)과 "물류공동화가 과연 비용절감에 기여할 것인가에 대한 의문"(3.86)으로 조사되었다. 그리고 "공동 수배송은 자사 소유차량이 아니므로 수시 영업활동 불가능 및 열의와 책임감 결여"(3.79), "하주의 독자적인 판매활동이 불가하며, 판로확대가 어렵고 서비스수준 저하우려"(3.63) 등의 순으로 조사되었다.[12]

3) 물류공동화의 유형

물류공동화는 화주가 주도하는 경우와 운송인 등 물류사업자가 주도하는 경우로 나누어 볼 수 있다. 화주가 주도하는 물류공동화에는 부품, 원자재조달에서의 공동배송, 또는 이업종 화주간의 공동배송, 동종업종 화주간의 공동배송 등이 있다. 물류사업자에 의한 물류공동화는 운송사업자간의 공동배송, 공동출자한 신규회사에 의한 공동배송, 운송사업자의 협동조합에 의한 공동배송 등이 있다.

물류공동화 유형을 수배송(집하, 배송), 보관, 유통가공, 정보처리 등 물류 기능 가운데 하나 또는 둘 이상을 조합하거나 종합하여 분류해 볼 수 있다.

(1) 수·배송의 공동화

간선수송을 위한 공동화 사업이다. 간선수송은 지역간, 거점간 수송을 지향하기 때문에 그 성격상 장거리 운행, 공차 운행이 많다는 특성을 가진다. 따라서 도착지로부터 출발지까지의 귀로화물의 확보가 수송비용 절감의 핵심적인 수단이 된다. 따라서 이 같은 공동화 형태는 2개사가 출발지, 도착지를 상호 보완하는 정도이기 때문에 초기적인 단계라고 할 수 있다. 다음으로는 순회하면서 합적하는 공동 수배송 형태이다. 납품처가 동일한 복수의 근접지역 발하주 사이를 1대의 차량으로 순회하며, 화물을 혼재한 후 납품(배송)한다. 납품처가 대형일 뿐만 아니라 납품업자가 다수이며, 다빈도, 정시납품을 해야 하는 경우에 많이 이용된다. 예를 들면 완성차회사를 중심으로 한 부품납품에서 볼 수 있는 간판방식처럼 정해진 시간과 경로를 가진 계획배송이 필수조건이다. 셋째는 동일한 양판점이나 GMS(general merchandise store)에 납품하는 복수의 도매상 가운데 지정된 도매상에 다른 도매상이 일괄적으로 납품하고, 지정된 도매상을 통해 개별점포에 공동

---

12 김광석 외 3인, "물류공동화 활성화를 위한 중요요인과 장애요인에 관한 연구 — 인천남동공단 물류공동화를 중심으로 —," 물류학회지, 제19권 제 1 호, 2009.

배송을 통해 납품하는 형태이다. 여기에서 공동배송센터는 필요하지 않지만 이를 대신할 만한 물류체계를 갖추고 있는 도매상이 필요하다. 넷째, 공동집하 형태이다. 대도시권에 있는 도매상가와 같이 발하주는 복수이고, 납품처가 광역이면서 다수인 경우 집하와 발송을 위한 납품처의 지역별 분류를 효율화하려는 것이 주된 목적인데, 공동집배송센터가 필요하다. 다섯째, 공동배송 형태이다. 공동배송센터를 설치하여 실시하는데, 공동배송은 물류공동화의 대표적인 형태이면서 가장 고도화된 형태이다. 왜냐하면 배송의 공동화는 필연적으로 수발주 등 정보서비스의 공동화와 공동 보관 등 물류전반에 걸친 공동화가 수반되기 때문이다. 따라서 이러한 물류공동화를 실현하기 위해서는 고도화된 물류시스템을 구축해야 하는데, 공동화 가운데 추진하기가 가장 어려운 형태라고 할 수 있다. 이것은 기존의 운임보다 더 저렴하게 운송할 수 있는 시스템을 개발할 수 있다면 물류 전문업자 주체의 형태가 성공하기 쉬울 것이다. 그러나 이 경우에도 화물의 특성이 같아야 한다는 전제조건이 충족되어야 한다. 여섯째, 공동집배 형태이다. 앞에서 설명한 공동집하와 공동배송을 동시에 추진하는 형태가 공동집배이다. 공동집하는 발하주 근접, 공동배송은 착하주 근접이 원칙인데, 근접 배송지(착하주)가 많아야 한다는 것이 공동집배의 성립조건이다. 따라서 대도시권, 산업단지 등에서 실시하기가 용이하며, 이 역시 공동집배송센터가 필요하다.

(2) 보관의 공동화

창고, 물류센터처럼 보관기능만 공동화하는 형태이다. 예컨대 일본의 하치노헤 종합도매센터는 도매단지에서의 보관공동화를 목적으로 시작된 것이다. 항구에 인접한 유통단지에서는 해상화물 인수 등 하역만을 공동화한 형태를 볼 수 있다.

(3) 유통·가공의 공동화

양판점, 체인점에 대한 점포별 분류, 배송을 포함한다면 별개의 형태로 간주할 수 있으나, 유통가공만을 공동화하는 형태는 매우 드물다. 보통 공동보관, 공동배송센터의 일환으로 유통가공의 공동화가 실시되고 있다.

(4) 정보처리의 공동화

정보처리의 공동화는 VAN(value added network)회사가 대표적인데, 차량, 화물 정보시스렘과 같은 알선정보시스템회사도 한 형태이다. 예를 들어 일본레코드센터, 플라넷물류(주) 등도 업계의 물류 VAN 활용이 성공요인의 하나였다. 수배송, 보관의 공동화에서는 수발주 업무를 비롯한 정보처리의 표준화는 필수적인데, 아울러 정보처리의 공동화는 물류공동화의 인프라에 해당하는 부분이다.[13]

사례 17-1 일본 5개 주류업체, 물류 공동화로 경쟁력 강화

교토·요코하마의 주류판매 5개사가 경쟁격화로 존폐의 위기에 직면함에 따라 공동 물류를 실현하기 위해 일본사케네트를 공동 설립함으로써 공동 배송이 중소업체 회생의 주요한 방안이 될 것으로 기대됨

이들 업체는 물류공동화로 배송납품 차량의 감소, 고객 서비스 향상, 공동 물류의 전국 전개라는 효과를 얻고 있으며 지방에 공동배송센터를 설치하면서 공동 물류 네트워크의 전국 확대를 기대하고 있음

1) 개   요

일본 사케네트는 교토·요코하마의 주류판매 5개사가 모여, 공동 물류를 실현하기 위해 2001년 12월 공동출자로 설립한 기업임
- 현재 주요참가업체는 오리카사, 미가와야, 야마로쿠 등 5개사로 연매출 50억~100억엔의 중견기업 그룹임
- 상권이 같아 영업 측면에서는 경쟁 관계이지만 구매와 물류의 공동화로 효율화를 추진하면서 유통전국시대에서 살아남기 위해 도전을 개시함
- 연합의 첫째 이유는 경쟁 격화, 이익 하락에 대해 물류공동화로 효율화를 추구하는 수밖에 없다고 판단했기 때문임

---

13 Lawrence, J. A. and B. A. Pasternack, Applied Management Science: A Computer Integrated Approach for Decision Making, New York: John Wiley, 1998.

2) 종래의 문제점

- 개별 배송의 비효율성: 각사가 경재지역에서 배송을 개별적으로 실시하므로 배송처의 중복 외에 한 개 업체로서는 배송밀도가 희박해 배송거리가 길고 적재율이 낮았음
- 개별 구매의 비효율성: 개별 발주로 메이커와 대형도매 등 구매처에 대해 충분한 가격교섭력을 가질 수 없었음
- 개별 재고의 비효율성: 각 사별로 보유하고 있는 창고의 경우 충분한 관리가 되지 않아 재고 로스 등 이익의 마이너스 요인이 발생하였음
- 도매업계의 선두업체인 5개사는 우선 영업에 크게 영향을 받지 않는 범위에서 협력할 수 있는 분야를 공동화하기로 합의했음

3) 공동화 구조의 설정

- 우선 5개사는 판매관리 네트워크 시스템의 통합 운용·정보공유, 공동물류거점과 운영회사 설립, 구매는 창구거점 일원화 공동사업으로 규모의 경제 획득, 5개사 10개소의 종래 창고를 공동센터로 집약 통합, 재고압축 WMS의 추진 등을 기본 방침으로 설정함
- 이에 따라 2001년부터 공동운영회사를 설립하고 2004년 3월 에도에 공동물류거점인 다이바DC를 창설키로 합의
- 공동구매·공동배송에 의한 효율화의 기대효과가 컸음

4) 통일 시스템·구조 구축의 어려움

종래 각사의 구매(가격과 지급) 조건이나 루트의 차이 조정 외에 구매처와의 재교섭, 배송 사고방식 서비스 수준의 차이, 공동투자에 대한 입장 차이 등 많은 조정을 하나하나씩 추진할 필요가 있었음

- 또한 구체적인 통일 시스템 구축 단계에서도 각종 문제가 발생하여 현장대처에 상당한 어려움이 있었음

5) 녹색물류모델 사업인정으로 돌파구

- 사업이 지지부진할 때 녹색물류 파트너십회의의 지원을 받으면서 새로운 돌파구를 마련함
- 일본사케네트의 대책은 물류의 대폭적인 효율화로 높은 탄소 저감효과가 기대되고, 여기에서 주판도매 5개사의 공동구매 공동물류 사업으로 계획과 기대효과를 종합해서 공모했으며, 2006년 녹색물류 파트너십 추진사업 모델 사업으로 인정됨
- 대기업이 주도하는 사업이 많은 가운데 이번 사례는 중소기업 연합의 대책으로 주목받았으며, 그 결과 시스템 설비 구축비용의 절반인 1억 엔의 보조를 받게 되어 시스템 구축에 탄력이 붙음
- 2007년 2월 배차 시스템에 이어 창고관리 시스템과 무선 핸디 시스템 정비가 거의 완료

되었고 2007년 6월 5개사 전체가 참여하여 공동구매 공동배송을 본격적으로 출범시킴
- 중소 유통업계에서 물류공동화의 필요성은 이미 10여 년 전부터 지적되어, 구 물류효율화
  법 등 지원정책도 있었지만 현실에서는 다양한 이해가 얽혀 실효성을 올리기가 어려웠음
- 이런 각사 의사의 조정, 통일시스템의 구축 등 운영회사 설립부터 6년 반이 지났고 공동
  센터의 설치 후 3년이 지나는 등 긴 세월이 걸려 마침내 업계에서 최초로 공동 물류거점
  과 구매 배송의 공동화를 실현했음

6) 공동화에 의한 효과와 전망

배송납품 차량의 감축:
- 공동 배송으로 종래 하루 평균 130대가 91대로 줄어 30% 절감효과를 나타내는 등 구매
  와 배송공동화로 기대되는 첫째 효과는 감차임
- 또한 종래의 개별 배송으로는 고객 밀도가 낮아 주행거리가 길어지는 데 비해 공동 배송
  으로 3할 정도의 효율 향상이 기대됨
- 이것도 스케일 메리트가 큰 요소로, 구매처에 대해 대기업과 같은 가격교섭력을 발휘하는
  토대가 되고 있으며 이런 감차는 바로 이산화탄소저감 기대효과로 이어짐

고객 서비스 향상:
- 과거에는 전일 주문품일 당일 배송했지만 가라오케를 비롯한 심야 영업이 많은 고객 점
  포에서는 영업 종료 후, 당일 새벽까지 당일의 기후 등을 확인하면서 보충 주문을 내는 특
  성을 가지고 있는데 이러한 주문을 소화하면서 고객 서비스가 향상되고 있음
- 센터는 기본적으로 당일 오전 5시까지 최종 6시까지의 수주를 당일 배송으로 대응하고
  있음

공동 물류의 전국 전개:
- 주류판매 도매업계의 거래 고객으로서는 호텔이나 외식산업 외에 거리 음석점이나 소규
  모 소매점이 많고 소량 배송이 많아 대형 도매점이 취급할 수 없어 중소기업이 커버하는
  분야임
- 그러나 각사가 개별적으로 노력해서는 대기업의 규모의 경제에 대응할 수 없어 중소기업
  의 장점을 살리면서 동시에 규모의 메리트를 살릴 수 있는 대책이 물류공동화임

앞으로는 전국 각지에 제2, 제3의 공동배송센터를 설치할 방침이며 참여 기업이 증가할수록
배송이나 구매도 고밀도가 되고 효과가 커질 것으로 기대됨

자료: "中堅酒販店5社ガ共配センターで仕入れ配送車両を約
40%削減," Material Flow, 2007. 7, No. 568

MEMO

18
물류정보시스템

　물류시스템에서 정보는 시스템을 함께 잡아주는 접착제 같은 역할을 하는 중요한 요소이다. 즉, 물류정보는 종합적인 물류활동을 하기 위해 생산에서 소비에 이르기까지 물류활동을 구성하고 있는 운송, 보관, 하역, 포장 등 제 물류기능을 효율적으로 수행할 수 있도록 결합시켜주는 역할을 수행한다. 그리고 화주, 운송업자, 주선업자, 창고업자, 하역업자 등을 상호 연결하는 기능을 갖고 있다. 이번 장에서는 물류정보시스템의 구성요소를 살펴보고, 이 정보로 의사결정자가 보다 나은 의사결정을 할 수 있도록 하는 의사결정시스템을 살펴보고, 글로벌 물류시스템을 연계하는 정보에 대해 살펴보고자 한다.

1. 정보시스템

　정보시스템의 유형은 사무자동화시스템, 통신시스템, 거래처리시스템, 경영정보시스템, 의사결정지원시스템 등 5가지로 분류할 수 있다.

2. 물류정보

　물류시스템에서 정보는 시스템을 함께 잡아주는 접착제 같은 역할을 하는 중요한 요소이다. 즉, 물류정보는 종합적인 물류활동을 하기 위해 생산에서 소비에 이르기까지 물류활동을 구성하고 있는 운송, 보관, 하역, 포장 등 제 물류기능을 효율적으로 수행할 수 있도록 결합시켜주는 역할을 수행한다. 그리고 화주, 운송업자, 주선업자, 창고업자, 하역업자 등을 상호 연결하는 기능을 갖고 있다.

3. 물류정보시스템의 구성

　물류정보시스템은 수주처리시스템, 재고관리시스템, 창고관리시스템, 수·배송관리시스템, 물류관리시스템으로 구성되어 있다.

4. 의사결정시스템(DSS)

기업의 의사결정지원시스템(DSS)은 의사결정자가 보다 나은 의사결정을 할 수 있도록 정확하고 필요한 정보를 만들어 제공하는 것이다. DSS는 부적합하거나 중요하지 않은 정보를 걸러주는 역학을 한다. 현재 현안이 되고 있는 문제와 관련된 정확한 정보를 제공하도록 한다.

5. 공급사슬 통신시스템

전자자료교환을 위해서는 EDI 표준, EDI 해석소프트웨어, 통신수단의 세 가지의 요건을 컴퓨터시스템에 포함하고 있어야 한다. 통신수단은 회사 간 직접연결방식이 있고, VAN(부가가치통신망)이나 인터넷 등을 사용할 수 있다.

1. 정보시스템

정보는 운송, 보관, 포장, 하역, 유통가공처럼 화물에 직접 적용되는 활동은 아니지만 물류 활동에서는 무엇이 어디에 얼마만큼 있는지, 무엇을 어디에 얼마만큼 언제까지 옮겨야 하는가 등등 재고관리나 출하 등이 적절하게 이루어지기 위해서 정보의 수집, 처리, 전달이 필요하다. 즉 물류정보는 구체적으로 화물을 움직이기 위한 지원활동이라고 할 수 있다.

모든 기업 기능에 적용 가능한 정보시스템의 유형은 사무자동화시스템, 통신시스템, 거래처리시스템, 경영정보시스템, 의사결정지원시스템 등 5가지로 분류할 수 있다.[1]

1) 사무자동화시스템

사무자동화시스템은 문서를 만들고 각종 통계를 산출하기 위해 개인적 또는 조직적인 사업 데이터에 접근할 수 있도록 효과적인 방법을 제공한다. 사무자동화 시스템에 포함된 것은 일반적인 소프트웨어 패키지로는 워드프로세서, 스프레

---

1 S. Alter, Information System, 4th ed., Prentice Hall, 2002 (Paul R. Murphy, Jr., Donald F. Wood, op. cit., 2008, p. 59에서 재인용).

드시트, 프레젠테이션 그리고 데이터베이스 관리가 있다.

물류 스프레드시트를 사용하는 대상은 주로 경제적 발주량 계산법, 창고 수치화, 운송비용최소화, 생산계획, 위치선정 등이 주요 문제였다. 스프레드시트 능력의 향상으로 특수하게 디자인된 컴퓨터 프로그램에 의해 해결하던 문제들도 분석이 가능해졌다.

2) 통신시스템

통신시스템은 공급업체, 공급사슬 참여자, 소비자와 같은 다양한 이해관계자들의 정보를 통합하고 공유할 수 있도록 해준다. 1990년대 전문가들은 EDI(Electronic Data Interchange)를 물류 정보 기술을 위한 하나의 잣대로 여겼다. 21세기 초 10년 동안은 무선 통신이 그 잣대로 부상했다. 무선 통신이란 적외선, 전자레인지와 라디오를 포함한 선이나 코드가 이어져 있지 않은 통신을 말한다. 무선통신을 물류에 적용한 여러 가지 분야가 있지만 대표적으로 GPS(위치정보시스템)과 음성기반 피킹시스템 두 가지 유형을 살펴본다.

GPS(Global Positioning System)는 물체의 정확한 위치를 파악하여 신호를 보내주는 위성 네트워크를 일컫는다. GPS시스템은 소비자들이 운송위치를 확인해서 특별히 운송경로를 변경해야 할 때는 매우 유용하게 쓰이는 동시에 운전자의 행동과 운송장치의 속도 등을 파악하여 데이터로 보여주는 역할을 한다. 또한 GPS 시스템을 사용하여 잃어버리거나 도난당한 운송 장비의 위치를 파악할 수 있다.

음성기반 피킹시스템(voice-based order picking)는 피킹활동을 관리하기 위한 음성사용시스템을 말한다. 더 저렴하고 더 음성의 질이 좋으면서 다루기 편한 시스템을 갖추어 생산성과 피킹의 정확성이 향상되었다.

3) 거래처리시스템

거래처리시스템(transaction processing system: TPS)은 거래에 관한 정보를 모으고 저장하며 처리한다. TPS의 주요 목적은 거래의 효율적인 진행이며 이런 목적으로 기업들은 일괄처리 또는 실시간 처리 중에서 선택하게 된다. 일괄처리는 처리 일정과 처리할 양을 바탕으로 하여 데이터를 모으고 저장한다. 실시간 처리는 받는 즉시 처리하는 거래를 이른다. 비록 일괄처리가 속도와 시간 절약을 중요시하는 현대에서 다소 뒤늦은 감이 있지만 실시간 처리가 필요하지 않을 때는 꽤 유용하게 쓰인다. 게다가 실시간 시스템과 비교해서 일괄 처리는 비용이 더 저렴하고 직원들이 다루기에 더 쉬운 경향이 있다.

물류 관련 TPS의 가장 대표적인 사례는 전자자료교환, 즉 EDI(electronic data interchange)를 들 수 있다. 표준화된 서식에 의해서 거래 정보를 전자로 주고받는 시스템을 말한다. EDI는 기업 간에 끊임없는 정보 교환이 가능하여 공급 사슬 관계자들 사이의 협력과 통합을 용이하게 한다. 그러므로 강한 EDI시스템을 소유한 공급업체와 소비업체 양 쪽과 연결되어 있는 기업들은 공급사슬 제도에서 우위를 차지할 수 있다. EDI는 일반적으로 송장, 구매주문서, 비용, 운송진행사항, 전자 송금 및 비용 지불에 사용된다.

자동 식별 장치(automatic identification technologies)도 물류와 연관된 TPS의 한 유형으로 시각적 글자인식(글자, 단어와 숫자를 읽을 수 있는 기능), 기계시각(보이는 것을 스캔하고 해석할 수 있는 기능), 음성정보기재(음성을 녹음하고 해석할 수 있는 기능), RFID(인식기와 바코드가 서로 연결되어 있지 않는 상태에서 읽을 수 있는 기능)와 자기대를 포함하는 기능을 일컫는다.

바코드 스캐너는 현재 사용하는 자동식별 장치 시스템 중에서 가장 보편적으로 사용되고 있다. 모든 공급사슬 관계자들이 같은 라벨을 읽을 수 있기 때문에 공급업체와 소비업체를 통합하는 역할을 한다. 또한 각 관계부서들 사이에 제품의 교환이 전자적으로 가능해졌다. 보통 레이저 스캐너가 바코드를 읽기 위해 쓰인다. 스캐너는 재고를 조절하고 제품의 이동을 추적하기 위해 데이터로 기록하고 컴퓨터로 입력시킨다.

4) 경영정보시스템

경영정보시스템은 경영자들이 필요로 하는 정보를 제공하기 위한 것이다. 업무 진행과정을 결합, 분류, 분석, 평가하고 적기에 정확하고 필요로 하는 정보를 의사결정권자들에게 전달하는 절차라고 정의할 수 있다.

물류의 경우 이런 목적으로 LIS(logistics information system)가 있다. LIS는 물류 경영자가 정보를 요구하는 것으로 시작해서 그 정보에 맞게 작성된 보고서를 받는 것으로 마친다. 물류 경영자에게 있어서 필요한 정보를 제공받을 때 명확하게 기술되어야 하는 것이 중요하다. 시의적절한 정보는 기업의 선택과 분석 절차에 영향을 미치는 최신 정보를 뜻한다. 또한 때에 알맞은 정보란 얼마나 빠르게 경영자가 필요로 하는 정보를 받는지의 여부로 평가할 수 있는데 이것은 기업의 정보 검색과 보급 진행절차에 의해 영향을 받는다.

2. 물류정보

물류 공급망은 원자재로부터 상품이 생산되어 최종 사용자에게 전달되기까지를 다루는 복합적인 프로세스와 다양한 구성원으로 이루어지는 산업계의 핵심 순환체계이다. 그러므로 이런 물류 공급망의 상태와 상품의 이력 정보를 정확히 수집 및 공유하는 것은 매우 중요하다. 최근 물류 공급망의 규모는 지속적으로 확장되고 있으며, 기존의 단일 기업 혹은 다일 거점 공급망에서 현재에는 다수의 참여 기업이 연계되어 동작하는 글로벌 물류 공급망으로 발전하고 있다. 이런 대규모 공급망에서도 물류 정보의 공유가 이루어지고 공유된 정보의 단절이나 오류가 없도록 하는 물류 정보 기술에 대한 요구가 증가하고 있다.[2]

물류공급망에서 정보는 시스템을 함께 잡아주는 접착제 같은 역할을 하는 중요한 요소이다. 즉, 물류정보는 종합적인 물류활동을 하기 위해 생산에서 소비에 이르기까지 물류활동을 구성하고 있는 운송, 보관, 하역, 포장 등 제 물류기능을 효율적으로 수행할 수 있도록 결합시켜주는 역할을 수행한다. 그리고 화주, 운송업자, 주선업자, 창고업자, 하역업자 등을 상호 연결하는 기능을 갖고 있다.

즉, 창고보관, 운송, 고객 서비스, 재고와 물류관리 같은 물류활동들 간에 정보의 흐름은 통합물류의 최적화를 이끄는 핵심적 역할을 수행하는 것이다. 따라

---

2 김희열, "물류정보 공유 시스템을 위한 보안모델 연구," 한국정보기술학회논문지, 2014.

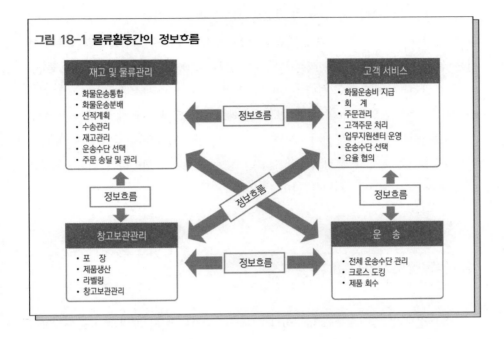

그림 18-1 물류활동간의 정보흐름

재고 및 물류관리
- 화물운송통합
- 화물운송분배
- 선적계획
- 수송관리
- 재고관리
- 운송수단 선택
- 주문 송달 및 관리

정보흐름

고객 서비스
- 화물운송비 지급
- 회 계
- 주문관리
- 고객주문 처리
- 업무지원센터 운영
- 운송수단 선택
- 요율 협의

정보흐름

정보흐름

정보흐름

창고보관관리
- 포 장
- 제품생산
- 라벨링
- 창고보관관리

정보흐름

운 송
- 전체 운송수단 관리
- 크로스 도킹
- 제품 회수

서 IT의 개선은 거래비용 감소를 이끌고 모든 공급사슬 관련자들로 하여금 증가되는 복잡성을 관리할 수 있게 해준다. 여러 물류활동 사이의 정보와 자료의 흐름은 물류시스템 통합으로 이어지는 데 매우 중요한 역할을 하는 것이다. 일반적으로 제품이 물류창고시설로 운송되고, 효율적인 재고관리와 물류 기술들을 이용하여, 고객 요구에 부응할 수 있는 글로벌 보관관리를 이행한다. 이 제품은 다시 글로벌 화물운송회사를 통해 수송, 배송되며, 추후 회수물류를 포함한 글로벌 고객서비스를 제공한다. 이런 과정에서 물류정보의 실시간 정보흐름이 매우 중요하다.

또한 다국적기업들은 세계를 국가로 나누기보다는 지역으로 나누는 경향이 있는데, 예를 들어 노르웨이, 스웨덴, 덴마크, 필란드는 물류측면에선 스칸디나비아 지역으로 묶어서 보는 경향이 있다. 지역별로 묶어서 물류서비스를 하기 위해서는 국가별 가격책정, 환율, 창고, 공급업자, 공장, 소비자에 대한 배송수단 등 많은 정보를 취합, 분석할 수 있는 강력한 정보시스템이 필요하게 된다.

물류정보는 수주정보, 재고정보, 창고정보, 수배송정보, 물류관리정보 등으로 나누어진다. 고객으로부터 주문을 받아 수주처리부터 기업의 물류활동이 시작된다. 수주정보를 기초로 상품의 재고정보를 파악하고, 이 경우 재고가 부족할 경우는 생산부문에 추가 생산토록 하고, 재고가 있을 경우에는 재고출하를 배당한다. 출하정보에 의해 재고는 반출장소로 이동된다. 물류관리 부문에서는 물류활동관리를 통제하기 위해 납품완료공지, 물류비, 시설의 가동률 등의 물류관리 정보를 수집한다. 특히 조직의 주문처리 시스템(order processing system)은 많은 양의 자료의 원천이므로 전체물류 프로세스에 대해 영향을 준다.

또한 회사의 각 부문에서 생산되는 정보를 활용해 의사결정자가 보다 나은 의사결정을 할 수 있도록 정확하고 필요한 정보를 만들어 제공하는 의사결정시스템(decision support system)의 역할이 중요하다.

3. 물류정보시스템의 구성

물류정보시스템(Logistics Information System: LIS)은 여러 개별적인 물류정보를 연계한 정보처리시스템으로 물류 프로세스 운영에 필요한 계획 수립 및 예산 편성, 물류 프로세스 운영, 물류비 실적 집계에서 평가 및 분석을 실시하는 전체 과정에서 필요한 정보를 수집하고 관리하는 시스템을 의미한다. 다양한 형태의 정보시스템 구성이 가능하며, 주로 주문관리시스템, 창고관리시스템, 운송관리시스템이 핵심적 역할을 담당한다.

물류 프로세스별 정보시스템을 온라인으로 통합 관리하여 물류를 구성하는 각 요소의 기능 향상뿐 아니라 각 기능 간 연계 최적화가 가능해진다. 이 과정에서 고객 서비스의 향상과 물류비용 절감이라는 목표를 동시에 최적화하기 위해 노력하게 된다. 이들 목표는 원래 상충 관계에 있기 때문에 최종적으로는 그 목적과 수준에 맞는 균형 수준에서 결정해야 한다.

1) 주문관리 시스템(Order Management System)

주문 관리 시스템(Order Management System, OMS)은 기업이 고객 주문을 효율적으로 처리하고 관리할 수 있도록 도와주는 정보 시스템을 의미한다. 주문 관리 시스템은 주문 접수부터 제품 출하 및 고객에게 도착하기까지의 전 과정을 통합적으로 모니터링하며, 고객 만족도를 향상시키는 데 중요한 역할을 한다. 고객 및 물류 관리자 등은 주문 관리 시스템을 통해 주문 처리 현황을 파악하고 문제를 조기에 파악할 수 있다.

주문 관리 시스템의 주요 기능은 주문 접수 및 입력, 주문 확인 및 처리, 재고 관리, 결제 처리, 배송 및 추적, 반품 및 교환 관리 등 고객의 주문 처리에 관련된 모든 정보를 수집하고 분석할 수 있는 기능을 제공한다.

주문 접수 및 입력을 위하여 다양한 채널(온라인, 전화, 매장 등)에서 들어오는 고객 주문을 통합적으로 수집하고 기록하며, 고객 정보, 주문 내역, 결제 정보 등을 입력하고 관리한다. 주문이 정상적으로 접수되었는지 확인하고 재고를 조회하여 주문 가능한 상태인지 확인하는 기능도 필요하며, 각 주문별로 주문 처리 단계(피킹, 포장, 배송 준비 등)를 관리하고 모니터링한다.

재고 관리와 관련된 기능도 제공하는데, 주문과 연계하여 실시간으로 재고 상태를 업데이트하고, 재고가 부족할 경우 자동으로 재주문하거나 대체 제품을 추천하는 기능을 포함할 수 있다. 재고 관리 기능의 경우 주문 관리 시스템이 아닌 공급망 관리 시스템이나 ERP 등 물류 정보 시스템 외부의 시스템에서 관리하는 경우도 있다.

고객 주문에 대한 결제 및 배송 추적, 반품 및 교환 관리 기능도 제공할 수 있다. 다양한 결제 방법(신용카드, 전자결제, 무통장 입금 등)을 지원하여 고객 주문을 처리하고, 결제 상태를 실시간으로 확인하여 결제 오류나 취소 등의 상황을 관리할 수 있다. 상품 포장 및 출하, 배송, 반품 및 교환 관리 등의 기능은 창고 관리 시스템 및 운송 관리 시스템에서 이루어지며, 주문 관리 시스템에서는 이들 시스템과 연동하여 정보를 수집하여 고객에게 제공하는 기능을 담당한다.

또한, 고객의 주문 이력을 관리하고, 고객 맞춤형 서비스(재구매 할인, 추천 제품 등)를 제공할 수 있다. 고객 문의나 클레임을 처리하고, 주문 데이터를 분석하여 판매 트렌드, 인기 제품, 고객 성향 등을 파악하는 데 활용되기도 한다.

주문 관리 시스템의 주요 장점으로는 주문 처리 시간을 단축하고, 수작업 오류를 줄여 운영 효율성을 높이는 것이 가능하다는 점이다. 또한, 다양한 채널에서 들어오는 주문을 일원화하여 관리할 수 있고, 주문 상태를 실시간으로 추적하고, 정확한 배송 정보를 제공함으로써 고객 신뢰도를 높이는 데 기여한다.

2) 창고 관리 시스템(Warehouse Management System)

창고 관리 시스템(Warehouse Management System, WMS)은 다양한 형태의 물류 창고에서의 재고 및 창고 운영을 효율적으로 관리하기 위한 물류 정보 시스템을 의미한다. WMS는 재고의 입고, 보관, 피킹, 포장, 출하 등 모든 과정을 통합적으로 관리하여 운영 효율성을 극대화하고, 재고 정확성을 높이며, 물류 창고 내 전체 물류 흐름을 최적화하는데 활용된다. 창고 관리 시스템의 주요 기능은 창고 운영 프로세스의 각 단계별 관리 기능으로 구성된다.

먼저 입고 관리 기능의 경우 입고 예정인 물품의 정보(수량, 입고일, 공급업체 등)를 미리 파악하고, 효율적인 입고 작업을 계획하는 데 활용된다. 물품이 창고에 도착하면 바코드 또는 RFID 태그를 사용해 신속하게 스캔하여 시스템에 등록하고, 지정된 위치로 물품을 적재하도록 적재 지시서를 생성한다. 입고된 제품의 품질 검사와 상태 확인을 수행하여 문제 발생 시 즉시 조치할 수 있다.

재고 관리 기능의 경우 실시간으로 재고 위치와 수량을 추적하여 정확한 재고 정보를 제공하는 데 활용된다. FIFO(선입선출) 또는 LIFO(후입선출) 등의 재고 회전 방식을 적용하여 재고를 효율적으로 관리하며, 주기적인 재고 조사를 통해 시스템 상의 재고와 실제 재고가 일치하는지 확인하고, 차이를 분석한다. 저장 위치 최적화 기능도 수행하여 창고 내의 재고 보관 공간을 고려하여 재고를 적정 위치에 효율적으로 배치하여 제품의 출입고 및 피킹 작업을 최적화하는 기능이 필수적이다. 제품의 수요와 입출고 빈도에 따라 저장 위치를 동적으로 변경할 경우 작업 효율성을 높일 수 있다.

피킹 및 포장 기능의 경우 주문 관리 시스템에서 전달받은 주문에 따라 필요한 제품을 신속하고 정확하게 피킹할 수 있도록 피킹 리스트를 생성하는 것이 핵심이다. 물류 창고 내 피킹 경로 최적화 알고리즘을 사용하여 피킹 작업의 효율성을 극대화하고, 시간과 비용을 절감하는 운영 방식을 도출한다. 피킹된 제품을 포장하는 과정에서 적절한 포장 방식을 선택하고, 바코드 생성 및 송장을 포장재에 부착하여 출하 준비를 완료한다.

출하 관리 기능의 경우 출하 예정인 물품의 수량과 목적지 정보를 기반으로 차량 배차(혹은 선박 배선 등) 계획을 수립하고, 출하할 물품을 검수하고 출하 서류를 준비한 후 지정된 운송 수단에 실어 발송하는 데 활용된다.

작업 관리 및 모니터링 기능의 경우 입고, 피킹, 포장, 출하 등의 작업을 담당자 혹은 자동화 설비에 효율적으로 배정하고, 작업 진행 상황을 실시간으로 모니터링한다. 작업 속도와 정확성을 분석하여 개선 방안을 도출하는 데 활용되고, 재고 현황, 입출고 내역, 재고 회전율 등을 포함한 다양한 보고서를 제공하여야 한다. 또한, 창고 운영 데이터(피킹 속도, 오류율, 작업 시간 등)를 분석하여 효율성을 평가하고 개선하는 기능이 필요하다.

창고 관리 시스템이 도입될 경우 작업 자동화와 최적화를 통해 시간과 비용을 절감할 수 있고, 재고의 위치와 상태를 실시간으로 파악하여 피킹 작업의 효율성을 높일 수 있다. 입출고 과정에서의 실시간 데이터 입력을 통해 재고 오차를 줄이고 정확한 재고 정보를 제공할 수 있으며, 주문에 대한 신속한 대응과 효율적 작업 관리로 고객 만족 제고가 가능하다.

3) 운송관리시스템(Transportation Management System)

운송 관리 시스템(Transportation Management System, TMS)은 제품 출하 후 운송과 관련된 모든 활동을 계획, 실행, 최적화, 모니터링하기 위해 사용되는 물류 정보 시스템이다. 운송 관리 시스템은 물류와 공급망 관리에서 중요한 역할을 하며, 화물 운송의 효율성을 향상시키고 비용을 절감하며, 전반적인 운송 프로세스를 최적화한다.

운송 관리 시스템은 주문 관리 시스템 및 창고 관리 시스템에서 연동된 주문 및 출하 정보를 바탕으로 운송 계획 및 최적화를 위한 최적의 운송 경로를 계산하고 차량을 배창하여 운송 시간과 비용을 절감하는 데 활용된다.

운송 계획이 수립되면, 운송과 관련된 배차 주문을 관리하고, 이를 운송 계획과 연계한다. 트럭 운송을 통해 물품을 운송하게 될 경우 적절한 차량과 운전자를 할당하고 배차 일정을 관리한다. 운송과 관련된 모든 문서, 예를 들어 운송장, 통관 서류 등을 생성하며, 필요한 서류를 운송 관련 기업에 공유할 수 있다.

운송이 시작되면 모니터링 및 추적 기능을 통해 운송 과정을 실시간으로 관리할 수 있다. GPS와 같은 기술을 활용하여 화물의 실시간 위치를 추적하고, 화물의 상태와 예상 도착 시간을 실시간으로 업데이트한다. 운송 중 문제가 발생할 경우 이를 조기에 감지하고 대응 방안을 수립하는 데 활용된다.

운송 과정이 종료되면, 운송과 관련된 모든 비용을 추적하고 청구서를 생성 및 관리한다. 기존의 ERP 시스템과 연동하여 데이터 일관성을 유지하고, 운송 업체, 고객과의 원활한 커뮤니케이션을 지원하기 위하여 다양한 정보를 가공하여 실시간으로 공유할 필요가 있다. 고객이 화물의 상태를 직접 확인할 수 있는 기능도 제공될 수 있다.

4) 물류 정보 시스템 간 연동

(1) 주문 관리 시스템과 창고 관리 시스템 간 연동

주문 관리 시스템(OMS)과 창고 관리 시스템(WMS)은 각각 고객 주문 처리와 창고 내 재고 및 작업 관리에 특화된 시스템이다. 이 두 시스템을 연계함으로써 전체 물류와 공급망 관리가 효율적으로 통합 운영할 수 있다.

먼저 주문 생성 및 전송 측면에서 OMS에서 고객의 주문이 생성되면, 해당 주문 정보(제품 종류, 수량, 배송지 등)가 WMS로 자동 전송된다. OMS에서 주문이 접수되면 WMS에 재고 확인을 요청하여 주문 가능한 상태인지 확인하게 되며, WMS는 OMS로부터 받은 주문 정보를 바탕으로 피킹과 출하 작업을 준비한다.

피킹 및 포장 지시의 경우 WMS는 OMS로부터 받은 주문 정보를 바탕으로 피킹 리스트를 생성하고, 피킹이 완료된 후 포장된 제품의 바코드 또는 RFID 정보를 스캔하여 OMS와 WMS 양쪽에서 데이터가 업데이트된다.

WMS는 출하 준비가 완료되면, OMS로 출하 정보를 전송한다. OMS는 고객에게 출하 정보(배송 추적 번호 등)를 실시간으로 업데이트하고, 출하 이후 배송 상태를 모니터링한다.

OMS에서 반품이나 교환 요청을 처리하면, WMS에 반품 상품의 입고와 재고 상태를 업데이트하도록 요청하며, WMS는 반품된 제품을 처리하고 재고를 업데이트하여 OMS와 실시간으로 연동된다.

(2) 주문 관리 시스템과 운송 관리 시스템 간 연동

주문 관리 시스템(OMS)과 운송 관리 시스템(TMS)의 연계는 주문에서부터 최종 배송까지의 과정을 더 효율적이고 원활하게 운영될 수 있도록 지원되어야 한다.

먼저, OMS에서 생성된 주문 정보는 TMS로 자동 전송되고, 제품, 수량, 배송지, 요청 배송일 등을 포함한다. 두 시스템 간의 데이터가 실시간으로 동기화되어 주문 상태와 배송 상태를 항상 최신으로 유지하게 되며, OMS에서 수집한 주문 정보를 바탕으로 TMS는 최적의 운송 계획을 자동으로 수립하고 실행할 수 있다.

TMS는 OMS에서 제공한 정보에 따라 운송 일정을 자동으로 조정하고 최적화하며, 고객은 OMS를 통해 자신의 주문 상태와 배송 정보를 실시간으로 확인할 수 있다. TMS가 제공하는 실시간 위치 추적 정보를 OMS가 통합하여 고객에게 제공함으로써 투명한 배송 추적이 가능하다. TMS는 OMS에서 전달받은 주문 정보를 바탕으로 운송장, 통관 서류 등 필요한 문서를 자동으로 생성하며, 두 시스템 간 문서가 통합 관리되어 중복 입력이나 오류를 줄일 수 있다.

(3) 창고 관리 시스템과 운송 관리 시스템 간 연동

창고 관리 시스템(WMS)과 운송 관리 시스템(TMS)의 연계는 물류 창고와 운송 프로세스를 통합적으로 모니터링하고 최적화하기 위하여 필수적이다. TMS는 WMS로부터 출고할 제품의 정보를 받아와 배송 계획을 수립하며, WMS에서 출고 지시가 내려지면 TMS가 해당 정보를 바탕으로 최적의 운송 계획을 수립하게 된다. TMS는 WMS로부터 받은 출고 정보를 기반으로 운송 수단별 최적의 적재 계획을 수립하고, 이를 바탕으로 물류 창고에서 차량으로 효율적으로 제품을 적재할 수 있게 된다. WMS와 TMS의 통합을 통해 창고 공간과 운송 자원을 최적화하여 사용할 수 있다. 출고와 배송에 필요한 모든 문서(예: 송장, 출고지시서 등)는 각각의 시스템에서 자동으로 생성되는데, 이 과정에서 동일한 정보가 동시에 업데이트 되어 중복 작업을 줄이고 오류를 최소화할 수 있다.

4. 의사결정지원시스템

　　물류경로가 길어지고 복잡해질수록, 그리고 경로 상에 참여하는 업체수가 늘어날수록 효율적인 통합조정이 물류효율성의 핵심이다. 기업과 관련된 물류정보의 통합이 이러한 통합조정의 기반이 된다. 그러나 컴퓨터와 인터넷의 발달로 의사결정자는 필요이상의 정보를 제공받게 되는데, 불필요한 정보의 홍수 속에서 정작 중요한 정보를 찾아내기 어렵게 되고, 때론 의사결정에 혼선을 주는 경우도 생기게 된다.

　　의사결정지원시스템(decision support system: DSS)은 현재 현안이 되고 있는 문제와 관련된 논리적이고 계량적인 분석을 통해 나온 대안을 제시하고, 이를 평가하고 선정할 수 있도록 해주는 컴퓨터 시스템이다. DSS는 넓은 의미에서 보다 나은 경영 의사결정을 지원하는 응용 소프트웨어다. DSS는 수학적 알고리즘이나 시뮬레이션을 이용한 분석모델을 만들어 낸다. 물론 DSS에서 제시되는 계량적 대안에 절대적으로 의존하기보다는 경영자의 정성적 판단이 추가되어 최종 결정을 하게 된다.

　　의사결정지원시스템(decision support system: DSS)은 정보와 모델 또는 분석 툴을 제공함으로써 경영자들의 의사결정을 돕는 것으로, 물류 종사자들에 의해 널리 사용된다. 물류에서 DSS는 운송 경로 결정, 창고의 선택, 혼재화물운송(less-than-truckload) 결정 등에 활용된다.

　　DSS는 투입 데이터베이스, 자료분석 기법, 결과 프리젠테이션 툴 등으로 구성된다. 공급사슬관리를 위한 의사결정지원시스템의 투입자료는 여러 가지가 있을 수 있으나, 주로 고객주문실적, 공급업체, 물류센터, 소매점 등의 위치, 재고유지비용 같은 정적 자료(static data)와 판매시점정보, 수요 및 매출 예측, 현 가용 수송능력, 물류센터까지의 운송비용, 고객 재고수준 같은 동적 자료(dynamic data), 그리고 각종 설문조사나 재고나 주문 예측치, 수요변동성 같은 참고할 만한 조사, 분석, 예측자료 등이다. 분석된 정보는 프리젠테이션 툴에 의해 관리자에게 제공되는데, 예를 들어 물류담당 임원은 전세계 물류센터에서 출고되는 제품의 추이와 판매시점 정보를 분석한 매출 예측과 현재 가용한 재고수준을 비교해서 검토할 수 있다.

물류 관련 DSS 기술은 크게 모의실험(simulation)과 인공지능(artificial intelligence: AI), 그리고 응용 소프트웨어(application-specific software), 데이터 마이닝(data mining) 등 네 가지로 나누어 볼 수 있다.

모의실험은 복잡한 문제를 해석하기 위하여 모델에 의한 실험, 또는 사회현상 등을 해결하는 데서 실제와 비슷한 상태를 수식 등으로 만들어 모의적으로 연산을 되풀이하여 그 특성을 파악하는 일을 일컫는다. 이때 운송수단 가용성, 운송비, 공급업체, 창고, 소비자, 공장의 위치 및 소비자의 요구를 정확하게 파악하여 반영해야만 한다. 시뮬레이션의 주 장점은 기업이 제안된 변화를 저렴한 비용으로 운영할 수 있는지의 사업성을 판단할 수 있도록 한다. 또한 기업이 고객 서비스의 질이 저하되거나 총 운영비용을 증가시키는 결과를 낳을 수 있는 물류시스템의 변화를 사전에 방지할 수 있도록 한다.

인공지능은 인식, 추리, 학습 그리고 그러한 과업을 수행하기 위한 컴퓨터 사용의 요구들을 학습하는 컴퓨터 공학의 한 분야이다. 인공지능(AI)은 매우 정교하게 컴퓨터를 사용하는 분야로서 훈련된 만큼 숙련된 인간이 특정 상황에 놓였을 때 생각할 수 있도록 프로그램화되어 있으며, 전문적인 시스템과 퍼지 이론 및 신경회로망을 포함한다. 최근 물류에 있어서 가장 널리 상용화되고 있는 AI의 적용은 교통량과 도로정체를 예상하는 도로교통 정보이다.

DSS의 세 번째 유형은 널리 알려져 있는 특정 물류 기능과 활동을 관리하도록 돕는 응용 소프트웨어이다. 이 소프트웨어는 운영상의 활동들을 기획하는 데 중점을 두고 공급사슬 관리 소프트웨어, 운송관리시스템(TMS)과 창고관리시스템(WMS) 등을 포함한다.

데이터마이닝(data mining)은 데이터들의 연관성과 규칙을 끌어내기 위한 연산 기구라고 정의할 수 있고 최근 DSS 기술 중 그 활용도가 점점 증가하고 있다. 데이터마이닝은 막대한 양의 정보 속에서 숨겨진 행동양식을 양으로 계산하는 기술을 사용한다. 예를 들어 Wal-mart는 데이터마이닝을 통해 언제 플로리다 주에 허리케인이 발생하여 맥주와 켈로그의 두 제품의 판매가 급격히 증가할 것인지를 파악할 수 있었다.

5. 공급사슬통신시스템

1) 전자자료교환(Electronic Data Interchange: EDI)

EDI는 기업 간에 교환되는 서식이나 문서를 컴퓨터와 컴퓨터 간에 교환되는 정보전달방식을 의미한다. 컴퓨터가 읽을 수 있는 서로 합의된 표준화된 전자서류를 사용하는 것이다. 대기업의 88%가 오늘날 공급사슬 커뮤니케이션에서 EDI를 사용하고 있다. 정보전달에서 수동방식보다 오류가 적고, 비용이 저렴하기 때문이다. 문제는 주문입력 직원의 경우 구매주문서가 양식이 다르더라도 관련정보를 입력하는 데 문제가 없지만 컴퓨터는 주문양식이 다르거나 위치가 다르면 정보를 인식하지 못하는 데 있다. 따라서 EDI는 컴퓨터가 읽고 이해하고 기업서류를 처리할 수 있도록 "표준화된 양식"에 의해 통신되어야만 한다.

EDI로 정보를 교환하기 위해서는 EDI 표준, EDI 해석소프트웨어, 통신수단의 세 가지의 요건을 컴퓨터시스템에 포함하고 있어야 한다. 통신수단은 회사 간 직접연결방식이 있고, VAN(부가가치통신망)이나 인터넷 등을 사용할 수 있다.

(1) EDI 표준화

EDI가 활성화되는 데 가장 큰 걸림돌은 통일된 EDI 표준이 사용되고 있지 않다는 데 있다. 국제적으로는 1987년 UN에서 제정한 국제표준인 UN/EDIFACT (EDI for administration, commerce, and transport)이 있다. 그러나 북미에서는 ANSI ASC X12라는 EDI 포맷이 사용되고 있으며, 이 밖에 산업별로도 각각의 표준을 사용하기도 하며, 각 기업별로도 고유한 표준을 개발하여 사용하기도 하는 등 EDI표준화가 이루어지고 있지 못하다.

(2) XML과 EDI

EDI는 구매주문서, 송장과 같은 거래문서를 전자적으로 교환하는 것이다. 주로 대기업중심의 EDI로 발전되면서 기업내부의 문서교환 규칙에 의해, 그리고 VAN[3] 사업자에 의해 폐쇄적인 네트워크상에서 거래되어 왔다.

---

3 VAN(부가가치 통신망)이란 제3자인 데이터 통신처리업자(KL-Net 등)를 매개로 기업간

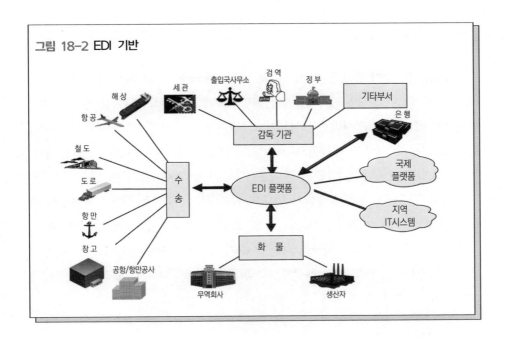

그림 18-2 EDI 기반

전통적인 EDI 구축 시 기업들은 EDI 포맷으로 문서를 변환해야 하고, 표준 문서 포맷을 사용해야 하므로 기업 간 거래량이 많아지면 비용이 많이 소요된다. 특히 복잡한 과정과 구축비용으로 중소기업에게 부담이 되고 있다.

이를 대체하기 위해 인터넷을 이용한 웹 EDI가 발전하고 있다. 인터넷망을 통하면 문서정보교환이 빠르고 구축비용이 저렴하다. 그러나 웹 EDI도 웹 HTML 문서가 갖는 한계로 확장성과 유연성이 약하고 보안에 취약한 약점이 있다. 이를 보완할 수 있는 XML EDI가 출현하였다.

XML(Extensible Markup Language)은 웹상에서 구조적 문서의 교환을 위한 데이터포맷으로 차세대 웹의 공용 언어로 부상하였다. 즉 XML 포맷 하에서는 다양한 범위의 자료교환이 가능하다. 따라서 많은 웹 EDI가 XML EDI로 변환하는 작업이 추진되고 있다. 즉 VAN 사업자망을 이용하던 것을 인터넷을 이용하고 문서 표현도구도 기존의 HTML의 웹에서 XML 웹으로 변환되고 있는 것이다.

자료를 교환하는 통신망, 단순데이터 전달이 아니라 도중에 변환처리를 통해 부가가치를 창출한다는 의미에서 부가가치 통신망 용어가 유래.

(3) EDI 도입효과

첫째, 생산성이 증대된다. 컴퓨터와 컴퓨터간의 전자메시지로 전달되면서 신속, 정확하게 전달, 오류 및 재입력이 불필요하게 되어 시간 절약을 할 수 있다. 로테르담 항만의 경우 선박 및 화물의 도착정보를 EDI 서비스를 시작하여 터미널 운영사, 화주뿐 아니라 네덜란드 세관에도 EDI로 정보를 전달하고 있다. 연간 200만 TEU를 처리할 경우 관련 종이문서를 쌓으면 750m 높이가 된다.

둘째, 비용절감과 이윤증대가 기대된다. EDI로 무역자동화하여 무역절차 비용을 크게 절감할 수 있다. 사무처리비용, 인건비, 재고비 등 운영비를 절감하고, 고객서비스 증대, 신속한 의사결정을 할 수가 있다. 전통적인 무역거래 시 환어음, 선화증권(B/L), 산업송장, 해상보험증권 등 7~8개의 서류가 필요하며, 복합운송의 경우 최대 42개의 무역 및 운송서류가 필요하다.

2) 바 코 드

바코딩이란 컴퓨터가 해독할 수 있는 코드를 상품, 용기 등에 부착하는 것을 말한다. 바코드는 영어나 숫자나 특수글자를 기계가 읽을 수 있는 형태로 표현하기 위해 굵기가 다른 수직 막대들의 조합으로 나타낸 것으로, 광학적으로 판독이 가능하도록 한 코드이다. 제조업체와 상품에 대해 고유 숫자를 할당하여 사용하기 때문에 표준화된 바코드는 스캐너로 스캐닝할 경우, 제품의 수령, 취급, 운송, 보관시 착오를 줄여줄 수 있다. 특히 창고에서의 반입, 반출, 그리고 판매점에서의 판매시점관리(POS: point-of-sale)에 유용하게 사용된다.

바코드는 정보 용량에 한계가 있으므로 바코드가 붙어 있는 물건에 대한 정보를 충분히 알 수 없다는 단점을 가지고 있다. 이런 한계를 보완하기 위해 최근 2차원 바코드(매트릭스 코드)가 개발되었다. QR코드(QR code)는 흑백 격자 무늬 패턴으로 정보를 나타내는 매트릭스 형식의 이차원 바코드이다. QR코드는 주로 일본, 한국, 영국, 미국 등에서 많이 사용되며 명칭은 덴소 웨이브의 등록상표 Quick Response에서 유래하였다. 종래에 많이 쓰이던 바코드의 용량 제한을 극복하고 그 형식과 내용을 확장한 2차원의 바코드로 종횡의 정보를 가져서 숫자

외에 문자의 데이터를 저장할 수 있다.

3) RFID 도입

RFID(Radio Frequency Identification)는 무선주파수를 이용하여 상품과 사물 등의 객체를 인식하는 기술로 유비쿼터스 사회를 가시화할 수 있는 기반 기술로 인식되며 정부와 산업, 학계의 상당한 관심이 모아져 왔다.

물류부문에서 RFID를 접목시키려는 가장 큰 이유는 물류 서비스 제고와 비용 감소이다. 서비스 제고 측면은 화물추적의 정확도로, 효과적인 재고관리를 가능케 한다. 특히 몇 개가 재고로 남아 있는지를 실시간으로 알 수 있어 재고수준을 10~30%까지 낮출 수 있다.[4] 특히 품절을 예방할 수 있는 큰 장점이 있다. 미국의 월마트에서 실시하고 있는 RFID 도입 의무화 사례를 보면 품절(out-of-stock)이 16~26% 감소되는 효과를 가져온 바 있다.[5]

또한 비용절감 면을 보면 가장 커다란 비용절감효과는 인력감소에 따른 것이다. RFID기술을 사용할 경우 오더 피킹 인력의 36%, 가격산정 인력의 90%, 검수인력의 60~93%가 절감될 수 있는 것으로 조사된 바 있다.[6] 즉 물류 특성상 시간이 지체될수록 더 많은 비용이 투입되어야만 한다. 현재 가장 많이 사용하고 있는 바코드의 경우, 자동화 부분에 많은 기여를 했고 물류 시간을 단축시키는 데 지대한 영향을 끼쳤지만, 이보다 더 뛰어난 기술로 RFID가 등장을 하게 된 것이다.

RFID는 바코드보다 인식속도에서 차이가 있다. 바코드는 스캐너 하나로 하나의 바코드를 인식할 수밖에 없는 반면, RFID는 하나의 리더기로 여러 개의 Tag를 인식할 수 있다는 차이가 있다. 동일한 시간에 판독할 수 있는 정보의 차이로 인해 RFID를 선호하게 된 것이다. 두 번째는 인식률에 대한 차이이다. 바코드는 약속된 위치에 정확하게 위치해야만 스캐너가 판독할 수 있는 반면, RFID는 높은

---

4 Keith, A. et al., Focus on the Supply Chain: Applying Auto−ID within the Distribution Center, IBM Business Consulting Services, Auto−ID Center, Massachusetts Institute of Technology, 2002.

5 Roberti, M., "Analysis: RFID-Wal-Mart's Network Effect," [Online] (http://www.cioinsight.com/print_ article/0,1406,a=61672,00.asp).

6 Keith, A. et al., op. cit.

투과성으로 인해 어느 자리에 위치하더라도 판독이 가능하다는 것이다. 세 번째로 훼손 및 오염에 관한 문제이다. 바코드는 인쇄된 선이 어떠한 이유로도 손실될 가능성이 높으며 이렇게 손실된 바코드는 판독이 어렵다. 반면 RFID는 부착된 Tag를 떼어내지 않는 한, 손실될 가능성이 적다. 마지막으로 저장 능력이다. 바코드보다는 RFID가 더 많은 정보를 저장할 수 있는 장점이 있다. 물류의 이력을 추적하기 위해서 필요한 많은 정보들을 저장하기에 바코드보다는 RFID가 더 유리하다.

이렇게 뛰어난 기술임에도 상용화가 크게 진전되지 않는 이유는 가격에 대한 문제 때문이다. 세계 최대 유통업체인 월마트(Wal-Mart)는 노동 및 재고비용 감소를 위해, 공급업체들에 자사 납품 제품에 대해 기존의 바코드 대신 RFID 스마트태그 부착을 추진하였다. 그러나 당초 물류비용이 절감될 것이라는 기대와는 달리, 경쟁업체보다 물류비용 상승률이 높은 것으로 나타났으며, 유통 센터 내 RFID 도입률도 저조하였다. RFID 도입시 비용 상승 요인은 높은 제조비용 때문이다. 바코드는 태그 하나당 제조비용이 1센트 미만인 데 비해, RFID는 태그 하나당 제조비용이 현재 15센트 정도이기 때문이다.

MEMO

19

전자상거래와 물류

핵심포인트

전자상거래는 온라인 네트워크를 통하여 재화나 서비스를 사고 파는 모든 형태의 거래를 말한다. 가계, 기업, 정부, 금융기관 등 경제주체간에 상품과 서비스를 교환하는 데 전자적인 매체, 주로 인터넷을 활용하는 것을 전자상거래라고 할 수 있다.

1. 전자상거래의 유형

전자상거래는 업체가 개인 소비자를 대상으로 제품이나 서비스를 판매하는 B2C모델이 일반적이었다. 이후 전자상거래는 전자적 수단을 이용해 가상공간에서 디지털 정보를 서로 교환하면서 거래를 하는 모든 유형으로 확장되었다. 따라서 전자상거래의 주체는 개인, 기업, 정부가 될 수 있다.

2. 세계 전자상거래 시장

글로벌 전자상거래 물류시장이 2017년 이후 2021년까지 연평균 10%씩 성장할 것으로 예상하는 등 세계 물류시장을 전자상거래 물량이 주도하고 있다. 이는 스마트 폰을 통한 모바일 전자상거래 시장이 성장함에 따라 전체적인 글로벌 전자상거래 시장이 성장하고 있기 때문이다.

글로벌 전자상거래 시장은 알리바바 그룹(Alibaba Group), 아마존(Amazon) 및 이베이(eBay)와 같은 주요 글로벌 전자상거래 업체가 주도하는 시장구조이다.

3. 전자상거래 효과 및 영향

생산자와 소비자 사이의 중개업체의 부재로 인해 창고와 조달 센터 같은 고정된 시설의 수와 위치에 변화를 주면서 물류시스템에 큰 영향을 미칠 수 있다.

라스트 마일 배송비는 전체 전자상거래 물류 비용의 30% 이상을 차지하는 만큼 자율주행 기술 같은 자동화 기술 발전이 크게 이루어지고 있다.

4. 주요국의 전자성거래 현황

중국은 이미 2013년 이후 세계 최대 전자상거래 시장으로 떠올랐다. 알리페이, 위챗페이 등 간편한 모바일 결제 확산이 그 배경이다. 또한 북미 지역은 세계 최대의 글로벌 플레이어들이 경쟁하는 곳으로 세계에서 가장 선진화된 전자상거래 기술과 소비자가 존재하는 시장이다. 일본의 전자상거래 시장은 빠르게 성장하고 있으며, 세계 5대 전자상거래 시장으로 성장하고 있다.

1. 전자상거래 서비스의 등장

전자상거래는 온라인 네트워크를 통하여 재화나 서비스를 사고파는 모든 형태의 거래를 말한다. 가계, 기업, 정부, 금융기관 등 경제주체간에 상품과 서비스를 교환하는 데 전자적인 매체, 주로 인터넷을 활용하는 것을 전자상거래라고 할 수 있다. 최근에는 전자상거래를 전화, PC통신, TV, 케이블TV, CD롬 등을 이용한 전자 카탈로그, 사내전산망 등 다양한 정보통신 매체를 이용하여 상품과 서비스를 유통시키는 모든 유형의 상업적 활동으로 확대되고 있다. 보다 넓은 의미로는 이러한 정보통신 매체를 활용하여 상품과 서비스를 사고 파는 것뿐 아니라 수주와 발주, 광고 등 상품과 서비스의 매매에 수반되는 광범위한 경제활동을 의미하기도 한다.

전자상거래(e-commerce)는 전자적인 연결로 진행되는 모든 경제 활동으로 정의되어 왔다.[1] 전자적인 연결은 전화, 전자상 의사소통을 말하고 EDI와 인터넷과 같은 컴퓨터 간의 거래와 관련된 활동을 포함한다. e비즈니스(e-business)는 정보기술을 활용한 모든 상행위라고 할 수 있다. 즉 e커머스(e-commerce)라[2] 불리는 전자상거래는 인터넷 웹사이트상에 구축된 가상의 상점을 통해 제품과 서비스를 사고 파는 모든 행위를 말한다. 또 이보다 넓은 개념으로 개인 기업 정부 등

---

1 R. T. Wigland, "Electronic Commerce: Definition, Theory, and Context," The Information Society, Vol. 13, No. 1, 1977, pp. 1−16.

2 이커머스: e-commerce, eCommerce, electronic commer 등의 다양한 표기법을 가지며 컴퓨터 통신망 등 전자매체를 이용해 상품을 사고파는 행위를 의미함.

경제활동 주체들이 전화 팩스 컴퓨터 등 전자매체를 통신망과 결합해 인터넷 등 네트워크를 통해 제품이나 서비스를 매매하는 행위를 말하기도 한다. 최근 스마트폰 확산에 따라 PC를 기반으로 하는 전자상거래 시장의 무게중심이 모바일 쇼핑으로 빠르게 옮겨가고 있다.

1994년 8월 11일 뉴욕 타임즈에 실린 기사다. "필라델피아의 필 브랜덴버거 씨는 그의 컴퓨터로 로그인하여 자신의 신용카드로 스팅의 음반 한 개를 12.48달러를 주고 사는 역사에 남을 만한 일을 했습니다." 이 이야기를 지금 들으면 그다지 대단한 것이 아니지만, 이 거래가 온라인 소매업을 시작하게 만든 역사적인 사건이었다. 왜냐하면 인터넷 구매를 가능케 한 암호화 기술이 사용된 시초 거래로, 진정한 최초의 전자상거래였기 때문이다.

전자상거래라는 용어는 1989년 미국의 로렌스리버모어연구소(Lawrence Livermore National Laboratory)에서 미국 국방부 프로젝트를 수행하면서 처음 사용하였으며 이듬해부터 일반적인 용어로 통용되기 시작하였다. 초기의 전자상거래는 대부분 특정한 경제주체간의 전용망인 부가가치 통신망(Value Added Network: VAN)을 이용하여 기업간, 또는 정부와 기업간에 전자적인 자료를 교환하는 전자문서교환(Electronic Data Exchange)에 국한되었으나 1990년대 중반 인터넷이 상용화되면서 전자상거래가 급격하게 확산되었다.[3]

인터넷상에서 상품과 서비스에 대한 정보를 쉽게 구할 수 있는 전자상거래가 가지고 있는 효율적인 구매 방법에 의해 그 시장이 커지게 되었다. 동시에 판매자들 간 가격경쟁과 제품 차별화가 촉진해서 소비자이익도 점차 커지게 되었다. 또한 사업 투자비용이 획기적으로 감소되어 소규모 사업자도 쉽게 진입할 수 있게 되었다.

전자상거래가 거래행위에 초점이 맞춰지는 데 비해 e비즈니스는 거래 행위는 물론 소비자, 공급업체와 관계형성을 통한 원가절감, 잠재고객 발굴 등의 업무 범위를 포함하고 있는 좀 더 넓은 개념이다. 예를 들어 인터넷을 통해 회사 신제품 정보를 잠재고객에게 정기적으로 보내 회사 및 제품에 대한 호감을 갖게 하는 것은 e비즈니스에 속하는 것이라 할 수 있다.

---

3 네이버 지식백과, 전자상거래(경제학사전, 2011. 3. 9., 경연사).

2. 전자상거래 유형

1) 서비스 대상 기준 분류

전자상거래는 업체가 개인 소비자를 대상으로 제품이나 서비스를 판매하는 B2C(Business to Consumer) 모델이 일반적이었다. 월마트, 이케아, 아마존 등 온라인 사업을 시행하는 대부분의 업체가 이 모델을 채택하고 있다. 이후 전자상거래는 전자적 수단을 이용해 가상공간에서 디지털 정보를 서로 교환하면서 거래를 하는 모든 유형으로 확장되었다. 따라서 전자상거래의 주체는 개인, 기업, 정부가 될 수 있고, 거래 특성과 거래 방향에 따라 기업과 개인 간 전자상거래(B2C, Business-to-Customer), 기업과 기업 간 전자상거래(B2B, Business-to-Business), 개인과 개인 간 전자상거래(C2C, Customer-to-Customer), 국민과 정부 간 전자상거래(C2G, Customer-to-Government), 기업과 정부 간 전자상거래(B2G, Business-to-Government) 등 다섯 가지 유형으로 구분될 수 있다.

B2C는 대체로 인터넷 쇼핑몰과 같은 형태로 기업과 고객 간에 거래 관계가 형성되는 것을 말하며, 공급의 주체는 기업이다. B2C는 인터넷의 보급과 더불어 급속도로 성장한 인터넷 비즈니스 분야로 상품의 생산 기업이나 판매 기업들이 일반 소비자들을 상대로 가상공간인 인터넷상에 전자상점을 개설하고 상품이나 서비스를 판매하는 형태다.

B2B는 원료 공급자와 수요자인 기업 간 거래와 기업과 금융기관 간 자금 결제 등을 포함한 전자 거래를 말한다. B2B는 기업의 사설망이나 부가가치통신망 등의 네트워크상에서 주로 EDI(Electronic Data Interchange)를 사용해 기업 간에 주문을 하거나 송장을 받고 지불하는 것이다. 초기에는 주로 무역이나 제조 분야에서 널리 활용해 왔으나, 점차 다른 업종으로 확산되어 가고 있다.

C2C는 경매와 같이 개인과 개인 간에 일대일 거래가 이루어지는 것으로 서버를 통해 상품, 서비스, 정보 등을 가상공간에서 거래하는 유형을 말한다.

한편 C2G는 인터넷 기반의 전자정부 단일 창구(single window) 구축을 통해 최고 수준의 대 국민 서비스를 제공하는 것을 목표로 G4C(Government-for-Citizen)로 발전했다. 이에 비해 B2G는 기업과 정부 기관 간 전자적 거래 과정을 모두 포함하는 전자상거래를 의미한다.

최근의 전자상거래는 자국 내 전자상거래에서 벗어나 국경간 전자상거래로 발전하고 있다. 지불수단, 배송시간, 통관 및 반품 등 여러 가지 해결해야 할 문제점에도 불구하고 크게 성장하고 있다. 중국의 전체 무역에서 국경간 전자상거래 비중이 2015년 기준으로 21%를 초과했고, 2021년에는 40%까지 차지할 것으로 전망하고 있다.[4]

2) 비즈니스 모델 기준 분류

전자상거래 서비스는 소비자에게 상품을 온라인으로 판매하는 비즈니스 모델에 따라 직매입 모델, 오픈마켓 모델, 자사몰 모델로 구분할 수 있다. 각 비즈니스 모델은 상품 조달과 판매 방식, 운영 방식에서 차이를 보인다.

첫째, 직매입 모델은 전자상거래 기업이 제조/판매자로부터 직접 상품을 구매하여 재고로 보유하고, 이를 소비자에게 판매하는 방식을 의미한다. 이 모델에서는 전자상거래 기업이 주문 발주에서 재고 관리, 상품의 품질과 배송 과정을 모두 책임지게 된다. 대표적인 예로는 미국의 아마존, 한국의 쿠팡, 중국의 징둥 JD.com과 같은 전자상거래 기업이 있으며, 이들은 상품의 구매, 저장, 배송, 고객 서비스까지 모든 과정을 직접 관리하여 빠르게 성장하고 있다. 직매입 모델은 전자상거래 서비스 기업이 전체 과정을 관리함에 따라 재고 관리와 물류 관련 비용이 많이 들지만, 상품 품질과 배송 속도에 대한 통제력을 높이고 가장 높은 수준의 서비스 제공이 가능한 장점이 있다.

둘째, 오픈마켓 모델은 전자상거래 플랫폼이 판매자와 구매자를 연결해주는 중개자 역할을 하는 방식이다. 이 모델에서는 다양한 판매자들이 자신이 보유한 상품을 디지털 플랫폼에 등록하여 판매하고, 오픈마켓 서비스를 제공하는 전자상거래 기업은 거래를 중개하면서 수수료를 받는 모델이다. 한국의 지마켓 및 11번가, 미국의 이베이, 중국의 알리바바 등이 오픈마켓 모델을 채택하고 있다. 이 모델의 장점은 다양한 상품을 한 곳에서 비교하고 구매할 수 있다는 점이며, 판매자 간 동일한 상품을 판매하는 과정에서 치열한 경쟁이 벌어져 낮은 가격에 상품을

---

4 www.supplychainbrain.com 2017. 4.

구매할 수 있는 장점이 있다. 서비스 운영자는 직접 재고를 관리하지 않으므로 운영 부담이 적고, 판매자들로부터 광고비 매출을 확보하여 수익성이 높다. 하지만, 판매자별로 상품 품질과 배송 서비스가 달라질 수 있어 통일된 고객 경험을 제공하는 데 어려움이 있고, 물류 인프라 부재로 인하여 빠른 배송 서비스 경쟁력을 확보하는 것이 어려울 수 있다.

셋째, 자사몰 모델은 특정 브랜드나 기업이 운영하는 독립적인 온라인 쇼핑몰을 의미한다. 이 모델에서는 제조 기업이나 브랜드가 자사 제품을 직접 판매하며, 공식 웹사이트 또는 앱을 통해 상품을 제공하다. 예를 들어, 나이키나 애플 같은 브랜드는 자사몰을 통해 독점적으로 자사 제품을 판매하고 있다. 자사몰은 브랜드 이미지와 고객 경험을 일관되게 관리할 수 있다는 장점이 있으며, 직접 고객 데이터를 수집하고 분석하여 마케팅 전략을 세울 수 있다. 가격에 대한 통제도 가능하고, 고객으로부터의 피드백을 반영하여 지속적으로 제품 및 서비스를 고도화할 수 있는 점도 강점이다. 그러나 자사몰을 운영하는 데 필요한 초기 비용과 기술적 인프라를 구축해야 하는 부담이 크고, 대규모 판매자를 확보한 오픈마켓 및 다양한 상품을 판매하는 직매입 모델 대비 고객 확보를 위한 브랜드 및 쇼핑몰 홍보 비용 부담이 증가할 수 있다.

3. 전자상거래 시장 현황

1) 세계 시장 규모

2016년에 세계 전자상거래 시장 규모는 1.9조 달러로 세계 총 소매 매출의 8.7%를 차지하고 있다. 이후에도 매년 20% 이상씩 성장하여 2020년에는 전자상거래 규모가 4조 달러를 넘어 총 소매 매출에서 차지하는 비중도 14.6%에 이를 것으로 전망하고 있다.[5]

글로벌 전자상거래 물류시장이 2017년 이후 2021년까지 연평균 10%씩 성

---

5 www.eMarketer.com, 2016. 8.

장할 것으로 예상하는 등 세계 물류시장을 전자상거래 물량이 주도하고 있다. 이는 스마트 폰을 통한 모바일 전자상거래 시장이 성장함에 따라 전체적인 글로벌 전자상거래 시장이 성장하고 있기 때문이다. 2016년 기준 전 세계 인구의 45%를 차지하는 40억 명 이상이 스마트폰을 이용했던 것으로 나타났다.[6]

글로벌 전자상거래 물류 시장은 사물인터넷, 무인 항공기, 자동 창고 및 자동화 트럭 등과 같은 새로운 기술로 인해 꾸준히 성장하고 있다. 이런 신기술은 전자상거래 물류의 전반적인 프로세스 속도 및 효율성을 향상시키는 장점을 지니고 있어, 아마존이나 알리바바와 같은 대형 전자상거래 업체들이 적용하고 있다.

글로벌 전자상거래 시장은 알리바바 그룹(Alibaba Group), 아마존(Amazon) 및 이베이(eBay)와 같은 주요 글로벌 전자상거래 업체가 주도하는 시장구조이다. 다만 성장 잠재력이 높은 전자상거래 시장의 성장을 저해하는 주요 요인 중 하나는 라스트 마일 배송비 문제이다. 라스트 마일 배송비는 전체 전자상거래 물류 비용의 30% 이상을 차지하는 만큼 이에 따른 영향이 큰 것으로 나타나고 있기 때문이다.

2) 중국의 전자상거래

중국의 전자상거래 시장 거래 규모는 2013년 1.9조 위안에서 2017년에는 6.1조 위안으로 성장했고, 2020년에는 10조 위안을 넘어설 것으로 예상하고 있다.[7] 또한 4억 1,300만 명이 전자상거래를 이용한 것으로 나타나 전체 인터넷 사용자 수의 60%에 이른다.[8] 이는 모바일 결제, 할부 구매 금융, 물류 유통 등 기초 인프라의 발전과 빅데이터, AI 기술 등의 도입으로 소비 효율을 제고한 결과이다.

중국은 이미 2013년 이후 세계 최대 전자상거래 시장으로 떠올랐다. 알리페이, 위챗페이 등 간편한 모바일 결제 확산이 그 배경이다. 시장조사기관 아이리서치그룹에 따르면 중국 내 지급 방식에서 모바일 결제가 차지하는 비중은 2014년 4%에서 지난해 63%로 급증했다. 대부분 QR코드 결제다. 시장조사기관 이마케터

---

6 prnewswire.com/mmdonline.com. 2017. 8. 10.

7 iResearch(KOTRA, 중국 전자상거래 시장, 2019년 트렌드는?, 2018. 12. 18.에서 전재).

8 강동준, 중국 전자상거래 현황과 과제, 인천발전연구원, 2018.

닷컴에 따르면 2017년 중국 전자상거래 소매 부문 매출은 전 세계 시장 중 23.1%를 차지한 것으로 추산되고 있으며, 이 가운데 알리바바는 중국 소매 전자상거래 시장 중 58.2%를 점유할 것으로 추산하고 있다. 중국 1위 전자상거래 업체인 알리바바의 성장은 모바일 결제 서비스 '알리페이'가 큰 힘이 되고 있다. 알리바바는 2004년 알리페이를 출시한 뒤 2017년 알리페이 가입자는 약 5억 2,000만명에 달하며, 세계 40여 개국에서 이용 가능하다.

알리바바(Alibaba)와 징둥닷컴(JD.com)은 중국 전자상거래의 주요 엔진이다. 지난 1999년 출범한 알리바바는 2018년 기준 사용자가 5억 2,400만명에 달한다. 2004년 서비스를 시작한 징둥닷컴은 중국, 태국, 인도네시아에 있는 500여 개 창고에 기술을 전파해 자동화를 모색하고 있다. 알리바바와 징둥닷컴은 자체 지불 시스템을 구축하고, 소셜 미디어를 수용하고, 거의 모든 유형의 제품을 판매하는 '원스톱 숍(one-stop-shop)'이 됨으로써 중국 온라인 소매 시장을 주도하고 있다.

중국 전자상거래 플랫폼은 안정적 성장기를 거쳐 온·오프라인 융합기에 접어들었다. 중국의 전자상거래는 신유통, 해외직구, 황홍경제, 그리고 소셜 커머스로 대별되는 추세로 설명될 수 있다.[9] 신유통이라는 온라인 플랫폼과 오프라인 매장, 그리고 물류 시스템이 소비자를 중심으로 통합된 유통 형태로 발전하고 있다. 2016년 알리바바의 마윈(马云)이 개념을 제시한 후 2017년은 신유통의 원년으로 명명되고 있다. 마윈은 향후 기존 제품−채널−소비자 순이었던 소비시장이 소비자−제품−채널 순의 신유통 시대가 도래할 것이라고 전망했다. '신유통'은 미래 전자상거래 플랫폼이 사라지고, 온라인·오프라인과 물류가 결합해 탄생한 비즈니스 모델을 가리킨다. 즉 '온라인+오프라인+물류'를 말한다. 온라인은 클라우드 플랫폼을, 오프라인은 유통 매장 혹은 제조상을 가리킨다. 강화된 물류 시스템은 재고를 최저점까지 떨어뜨릴 것이고, 사재기를 감소시킬 것이다. 그 핵심은 소비자 중심의 회원, 지불, 재고, 서비스 등 다양한 데이터의 일맥상통에 있다. 중국의 각 기업들은 자신만의 전략으로 신유통시대를 준비하고 있다. 핀투지식창고(品途智库)가 조사한 2018년 중국의 신유통분야 주요 기업으로는 알리바바가 최상위권을 차지했으며, 뒤를 이어 징둥, 쑤닝, 샤오미 등 기업이 상위에 위치하고 있다.

---

9 iResearch 전게서.

중국의 국경 간 전자상거래, 즉 해외직구 교역액은 2014~2016년 전체 수출입 교역액이 감소하는 상황에서도 지속 성장해왔으며, 2018년 중국 내 해외 직구 이용자는 전년 동기 대비 48% 증가한 1억 명 이상으로 집계되고 있다. 이는 중국 내 소비자의 가처분소득 증가, 해외 상품의 품질과 개성에 대한 수요 증가, 물류 유통의 발달로 인한 해외 구매 부담 감소 등이 주된 원인으로 분석된다.

왕홍은 소셜 미디어 상에서 큰 영향력 및 파급효과를 가진 사람을 의미하며, '왕홍경제'라는 용어가 출현할 만큼 전자상거래에서 그 파급력은 갈수록 확대되고 있다. 2018년 4월 기준 중국 전체 왕홍 팔로워 수는 전년 동기 대비 약 25% 성장한 5억 8,800만 명에 달했으며, 2020년 개인 라이브 방송 시장 규모는 1,120.9억 위안(약 18조 원)에 이를 것으로 전망되고 있다. 왕홍의 활동 영역은 기존 미용, 패션 분야 외에도 건강, 미식 등 다양한 분야로 확대되고 있고, 활동 분야에 대한 전문성이 제고되고 있으며, MCN(Multi Channel Network, 다중 채널 네트워크)의 등장으로 보다 체계적인 질서가 확립되었다. 2016년 이후 출현한 쇼트클립[10]은 기존 라이브 방송에 비해 낮은 비용, 빠른 확산 속도를 바탕으로 많은 왕홍의 유입 및 신규 왕홍의 탄생을 이끌어내고 있다. 화웨이, 딩딩(알리바바의 오피스 어플리케이션) 등 중국의 각종 기업들이 쇼트클립을 활용한 마케팅을 시작하며, 쇼트클립 마케팅 시장 규모 역시 2018년 기준 전년 대비 500% 이상의 성장률을 보이며 폭발적으로 성장하고 있다.

전자상거래 시장 규모의 성장과 함께 모바일 결제와 소셜 매체의 긴밀한 결합을 이용한 중국의 소셜 커머스 시장 역시 빠르게 성장하고 있으며, 2020년 기준 전체 전자상거래 시장의 약 31.3%를 차지하며 시장 규모가 3조 위안(약 491조 원)에 이를 전망이다. 소셜 커머스는 "익숙함의 경제" 또는 "신임 경제"로 표현되며, 넓은 의미에서는 가족, 친구뿐만 아니라 왕홍, 타오바오 달인(达人), 大V[11] 등의 영향을 받아 소비한 경우도 포함한다. 소셜 커머스는 전통 전자상거래에 비해 소비자 유치 비용이 적으며, 플랫폼에 대한 높은 충성도, 판매 전환율, 재구매율을 보이고 있다.

---

10 온라인 엔터테인먼트의 주요형식으로 자리매김한 온라인 어플리케이션.
11 많은 팔로워를 보유함과 동시에 블로그 플랫폼으로부터 공식 인증을 받은 사용자.

3) 미국의 전자상거래

북미 지역은 세계 최대의 글로벌 플레이어들이 경쟁하는 곳으로 세계에서 가장 선진화된 전자상거래 기술과 소비자가 존재하는 시장이다. 스마트폰의 보급이 이루어지면서 북미 지역은 Amazon 및 eBay 같은 글로벌 전자상거래 플랫폼과 Paypal과 같은 핀테크 기업의 발상지이다.

이러한 전자상거래 플랫폼은 온라인 판매환경을 주도해왔으며, 전자제품, 도서, 전자항공권, 의류 등은 전자상거래 분야에서 가장 인기 있는 카테고리이다. 특히 아마존은 이 분야에서 가장 강력한 업체로 독보적인 입지를 확보하고 있다. 아마존의 프라임서비스는 경쟁사보다 빠르고 저렴하게 제품을 판매함으로써 기존의 전통적 산업인 소매업체와 백화점에 큰 위협이 되고 있다.[12]

미국의 전자상거래는 지난 20년간 꾸준히 성장했다. 미 통계 전문사인 Statista에 의하면 2018년 약 2억 3천만명이 온라인 구매를 하고 그 규모가 총 4,740억 달러에 이를 것으로 전망했다.[13] 그러나 2017년 기준 미국 소매판매액은 총 5억 7,400만 달러 중 온라인 쇼핑액은 4천 5백억 달러로 그 비중은 7.8%에 불과하다. 이는 자동차 및 부품, 주유소 등 전통적인 오프라인 매출이 많고 아직 오프라인에서 직접 구매를 선호하고 있기 때문이다. 따라서 미국의 전자상거래는 아직 성장기라 할 수 있다.

미국의 전자상거래는 세계 1위의 지위를 갖고 있는 아마존이 독주하고 있다. '온라인 공룡'으로 불리는 아마존의 가격 공세로 소비자들이 온라인 시장으로 몰려가면서 미국 오프라인 유통기업들의 파산이 잇따르고 있다.

4) 일본의 전자상거래

일본 전자상거래 시장은 빠르게 성장하고 있으며, 세계 5대 전자상거래 시장으로 성장하고 있다. 일본은 2017년 기준 8,259만 명의 전자상거래 사용자가 있다. 일본의 경우 16~24세와 25~34세의 96%와 35~44세의 98%가 매일 인터넷

---

12 http://www.irsglobal.com/bbs/rwdboard/14027.
13 Statistica, Digital Market Outlook, 2018.

서비스에 접속하고 있다.[14] 이러한 일본 전자상거래 시장의 성장은 편리하고 신속한 배달을 위해 개발된 유통 인프라 및 비교적 작은 국가 규모와 결합하여 발전되어 왔다.

일본 내에서 가장 인기 있는 전자상거래 상품군은 여행이다. 2015년 기준으로 레저 항공편의 91%와 호텔 숙박의 86%가 온라인으로 구매되었다. 또한 음악과 자동차 보험은 온라인 구매 비중이 각각 세 번째와 네 번째로 높은 상품군이다. 음악의 79%, 자동차 보험은 67%가 온라인으로 구매되고 있다. 패션 역시 전자상거래 비율이 빠르게 증가하는 상품군이다.

일본의 전자상거래 플랫폼은 라쿠텐, 아마존 재팬, 야후 쇼핑이 3대 플랫폼으로 일본 전자상거래 판매액의 50%를 차지하고 있다. 기존에는 라쿠텐이 확실한 선두 업체였으나, 최근 아마존 재팬이 자체 유통 센터 네트워크에 투자하여 시장에서의 입지를 강화하고 있다.

일본 소비자가 온라인 구매 시 사용하는 기기의 92%는 데스크탑이며, 스마트폰 6%에 불과하다. 일본 전자상거래 소비자의 대부분은 여전히 데스크탑에서 물건을 구매하는 것을 선호하고 있으나, 모바일 디바이스를 통해 구매하는 이들의 수가 증가하고 있다. 향후 스마트폰 이용률이 크게 증가할 것으로 전망하고 있으며, 이에 따라 온라인 쇼핑몰의 매출 증가세는 계속 유지할 것으로 예상하고 있다. 특히 스마트폰앱을 통해 개인 간에 물건을 거래할 수 있는 플랫폼 서비스인 메루카리(Mercari)와 같은 앱의 등장으로 인한 C2C 구매 및 판매 습관은 향후 모바일 상거래 시장을 이끄는 동력이 될 것으로 전망된다.

4. 전자상거래 물류: 라스트마일 물류와 풀필먼트[15]

1) 전자상거래 물류 개요

인터넷은 물류 기능 간에 또는 기능 내의 비용 절감과 서비스 향상을 제공한

---

14 statista, E-commerce Japan.
15 송상화 (2017), 이커머스 풀필먼트 서비스: 개념 및 사례들, 대한상의 물류 인사이트

다. 실제 운송과 주문관리의 두 물류 기능이 인터넷상의 거래에서 가장 많이 나타나고 있다. 운송에서 인터넷은 제시간에 운송되는지의 여부와 불만사항을 관찰한다. 주문 관리에 있어서 인터넷의 사용은 소비자가 주문을 하는 시점에서부터 시작한다.

소비자들이 중개업체를 통해서가 아닌 생산자로부터 직접 주문할 경우 인터넷은 현존하는 유통경로를 대체하는 효과를 가져온다. 생산자와 소비자 사이의 중개업체의 부재 즉, 중개중단(disintermediation)은 창고와 조달 센터 같은 고정된 시설의 수와 위치에 변화를 주면서 물류시스템에 큰 영향을 미칠 수 있다.

전자상거래나 e비즈니스 전략을 채택할 경우 그 이득과 비용에 대해 검토해 보아야 한다. 전자상거래나 e비즈니스는 많은 자본투자 없이 시장점유율을 높일 수 있는 사업모델의 장점을 갖고 있다고 하지만, 기존 매장 방식보다 비용이 더 발생되는 부분이 있기 때문에 이를 살펴보아야 한다. 반입수송은 집중화를 통해 최적화시킬 수 있지만, 반출수송에는 다양한 제품에 대해 소량씩 많은 수송을 해야 하기 때문에 비용이 많이 발생된다. 또한 전자상거래는 매장 구매와 달리 반품이나, 물건 반출 등 고객이 해오던 활동까지 회사가 직접 해야 하기 때문에 화물 취급비용이 더 발생할 수 있다. 또한 전자상거래 업체는 공급업체로부터 정확한 운송, 입고가 이루어지지 않을 경우, 후속적인 배송을 신뢰성 있게 할 수 없고, 고객서비스가 크게 하락할 수 있다.

고객서비스를 공급업체에 의존해야 하는 모델에서 탈피하기 위해 전자상거래 업체가 물류센터를 다수 확보하고 있어야 할 경우도 생기게 된다. 이 밖에 시스템 보안유지를 위한 비용이나, 현지국 언어의 웹페이지 운영비용 등이 추가로 발생된다.

그러나 온라인 구매와 매장 구매 사이에 물류적 공통점도 존재한다. 예를 들어 양쪽 모두 운송, 창고, 원자재 관리와 주문관리와 같은 물류 기능을 가지고 있고 양쪽 모두 바코드와 창고관리시스템의 같은 유형의 장치와 제품을 사용한다. 반면에 온라인과 매장 소매업 사이에 큰 차이점은 물류 기능의 실행에 있다. 예를 들어 소매업체보다 온라인 업체에서 더 다양한 제품을 적은 양으로 다루게 된다. 이는 온라인 소매업체가 더욱 빈번한 주문을 처리할 수 있는 주문관리시스템이 필요하고, 정확하게 제 시간에 맞도록 주문을 처리할 수 있는 정보관리시스템이 필수적이라는 의미이기도 하다.

또한 적은 양의 주문으로 인해 온라인 구매는 피킹의 효용성과 효율성을 용이하게 하는 장소에 위치해야 한다. 전자상거래의 적은 주문량 때문에 포장도 달라져야 한다. 기업들은 작은 양의 제품을 잘 담기 위한 봉투, 용지 등이 필요하다.

또한 온라인 판매에 있어 고려해야 할 사항은 운송과 회수에 관한 것이다. 온라인상에서 구매된 적은 양의 주문은 운송 기업이 더 넓은 운송 네트워크와 포장 운송에 전문적이어야 한다. 또한 많은 온라인 업체들은 소비자가 물건을 받지 못했을 경우, 또는 반품 회수 등을 고려해야 한다. 온라인 주문은 다른 유형의 소매업보다 반품률이 더 높은 경향이 있다. 일반 소매업에서 10%의 회수율을 보인다면 온라인 구매의 회수율은 약 30%에 달한다는 통계보고가 있다. 적절한 회수 절차는 회수의 효율과 효용성을 높일 뿐 아니라 소비자의 신뢰를 쌓는 효과적인 방법이기도 하다.

2) 전자상거래와 물류 네트워크 구조 변화

물류 네트워크는 제품이 공급자로부터 최종 소비자에게 전달되기까지의 전체 과정을 포함하며, 특성에 따라 퍼스트마일(First-Mile), 미들마일(Middle-Mile), 라스트마일(Last-Mile)의 세 단계로 구분할 수 있다.

먼저, 퍼스트마일 물류는 제품이 생산자 또는 제조업체로부터 물류 네트워크에 진입하는 초기 단계를 의미하며, 제조물류 단계로 이해할 수 있다. 이 단계에서는 상품이 원자재 및 부품 소싱 후 제조 공장에서 생산되어 물류 허브 또는 주요 창고로 운송되는 과정을 포함한다. 퍼스트마일은 주로 대량의 상품을 장거리 운송하는 데 초점을 맞추고 있으며, 제조 공장에서 생산된 대량의 제품을 효율적으로 운송하기 위해 대형 트럭, 컨테이너, 선박 등의 대규모 운송 수단이 주로 사용된다. 대량의 제품을 한꺼번에 운송하므로 운송 비용을 절감하고, 운송 효율성을 극대화하는 것이 중요하다.

미들마일 물류는 물류 네트워크의 중간 단계로, 제품이 물류 허브나 대규모 창고에서 지역 분배 센터를 거쳐 오프라인 유통 매장으로 이동하는 과정을 포함한다. 이 단계는 오프라인 중심의 전통적인 유통 기업의 물류 체계를 의미하여 유통 물류라고 생각할 수 있다. 월마트, 이마트와 같은 대형 유통 채널의 경우 매일 공급업체로부터 상품을 공급받아 지역 분배 센터를 거쳐 제품을 오프라인 매장으로 재분배한다. 오프라인 매장이 위치한 지역 및 상품 특성에 따라 운송 방식과 경로가 다양하게 설정될 수 있어 높은 유연성이 요구되며, 제품이 오프라인 매장에 도달하기 전까지 여러 유통 물류 거점을 거치며 효율적으로 재고를 관리하고 이동시키는 것이 중요하다.

마지막으로 라스트마일 물류는 물류 네트워크의 최종 단계로, 제품이 최종 소비자에게 직접 전달되는 과정을 포함한다. 일반적으로 전자상거래 서비스를 통한 상품 판매 및 배송 단계를 의미하며, 전자상거래 서비스가 활성화되기 전에는 고객이 오프라인 매장을 방문하여 상품을 구매하고 필요한 곳으로 이동시키는 역할을 담당하였다. 전자상거래가 도입되면서 고객이 직접 매장을 방문할 필요없이 다양한 배송 서비스를 통해 집이나 사무실 등 최종 목적지로 소규모, 단거리 배송을 하게 되었다. 라스트마일 물류는 개인 고객에게 소량의 제품을 신속하게 배송해야 하므로 작은 규모의 차량이나 배송 인력이 필요하며, 배송의 속도와 정확성이 고객 만족에 직접적으로 영향을 미치게 되어 빠르고 정확한 서비스가 중요하다. 또한, 도시 내 교통 상황, 고객의 특정 요구사항 등 다양한 변수로 인해 복잡성이 매우 높은 단계로 지역적으로 분산된 다수의 고객에게 다양한 상품을 소규모로 더 자주 배송하는 과정에서 높은 비용이 투입되는 경향이 있다. 국내의 경우 익일 배송을 넘어 당일배송, 새벽배송, 주말배송 등 다양한 배송 서비스로 고도화화되는 단계이다.

전자상거래의 발전은 물류 네트워크 구조의 변화를 이끌어가고 있으며, 과거에는 소비자가 직접 수행했던 라스트마일 물류 부분에 대한 대규모 투자 및 서비스 혁신이 활발해지는 계기를 마련하였다. 전자상거래 비즈니스 모델 간 경쟁이 치열해지며 배송 서비스 품질을 고도화하려는 노력이 인프라 투자 및 서비스 운영 혁신으로 연결되고 있는 것이다. 2000년대 이후 전자상거래 시장은 초기 오픈마켓 중심의 서비스 경쟁에서 쿠팡, 아마존과 같은 직매입 비즈니스 모델을 강조하는 기업들이 시장을 확대하며 배송 서비스가 핵심 경쟁력으로 변화하게 된다. 이러한 변화는 라스트마일 물류에 대한 기업들의 관심으로 연결되었고, 직매입 모델 중심의 전자상거래 기업뿐 아니라 오픈마켓 전자상거래 기업과 물류 기업, 스타트업 등 다양한 기업들이 라스트마일 물류 혁신에 뛰어드는 계기를 제공하였다.

3) 물류 창고의 변화

전자상거래에 특화된 라스트마일 물류를 효율적으로 처리하기 위해서는 배송 서비스와 함께 물류 창고에 대한 재설계가 필수적이다. 전통적으로 "물류 창고"라는 개념은 "보관(Storage)"을 위한 장소 개념이 강했고, 상품이 흘러가는 개념보다는 대규모로 생산되고 구매한 상품을 장기간 보관하는 데 초점이 맞추어져 있었다.

하지만, 고객 서비스 수준이 향상됨에 따라 "보관창고(Storage Center)"는 "물류센터(Distribution Center)" 혹은 "유통센터"라는 개념으로 발전하게 된다. 유통센터는 보관 중심의 기존 물류창고와 달리 상품의 유통에 좀 더 초점을 맞추고 있으며, 입고된 상품을 최대한 빠른 시간 내에 오프라인 매장, 유통 대리점 등으로 공급하기 위한 설비들로 구성되어 있다. 이에 따라 2000년대 이후 보관창고라는 용어 대신 유통센터, 물류센터와 같은 용어가 보편화되기 시작하였다. 특히, 할인점, 대규모 마트의 발전으로 택배 터미널과 같이 입고된 상품을 최대한 빠른 시간 안에 목적지별로 분류하여 발송하는 시스템을 갖춘 대형 물류센터 설치가 활발히 이루어졌다. 하지만, 이러한 오프라인 유통 중심의 물류센터 역시 라스트마일 물류를 위한 설비라기보다는 미들마일 물류를 위한 설비의 성격이 강했다.

반면, 전자상거래 지원을 위한 라스트마일 물류 거점은 오프라인 유통을 지원하기 위한 물류센터를 넘어 "풀필먼트 센터(Fulfillment Center)"로 개념이 확장되고 있다. 풀필먼트 센터는 기존 물류센터와 달리 고객의 다양한 요구수준을 만족시키기 위한 서비스 센터의 개념이 강하며, 라스트마일 물류의 특성상 소규모의 다양한 상품들을 하나의 주문에 조합하고 고객이 원하는 방식으로 배송하는 설비가 주를 이루고 있다. 풀필먼트 센터라는 용어는 미국 전자상거래 기업 Amazon의 사례로부터 널리 사용되기 시작하였는데, Amazon의 풀필먼트 센터에서는 다양한 형태의 물류 로봇 등 자동화된 설비를 통해 상품을 피킹하고 포장하여 제품을 고객에게 배송하는 자동화 물류 창고로 고도화되고 있다.

전자상거래 서비스에 특화된 풀필먼트 센터 구축이 활발해지면서 전자상거래 배송 서비스를 전문적으로 제공하는 기업들이 등장하였으며, 이들 기업을 자신의 전자상거래 상품 보관 및 배송 서비스를 풀필먼트 서비스라고 이름짓고 전자상거래 판매자들에게 서비스를 홍보하고 있다. 기존에도 창고를 임대하거나 택배 기업에 연락하여 배송 서비스를 제공받는 것이 가능했지만, 일정 수준 이상의 규모를 가진 기업이 아닐 경우 창고 임대 자체가 불가능하고 전체 프로세스를 일괄 대행하는 서비스는 찾아보기 어려웠다. 매출 규모가 서비스를 운영하기에 충분한 경우에는 물류 기업을 통해 창고 임대 및 운영, 배송 서비스를 아웃소싱하는 것이 가능했지만, 중소규모 온라인 유통기업들은 대부분 자체적으로 물류 서비스를 처리하였다. 사업 초기 운영비를 최소화하기 위하여 상품 보관에서 택배 포장, 발송에 이르는 과정을 스스로 처리하는 경우도 많았지만, 물류 기업들이 전체 프로세스를 대행하는 아웃소싱 서비스를 중소규모 유통기업들에 적절히 제공하지 못한 부분도 있다.

이러한 부분을 개선하기 위하여 풀필먼트 서비스는 전자상거래 솔루션처럼 온라인 전자상거래 비즈니스를 운영하고자 하는 기업에 대해 재고 보관에서 재고 관리, 상품 포장, 택배 서비스 선택 및 발송, 필요시 상품 회수 등의 업무를 일괄 대행하는 전체 프로세스 통합 관리가 필수적이다. 유통기업 규모가 작다고 하더라도 다수의 기업들을 모아 처리할 수 있으므로 택배 서비스에서도 할인 요금 적용이 가능하고, 창고 및 재고 관리 서비스 역시 효율적으로 처리할 수 있다. Walmart와 같은 오프라인 유통 대기업, Amazon이나 eBay 같은 온라인 유통 대기업, FedEx, UPS 등과 같은 물류 대기업들은 자체 물류 인프라를 활용하여 풀필먼트 서비스를 제공할 수 있다. ShipBob, Shyp, 마이창고와 같은 스타트업들은 여러 업체의 물류 인프라를 효율적으로 통합-연계하여 라스트마일 물류에 특화된 서비스를 제공하고 있다.

5. 전자상거래 효과 및 영향

1) 전자상거래의 경제적 효과

전자상거래의 경제적 효과는 긍정적이다. 첫째, 유통채널을 단순하게 한다. 기존의 상거래가 대체로 도매상과 소매상을 거쳐 소비자에게 제품이 전달되나 전자상거래는 인터넷을 통해 직접 소비자에게 전달되기 때문에 유통채널이 단순하고 소비자는 저렴한 가격으로 구입할 수 있다. 둘째, 시간과 지역의 제한이 없다. 인터넷을 24시간 접속이 가능하며, 전 세계와 연결되어 있어 제한된 공간에서 한정된 영업시간 내에서만 거래를 하는 기존의 상거래와는 달리 언제 어느 때라도 제품정보를 수집하고 전 세계의 제품을 거래할 수 있다. 셋째, 고객의 수요에 대한 정보 획득이 용이하다. 기존의 시장조사 방식은 시장조사기관이나 영업사원이 소비자의 수요를 파악하여 정리하는 것이었으나 전자상거래는 인터넷을 통하여 수시로 정보를 획득할 수 있다. 넷째, 쌍방향 통신에 의한 1대 1 마케팅 활동이 가능하다. 기존의 상거래는 소비자의 의사에 상관없이 기업의 일방적인 마케팅 활동이라 할 수 있다. 그러나 전자상거래는 인터넷을 통해 소비자와 1대 1 통신이 가능하기 때문에 소비자와의 상호작용에 의한 마케팅 활동을 하게 된다. 다섯째, 판매활동을 위한 물리적 거점이 필요하지 않다. 기존의 상거래는 시장이나 상점 등 물리적인 공간 내에서 전시에 의해 판매를 하거나 고객을 직접 방문하여 판매하는 방식을 취하였으나 전자상거래는 네트워크를 통해 많은 정보를 제공하고 이러한 정보를 이용하여 판매를 한다. 그러나 전자상거래가 확산됨에 따라 소비자나 기업정보의 노출, 소비자피해의 증가, 경제적 불평등의 확대 등의 부수적인 부작용이 지적되고 있으므로 정보보안, 소비자보호 경제적 형평성의 제고를 위한 제도적 보완조치가 요청되고 있다.

2) 전자상거래가 운송에 미치는 영향

전자상거래의 발전으로 운송분야에서 다양한 변화들이 발생하고 있다. 특히 전자상거래의 발전으로 택배, 그리고 택배와 유사한 개념인 CEP(Courier, Express, Parcel) 운송분야가 크게 성장하고 있다. 이러한 운송이 2015년 전체 화물운송시장 규모 중 28%를 차지하고 있다. 2017년 기준으로 DHL, Fedex, UPS사 상위 3개 글로벌 물류사들이 전세계 택배시장의 84%를 차지하는 등 전자상거래의 발전으로 크게 성장하였다.[16]

이러한 운송산업의 발전은 기술 발전, 규제 및 지속가능성, 새로운 수요 창출 등의 영향을 미치게 된다. 이커머스 시장의 성장에 따라 B2C 시장이 성장하게 되고, 이는 전통적인 물류보다 수요지가 급격하게 증가하는 특징을 보일 것이기 때문에 물류 효율성 측면에서 대비가 필요하다.

온라인 전자상거래 물동량이 폭발적으로 증가하는 상황 속에서도 배송서비스를 자체적으로 제공하는 유통기업은 찾아보기 힘든 실정이다. 즉 물류창고를 자체적으로 운영하는 사례는 매우 흔하다. 알리바바, 징동, 아마존 등은 모두 풀필먼트 센터를 구축에 대규모 투자를 진행하고 있다. 그러나 배송만큼은 물류기업의 택배서비스를 이용하는 것이 일반적이다. 유통기업이 이미 네트워크를 구축한 물류기업과 직접적으로 경쟁하여 원가를 더 낮게 유지하는 것이 쉬운 일이 아니기 때문이다. 이처럼 전통적으로 유통과 물류의 분업 관계는 꽤 공고했다. 그런데 최근 이러한 관계에 변화가 생기고 있다. 우리나라 쿠팡의 로켓배송 서비스나 아마존의 직접택배서비스(Dilivery by Amazon: DBA) 서비스가 대표적인 사례이다. 이는 더 빨리 상품을 공급해야 하는 '속도경쟁'과 함께 남과 다른 서비스를 제공해야 한다는 '차별화경쟁'이 치열해짐에 따라 기존의 표준화된 서비스는 한계를 맞았기 때문인 것으로 보인다.[17]

전자상거래로 인해 미래 운송에 영향을 살펴보면 다음과 같다.[18] 우선은 첫째는 자율주행 기술 같은 자동화 기술이 발전될 것이다. 자동화는 물류산업의 경제성을 결정하는 요소로, 향후 서비스를 제공하는데 있어 주 수익원이 될 것이다. 또한 데이터 연결성(Data Connectivity)을 기반으로 한 비즈니스 모델이 성장할 것이다. 데이터 연결성 및 분석을 통해 수익 흐름을 관리하고 예측할 수 있을 것이다. 그리고 차세대 기술(Next-horizon technologies)로 인해 운송산업에서 많은 변화

16 www.statistica.com/statistics/236309/market−share−of−global−express−industry/ 2018. 3. 26.

17 송상화, 새 틀 필요한 물류, Lotis, 2018.

18 McKinsey, Delivering change: The transformation of commercial transport by 2025, 2016.

를 가져올 것이다. 대표적으로, 드론, 무인 배송 로봇 등은 현재 시험적용 중이나, 향후 운송산업의 니치 마켓을 성장시킬 주요 기술이다. 또한 많은 운송에 따라 도시물류에서 지속가능성과 관련하여 다양한 규제가 발생하고 있어 이를 준수하기 위한 다양한 비즈니스 모델이 필요할 것이다. 지속가능성은 단지 탄소배출 저감 등의 환경 규제로서의 지속 가능성뿐 아니라, 경제적 관점에서도 고려되어야 할 사항이기도 하다. 그리고 전통적인 B2C 물류는 Door-to-door 서비스를 제공하였다면, 최근의 물류는 말단에 위치한 고객에게 서비스하는 End-to-end 서비스를 제공하고 있어, 개인 맞춤화된 물류 비즈니스 모델이 등장할 것이다. 하지만, 고객은 이러한 더 높은 품질의 서비스를 요구하면서 낮은 비용을 지불하고 싶어해서, 물류기업에게 딜레마로 다가올 수도 있다. 이러한 고객 수요의 급격한 변화 및 외부 환경의 변화는 물류기업, 특히 운송 및 배송기업들이 더 많은 비즈니스 기회를 가질 수 있게 할 수 있다.

3) 전자상거래와 라스트 마일 혁신

전자상거래가 발전하기 시작하여 물류기업이 처리하는 물동량 중 업체가 개인 소비자를 대상으로 제품이나 서비스를 판매하는 B2C 물량이 전체의 40%에 이를 정도로 그 규모가 증가하고 있어, 라스트 마일에 대한 물류혁신이 중요한 과제로 떠오르고 있다.

라스트 마일은 종종 택배 산업으로 불리며, 지속적으로 성장하고 있다. 전 세계 택배산업에서 픽업, 수송, 분류를 제외한 라스트 마일 배송 비용은 700억 유로 규모로, 이 중 약 40%의 비용이 중국, 미국, 독일 택배산업에서 발생된다.[19] 라스트 마일 배송은 전 세계적으로 규모도 클 뿐 아니라 성장률도 다양하다. 독일이나 미국 같은 성숙기에 도달한 국가의 라스트 마일 배송 성장률은 연간 7~10%이지만, 인도 같은 개발도상국의 경우 연평균 성장률이 300%에 달할 정도로 국가마다 시장의 규모, 성장속도가 다르다.

한 연구에 따르면[20] 라스트 마일 배송을 이용하는 고객은 추가 비용을 지불

---

19 McKinsey(2016), Parcel delivery the future of last mile.

20 위의 책.

하더라도 당일 배송 서비스를 이용할 의사가 있으며, 식료품 및 의약품이 당일배송 품목으로 선호되고 있다. 또한 약 70%의 고객은 가장 저렴한 가격의 문전배송을 선호하고 있다. 배송 옵션 중에 무인 택배함(Locker)과 같은 서비스보다 직접 수령하는 옵션을 선호하였다.

과거의 배송 방식은 사람이 직접 배송하였으나, 최근 다양한 배송 기술들이 개발되고 있다. 몇 가지 예를 들면, AGV에 Locker를 부착한 형태의 배송은 일반 택배나 도심지역에서의 시간을 지정한 배송과 당일배송에 활용될 수 있으며 저녁시간이나 일요일 등 배송 시간에 제약이 없다. 배송 비용 측면에서는 전통적인 배송방식에서 인력 절감 등을 통해 총 배송비용을 40% 이상 절감할 수 있다

또한 드론은 교외지역에서 비용 효과적인 운송수단이다. 하지만, 운행시 위험요인이 존재하여 관련 규제가 엄격할 뿐 아니라, 배송 가능한 무게가 제한되어 있어 아직은 대다수의 기업에서 시험운송 중에 있는 기술이다. 또한 배송용 로봇은 드론보다 운송 가능한 무게는 무거우나, 속도 제한 및 운송기기 구입 비용이 비싸 적용 가능성이 추가로 검토 중에 있다.

그리고 크라우드 소싱을 활용한 배송이 있는데, 이는 고정인력 운영에 따른 부담이 없어 운영비용이 저렴하고, 서비스 유지를 위한 인력 조달의 유연성이 높지만, 서비스 품질 및 신뢰성을 보증할 수 있는 수단이 필요하기에 아직은 라스트 마일 배송의 주요 수단으로 활용되지는 않고 있다. 반자동화 차량을 활용한 배송은 자율주행 차량을 이용하되, 배송에 필요한 제반 관리를 사람이 담당하는 것으로 투자비용이 높다는 단점이 있다.

비즈니스 환경 변화에 따른 라스트 마일 배송 기술의 도입에는 기회비용, 규제, 공공의 인식 문제 해결이 선행되어야 한다. 즉 기술이 개발되었다 하더라도, 다양한 규제로 실제 기술을 상용화하기에는 어려움이 따르는 경우가 많기 때문이다.

중소 이커머스 대상 물류대행 스타트업

중소 규모 온라인 유통업체의 물류 대행 스타트업인 ShipBob이 시카고, 뉴욕에 이어 로스앤젤레스에서도 서비스를 제공하기 시작하였다.

ShipBob은 유통 플랫폼에서 제품을 판매하는 소규모 전자상거래 업체를 대상으로 제품픽업, 포장, 택배사 선택 및 요금 계산 등 배송관련 제반업무를 대행하는 미국의 스타트업이다.

ShipBob은 시카고와 뉴욕에서 서비스를 제공 중이었으며, 2014년부터 두 자릿수 이상의 지속적인 성장을 하고 있다. 2016년 6월 말부터 로스앤젤레스까지 사업 규모를 확장하여 시내에 위치한 중소 규모의 온라인 전자상거래업체에게 서비스를 제공하기 시작하였다.

ShipBob의 공동 투자자인 Dhruv Szxena는 소규모 전자상거래업체는 수익의 25%를 물류비로 사용한다고 언급하며, ShipBob과 같이 온디맨드 형태로 물류서비스를 대행하는 중개 플랫폼이 존재할 때 규모의 경제를 달성하여 상호이익을 얻을 수 있다고 제시하였다.

자료: www.prnewswire.com

아마존이 혁신하는 오프라인 유통 서비스

■ Amazon은 2015년 11월 Amazon Books의 오프라인 매장을 개점하였으며, 오프라인에서 지속적으로 다양한 형태의 컨셉스토어와 매장을 오픈하고 있음. Amazon의 오프라인 매장 사례와 미래의 오프라인 비즈니스 모델을 살펴봄.

- Amazon은 2015년 11월 시애틀에 Amazon Books 매장을 오픈하였고, 2016년 12월 계산대가 없는 소매점인 Amazon Go 컨셉을 소개하였으며, 2017년에는 Amazon Fresh 멤버를 대상으로 상품 픽업이 가능한 Amazon Fresh Pickup 매장을 오픈하였음.

- 또한, 다양한 매체에서 Amazon의 오프라인 진출이 확대될 것을 예측하였으며, WSJ 기사에 따르면 Amazon이 2,000개 이상의 오프라인 매장을 구축할 것이라고 밝혀진 바 있음.

■ Amazon의 대표적인 오프라인 매장으로 Amazon Books와 AmazonFresh Pickup이 있으며, Amazon Go가 테스트 중임.

- Amazon Books는 2015년 11월 시애틀 매장을 오픈하였고, 현재 총 5개의 매장을 운영 중임. Amazon Books 매장에는 Amazon에서 별점 4개 이상을 받은 책 5~6천권을 판

매하고 있으며, 지역 고객 특성을 반영하여 재고를 보유하고 있음. 책 진열대에는 책 소개와 리뷰를 제시하여 고객의 이해도를 높여줌. 또한, 킨들(전자책 단말기), 파이어(태블릿 PC), 에코(음성인식 단말) 등 전자기기도 판매하여 온라인 채널과의 연계를 유도하기도 함.

- Amazon Fresh Pickup은 Amazon 멤버십 회원이 Amazon Fresh에서 주문하면, 매장에 내에서 직원이 제품을 피킹하여 Pickup매장 밖의 주차장에 있는 고객의 차로 제품을 배달하는 서비스를 제공함. 고객은 주문 후 15분 내에 제품을 고객의 차로 배달 받을 수 있으며, 주문 최소 한도는 없음. 현재는 아마존 직원들을 대상으로 시범 운영중이며, 이후 Amazon Fresh 및Amazon Prime 멤버십 회원에게까지 서비스를 확대할 예정임.

- AmazonGo는 다양한 센서기술을 사용하여 제품 구매 후 계산을 위해 줄을 서지 않아도 되는 매장 형태임. 2016년 12월 컨셉 소개 후 유통 산업 내에 큰 이슈가 되었고, 지난달 말 오픈을 예정을 앞두고 있었으나 기술 문제(20명 이상의 고객 입장 시 및 고객이 한번 집었던 제품을 다른 위치에 두고 간 경우 추적이 어려움)로 공식 오픈이 연기되었음.

■ Amazon 오프라인 매장의 향후 비즈니스 모델과 이에 적용될 기술
- Amazon이 구축할 新유통의 오프라인 비즈니스 모델로는
1) AmazonGo와 같은 고객이 직접 매장에서 구매하는 형태의 오프라인 매장을 구축할 것임. 온라인 구매가 쉽고 빨라졌지만 고객들은 여전히 제품을 직접 체험한 후 구매하기를 원하기 때문임.
2) 고객이 온라인 주문 후 드라이브스루 형태로 제품을 픽업만 하는 형태로, 이는 Amazon Fresh 물류비용을 낮춰줄 것임.
3) 또한, 이 두 가지 비즈니스 모델을 합쳐 매장 내 쇼핑과 픽업이 모두 가능한 형태의 오프라인 매장이 등장할 것으로 보임.
- Amazon오프라인 매장은 식료품을 주로 판매할 예정이나, 향후 AR/VR 기술 기반으로 가구유통산업에 진출하고, Echo 및 Prime Video Streaming 서비스와 연계한 대형 가전유통산업에도 진출할 것으로 보임.

■ Amazon은 오프라인 매장 진출을 통해 고객을 아마존에 유인하려함. 향후 Amazon의 오프라인 매장이 다른 기업과 어떠한 차별성을 가지고 고객에게 서비스를 제공하는지 살펴볼 필요가 있음.
- Amazon의 오프라인 매장은 온라인의 한계였던 배송 과정을 제거하고, 고객과의 상호작용을 가능하게 하여 서로 상호 보완의 역할을 담당하고 있음. 이로 인해 고객을 아마존에 더욱 유인시킬 수 있을 것이라 판단됨.
- 다양한 매체에서 Amazon이 오프라인으로 진출하는 이유로 경기 불황으로 인한 공실률

증가와 매장 임대료 저하로 오프라인 매장의 운영 부담이 적어진 것을 제시하였음. 하지만, 오프라인 매장의 경쟁자 Walmart가 2017년까지 온라인 주문을 매장에서 픽업하는 서비스를 1천개 매장에서 제공하겠다고 발표한 것을 고려했을 때, 오프라인 진출은 비용 절감 및 기업의 전략적 비즈니스 모델 확대에 기인했을 것이라 판단됨.
- 이에 따라, 향후 Amazon이 런칭하는 오프라인 매장 컨셉이 타 온/오프라인 기업이 제공하는 고객 서비스와 어떻게 다른지 지속적으로 살펴볼 필요가 있음.

자료: 송상화, 아마존이 혁신하는 오프라인 유통 서비스(Lotis 2018에서 전재)

6. 국경 간 전자상거래와 물류

1) 국경 간 전자상거래 시장의 성장

(1) 세계 시장 규모 및 전망

국경 간 전자상거래(Cross-border e-commerce)는 국가 간에 이루어지는 전자상거래를 의미하며, 소비자가 자국 외의 온라인 쇼핑몰이나 플랫폼에서 상품이나 서비스를 구매하는 방식이다. 국경간 전자상거래는 코로나 팬데믹 기간 이후 급속히 성장하며 글로벌 무역의 중요한 축으로 자리 잡게 되었다. 팬데믹 기간 동안 사회적 거리두기, 공장 폐쇄 등으로 자국 내 상품 구매가 어려워지는 상황에서 디지털 기술의 발전으로 해외 전자상거래 서비스를 통해 상품을 구매하는 것이 일상화되며 더욱 빠르게 성장한 면이 있다.

국경 간 전자상거래 시장은 시장 예측 기관에 따라 차이는 있으나 매년 빠르게 성장하며 새로운 비즈니스 기회를 창출할 것으로 기대되고 있다. Vantage Market Research 자료에 따르면 국경간 전자상거래 시장은 2022년에 9.9천억 달러 시장으로, 2023년~2030년 기간 동안 연간 25% 성장하여 2030년 5조 9천억 달러 규모에 도달할 것으로 예상되고 있다. 2017년 WIK Consult 자료에 따르면 국경 간 전자상거래 시장은 2015년 전체 전자상거래 거래액의 15% 수준이며,

2021년에 1조 달러에 달하는 거대 시장으로 성장할 것으로 분석되었다.[21] 2022년 McKinsey 자료에 따르면 국경간 전자상거래 시장은 전체 전자상거래 시장의 11% 수준인 3천억 달러 시장이며, 2030년 최대 1.8조~2조 달러 시장으로 성장할 것으로 예측되었다.[22] 이와 같이 국경간 전자상거래 시장은 성장하는 시장이라는 예측이 일반적이며, 이 시장을 차지하기 위한 기업간 경쟁으로 전자상거래 유통 및 물류 서비스 다변화 및 고도화가 활발히 진행되고 있다.

2022년 McKinsey 분석에 따르면, 국경간 전자상거래 시장의 60%는 대륙간 거래이며, 아시아태평양 지역이 수출 및 수입 모두에서 가장 큰 비중을 차지하는 것으로 나타나 아시아 지역의 새로운 비즈니스 기회로 인식되고 있다. 아시아태평양 지역에서 유럽 및 북미 지역으로 수출되는 상품은 전체 국경간 전자상거래 거래의 37%, 아시아태평양 역내 흐름은 26%를 차지하고 있으며, 유럽은 다수의 국가로 구성된 단일 경제권 특성상 국경간 전자상거래가 활발히 이루어져 유럽 내 거래 비중은 전체 거래의 9% 수준으로 나타났다.

국경간 전자상거래를 통해 거래되는 상품은 주로 의류, 전자제품, 화장품 등의 상품이 상위권에 있으며, 국가간 배송이 상대적으로 용이한 상품을 중심으로 국경간 전자상거래가 이루어지고 있다.[23] 2023년 IPC 조사에 따르면 의류 및 신발 카테고리는 전체 거래의 39%를 차지하고 있으며, 가전 제품 20%, 개인 위생 및 화장품 17%, 스포츠 14% 수준으로 조사되었다. 국경간 전자상거래가 상대적으로 활발하지 않은 품목으로는 자동차, 컴퓨터, 아기용품, 애완동물 용품, 영양제 등의 품목이 있다. 국경간 전자상거래는 중저가, 배송 용이 상품 중심으로 거래가 이루어지고 있다는 것을 알 수 있으며, 코로나 팬데믹 이후 높은 물가 상승률로 인하여 가성비 중심의 저가 상품에 대한 수요도 증가하는 상황이다. 이에 따라 국경간 전자상거래 불만 요인으로는 배송 속도, 상품 파손, 상품 분실, 배송 위치, 트래킹 등의 문제가 조사되었으며, 국경 간 전자상거래를 활성화하기 위해서

21 WIK Consult (2019), Development of Cross−border E−commerce through Parcel Delivery, European Commission Resport

22 Signed, sealed, and delivered: Unpacking the cross−border parcel market's promise, McKinsey Website (2024.5.1. 버전)

23 IPC (2023), Cross−border E−commerce Shopper Survey

는 배송 비용 절감 보다 배송 서비스에 대한 서비스 품질 향상이 더 시급한 것으로 나타났다.

(2) 국내 시장 규모 및 전망

국내 전자상거래 수출 및 수입 규모 역시 지속적으로 증가하여 2023년 기준 수출은 9.9억 달러, 수입은 52.8억 달러를 기록하며 역대 최대치를 갱신하였다. 국내 전자상거래 수출은 2017년 1억 달러에서 2023년 9.9억 달러로 6년간 연평균 46%가 성장하였으며, 코로나 팬데믹의 영향으로 2020년 이후 급격하게 성장한 후 2022년부터 성장세가 다소 주춤한 상황이다. 전체 수출 금액 대비 전자상거래 수출 금액은 매우 낮은 수준이나 전체 수출 증감률 대비 전자상거래 수출 증감율이 높아 향후 지속적 성장이 예상된다.

2023년 기준 주요 수출 국가는 미국, 일본, 중국, 독일, 영국이 있으나, 미국향 수출의 성장 대비 일본, 중국, 독일 등의 국가에 대한 수출은 정체 혹은 하락하는 경향이 있다. 주요 수출 상품은 화장품이 가장 큰 비중을 차지하고, 식료품 및 음반에 대한 수출 비중도 높아 한류에 의한 전자상거래 수출이 많은 상황이다.

전자상거래 수입은 2019년 31.4억 달러에서 2023년 52.8억 달러로 4년간 68.2%가 성장하였으며, 특히 중국으로부터의 수입이 4년간 485% 성장하며 전체 시장 성장을 견인하고 있다. 관세청의 전자상거래 수입 데이터를 살펴보면 2019년 미국에 이어 2위를 기록한 중국이 2023년 1위로 올라서며 급격한 성장세를 보여주고 있다. 목록통관 기준 2019년 1건당 평균 50달러에서 2023년 28달러로 건당 거래 금액이 감소하는 경향을 보여주고 있으며, 이는 인플레이션으로 인한 저가 상품 구매가 활발해진 영향으로 분석되었다.

2023년부터 가속화된 Aliexpress, Temu, Shein 등 중국계 쇼핑앱의 국내 직진출로 인하여 수입 금액 성장 보다 수입 건수 증가가 더욱 큰 상황으로, 국경간 전자상거래가 틈새 시장에서 일반 전자상거래를 대체하는 시장으로 변화하고 있음을 보여주고 있다. 중국계 쇼핑앱의 국내 진출이 활발해지는 가운데 저가 상품을 5일 이내 신속하게 무료로 배송하는 서비스로 고도화되며 기존 국내 전자상거래 시장을 대체하고 새로운 쇼핑채널로 국경간 전자상거래가 자리매김하는 상황이다. 중국의 경우 지리적으로 근접한 이점이 있을 뿐 아니라 제조 산업 클러스터가 잘 형성되어 있어 원가 경쟁력 확보에 용이하고, 전자상거래 기업간 경쟁으로 주요 플랫폼의 역량이 고도화되며 상품 기획에서 제조까지 전체 영역에서 경쟁력이 상승하고 있다.

2) 국경간 전자상거래를 지원하기 위한 물류 서비스

국경간 전자상거래에서 상품 배송은 내수 시장에서의 전자상거래와 유사한 방식이 활용되지만, 국가별 통관 과정에 차이가 있고 지리적으로 떨어진 지역으로 빠르고 저렴하게 상품을 배송해야 하기 때문에 보다 다양한 방식의 서비스가 활용된다. 주로 활용되는 방식은 주문별 직배송 서비스를 제공하는 방식과 사전 재고 비축 후 통관하는 방식이 있다.

직배송(B2C)모델은 한국 온라인 쇼핑몰 또는 해외의 역직구 온라인 쇼핑몰에서 해외 소비자가 상품을 주문하면 판매자가 국제특송, 국제우편을 통해 상품을 소비자에게 개별 발송하는 물류 서비스 방식이다. 판매자가 고객에게 직접 상품을 판매한다는 측면에서 B2C(Business to Customer) 모델이라고 하며, 판매자가 개인 사업자 혹은 소규모 기업으로 국제우편 EMS 서비스를 통해 상품을 판매할 경우 C2C(Customer to Customer) 모델이라고 할 수 있다. 가장 일반적으로 사용되는 국경간 전자상거래 모델로 기존 전자상거래와 동일한 방식으로 운영되지만, 상품 배송을 국제특송 서비스를 활용하여 진행하여 국내 전자상거래 대비 배송비용이 높고 배송에 걸리는 시간이 많이 걸리는 한계가 잇다. 일정 수준 이상의 상품을 판매하는 판매자의 경우 B2C 모델로, 배송은 국제우편 EMS, 민간특송 서비스 등을 사용할 수 있으며, 개인사업자의 경우 물량 할인 등을 받기 어려워 국제우편 EMS를 활용한 C2C 모델에 의존하는 경향이 있다. 직배송 모델의 경우 판매자 입장에서는 재고 부담이 없으며, EMS 혹은 특송업체의 시스템을 통해 고객에게 하나의 송장으로 발송되므로 전 구간 화물 추적이 가능하고 신뢰도가 높은 장점이 있다.

집하 직배송(B2BC) 모델은 해외 거주 소비자가 여러 플랫폼에서 상품을 구매 후 해외 물류 기업 혹은 전자상거래 기업의 지정한 물류창고에 보관했다가 일정량에 이르면 각각 쇼핑몰에서 주문한 상품을 합포장하여 일괄적으로 EMS 또는 국제특송을 통해 주문자의 국가로 배송하는 모델이다. 대표적인 사례로는 GDC 모델이 있으며, 국내의 경우 CJ대한통운이 글로벌 전자상거래 플랫폼 아이허브의 상품을 인천공항 내 풀필먼트 센터에 보관하고 주문에 따라 해외로 항공특송으로 배송하는 방식을 활용하고 있다. 상품을 일정량 이상 집화 후 일괄적으로 배송하여 직배송 모델보다 물류비가 저렴하고, 물류센터에서 합포장 등 부가서비스 제공이 가능한 장점이 있다. 물류기업과 온라인 쇼핑몰의 전산 시스템 연계를 통해 상품을 준비하고 주문 생성 시 물류센터에서 포장 및 운송장 작업, 운송을 통해 시간 단축이 가능하다. 주문한 상품이 취합된 후 배송이 이루어지므로 배송시간이 직배송 대비 불확실하고, 해외 물류창고에 배송되었다가 다시 해당 국가로 배송되기 때문에 상품 분실 우려가 높은 단점이 있다.

보세구(B2B2C) 모델은 전자상거래 기업이 예측된 수요를 바탕으로 사전에 해외에서 상품을 대량 구매, 국제 항공 또는 해상 운송 등 방식을 통해 해당 국가 내 지정된 보세창고에 상품을 보관 후 소비자가 온라인으로 상품을 주문하면 통관·반출 절차를 거쳐 소비자에게 배송하는 모델이다. 판매자와 해당 국가 내의 전자상거래 기업 간 거래(B2B), 해당 국가 내 전자상거래 기업과 해당국가의 소비자 간 거래(B2C)가 연결되어 B2B2C 모델로 부른다. 소비자가 상품을 주문하면 해당 국가 내 보세창고에서 직접 배송되므로 배송시간이 단축되고, 해당 국가 내 보세창고까지의 운송에 대규모 집화 배송이 가능하여 물류비 절감 가능하다. 대표적인 사례로는 중국 내 전자상거래 시범구 모델이 있으며, 중국에서 판매하기 위한 상품들을 시범구 내 풀필먼트 센터에 보관하고 있다가 주문에 따라 통관 후 중국 내 수요지로 배송하는 방식이다. 보세구 창고에 미리 반입하는 품목이 제한적이기 때문에 소비자 입장에서는 구매할 수 있는 물품의 종류가 다양하지 않으며, 판매자 입장에서는 수요 예측이 잘못 되었을 경우 재고 부담 및 자금 회수 리스크가 존재한다.

MEMO

20

전문 물류서비스 제공자

핵심포인트

화주기업의 물류부문이 담당했던 업무를 물류사업자가 대행하는 흐름이 나타나고 있다. 화주기업에서 물류사업자로 기업물류를 담당하는 주역이 바뀌어가고 있다. 이는 물류시스템의 설계부터 관리까지를 외부의 전문업자에게 아웃소싱을 한다는 뜻이며 그 전문업자가 3PL이다. 일반적으로 물류는 출하동향에 맞추어 보충을 하는데, 이 출하동향의 파악과 그것에 바탕을 둔 보충에 대해서 모두 3PL사업자의 판단으로 실시하게 된다. 그리고 3PL 도입 지연 이유에 대해 살펴본다.

1. 물류서비스 제공자

국제시장에 접근하기 위해 물류전문가인 물류서비스 중개인에게 의존하게 된다. 기업물류를 지원하는 중개인이 있음으로 해서 국제물류가 촉진될 수 있다. 트럭, 철도, 항공기, 선박 등을 보유하면서 그 운행을 담당하는 사업자를 운송인, 그러한 실제 운송수단을 보유하지 않고, 화주기업과 운송인 사이를 이어주는 사업자를 주선인 또는 포워더라고 부른다.

2. 제3자 물류서비스 제공자 정의

화주기업을 대신하여 가장 효율적인 물류전략의 기획입안이나 물류시스템의 구축의 제안을 실시하고 실행하는 것으로, 화주도 아니고 단순한 운송업자도 아닌 제3자로서 아웃소싱화의 흐름 속에서 물류부문의 일을 대행하고, 고도의 물류 서비스를 제공하는 것이다.

3. 3PL의 등장 배경, 특징

물류의 아웃소싱은 예전처럼 수송이나 보관과 같은 실제 업무만을 외주화했던 것과는 차원이 다르다. 즉, 물류시스템의 설계부터 관리까지를 외부의 전문업자에게 아웃소싱을 한다는 뜻이며, 그것이 3PL로 이어지는 것이다.

4. 3PL 사업자의 물류지원

물류는 출하동향에 맞추어 보충을 하는데, 이 출하동향의 파악과 그것에 바탕을 둔 보충에 대해서 모두 3PL사업자의 판단으로 실시하는 것이다. 보충을 위한 수송수단도, 환경을 배려하면서 철도나 해운을 사용한다는 판단도 3PL사업자의 업무이다.

5. 3PL 아웃소싱 분야

SCM전문지식과 국제무역 전문지식을 각갖춘 3PL 제공자는 물류 분야의 전략적 선택과 혁신적인 솔루션, 재고관리, 최적의 분배 수준을 달성하기 위한 수요관리, 다방면의 글로벌 수송, 보관서비스를 제공하게 된다.

6. 3PL 도입 지연 이유

3PL은 SCM과 함께 중요한 기업 전략이라는 인식이 강했지만, 실제 그렇게 많이 활용되고 있지 못하다. 3PL사업자는 화주기업의 물류담당자의 눈을 깨울 수 있는 제안을 할 필요가 있다. 3PL사업자는 기업물류를 혁신시키는 선도자가 되어야 할 것이다.

1. 물류서비스 제공자

1980년대 이후 많은 기업들이 물류활동을 물류서비스 제공자(logistics service providers: LSPs)에게 아웃소싱을 하고 있다. 대기업들이 자신이 수행하던 물류활동을 물류서비스 제공자에게 아웃소싱을 하는 이유는 자신의 핵심역량에 더욱 집중하기 위해서이다. 제3자 물류서비스 제공자(3PL) 같은 LSPs의 업무는 고객에 대한 가치창출, 고객영업 통합, 수직적·수평적 통합, 공급사슬관리와 통합이라는 4가지로 설명하고 있다.[1] 처음 두 가지는 혼재(consolidation) 같은 영업의 효율성을 높이거나, 여러 화주가 창고 같은 시설자원을 공유하면서 가치를 부가하는 일이다. 세 번째는 물류서비스 제공 네트워크 구축 같은 일을 전문가에게 아웃소싱을 하여 가치를 부가하는 일이다. 네 번째는 크로스도킹 시설을 도입하여 불필요한 재고를 줄이는 것 같은 고객 공급사슬을 개선하는 물류기법을 사용하여 가치를

---

1 Berglund, M., Van Laarhoven, P., Sharman, G. and Wandel, S., "Third−party logistics: Is there a future?," International Journal of Logistics Management, Vol. 10, 1999, pp. 59−60.

창출하는 것이다.

많은 기업들이 국내영업에서 벗어나 여러 나라를 대상으로 하는 글로벌 영업을 하게 되면 각국별 상관습, 재고, 통관, 소비자의 문화적 차이 등으로 스스로 물류활동이나 마케팅활동을 전개하기 어려워진다. 따라서 국제시장에 접근하기 위해 물류전문가인 물류서비스 제공자에게 의존하게 된다. 기업물류를 지원하는 중개인이 있음으로 해서 국제물류가 촉진될 수 있다.

보통 트럭, 철도, 항공기, 선박 등을 보유하면서 그 운행을 담당하는 사업자를 운송인, 그러한 실제 운송수단을 보유하지 않고, 화주기업과 운송인 사이를 이어주는 사업자를 주선인 또는 포워더라고 부른다.

1) 국제 화물운송 주선인(international freight forwarders)

국제 화물운송 주선인, 또는 국제 복합운송 주선인으로 불리며, 주로 국제 화물운송 업무에 관여한다. 국제화물의 경우 해운회사나 항공회사 자신이 집화를 하는 경우보다는, 대리점이나 화물주선인(freight forwarder)에게 집화를 맡기고 있다. 이것은 운송인의 운영노선이 길어지고 기항지가 많아지면서 자신이 집화하는 것보다는 대리점이나 주선인에게 맡기는 편이 좋다는 방침 때문이다.

일반적으로 주선인은 대리점을 겸업하면서 집하하는 경우도 있고, 그리고 혼재업자(consolidator)로서 다수의 화주로부터 각각 운송을 담당한 소량 화물을 큰 로트로 모아서 자신이 화주가 되어 항공회사나 해운회사에 운송을 의뢰하는 경우가 있다. 이들은 소량 화물은 한 컨테이너 분량으로 혼재(consolidation)하여 개별 화주의 운송비를 절감시킨다. 이때 화주를 대신해서 주선인이 운송수단, 운송인을 선택하고 관련 선적서류작성, 지불 등의 업무를 대행하게 된다. 실질적인 주요 업무를 살펴보면 다음과 같다.[2]

(1) 신용장 인수여부에 대한 자문

고객이 신용장(L/C)을 받았을 때, 서류에는 판매자가 충족해야 할 많은 조건

---

2 Paul R. Murphy, Jr., Donald F. Wood, Contemporary Logistics, 9th ed. (Pearson Education), 2008, pp. 299－303.

을 포함하고 있다. 화물운송 주선인은 고객이 이러한 조건들을 모두 만족할 수 있는지를 검토해야 한다. 만약 그럴 수 없다면, 고객으로 하여금 신용장 조건을 수정하도록 자문해야 한다.

(2) 운송 예약

국제 운송에서 제때에 운송공간을 예약하는 것은 쉽지 않을 수 있다. 선박 또는 항공기 출발이 빈번하지 않기 때문이다. 화물운송주선인은 개별화주 업체가 하기 힘든 상황에서도, 이용 가능한 운송업체를 대상으로 적기에 필요한 만큼의 화물운송 공간을 예약할 수 있어야 한다.

(3) 항공화물운송장, 선하증권 준비

국제항공화물운송장은 꽤 표준화된 문서이나, 선하증권은 그렇지 않다. 후자는 선사별로, 항로별로 다를 수 있다. 또한 대부분 선사들이 자신만의 선하증권양식을 갖고 있어 이를 정확히 기입하기 위해서 운송주선인의 전문지식이 필요하다.

(4) 보   험

국제운송은 보험에 가입해야 한다. 개별 화물에 대해 보험에 들거나, 또는 화주(또는 운송주선인)의 모든 화물을 커버하는 포괄적인 보험을 들 수도 있다. 항공운송보다 해상운송 보험이 요율도 높고, 보험가입도 복잡하다.

(5) 수송 주의와 문서를 준비하고, 보내는 것

수출화물 운송주선인은 화주를 대신해서 선적통지서(shipping notices)나 관련 서류를 준비해서 수입업체에게 보내야 한다. 선하증권(B/L) 발행이 완료 되면, 수출화물 운송주선인은 수입업자에게 선적통지서와 선하증권 사본을 보낸다.

(6) 수출자문

신제품, 매매조건, 새로운 시장 또는 새로운 규정, 수수료 등에 대한 화주의 지속적인 질문에 자문해줄 수 있어야 한다.

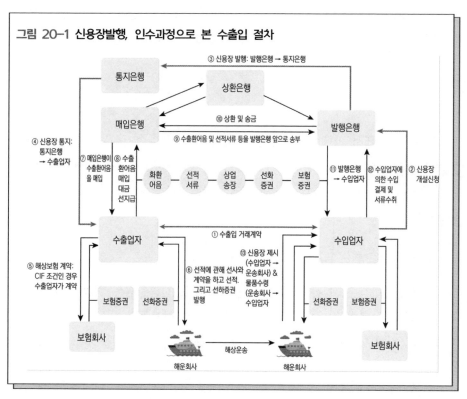

그림 20-1 신용장발행, 인수과정으로 본 수출입 절차

자료: 여러 자료를 기초로 저자 재작성.

2) 무선박운송인(non-vessel operating common carrier: NVOCC)

1984년 미국 신해운법에 의해서 NVOCC가 화주에 대해서는 운송인으로서, 선사에 대해서는 화주가 된다고 정해짐에 따라서, 실제 운송수단을 갖지 않는 NVOCC가 일반운송인으로서 국제복합 일관수송을 할 수 있게 되었다. 이후 항만수송위주, 창고위주, 화주 및 선사 등의 다수의 NVOCC가 탄생했다.

NVOCC는 화물운송주선인과 달리 운송인(carrier)의 지위를 갖고 있다. NVOCC는 여러 화주들로부터 화물을 수집하여, 원양해운업체와 운송료 등을 협상하게 된다. 화주에게 NVOCC는 운송인이다. 그러나 실제 운송인인 원양해운업체에게 NVOCC는 화주인 것이다.

실제 운송수단을 갖지 않는 일반운송인인 무선박운송인은 수송수단을 갖지 않는다는 입장을 살려서, 다양한 루트를 형성할 수 있다. 또한 화주에 있어서 전체의 경비의 절감에 이어지는 부대 서비스를 제공할 수 있고 문전 수송의 세세한 서비스를 제공할 수 있는 등의 이점을 살려서 활약할 여지가 많다.

3) 제 3 자 물류서비스 제공자(3PL)

많은 기업들이 글로벌 시장에 대한 많은 지식과 전문가를 확보하고 있지 못하기 때문에 물류서비스의 일부나 전부를 제 3 자에게 위탁하는 경우가 늘게 된다. 이들을 제 3 자 물류서비스 제공자(third-party logistics providers)라 한다. 글로벌 경제로의 이전에 따라 많은 제조업체와 유통업체는 이들 3PL업체에게 새로운 물류역량과 좀 더 복잡한 물류 솔류션을 요구하게 된다. 기본적으로는 공급사슬 관리를 위탁하여 운영상 성공을 보장하려 하는 것이다.

4) 항공화물 포워더

항공화물의 특징은 항공회사 자신이 거의 집하를 하지 않고, 대리점이나 Air Freight Forwarder(이하, "포워더")에게 집하를 맡기고 있다. 이것은 항공회사의 운영노선이 길어지고 기항지가 늘어서 경영이 복잡해짐에 따라서, 자신이 집하하는 것보다는 대리점이나 포워더에 맡기는 편이 좋다는 경영방침 때문이다.

따라서 항공물류에서는 포워더가 많이 등장하게 된다. 포워더는 항공대리점을 겸업하는 경우가 많고, 대리점으로서 집하하는 경우도 있고, 그리고 혼재업자(consolidator)로서 다수의 화주로부터 각각 운송을 담당한 소량 화물을 큰 로트로 모아서 자신이 화주가 되어 항공회사에 운송을 의뢰하는 경우가 많다.

혼재업자는, 항공회사의 화물운임체계가 중량증감제에 따라 항공회사보다 낮은 비율의 독자의 항공운임 요금표를 작성한다. 혼재업자는 이 요금표로 각각의 화주로부터 소량 화물의 운송을 맡아서(화주와의 관계로는 운송인이 된다), 이것을 모아서 대량 화물(이것을 혼재화물이라고 한다)로 만들어서 항공회사와 운송계약을 맺는다. 혼재업자는, 혼재화물에는 항공회사의 대량화물용 저렴한 운임을 적용받기 때문에, 화주로부터 받은 운임 사이에 차액이 발생한다. 이 차액을 혼재

차액이라고 하며, 혼재업자의 이익이 된다.

　한편, 근년에는 미국의 페더럴 엑스프레스(Fedex)처럼 항공화물의 집하도 자사에서 직접 하는 항공화물수송전업의 항공회사를 인테그레이터(integrator)라고 하며, 항공여객운송 외에 화물운송을 맡고 있는 항공회사와 치열한 경쟁을 전개하고 있다.

2. 제3자 물류서비스 제공자 정의

　제3자 물류서비스 제공자(3PL: third-party logistics provider)의 정의는 여러 가지가 있으나 이를 정리하면 대체로 화주기업을 대신하여 가장 효율적인 물류전략의 기획입안이나 물류시스템의 구축의 제안을 실시하고 실행하는 것으로, 화주도 아니고 단순한 운송업자도 아닌 제3자로서 아웃소싱화의 흐름 속에서 물류부문의 일을 대행하고, 고도의 물류 서비스를 제공하는 것으로 표현할 수 있다.[3] 미국물류관리협회는 3PL을 "물류채널 내의 다른 주체와의 일시적이거나 장기적인 관계를 가지고 있는 물류 채널 내의 대행자 또는 매개자를 의미하며, 화주와 단일 혹은 복수의 제3자간에 일정 기간 동안 일정 비용으로 일정 서비스를 상호 합의하에 수행하는 과정을 제3자 물류 또는 계약물류"라고 정의하고 있다.[4]

　제3자 물류는 화주기업이 고객서비스의 향상, 물류관련 비용의 절감, 물류활동에 대한 효율의 향상 등을 목적으로 공급사슬의 전체 또는 일부를 물류전문업체에게 위탁하는 것으로 볼 수 있다. 즉 화주를 대신하여 화주 이외의 사업자가 화주의 물류를 대신하는 것을 3PL이라고 한다. 그리고 그 대행을 행하는 사업자를 3PL 사업자라고 하고 있다. 지금까지는 물류를 화주기업이 스스로 해왔다는 것을 의미한다.

　3PL을 명확하게 이해하기 위해서는 지금까지의 물류가 어떤 형태였는지를

3　Langley, Coyle, Gibson, Novack, Bardi, Managing Supply Chains, South-Western, 2009, p. 119.

4　Council of Logistics Management, 1988.

알아볼 필요가 있다. 지금도 그렇지만 물류의 주역은 항상 화주기업 자신이었다. 화주기업에 물류를 관리하는 부문이 있고, 거기서 자사의 물류시스템을 구축하여 관리를 해왔다. 수송이나 보관 등의 실제 작업은 화주기업의 물류부문이 지시를 내려서, 물류사업자가 담당했고, 물류시스템의 설계, 구축, 운영관리는 물류부문이 스스로 해왔던 것이 지금까지의 모습이었다.

이런 관계는 지금도 변함이 없다. 이러한 화주기업 자신이 주역인 물류의 형태를 1PL(first-party logistics)라고 부른다. 지금까지의 물류의 형태는 1PL이 주류였다. 1PL이라는 물류형태의 반대편에 있는 것이 3PL이다. 물론 1PL과 3PL 사이에는 2PL(second-party logistics)이라는 형태가 있다. 이것은 화주기업 주도로 물류시스템을 구축하고 있지만, 일부 물류사업자의 시스템을 이용하는 등 중간적인 형태를 의미하기도 하고 화주기업이 자회사를 만들어 그 회사에 물류기능을 맡기는 형태를 의미하기도 한다. 우리나라의 경우 물류업무를 담당하는 곳은 자사 내 담당부서가 76.1%로 가장 많고, 이어 3PL 등 물류기업 아웃소싱이 18.0%, 물류자회사 5.9%의 순으로 나타났다.[5]

제3자란 운송의 양 당사자인 화주와 운송인 이외 그 중간에 들어가는 제3자를 가리키는 용어이다. 여기에 물류가 이어져 복합적인 의미를 갖게 된 것이다. 따라서 3PL은 실제 물류를 다른 전문업자에게 맡긴다는 의미가 포함된다. 그래서 미국에서는 3PL을 계약물류(contract logistics)라고 하는 경우도 많다. 우리나라에서는 3PL을 아웃소싱과 동일시하여, 화주가 운송업자를 사용하는 경우도 3PL이라고 하는 경우도 있다.

3PL이 주목을 받는 이유는 지금까지 화주기업 자신이 행하는 것이 당연했던 물류시스템의 설계, 구축, 운용관리라는 업무를 다른 사업자가 대행한다는 점에 있다. 지금까지 물류사업자는 화주기업의 지시를 받고 수송이나 보관의 작업을 해오면 되었다. 물류거점의 배치도 거점내부의 작업시스템도, 경우에 따라서는 수송업자의 수배에서 배차까지 화주기업의 물류부문이 맡아왔다. 물류사업자에게 요구된 것은 품질과 요금뿐이었다. 그 결과 품질에 명백한 차이가 없다면 요금으로 승부를 할 수밖에 없는 가격경쟁 체제였던 셈이다.

---

5 한국무역협회, 국제물류지원단, 2007년 물류표준화 실태조사 보고서, 2009. 4.

그러나 화주기업의 물류부문이 담당했던 업무를 물류사업자가 대행한다는 흐름이 나타나기 시작했다. 화주기업에서 물류사업자로 기업물류를 담당하는 주역이 바뀌고 있는 것이다. 더욱이 최근에는 4자물류(4PL)개념까지 등장하고 있다. 3PL이 비즈니스 아웃소싱 실무로 인식된 것과 달리, LLP(lead logistics provider)라고도 불리는 4PL은 기업 전체적인 이익을 가져오는 SCM 솔루션으로 인식되고 있다. 4PL은 3PL이 기술, 창고관리, 수송서비스 등의 최적조합 능력이 한계를 보임에 따라, 이로 인해 SC상의 비용절감 및 효율성의 한계를 극복하기 위해 물류 각 분야의 최적화를 도모할 수 있는 대안으로 탄생한 것이다. Anderson Consulting 사는 4PL을 공급사슬 솔루션을 제공하는 서비스 제공자의 역할과 함께 기업의 경영자원, 능력, 기술을 관리하고 결합하는 공급사슬 통합자로 규정하고 있다.

제4자 물류업체들은 공급사슬의 통합을 통해 매출액의 극대화, 운영비용 감소, 운영자금 감축, 고정자본 감소 등을 추구한다. 물류서비스 제공기업이 자사의 부족한 부문을 보완할 수 있는 타사의 경영자원, 능력 및 기술과 연계하여 보다 완전한 공급사슬 솔루션을 제공하는 SCM 통합시스템이라고 할 수 있다. 진보된 형태의 물류서비스를 제공한다는 점에서 제4자물류는 선도물류서비스 제공업자(Lead Logistics Provider: LLP)라고도 한다.[6] 즉, 3PL이 주로 운송 부문에만 주력했다면, 4PL은 운송에서부터 창고 운영까지 공급망 내의 전체적인 물류 흐름을 분석하고, 최적의 흐름을 제시 및 관리하는 통합 물류 서비스 기업을 의미하는 것이다.

3. 3PL의 등장 배경, 특징[7]

화주기업에게 있어서 3PL이란 물류의 아웃소싱을 담당해주는 전문 물류서비스 제공자이다. 아웃소싱은 일반적으로 기업 등의 조직이 종래 회사내부에서 수행하던 기능이나 혹은 새로이 시작하는 기능이나 업무에 대해서 핵심 업무에

---

6 이충배, 김정환, "우리나라 글로벌 자동차 물류기업의 발전 전략 – 현대글로비스 사례 중심
 –", 한국항만경제학회지, 2014.
7 湯淺和夫, 앞의 책, 2008, pp. 190 – 191.

경영자원을 집중하기 위해 전문성을 확보하며, 비용을 절감하는 등의 명확한 전략을 갖고 업무의 설계에서 운영까지의 일체를 외부화하는 것이라고 정의되고 있다.

이 정의를 바탕으로 생각해 보면, 화주업체가 물류의 아웃소싱을 선택하게 된 배경에는 더 이상 충분한 경영자원을 물류를 위해서 할애할 수 없게 된 상황을 맞이하게 되었거나, 사내의 물류부문으로는 물류의 전문능력을 유지하고 향상시키기 곤란해졌다든지, 혹은 기업이 한층 더 많은 물류비용의 절감을 바라고 있기 때문일 것이라고 볼 수 있다.

물류를 위해서 더 이상 충분한 경영자원을 할애할 수 없게 된 것은 물류가 화주기업에게 있어서 핵심 업무가 아니라고 인식되기 시작하면서부터이다. 핵심 업무란 그 기업에게 있어서 경쟁력을 가진 업무를 말한다. 물류는 핵심 업무가 아니라는 인식에 기초하고 있다.

물류의 아웃소싱은 예전처럼 수송이나 보관과 같은 실제 업무만을 외주화했던 것과는 차원이 다르다. 즉, 물류시스템의 설계부터 관리까지를 외부의 전문업자에게 아웃소싱을 한다는 뜻이며, 그것이 3PL로 이어지는 것이다.

이 밖에 3PL이 탄생한 배경으로는 우선 운송부문의 규제완화이다. 이용할 운송수단을 자유롭게 조합할 수 없다면 제3자 형태의 물류서비스는 불가능하기 때문이다. 둘째는 정보통신기술의 발전에 기인하고 있다. 물류기능을 복합적으로 연계하거나, 화주에게 물류서비스를 제공하기 위해서는 정보통신기술이 필수적이다. 화주는 3PL이라는 물류능력이라는 상품을 구입하고 그것을 소비함으로써, 자신이 물류활동을 하는 것과 같은 성과를 얻고 있기 때문에, 3PL 제공기업과의 정보 공유는 불가피하다. 셋째는 기업의 해외진출이나 해외조달의 증가에 의해서 물류활동이 복잡해지고 공급사슬이 늘어났기 때문에 전문가인 제3자에 의뢰하는 것이 기업 경쟁력 향상에 도움이 되기 때문이다. 넷째는 경쟁의 격화에 따라 핵심역량에 집중하고 물류는 외부에 위탁하게 된 것이다.

3PL의 특징을 살펴보면 첫째 화주기업은 3PL업자와 포괄적인 거래관계를 맺는다는 점이다. 둘째로 파트너십이다. 독립 회사들 간의 연계는 상하관계나 특수관계가 아닌 이상 파트너십으로 구축되어야 한다. 파트너십으로 일하는 것이 더 많은 이익을 얻을 수 있다는 생각으로 좋은 업무 관계를 맺고, 능률적인 협력을

오랜 시간에 걸쳐 개발하는 것이 필요하다. 셋째는 장기적 관계의 구축이다. 4~5년이라는 중기적인 관계가 보통이다. 3PL업자 측으로서는 정보투자나 물류시설에 대한 투자를 할 경우가 많기 때문에, 1~2년만으로는 회수가 불가능하기 때문이다. 넷째는 정보의 공유와 비밀유지이다. 정보공유는 기업비밀을 타사에게 공개하는 것과 같다. 정보에 관한 보안이 중요해진다. 다섯째는 이익의 공유이다. 파트너십과도 관계되지만, 3PL의 개선목표를 설정하고 그 성과를 화주와 3PL업자가 공유하자는 것이다. 여섯째는 SCM과의 일체화이다. 예를 들어, 기존의 제조업체가 하고 있던 수주업무, 공장내부창고와 배송센터의 오퍼레이션, 수송/배송, 반품대응 등을 모두 3PL 물류업체에게 위탁하는 경우도 있다. 제조업체의 공급사슬 중에서 물적 유통과정을 3PL화함으로써 시간당 처리량의 증대 및 기타 효과를 기대할 수 있는 것이다. 일곱째는 3PL업자도 상당한 능력을 갖출 필요가 있어야 한다. 3PL업자는 자산 보유형(asset-based)과 자산 비보유형(non-asset based)으로 나뉘는데, 3PL의 성격상 반드시 거대한 물류시설을 보유할 필요는 없다. 그러나 물류에 관한 전문적인 지식과 노하우는 불가결하며, 특히 정보 네트워크를 보유, 운영할 필요가 있다.

4. 3PL 사업자의 물류지원

3PL업무는 물류업무를 일괄하여 위탁 수행하는 것으로 화주기업의 물류업무 전반을 대행하는 의미이다. 이를 위해 3PL 사업자는 물류에 대한 전문지식은 물론 화주에 대한 지식도 갖추어야 한다. 일반적으로 3PL사업자가 갖추어야 할 능력은 다음과 같다.[8] 첫째, 고도의 물류전문지식과 높은 서비스 능력, 둘째, 화주니즈의 이해와 알맞은 제안능력, 셋째, 정보시스템(IT)능력, 넷째, 국제복합일관수송능력 같은 종합물류전반에 걸친 능력, 다섯째, 시장분석 등 컨설팅 능력이다.

화주기업이 물류를 아웃소싱하는 3PL이라는 물류형태로 이행하기 위해서는

---

8 森 隆行, 現代物流基礎, 同文館出版, 2007, p. 148.

절대적으로 필요한 조건이 한 가지 있다. 그것은 3PL사업자에게 맡기는 편이 화주기업 자신이 행하는 것보다 명백하게 뛰어난 물류운영이 가능하다는 보증이다. 이 조건이 충족되어서야 화주기업은 안심하고 물류를 아웃소싱 할 수 있고, 핵심업무에 경영자원을 집중적으로 투하할 수 있게 된다.[9]

화주기업이 지금까지 행해왔던 물류업무를 아웃소싱할 경우에는 화주기업에 있어서 아웃소싱 상대인 3PL사업자는 그 화주기업의 새로운 물류부문이 될 수 있다. 그렇기 때문에 화주기업과 3PL사업자와의 관계는 문자 그대로 파트너가 되는 것이다. 지금까지 일반적이었던 하청과는 차원이 다른 관계이다.

3PL과 물류의 관계는 3PL에 대한 수탁내용에 따라 정해진다. 제조업체라면 공장에서 고객납품까지의 물류가 존재한다. 이 물류를 모두 3PL사업자가 수탁한 경우라 해도 재고의 보충, 출하지시를 모두 화주기업에게 의존한다면 지금까지의 물류사업자와 다를 바가 없다. 중요한 것은 수탁 내용이다.

물류는 출하동향에 맞추어 보충을 하는데, 이 출하동향의 파악과 그것에 바탕을 둔 보충에 대해서 모두 3PL사업자의 판단으로 실시하는 것이다. 보충을 위한 수송수단도, 환경에 배려하면서 철도나 해운을 사용한다는 판단도 3PL사업자의 업무이다. 공장이 해외에 있는 경우도 마찬가지이다. 글로벌한 무대에서 출하동향을 파악하고, 재고를 관리하며, 리드타임을 감안하여 적절한 수송수단을 선택하고, 보충을 위한 수송을 수배하는 업무는 3PL사업자에게 맞는 업무이다.

이러한 정보는 곧바로 화주기업의 물류부문에게도 전달된다. 물류부문은 이들 정보에 바탕을 두어 생산부문과의 조정을 실시한다. 어딘가의 물류거점의 재고에 과잉이 있다거나 하는 문제가 있다면 그 대처법을 검토하여 사업자에게 지시를 내린다. 그리고 고객으로의 배송에 있어서도 3PL사업자는 가장 효율적인 방식을 채용한다. 공동배송이 가능하다면 그것을 실시한다. 문제가 되는 물류 서비스가 있다면 그것을 물류부문에 전달한다. 물류부문은 그것을 받아서 영업이나 고객에 대해서 문제제기를 하고 개선하게 된다.

---

9 湯浅和夫, 앞의 책, 2008, pp. 192−193.

5. 3PL 아웃소싱 분야

SCM전문지식과 국제무역 전문지식을 갖춘 3PL 제공자는 물류 분야의 전략적 선택과 혁신적인 솔루션, 재고관리, 최적의 분배 수준을 달성하기 위한 수요관리, 글로벌 수송, 보관서비스를 제공하게 된다.

일반적으로 3PL 업체는 물류서비스를 제공하는 고객과 전략적 제휴관계를 맺어 1~3년 이상 관계를 지속하게 된다. 보통 화주들도 수송이나 보관 같은 한

표 20-1 3PL 사업자의 서비스 제공

활동구분	3PL 제공서비스
수송/배송	트럭운송서비스
	복합운송서비스
	특수운송서비스(벌크, 탱크, 위험물, 냉동냉장화물 등)
	화물 추적
창고/유통	공용창고/계약, 전용창고
	운영기술(바코드, RFID 등)
	부가가치 서비스(크로스 도킹, 화물혼재 등)
	주문피킹 및 발송
고객서비스	세관업무
	관세환급
재무서비스	운송비 지급
	화물감사
정보통신 지원	EDI 지원
	물류정보시스템/물류소프트웨어
	웹 기반 솔루션 제공
제품지원서비스	회수물류
	부가가치 서비스(포장, 상표부착, 검사, 조립 등)
물류관리/컨설팅	운송수단 운영
	유통네트워크 설계
	운송인 선정/협상, 운송경로
	시설 위치분석/선정/설계
	재고관리

자료: Amelia C. Regan, Jiongjiong Song, An Introduction in Transition: Third Party Logistics in the Information Age, Transportion Research Board, 2000.

가지 특정 서비스를 아웃소싱하기보다는 다음 표에 있는 여러 물류서비스의 전부 혹은 일부에 대해 아웃소싱을 하는 경우가 일반적이다.

화주가 3PL 등 외부에 물류서비스를 아웃소싱하는 업무를 크게 정리하면 [표 20-1]과 같다.[10]

(1) 글로벌 보관관리

고객들은 제품의 정시 배달과 보관업무를 요구한다. 이를 위해 창고 같은 소형분배센터의 전략적 배치가 필요하다. 이는 창고업에 있어 단 한 순간의 실수는 주문처리 과정에서 큰 재앙을 만들어 낼 수 있기 때문에 기업들은 하나로 이어진 효율적인 공급사슬을 필요로 하기 때문이다. 창고에 새로운 주문처리 설비와 선진 기술을 투자하게 된다. 창고의 기능은 화물 반입, 분류, 반출, 서류목록 정리, 라벨 및 바코드 프린팅, 장비 조정, 그리고 수집/포장 활동을 포함한다.

(2) 글로벌 운송

이 기능은 적절한 시기에 어느 형태의 화물이든지 육상, 해상, 철도, 강, 항공을 통하여 수송할 수 있는 운송업체에 의해서 이행된다. 3PL제공자는 글로벌 운송 최적화를 위한 각종정보와 솔루션을 갖고, 비용절감을 이루어낼 수 있어야 한다.

(3) 글로벌 고객 서비스

3PL 제공자들은 보증부분수리, 금융 서비스, LOC(lines of communication)자동화, 회계, 주문관리, 주문처리, 운송사 선택, 요율협정, 국제 무역 관리, 헬프데스크, 콜센터 활동 등을 포함한 다방면의 고객 서비스를 제공한다. 여기에 최근에는 3PL 제공자들은 역무역의 개발과 실행에 있어 많은 역할을 하고 있다.

---

10 Vaidyanathan Ganesh, "A Framework for Evaluating Third-Party Logistics," Communication of the ACM, Vol. 48, No. 1, January 2005.

(4) 글로벌 재고관리 및 물류

이 기능은 포괄적 재고 가시성, 이월주문 수용능력, 주문처리, 주문기재 관리, 예측, 사이클 계수 및 검사, 적하물 관리 및 적정물량 확보, 세관서류 등을 포함하고 있다. 기업의 독특한 복잡성들과 고객요구에 초점을 맞춘 계획적 해결 시스템은 재고관리와 물류에 있어 중요하다. 이 시스템은 서비스계약과 요청된 소요시간을 기본으로 재고를 최대한 활용하고, 제품수명주기를 적용하여 제품생산의 예측 능력을 지녀야 한다. 또한 재고관리 시스템은 창고들의 위치와 재고품 배치를 최대한 활용하여야 한다.

(5) 글로벌 정보흐름

정보흐름은 가장 효율적으로 물품을 이동하는 방법 및 시기 결정을 도와주기 때문에 물품 이동을 크게 향상시킨다. 3PL 제공자들은 향상된 IT와 보다 넓은 글로벌 커버리지를 제공하여, 고객이 제조업과 서비스산업의 핵심적인 기능에 집

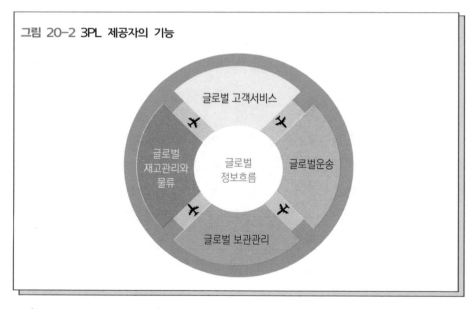

그림 20-2 3PL 제공자의 기능

자료: Vaidyanathan Ganesh, "A Framework for Evaluating Third-Party Logistics," Communication of the ACM, Vol. 48, No. 1, January 2005.

중할 수 있도록 해준다. 사업자들은 최신·최적의 정보흐름을 얻기 위하여 풍부한 IT개발 경험을 가진 3PL제공자를 필요로 한다. IT는 3PL 고객, 고객의 고객, 고객의 공급자와 협력업체 등을 중심으로 이루어지게 된다. 정보의 흐름은 3PL고객으로부터 시작한다고 볼 수 있으며, 정보는 전 세계의 적절한 창고지역에서 할당 수준을 역동적으로 변화시키는 3PL제공자에 의해 분석된다. 분석프로그램은 재고관리, 공급사슬관리, 물류 운송관리, 지능적인 의사결정 알고리즘뿐만 아니라 소프트웨어가 포함되어 있다. 각 거래는 EDI(전자문서교환) 또는 다른 방법들을 통하여 고객관리시스템에 기록된다.

6. 3PL 아웃소싱 과정

화주업체 입장에서 제3자 물류서비스 제공업무를 아웃소싱하고자 할 때의 과정을 살펴보면[11] 우선 화주가 아웃소싱할 물류기능을 결정하는 일이다. 지역적 범위, 고객, 품목 등에 대해 물류아웃소싱을 해야 할 범위를 명확히 해야 한다. 예를 들어 해외 고객에 대한 컴퓨터 프린터의 창고관리 같이 구체적이어야 한다. 두 번째는 물류서비스 제공자의 선정과정이다. 우선 아웃소싱할 잠재적 서비스 제공자를 파악한 후, 제안서나 현장방문결과 등을 고려하여 1개 혹은 몇 개 업체를 선정하는 일이다. 세 번째는 물류서비스 계약을 맺는 단계이다. 이 계약에는 서비스 범위, 요율, 지불조건, 기타 특별사항에 대한 조항들이 포함된다. 특별조항에는 계약해지 조건, 요율인상 조건, 그리고 비용절감에 따른 이익 공유 조항들이 포함될 수 있다. 마지막으로 관리와 모니터링 단계이다. 이 과정은 물류서비스 제공자와의 관계를 유지시키기 위해 중요한 단계이다. 정기적인 미팅과 보고서를 통해, 성과가 미흡한 부문을 확인하고 이에 대한 개선을 함께 논의하는 과정이다.

한편 3PL업체가 물류아웃소싱을 하려는 화주업체에 대해 물류대행을 수행하기 위한 과정을 살펴보면 다음과 같다. 첫 번째는 화주가 아웃소싱할 물류기능에

---

11 Raja G. Kasilingam, Logistics and Transportation Design and Planning, Kluwer Academic Publishers, 1998, pp. 237-238.

대한 이해이다. 물류대행에 합의하여 진행 시 상호 견해 차이로 인하여 생기는 혼선을 최소화하는 동시에 고객사의 물류를 이해하여 분석한다. 세부 활동은 고객사 미팅 → 현상분석 및 의견공유 → 물류대행 가능 범위 산정 및 검토 → 예상 이슈 및 대안 공유이다. 주요 포인트는 상호 명확한 역할 공유, 예측 가능한 상황의 공유, 고객 니즈 및 계획 사항 수렴, 수익성 제고를 위한 아이디어 도출, 긴급 상황 발생시 대안 공유 등이다.

두 번째 단계는 As-Is 파악 및 To-Be 설계이다. 물류대행을 시작하기 전에 현장 방문 혹은 고객사 인터뷰를 통하여 현재의 운영 현황을 면밀히 분석하고 향후 진행될 프로세스를 설계하여 고객사에 제안함으로써 영업 전략에 따른 수익성을 제고하도록 한다.

To-Be 설계까지 한 다음에는 원가분석을 한다. 물류대행요청서에 근거하여 To-Be를 설계하고 정확한 원가 분석을 통해 가장 효율적이고 합리적인 운영 원가를 도출하여 고객사와 함께 Win-Win하는 데 그 목적이 있다.

네 번째 단계는 RFQ(견적요청서) 제안이다. 고객사의 요청에 의한 현상 분석, 프로세스 설계, 원가 분석, To-Be 설계를 마무리하고 고객사에게 가격 경쟁력을 갖춘 합리적이고 커스터마이즈된 운영 최적안을 제안하는 데 그 목적이 있다.

7. 3PL 도입 지연 이유[12]

3PL은 물류사업자에 따라서는 열심히 하고 있는 곳도 있지만, 아직은 초기 단계에 있다고 해도 좋을 것 같다. 도입이 더딘 원인은 3PL사업자 측, 화주기업 측 양쪽에 모두 있다.

물류의 아웃소싱은 화주기업의 요구와 3PL사업자가 제공하는 서비스가 같지 않으면 실현될 수 없는 것이다. 화주기업이 아웃소싱을 하고 싶다고 생각해도, 그것을 수탁할 수 있는 3PL사업자가 없다면 실현되지 않는다.

---

12 湯浅和夫, 앞의 책, 2008, pp. 194-195.

화주기업의 경영에 어떠한 효과를 미칠 것인가를 구체적으로 나타낼 필요가 있다. 3PL은 화주기업에게 있어서 큰 변화이다. 3PL은 틀림없이 물류부문의 형태를 바꾸고 물류와 사내의 다른 부문과의 관계도 바꾸는 효과가 있다. 3PL로 전환함으로써 화주기업의 사내업무가 얼마나 변화하고, 그것이 경영에 커다란 효과를 발휘한다는 점을 3PL사업자는 설명할 수 있어야 한다.

진정한 3PL사업자가 되는 것은 그렇게 쉬운 일이 아니다. 물류시스템의 설계, 구축, 운영관리 등 화주기업의 물류부문보다 확실하게 뛰어난 능력이 필요하기 때문이다. 화주기업을 뛰어넘는 능력을 갖기 위해 많은 노력을 해야 한다.

3PL은 SCM과 함께 중요한 기업 전략이라는 인식이 강했지만, 실제 그렇게 많이 활용되고 있지 못하다. 화주기업의 측면에서 보자면, 첫째로 정보의 공유에 불안감을 갖게 된다. 하청이나 계열기업과의 사이와는 달리, 정보가 기업 밖으로 나가게 되는 것에 대한 경계심이 강하다. 둘째로 노동문제가 있다. 자사물류를 타사물류로 변경할 때, 물류에 종사해 온 종업원을 해고할 수 없으며, 그렇다고 3PL업자에 이적시키는 것도 어렵다.

다음으로 물류업체의 측면에서 보면, 첫째로 물류업체가 화주사에 비해 물류에 관한 노하우 및 전문성이 부족하다는 점이다. 둘째로 계약에 따른 처리에 익숙하지 않다는 점이다. 3PL은 포괄적/장기적인 관계이기 때문에 자세한 것까지 사전에 계약으로 결정하고, 업무는 그 조항에 따라서 성실하게 이행될 필요가 있다. 셋째로 EDI이다. 계열/하청관계라면 몰라도 다른 기업과의 EDI는 충분하지 않다. 넷째로 입찰방식에 따른 부담이다. 화주기업으로서는 장기계약을 위해 입찰방식을 희망하게 된다. 그러나 물류업자로서는 위탁을 받지 못할 경우에는 그때까지 든 조사/설계비 등의 많은 비용을 회수할 수 없기 때문에 섣불리 나서지 못하고 있다.

아시아 지역의 제조업체, 소매업체 공급사슬 책임자의 40%가 향후 2년 이내에 아웃소싱 활동을 늘려나갈 것이라고 하였다. 아웃소싱 분야를 보면 다음과 같은 순위였다. 창고, 자국내 유통, 국제유통, 회수물류, 부가가치서비스, IT, 조달, 물류관리이다. 이와 같이 회사의 지속 가능한 경쟁우위를 가능케 하는 것이 공급사슬의 역할이라고 말하면서도, 공급사슬관리자의 35%가 물류서비스 제공자가 아시아 태평양지역의 공급사슬관리를 해줄 능력이 없다고 생각하고 있다. 아시아

지역에서 포워더 등 물류서비스 제공자들은 화주가 요구하는 공급사슬관리에 대한 충분한 능력을 갖추고 있지 못한 것으로 나타난 것이다.[13]

각 회사가 제공하는 3PL서비스를 판단하고, 그 가치를 어떻게 인정할 것인가는 고객인 화주기업의 몫이다. 그러나 화주기업에게 가치가 높은 서비스를 제공하지 못하는 한 3PL사업자도 살아남을 수는 없다. 현재 3PL은 도입기에 있다. 화주기업도 아직 아웃소싱에 익숙하지 않은 것이 현실이다. 사실 물류담당자는 지금까지의 연장선상으로 물류사업자를 보고 있다. 본질적인 3PL사업자라는 인식은 갖지 못하고 있다.

3PL사업자도 지금까지의 연장선상에서 화주기업을 대하고 있다. 화주기업으로서는 아마도 3PL사업자의 제안에 신선함을 느끼지 못하고 있을 것이다. 3PL사업자는 화주기업의 물류담당자의 눈을 깨울 수 있는 제안을 할 필요가 있다. 3PL사업자는 기업물류를 혁신시키는 선도자가 되어야 할 것이다.

사례 20-1 물류전문인력

대학과 업계에서 생각하는 '물류', '물류전문인력'에 대한 의미가 다른 것 같아 이 점을 생각해 볼 필요가 있다. 얼마 전 물류 대기업 인사담당자들과 물류인력양성의 방향에 대한 의견을 나누는 자리에서 나온 얘기이다. "우리 회사는 영어와 제2외국어까지 하는 학생을 뽑습니다. 물류관련 전문지식은 사내에서 선배들에 의해 교육시키는 방식이 효과적입니다. 학교에서 가르치는 것은 현장에 도움이 되지 않기 때문에 기대도 하지 않습니다." 물류 대기업에서 생각하는 물류인력에 대한 생각으로, 좀 놀라지 않을 수 없었다.

이들이 생각하는 물류전문인력은 대학, 대학원 전공자보다는, 현장에서 오래 근무한 사람을 물류전문인력이라 여기는 듯했다. 과연 그럴까? 물류학을 전공한 사람들이 기업의 물류실무에 익숙하지 않다고 기업이 필요로 하는 물류인력으로 적합하지 않다고 말하는 것이 옳을까? 물류인력 측면에서 단순 노동인력, 영업인력, 장비 및 소프트웨어 관련 현장물류 인력만 확보하자는 것일까? 진정 물류서비스의 기획 및 설계, 컨설팅 등을 할 수 있는 물류전문인력은 염두에

---

13 'Asia Pacific Supply Chain Director Survey 2011' (Analytiqa) (https://www.analytiqa.com/reports.aspx?ReportId=515).

두지 않는 것일까?

이는 물류전문인력을 생각할 때 물류라는 개념을 너무 좁게 해석하고 있기 때문일 것이다. 현재도 물류업은 단순 창고관리나 운송관리 업무인 경우가 많기 때문에 이러한 단편적 기능을 수행하는 것을 물류라 말하고 있는 경우가 많다. 특히 화주회사의 물류분야는 생산이나, 판매 분야의 수송과 보관을 지원해 주는 보조적인 기능을 수행할 뿐인 경우가 많다. 따라서 물류부문 책임자 직급도 차장, 부장 정도에 그치는 경우가 일반적이다. 물류가 전략적 개념이 없이 조달, 배송 등 단순 기능을 의미하는 경향으로 사용되고 있는 것이다.

이에 비해 로지스틱스(logistics)나 SCM은 기업의 새로운 이윤의 근원 또는 기업 경쟁우위 의 원천이라는 전략적 개념이라 할 수 있다. 물론 이를 위해 로지스틱스와 SCM은 사내의 각 부문에 분산되어 있는 기능을 통합하고, 공급사슬에 참여하고 있는 각 사들을 통합적으로 관리 하게 된다. 로지스틱스나 SCM이 본래의 기능을 발휘하면 재고의 감소, 적정한 재고의 유지, 저조한 판매에 기인한 폐기처분의 감소, 품절의 극소화, 물류비용의 감소, 물류 서비스의 적정 화 등 다양한 효과를 만들어 낸다. 그 결과 기업에 있어서 새로운 이윤을 창출하는 근원, 나아 가 기업의 경쟁우위의 원천인 것이다.

재고와 운송 등 주요 물류분야 의사결정이 전략적인 개념이 없이 판매나 생산부분에 의해 이루어질 경우, 물류최적화를 달성할 수 없는 것이다. 판매의욕에 따른 의사결정은 재고, 생산, 창고, 운송과 관련된 과도한 비용이 발생되는 것이고, 생산비 절감의욕이 앞서다 보면 시장에 서의 판매동향과 관계가 없는 형태로 과잉 생산될 수 있어 역시 재고비, 운송비, 창고비가 과 다하게 발생하는 것이다.

그러나 실무에서는 운송이나 배송관리에서 물류부문은 기본적으로 관여할 수 없는 상황에 놓여 있는 경우가 많다. 물류를 로지스틱스, 혹은 공급사슬, 즉 하나의 시스템으로 이해한다면, 당연히 물류부문이 재고비와 운송비를 줄이면서도 고객서비스를 제고 할 수 있도록 하는 사내, 혹은 공급사슬 전체 최적화를 도모하는 책임을 져야 한다. 이를 위해 물류, 로지스틱스, SCM을 책임지는 담당자는 CEO급이 되어야 한다. 최근 들어 애플사의 팀 쿡(Timothy Cook)같이 글 로벌 다국적기업의 CEO를 물류, 즉 SCM 전문가를 영입하는 이유이다.

공급사슬관리 전문가는 저비용으로 상품을 목적지로 운송하기 위한 최적의 프로세스를 설계 하고 이를 시스템으로 구현하는 하이테크 엔지니어이다. 전 세계적인 조달, 생산, 판매가 이루 어지는 글로벌리제이션 하에서 해운, 항공 등 운송, 조달, 보관, 물류거점 등 복잡한 물류 프로 세스를 최적화시키는 일들이 기업의 경쟁력과 직결되면서, 이를 해결할 SCM 전문가 및 실무 경력자, 물류학 석·박사 인력이 부각되고 있다.

물류업체 입장에서 보면 글로벌 다국적 기업들이 요구하는 이러한 물류 최적화를 달성시켜 주는 것이 주된 업무영역인 것이다. 바로 제3자 물류전문업체(3PL: third-party logistics provider)가 되어야 하는 것이다. 3PL 업무는 물류업무를 위탁 수행하는 것으로 화주기업의 물류업무 전반을 대행하는 의미이다. 이를 위해 3PL 사업자는 물류에 대한 전문지식은 물론 화주에 대한 지식도 갖추어야 한다. 일반적으로 3PL사업자가 갖추어야 할 능력은 다음과 같다. 첫째, 고도의 물류전문지식과 높은 서비스 능력, 둘째, 화주를 뛰어 넘는 시장예측 및 분석능력, 셋째, 정보시스템(IT)능력, 넷째, 해운을 포함한 국제복합운송 같은 종합물류전반에 걸친능력, 다섯째, 물류원가분석에 의한 최적화 컨설팅 능력 등이다.

화주기업이 물류를 아웃소싱 하는 3PL이라는 물류형태로 이행하기 위해서는 절대적으로 필요한 조건이 한 가지 있다. 그것은 3PL사업자에게 맡기는 편이 화주기업 자신이 행하는 것보다 명백하게 뛰어난 물류운영이 가능하다는 보증이다. 이 조건이 충족되어서야 화주기업은 안심하고 물류를 아웃소싱할 수 있고, 핵심 업무에 경영자원을 집중적으로 투하할 수 있게 된다.

따라서 진정한 물류전문인력은 화주기업의 공급사슬을 구축해 주고, 화주보다 더 뛰어나게 물류시스템을 운영해줄 수 있는 인력인 것이다. 이런 업무를 미국 등에서는 주로 SCM 전공 물류학 석·박사가 담당한다. SCM 전문지식과 국제무역 전문지식을 갖춘 3PL 제공자는 물류 분야의 전략적 선택과 혁신적인 솔루션, 재고관리, 최적의 분배 수준을 달성하기 위한 수요관리, 글로벌 수송, 보관서비스를 제공하게 된다. 특히 해운, 복합운송 등 운송시스템의 구축, 시설 및 위치분석, 재고관리 등의 물류컨설팅 업무도 수행할 수 있어야 한다.

SCM의 최적 글로벌 물류시스템을 설계하고, 낭비요소를 제거하는 최적 물류를 운영하는 인력이 화주, 즉 고객기업의 국제경쟁력을 제고할 수 있기 때문에, 물류서비스 제공업체의 전문물류인력이라 할 수 있다. 이러한 전략적 개념의 물류를 화주업체를 위해 인력을 양성하는 경영학과에서도 교육을 시키는데, 어째서 물류서비스를 제공해야 할 업체에서는 현장물류에 급급한 것일까? 물류전문대학원에서 제대로 된 물류전문인력을 양성하는 것도 시급한 일이지만, 기존 물류업계, 해운업계의 임직원에 대해서도 화주업체에 대한 물류서비스 제공이 어떤 것이고, 이를 담당할 인력상이 어떤 것인지에 대해서 재교육이 필요하다는 생각이 든다.

자료: 양창호 칼럼(99), "물류와 SCM, 물류전문인력,"
양창호 교수 블로그(http://daedaero.tistory.com/)

8. 글로벌 3PL 물류기업

2017년 기준으로 세계 1위의 글로벌 물류기업은 독일의 DP DHL사다. 매출액이 77조 5천억원 규모로 2위권 기업에 비해 3배 가까운 규모다. 2위권은 독일의 DB Schenker & Cargo사와 스위스의 Kuehne & Nagel 사로 각각 26조 9천억원과 24조 3천억원의 매출규모를 보이고 있다. 일본의 Nippon Express 사와 미국의 XPO Logistics사, 그리고 미국의 CHRW사가 각각 4,5,6위로 매출규모는 16조~18조 규모이다. 우리나라의 CJ 대한통운이 매출규모 7조 1천억원으로 14위에 올라있다.

세계적인 상위권 물류기업들은 활발한 인수·합병(M&A)을 통해 외형을 키우고 있다. 2014년에 글로벌 물류기업 20대 순위에도 들지 못했던 북미지역 중견물류기업인 XPO Logistics가 불과 3년 후인 2017년 순위에서는 세계 5위의 글로벌 물류기업으로 성장했다. 2014년 매출액이 2조 6천억원에 불과했던 미국 택배/운송기업이던 이회사는 다수의 M&A를 성공시켜 2017년에는 매출 16조 4척억원 규모의 대형 물류회사로 발전했다.[14]

글로벌 종합물류기업 1위인 독일의 DP DHL의 경우도 많은 M&A를 성사시켰다. 1997년 매출 17조 8천억원의 회사였으나 1999년 스위스의 대형 포워더인 Danzas사와 미국 최대 포워더 AEI를 인수하고 2002년과 2003년에 미국의 특송업체인 DHL사와 Airborne사를 각각 인수하면서 매출 50조원 규모로 성장했다. 2005년에는 세계 최대 CL업체인 영국의 EXCEL사를 인수하여 56조원까지 매출규모가 커졌으며, 이후에도 지역별 특화업체에 대한 M&A를 지속적으로 해와 2017년 기준으로 77조 5천억원의 글로벌 물류기업으로 성장했다.

글로벌 기업들의 성장 과정을 살펴보면 사업영역의 확장, 지역의 확장, 그리고 산업별 전문성의 강화의 세가지 축으로 확장전략을 추진하고 있다.[15] 사업영역의 확장을 보여준 대표적인 사례가 DHL사이다. 1997년 당시에는 우편 및 특송 위주의 단일서비스사업에 머물렀으나 이후 M&A를 통해 포워딩업무, Supply Chain 사업를 추가해 종합물류기업으로 발전했다. 실제로 DHL사는 2017년 기준으로 우편택배, 29%, 특송 24%, 포워딩 23%, 그리고 Supply Chain 23%로 매우 균형잡힌 사업영역을 구축해놓고 있다. 두 번째는 지역의 확장으로 이를 잘 보여준 사례가 세계 3위의 글로벌 물류기업인 스위스의 쿤네 나글(Kuehne & Nagel)사

---

14 특히 이회사는 창고시설을 보유하지 않은 일부 유통기업들에게 화물 적재 인프라시설을 제공하는 XPO 다이렉트라는 서비스로 크게 성장했다.

15 CJ 대한통운 해외사업 투자 방향, 2018. 12.

다. 이 회사는 유럽위주의 해상 포워딩사에서 출발했지만, 지속적으로 중소형 M&A를 통해 지역을 확대해 현재는 세계 100여 국 이상을 서비스하는 글로벌 기업으로 성장했다. 세 번째는 취급 산업군을 확대하는 산업별 전문성을 강화하는 전략으로 대표적인 사례가 12위의 글로벌 물류기업인 네덜란드의 CEVA사다. 이 회사는 처음에는 자동차 및 전기 전자물류를 주로 취급했지만 소비재 물류로 물류역량을 확대시켜 사업을 확장시켰다.

9. 국내 제3자 물류기업 현황

글로벌 물류 중심화의 주축이 될 우리나라 물류기업들은 성장에 필요한 규모와 범위의 경제를 확보하지 못하고 있고, 전문성 결여, 글로벌 네트워크 미확보 등으로 인해 전략적 화주 확보가 미흡하고 종속적 화주−물류기업 관계 등으로 제대로 된 성장 기회를 확보하지 못하고 있다.

우리나라의 상위 10위권 물류전문기업(3PL)들은 여타의 업종과 유사하게 대기업 계열사가 대부분을 차지하고 있다. 글로비스, 삼성전자로지텍, (주)한진, 현대로지엠, 한솔CSN 등은 계열사 기업들과 직접적인 지분관계에 있고, 범한판토스는 LG그룹과 지분으로 연결되고 있지는 않으나 LG그룹과 우호관계에 있다. 따라서 외국계 기업인 DHL Korea와 Schenker Korea를 제외하면 국내 기업들은 모두 대기업의 계열사라고 할 수 있다. 글로비스가 단독으로 선두권을 형성하고 CJ 대한통운이 2위권을 형성하고 있으며, 다음으로 삼성전자로지텍, 범한판토스 등이 유사한 매출액을 나타내고 있다.

우리나라 기업은 글로벌 네트워크 경쟁력에서 글로벌 물류기업에 비해 열위인 것으로 나타난다. 이는 기본적인 네트워크의 차이뿐 아니라 우리나라 기업들이 본격적으로 해외진출을 시도한 2000년대 중후반에 글로벌 물류기업들은 이미 M&A를 통해 네트워크를 확대한 이후였다. 즉, 네트워크의 차이가 곧 기업 경쟁력으로 연결되는 물류업계에서 국내 물류기업들은 해외진출 시기도 뒤쳐졌을 뿐 아니라, M&A 투자 미흡으로 글로벌 물류기업과의 네트워크 경쟁에서 격차를 해소하지 못하고 있는 실정이다.

2013년 기준으로 글로비스를 제외하면 국내 전문물류기업의 매출액은 글로벌 물류기업인 DHL의 약 3~4%에 불과한 실정이다.

우리나라의 해운 항만, 항공 및 조선분야에서는 이미 세계적인 수준에 진입한 상태지만, 물류효율성, 운송인프라, 물류기업의 규모면에서는 아직 물류강국에 비해 크게 미흡하다. 한진해운과 현대상선이 해상 운송 부문에서 9위와 18위, 터미널 운영부문에서 8위, 15위를 기록하고 있을 뿐이다.

10. 국내 제3자 물류 산업의 문제점

국내 기업의 3자 물류 활용률은 2012년 기준으로 59.6%로 2006년의 38.8%에 비해서는 크게 신장했지만[16] 아직 미국 75%, 유럽 80% 이상에 비해 아직 낮은 편이다. 아직 우리나라 기업들의 자가물류 의존율이 높다는 의미이다. 규모의 성장에 비해 3자 물류기업의 수익성도 2007년 4.2%에서 2009년에는 4.1% 정도 감소했다. 화주의 비용 절감 노력이 3자 물류기업의 수익성 저하로 나타났기 때문이다.

제3자 물류의 문제점은 비용절감효과가 지속적인 것이 아니라 한시적이며, 화주기업의 경영최적화에 필요한 공급사슬의 흐름을 개선하는 데 초점을 맞추고 있지 않다는 점이다. 이는 제3자 물류가 동시적 공급사슬 서비스를 제공할 수 있는 높은 수준의 운영과 전략적 기술이 결여되어 있기 때문이다.

우리나라 물류기업의 가장 큰 문제점은 종합물류서비스 제공이 미흡하다는 점이다. 대부분 운송위주의 부문별 물류서비스를 제공하고 있으며 종합물류를 표방하는 기업도 특정기업 중심의 물류서비스를 제공하고 있다. 그 다음 문제점은 부가가치 창출이 미흡하다는 점이다. 조립·가공 등의 부가가치 물류서비스, 위치추적 및 조회서비스 등의 제공이 미흡하고 제공되는 서비스의 수도

---

16 한국무역협회, 제3자 물류 및 물류공동화 활용실태 조사, 2012. 12.

부족하다. 미국의 물류기업이 제공하는 서비스는 40여 가지 이상인 데 비해 국내의 선두 물류기업이 제공하는 서비스는 20여 가지에 불과하다.

이렇게 우리나라 운송 산업은 규모가 영세하고 지입제가 만연하여 단순위탁서비스를 벗어나 종합물류서비스인 제3자 물류서비스를 제공할 만한 업체들이 적은 실정이다. 보관 및 재고관리 부문의 경우 외국에서는 제3자 물류업의 주요사업대상이 되고 있으나 우리 기업들이 단순임대나 지사관리체제를 고집하고 있는 것도 제3자 물류 활성화를 저해하는 요인으로 작용하고 있다. 국내 물류산업에서의 제3자 물류의 문제점을 정리하면 다음과 같다.

1) 제3자 물류에 대한 인식 부족

우리나라 제3자 물류 산업에서 가장 큰 문제는 시장이 아직 활성화되지 않았다는 것이다. 제3자 물류 활성화를 위해 수많은 연구와 정책제안들이 이루어져왔다. 하지만 제3자 물류에 대한 학계와 정부의 관심과는 달리 실무에서는 제3자 물류에 대한 회의적인 반응이 적지 않다. 현재 국내 물류시장은 대기업 물류자회사가 가장 큰 영향력을 행사하는 것이 업계의 통설이다.[17] 이러한 이유로 유럽과 북미에 비해 우리나라의 아웃소싱비율이 낮은 것이다.

이는 대부분의 화주 기업들이 자가 물류에 의존하고 있고, 제3자 물류의 필요성을 인식하지 못하기 때문이다. 또한, 우리나라 화주기업들이 물류업체에 아웃소싱하고 있는 물류 활동은 대부분 운송활동에 편중되어 있고 보관 및 재고관리활동의 경우는 자사에서 직접 처리하고 있는 실정이다. 최근 대기업 중심으로 물류 아웃소싱에 관심을 보이고 있으나 운송 기능 이외에 보관 및 사후관리까지 종합적으로 물류업체에 위탁하는 제3자 물류의 활용 단계에는 미치지 못하고 있어 물류 부분의 효율성에 따른 경쟁우위를 확보하지 못하고 있다.

2) 물류 정보화 추진의 미흡

제3자 물류의 효율화 및 고객 만족 경영을 위한 가장 핵심적인 요소는 통합

---

17 김종철, 박동기, "국내 물류시장의 현황과 물류기업의 특성에 관한 연구 – 내부거래비중을 중심으로 –," 한국항만경제학회지, 2014.

물류 정보 시스템의 구축이다. 그러나 국내 물류업체의 물류 정보화 수준은 외국의 대형 물류업체에 비해 크게 뒤떨어져 있다. 화주기업 측면에서 많은 기업들이 개별적으로 SCM, ERP 등을 통해 내부 정보 통합은 어느 정도 이루었을지 몰라도, 이를 협력업체의 정보시스템과 통합하지 않고 있어 정보의 흐름이 원활하지 않은 것도 큰 문제이다. 정부에서도 정보망구축이 시급하다고 판단하여 1995년부터 종합물류정보망 구축사업을 추진해 왔으나, 화물운송업의 경우 정보교환이 폐쇄적으로 이루어져 화물의 장기 체류, 중복 배차, 공차 운행 등의 비효율을 초래하고 있다. 유통업의 경우 물류 바코드의 미활용, 물류 유통 EDI의 미흡 등에 따른 물류 정보의 단절 현상 때문에 다빈도 소규모 배송에 따른 물류비 증가, 재고 증가 등의 문제를 안고 있다. 즉, 부분별 정보화가 추진되고는 있으나 아직 제공 가능한 서비스가 부족하고 개별 정보 시스템을 통합하는 정보망간 연계가 미흡하여 통합된 정보관리가 이루어지지 못하고 있으며, 개별기업의 물류정보시스템과 공공부문에서 추진 중인 물류 관련 정보망과의 연계 활용이 미흡한 실정이다.

3) 물류 업체 규모의 영세성

국내 물류산업은 시장진입과 퇴출이 용이하고, 그 비용이 크지 않아 영세사업자의 비중이 높은 편이다. 화물자동차운송업, 창고업 등 전통적인 물류업체의 경우는 규모 및 자본의 영세성으로 고품질의 서비스를 제공하기가 어려운 실정이다. 창고업의 경우도 전체 1,631개 업체 중 8개 업체만이 상시 근로자 100인 이상의 대기업에 해당하고, 나머지 99.5%는 중소기업으로 화물운송업과 마찬가지로 영세한 사업자가 대부분이다. 즉, 물류업체들은 화주들의 다양한 물류서비스 요구를 충족시키기 위한 역량을 갖추어야 하지만, 인력 및 자본과 기술 수준은 이에 훨씬 미치지 못하고 있다.

화주기업은 최근 물류네트워크의 효율적 관리를 위해 수배송관리시스템(TMS), 창고관리시스템(WMS) 등 최신 물류 기술을 적극적으로 도입하고 있으나, 대다수의 물류업체들은 이 같은 물류 환경 변화에 효과적으로 대처하지 못하고 있다. 실제 운송업체의 상당수가 물류 정보망이나 EDI 등을 구비하지 못하고 있을 뿐만 아니라 창고업체의 대부분도 최신 기술을 이용하여 체계적으로 화물을 적절하게 관리하지 못하고 있는 것이 현실이다. 그리고 물류업체의 대부분은 물류서비스의 개선에 소극적이고, 그 결과 정시 운송서비스, 맞춤물류서비스, 소량 다빈도 운송서비스 등의 선진 물류서비스를 할 수 있는 기술을 축적하지 못하였다. 인력측면에서도 단순 현장 노동 인력만 확보했을 뿐 물류서비스의 기획 및 설계, 분석 등을 할 수 있는 전략적 개념의 물류전문인력을 확보 및 양성하지 못하고 있다.

4) 물류 기업 간 제휴 관계의 미흡

물류 기업이 효율적으로 되기 위해서는 적정 수준의 규모가 필요하나, 물류를 구성하는 부분이 광범위하여 한 물류 기업이 모든 것을 감당하는 것은 쉽지 않은 일이다. 따라서 이러한 문제를 해결하기 위해서는 적절한 제휴를 통해 규모의 경제 효과를 누리고 특정 분야에 선택과 집중을 해야 한다. 그러나 운송업체 중에서 공동운송체제를 시행중인 경우는 12.7%에 불과하며, 창고업체의 경우도 운송업체와 마찬가지로 다른 업체와의 전략적 제휴나 공동화를 실시하고 있는 업체는 5.7%에 불과하다. 이러한 가운데 현재 운송공동화를 실시하지 않지만 향후 참여할 의사가 있거나 검토할 의향이 있는 운송업체가 76.9%를 차지하고 있어 대다수의 운송업체들이 전략적 제휴를 통한 공동화의 필요성을 깊이 인식하고 있는 것으로 나타났다. 그럼에도 불구하고 참여업체 구성의 어려움 및 회사 기밀의 누출가능성 때문에 운송업체 간 물류공동화가 활성화되지 못하고 있다.

MEMO

21
수요관리

🔋 핵심포인트

매출 수요예측은 판매, 마케팅 부문에서 수행하여 제공되는 것이 일반적이었지만, 기업전체나, 공급사슬전체의 최적의사결정을 위해, 제품수요를 공급사슬관리차원에서 예측해야 한다. 3PL업체가 화주기업의 물류활동, SCM을 전부 맡아 주도적으로 수행하기 위해서는, 원칙적으로 화주 고객기업보다 시장분석, 수요예측 능력이 뛰어나야 한다. 즉 전문 물류서비스제공자가 갖추어야 할 가장 중요한 능력이 수요예측인 셈이다.

1. 물류에서 수요관리의 중요성

일반적으로 수요관리는 고객과 최전선에서 맞닿아 있는 판매, 마케팅부문에서 예측하는 것이 타당했다. 공급사슬의 최적 의사결정은 전사적 관점에서, 혹은 공급사슬 전체적인 관점에서 최소의 비용과 최대의 고객서비스를 유지할 수 있도록 이루어질 때 가능한 일이기 때문에 물류에서 수요관리를 하는 것이 중요하다.

2. 수요예측방법

수요예측방법은 정성적 방법과 정량적 방법으로 나눌 수 있다. 이전의 데이터가 없을 때에 정성적 판단을 선택하는 것이 가장 적절하다. 정량적 예측에는 시계열 전망과 인과관계 분석에 의한 전망으로 나누어 볼 수 있다.

3. 수요공급 동기화

수요관리란 제품별, 조직단위별 수요를 예측하고, 재고 및 생산 등 운송, 보관 등 물류부문과 생산능력 등 공급능력을 감안한 합의된 수요계획을 수립하고, 이 수요계획을 원활하게 수행하기 위해 물류, 공급부문과 수요공급 동기화를 해나가는 프로세스라 할 수 있다. 기업내부의 협업과정 및 공급사슬관리 협업 과정으로 판매생산계획(S&OP)을 사용하고, 협력사들과 SCM 혁신을 강화하기 위해 수요와 공급을 동기화시키는 방법인 상호공급계획예측프로그램(CPFR)도 활용한다.

1. 물류에서 수요관리의 중요성

수요관리를 내포하는 용어에는 수요예측(demand forecasting), 판매예측(sales forecasting), 수요계획(demand planning) 등이 있다. 수요예측이나 판매예측은 예상하는 시장여건 하에서 향후 일정기간 동안 얼마나 판매될 것인가에 대한 기대치이다. 수요계획은 예측을 기반으로 한 실행계획을 의미한다. 즉 회사의 물류 및 공급능력을 감안하여 수립한 실행계획을 의미한다. 이런 의미에서 수요관리(demand management)란 제품별, 조직단위별 수요를 예측하고, 재고 및 생산 등 운송, 보관 등 물류부문과 생산능력 등 공급능력을 감안한 합의된 수요계획을 수립하고, 이 수요계획을 원활하게 수행하기 위해 물류, 공급부문과 수요공급 동기화를 해나가는 프로세스라 할 수 있다.

일반적으로 수요관리는 판매, 마케팅에서 주도하여 그 프로세스가 이루어져 왔다. 판매, 마케팅부문에서 최전선에서 고객과 맞닿아 있기 때문에 수요를 예측하는 데 적임이기 때문이다. 이 때문에 개별 영업사원 단위에서도 수요예측과 재고유지, 수송지시 등의 업무를 수행하도록 하고 있다.

그러나 운송이나 보관 같은 물류활동의 최적 의사결정은 그 물류활동을 전사적 관점에서, 혹은 공급사슬 전체적인 관점에서 최소의 비용과 최대의 고객서비스를 유지할 수 있도록 이루어질 때 가능한 일이다. 앞서 여러 곳에서 강조했듯이 판매의 효율을 늘리기 위해, 혹은 생산효율을 높이기 위해 세일이나 대량생산 의사결정을 하고, 관련된 물류활동을 부수적인 지원 활동으로만 판단해서는 공급사슬 최적화 추구는 요원한 문제가 된다. 즉 물류활동과 물류의사결정은 물류부문이 책임을 지고 최적의사결정을 할 수 있어야 한다.

물류부문이 재고유지나 재공급, 운송 등 물류의사결정을 하게 된다면 판매나 생산효율만 우선시하는 기존 관행에서 벗어날 수 있어 과잉재고나 과잉생산을 예방할 수 있는 것이다. 문제는 공급활동을 물류부문이 맡아 수행하기 위해서는 그것이 물류부서가 되었든, 아니면 물류전문서비스를 수행하는 3PL업체가 되든, 최소한 판매부서나 현지 판매사에 버금가는 시장 수요예측을 할 수 있어야 가능한 일이다. 만약 수요예측을 포함한 수요관리가 판매나 생산부문보다 뒤떨어질 경우, 과잉재고가 더 발생할 수도 있고, 품절사태가 더 발생할 수가 있기 때문이다. 물류활동에서 가장 중요한 예측정보는 매출 수요예측 정보이다. 그러나 이러한 예측정보는 물류부문보다는 판매, 마케팅 부문에서 수행하여 제공되는 것이 일반적이다. 그러나 물류를 로지스틱스나 공급사슬관리의 전략적 영역으로 관리할 경우, 기업전체나, 공급사슬전체의 최적의사결정을 위해, 제품수요를 공급사슬관리차원에서 예측해야 한다는 점이다. 특히 3PL업체가 화주기업의 물류활동, SCM을 전부 맡아 주도적으로 수행하기 위해서는, 원칙적으로 화주 고객기업보다 시장분석, 수요예측 능력이 뛰어나야 한다. 즉 전문 물류서비스 제공자가 갖추어야 할 가장 중요한 능력이 수요예측인 셈이다.

일반적으로 시장조사는 시장분석, 매출수요분석, 고객분석으로 나누어 추진하게 된다. 시장분석에는 특정제품에 대한 잠재력, 시장 규모, 시장 위치별 분석, 특징 등을 분석하며, 매출수요분석은 매출실적에 대한 계절별, 지역별, 고객별로 수요추이에 대한 다양한 분석을 하는 과정이다. 고객분석은 소비자 태도나, 선호도, 반응에 대한 동기분석, 설문 혹은 그룹분석 등을 수행하는 과정이다. 이러한 시장조사는 결국 가까운 미래의 시장 수요예측에 필요한 여러 가지 유용한 정보를 제공한다.

실무적으로 물류분야에서 필요한 예측정보는 주로 단기적인 것으로 재고관리, 선적스케줄링, 창고계획 등에 활용되는 것이다. 따라서 단순한 시계열분석모형이 물류분야에서는 가장 많이 활용된다. 문제는 예측하는 데 드는 시간과 비용 및 예측방법의 정확성을 선택하는 것이 중요하다.

2. 수요예측 방법

풍부한 정보와 기법을 동원해 시의적절하고 정확한 수요예측을 할 수 있어야 한다. 예측을 전문적으로 수행해온 기관일수록 예측은 틀릴 수밖에 없다고들 말한다. 즉 예측은 많은 가정과 기존에 보여왔던 추세에 기반을 두어 이루어지나, 실제 발생하는 수요는 과거에 보이지 않았던 추세, 가정과 다른 현상으로 나타나는 경우가 많기 때문이다. 따라서 수요예측에서 에러부분(error term)을 예측할 수는 없는 일이다. 기존에 보여주었던 추세에서 에러부분이라고 판단되는 모든 것을 다 제거한 순수한 추세만 찾아내고 여기에 일정부분의 에러 발생에 대한 예측을 해나가는 방법이 될 수밖에 없다.

수요예측방법(forecasting methods)은 여러 가지가 있으나 이를 분류하면 정성적(qualitative judgemental) 판단과 정량적 예측(quantitative forecasting)으로 나눌 수 있다. 이전의 데이터가 없을 때에 정성적 판단을 선택하는 것이 가장 적절하다. 정량적 예측에는 시계열(time series)전망과 인과관계(cause and effect)분석에 의한 전망으로 나누어 볼 수 있다. 그러나 훌륭한 예측을 하기 위해서는 정성적 판단과 정량적 예측기법을 함께 사용해야 하는 경우가 많다. 가장 일반적인 방법은 우선 계량기법에 의해 수요 예측치를 산출한 다음, 예측자가 수집 가능한 정보와 경험을 토대로 이 예측치를 수정하는 것이다. 이 정보에는 경쟁사의 신제품 출시, 판매홍보전략, 경제여건 등 여러 가지가 포함될 수 있다.

1) 정량적 예측기법

가) 시계열 분석방법

시계열 분석방법은 충분한 양의 역사적 자료, 통계가 있을 경우, 이를 기초로 하여 단기적인 미래예측을 수행하는 효과적인 방법이다. 미래의 패턴은 과거의 패턴을 따라 움직인다는 가정에서 시작한다. 수학적이고 통계학적인 방법으로 예측을 수행한다. 실제로 6개월 미만의 단기적 예측에서는 예측정확도가 매우 높은 방법으로 평가받는다. 단기적으로는 시계열패턴의 안정성이 유지되기 때문이다. 시계열분석모델은 새로운 데이터가 생길 때마다 자료 갱신을 해서 그간의 변동을 모델에 반영하게 된다. 단기간에 급격한 이상 변화가 없는 단기적 예측에는 적합한 기법이다.

예를 들어 지난해보다 올해 7% 더 높은 판매성장을 보였다면 내년 또한 올해의 7%를 더한 성장률을 보일 것이라는 예측이다. 시계열 예측 기술은 이동평균과 가중이동평균법, 지수평활법(exponential smoothing)이 있다. 이동평균은 간단히 다른 시간 차 사이의 수요를 종합하고 시간에 따라 나눈 값을 말한다. 각 시간마

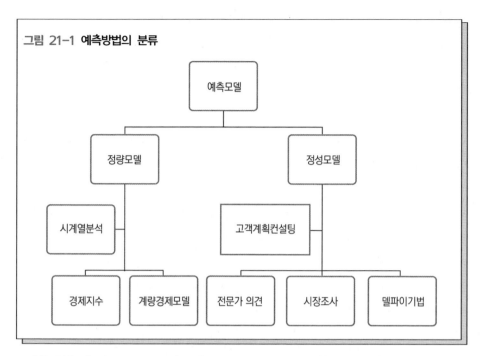

그림 21-1 예측방법의 분류

자료: Richard J. Tersine, Principles of Inventory and Materials Management(3rd ed., Elsevier Science Pub. Co., NY), 1988.

다 같은 중요성이 부과되어 현재 수요의 고저를 파악하기는 힘들다. 이 단점을 보완하기 위해 가중이동평균법은 더 최근 데이터에 가중치를 둔다. 지수평활법은 가중이동평균법을 보다 정교하게 만든 것으로 많은 기업들이 수요예측시 이 지수평활법 소프트웨어를 사용한다.

(1) 이동평균법

이동평균법을 이용한 예측방법은 지난 일정기간 중의 평균수요로 다음기간의 수요를 예측하는 방법이다. 예를 들어 3개월 이동평균은 지난 3개월의 평균수요를 바탕으로 향후 1달간의 수요를 예측하는 것이다. 수요가 아주 일정한 경우 유용한 예측 방법이다.

$$3개월 \ 이동평균 = (M1 + M2 + M3)/3$$

표 21-1 이동평균법에 의한 월별 철강수요 예측

월	철강수요(톤)	3개월 이동평균
1월	18,877	-
2월	17,725	-
3월	15,632	-
4월	14,070	17,411
5월	10,734	15,809
6월	11,421	13,479
7월	8,848	12,075
8월	6,592	10,334
9월	5,311	7,954
10월	6,076	5,917
11월	10,678	4,993
12월	17,656	7,355

그러나 [표 21-1]에서 볼 수 있듯이 수요가 급격하게 변화하는 경우에는 이 방법으로 예측을 하는 것은 그 유용성이 매우 떨어짐을 알 수 있다. 특히 이동평균법은 계절적 요인에 의한 수요감소를 전혀 고려할 수 없다는 문제점을 나타내고 있다. 7~10월 중 비수기 이후 수요증가에도 예측을 제대로 할 수 없음을 나타내고 있다.

(2) 가중이동평균법

가중이동평균법은 기간이 지난 수요실적 자료보다도 최근 실적자료에 가중치를 곱해서 최근의 추세를 반영하도록 하는 방법이다. 이럴 경우 계절적 요인에 의한 수요 변동을 반영할 수 있는 방법이다. 월별 자료에 단순히 가중치를 곱해서 평균을 내는 방식이다.

$$3개월\ 가중이동평균 = (0.2 \times M1 + 0.3 \times M2 + 0.5 \times M3)$$

가중이동평균법에 의한 예측을 하게 되면 계절적 요인에 의한 변동을 어느 정도 반영할 수 있게 되었다. 그러나 위의 예에서 볼 수 있듯이 급격한 수요 변화에 대응한 예측을 하기 위해서는 보다 정교한 예측방법이 필요하다.

표 21-2 **가중이동평균법에 의한 월별 철강수요 예측**

월	철강수요(톤)	3개월 가중이동평균	3개월 이동평균
1월	18,877	–	–
2월	17,725	–	–
3월	15,632	–	–
4월	14,070	16,871	17,411
5월	10,734	15,200	15,809
6월	11,421	12,662	13,479
7월	8,848	11,634	12,075
8월	6,592	10,020	10,334
9월	5,311	8,149	8,954
10월	6,076	6,328	6,917
11월	10,678	5,907	5,993
12월	17,656	8,250	7,355

(3) 지수평활법

지수평활법은 과거의 관측값으로 미래의 값을 예측할 때 최근의 자료에 더 많은 가중치를 부여하여 예측하는 방법이다. 이동평균법에서는 이동평균을 계산하기 위해 최근 m개의 관측값이 필요하였다. 그러나 미래의 값을 예측하는 데 필요한 정보는 최근의 자료에 더 많이 포함될 수 있으며, 또한 예측을 위해서는 더 많은 자료들을 사용하는 것이 일반적으로 바람직한 예측방법이다. 즉 지수평활법은 가중이동평균법의 단점을 보완한 방법이다.

지수평활법은 가중이동평균법보다 정교한 시계열분석방법으로 수요의 변동이 심한 경우 수요예측을 위한 방법이다. 지수평활법에서 사용하는 변수는 세 개다. 전기의 예측치, 전기의 실제 수요치, 그리고 평활상수(smoothing constant)이다. 평활상수(α)는 1이 100%를 나타내는 퍼센트 가중치로 0에서 1사이의 수치($0 \leq \alpha \leq 1$)로 표시된다.

$$새로운 \ 예측 = (\alpha \times 전기 \ 수요치) + \{(1-\alpha) \times 전기의 \ 예측치)\}$$

표 21-3 지수평활법에 의한 월별 철강수요 예측

월	철강수요(톤)	지수평활법(α=0.4)	3개월 가중이동평균
1월	18,877	–	–
2월	17,725	–	–
3월	15,632	–	–
4월	14,070	16,871	16,871
5월	10,734	15,751	15,200
6월	11,421	13,744	12,662
7월	8,848	12,815	11,634
8월	6,592	11,228	10,020
9월	5,311	9,374	8,149
10월	6,076	7,749	6,328
11월	10,678	7,080	5,907
12월	17,656	8,519	8,250

이 식에서 보면 전기의 실제수요와 전기의 예측치에 대해 일정상수를 곱해서 새로운 예측을 하기 때문에 지난 기에 대한 가중치를 부여하고 있는 방식이다. 다만 이동평균법처럼 여러 기에 걸친 실적치를 사용하지 않고 전기의 자료만을 사용한다는 것이다. 평활상수가 가지는 의미는 최근 자료에 대한 가중치로, 만약 0.3이라면 전기 예측치에 70% 가중치를 두고 전기 실적치에 가중치를 30% 부여해서 새로운 예측을 한다는 의미이다. 즉 평활상수가 커질수록 최근 실적치에 대한 반영률을 높이는 효과가 있다. 수요변동이 클 경우 이 상수값을 크게 유지하면 될 것이다.

나) 기타 정량적 예측방법

정량적 예측방법으로 시계열 분석을 예로 들었으나, 시계열 분석 모형에는 앞서 설명한 지수평활법과 함께 Box-Jenkins에 의해 개발된 자기회귀 이동평균(ARIMA)모형이 많이 사용되고 있다. 지수평활법은 쉽게 이해할 수 있고, 과거 관측값이 적을 때도 사용이 가능한 장점을 지니고 있다. 그러나 시계열 도표를 해석하는 시각에 따라 달라질 수 있는 단점이 있다. 이에 비해 ARIMA모형은 과거 시계열자료로부터 모형화를 할 수 있는 장점이 있어 해석의 자의성이 많이 줄어들수가 있다. 시계열의 과거의 자기회귀(AR)와 이동추세를 반영한 이동평균(MA)을 이용해 시계열로부터 예측가능한 움직임을 추출해내는 방법이다. 일반적으로 향후 4~6개월의 예측을 하는 데 적합한 단기예측모형이다.

1년 이상 보다 긴 기간에 걸친 수요예측을 위해서는 또 다른 정량적 방법인 인과관계분석방법을 사용할 수 있다. 예를 들어 고객서비스가 매출에 긍정적인 효과가 있다는 것을 가정한다면 이 양자간의 관계를 분석하여 예측하는 방법이다. 서비스는 매출의 원인이 되는 것이며 고객서비스 수준을 알고 있다면 매출 수요예측이 가능한 것이다. 이와 같은 인과관계를 모델링하여 미래를 예측하는 것으로 주로 중장기 예측에 사용되는 기법이다. 대표적인 것이 회귀분석(regression)이다. 변수들 간의 상호 인과관계를 분석하고, 특정변수(독립변수)의 변화로부터 다른 변수(종속변수)의 변화를 예측하기 위해 사용한다. 예를 들어 주가지수에 영향을 미치는 요인이 무엇인지를 규명하기 위해 주가에 어떤 요인이 영향을 미치는지를 찾아내고, 어떤 요인이 주가에 가장 중요한 영향을 미치는지 밝히게 된다. 이 밖에 종속변수, 독립변수 구분 없이 변수들 간의 상호관련성을 분석한 요인분석, 군집분석 등이 있으며, 컴퓨터 시뮬레이션 모델도 활용된다. 다만 인과관계를 갖고 있는 변수를 찾아내는 것이 매우 어려운 일이며, 적정한 양의 실적데이터를 구하기가 어려운 경우도 있다.

2) 정성적 예측기법

정성적 판단은 영감, 직관, 델파이 방법에 의한 인터뷰, 비교기법 등을 통해 미래에 대한 예측을 하는 방법이다. 장기간 회사에서 근무한 관리자의 경우 "내년도 매출"에 대해 그간의 경험에 의거 전망을 하는 경우가 바로 이것이다. 이를 가능케 하는 것은 오랫동안 시장을 보아왔고, 판매에 영향을 미치는 요인들에 대해 경험적 판단을 할 수 있고, 비공식적으로 경쟁자들의 행동에 대해서도 파악하고 있기 때문이다. 또는 개인이 아니고 기업자문가들, 교수들, 연구자, 관리자들도 구성된 패널에 의한 조직미래에 대한 전망을 도출하는 것도 포함된다. 다만 주관적 판단, 비계량적 접근에 따른 정확도나 중립성의 문제를 내포하고 있는 예측방법이다. 신제품 도입 여부, 신제품 성공에 대한 예측, 정부정책의 변화예측, 신기술의 영향 등 역사적 데이터가 없거나 또는 전혀 새로운 데이터를 사용하는 상황에서 직관적 판단에 의존해야 하는 경우에 유용한 예측방법이다. 특히 신제품에 대한 물류센터가 몇 개 필요할 것인가 같은 장기수요 예측을 할 경우 불가피하게 정성적 판단을 할 수밖에 없다.

정성적 기법으로는 델파이(Delphi) 방법에 의한 전문가조사 방법이 대표적인 기법이다. 5~20명의 전문가들에게 2~3회 정도 반복적으로 의견을 청취하고 피드백하는 과정을 거쳐 최종조사의 예측치의 평균값으로 예측하는 방법이다. 현장의 전문가 패널을 이용하여 수요를 예측하는 방법이다. 전문지식을 가진 전문가를 선정한 후, 참여 전문가들에게 1차 설문을 무기명으로 예측하게 한 후, 제2라운드에서 1라운드의 예측치가 전체에서 차지하고 있는 위치를 알려주고 만약 양 끝단에 위치한다면 그 이유를 적도록 요구한다. 이 같은 과정을 반복하여 결과의 오차 범위를 줄여 결국 최종 예측치를 이끌어 내는 방식이다.

이 밖에 정성적 예측 기법으로는 부스트래핑(bootstrapping)이라고 불리는 기법이 있다. 여러 상황에서 예측시 어떤 정보를 사용하는지를 전문가들에게 물어서, 전문가들이 일관성 있게 판단하는 규칙을 찾아내고, 이를 기반으로 예측하는 방법이다. 또한 컨조인트 분석(conjoint analysis)방법도 있는데, 이는 여러 특성이 수요에 어떠한 영향을 미치는가를 분석하는 기법으로 잠재적 고객에게 특성별 수요에 대한 약 20여 가지의 제안을 해서 제품특성과 수요의 상관관계를 결정하도록 하고 이를 바탕으로 수요를 예측하는 방법이다.

3) 예측오차 측정

예측의 큰 원칙은 예측은 거의 틀린다는 것이다. 지난 10년간 세계적인 경제연구소들의 1년 전 국별 경제성장률 예측치와 실제치를 비교하면 거의 모두 틀렸다는 것을 쉽게 알 수 있다. 이 때문에 수요예측을 한 경우에는 반드시 실제 수요치와 예측치를 비교해서 그 오차의 성격과 크기를 측정해야 한다. 이 오차의 성격과 크기를 갖고 다음 예측의 오차를 줄이는 데 활용할 수 있다.

일반적으로 예측오차를 측정하는 척도로는 예측치에 대해 예측오차율 (forecast error percentage), 평균절대비율오차(mean absolute percentage error: MAPE), 그리고 평균 절대편차(mean absolute deviation: MAD) 등이 있다.

예측오차율은 실제수요와 예측수요와의 차이를 백분율로 표시한 것이다. 다음 주 수요예측을 100개로 잡았으나, 실제 80개에 불과했다면 실제수요와 예측수요의 차이 20을 실제수요 80개로 나누어 백분율로 표시한 25%가 예측오차율이 된다. 그리고 MAPE 방법은 절대오차를 실제수요로 나눈 백분율이란 면에서 예측오차율과 차이가 없으나, 이 경우에는 한 개의 제품에 대한 예측오차를 측정하기보다는 하나의 연관제품에 대한 전체 수요의 예측오차를 측정할 때 사용한다. 만약 두 개의 제품이 위의 예에서 든 제품 이외 두 개의 연관제품이 있을 경우 전체 MAPE는 세 가지 제품의 오차량 절대값을 합친 것을 총 실제수요의 합으로 나누어 백분율로 표시하면 된다. MAD는 평균 절대편차는 편차의 절대값의 평균으로 구하며, 중심에서 벗어난 정도를 나타낸 값을 의미한다.

3. 수요 공급 동기화

수요계획에 근거하여 회사 전체가 단일계획을 수립하는 것이 SCM 경쟁력 향상의 가장 기본적인 사항이다. 최근에는 이러한 계획의 통합이 회사 내부뿐만 아니라 회사 외부의 고객과 협력업체 등 공급사슬 파트너들과도 이루어지고 있다. 결국 공급사슬 모든 조직들이 하나의 계획으로 동기화되어 시장의 변화에 맞추어 일사분란하게 대응하는 것이다. 판매시점정보, 수요예측, 구매계획 등이 정기적으로 공급사에게 전해진다. 이를 통상 협업이라 하며 EDI나 인터넷을 통하여 쌍방향 의사소통이 이루어진다. 이는 고객(customer collaboration)뿐만 아니라 공급 부문의 협력업체(supplier collaboration)와도 이루어진다. 이렇게 수요 쪽으로는 고객의 고객을 통하여 소비자까지 연결되고, 공급 쪽으로는 고객의 고객을 통하여 소비자까지 연결되고, 공급 쪽으로는 2차, 3차 협력업체까지 전 프로세스가 연결되어 하나의 회사처럼 글로벌로 최적화된 단일계획에 의하여 일사분란하게 운영될 때, 비로소 최고의 SCM 경쟁력을 구현할 수 있는 것이다. 최종소비자까지 SCM(demand driven SCM)을 운영하는 데 핵심이다.[1]

---

1 박성칠, Supply Chain 프로세스 혁신, Sigma Insight, 2008, pp. 173 – 174.

1) 정보 공유 및 수요 공급 동기화

일반적으로 공급사슬 상의 모든 참가자는 수요계획과 관련한 수요예측정보를 공유할 수 있다. 수요의 변동성 증가는 공급사슬 상의 각 단계에서 수요예측을 실시할 때, 바로 앞 단계의 수요를 기준으로 예측을 하는 것에서 발생한다. 직전 단계의 수요를 예측의 입력 값으로 사용한 예측 값은 다음 단계의 수요예측의 입력 값으로 사용된다. 공급사슬상에서 반복되는 위의 과정을 교정하기 위한 한 가지 방법은 공급사슬에서 얻어진 최초의 수요정보를 공급사슬 상의 모든 주체들이 공유하는 것이다. 그렇게 함으로써 모든 단계에서 수요를 예측할 때 같은 정보를 사용할 수 있게 된다.

공급사슬 참여 기업들이나 전자상거래에 참여하고 있는 회사들의 경우 판매시점 관리(point-of-sale: POS) 정보는 쉽게 공유할 수 있다. 실시간 판매시점 정보가 기업조직 내에서 공유되고, 공급파트너들과 공유된다면 최근의 판매동향을 알 수 있고 나아가 판매예측의 정확도도 높일 수 있다. 종래의 수요예측은, 공급사의 영업사원에 의한 경험적 예측이나 공장에서의 출하수량 실정에 기초하여 이루어졌다. 그러나 수요예측이 POS 정보 등 소비자의 실수요를 기초자료로 사용함으로써 그 정확도 향상을 꾀할 수 있게 되었다. 보다 정확해진 판매예측치를 사용함으로써, 제조업체는 제품의 생산계획이나 재고계획까지 소비자의 수요 동향에 맞추어 사전에 수립할 수 있게 된다. 이에 의해 과잉생산의 방지나 과잉 재고의 방지를 통해 해당 상품의 제조 원가가 절감되며 나아가서는 그만큼 상품 원가의 인하가 가능해진다.

판매시점 정보와 수요예측 정보를 함께 공유하게 되면 리드타임을 줄일 수 있고, 채찍효과를 줄여, 결국 재고비용 등 각종 생산, 물류비용을 줄일 수 있어 공급사슬관리의 효율을 크게 향상시킬 수 있다. 공급사슬 상의 여러 조직들이 수요예측의 갱신을 위해 동일한 정보를 사용하더라도 예측 방법의 차이나 구매행위의 차이 등은 여전히 불필요한 변동을 초래한다. 따라서 일단 수요정보가 공유되면 완전한 통합을 이루기 위해서 공급사슬의 서로 다른 단계들은 서로 같이 예측하고 계획하여야 한다. 이를 위한 방법으로 상위 단계에서 하위 단계로의 공급을 조절하는 것이 있다. 상위 단계에서는 하위 단계의 수요와 재고정보를 알 수 있고, 필요한 예측을 갱신하고 하위 단계에 공급할 수 있다.

수요와 공급을 동기화시킬 수 있는 기법을 살펴보면 다음과 같다. 우선 '지속적 보충'(continuous replenishment: CR)방법이 있다. 이는 도매업자나 제조업자는 수요정보에 의해 정기적으로 소매업자에게 제품을 공급한다. CR은 원료 공급업자, 유통업자 혹은 제3자에 의해서 운영될 수 있다. 대부분의 경우 CR은 창고로부터 재고가 얼마나 빠져나갔는지를 갖고 운영된다. CR시스템을 물류센터에서 혹은 소매상 창고에서 출고되는 양에 따라 적용하는 경우가 많다.

공급자 관리 재고정책(VMI: vender-managed inventory)도 동기화의 한 수단이 될 수 있다. VMI는 유통업자와 제조업자가 도매상이나 소매상에서의 재고를 감독하고 관리한다. 이러한 정책은 유통업자와 제조업자가 모든 소매상의 조달정책을 통일시키는 것이다. VMI는 고객기업의 재고 및 주문관리를 고객이 직접 하지 않고 공급사가 책임지는 재고관리 및 조달시스템이다. VMI 방식이 되면 소매점 고객의 점포별 매출 및 재고정보가 공급사(vendor)에 입력된다. 소매상의 매출정보에 근거하여, 공급사는 미리 소매점과 약정한 바에 따라서 언제, 얼마의 수량을 주문할 것인지를 결정하여 시행하게 된다. 공급사는 고객의 매출 및 재고 수준 정보에 근거하여 재고가 일정 수준 이하일 경우에만 상품을 배송한다.

VMI가 지향하는 목표는 품절을 피하고 점포를 방문하는 소비자들이 언제나 원하는 상품을 구입할 수 있도록 재고를 구비함으로써 소비자의 만족도를 높이는 것에 있다. 상품의 판매에 따라 점차로 재고가 줄게 되면, 즉각 정확한 보충 발주를 하여, 될 수 있는 한 신속히 그 상품을 구입하여, 재고를 보충하는 것이 필요하다. 그런데 이를 소매점이 주관할 경우 아무리 품절을 하지 않도록 보충 발주를 섬세하고 치밀히 행하더라도, 공급사가 재고를 보유하고 있지 않거나, 혹은 출하할 때까지 필요 이상의 시간이 걸려 납기를 지킬 수 없게 될 수도 있다.

2) S&OP와 CPFR

수요와 공급의 동기화를 위한 방법으로 정기적인 관련부서 간의 회의나 협력체계를 구축, 운영하는 일이 효과적인 방법이다. 이런 회의를 통해 부서 간에,

혹은 참여기업 간에 상충하는 목표를 조정하여 수요 공급사슬 내의 모든 프로세스를 통합하는 것이다.

판매생산계획(Sales and Operations Planning: S&OP) 수립은 기업 내부의 협업 및 공급사슬관리(SCM) 영역을 대상으로 한다. S&OP 회의는 판매·생산·영업·마케팅·개발 등 각 담당 임직원들이 한 자리에 모여 지난 주 실적을 점검하고 향후 계획을 마련하는 것이 핵심이다. 이 회의에서 정해진 사항은 심지어 공장의 생산계획에 그대로 반영되기도 한다. 즉 S&OP 회의는 회사의 경영목표를 달성하기 위해, 판매, 생산, 재무, 개발, 구매 등 회사의 모든 계획이 동기화되는 회의이며, 계획대비 실적을 분석하고, 그 개선방향을 도출하는 곳이다. SCM 입장에서 보면 이런 회의가 수요와 공급을 일치시켜 물류최적화 의사결정회의가 될 수 있는 것이다. 공급사슬의 비효율적인 사슬을 리엔지니어링하고, 서비스 최적화를 위한 회의로 이끌어 갈 수 있는 것이다. 최근 협력사들과 SCM 혁신을 강화하기 위해 수요와 공급을 동기화시키는 방법으로 상호공급계획예측프로그램(collaborative planning, forecasting, and replenishment: CPFR)도 활용되고 있다. 상호공급계획예측프로그램은 수요와 공급의 균형을 맞추기 위해 관계자들과 데이터를 예측하고 계획을 공유하는 방법이다. CPFR은 유통업체와 제조업체가 공동으로 수요예측을 통해 향후 예측력을 높이고 재고와 품절을 최소화하기 위해 맺는 계약이다. 유통업체와 제조업체가 공동으로 판매량을 예측한 후 적정 판매량을 합의하고 프로모션시 서로 머리를 맞대 의사결정을 하게 된다. 또한 위험을 사전에 파악하고 이에 대비하는 전략을 수립할 수도 있어, 신속한 의사결정을 할 수도 있다. CPFR을 통해 수요예측의 정확도를 높이면 S&OP 혁신 효과도 극대화할 수 있다는 장점이 있고, 또한 유통업체도 매장 품절을 줄여 각종 프로모션을 원활하게 수행할 수 있는 장점이 있다.

S&OP나 CPFR회의가 원활히 수행되기 위해서는 많은 자료를 분석하고 예측해야 하므로 정보시스템이나 컴퓨터 소프트웨어를 통한 지원이 필수적이다. 소프트웨어를 기반으로 하는 예측이 예측능력 향상에 큰 도움이 되지만, 비용과다, 예측오류 등 여러 가지 문제도 있다. Microsoft사의 Excel의 통계절차는 정교하지 않으며 시대에 뒤떨어져 오류가 많다고 하지만 저렴한 비용과 배우기가 용이하여 오늘날 가장 널리 쓰이고 있는 소프트웨어다. 상대적으로 비용이 많이 드는 소프

트웨어 패키지들은 그것을 쓰는 방법을 배우는 것이 어려워 또한 문제가 되고 있다. 또한 예측 오차가 발생하지 않는 소프트웨어 패키지는 없다는 점도 염두에 두어야 한다.

MEMO

22

물류보안

9·11 테러는 운송수단인 항공기를 이용한 테러였다. 운송수단뿐만 아니라 화물, 시설 등이 모두 테러의 대상이 될 수 있다는 점에서 물류보안이 중요하게 다루어질 수밖에 없다. 화물의 물리적 이동을 위해 공급사슬에서 크고 작은 많은 운송관련 주체들이 참여한다. 안전, 보안 측면에서 참여한 주체들이 증가하면 증가할수록 보안 확보 노력은 더 요구된다. 매도인이 보안 확보를 위해 화물 이동에 참여하는 운송주체들과의 정보 공유가 중요하다.

1. 공급사슬에서의 물류안전, 보안 위험

세계시장의 글로벌화시대에는 공급업자, 생산공장, 물류기지, 판매시장 등이 넓은 지역과 여러 나라에 걸쳐 분포되어 있어 물류안전, 물류보안이 큰 이슈가 되고 있다. 특히 물류공급사슬에 대한 테러에 대비해야 한다. 물류공급사슬 테러 대상은 화물 운송에 사용되는 모든 물류 인프라 시설, 화물의 흐름을 통제하는 물류시설 운영 활동, 그리고 화물 그 자체가 포함된다.

2. 물류보안제도

미국에서 9·11 테러 이후 국제사회에서는 해사보안을 강화하기 위해 선박 및 항만시설의 보안에 관한 규칙(International Ship and Port Facility Security code: ISPS code)을 2004년 7월 1일에 발효시켰다. 컨테이너 보안협정(Container Security Initiative: CSI)은 컨테이너를 위해화물의 수송수단으로 사용하는 것을 방지하고 테러리스트로부터 미국의 항만을 보호하기 위한 대책이다. C-TPAT 인증은 미국 국토안보부 세관·국경보호국(CBP)의 테러예방 화물보안프로그램으로, 지난 2001년 9·11 테러 이후 테러리스트와 무기 등이 미국으로 반입되는 것을 방지하기 위해 제정된 것이다.

3. 민-관 협력 물류보안

최근 물류보안에 대한 관심이 높아지면서 정부 및 민간차원에서 제도 확립을 위한 협력

분위기가 고조되고 있다. 9·11 테러 이후 등장한 물류보안 논의가 미국 중심의 물류보안제도 형성을 위한 것이었다면, 최근에는 민-관 부분의 협력을 바탕으로 하는 물류보안 제도가 민간의 자발적 참여로 더 큰 보안 효과를 내고 있다고 평가되고 있다. 세계관세기구가 제도화한 AEO는 '종합인증 우수업체'로 수출 기업이 일정 수준 이상 기준을 충족하면 통관 절차 등을 간소화시켜주는 제도로 미국이 주도하는 C-TPAT와 함께 민-관 협력 물류보안제도로 정착되고 있다.

4. 100% 사전 검색

미국의 공급사슬 보안을 위해 추진되던 화물 사전검색을 미 의회가 2007년 법안 통과 시 해상화물은 5년 후, 그리고 항공화물에 대해서는 3년 후부터 시행하도록 하였다. 그러나 미 국토안보부는 교역규모와 화물의 흐름에 중요한 부정적 영향을 미칠 것이라는 점 등의 이유로 운영상의 어려움을 들어 반대를 하고 있어 해상운송화물에 대한 100% 엑스레이 사전검색은 시행시기가 계속 연기되고 있다.

1. 공급사슬에서의 물류안전, 보안 위험

물류 보안사고는 고의적인 것이다. 이 사고는 정치적 이유로 재산을 손괴시키거나 인명을 살상하는 일이다. 이는 테러리스트라는 개인이 선상에서도 항만에서도, 물류시설에서도 저지를 수 있는 것이다. 이에 비해 해상 해적행위는 고의적이기는 하나 물류보안사고와 달리 그 목적이 절도, 강도이다. 또한 물류 안전사고는 비고의적인 사고이다. 목적은 달라도 이 모두 그 결과는 재산과 인명에 손상을 주는 사고다.[1]

최근 기업의 경영 환경이 전 세계로 확장됨에 따라 수요변동, 환율변동, 공급중단 그리고 공급지연 등 다양한 위험에 노출되면서, 새로운 형태의 위험에 노출되고 있다. 공급사슬에서 초래되는 위험은 수요와 공급의 불균형에서 오는 손실로, 공급사슬에서 각각의 공급자들로부터의 실수 혹은 고객의 수요와 접하는 구매기업의 실수와 관련된 잠재적인 현상이라고 정의할 수 있다. 또한 공급사슬

---

1 Wayne K. Talley, Port Economics, Routledge, 2008, p. 171.

상에서 발생할 수 있는 물적 흐름과 정보 흐름의 단절 그리고 예측의 단절과 같은 현상으로도 설명할 수 있을 것이다.[2]

물류안전 및 보안사고도 공급사슬의 위험의 중요한 부분으로 검토되어야 한다. 예를 들어 해상보안사고는 해상보험료의 급등을 초래해 공급사슬의 비용증가를 유발한다. 2002년에 에멘항에 정박해 있던 프랑스 유조선 Limburg호에 테러리스트들의 폭탄 투척사고 이후 예멘항에 입항하는 유조선의 보험료가 3배로 증가한 적이 있다.[3]

공급사슬에서의 물류안전 및 보안을 단계별로 살펴보면 우선 일반적으로 화물운송은 매도인과 매수인 사이의 거래에서 발생한다. 물류보안 입장에서 매도인은 공급사슬에서 중요한 역할을 담당하고 있다. 매도인은 컨테이너에 선적될 화물에 대한 정보뿐만 아니라 화물의 운송 경로에 대한 정확한 정보를 가지고 있기 때문이다. 즉 물류보안을 유지하기 위해 매도인은 화물을 컨테이너에 선적, 잠금장치를 한 다음 봉인하여 매도인의 작업장에서 매수인에게 화물을 보내는 작업을 해야 한다.

컨테이너화물 안전 및 보안은 바로 매도인의 작업장에서 화물을 컨테이너에 선적하고 봉인하는 시점부터 시작된다. 봉인된 컨테이너는 매도인과 매수인의 무역계약, 즉 화물에 대한 권리이전 시기, 위험부담 및 비용부담의 분기점, 화물의 인도장소, 운송계약 및 보험계약의 체결의무에 따라 이동을 한다. 따라서 화물의 보안은 화물이 출발하는 매도인의 공장에서 매수인의 창고에서 소비되는 시점까지 유지되어야 한다.

화물의 물리적 이동을 위해 공급사슬에서 크고 작은 많은 운송관련 주체들이 참여한다. 안전, 보안 측면에서 참여한 주체들이 증가하면 증가할수록 보안 확보 노력은 더 요구된다. 이러한 노력은 먼저 매도인이 보안 확보를 위해 화물 이동에 참여하는 운송주체들과의 정보 공유가 중요하다. 왜냐하면 운송주체들은 상대적으로 화물에 대한 정보가 매도인보다 부족하기 때문이다. 또한 공급사슬에서 포워더도 보안 확보에 중요한 역할을 한다. 포워더는 매도인에게는 운송인의 역

---

2 박명섭, 허윤석, 이재성, "국제물류 환경변화에 따른 무역업체들의 공급사슬 위험관리 전략에 관한 연구", 무역학회지, 2014.

3 Wayne K. Talley, 앞의 책, p. 172.

할을 하는 반면 운송인에게는 화주의 대리인 입장에 있다. 즉, 이들은 적절한 운송수단을 선택하여 운송에 따르는 일체의 부대업무를 처리해 주는 기능을 하고 있다.

현실적으로 포워더는 화물의 추가 비용이 요구되는 안전, 보안 확보에 관련된 번거로운 작업을 꺼려하는 입장에 있다. 또한 단거리 운송에 참여하는 많은 중소기업들은 효과적인 보안 확보를 위한 장비나 능력을 갖추지 못하고 있는 실정이다.

일반적으로 공급사슬의 안전 보안 확보 역할을 보면 운송 관련기관은 운송수단, 운전기사, 시설 등에 대한 책임을 담당하고, 세관은 컨테이너에 내장된 화물에 대한 책임을 담당하고 있다. 이와 같이 물류 활동 주체가 많은 것은 절도나, 테러의 위험이 높을 수 있다는 점을 의미한다.[4]

실제로 보험 전문가들이 말하는 국제무역에서 화물 멸실, 손상 등 안전문제는 불가피하게 발생하는 기상, 화재, 충돌 등의 이유가 전체의 20%에 불과하고, 나머지 80%는 방지할 수 있는 멸실이라고 한다. 그중에서 40%가 절도에 의한 멸실이고, 30%가 하역 등 취급시 발생하는 손상, 그리고 나머지 10%가 습기나, 폭우 등에 의한 손상이라 한다. 미국에서 절도에 의한 화물 손실이 2009년 기준으로 12%나 증가했다고 하며, 이 중 전자제품이 전체의 23%를 차지하고 있다고 한다.[5] 그리고 203개 국가를 대상으로 조사한 2014년 전 세계에서 발생한 도난에 의한 화물손실액이 230억 달러에 달한다고 추정하였다.[6]

최근 들어 물류부문에 영향을 미치는 것은 물류안전보다 물류보안이 더 큰 이슈가 되고 있다. 특히 물류공급사슬에 대한 테러에 대비해야 한다. 물류공급사슬 테러 대상은 크게 세 가지로 나누어질 수 있다. 첫째는 물류 인프라로서 화물 운송에 사용되는 모든 시설을 말한다. 둘째는 물류시설 운영 측면으로서 화물의 흐름을 통제하는 모든 활동이 포함된다. 셋째는 화물 그 자체로서 물류망의 흐름

---

4 최재선, 목진용, 황진회, 고현정, 국가 물류보안 체제 확립방안연구(1), 한국해양수산개발원, 2006. 12, pp. 25−30을 참고하여 재기술.

5 FreightWatch International's 2009 Annual Cargo Theft Report (www.freightwatchintl.com).

6 FreightWatch International's 2013 Global Cargo Theft Theat Assessment (www.freightwatchintl. com).

에 따라 실제로 움직이는 실체를 의미한다. 운송시스템에서의 보안 위험은 크게 두 가지로 구분된다. 첫째, 인프라 보안 위험은 공급사슬의 물류 흐름을 방해하는 목적으로 테러범이 인프라에 손상을 입히거나 파괴하는 것을 의미한다. 둘째, 공급사슬 보안 위험은 공급사슬의 운송수단, 즉 트럭, 선박, 항공기 등에 다양한 폭발물을 은폐시켜 운송하거나 위험화물을 대상으로 테러범이 원하는 시설을 파괴 및 사상자를 발생시키는 위험을 의미한다.

21세기는 세계시장의 글로벌화에 따라 정치, 경제를 비롯해서 인류의 모든 생활이 급변하고 있다. 글로벌화된 시대에는 공급업자, 생산공장, 물류기지, 판매시장 등이 넓은 지역과 여러 나라에 걸쳐 분포되어 있다. 이에 따라 기업들은 글로벌 생산 및 분배 환경의 치열한 경쟁에서 살아남기 위해 글로벌 공급사슬 관리의 필요성을 더욱 인식하고 있다. 이러한 글로벌화는 기업과 국가에게 최초 원재료 공급에서 소비자까지 전 세계의 물류흐름에서 보안을 확보하면서 효율적으로 관리해야 하는 어려움을 주고 있다. 현재의 글로벌 경제 구조에서 물류보안을 확보하는 문제는 쉬운 작업이 아니다. 화물의 시작점에서 목적지까지 흐르는 공급사슬에 많은 국가들이 참여하고 있고 다양한 운송모드를 사용하고 있기 때문이다. 더욱이 공급사슬을 구성하고 있는 다양한 기업, 즉 생산기업, 운송업자 등으로부터 운영시스템, 법적 문제까지 거미줄 같이 얽혀 있기 때문이다.

결국 물류보안(supply chain security)이 새로운 국제규범으로 등장하고 있다. 눈에 보이지 않는 무역장벽으로 작용할 우려도 있는 것으로 분석되고 있다. 2001년 미국에서 일어난 9·11 항공기 테러 이후 각국과 국제기구에서 선박과 항만 등 물류 부문의 보안을 강화하면서 이 같은 현상이 나타나고 있다. 9·11 항공기 테러의 직접적인 피해국인 미국뿐만 아니라 다른 나라에서도 물류보안과 관련된 여러 가지 제도와 조치들을 도입하여 시행하고 있다. 미국의 경우 18개 정부 관련 기능을 통합한 국토안보부(DHS)를 2003년에 정식으로 출범시켜 보안 조직의 일원화를 꾀한 것을 비롯하여 해운보안법을 제정하면서 컨테이너 보안 협정(CSI)과 대테러 민관 보안협력 프로그램(C-TPAT) 등을 도입, 물류부문의 보안을 강화하고 있다.

2. 물류보안제도

1) 국제선박 및 항만시설 보안규칙(ISPS Code)

미국에서 9·11 테러 이후 국제사회에서는 해사보안을 강화하기 위해 선박 및 항만시설의 보안에 관한 규칙(international ship and port facility security code: ISPS code)을 2004년 7월 1일에 발효시켰다. ISPS는 모든 나라들이 해사보안을 위협할 수 있는 것들은 찾아내고 방지할 수 있도록 하는 항만 및 선박 안전대책을 개발하도록 요구하고 있다.

주요내용을 보면 국제항해선박은 보안계획을 수립하여 승인을 받은 후 보안 이행에 대한 심사를 받고 선박보안증서를 교부받아 비치·운항하여야 한다. 보안 증서 미소지, 보안취약 선박은 입항거부·출항정지 등 국제항해가 불가하다. 또한 국제항만시설은 항만시설보안평가를 실시하고 보안책임자를 임명한 후 보안계획을 수립하여 승인을 받아야 한다. 보안계획 미수립 항만은 국제항해선박의 입항 기피로 항만경쟁력이 저하될 것이다. 그리고 각국 정부는 자국의 선박·항만의 보안계획 승인과 보안심사, 외국선박에 대한 보안점검을 실시하도록 하고 있다.[7]

ISPS Code에 포함되는 선사와 작성하고 정부가 승인하는 선박보안계획서(ship security plan)의 주요 내용은 다음과 같다. 선박 또는 항만을 대상으로 사용될 의도가 있는 무기, 위험물질 및 장치와 선상에서 허가되지 아니한 운송을 방지하기 위해 계획되는 조치, 제한구역의 식별 및 동 구역으로의 비인가 접근을 방지하기 위한 조치, 선박에 대한 비인가 접근을 방지하기 위한 조치, 선박 또는 선박/항만 인터페이스의 중요작업을 유지하기 위한 규정을 포함하여 보안위반 또는 보안위협의 대응절차, 보안등급 3에서 당사국 정부가 내릴 수 있는 보안지시사항의 대응절차, 보안위협 또는 보안위반의 경우 피난절차, 보안국면에 대한 선상보안책임근무자 및 기타 선상근무자의 임무, 보안활동들의 심사를 위한 절차, 선박보안계획서와 연계된 교육, 훈련 및 연습을 위한 절차, 항만시설의 보안활동과의 인터페이스를 위한 절차, 동 계획서의 정기적 검토 및 최신화를 위한 절차, 보안

---

7 Wayne K. Talley, 앞의 책, p. 172.

사건의 보고를 위한 절차, 24시간 가능한 연락 세부사항을 포함하여 회사보안책임자 지정 등이다.

미국에서는 해사운송보안법(maritime transportation security Act of 2002: MTSA)이 ISPS를 보완하면서 선박이 외국의 항만에 입항할 때 화물정보, 선원명세, 여객정보를 미리 제공하도록 의무화하고 있다. 또한 해사운송보안법은 상세한 선박 정보를 자동으로 육상관련기관에 송부할 수 있는 자동인식 시스템(automatic identification system: AIS) 장비를 선박에 장착하도록 의무화하고 있다.

ISPS Code는 2002. 12. 12. IMO 외교회의를 통하여 SOLAS협약을 개정하는 방식으로 채택되었으며, 묵시적 수락 방식을 도입하여 2004년 7월 1일부터 국제적 강제 발효가 되었다. 이에 따라 ISPS Code 수용을 위한 국내법 제정도 이루어졌다.[8] 특히 국제항해선박에 대한 보안심사를 해오고 있는데 2004년 334척을 시작으로 매년 200여 척이 보안심사를 받고 있다. 또한 28개 무역항에 대해 보안계획을 수립 승인하고 있다.

2) 컨테이너 보안협정(CSI)

컨테이너 보안협정(container security initiative: CSI)은 컨테이너를 위해화물의 수송수단으로 사용하는 것을 방지하고 테러리스트로부터 미국의 항만을 보호하기 위한 대책이다. 컨테이너 보안협정은 미연방 세관 국경경비국(US customs and border protection: CBP) 검사관을 세계 주요항만에 상주시키고, 해외 현지 카운터파트와 함께 미국향 화물에 대해 엑스레이 검사(x-ray screening)를 실시한다. 실시결과를 고위험(higher risk)화물과 저위험(low risk)화물 등으로 표시하여 화물을 미국향 선박에 선적하기 하루 전까지 화물명세서를 전자문서로 미 국토안보부에 전달하도록 하고 있다.

미국 관세청(CBP)은 9·11 이후 대량살상무기 등이 자국으로 밀반입되는 것을 차단하고 자국 영토를 보호하기 위해 반테러 프로그램을 개발하기 시작하였다. CSI 항만을 이용하는 화물은 미국 항만에서 세관절차의 간소화 및 신속통관

---

8 국제항해선박 및 항만시설의 보안에 관한 법률 제정('07. 8. 3 '13. 6. 24 타법개정 법률 12844호), 시행령('08. 1. 31, '15년 6월 9일 일부개정 대통령령 26310) 및 시행규칙('08. 2. 15, '14년 12. 31 일부 개정 해양수산부령 128호) 등 제정 완료되었다.

등의 무역원활화 혜택을 받고 있다.

CSI는 미국과 외국항만(정부 또는 항만공사 포함) 간의 쌍무협정에 의해 추진되는 사업이다. 2007년 12월까지 아시아와 유럽의 58개 주요 항만이 CSI 프로그램에 참여하고 있다. 이에 따라 대서양 및 태평양을 통해 미국으로 수입되는 모든 화물의 약 90% 정도가 수입 전에 사전 조사를 받고 있다.

3) C-TPAT

2002년 4월 시작된 테러 예방 화물 보안프로그램인 대테러 민관 파트너십(Customs-Trade Partnership Against Terrorism: C-TPAT)은 수입자, 운송회사, 관세사 등을 포함하는 공급사슬의 모든 당사자가 참여하는 자발적인 파트너십 프로그램이다. C-TPAT 인증은 미국 국토안보부 세관·국경보호국(CBP)의 테러예방 화물 보안프로그램으로, 지난 2001년 9·11 테러 이후 테러리스트와 무기 등이 미국으로 반입되는 것을 방지하기 위해 제정된 것이다. 2013년 기준으로 전 세계 9천여 개 기업이 회원사 인증을 받은 C-TPAT는 해당 기업에 대해 신속한 통관과 사전 검색시스템 가동 등의 혜택을 지원하고 있다.

C-TPAT를 통해 인증된 파트너에 대해서는 C-TPAT 인증시, 둘째, 검증 통과시, 셋째, 최선의 보안관행 충족시 등 3단계로 구분하여 다양한 혜택이 주어진다. 일반적으로 컨테이너 검사비율 축소, 세관절차의 신속화, FAST (Free and Secure Trade) 프로그램 및 해상 그린레인(Green Lane)에 참여할 자격 등의 혜택이 부여된다. 실제로 미국의 세관 검사율은 C-TPAT 회원의 경우 9%인 데 비해 비회원 검사율은 91%로 10배가 넘고 있다.

4) 24시간 전 적하목록제출 제도

2003년부터 시작된 24시간 전 적하목록 제출 제도(24-hour advance vessel manifest rule)는 화물을 미국으로 수출하는 모든 운송인은 컨테이너가 선박에 선적되기 24시간 전에 미국행 화물컨테이너에 포함된 적하목록을 미국 관세청의 자동적하목록시스템(Automated Manifest System)에 신고해야 한다는 점이 주요내용이다. CSI와 C-TPAT가 자발적 참여 형식의 해상 물류보안대책이라면 24시간 규칙은 강제규정이다. 이는 CSI 제도를 보완하는 조치로서, 고위험 컨테이너 화물을 효율적으로 검색하기 위한 후속조치이며, 특정 컨테이너가 보안위협에 노출되는 경우, 선적 여부를 미 연방 세관국경경비국(CBP)이 결정하도록 하고 있다.

만약 이 전자정보를 신고하지 않거나 부정확한 정보를 신고한 경우 CBP는 선사, 포워더, NVOCC 등에 대해 건당 최대 5,000달러의 벌금을 부과할 수 있도록 하고 있다.

5) 미 수입안전보고(ISF)

수입안전보고(Importer Security Filing: ISF)는 2010년 1월 26일부터 본격 시행된 제도로 수입자의 책임을 강화하기 위해 선적지에서 출항 24시간 전, 미국 세관에 온라인으로 신고를 하도록 한 제도다. 이 ISF는 수입자가 신고해야 할 사항이 10가지, 운송사가 신고할 사항이 2가지로 되어 있어 10+2 Rule이라 불리기도 한다.

미국 세관에 제시해야 할 기존 10개 정보항목은 다음과 같다.
① 제조자(또는 공급자)의 이름과 주소
② 판매자(또는 판매된 제품 소유자)의 이름과 주소
③ 구매자(또는 구매된 제품 소유자)의 이름과 주소
④ 수입된 화물이 운송될(Ship) 상대의 이름과 주소
⑤ 컨테이너에 화물을 적입한 지역
⑥ 컨테이너 혼재업자의 연락정보
⑦ 수입자 미 국세청 납세번호
⑧ 화물 수탁자 인수인의 미 국세청 납세번호
⑨ 원산지명
⑩ 수입제품의 미 HS Code

여기에 미국 세관이 요구하는 추가 2개 정보항목은 다음과 같다.
① 컨테이너 적재 계획(Stow plan) – 미국행 수입화물이 담긴 컨테이너가 선박 내 어느 곳에 위치하는지를 보여주는 정보

② 컨테이너 상태 보고서(Container status report) – 컨테이너를 담은 선박이 세계의 어느 지역을 거쳐서 오는지에 대한 로드맵으로, 미국으로 들어오는 선적이 적성국을 포함한 세계의 테러위험지역을 거쳐 오는지를 알고자 하는 것이다.

3. 민-관 협력 물류보안

최근 물류보안에 대한 관심이 높아지면서 정부 및 민간차원에서 제도 확립을 위한 협력 분위기가 고조되고 있다. 9·11 테러 이후 등장한 물류보안 논의가 미국 중심의 물류보안제도 형성을 위한 것이었다면, 최근에는 민-관 부분의 협력을 바탕으로 하는 물류보안 제도 공고화기라 할 수 있다. 이는 물류보안에 대한 관심이 정부 주도에서 민-관 협력을 토대로 한 민간의 자발적 참여로 이전되고 있는 한편, 물류보안이 막힘 없는 화물의 안전을 보장하기 위해 필요하다는 인식이 기존의 부정적인 인식을 점차 상쇄하고 있기 때문이다.

특히 미국과 EU 사이에 이러한 협력이 구체적으로 추진되고 있다. 미국의 반테러 민-관협력 보안제도인 C-TPAT(Customs-Trade Partnership Against Terrorism)와 EU에 의해 승인된 AEO(Authorized Economic Operator) 제도의 상호인증문제가 논의되고 있다.[9] 이는 양국의 C-TPAT 및 AEO에서 제시한 기준을 충족한 기업에 대해 양국이 부여하고 있는 세관절차 간소화 혜택 등을 부여할 수 있도록 하는 것을 주요 골자로 하고 있다. 즉 유럽의 AEO로 인정된 기업이 미국에서도 동일하게 인정되어 별다른 조치 없이 미국이 C-TPAT 기업에게 부여하는 혜택을 받을 수 있게 되는 것을 의미한다. 실제로 미국 CBP의 기준이 EU AEO의 기준보다 엄격한 것으로 알려졌는데, 이러한 양 당사자간 상호인증 기준이나 방식의 차이가 향후 해결과제로 대두되고 있다. 이와 같이 물류보안 협력은 물류보안 인식이 확대되면서 다층적으로 이뤄지고 있다.

AEO는 'Authorized Economic Operator'의 약자로 '수출입 안전관리 우수

---

9 미국의 C-TPAT은 2002년 4월부터 실시되었으며, 유럽의 AEO는 2008년 1월 시행.

공인업체'로 불린다. 2011년 미국의 9·11 사건을 계기로 국제 무역 공급망 전체에 대한 안전 구축의 필요성이 제기되었고 이것이 AEO 제도가 탄생하게 된 계기라고 할 수 있겠다.[10] AEO는 세관에서 수출 기업이 일정 수준 이상 기준을 충족하면 통관 절차 등을 간소화시켜주는 제도다. 9·11테러 이후 미국 세관에서 안전을 강조하면서 통관이 지연되자 세계관세기구(world customs organization: WCO)에서 관련 규정을 강화하기 위해 도입했다. WCO 회원국 중 170여 개 국가가 제도이행 의향서를 제출하였으며, 현재 미국, 일본, EU 등 주요 선진국이 도입·시행 중에 있고, 그 수는 날로 증가하고 있다.

상호인정협정(Mutual Recognition Arrangement)은 상대국가에서 실시한 제품, 공정, 서비스의 적합성 평가결과와 절차를 자국에서 실시한 것과 동등하게 받아들이는 협정이다. 각국의 종합인증우수업체(AEO) 제도를 상호 인정하는 제도이다. 예를 들면 한·미 간 상호인정협정(MRA) 체결 시, 한국AEO를 획득한 업체는 자동적으로 미국 AEO도 획득한 것과 같은 효과를 갖는다. 현재 우리나라는 미국, 캐나다, 싱가포르와의 MRA 체결을 완료했으며, EU, 중국, 일본과 기타 개도국 지역들과도 협의 중이다. 세계관세기구에서 2005년 6월 "무역안전과 원활화에 관한 국제규범(WCO SAFE Framework)"을 수립하였으며, 이 국제규범의 핵심 개념이 바로 AEO이다.

우리나라 또한 글로벌 관세환경 변화에 발맞춰 제도연구, 법령제정, 시범사업 등 준비과정을 거쳐 2009년 4월 정식으로 AEO제도가 시작되었다. 관세청에서 법규준수, 내부통제시스템, 재무건전성, 안전관리 공인기준 적정성여부를 심사하여 공인하고 있다. 수출업체, 수입업체, 관세사, 보세구역운영인, 보세운송업자, 화물운송주선업자, 선사, 항공사, 하역업자 총 9개의 당사자가 있다.[11] 우리나라도 국제물류와 관련된 많은 업체들이 AEO인증을 받고 있다.[12] 2010년 2월 18개 업체에 불과했던 AEO 공인업체가 2018년에는 829개 업체에 이르고 있다.[13]

AEO 인증을 받는 장점으로 수출입 통관뿐 아닌 국내 관세업무에 대한 혜택

---

10 김진수, AEO제도 바로알기, 물류신문, 2014. 2. 18.

11 관세청 홈페이지(http://www.customs.go.kr).

12 해양한국(http://www.monthlymaritimekorea.com/news/articleView.html?idxno=7584).

13 김진수, AEO제도 바로알기, 물류신문, 2014.2. 18.

도 상당하다. 우선 AEO 공인업체는 관세청이 시행하는 법인심사 대상에서 제외되고, 종합심사를 받을 경우 AEO 공인기간은 물론 각종 혜택도 연장된다. 그리고 통관에 있어서는 수출입 신고 서류제출 대상에서 제외되고, 수출입물품의 관리대상화물에서 선별적으로 제외된다. 특히 화주입장에서 모든 수출입 공급사슬을 AEO 인증업체로 구성할 경우 안전공급사슬(Authorized Supply Chain: ASC)을 인증받아 통관시 큰 혜택을 누릴 수 있다.

4. 100% 사전검색

DHS는 현재까지 시행되고 있는 제도만으로는 대량살상무기를 효과적으로 차단하는 데 한계가 있다고 판단하여 이른바 항만보안법(Security and Accountability for Every Port Act 2006: SAFE Port Act)을 2006년 10월부터 발효시켰는데, 본 법률은 해상 항만 및 화물을 보호하기 위한 기존의 미국 법률을 재조립하여 완성시킨 법률이라는 측면에서 큰 의의가 있다. 즉 SAFE Port Act는 9·11위원회가 2012년 7월부터 모든 미국향 컨테이너화물에 대해 사전검색을 하도록 한 권고 사항을 구현한 것이다. 본 법률에 규정된 여러 조항 중에서 미국 수입 컨테이너 화물에 대한 100% 사전 검색을 입법화시켰다는 특징을 가지고 있으며, 특히 기존에 시행하고 있었던 CSI, C-TPAT 등을 입법화하고 외국항만에서 미국 세관원의 지원 하에 컨테이너 화물 검색기(X-ray)로 컨테이너 내부를 검색함으로써 위험화물을 사전에 탐지하려는 것이 핵심내용이다. Smart Port Security Act는 이 법안의 재인가법이다.

그러나 각국의 여러 화주단체들과 선사들과 심지어는 미 행정부에서도 미국 의회가 100% 사전검색(100% scanning) 조항을 영구적으로 삭제해 주기를 요구해 왔다. 그러나 2012년 6월 초에 있었던 Smart Port Security Act 법안통과를 위한 미 하원 표결에서 해상 컨테이너에 대한 100% 사전검색 조항을 그대로 두고, 다만 그 시행 일자만 2014년 7월로, 그리고 다시 2016년 7월로 2년씩 연기했다. 2016년 8월에 세 번째로 그 시행을 2년 더 연기했고, 2018년에도 2020년으로 다시 시행을 연기했다. 이 법안은 2007년에 제정된 이른바 항만보안법(SAFE Port Act)으로 불리는 'Security and Accountability for Every Port Act' 법안을 재인가한 것이다.

2006년부터 '전 미 소매연맹'(National Retail Federation) 등 여러 단체들은 미국 수출화물에 대한 외국 정부의 반발을 불러 올 수 있는, 이와 같은 비현실적이고, 비용이 많이 드는 정책의 폐기를 주장해오고 있다. 그리고 외국 정부와 해운산업에서는 100% 사전검색의 실시에 대해 많은 압력을 행사하였다.

미국은 사전검색과 관련하여 외교적, 재무적, 그리고 물류부분의 도전에 직면하고 있다. 미 국토안보부에 따르면 사우샘프턴, 포트카심(Qasim), 푸에르토 코르테스, 부산, 싱가포르와 홍콩 등 100% 사전검색 시범사업대상 6개 항만에 대한 화물안전대책 결과와 경험을 참조한 결과, 전 세계 700개 항만에서 미국에서 수출되는 모든 컨테이너 화물을 사전 검색하기 위해서는 약 160억 달러의 비용이 들 것으로 예상했다. 따라서 이러한 100% 사전 검색 방식은 핵 테러로부터 미국과 글로벌 공급사슬을 보호하는 방법으로는 가장 효율적이지도 않을 뿐더러 비용 효과적이지도 않다고 밝히고 있다.

또한 미 국토안보부 장관은 마감시한 연장이 필요한 이유를 두 가지로 들었다. 첫 번째는 가용한 컨테이너 검색시스템의 한계로 교역규모와 화물의 흐름에 중요한 부정적 영향을 미칠 것이라는 점이다. 두 번째는 검색시스템을 설치할 명확한 물리적 특성을 갖고 있지 못하기 때문에, 해외항만에서 컨테이너 검색시스템을 구입하거나, 배치, 운영을 할 수 없다는 문제점이 있다고 말하고 있다.

미국의 공급사슬 보안을 위해 추진되던 화물 사전검색은 2007년 법안 통과시 해상화물은 5년 후, 그리고 항공화물에 대해서는 3년 후부터 시행하도록 하였다. 그러나 해상운송화물에 대한 100% 사전검색처럼 항공화물 100% 사전검색도 시행시기가 연기되고 있다. 당초 항공화물의 100% 사전검사는 2011년 말에 시작하기로 예정되어 있었지만, 많은 항공사들이 항공화물 공급사슬의 심각한 장애가 예상된다고 반발함에 따라 시행시기를 2012년 말로 1년 더 연기하여 2012년 12월부터 여객기 탑재 항공화물에 대해 100% 사전검색을 실시하고 있다. 이 역시 항공화물 처리비용의 상승이 불가피할 것으로 보여, 항공화물 포워더들에게 심각한 타격을 미칠 것으로 예상되고 있으며, UPS, FedEx 등과 같은 화물전용기

운항 대형사들에까지 영향이 미치게 될 전망이다.

컨테이너화물 100% 사전검색은 현재의 검색장비와 기술수준으로 볼 때 이행이 불가능할 것으로 예상돼 미국의 일방적인 자국 내 물류보안 강화조치로 인해 전 세계적인 컨테이너항만과 공항에서의 화물적체가 더욱 악화될 것으로 전망되며, 미국향 수출물류에 혼란과 막대한 비용부담이 우려된다.

국제교역에 심각한 피해를 초래할 100% 사전 검색 법안은 그 시행시기만 유예되었을 뿐, 계획 자체가 취소된 것은 아니다. 세계 항만물류업계가 100% 사전검색 조치를 감당하기에 벅찬 현실임에도 불구하고 미국 의회는 이 제도의 시행을 강행하고 있다. 준비를 제대로 못할 경우 최악의 경우 우리 상품을 적재한 미국행 컨테이너가 전수검사를 받지 못해 미국 내 반입이 거부되거나 몇 달씩 통관이 지연되는 사태가 올 수도 있는 것이다.

사례 22-1 컨테이너 보안규제에 따른 영향

컨테이너 보안규제 강화에 따른 문제점들은 다음과 같이 제시할 수 있다. 종합적으로는 결국 수입국이 자국보안을 이유로 규제를 강화한다면 이에 대해 수출기업이 전략적 대응을 할 수밖에 없는 현실이라는 것이다.

1) 전체 공급사슬의 혁신 필요성

컨테이너 보안조치는 해상활동을 넘어 공급사슬 전반에 걸쳐 의무를 이행할 것을 요구하고 있다. 따라서 공급사슬 전반에 걸친 물류보안활동이 강화되어야 하는데 기술력 및 전문인력 부족 등으로 어려움을 겪을 것으로 예상된다.

2) 무역장벽으로 작용 가능성

글로벌 해운기업이나 제조업체들은 보안조치의 강화가 정치적 목적으로 인한 세계무역의 왜곡이라고 비난하고 있는 실정이다. 다수의 제조업체들은 보안조치의 강화로 RFID seal 과 같은 추가적인 장치를 도입함에 다른 생산비의 증가를 우려하고 있다.

영국의 드류리 컨설팅에 따르면, 컨테이너 화물 1개당 검색비용은 대략 30~50달러 정도로 추정되는데, 미국으로 컨테이너를 연간 180TEU 운송하는 유럽선박의 경우 검색비용만 해마다 9,000만 달러가 투입된다는 것이다. 이것은 가격경쟁력의 하락으로 이어져 환경, 투자, 노동 등과 함께 새로운 무역장벽으로 작용하여 보호무역주의로 갈 수 있다는 의견이 존재한다.

3) 컨테이너 보안에 대한 인식 확산 필요

컨테이너 보안과 관련한 국제기구가 다양하여 종합적 접근이 필요하지만, 관련부서가 상이하여 체계적으로 이슈화하지 못한 측면이 존재함에 따라 개별기업들이 이를 인지하고 실행하는 데 어려움이 있을 것으로 판단된다. 실제 관련 해운기업들과 인터뷰 결과 컨테이너 보안조치들에 대한 이해도가 매우 낮았고 구체적으로 대비하고 있는 경우도 소수였다. 따라서 향후 컨테이너 보안에 대한 인식이 확산되기 위한 정책적 노력이 필요하다.

자료: 김태우(2009), "컨테이너 보안동향과 대응방안에 관한 연구," 대한안전경영과학회지

미래 물류관리 과제

IV

PART

23

디지털 공급사슬과 미래 물류

미래사회에 어떤 일이 벌어질 것인지를 생각하는 것은 미래에 대한 준비이며 동시에 미래사회를 만들어가는 과정일 것이다. 공급사슬의 디지털화, 온라인화에 따른 고객 요구사항에 대처하기 위해서는 더 빠르고 정확한 공급사슬 구현이 필요하며, 이를 위해 공급사슬 관리를 위한 신기술의 개발과 적용이 불가피하게 되었다.

1. 미래 물류트렌드와 공급사슬의 변화

기업들이 디지털화가 활발해짐에 따라 공급사슬을 다시 설계하기 시작하고 있다. 미래 SCM의 형태인 공급사슬관리에 Industry 4.0 개념을 적용한 공급사슬 4.0을 실현하기 위한 새로운 기술이 적용될 것이다.

기존의 공급사슬은 더 많은 파트너와 거래할 수 있는 능력을 가진 네트워크로 연결된 디지털 공급사슬, 스마트 공급사슬로 이동할 것이다. 디지털 공급사슬에서는 모든 공급사슬 단계간에 상호연계성, 자료 수집 및 공유, 실시간 커뮤니케이션이 가능하며, 지능적 의사결정, 고객서비스를 위한 효율적이고 즉각적인 응대가 가능해질 수 있다.

2. 미래 물류산업의 변화추이와 기술발전

미래 물류혁신은 여러 가지 측면에서 살펴볼 수 있는데, 요약하면 혁신기술을 기반으로 보다 탄력적이며 유연한 지능화된 시스템으로 발전하고 있다고 볼 수 있다. 첫 번째는 공급사슬 내 수요에 맞추어 물류 기능을 확장 혹은 축소할 수 있는 유연성 높은 탄력적 물류로 발전할 것이다. 두 번째 물류산업의 미래는 데이터를 어떻게 잘 활용하는가 하는 데이터 기반 물류가 될 것이다. 세 번째는 탄소배출량을 줄이기 위한 지속가능한 공급사슬 구축이다.

미래 물류 산업에 영향을 미칠 기술은 사물인터넷, 자율주행차량/드론, 인공지능/머신러닝, 로봇, 디지털 추적, 3D 프린팅, 가상현실(VR), 블록체인 기술 등이다.

미래 물류산업에 가장 획기적인 영향을 줄 것으로 예상되는 기술인 블록체인, 인공지능, 공유경제에 대해 분석하였다.

1. 미래 물류트렌드와 공급사슬의 변화

1) 미래 물류트렌드

디지털화로 대표되는 기술의 발전으로 경제, 사회적 여러 분야에서 불확실성이 더 커지고 있다. 그래서 미래사회에 무슨 일이 일어날 것인지를 예측하는 일은 더 어려워지고 있다. 물류분야의 예측도 마찬가지다. 물류산업은 미래 경제, 산업의 변화에 따라 함께 변화하는 성격을 가지고 있기 때문이다.

미래 물류의 발전에 대해 여러 물류관련 단체, 학계, 기업에서 예측을 하고 있다. 대체적으로는 미래 물류산업에 대해 향후에도 성장할 것을 예상하며, 디지털화로 공급사슬이 진화하는 등 기술이 물류산업과 공급사슬을 근본적으로 변화시킬 것으로 전망하고 있다. 공급사슬 운영방식에 혁신적 신기술이 적용되어 우수한 공급사슬의 성과를 이끌어 낼 것이다. 이러한 혁신적인 기술은 공급사슬을 완전히 통합된 차세대 모델로 진화시킬 것이며, 이러한 변화에 빠르게 적응하고 대응할 수 있는 능력을 갖춘 기업이 성공할 것으로 보고 있다.[1]

CEO를 대상으로 사회 경제 문화 트렌드 등을 종합적으로 분석하여 설문한 결과를 보면[2] 미래 물류산업을 변화시킬 핵심요소로 우선 고객 구매 패턴의 변화, 적정 인력 확보의 어려움, 기술 확보의 어려움, 노동 시장의 변화에 대응하기 위해 디지털화가 필수적이며, 이를 위해 디지털 솔루션 및 소프트웨어 개발이 필요하다고 보고 있다.

---

1 The 2017 MHI Annual Industry Report, 2017.
2 PwC(2018), Five Forces Transforming Transport & Logistics: PwC CEE Transport & Logistics Trend Book 2019.

또한 아시아-유럽 간 무역 활성화, 자유무역 정책 확산 및 지역별 무역 장벽 강화, 물류 산업의 국제화, 중국의 일대일로, 철도 및 도로 인프라 등은 글로벌 무역 환경의 변화를 유발할 것으로 예측하고, 새로운 글로벌 무역 경로 개발 추진이 필요하다.

소프트웨어 기반 기술발전이 물류 프로세스 변화에 큰 영향을 미칠 것이다. 인공지능, 사물인터넷, 빅데이터, 블록체인 등 기반 기술의 변화, 데이터 공유, 개인정보 보호 등에 대한 정부의 정책 등은 소프트웨어 기반 물류 프로세스 변화를 유도할 것으로 예상되어 향후 지능형 교통정보 시스템 ITS(Intelligent Transport System), 로봇 자동화 RPA(Robotic Process Automation), 예측 기반 정비 및 드론 활용 감시(Predictive Maintenance and Drone Supervision), 블록체인, 인공지능 등의 기반 기술 개발이 필요하다.

또한 전자상거래 발전, 경제성장에 대한 낙관론, 고령화 사회 등은 각국의 자국 내 물류 프로세스의 변화를 필요하며, 이를 해결하기 위해 전자상거래 지원을 위한 물류 인프라 투자, 택배 인프라 투자, 공유경제, 물류 인프라 통합 등이 필요하다.

마지막으로 기계 기반 물류 프로세스 변화가 예상된다. 드론 등 운송 관련 하드웨어 변화로 인해 기계 기반 물류 프로세스 변화를 유도하고 있으며, 이를 위해 물류창고 자동화, 전기자동차, 증강현실, 초고속 철도, 라스트마일 배송 인프라 등이 필요할 것이다.

물류업체인 DHL사가 조사한 미래 물류산업의 환경변화의 요인을 살펴보면 다음과 같다. 우선 고객을 만족시키기 위한 고객 중심성(customer centricity)도 강조될 전망이다. 특히 시장에서 온라인으로 구매할 수 있는 제품의 수가 지속적으로 증가하고, 소비자에게 여러 정보채널을 통해 일관된 서비스를 제공하는 옴니채널 물류(omni-channel logistics) 솔루션의 필요성이 더욱 높아지고 있고, 시간과 온도에 민감한 제품을 생산자가 소비자에게 직접 배송하도록 요구하는 고객의 수요가 증가하고 있으며, 라스트마일 혁신과 같이 스마트 홈 환경과 물류 서비스를 통합하는 것도 주요한 트렌드다.[3]

---

3 DHL(2018), Logistics Trend Radar(Version 2018/19).

또 다른 물류의 추세는 물류업체에게 이산화탄소 배출과 폐기물을 줄이기 위한 사회적 요구를 받아들이기 위해 물류기업에게 지속가능성(sustainability)이라는 가치가 필수적인 요소가 되고 있는 점이다. 물류 운송수단과 설비를 전기화하는 그린 에너지 물류(green energy logistics), 그리고 운송에서의 스마트 컨테이너화(smart containerization)는 혼잡한 도시에서의 친환경적 배송 방식을 개발할 때 중요한 역할을 하게 된다.[4]

미래 물류의 추세를 결정짓는 가장 중요한 요인은 기술(technology)이다. 사물인터넷(internet of things), 인공지능(artificial intelligence)과 같은 핵심적인 기술 트렌드의 비용 대비 성과를 고려했을 때 물류에서는 기술이 더욱 확산될 것으로 예상되기 때문이다. 차세대 무선(next-generation wireless) 네트워크의 확산을 통해 공급사슬이 연결되면, 연결에 의한 경제성과 가치가 획기적으로 증가할 것으로 예상된다.

미래 물류를 결정짓는 또 다른 요인은 사람(people)이다. 소프트웨어에 의한 사무 자동화, 로봇에 의한 작업 자동화(robotics & automation)로 인해 미래의 물류 인력 구조는 새롭게 정의되겠지만, 사람은 여전히 물류의 중심에 남아있을 것이다. 매우 반복적이거나 짧은 시간에 물리적으로 많은 일을 해야 하는 업무의 경우, 사람은 기술의 지원을 받아서 관리, 분석, 혁신과 같은 보다 의미 있는 업무를 할 수 있도록 재편될 수 있다. 디지털 작업(digital work)의 개념은 기존의 숙련된 물류인력을 지원할 뿐 아니라, 물류 분야에 새로운 인재를 유입하고 유지하는 데 필요할 것이다.

2) 디지털 공급사슬

(1) 디지털 공급사슬로의 이행

디지털 혁명으로 컴퓨팅 성능과 메모리 용량은 기하급수적으로 발전했으며, 그 결과 지난 2년 동안 축적된 데이터는 그 이전에 생성된 데이터보다 훨씬 더 양이 많을 정도이다. 차세대 공급사슬은 이러한 데이터를 활용하여 인공지능을

---

4 https://www.supplychaindigital.com/scm/supply-chains-becoming-increasingly-consumer-centric.

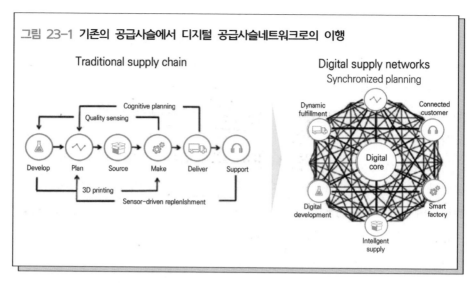

그림 23-1 기존의 공급사슬에서 디지털 공급사슬네트워크로의 이행

자료: Deloitte analysis. Deloitte University Press\dupress.deloitte.com

포함한 다양한 디지털 기능을 접목시키게 된다. 이러한 기술로 인해 공급사슬의 모든 영역에서 포괄적인 데이터에 접근할 수 있게 된다. 실시간 정보 공유를 토대로 받은 대량의 데이터 분석을 통해 필터링한 정보를 전체 공급사슬에 제공하여 사전에 위험 예측이 가능한 차세대 공급사슬이 될 것이다. 자동화 기술 및 웨어러블 기기와 같은 인지능력을 가진 기술은 공급사슬 내 작업자에게 의사결정에 도움을 주는 정보를 제공해 줄 것이다.

　이러한 디지털 기술의 발전으로 차세대 공급사슬은 선형적인 공급사슬 네트워크에서 동적 네트워크로 진화될 수 있다. 실물 재화의 흐름은 과거와 같이 선형적인 흐름을 유지하고 있지만, 공급사슬 내 정보의 흐름은 공급사슬 노드를 통해 동적으로 그리고 실시간으로 상호 연결되어 공급사슬이 효율적이고 예측 가능한 네트워크로 전환되었다. 더 많은 파트너와 거래할 수 있는 능력을 가진 네트워크로 연결된 디지털 공급사슬(Digital Supply Network, DSN)로 이동하게 된다.[5]

　디지털 공급사슬의 개념은 과거 독립된 RFID적용 기술에서 벗어나 기업내 IoT 응용기술로, 그리고 스마트 팩토리로, 좀 더 나아가 기업 내에 글로벌 공급사

---

5 The rise of the digital supply network, Deloitte University Press, 2016.

슬 네트워크를 구축하는 것으로 확장되고 있다. 이런 개념으로 사용되는 용어도 e-supply chain, smart factory, industrial internet 등으로 사용되어 왔다. 특히 이런 것들을 통합하여 스마트 공급사슬(Smart supply chain)로 부르기도 한다. 스마트 공급사슬은 기업 내 시스템에서 벗어나 광범위한 공급사슬에 상호연결된 비즈니스 시스템을 의미한다.[6] 스마트 공급사슬에서는 모든 공급사슬단계 간의 상호 연계성, 자료 수집 및 공유, 실시간 커뮤니케이션이 가능하며, 지능적 의사결정, 고객서비스를 위한 효율적이고 즉각적인 응대가 가능해질 수 있다.

디지털 공급사슬은 '실시간 정보제공(Always On)'과 '온디맨드(On Demand)'[7]를 통해 더 넓은 범위의 네트워크를 보다 효과적으로 연결시켜 경쟁력을 갖출 수 있다.[8] 지난 10년 동안 거의 모든 산업은 컴퓨팅 성능의 기하급수적인 발전에 따라 디지털화의 영향을 받았으며, 이 중 물류는 가장 영향을 많이 받은 산업이다.[9]

소비자들의 편리한 온라인 채널 거래 수요가 증가함에 따라 온디맨드 관련 기술들이 급속히 발전하고 있다. 최근 소비자의 소비패턴 주기가 짧아짐에 따라 서비스 주기가 짧고 저비용 상품의 수요가 급속하게 증가하고 있다. 이러한 소비 패턴 경향은 전체 공급사슬에도 영향을 미쳐, 고객 주문 후 시간과 장소에 구애받지 않고 언제 어디서나 제공 받을 수 있는 차세대 공급사슬의 서비스가 필요하게 되었다. 기업들은 고객들의 이러한 기대에 부응하기 위해 공급사슬의 유연성과 효율성 향상이 요구되고 있다.

소비자는 또한 구매에 대한 주문 확인 상태 업데이트, 선적 및 배달 차량 추적 정보, 주문 이행 및 배송 확인 등의 정보를 실시간으로 요구하고 있다. 이처럼 고객의 높아진 기대치를 충족시키기 위한 서비스를 제공하기 위해서는 24시간 내내 실시간 정보제공 가능을 갖춘 공급사슬이 필요하다. 공급사슬은 지속적이고

---

6 Lifang Wu, Alan Jin, David C Yen, "Smant supply chain management: a review and implications for future research, IJLM, Vol. 27. No. 2, 2016, pp. 395-417.

7 온디맨드란 하드웨어는 물론 어플리케이션, 솔루션 등 서비스를 소비자가 원하는 대로 수요하고 사용하는 개념. 온디맨드는 기존의 공급이 수요를 창출하는 것과 역순으로 진행되는 과정으로 소비자의 특정 수요(demand)가 발생하면 그 요구에 맞춰 서비스나 솔루션을 연결하는 방식.

8 MHI, "Next Generation Supply Chains: Digital, On-Demand and Always-On", 2017.

9 그 예로 미국 전자상거래의 웹사이트에서 초당 426건의 주문이 발생하는 것을 알 수 있음 (위의 책).

빠른 정보 및 분석을 특징으로 하며 예측 가능하고 실행 가능한 의사 결정을 지원하는 통합 네트워크로 구성되어야 한다. 이러한 공급사슬을 실현하기 위해서 예측 분석, 로보틱스 및 자동화, 센서 및 자동 식별, 웨어러블 및 모바일 기술, 무인 차량 및 드론, 재고 및 네트워크 최적화 도구, 클라우드 컴퓨팅 및 스토리지 등의 기술이 기반이 되어야 한다.

(2) 디지털 공급사슬전략

고객 관리, 생산 시스템, 공급업체, 물류 및 재고관리, 인력, IT 등 공급사슬 카테고리별로 디지털화를 위한 전략이 필요하다.[10]

우선 고객 관리의 디지털화가 필요하다. 고객의 구매 행동 분석을 통해 최근의 수요 동향을 모니터링하여 고객의 요구 상황을 보다 잘 분석해야 한다. 또한, 추세 분석 등을 통해 수요 예측의 정확도를 향상시켜, 이에 따라 생산 계획을 보다 정교하게 구성해야 한다.

생산 시스템의 디지털화는 생산, 물류, 반품 등의 프로세스 자동화를 의미하며, 자동화를 통해 신속한 생산이 필요하다. 또한, 3D 프린팅 기술로 부품을 언제 어느 때나 생산할 수 있게 되면 조달물류 분야의 간소화도 이루어질 수 있다. 또한 공급업체와의 협업과정도 디지털화하여, 협업 채널을 단순화시켜 운영을 보다 효율적으로 할 수 있다.

물류 및 재고관리의 디지털화는 로봇을 사용하여 하역 및 운송의 자동화로 가능해질 수 있다. 실시간 수요 파악을 통해서 유통과정의 가시성을 높여 효율적 재고관리도 가능해질 것이다.

IT 시스템을 클라우드 컴퓨팅으로 전환하여 각 기업의 비즈니스가 핵심 기능에 집중할 수 있게 만들 수 있다. 그리고 성과 측정의 디지털화는 공급사슬 전반을 컨트롤 할 수 있는 조직을 구성하여 실시간 정보를 트래킹하고 전체 최적화를 위한 의사결정을 제시하는 것을 말한다.

---

10 SAP(2017).

2. 미래 물류산업의 변화추이와 기술발전

1) 미래 물류산업의 변화추이

미래의 물류산업은 기술을 기반으로 한 변화로 요약할 수 있다. 기술발전에 의해 물류산업이 변화할 것이기 때문이다. 다른 산업들처럼 물류산업 역시 새로운 기술이 도입되고, 신규 진입자가 대거 시장에 참여하고 있으며, 고객의 기대치는 갈수록 높아지고 있다.

이러한 산업 외부환경의 변화는 기회와 위험을 수반하게 되기 때문에, 기업들은 변화가 발생하는 이유를 명확히 파악하고 선제적으로 기회에 대응해야 경쟁력을 가질 수 있어야 한다.

물류산업에서의 변화는 고객의 기대 증가, 기술의 적용, 새로운 경쟁자의 진입, 협업에 기반한다.[11] 고객은 다양한 상품을 더욱 빠르고 다양한 방법으로, 또한 저렴한 가격으로 배송 받기를 원하고 있다. 이러한 이유로 생산은 갈수록 고객지향적이 되며, 이에 따라 생산을 지원하기 위한 물류, 그리고 배송을 위한 물류는 더욱 복잡해지고 있다.

또한 다양한 기술의 발전 및 적용은 현재의 한계를 극복할 수 있게 한다. 빅데이터 분석으로 시작한 기술의 활용은 자동화 및 사물인터넷까지 발전하고 있다. 신기술의 적용은 생산비 절감, 효율성 개선뿐 아니라 새로운 기회를 창출할수 있는 수단이 될 수 있다. 하지만, 적절한 곳에 기술을 사용할 수 있는 안목이필요할 뿐 아니라, 기술 적용을 위한 전략이 수반되어야 한다.

최근 물류산업에는 스타트업을 비롯한 새로운 경쟁자가 대거 진입하고 있다. 이러한 경쟁자들은 신규 비즈니스 모델을 바탕으로 한 니치마켓의 선두주자로 자리잡고 있다. '협업'의 의미도 다양하게 해석되고 있다. 기존의 파트너십이나 조인트 벤처뿐 아니라 Uber 같은 공유경제 개념에 기반한 협업 비즈니스 모델도 등장하고 있다.

향후 물류기업이 적응해야 할 외부 환경을 살펴보면 다음과 같다. 우선 사물

---

11 PwC, Shifting patterns: The Future of the logistics industry, 2016.

인터넷을 기반으로 한 정보의 공유를 들 수 있다. 다양한 기업들은 자신의 효율성 향상과 외부환경으로부터의 영향을 최소화하기 위해 다양한 협업을 시도할 것이다. 성공적인 협업을 위해서는 정보 공유가 필수적이며, 정보 공유를 위해 기업들은 다양한 형태의 '사물인터넷'을 사용하게 된다. 기업은 사물인터넷을 기반으로 연계 운송에서의 추적 정보제공, 구축된 정보 기반의 분석을 통한 자산 운영 효율화 등을 할 수 있을 것이다.

두 번째는 스타트업의 성장이다. 기술혁신 및 고객의 수요가 급격하게 변화함에 따라 스타트업들이 니치마켓을 선점하기 위해 진출하고 있다. 물류산업 내에서는 특히 라스트마일 배송 분야에서 다양한 형태의 스타트업이 등장하여 여러 형태의 플랫폼을 구축하고 있다. 또한, 스타트업들이 신기술의 도입 및 개발로 이슈가 되기도 하는데, 최근 자율주행분야에서 각광받고 있는 블록체인 기술이 스타트업에서 개발되기 시작한 물류기술이다. 전통적인 물류기업들은 다양한 스타트업과의 협업 및 경쟁을 통해 경쟁우위를 선점하고자 노력하게 될 것이다.

세 번째는 경쟁심화다. 물류산업의 온라인화가 가속화됨에 따라 대형 물류업체들은 조달분야뿐 아니라 배송 등 서비스 측면에서의 물류의 역할을 중요시하고 있다. 이에 따라 물류를 내재화하여 직접 운영하여 서비스 품질을 관리하기 시작하였다. 물류기업들은 기존의 단가경쟁 외에도 서비스 경쟁력의 고도화를 위해 물류센터 내에서는 자동화 및 로봇을 도입하고 있으며, 자율주행차량, 3D 프린팅 기술의 도입 등 다양한 기술 접목을 시도하고 있다.

네 번째는 규모의 경제이다. 물류산업은 규모의 경제를 기반으로 한 효율성을 경쟁력으로 하기 때문에 단순히 기술 개발만으로는 향후 경쟁우위를 선점할 수 없다. 이에 따라 전통적 물류기업들은 특정 기술을 보유한 스타트업들을 M&A함으로써 비즈니스 모델을 확대해나가고 있다.

2) 미래 물류기술 발전

물류산업은 빅데이터 및 ICT 기술을 기반으로 탄력적이며 유연한 물류 시스템으로 진화 중에 있다. 고객의 요구와 수요를 충족시키면서 보다 효과적인 조직을 구성하기 위해 점차 일상적이며 반복적인 업무를 자동화 등을 통해 제거하며 불필요한 프로세스를 단순화하는 방향으로 나아가고 있다.

미래 물류혁신은 혁신기술을 기반으로 보다 탄력적이며 유연한 지능화된 시스템으로 발전하고 있다.[12]

그 첫째는 탄력적 물류다. 탄력적 물류란 특정 기간 동안 공급사슬 내 수요에 맞추어 물류 기능을 확장 혹은 축소할 수 있는 유연성 높은 물류를 의미한다.[13] 예를 들어, 유연한 자동화 솔루션을 활용하면 최소한의 비용으로 시장변동에 대처가 가능해지며, 이에 따라 물류 인프라의 민첩성 및 탄력성을 높일 수 있다. 즉 비용 통제, 창고관리, 지리적 제한, 물류채널, 배송 우선순위 등 다양한 요구사항을 고려한 맞춤형 탄력적 물류 운영방안이 도출된다. 특히 수요변화와 주문 변동에 따라 물류처리능력을 탄력적으로 계획 운영할 수 있어야 하는데, 이를 위해 점차 많은 물류회사들이 3PL을 통해 기능들을 아웃소싱하게 될 것이다. 또한 모든 비즈니스 프로세스를 연결하고 실시간 가시성을 추가함으로써 탄력적 물류가 가능해질 것이며 이를 통해 궁극적으로 고객 만족도 향상 및 민첩성, 확장성을 제공할 수 있게 된다.

두 번째는 데이터 기반 물류이다. 끊임없이 변화하는 시장에서 물류산업의 미래는 데이터를 어떻게 잘 활용하는가에 달려있다. 이를 위해 데이터를 기반으로 한 예측물류가 매우 중요한 추세가 될 것이다. 기업들은 수요를 예측하고 과거 데이터로부터 의미있는 패턴들을 도출하고 연구함으로써 사전에 운영계획을 수립하고 조정할 수 있게 된다. 또한 기업은 빅데이터 알고리즘, 데이터 시각화 기술 등을 포함한 지능화된 분석을 통해서 배송시간을 단축하고 이를 통해 프로세스 효율성과 서비스 품질을 향상시킬 수 있다. 예를 들어, 향후 지리기반 검색 트렌드를 활용하여 특정지역의 특정제품에 대한 수요를 사전에 예측하고 해당 제품을 미리 선적 배치하여 빠른 수요 충족 및 배송이 가능할 수 있다.

세 번째는 지속가능한 공급사슬 구축이다. 파리협정과 세계경제포럼(WEF)을 통해 탄소 배출량의 급격한 증가에 대해 경고해왔으며, 물류 회사들 또한 탄소 배출량 절감을 위해 많은 노력을 해왔다. WEF에 따르면 UPS, DHL, 네슬레 등과

---

12 ETCIO.com, "Trends that will shape the logistics industry in 2018", 2017.
13 https://www.bringg.com/platform/modules/elastic-logistics/

같은 회사는 지속가능성에 중점을 둔 대표적 회사들로 공급사슬 비용을 절감하고 매출증가를 이루어냈다. 배송 효율성을 높이고 탄소배출량을 줄이기 위해 지능형 자동 라우팅과 진화된 운영서비스를 제공하는 물류회사들과 협력하고 있다.

2017년 World Economic Forum은 글로벌 컨설팅 기업인 액센츄어(Accenture) 사가 향후 물류산업의 변화에 대한 분석 보고서[14]를 발표했는데, 이 보고서에서는 미래물류 산업에 영향을 미칠 신기술을 사물인터넷, 자율주행차량/드론, 인공지능/머신러닝, 로봇, 디지털 추적, 3D 프린팅, 가상현실(VR), 블록체인 기술 등을 선정하였다.

(1) 사물인터넷(Internet of Things, IoT)

사물인터넷(Internet of Things)이란 사람, 사물, 데이터 등 모든 것이 인터넷으로 서로 연결되어, 정보가 생성·수집·공유·활용되는 기술·서비스를 통칭하는 개념이다. 현재 인터넷에 연결된 사물은 1% 미만에 불과하나, 향후 모든 사람과 사물이 인터넷에 연결되는 초연결사회로 진화되면 산업 전반에서 다양한 사업 기회가 창출될 것으로 전망된다. 여러 전문기관에 따르면 모든 개체(사람, 프로세스, 데이터, 사물 등)가 인터넷에 연결되는 '만물인터넷'(Internet of Everything: IoE)으로 진행될 것으로 전망하고 있다.

단기적으로 IoT는 지능형 용기, 기기, 장치와 서비스를 이용하여 물류활동을 주변 환경에 맞게 스스로 최적의 상태로 조정하거나 실시간 정보를 제공할 수 있다. 대표적인 활용 형태를 보면, 안전하고 정확하며 빠른 수배송 시스템을 가능하게 하는 다양한 스마트용기, 스마트 카 및 운용기기를 의미하는 스마트 모빌리티(mobility), 그리고 생산부터 소비까지 오용, 도난, 도용 등을 방지하여 브랜드 가치 및 자산 관리 가능케 하는 수배송 모니터링 및 컨트롤, 스마트 창고 및 화물취급, 위험물저장 및 배송 등에 필요한 물류안전, 표준화 전쟁이 벌어지고 있는 IoT 통신표준에 적합한 물리적 표준과 상호운용성 확보를 위한 정보표준화 등이 있다.

IoT기반 물류 플랫폼의 구축은 정보의 공유 및 흐름, 통합, 의사결정에 필요한 정보를 공급하여 구매, 제조에서 폐기에까지 이르는 공급망관리 기술 차원

---

14 World Economic Forum, 'Shaping the Future of Retail for Consumer Industries', 2017.

에서 접근을 더욱 용이하게 하여야 한다.

현재 차량 간 통신, 스마트 홈 등에서의 활용방안이 크게 연구되고 있다. 물류 창고의 보관, 이송, 피킹작업이나, 항만에서 장비·인력, 건물에서 작업자 편의를 지원하고 통합관제 등에 활용될 수 있다. 이 경우 물류창고나 항만의 인건비 등 물류비용을 절감할 수 있고, 작업의 고부가가치화를 기할 수 있다.

다만, 데이터 동기화 기술의 진보 및 데이터로부터 시사점을 식별할 수 있는 능력의 개발이 필요하며 국제적으로 데이터 수집에 대한 기준이 확보되어야 한다. 사물인터넷 기술을 이용하면 고객 데이터를 매장과 연결하여 다양한 형태의 고객 경험을 제공할 수 있다.

(2) 자율주행차량과 드론

자율주행차량과 드론은 운송과정에서 인건비/유류비 등의 운영비를 감소시킬 수 있다. 무인항공기(Unmaned Aerial Vehicle: UAV)는 국가마다 다르게 정의하고 있다. 일반적으로 "조종사를 탑승하지 않고 지정된 임무를 수행할 수 있도록 제작한 비행체"를 의미한다. 다른 이름으로 벌이 윙윙거린다는 의미에서 "드론(Drone)"이라 일컬어진다. 드론은 무인 자율 기동, 시청각 탐지 기능, 통제소와 정보교환이 가능한 이동장비로, 소형 헬기 모양의 공중드론, 무인이송장비 등 지상 드론, 수중 드론, 그리고 해상 드론 등으로의 적용이 가능하다. 또한, 장거리 운송에 자율주행차량 적용 시 운전자의 휴식 없이 운전이 가능하여 생산성을 향상시킬 수 있다.

단, 자율주행 차량은 다양한 형태의 도로에서 운행 가능한 형태로, 그리고 드론은 날씨/배터리 관련 기술이 개발되어야 할 것이며 상용화에 대한 법적 규제가 해결되어야 할 것이다.

(3) 인공지능과 머신러닝

인공지능 기술은 매일 발생하는 대량의 정형 및 비정형 데이터를 취합, 분석하여 미래를 예측하는 기술이다. 물류창고나 이송장비, 공간, 인력 활용을 최적화하여 물류시설, 이송장비의 생산성·활용도를 높이면서 고객의 만족도를 향상시킬 수 있는 물류시설, 장비 이용 최적화 시스템을 구축할 수가 있다. 이 밖에도 출하패턴 및 소비패턴 등의 데이터를 분석하여 보관 및 생산규모 적정화, 나아가 물류시설 투자에도 활용할 수가 있다. 이를 통해 투자 및 자원이용의 최적화, 그리고 고객만족도 향상을 꾀할 수 있다. 또한 반복적 예측이 필요한 업무에서 효율성을 가져올 수 있다. 고객의 행동 정보 분석을 통해 수익을 창출하고, 공급사슬 최적화를 통해 비용을 감소시킬 수 있다. 또한 이 기술을 사용하여 가격 결정과 프로모션을 효과적으로 진행할 수 있다.

IoT 기술과 마찬가지로 데이터 동기화 기술의 진보 및 데이터로부터 시사점을 식별할 수 있는 능력의 개발이 필요하다.

(4) 로봇기술

로봇은 로봇(Robot) 기술은 자율적인 동작과 조작 및 작업을 자동으로 할 수 있게 하는 기계 및 장치로 생활에 활용되기도 하고 군사물품 운송용, 재난구조용으로도 활용의 폭을 넓혀가고 있다. 창고나 하역, 항만 등 물류현장에서 중량물 하역용 파워슈트, 물류시설, 장비 등의 유지보수용으로 활용이 기대된다. 이 경우 창고나 하역, 항만 노동자들의 노동 강도를 감소시키고, 안전사고의 발생위험을 감소시킬 수 있다. 자동화와 최적화로 운영비용을 줄일 수 있으며, 24시간 가동이 가능하여 설비 이용률을 극대화시킬 수 있고, 고객 서비스 보조 업무까지 담당할 수 있다.

다만, 상용화를 위해서 배터리 및 정밀한 작업 기술이 개발되어야 할 것이다. 로봇을 이용하여 자원의 효율성을 높이고, 작업의 정확도를 높일 수 있다.

(5) 3D 프린팅

3D 프린팅은 컴퓨터로 작업된 3차원 모델링을 원하는 물리적 형상으로 제작할 수 있다. 3D 프린터는 입력된 설계도를 가지고 잉크젯 프린터에서 특수 고분자 물질이나 금속 가루를 뿜어내어 경화시키며 한층, 한층 쌓아 원하는 형상을 빠르게 제작하는 기술이다. 고가 물류기기나 시설의 대체부품 제작, 실시간 보급, 항행 중 선박이나 이송 중 운송수단의 부품제작 등에 활용될 수 있다. 물류장비,

시설, 운송장비 등의 정비를 위한 부품의 즉시 제작으로 유지보수의 효율성을 기하고, 총비용을 저감시킬 수 있다.

빠른 시제품 생산과 고객화된 제품의 온디맨드 생산이 가능해질 수 있으나, 속도 개선 및 다양한 재료를 활용하여 생산할 수 있는 기술 개발이 필요하다.

(6) 가상현실 및 디지털 트윈(virtual reality & digital twins)

가상현실은 비디오 게임으로부터 상업화되어 제조, 물류, 공급사슬 분야에 사용되기 위해 발전되어 왔다. 사용자가 가상적인 3D 환경에서 설계, 시뮬레이션, 평가를 할 수 있으므로, 물류기업은 물류 최적화와 프로세스 모니터링에서 정확한 정보를 바탕으로 의사결정을 할 수 있다. 물류산업과 증강현실 기술과의 결합을 통해 기존 물류 프로세스 개선을 기대할 수 있으며, 증강현실 기술을 탑재한 최적화된 창고관리 시스템 개발, 로컬 배송을 위한 증강현실 기반 효과적 포장 및 화물탑재 기술 등이 적용가능하다.

디지털 트윈은 물리적 대상의 내외부 형상, 특성, 상태, 동작 등 존재하는 모든 것을 디지털화하는 기술이다. 디지털 트윈은 가상 물리 시스템(cyber physical system)을 구현하기 위한 공학적인 모델 및 방법론으로, 사물인터넷, 빅데이터, 인공지능 등의 첨단 기술을 조합하여 물리 장치 운영의 효율성과 최적화를 추구하며, 추후 공급사슬의 최적화를 더욱 가속화시킬 것으로 예상된다.[15]

(7) 블록체인

블록체인은 다수의 참여자간 거래를 기록하고 관리하는 시스템에 있어 전통적인 형태의 중앙집중형 시스템의 단점을 극복하기 위하여 개발된 분산형 거래지원 시스템을 의미한다. 블록체인 시스템에서는 시스템에 참여하는 전체 참여자가 동일한 거래 내역을 손쉽게 실시간으로 검증하고 동시에 동일한 내역을 복사 및 저장함으로써 종속성 문제를 해결하고 시스템 유지에 필요한 비용을 최소화할 수 있다. 블록체인이 거래 데이터를 저장하고 공유하는 데 있어 높은 보안성 및 투명성을 보장하기 때문에 높은 수준의 정보 신뢰성을 갖게 하는 기술이다. 단,

---

15 DHL(2018), Logistics Trend Radar(Version 2018/19).

대용량의 거래 데이터를 위한 보안 체계가 필요하고, 관련된 법적 규제 완화가 필요하다.

물류산업에서 이러한 미래 기술은 다양한 형태로 접목될 것이다. 단, 기업의 전략과 기술의 적용 범위가 일치하는지, 법적 규제는 해결되었는지에 대해 충분히 고려해야 할 것이다. 기술은 다양한 형태로 물류산업에 접목되어 기업에게는 효율성 증가, 고객에게는 사용자 경험 증대의 이점이 있을 것이다. 이에 따라 기업들의 비즈니스 모델도 다양한 형태로 변화될 것이다.

3. 공급사슬에 미치는 미래 물류기술의 영향

세계 물류전문가 313명을 대상으로 설문을 한 결과 현재 물류산업에 가장 획기적인 영향을 줄 것으로 예상되는 기술, 가장 높은 투자수익률(ROI)을 줄 것으로 예상되는 기술은 블록체인이었다.[16] 응답자는 블록체인(53%)과 인공지능(51%)이 현재의 물류산업에 가장 획기적인 영향을 줄 것으로 예상된다고 답변하였다. 이 밖에 로보틱스(45%), 자율주행차(42%), 무인항공기(25%) 순으로 나타났다.

1) 블록체인

블록체인이 공급사슬관리에 큰 변화를 초래할 수 있다. 전자상거래의 활성화에 따라 운송 물량이 급증하고 물류회사는 비용절감 및 효율성 향상이 절실히 요구되고 있다. 특히 품질에 관한 소비자의 요구가 증가해서 제조업체, 물류회사와 고객 간의 커뮤니케이션 및 가시성 향상이 필요한 상황이다. 공급사슬상에서 발생한 데이터를 공개하여 제품의 제조업체부터 최종 소비자에 이르기까지의 모든 이력 정보, 나아가 제품의 수명주기, 공급업체 정보, 제조사항 및 물류 등에 대한 상세한 정보를 요구하고 있다.

블록체인 기술은 데이터 위변조가 어려운 일종의 분산 데이터베이스로 관련

---

16 EFT(2018), 2018 Global Logistics Report, https://www.eft.com/content/2018 − global − logistics − report

한 기록을 신뢰성 있게 저장, 관리할 수 있는 수단을 제공할 수 있다. 이에 따라 복잡한 문서시스템, 신뢰성 부족 등으로 야기되는 기존 공급사슬의 비효율성을 해소하고, 공급사슬에서 요구되는 여러 상세 정보를 제공, 공유할 수 있을 것으로 기대된다.

블록체인이 공급사슬에 미치는 영향의 잠재성은 매우 클 것으로 분석되고 있다. 세계경제포럼(WEF)에 따르면 국제무역상 블록체인 기술로 공급사슬관리에서의 여러 가지 정보교환의 장벽이 사라질 경우, 세계 총생산(GDP)이 약 4.7%(약 2.6조 달러) 증가하고 국제 무역은 14.5%(약 1.6조 달러) 증가 효과가 있을 것으로 전망했다.[17] 이는 관세장벽제거에 따른 효과인 GDP증가 0.7%, 무역증가 10.1% 보다 높은 수준이다. 또한 국제해운회의소(International Chamber of Shipping)에 의하면 매년 국제적으로 발생하는 무역 중 약 90%가 국가 간 해운물류인데, 글로벌 블록체인 시스템을 개발해 무역 흐름과 화물 추적을 디지털화하며, 선적 관리를 수월하게 만들고, 출하 지연이나 서류 위조를 방지해 막대한 비용을 절감시키는 긍정적인 효과가 나타날 수 있다. 또한 블록체인 기술이 운송장을 비롯해 무역금융과 물류산업의 분쟁을 해결하고 전체 물류과정과 합의과정을 효율적으로 바꿀 수 있다.

블록체인 기술이 공급사슬 상에 가져올 변화를 살펴보면 다음과 같다.[18] 우선 원자재 공급원에 대한 투명성(transparency)을 제공할 수 있다. 블록체인 기술을 통해 제품 관련 생산에서 판매에 이르기까지의 이력추적 정보가 기록된다면 최종구매자는 제품의 생산 및 물류 경로, 원자재 공급원 등 다양한 이력정보를 추적할 수 있다.

또한 리콜 관리를 개선할 수 있다. 리콜 발생 시 문제가 되는 제품이 생산된 배치(batch)를 추적할 수 있는 방법이 필요하다는 것이다. 미국과 영국을 비롯한 많은 국가에서는 제품별로 이력추적이 가능한 배치코드를 유지 관리하고 있지만 여전히 이력 데이터에 대한 조작의 가능성이 존재한다. 하지만 이러한 정보를 블록체인에 기록하면 정보가 신뢰성 있으며 합법적임을 보장할 수 있게 되어 보다

---

17 World Economic Forum, Enabling Trade Valuing Growth Opportunities, 2013

18 http://www.inboundlogistics.com/cms/article/open-ledger-six-ways-blockchain-will-change-supply-chains/

빠른 리콜 대응 및 처리가 가능해질 수 있다.

세 번째는 공급사슬상의 상태 모니터링에 대한 투명성이 증가한다. 신선물류에서는 온/습도 관리를 포함하여 공급사슬 전반에 걸친 적절한 관리가 필요하며, 이에 온도 등 상태 모니터링 정보와 패키징 요구사항 정보 등을 블록체인에 기록을 할 수 있다. 이에 따라 구매자에게 물류과정에서 적절한 관리가 이루어졌는지에 대한 신뢰성 높은 정보를 제공할 수 있게 되어 상태 모니터링에 대한 투명성이 증가될 수 있다.

네 번째는 기록의 디지털화를 통한 불필요한 서류작업 부하를 절감시킬 수 있다. 공급사슬에서는 출하 승인, 배송 영수증 등 엄청난 양의 서류작업이 동반된다. 이러한 문서화 작업 및 유지 관리에 따른 비용은 총 운송비용의 1/5 수준에 달하는 것으로 추정되는 등 많은 시간과 비용이 소모된다. 또한 기존 방식으로는 기록 누락 및 위변조 등의 리스크에 노출되어 있다. 블록체인 기반의 문서는 디지털 방식으로 저장되어 서류작업이 절감될 수 있다. 또한 디지털 문서 기반의 스마트 계약에 활용됨으로써 전반적인 프로세스 속도를 개선할 수 있다.

다섯째는 선적 효율성을 향상시킬 수 있다. 해운업계는 공 컨테이너를 운송하는 데 많은 비용을 지불한다. 치열한 경쟁과 해운선사들간의 의사소통 및 협업 부족으로 대부분의 화물들은 완전히 적재되지 않은 채 운송되곤 하는데, 블록체인 기술의 채택을 통해 가용한 적재 공간들을 추가적으로 판매할 수 있으며 이를 통해 막대한 비용을 절약할 수 있을 것이다.

여섯째 공급사슬상에서 보다 협력적인 비즈니스 모델로 전환시킬 수 있다. 공급사슬에서 블록체인 기술을 채택하게 되면 정보 가시성이 향상됨에 따라서 제조사와 물류업체 간의 협력이 강화되며 소규모 제조사들과의 협력 확대도 기대할 수 있다.

블록체인은 크게 개방형(Public)과 폐쇄형(Private)으로 나뉜다. 블록체인 네트워크에 누구나 참여할 수 있고, 동일한 역할과 권한이 주어지는 것이 개방형 블록체인이고, 폐쇄형 블록체인은 네트워크 참가자의 허가를 통해 참가를 제한하는 형태이다. 블록체인은 참가하는 사람들이 많으면 많을수록 효과가 커질 수 있다. 공급사슬은 참여하고 있는 화주, 수입업체, 선사, 항공사, 터미널, 세관, 금융보험사 등 많은 기업과 기관이 연결되고 협업하여 서비스를 만드는 산업이기 때문에 블록체인 기술의 적용에 큰 영향을 받을 것이다. 또한 블록체인은 물류산업 중간에 있는 중개인(Broker)을 사라지게 만들 기술이 될 수 있다. 블록체인을 통해 기존 자본 없이 공급사슬 안에 여러 관계자를 연결해주고, 서류작업을 대행해주던 포워더(Forwarder)나 화물운송 주선업자들이 필요 없어지는 구조를 탄생시킬 수 있다.

블록체인 구축 사례

- 세계 최대 해상운송업체 머스크(Maersk)
  - 머스크는 IBM이 개발하는 블록체인 솔루션을 적용해 화물운송 전체 과정을 모니터링 및 관리
  - 고객서류, 선하증권(B/L) 및 관련 정보를 블록체인에 참여하는 화주, 운송기업, 창고, 세관과 공유
  - 이로서 거래가 투명화 돼 각종 사기 및 오류 감소, 환적시간 감축, 재고관리 개선 효과 얻음
  - 유럽-동아프리카 간 냉장화물 운송은 약 30개의 기관과 200회 이상 접촉해야 함. 이 과정 속 서류처리, 행정절차 등이 실제 운송비용의 1/5 수준. 블록체인은 이러한 비효율을 개선

- 미국 최대 소매물류업체 월마트(Wal-mart)
  - 월마트와 IBM은 중국 칭화대, 중국 최대 소매물류업체 징동(JD.com)과 함께 '블록체인 식품안전연합'을 출범
  - 블록체인 기술로 농장부터 식탁까지 식재료 원산지, 안전성, 위조 여부를 실시간으로 추적
  - 월마트에서 열대과일 망고에 시범적용한 결과 과거 최장 몇 주씩 걸리던 망고의 이력 추적 기간이 단 2초로 단축
  - 중국에서는 돼지고기 생산농가에 적용. 도축가공을 비롯한 공유망에 참여하는 모든 이들이 블록체인에 내용을 기록하도록 실험. 중앙 집중적 DB 없이도 충분히 기능함을 확인

- 삼성SDS
  - IBM이 결성한 블록체인 플랫폼 '하이퍼렛저'에 삼성SDS가 참여하고 있으며 삼성SDS의

2) 인공지능(AI)

(1) 인공지능과 공급사슬

인공지능(Artificial Intelligence)은 자연어처리, 인공신경망학습, 이미지 및 음성인식 등의 기술을 활용하여 수많은 데이터의 분석을 통해 인간처럼 스스로 학습하여 생각하고 의사결정을 내리는 지능형 기술이다.

AI에는 기계 학습 및 심층 학습이 포함되어 있어 기계가 성능을 스스로 최적화하고 잠재적인 실패 또는 문제가 발생하기 전에 이를 관리자에게 알릴 수 있다. 특히 AI를 사용하면 고객 서비스 담당자가 더 나은 대응을 할 수 있게 되며 주문 정확도가 높아지고, 지출 분석 및 비용 절감을 향상시킬 수 있다.

이에 따라 시장조사 기관인 가트너(Garter)의 보고서의 AI의 활용 분야에 대한 조사결과에 따르면 공급사슬관리분야가 8위로 나타났다.[19]

물류기업은 공급사슬의 거의 모든 측면에서 인공지능을 활용한 효과를 얻을 수 있다. 인공지능은 정형적인 데이터뿐 아니라 비정형적인 데이터도 물류기업에서 활용될 수 있도록 도와줄 수 있다. 전 세계 많은 물류기업들이 디지털화를 받아들이면서, 기존 ERP(enterprise resource planning) 시스템에 고급 분석, 자동화, 로보틱스, 모바일 컴퓨팅 등을 추가함에 따라 디지털 공급사슬에서의 인공지능 적용이 더욱 증가하고 있다.

물류기업은 물리적 네트워크와 디지털 네트워크를 통해 신속한 자원 할당, 민감한 마감기한 등의 어려운 여건 속에서 최적의 효율을 만들어야 하는 과제를

---

19 가트너 10대 전략기술 2018.

갖고 있다. 인공지능은 이러한 물류기업에게 네트워크 조정을 최적화하는 기능을 제공함으로써 인간의 사고만으로는 달성할 수 없는 수준의 효율성을 얻게 할 수 있다.[20]

공급 사슬 및 운영 과정에서 수많은 데이터가 생성되고 있어, 이 데이터를 효과적으로 분석할 시스템에 대한 수요가 늘어나고 있다. 이에 인공지능을 이용한 분석이 활용되고 있다. 특히, 기계학습(Machine Learning), 자연어 처리(Natural Language Processing), 그리고 딥 러닝(Deep Learning) 기술이 주로 사용된다. 공급사슬이 생산하는 대량의 데이터를 AI에 학습시킴으로써 예측력을 키울 수 있다. 이렇게 인공지능 기반 솔루션의 장점은 시간이 지남에 따라 지속적인 개선을 통해 스스로 진화하는 데 있으며 더 많은 데이터와 경험을 축적할 때마다 정확하고 정교한 의사결정 지원이 가능해질 수 있다. 따라서 수요예측, 재고관리, 제품유통 등 단계를 거치는 공급사슬관리에서 발생하는 다양하고 방대한 빅데이터를 인공지능을 통해 모니터링하여 적절한 솔루션을 도출하면 공급사슬상의 모든 단계에 대해 실시간으로 최적 의사결정을 내릴 수 있는 스마트 공급사슬을 기대할 수 있다.

(2) AI의 활용분야

고도화된 알고리즘의 개발로 AI가 공급사슬 내에서 더욱 다양한 방면에서 활용될 수 있으며, 이에 따른 변화를 살펴보면 다음과 같다.[21]

첫 번째는 인공지능을 통한 생산비용 및 재고 최소화를 들 수 있다. AI를 이용한 새로운 물류 및 재고관리 기술을 활용해서 로봇을 이용해서 화물을 짧은 시간 내에 효율적으로 분리할 수 있는 시스템, 특수 카메라로 촬영한 화물의 사진을 분석해서 화물의 손상 정도 및 대응 방안을 찾아내는 시스템 등을 구축할 수 있다.[22]

두 번째는 공급 사슬 효율성을 향상할 수 있는 통찰력을 제공한다. AI에서 다루는 지도학습(Supervised Learning), 비지도학습(Unsupervised Learning), 그리고

---

20 DHL Customer Solutions & Innovation(2018), Artificial Intelligence in Logistics.

21 https://supplychainbeyond.com/6−ways−ai−is−impacting−the−supply−chain/

22 https://www.logistics.dhl/content/dam/dhl/global/core/documents/pdf/glo−ai−in−logistics− white−paper.pdf

강화학습(Reinforcement Learning)을 이용해서 공급사슬에 영향을 주는 주요 요인을 효과적으로 판별할 수 있게 해 준다. 예를 들어서, 지도학습을 통해서 이상상황을 탐지를 할 수 있고, 강화학습을 이용해서 실시간으로 의사결정을 할 수 있다. IBM의 인공지능인 왓슨(Watson), 그리고 One Network의 네오(Neo)가 대표적인 예다.

세 번째는 빅 데이터 분석을 통해서 수요 예측 능력 정확도를 향상시킬 수 있다. 일반적으로 소비자 수요 예측이 빗나가서 기업들이 손해를 보는 경우가 많았다. AI가 수요 예측에 필요한 변수를 실시간으로 추적, 수집 및 측정한다. 실시간으로 수집된 데이터를 기반으로 끊임없이 예측을 수정하기 때문에 기존의 방법보다 수요 예측 능력이 훨씬 우월하다.

네 번째는 생산 계획 및 공장 작업 스케줄 조정 능력 향상될 수 있다. AI 기술 도입 이전에는 기업들은 생산 계획과 작업 스케줄을 정확하게 짜는 데 어려움을 많이 겪었다. AI 기술 덕분에 다양한 변수를 조건에 맞춰서 생산 계획을 최적화할 수 있게 되었다. 특히, AI는 수주 생산(Build to Order) 기업에 더 높은 효율을 보여주고 있다. 예를 들어 인기가 높은 제품에 들어가는 부품의 공급사슬 대기시간(Supply Chain Latency)을 급격히 줄일 수 있고, 해당 부품의 수요를 예측함으로써 공급 계획을 더 최적화할 수 있다.

다섯째, 인공지능은 물류기업의 고객 접점을 맞춤화하여 고객 충성도와 고객 유지율을 높일 수 있다. 택배 추적과 운송 정보를 제공하는 음성 기반 서비스를 제공하여 물류기업에게 고객 경험을 향상시키고 개인별 맞춤화하는 데 크게 기여할 수 있다. 특히 예측 물류는 인공지능을 기반으로 물류 고객 경험을 한 차원 높은 수준으로 끌어 올리고, 고객이 주문하기 전에 고객에게 제품을 제공할 수 있는 능력을 보유하게 할 수 있다. 예측 물류는 날씨, 소셜 미디어 활동, 뉴스 보고서, 행동 탐색, 구매 이력, 인구통계학적 특징 등의 방대한 데이터에 인공지능을 적용하여 분석하고 예상함으로써, 고객이 어떤 제품을 구입할지를 예측하는 것이다. 이러한 예측 물류를 통해 기업은 재고를 고객과 더 가까운 곳에 위치시킬 수 있고 예상치 못한 수요에 대응하기 위한 자원과 능력을 할당할 수 있게 되므로, 수요를 효과적으로 예측하고 배송 시간을 단축할 수 있다.

이처럼, AI는 공급사슬 및 물류산업에 다양한 가능성을 열어 주고 있다. 기존의 방법만을 고집하는 기업은 경쟁력을 유지하기 점점 더 힘들어지게 되었다. 공급 사슬에서 경쟁우위를 점하려면 AI 기반의 솔루션 도입을 적극적으로 검토해야 한다.

공급사슬관리 분야에서 인공지능 기술을 효과적으로 사용하고 있는 5개의 기업 사례

1) Rolls Royce의 자율운항선박

- Rolls Royce는 최근 자율운항선박을 제작하기 위해 구글과 협력 관계를 맺었음
- 자율주행차는 1명의 운전자를 대체하지만, 자율운항선박은 20명이 넘는 선원의 작업을 대체할 수 있음
- 기존 선박에 인공지능 알고리즘이 사용될 경우, 수중의 선박 주변에 있는 사물들을 감지하고 선박에 미칠 위험에 따라서 사물들을 분류할 수 있음
- 향후에는 선박 엔진 성능 추적, 화물 하역, 보안 모니터링을 위한 센서가 포함될 것임
- 인공지능을 사용하면, 선박 주변에 무엇이 있는지 알 수 있도록 도와주므로 보다 신속하고 안전한 운송이 가능해짐
- 또한 악천후로 인해 좌초되거나 위험한 사물에 충돌할 가능성이 낮아지므로 보다 신속하고 용이한 운송이 가능해짐

2) UPS의 차량 배송 경로 최적화

- 공급사슬의 배송에서는 모든 주행 시간과 주행 거리가 매우 중요함
- UPS는 운송 차량들에게 가장 효율적인 경로를 제공하기 위해 인공지능과 GPS를 기반으로 하는 ORION(On-road Integrated Optimization and navigation)이라는 도구를 사용함
- 컴퓨터는 고객, 운전자, 운송 차량에 대한 데이터를 입력 받은 후 알고리즘을 사용하여 최적 경로를 생성함
- ORION은 차량이 되돌아가거나 교통 체증에 빠지는 것을 방지하므로, 운전자가 적시에 가장 효율적인 방법으로 배송을 할 수 있도록 도와줌
- 생성된 경로는 도로 상황과 기타 요인에 따라 주행 중에도 변경될 수 있음
- UPS는 배송 경로 최적화를 통해 비즈니스의 모든 영역에서 큰 효과를 얻고 있음(시간과 비용의 절감, 트럭의 오염물질 배출과 마모 감소 등)

- UPS는 ORION의 사용을 통해 1년에 5천만 달러의 비용을 절감한다고 추정하였음

3) Marble의 라스트 마일 배송 로봇
- 식품, 의약품과 같이 적시에 배송해야 하는 화물도 이제는 사람이 아닌 로봇에 의해 가능해짐
- 라스트 마일 배송 기업인 Marble에서는 로봇이 모든 품목을 사람보다 신속하고 효율적으로 고객에게 배송함
- 배송 로봇은 자율주행차에서도 동일하게 사용되는 레이더 기술을 사용하여 도시에서 보도를 탐색하고 주행 중에는 사람이나 기타 위험 요인을 회피함
- Marble은 초기에 Yelp24 앱을 통한 음식 배달로 사업을 시작하였지만, 의약품, 식료품, 소포 등의 배송으로 사업 영역을 확장하였음
- 배송 로봇은 주행을 하면서도 기존에 설정한 경로와 보도의 현재 상황을 추적하기 때문에 지속적으로 경로를 개선함
- 혼잡한 도시 지역에서 모든 품목의 배송을 위한 신속하고 효율적이며 합리적인 방법임

4) Lineage Logistics의 식자재 스마트 배치
- 식료품점과 식당에 식자재를 공급하는 콜드 체인 기업인 Lineage Logistics는 인공지능을 사용하여 주문의 진행을 예측함
- 인공지능 알고리즘을 사용하여 언제 주문이 이루어지고 언제 창고를 출발해야 하는지를 예측함으로써, 직원들은 파렛트를 적절한 위치에 놓을 수 있음
- 창고에 오래 보관되어야 하는 품목들은 뒤쪽의 보다 깊숙한 위치에 놓이고, 앞쪽에 놓이는 품목들은 보다 신속하게 이동하고 창고에 거의 머무르지 않게 함
- Lineage Logistics는 인공지능을 통한 스마트 배치를 적용함으로써, 효율성을 20% 향상시켰음
- 스마트 배치는 연간 200~300억 파운드의 식자재를 운송하는 기업에게 매우 큰 영향을 미침
- 테트리스 게임에서처럼 올바른 순서로 가기 위해 파렛트를 움직이는 대신, 인공지능은 처음부터 보관 품목들이 어디에 배치되어야 하는지를 보다 스마트하게 안내함

5) Infinera의 배송 시점 예측
- 통신 제조기업인 Infinera는 공급사슬관리에 인공지능을 적용하여 경영상 위기를 타개함
- 기계학습을 사용하여 생산 시간과 물류를 분석하고 배송일을 보다 정확하게 예측함
- 인공지능 알고리즘은 영업 담당자와 고객에게 해당 정보를 제공함으로써, 어떤 제품이 가용하고 언제 배송될 수 있는지를 알 수 있게 함

- 제품들의 도착 시점을 예측하기 위해 제조 및 출하 일정을 단순히 살펴보는 대신에, 인공지능은 과거 배송 정보와 고객 피드백, 일기 예보, 물류를 결합하여 제품이 언제 고객에게 도착할 것인지를 정확하게 예측함
- 결과적으로 인공지능은 기업의 의사결정을 보다 신속하게 만들고, 고객에게 제품이 언제 도착할 것인지를 알게 하여 고객 만족도를 향상시킴

자료: Forbes(2018), 5 Examples Of How AI Can Be Used Across The Supply Chain, https://www.forbes.com/sites/blakemorgan/2018/09/17/5-examples-of-how-ai-can-be-used-across-the-supply-chain/#67aa0444342e(2018년 9월 28일 검색)

3) 공유경제

공유경제는 모바일 기기의 발전에 따른 연결의 증가, 온라인 결제수단 다양화, 알고리즘의 발전 등의 기술적 배경과 세계 경제 침체에 따른 자산 공유의 필요성 증대, 밀레니엄 세대의 가치관 변화 등에 따라 주목 받기 시작하였다.

공유경제(sharing economy)라는 말은 미국의 법학자 로렌스 레식(Lawrence Lessig) 교수가 2008년 지은 책 "리믹스"에서 나왔다. 공유경제란 한 번 생산된 제품을 여럿이 공유해 쓰는 협업 소비를 기본으로 한 경제를 의미한다.

Uber와 Airbnb로 대표되는 공유경제는 생활 속에서 확대되고 있으며, 비즈니스 모델로 주목 받고 있다. 숙박, 이동수단의 공유로 주목 받기 시작한 공유경제는 유통, 인력 고용 등 생활의 많은 분야와 밀접한 관계를 맺어가고 있다. 특히, 공유경제의 대표적인 비즈니스 모델인 Uber와 Airbnb는 기업 가치가 100억 달러 이상이 되는 등 비즈니스 모델로도 그 가치를 인정받고 있다.

여행, 자동차, 금융, 인력, 음악/비디오 스트리밍 등 공유경제 중 주요 5개 분야의 수익은 2014년 약 150억 달러로 평가되었으며, 2025년에는 약 3,350억 달러가 될 것으로 예측되고 있다.[23]

공유경제 스타트업회사인 Uber 서비스는 택시 서비스를 원하는 고객에게 인접한 택시에게 연계해주는 단순 온라인 택시 앱이라고 생각될 수 있지만, 실제

---

23 DHL, Sharing Economy Logistics, 2017.

Uber의 핵심 역량은 빅데이터 처리와 알고리즘 개발로 교통 관련 데이터를 실시간으로 확보하고, 이를 활용하여 수요와 공급 사이의 균형을 지속적으로 유지하여 소비자에게 최고의 서비스를 제공하는 것이다. 수요와 공급이 불균형을 이룰 때 가격을 실시간으로 조정하고 있다. 수요가 공급을 초과하는 경우 해당 지역의 가격을 급격하게 증가시킴으로써 운전기사들이 가격이 높은 지역으로 이동하도록 인센티브 제공한다. Uber 기사들은 가격정책에 따라 자신에게 가장 이익이 되는 이동 전략을 수립하게 되고, 이는 곧 수요와 공급간 균형을 안정적인 수준으로 유도하는 강력한 인센티브 역할을 하게 된다.[24] Uber의 성공에는 단순한 IT 서비스가 아닌 실시간 데이터 분석 및 처리를 통해 확보한 인사이트를 실시간 가격정책과 같은 알고리즘에 통합함으로써 전체 시장의 효율성을 극대화한 전략이 숨어 있다.

물류 분야에 있어서 자원의 공동 활용은 일부 활용되어 왔던 전략이다. 특히 물류산업의 업체규모가 영세하고 많은 사업체가 참여하고 있다는 점을 고려할 때, 공유경제에 참여할 잠재적인 대상 업체가 많다고 할 수 있다. 더구나 물류산업은 자원이 서로 다른 위치와 시간상을 움직이는 네트워크형 산업이라는 특성을 고려할 때, 물류기업 간의 자원공유가 큰 효과를 거둘 수 있다.

보관 분야에서는 e커머스의 성장, 소형 전자상거래 판매자의 급증, 대형화물에서 소형화물로의 변화 등 다양한 환경 변화에 따라 물류 창고에 대한 수요가 확장되고 있다. 특히, 센터와 창고 내 설비들에 대한 높은 고정비를 감당할 수 없는 소형 전자상거래 판매자들의 공간에 대한 수요가 크게 늘고 있는 추세이다. 미국의 DHL은 물류센터의 남는 공간을 활용하기 위해 DHL Spaces서비스를 시작했고, 모바일 앱에서 센터의 위치, 센터 내 사용가능한 공간의 너비와 예약을 위한 연락처 정보를 제공하고 있다. 물류센터 내 보관 공간 공유를 위해서는 사용 공간에 따른 요금 산정이 필수적이다. 요금 산정을 위해서는 센터 내 재고량을 실시간으로 확인하기 위해 IoT 및 드론을 활용하는 기술도 개발 중이다.

또한 도시 내 개인 창고의 공유개념도 개발되고 있다. 이는 모바일 및 웹 플

---

24 Jay Cassano, "How Uber Profits Even While Its Drivers Aren't Earning Money", motherboard. vice.com(송상화, Lotis에서 전재).

랫폼을 통해 주택이나 점포의 후방공간, 차고 등의 소규모 저장 공간을 공유하는 것으로, 사용하지 않는 공간을 통해 수익을 창출할 수 있으며, 도시 내 저장 공간 부족 문제를 해결하기도 한다. 관련 서비스를 제공해주는 스타트업으로는 미국 뉴욕에 위치한 MakeSpace 및 샌프란시스코 지역의 Omni가 있다. 두 업체는 고객이 요청한 시간에 제품을 픽업하여 보관 후 고객의 요청시간에 맞추어 제품을 배송해주는 서비스를 제공하고 있다.

계획을 미리 세운 뒤 대규모 운송을 할 수 있는 '퍼스트마일' 물류와 달리 '라스트마일' 물류는 상대적으로 불확실하다. 따라서 라스트마일 물류에서 공유경제형 서비스가 주목을 받고 있다. 운송 분야에서 공유경제형 서비스는 이미 투자·구축되어 있는 자산을 더욱 효과적으로 사용할 수 있는 방법이다. 운송 트럭의 공차율을 낮추기 위해 다양한 형태의 온라인 공유 플랫폼이 등장하고 있다. Frost and Sullivan의 연구에 따르면 미국 및 유럽에서 운행하는 트럭 4대당 1대는 공차로 운행하며, 트럭의 적재율도 약 50% 정도에 불과하다. 중국공업증권사의 발표에 따르면 중국 내 트럭 공차율 역시 40% 이상일 것으로 추정되고 있다. 이는 자원 낭비뿐 아니라 환경문제도 야기하기 때문에 물류분야에서 해결해야 할 과제이다.

공차율을 낮추기 위해 운행 정보를 공유하여 동일 경로상에 있는 화물의 추가 적재를 통해 트럭 적재율을 최대화하고자 하는 스타트업 및 기업이 등장하고 있다. 대표적으로 중국의 Huochebang, 유럽의 Freightos, Convoy, Loadsmart 등이 있으며, DHL도 Saloodo라는 실시간 화물중개플랫폼 서비스를 시작하고 있다. 이러한 서비스가 가능하게 된 배경으로 스마트폰 사용자의 증가를 들 수 있다. 스마트폰에서 실시간 통신, 모바일 GPS를 통한 화물 실시간 추적, 결제, 서류 전송까지 가능해졌다.[25]

향후 우버화(Uberization)와 공유 경제는 공급사슬의 흐름을 주도하면서 기업 전반에 걸쳐 제조, 창고 및 운송 자산 공유를 구현해 나갈 것이다.

---

25 DHL, 전게서(2017).

사례 23-3 **Amazon의 공유경제형 배송서비스 Amazon Flex**

■ Amazon은 2015년 가을 공유경제형 배송서비스인 Amazon Flex 서비스를 테스트하기 시작
- Reuter가 보도한 Amazon 내부 문건에 따르면, 1~2시간 내 시급한 배송이 필요한 상품에 대해 기존의 물류 서비스가 아닌 공유경제형 배송서비스를 활용하여 처리할 것으로 알려져 있음
- Amazon에서 제시한 자격에 맞는 기사는 Amazon Flex 서비스에 등록한 후 시간당 18달러에서 25달러를 받고 원하는 시간대에 Amazon 물류센터에서 배송 서비스를 담당하게 될 예정이며, Amazon의 당일배송 서비스인 Amazon Prime Now 서비스에 집중적으로 활용될 계획

■ Amazon이 공유경제형 배송 서비스를 도입한 이유는 당일 배송이나 1시간 내 배송과 같은 차별화된 배송서비스 제공이 유통업체의 주요 경쟁력 중 하나로 급부상하는 현실에도 불구하고 기존 물류 전문업체들이 관련 서비스를 효율적으로 제공하지 못하는 데 원인이 있는 것으로 알려져 있음
- 전문 물류업체들은 주로 익일 배송, D+2일 배송 등 표준화된 배송 서비스에 강점을 가지고 있는 반면 아직 라스트마일 배송에 있어 1시간 배송과 같은 차별화된 배송서비스를 비용 대비 효과적으로 제공하는 업체가 없음
- 그럼에도 불구하고 빠른 배송 시간을 원하는 소비자는 증가하고 있으며, 배송 분야 혁신이 Amazon의 핵심 경쟁력이 될 것이라고 판단
- 특급 배송 서비스를 원하는 소비자는 증가하고 있으나 여전히 규모 및 밀도 측면에서 경제적인 서비스를 제공하는 것이 불가능한 상황임을 감안하여 공유경제형 배송서비스 활용이 대안으로 등장
- 공유경제형 서비스를 활용함으로써 특별한 인프라 투자없이 상대적으로 낮은 운영비용으로 특급 배송 서비스를 제공할 수 있을 것으로 기대하고 있음

자료: Mari Saito, Amazon expanding deliveries by its 'on-demand' drivers,
Reuters(송상화, Lotis에서 전재)

MEMO

24

해운항만물류의 미래과제

🔋 핵심포인트

오늘날 선사, 터미널 운영자, 포워더 등 선도업체 중에서 누가 어떻게 진화하여 선도업체의 기회를 차지할 것인지, 그리고 선사나 터미널 운영자 등은 향후 보다 더 수직통합을 추진할 것인지 아니면 스타트업 업체나 전자상거래 업체를 포함한 아마존과 같은 디지털 선도업체(digital natives)가 컨테이너 운송산업을 재편할 것인지 등이 미래 관심사이다.

1. 해상운송산업의 불안정화 리스크

미래 공급사슬에 가장 크게 영향을 미칠 요인으로 해상운송비용을 꼽았다. 수급불균형에 따른 해운경기의 변동성이 비용을 상승시키는 요인이 되고 있으며, 또한 유가상승에 따른 해상운송비의 증가 등으로 원거리 해외생산 리스크가 커질 수 있기 때문이다. 해운업계가 글로벌 교역의 핵심적 역할을 계속 수행하기 위해서는 이러한 화주들의 공급사슬 운송리스크 관리에 부응하는 전략을 세워나가야 할 것이다.

2. 해운 환경변화

세계해운산업은 아직도 선사의 초대형화, 선박의 초대형화라는 규모의 경제를 추구하고 있다. 후기 산업사회의 특징인 포스트 포디즘의 형태로 패러다임이 전환되고 있지 못하고 있다. 시대에 역행하는 규모의 경제를 추구하는 후진적 산업 내 경쟁은 해상운송 수요자의 요구와 동떨어진 투자가 될 수 있고 이는 세계 정기선 해운의 커다란 리스크로 작용할 수 있다.

선사가 주도하는 블록체인 기반의 온라인 플랫폼이 화주(Beneficial Cargo Owners: BCO)에게 보편화될 경우 기존 사업자가 가지고 있는 슬롯배정 등의 문제는 대부분 해결되며 실시간으로 운임 조회·예약이 가능해져 중개인(무선박운송인 Non-Vessel Operating Common Carrier: NVOCC)들이 배제되는 탈중개화(disintermediation)가 가속화될 것으로 전망된다. 이렇게 되면 선사는 전체 물류에서 해상운송만을 담당하는 모드(mode)운영자에서 화물 예약부터 운송까지 총괄하는 플랫폼 통합자(integrator)로 바뀌게 될 것이다.

3. 항만 환경변화

항만이 내륙이나 배후지와 연계되는 관문의 역할만 해서는 선사나 하주(다른 곳으로 옮기기 위해 꾸려 놓은 물건인 화물의 주인. 의미상 틀린 것은 아니나 일본식 표현임)에게 선택받지 못하게 될 것이다. 해상운송, 항만비용, 내륙운송비, 전체 운송의 비용, 질, 신뢰성에 의해 항만이 선택될 수 있기 때문이다. 항만, 컨테이너터미널, 선박회사, 그리고 복합운송업체의 최종 고객은 하주이기 때문에 하주의 물류체인상 총비용과 운송시간 요구에 부응할 수 있는 항만만이 살아남을 수 있는 것이다.

기존의 항만 자동화가 자동화 장비나 정보시스템 개발을 위주로 진행되었다면, 스마트항만은 유·무인 장비와 컨테이너가 사물인터넷(IoT)/통신시스템을 통해 연결되고 지능화된 정보시스템을 통하여 항만 효율성을 최적화하는 자율형 항만이라고 할 수 있다.

1. 해상운송산업과 공급사슬 리스크

스위스 다보스에서 열린 2012년 세계경제포럼(WEF, 다보스포럼)에서 고위 정부관계자들과 산업계에서 공급사슬의 붕괴에 의한 경제적 피해를 완화시킬 수 있는 방법을 개발하고자 하는 공급사슬리스크가 한 의제로 다루어졌다. Accenture사가 제시한 '공급사슬 및 운송 리스크를 해결하기 위한 새로운 모델(New Models for Addressing Supply Chain and Transport Risks)' 보고서에서 리스크 관리의 관행을 시급히 재검토해야 할 필요성을 강조했다.

글로벌 공급사슬의 활성화가 선진국과 개도국 모두에게 이익을 주었지만, 결국은 글로벌 경제의 리스크도 함께 증가시켰다는 것이 논의의 핵심이었다. 원거리 해외생산을 통한 공급사슬이 일본의 지진해일과 원전사고나 태국의 홍수에 의해, 그리고 수에즈운하나 말라카해협의 수송방해 등에 의해 차질을 빚었기 때문이다.

글로벌 공급사슬과 수송네트워크는 교역을 촉진하고, 소비와 경제성장을 증진시키는 글로벌 경제의 근간이다. 공급사슬과 수송네트워크를 위협하는 리스크는 외적요인과 네트워크 취약점으로 나누어 볼 수 있다. 공급사슬을 붕괴시키는 외적요인으로는 자연재해, 갈등과 정치적 불안, 급격한 수요변동, 수출입제한조치, 그리고 테러 등이다. 네트워크 취약점으로는 정보공유, 가치사슬의 세분화, 광범위한 하도급 등이다. 공급사슬과 수송네트워크는 글로벌화, 전문화, 복잡성, 린(lean)기반 경영 등 같은 추세에 맞추어 수송능력, 수송시간, 효율성 및 고객 서비스를 향상시키기 위해 진화해 왔다. 그러나 이러한 공급사슬의 발전 추세로 인해 내재하는 리스크는 오히려 커지고 있다. 외부아웃소싱과 원거리 생산으로 대표되는 글로벌리제이션 추세에 따라, 자국 내 리스크가 범세계적으로 확산되고, 여러 참여자들이 관여하는 리스크로 확대되었다. 지역적으로 생산이 집중되는 전문화 현상에 의해, 현지 사건 사고 때문에 효율적인 생산공정이 쉽게 중단되는 리스크가 발생한다.

그리고 생산과 네트워크의 복잡성 증가로 인해, 여러 국가에 다양한 부품이나 체인 참여자들에게 의존해야 하기 때문에 이들에게 내재되어 있는 리스크를 모두 파악해 내기가 어려워지게 된다. 또한 '군살 없는 생산(Lean Manufacturing)' 전략을 기업의 생존전략으로 삼는 추세에 따라, 고객이 주문한 이후 생산에 들어가는 방식으로 'Lean Process'를 채택하는데, 효율성이 높아지고 비용도 절감되는 효과가 있지만 공급사슬이 붕괴될 경우 이를 보완할 대안이 없다는 리스크가 문제가 된다. 이 밖에 공급사슬 시스템이 과다하게 정보에 의존해야 하는 리스크, 그리고 정부의 여러 물류보안시책 때문에 효율적인 공급사슬 수송네트워크 구축에 지장을 초래하는 리스크 등이 있다.

그러나 미래 공급사슬에 가장 크게 영향을 미칠 요인으로 해상운송비용을 꼽았다. 수급불균형에 따른 해운경기의 변동성이 비용을 상승시키는 요인이 되고 있으며, 또한 유가상승에 따른 해상운송비의 증가 등으로 원거리 해외생산 리스크가 커질 수 있기 때문이다. 결국 장기적으로 보면 이와 같은 공급사슬의 리스크를 줄이기 위해 시장에 근접해 있는 곳에서 생산하고 공급하는 전략으로 바뀌어 갈 수밖에 없을 것으로 전망하였다.

전 세계 물류전문가를 대상으로 한 설문조사를 통해 3PL 시장 현황과 전망을 분석한 '2012 Annual Third Party Logistics Study' 보고서에서도 불확실성의 증대 및 소비자 트렌드의 급격한 변화, 경쟁 심화 등에 따라 수요지로 생산기지를 이전하는 신속대응(Quick Response)유형의 공급사슬로의 변화가 필요한 점을 지적하고 있다.

그동안 글로벌 경제를 받쳐 주는 가장 중요한 요소는 역시 저렴하고 효율적인 해상운송이었다. 해상운송은 화주들의 다국적 조달, 생산, 판매와 같은 글로벌 활동에서 SCM은 그 경쟁력을 유지시켜 주는 핵심요인인 것이다. 중국에서 생산하고 미국이나 유럽의 시장으로 판매하는 원거리 운송을 가능케한 것이 저렴한 해상운송 때문이었던 것이다. 그러나 세계경제의 불확실성 증대, 소비자 니즈의 고도화, 그리고 해상운송산업의 불안정화 등의 이유로, SCM에 있어 원거리 생산은 운송비용도 더 들고 서비스 수준도 향상시키기 어려운 방식이라는 시각으로 바뀌어지고 있는 것이다.

해운업계가 글로벌 교역의 핵심적 역할을 계속 수행하기 위해서는 이러한 화주들의 공급사슬 운송리스크 관리에 부응하는 전략을 세워나가야 할 것이다. 머스크 라인(Maersk Line)이 2011년 10월부터 아시아-유럽 항로에서 도입한 '데일리 머스크(Daily Maersk)' 서비스가 대표적인 화주의 리스크 관리에 부응하는 운송서비스라 할 수 있다. 선적항 컨테이너 야드 반입에서 양하항 컨테이너 야드 인도까지 운송기간을 보장하는 것으로, 화주에게 100%의 정시 인도를 가능하게 하는 운송서비스이기 때문이다. 그리고 이와 같은 새로운 정시 인도 운송서비스를 개발하는 일도 중요하지만, 기존의 서비스를 신뢰성 있게 유지해 나가는 일도 중요하다. 이를 위해 수송네트워크를 위협하는 외적요인과 네트워크 취약점들을 미리 감지하고, 또한 공급사슬 붕괴 시 신속히 복구할 수 있는 예비 시스템을 세워 놓아야 할 것이다.

그러나 세계 해운경기는 리먼 사태 이후 계속 침체국면을 벗어나지 못하고 있는데, 이와 같은 불황의 폭과 길이는 공급과잉이라는 문제에 기인하고 있다. 선주 등 시장참여자들이 시황회복에 선행해서 신조선을 발주하고 있어 경기 회복이 계속 지연되고 있다. 또한 정기선의 경우는 초대형선화로 규모의 경제효과를 추구하는 것은 세계 정기선 산업이 가격요소 밖에는 경쟁요인이 없는 파멸적 경쟁(destructive competetion)상태에 놓여 있는 상황이다.

이럴 때일수록 파멸적 경쟁에서 벗어나 해상운송 본연의 서비스 가치인 화주 위주의 경영을 해야 한다. 해운항만서비스는 결국 화주의 공급사슬관리(SCM)상의 물류서비스 분야이다. 화주에게 가치를 전달하고 창출시키는 전략이 궁극적으로 물류서비스 제공자의 이익에도 부합된다는 시장지향적 기업(market-focused firm)으로의 전환이 시급한 실정이다. 선사들은 화주들의 공급사슬 경쟁력을 향상시키기 위해 혁신을 제공해줄 수 있는 능력(역량)이 곧 경쟁력이 될 것이다. 또한 항만이 화주에게 전달해줄 가치가 있을 때 그 항만을 선택하게 될 것이다. 선사들과 항만운영사들은 눈을 화주에게 돌려 그들과 공급사슬 파트너가 되는 전략을 세워야 할 때인 것이다.

2. 해운 환경변화

1) 해운산업의 환경변화

(1) 해운의 규모의 경제 추구 리스크

포드 자동차 생산방식의 대량 생산은 규모의 경제를 내세우는 전기산업사회인 포디즘(Fordism)시대의 가치이다. 그러나 수요가 다양화되고 기술이 발전함에 따라 효율성, 다양성을 중시한 생산방식으로 바뀌고 있으며 이를 포스트 포디즘(Post-Fordism)이라 한다. 포디즘 시대에서 모든 것이 수직적 통합을 통한 대량생산이었다면 후기산업사회의 특징으로 표현되는 포스트 포디즘에는 아웃소싱을 통한 비용 대비 효율성, 전문성의 향상을 꾀하고 있는 것이다. 즉 포스트 포디즘의 시장환경에서는 글로벌기업, 아웃소싱, 네트워크 구축, 탈규제, 기술혁신 등이 특징적 요소로 표현될 수 있고, 이를 통해 경쟁력의 원천, 제품의 성격, 환경, 조직 등에 있어 포디즘 시대와 구별된다.

포스트 포디즘시대의 세계해운산업의 방향은 하주들의 요구에 부응해 나가도록 하는 것이다. 즉 하주들은 생산과 판매의 국제화로 생산, 유통 등 공급사슬 기능들이 하나로 통합되어야 하는데 이 공급사슬을 통해 창출하는 가치의 대부분이 물류 서비스 제공자에 의해 이루어질 수 있는 것으로 기대하고 있다. 따라서 선사들은 운송서비스를 포함한 넓은 범위의 물류서비스 제공자의 역할을 수행하여 하주들이 요구하는 부가가치물류(value-added logistics)를 수행할 수 있어야 한다. 또한 기존의 규모의 경제에 의한 원가 경쟁력 확보의 전략에서 벗어나 공급사슬 간의 차별화를 가져올 수 있는 서비스 경쟁력이 있어야 하는 것으로 고객에 대한 물류 서비스의 차별화가 필요한 시대인 것이다.

그러나 유독 세계해운산업은 아직도 선사의 초대형화, 선박의 초대형화라는 규모의 경제(economy of scale)를 추구하고 있다. 후기 산업사회의 특징인 포스트 포디즘의 형태로 패러다임이 전환되고 있지 못하고 있다. 시대에 역행하는 규모의 경제를 추구하는 후진적 산업 내 경쟁은 해상운송 수요자의 요구와 동떨어진 투자가 될 수 있고 이는 세계 정기선 해운의 커다란 리스크로 작용할 수 있다.

머스크 라인은 2011년 초 18,000TEU급의 세계 최대형의 컨테이너선 20척을 발주하였다. 초대형선 투입에 의한 비용경쟁을 종결시키고, 초대형선 투입경쟁에서 타의 추종을 불허하겠다는 결의가 보인다. 타 글로벌 선사가 머스크 라인처럼 막대한 투자를 하는 데 따른 위험을 'Maersk Risk'라 부르고 있는 상황이다. 그러나 진정한 '머스크 리스크'는 머스크 라인을 필두로 한 글로벌 선사들의 포디즘 시대에서나 통할 법한, 규모의 경제에 의한 비용경쟁을 벌이는 리스크라 말하고 싶다. 만약 현재와 같은 유가의 고공행진이 지속되고, 공급과잉에 의한 운임하락이 1~2년만 지속된다면 선대규모면에서 시장점유율이 높고, 그중에서도 자본비 부담이 높은 초대형선을 가장 많이 보유하고 있는 머스크 라인 같은 선사가 가장 먼저 유동성 위기에 빠질 위험이 높다.

하주 역시 선박의 초대형선화로 당장의 운임하락으로 얻는 것보다, 추후 시장의 독과점화에 따른 운임상승 가능성, 그리고 초대형선으로 인한 항만기항의 경직성으로 서비스의 질적 하락으로 잃을 것이 더 많아질 수도 있다. 하주들이 요구하는 것은 세계 정기선 해운이 동맹이라는 가격카르텔에서 벗어나 시장에서의 경쟁을 유도하는 것이고 이를 통해 하주들의 공급사슬 전략에 부응하는 양질의 운송서비스를 제공받으려는 것이다.

그러나 결과적으로 세계 정기선 해운산업에는 규모의 경제를 추구하지 않으면 살아남기 어려운 경쟁구조로 내몰리게 되어, 초대형 선사로, 그리고 초대형 선박으로 가지 않으면 안 되는 상황에 놓인 것이다. 하주 위주의 자유경쟁시장 정책으로 운임이 계속 하락하고 있고, 수익성이 악화되어 시장에서 도태되거나 아니면 흡수합병으로 활로를 모색할 수밖에 없을 것이다. 즉 하주의 경쟁시장정책이 세계해운산업 구조를 독과점으로 만드는 요인이 되고 있는 것이다.

최근 세계하주포럼(Global Shippers' Forum)이 해운동맹의 완전한 금지를 재차 요구하였다. 국제해운회의소(International Chamber of Shipping)나 세계선사협회의(World Shipping Council) 등 선사의 이익을 대변하는 단체 때문에 해운동맹의 완전한 금지가 이루어지고 못하고 있다고 주장하고 있다. 그러나 세계 정기선 선사들의 '치킨게임'은 선사는 물론 하주에게도 바람직하지 않다는 것을 인식해야 한다.

(2) 세계화 역풍과 해운산업

2008년 리먼 사태로 촉발된 글로벌 금융 위기 이후 장기 불황을 겪고 있는 세계경제가 또 다른 대형 악재를 맞고 있다. 영국의 유럽연합 탈퇴(Brexit)가 세계경제의 회복을 지연시키는 영향에 미치는 것뿐만 아니라, 글로벌 자유무역에서 일정 부분 보호무역주의로 회귀하는 계기가 될 우려가 있기 때문이다.

노딜 브렉시트와 미 트럼프 대통령의 미국우선주의와 미중무역분쟁 등으로 세계는 글로벌 경제의 굴레에서 이탈하려는 '세계화 역풍'이 불고 있는 것이다. 브렉시트 지지자들은 EU를 떠나면 나라를 더욱 부강하게 만들고 영국의 정체성을 찾을 수 있다고 주장한다. 트럼프도 '미국을 다시 위대하게'(Make America Great Again)라는 구호로 미국의 일자리나 부가가치를 창출하는 영광 재건을 주장하고 있다.

향후 EU나 미국 경제 및 무역정책에서 글로벌 교역의 증진보다는 자국의 이익을 우선하는 정책흐름이 진행되고 있는 것이다. 이러한 추세가 주요국들의 보호무역주의 부상으로 이어질 수 있어 세계 해운산업에 커다란 파장이 미칠 수밖에 없을 것으로 보인다.

노딜 브렉시트로 투자자들이 미 달러화로 몰리면서 달러화 강세가 나타날 것이다. 이 경우 EU 등 전 세계가 상대적인 상품가격상승을 겪게 될 것이고, 이는 수요개선에 악영향을 미치는 요인이 될 것이다. 달러화 강세가 지속될 경우 개도국은 상품가격 상승에 의해 경제성장의 동력을 상당부분 잃게 될 것이다. 이는 영국과 유로존 국가들의 수요 감퇴와 맞물리면서 전반적인 산업생산도 위축될 수밖에 없을 것이다. 2000년대 초부터 시작된 무역장벽을 낮추는 모든 노력을 수포로 만들 수 있는 일로, 세계 해상물동량에 부정적인 영향을 미치게 된다.

미국도 글로벌 교역은 지원하지만, 미국기업이나 미국인 일자리를 희생하면서 다른 나라의 교역을 증진시키지는 않겠다는 것이다. 현재 이런 교역에서 이익을 얻는 미국 소비자의 이익에 우선하여 일자리와 미국기업의 이익을 지키겠다는 것이다. 이와 같은 반세계화 정책은 미국의 해운항만 관련 정책 아젠다에서도 나타나고 있다.

가장 대표적인 것이 인프라 투자는 수익자인 해운사가 부담해야 한다는 것이다. 깊은 수심이 필요한 초대형 선박이 운행하려면, 그 선박운항 회사가 인프라 투자에 필요한 비용을 부담해야 한다는 것이다. 항만에 대한 투자에 미국시민의 세금이 쓰이고 있는데, 이는 미국 항만이 외국 해운회사의 요구를 꼼짝 못하고 받아들이고 있기 때문이라고 보고 있다.

선사의 부당한 요구는 두 가지로 보고 있다. 첫째는 미국 소비자 누구도 초대형 컨테이너선을 요구한 적이 없는데, 외국 해운회사들은 이들 선박 기항을 위해 미국 항만에 대해 교량을 높게 하고, 항만을 확장하고, 안벽을 강화하고, 입출항 채널 수심의 증심을 요구하고 있다. 둘째는 해운회사들은 감속운항하면서, 항만에서의 신속한 작업을 요구하며, 자동화 시스템을 채택해야 한다고 요구한다. 항만 터미널의 자동화는 현재와 같은 부진한 경제여건에서는 고용을 잃게 하는 원인이다.

이를 위해 해운회사가 연대하여 미국 항만에 압력을 행사하는 것을 막겠다는 것이다. 미 연방해사위원회(FMC)를 통해 해운 얼라이언스(Alliance)의 집중화에 대해 더욱 엄격한 기준을 적용해서, 얼라이언스 등 해운의 집중화를 약화시키려 할 것이다.

최근 30여 년간 세계 경제는 비교우위론의 대가인 '리카도(Ricardo)'도 놀랄 만큼 글로벌리제이션이라는 경제적 특화모델을 발전시켜왔다. 그 원동력이 해운산업이었다. 해상운송 비용이 수송 화물 평균가격에 비해 매우 저렴하기 때문이다. 이와 같은 낮은 해상운송비용은 해운산업과 조선산업의 매우 효율적인 혁신에 의해 이루어진 것이다. 현재도 낮은 비용을 가진 선사와 조선소만이 살아남는 경쟁구조를 형성하고 있다.

장기적인 세계경제 불황까지 겹치면서 해상운임은 역사상 최저치를 갱신하고 있어 저유가에도 불구하고 이익을 내는 선사가 극히 드문 실정이다. 이제 다자

간 무역협정의 파기, 수입관세 부과 같은 보호무역주의로의 회귀까지 우려되는 상황이다. 글로벌 경제의 견인차였던 해운산업이 '반 세계화' 추세에서는 선진국의 자국 고용 및 생산을 희생시키는 매개체로 인식되면서, 비용을 더 부담해야 하는 상황에 이를 수도 있다.

세계 각국이 자국의 이익을 위해서는 수단을 가리지 않고 국제 정의도 고려하지 않는 배외주의(排外主義)를 표방하는 움직임이 나타나고 있지만, 세계 단일 시장인 바다를 통해 국경을 넘어 모든 나라와 무역을 하는 글로벌리제이션과 자유무역의 원동력이 되었던 해운산업이 이러한 쇼비니즘(chauvinism)에 맞서 각국의 고용창출 등 각국 경제에 많은 가치를 전달하고, 소비자의 신뢰성을 증대시켜 나가는 등 더 큰 역할을 할 수 있도록 고민해야 할 것이다.

2) 해운의 미래과제

1999년 네덜란드 델프트 공대의 Niko Wiinolst 교수 등은 말라카막스(Malaccamax)라고 명명한 243,000 dwt의 1만 8천TEU 컨테이너선 설계를 발표하였다. 컨테이너선 항로가 운하나 해협의 수심에 의해 제약이 되는 점에 착안하여 말라카해협의 21미터 수심을 제약조건으로 두고 최대선형을 설계한 것이다. 이 선박이 유럽과 극동간에 운항하기 위해서는 수에즈 운하 수심이 21미터가 되어야 하는데 당시에는 2010년까지 준설이 완료될 계획이었다. 따라서 1만 8천TEU 선박이 2010년 이후에 운항할 수 있을 것으로 전망했다. 실제로 이 예측은 거의 맞아 떨어져, 2011년에 머스크 라인에 의해 20척의 1만 8천TEU급 선박이 발주되었다.

컨테이너 선박으로 보면 1968년에 유럽에서 설계, 건조된 하팍로이드(Hapag Lloyd)사의 736TEU 선박(Alster Express호)이 제 1 세대 선박이고, 바로 이어서 오버시즈 컨테이너(Overseas Containers Ltd)사의 1,530TEU 선박(Encounter Bay호)이 제 2 세대로, 그리고 1973년에 인도된 3,430TEU 선박(Nedlloyd Dejima호)이 제 3 세대 선박으로 탄생한다. 몇 년 사이에 컨테이너선 건조에 규모의 경제라는 혁신이 빠르게 일어난 것이다.

맥린(McLean)사가 컨테이너 해상운송을 고안해 내게 된 동기는 장거리 트럭 운송에 대한 미국 연방통상위원회(ICC)의 허가, 비용 등 규제를 피하기 위한 것이라 할 수 있다. 그러나 유럽 선주들이 컨테이너 시스템에 뛰어든 것은 다른 동기였다. 그들은 여러 해 동안 재래 일반화물선에 대한 생산성을 향상시키기 위해 많은 노력을 들였지만, 혁신이라는 측면에서 성공하지 못한 상태에 있었기 때문이다.

이 과정에서 맥린사가 컨테이너 시스템을 개발한 최초의 회사로, 그리고 시랜드사는 스프레더 작동을 자동화할 수 있도록 하는 트위스트 락을 처음으로 고안했고, 맷슨사는 1959년에 최초로 A자형 구조의 겐트리 크레인(Gantry Crane)을 사용하였다. 그리고 1968년에는 시랜드사가 Port Elizabeth에 최초의 컨테이너 전용터미널을 건설하였다. 이와 같이 초기 컨테이너 해운의 혁신은 선박, 장비, 항만터미널, 그리고 내륙 복합운송에서 동시에 일어난 것이다.

컨테이너선의 혁신이 수송 단위당 운송비를 절감할 수 있는 규모의 경제효과가 있는, 더 큰 선박을 개발하는 일에 집중되고 있는 것이다. 그러나 우리는 아직 이러한 극 초대형 컨테이너선들이 그 많은 화물을 어떻게 확보해야 하는지, 항만 및 배후지물류에 어떠한 투자를 해야 하는지, 화물 적재율을 얼마로 가져가야 하는지, 그리고 기항 항만수를 몇 개로 해야 이익을 실현할 수 있는지 등에 대해 정확하게 알고 있지 못하다.

2만TEU가 넘는 초대형선박이, 6천~8천TEU 선박이 운항하고 있는 방식대로 선단을 운영하고, 기항하던 항만에 전부 입항한다면, 규모의 경제를 추구하고자 한 초대형선은 오히려 규모의 비경제를 초래할 수 있는 것이다. 따라서, 이론적으로는 모선이 모든 항만에 기항하는 대신 허브항만에만 기항하는 허브 앤 스포크 (Hub & Spoke) 방식으로 운항하고, 상당량의 화물을 피더운송으로 해야 한다. 그러나 실제로는 초대형선 선박이 기항항만 수를 줄이지 않고 기존 항만에 모두 기항하고 있다. 즉 규모의 비경제가 나타날 수 있는 방식으로 운영되고 있는 것이다.

이와 같은 괴리는 컨테이너선의 혁신이 극 초대형선을 개발, 건조하는 일에 중점을 두고 있으나, 컨테이너선 해운은 선박으로만 이루어질 수 없다는 것을 보여주는 사례라 할 수 있다. 선박이 비교우위 경쟁력을 갖춘다는 것은 물동량과 항만과 배후지 물류와 균형이 맞아야 한다. 따라서 초대형선으로 허브 앤 스포크 운항을 하기가 어렵다면 초대형선보다는 적합선형 개념을 다시 들쳐봐야 할 것이다.

수심제약이 있고 크레인 제약이 있는 항만에도 입항이 가능한 선박, 그리고 원양항로를 운항할 수 있고, 연비도 크게 개선할 수 있는 선박이라야 범용성이 높은 선박이 아닐까? 장거리 노선에 투입할 수 있어 화물 적재율을 높일 수 있는 동시에, 여러 항만에 기항이 가능하고 연료효율도 좋아, 경쟁력을 가질 수 있는 선형이 적합선형의 개념일 것이다. 그리고 이 적합선형은 하주의 공급사슬관리(SCM) 상 해상운송 및 연계운송 서비스에서 비용과 시간을 절감시켜, 하주에게도 이익이 될 수 있도록 개발되어야 그 활용도가 높아질 것이다. 이것이 선주에게는 수익성 리스크를 줄여 주고, 하주에게 양질의 서비스를 제공할 수 있는 진정한 컨테이너선 해운의 혁신방향일 것이다.

좀 더 길게 보면 필란드의 Cargotec사가 앞으로 50년 후, 즉 컨테이너 도입 1세기를 맞는 2060년 컨테이너 해운의 모습을 예상했는데, 그 중 컨테이너는 같은 규격으로 계속 사용이 되겠지만 재질은 변화될 것이며, 접이식 컨테이너(foldable container)의 형태가 되고, 그리고 화물상태, 운항기록 등을 통신할 수 있는 인공지능이 탑재된 컨테이너가 될 것이라고 전망했다.

선박의 형태는 초대형 컨테이너선의 양적하 및 환적 효율을 높여야 한다는 방향이었다. 컨테이너 선박은 완전 자동화되어 소수의 선원으로 운영이 될 것이고, 태양에너지를 이용하는 방식을 포함한 에너지 절감형 선박이 될 것이다. 또한 선박은 여러 블록의 결합으로 설계되어 건조될 것이다. 필요에 따라 컨테이너 선박 블록을 통채로 분리시켜 다른 선박에 합체하여 운항할 수 있는 방식이 될 것이다.

또한 흥미로운 아이디어는 64개의 컨테이너를 한 개의 컨테이너 묶음(package)으로 만들 수 있는 완전 자동라싱(고박)시스템이다. 이렇게 되면 컨테이너 64개를 한 묶음으로 들어 이동시키는 번들(bundle) 컨테이너가 되는 것이다. 컨테이너 양적하 비용을 획기적으로 줄일 수 있는 것이다. 선박을 분리하고 합체하고 번들시스템을 사용하면 저렴한 비용으로 선박 간 대량환적(ship-to-ship)을 할 수 있는 것이다.

맥킨지사 등도 2017년 컨테이너선사, 컨테이너 터미널 운영자, PA(항만공사), 포워더, 컨테이너 리스업체, 디지털솔루션 제공업체, 전자상거래 업체, 법률회사 등의 전문가를 대상으로 향후 25년 컨테이너 운송산업의 미래에 대해 조사하였다.[1]

컨테이너, 터미널, 컨테이너선이라는 컨테이너 운송산업의 물리적 측면은 미래에도 크게 변화하지 않을 것으로 예측했다. 컨테이너 운송업계 전문가들이 예상한 미래 전망은 다음과 같다. 컨테이너 운송의 물리적 특성의 변화이다. 컨테이너는 지속적으로 사용되지만, 표준규격 외에 53피트 등 대형 컨테이너 활용이 확대될 것으로 예상하고, 자율운항선박보다는 기존 컨테이너선 운항이 계속되나, 컨테이너 터미널 운영은 자동화와 무인화가 계속 추진될 것으로 전망하였다.

무역흐름은 항로별로 균형을 유지할 것으로 전망했다. 동아시아 국가, 북미/유럽 등 선진국 그리고 동남아/아프리카 등 개도국의 소득 증대로 무역흐름은 항로별로 균형을 유지할 것으로 전망하였다. 현재 중국과 동남아시아의 '아시아 공장'이라는 개념은 퇴색하고 역내 무역과 남북 무역은 지속적으로 확대될 것으로 전망하였다.

자동화는 가치 사슬 전반에 걸쳐 확대될 것으로 보았다. 항만의 육상 부분, 터미널, 철도운송과 트럭운송 등 분야에서 자동화는 효율성 향상을 목적으로 급격하게 도입될 것으로 전망하였다. 현재의 인프라와 자산상 제약 범위 내에서 효율성 향상을 도모할 수 있게 해줄 것이다.

디지털화, 데이터 분석분야에서는 혁신이 초래될 것이다. 고객은 거점 간 운송에 관심이 있는 것이 아니라 현재보다 낮은 비용으로 특정 시간과 장소에 신속한 문전 배송을 선호하고 배송과정 중 투명성과 가시성 확보에 관심을 가지고 있으므로 디지털화, 데이터 분석이 가치창출의 필수 요소가 될 것이다. 항만터미널은 전자상거래 업체나 포워더의 국내 화물과 역내 화물을 처리하는 공간으로 전환될 수 있을 것으로 전망하고 있다.

무역전쟁, 지정학적 긴장, 그리고 인접 국가에서 진행하는 아웃소싱(near-shoring)은 국제무역 규모의 절대적인 감소를 야기하여 컨테이너 물동량 증가가 어려울 것으로 전망하고, 컨테이너선사, 터미널 운영업체, 포워더 등의 인수합병이 추가적으로 전개될 것으로 전망하며, 컨테이너선사는 3 내지 4개 업체로 통합될 것으로 보았다. 또한 선도업체도 다른 형태로 발전될 것이다. 현재 선도업체가 인수합병을 통해 더욱 대형화되거나 가치사슬의 일부에 집중하거나 또는 전체 가치사슬 통합하여 운영하는 업체로 발전할 것으로 전망된다. 일부 선도업체는 새

---

1 TT Club, Brave new world? Container transport in 2043, June 11, 2018.

로운 도전을 위해 새로운 비즈니스 모델 도입을 추진하거나, 혹은 디지털 선도업체(스타트업의 성장 또는 대형 전자상거래 업체 등)로서 공급사슬상 컨테이너 운송부분을 최적화하기 위해 노력할 것으로 전망된다. 오늘날 선사, 터미널 운영자, 포워더 등 선도업체 중에서 누가 어떻게 진화하여 선도업체의 기회를 차지할 것인지, 그리고 선사나 터미널 운영자 등은 향후 보다 더 수직통합을 추진할 것인지 아니면 스타업 업체나 전자상거래 업체를 포함한 아마존과 같은 디지털 선도업체(digital natives)가 컨테이너 운송산업을 재편할 것인지 등이 미래 관심사이다.

미래 해운의 혁신방향에 대해서도 많은 연구가 진행되고 있다. 두 가지를 소개하면, 그 첫째는 2011년 Europort 전시회에서 발표된 "'MARITIME ODYSSEY' to the year 2041'" 제목의 발표영상이다. '미래는 그저 나타나는 것이 아니라, 우리가 만들어갈 수 있는 것이다'는 메시지를 던지면서, 30년 후에 세상이 어떤 모습일지 정확히 알 수는 없어도 적어도 해사부문에서는 다음 세 가지가 미래 추세라고 제시하였다. 첫째, 값싼 노동력대신 혁신(innovation)이 주도하는 세상, 둘째, 속도보다는 지구력(durability), 지속성(sustainability)이 주도하는 세상, 그리고 세 번째는 인력보다는 스마트 기술(smart technology)이 주도하는 세상이라 하고 있다.

또한 Maersk Line의 당시 CEO인 Eivind Kolding은 TOC Europe 2011 기조연설을 통해 '미래 컨테이너 해운 면허를 따려면 지금부터 변화해야 한다'고 역설한 바 있다. 어떻게 하면 화물이 정시에 배송된다고 보장(reliability) 해줄 수 있을까? 어떻게 하면 해상운송 예약을 항공기 티켓 구매하듯이 쉽게(ease of business) 할 수 있을까? 어떻게 해야 해운산업이 환경보호(environmental responsibility)에 앞장서는 산업이 될 수 있을까? 이 세 가지 원칙을 지킬 수 있어야 미래에 컨테이너 해운을 할 수 있는 면허를 받을 수 있다는 것이다.

3) 해운 서비스 디지털 플랫폼으로 발전

2018년 스위스계 글로벌 포워더인 퀴네앤드나겔(Kuejne+Nagel)사는 해상운송서비스 네트워크를 제공하기 위한 디지털 플랫폼을 시작하였다. 이 해상운송 서비스 디지털 플랫폼을 통해 퀴네나겔 고객들은 3천여 척 이상의 선박과 750개 이상의 주간 서비스에 대한 견적, 예약 등 해상운송서비스 거래를 할 수 있게 된다.

세계 1위 컨테이너 선사인 머스크 라인은 2018년 초 IBM사와 제휴해 블록체인기술을 이용한 글로벌 무역 플랫폼 구축을 시작했다. 글로벌 무역 플랫폼 개발을 위해 머스크와 IBM은 '트레이드렌즈'를 설립하였는데 동 컨소시엄에 선사, 세관, 항만운영사를 비롯하여 총 94개의 기업이 참가하고 있다. 또한 머스크사는 2017년 초부터 알리바바와 제휴해 알리페이 플랫폼을 통해 기존의 포워더를 통해 컨테이너를 예약하는 방식에서 벗어나 중국 화주가 직접 선복을 예약하는 서비스를 시작했다.

머스크사에 이어 CMA CGM과 COSCO가 주도하는 글로벌 쉬핑 비즈니스 네트워크(GSBN)도 설립되어 해운·물류 시장에서 블록체인을 이용한 해상운송 서비스 플랫폼 구축의 주도권을 잡기 위한 경쟁이 가열되고 있다. 이외에도 Accenture, Yuanben 등 많은 기업들이 해운·물류분야에 대한 블록체인 개발을 동시 다발적으로 추진하고 있다.

블록체인을 이용할 경우 거래내역의 위변조가 불가능하여 계약의 신뢰를 향상시킬 수 있다. 또한, 신속한 처리 및 실시간 정보 업데이트가 가능하게 되어 계약의 진행상황을 실시간으로 파악할 수 있다. 종이문서를 전자문서로 전환하게 해줄 뿐만 아니라 국가 간 통관 등 절차상의 지연, 불일치 문제를 해결할 수 있다. 이러한 이유로 제약이 발생하였던 화물에 대해서도 국가 간 거래가 가능해져 개인이 중심이 되는 LCL화물이 증가하며, 화물 수요가 기업 대 기업(B2B)에서 개인 대 개인(P to P)으로 확대될 것으로 전망된다. 현재 해운 거래는 중개인(브로커, 포워더)의 신용 검증을 통해 거래가 이루어졌으나 블록체인 기반으로 거래당사자에 대한 신뢰성과 함께 편의성까지 제공된다면 화주의 기반이 확장 될 수 있다. 이미 프레이토스(Freightos)와 같은 기업들은 일반 이용자에게 실시간으로 화물 운송료 비교, 견적서비스를 제공하여 시장의 저변을 넓혔으며 최종적으로 블록체인 기반의 시스템은 시장 참여자의 신뢰성을 한 단계 확장시킬 수 있을 것으로 전망된다.

해운·물류 기업이 블록체인 기술을 이용한 해상운송서비스 플랫폼 구축에 공격적으로 참여·투자 하는 것은 향후 운송 시장 점유율에 미치는 파급력이 크기 때문이다. 특히, 선사가 주도하는 블록체인 기반의 온라인 플랫폼이 화주(Beneficial Cargo Owners: BCO)에게 보편화될 경우 기존 사업자가 가지고 있는 슬롯배정 등의 문제는 대부분 해결되며 실시간으로 운임 조회·예약이 가능해져 중개인 (NVOCC)들이 배제되는 탈중개화(disintermediation)가 가속화될 것으로 전망된다. 이렇게 되면 선사는 전체 물류에서 해상운송만을 담당하는 모드(mode)운영자에서 화물 예약부터 운송까지 총괄하는 플랫폼 통합자(integrator)로 바뀌게 된다.[2]

블록체인 시스템은 선사들이 지향하는 종합물류기업으로 갈 수 있는 첨병과도 같은 역할을 수행할 것으로 기대된다. 이를 위해 머스크는 물류 이외의 사업을 정리하고 축적된 자금을 바탕으로 육상 물류기업 합병을 추진중이고 CMA CGM 은 물류기업(CEVA)의 지분을 인수하는 등 선사들은 모드 운영자가 가지는 한계를 극복하기 위해 노력 중이다. 또한, 이러한 플랫폼은 사용자에게 보편화되면 바꾸기 어렵기 때문에 시장이 형성되는 시기에 최대한 신속하게 주도자의 위치를 점하는 것이 중요하다.

3. 항만 환경변화

1) 항만산업의 환경변화

항만이 내륙이나 배후지와 연계되는 관문의 역할만 해서는 선사나 하주에게 선택받지 못하게 될 것이다. 해상운송, 항만비용, 내륙운송비, 전체 운송의 비용, 질, 신뢰성에 의해 항만이 선택될 수 있기 때문이다. 항만, 컨테이너터미널, 선박회사, 그리고 복합운송업체의 최종 고객은 하주이기 때문에 하주의 물류체인 (Logistic Chain)상 총비용과 운송시간 요구에 부응할 수 있는 항만만이 살아남을 수 있는 것이다.

북유럽의 경우 내륙운송을 하주가 지정하는 '하주 내륙운송'(merchant haulage) 이 약 70%를 차지하고 있으며 나머지 30%의 해상운송인이 수행하는 '운송인 내륙운송'(carrier haulage)의 대부분도 항만선택과 관련해서는 하주가 결정하는 '하주의 요구로 수행하는 운송인 내륙운송'(merchant inspired carrier haulage)방식이다.

---

2 윤희성 외, "블록체인의 확산과 해운·물류분야의 대응", KMI 동향분석 105호, 2019. 1.

항만과 터미널 선택을 선사가 아닌 하주들이 주도적으로 결정한다는 의미이다.

하주의 항만선택에 대한 영향이 커지면서 항만정책에도 많은 변화를 가져와야 한다. 항만이 하주의 요구에 부응하기 위해 내륙연계운송 항만 정책에 중점을 두어야 할 것이다. 그동안 항만의 서비스 수준을 평가할 때 주로 해측(sea-side)에 중점을 두었다. 선박의 기항빈도, 선박의 대기시간, 접안시간 등이 서비스 수준을 결정하는 주된 요인이었다. 그러나 고객(하주)에 대한 새로운 서비스 수준은 해측보다는 육측(land-side)에 의해 결정되며, 터미널에서의 내륙연계운송관리가 핵심이 되어야 한다.

이에 따라 앞으로 항만이나 터미널이 시장점유율을 유지하고, 추가적인 물동량을 확보하기 위해서는 선사의 초대형선이 요구하는 고 생산성 항만으로의 기술개발은 물론, 항만과 항만 배후부지와의 연계 네트워크를 구축하는 노력도 함께 이루어져야 한다. 항만이 진정한 육측 네트워크를 구축하려면 철도나 도로, 피더운송, 내륙컨테이너 터미널 등 연계운송 시설투자에 직접 참여해야 한다. 하주에게 비용과 운송시간을 절감시켜 줄 수 있도록, 배후지 공단이나, 소비지 인근에 내륙터미널(inland terminal)을 설치하고 여기서부터 항만까지 전용 화물철도를 연결시키고, 화물트럭 전용레인을 설치해야 한다. 또한 최근 항만배후지의 개념이 피더운송 대상지역까지 확대되고 있기 때문에, 효율적인 피더부두 및 피더망 구축에도 투자해 나가야 한다.

사례 24-1 중국의 글로벌 컨테이너터미널 운영사 육성

국제 해상수송량은 세계화가 본격화되기 시작한 1980년의 37억 톤에서 2012년에는 92억 톤으로 약 30년간 2.5배 증가했다. 특히 세계 항만컨테이너 물동량은 같은 기간 3,700만TEU에서 6억 200만TEU로 16배의 폭발적인 증가를 보였다. 또한 컨테이너 선박의 대형화도 눈부시다. 80년대 초반에는 최대 2,000TEU형이었던 것이 2014년 말부터 2015년 초에 잇따라 1만 9,000TEU형 세계 최대 컨테이너선이 건조되고 있다.

각국의 컨테이너 항만은 이 급증하는 물동량과 대형화하는 선박을 효율적으로 안전하게 처리할 수 있는 시설 확충이나 터미널의 생산성 향상을 위해 열심히 노력해왔다. 이러한 점에서 일본의 이노우에(井上聰史) 정책연구대학원 교수는 "세계 경제의 글로벌화를 세계 항만들이 지탱해온 것"이라고까지 말하고 있다.

그러나 점차 항만은 선사와 터미널 운영업체에 대해 교섭력을 잃어 가고 있다. 주요 3개 대형선사(mega carrier)가 세계 컨테이너 선박량의 40%를 차지하고 있고, 또한 주요 글로벌 터미널 운영업체(GTO) 5개사가 세계 컨테이너 취급량의 약 30%를 차지하고 있다. 선사 및 터미널 운영자는 거대화, 과점화하면서 시장 지배력을 강화하고 있다.

항만은 대형선사나 글로벌 터미널 운영사의 선택을 받아야만 물동량을 확보할 수 있는 시대가 된 것이다. 특히 중국의 글로벌 컨테이너 터미널 운영사가 시장점유율을 높이며 크게 약진하고 있어, 그 의미와 우리에게 주는 시사점을 살펴보려 한다.

글로벌 터미널 운영사는 2012년 기준으로 싱가포르의 PSA International, 홍콩의 Huchison Port Holdings, 덴마크의 APM Termnals, 두바이의 DP World 사가 4강 체제를 구축하였고, 이들 4개사의 전 세계 터미널 처리량은 무려 1억 6,300만TEU에 달했다.

그러나 2013년에 중국의 CMHI그룹이 3.6%의 시장을 점유하는 5위의 GTO로 부상하였다. 여기에 COSCO Pacific사가 6위, 그리고 China Shipping Terminal Development사가 8위에 올라 있어, 세계 GTO는 기존 4강체제와 함께 이 세 개 중국 국영회사들이 합세한 모양을 갖추고 있다.

CMHI(China Merchants Holdings International)그룹은 2012년 기준 세계 6위의 GTO였던 CMA CGM사의 터미널 운영사인 Terminal Link사의 지분 49%를 5억 3,480만 달러에 매입하면서 일약 5위의 GTO로 부상했다. CMHI그룹은 중국 국영회사 China Merchants Group과 골드만삭스가 지분을 보유하고 있는 회사로 1992년에 설립되었고 중국의 10대 컨테이너항 10곳 중 7곳을 운영하고 있는 회사이다.

또한 COSCO Pacific사는 중국국영 COSCO Group의 계열사로 2012년에는 2.7%의 시장을 점유해 5위였으나, 2013년에는 CMHI에 이어 6위의 GTO자리를 지키고 있다. 중국의 Global Terminal Operator(GTO)인 COSCO Pacific사는 터미널 운영으로 2014년 이익이 전년대비 13.6% 증가한 5억 1,699만 달러에 이르렀다고 한다. 특히 그리스 피레우스 터미널 (Piraeus Terminal)에서의 이익증가에 기인하였다고 한다. 2010년 6월 COSCO Pacific사는 피레우스 항만에 약 2억 유로규모를 투자하여 COSCO 항만 물류단지를 건설했다. 이 투자로 중국 Cosco사는 향후 35년간의 개발권을 획득했다. COSCO 피레우스 터미널은 유럽과 지중해 지역에서 중국기업이 투자한 가장 성공적인 터미널로 평가되고 있다.

중국과 우리나라는 2006년에 거의 동시에 그리스 피레우스 항만개발에 관심을 두었었다. 우리는 노무현대통령의 그리스 방문시 이 문제를 논의했고, 중국도 COSCO 사장이 직접 그리스 수상에게 항만개발제안을 하였다. 결과는 중국 COSCO Pacific사가 개발권을 따냈다.

중국은 그리스와 스리랑카뿐 아니라 동남아시아와 아프리카, 중동, 중남미로까지 항만 개발에 적극적으로 나서고 있다. 지난 2013년 아프리카의 해상 요충지인 예멘의 모카항과 유럽 및 아프리카, 중동을 잇는 아덴항의 운영권을 확보한 중국은 파나마 운하의 강력한 경쟁 상대가 될 니카라과 운하의 개발권도 따냈다. 이미 가동되고 있는 스리랑카의 함반토타항과 방글라데시 치타항, 미얀마의 시트웨항, 탄자니아의 바가모요항도 중국의 자금이 투자되었다.

이 같은 배경에는 중국이 야심차게 추진하고 있는 거대 인프라 개발 계획인 '일대일로(一帶一路)'가 있다. '일대(One Belt)'는 중국 서북지역에서 중앙아시아, 동유럽, 유라시아 대륙을 관통하는 육상 무역 통로를 잇는 육상 실크로드 경제벨트를, '일로(One Road)'는 동남아시아를 경유해 아프리카와 유럽으로 이어지는 해상 실크로드를 말한다.

우리나라는 한진만이 유일한 GTO로 10위를 보이고 있다. 2012년에는 1.3%를 점유해 세계 8위의 GTO였으나, 부채상환을 위해 스페인 알헤시라스 터미널을 매각하면서 그 순위가 더 떨어졌다. 2014년 10월 현대상선도 미국 LA항과 타코마항의 터미널 지분을 1억 4천만 달러에 매각했다. 선사가 재무상태의 어려움을 겪으면서 쉽게 처분할 수 있는 자산인 터미널을 매각하는 것은 어쩔 수 없는 선택일 것이다.

전 세계 물류거점을 확보하자는 정책기조는 중국이나 우리나라나 다를 바 없다. 다른 점은 중국은 국영회사가 나서 글로벌 물류거점을 확보하는 데 비해 우리나라는 선사의 영역으로 방치하고 있다는 점이다. 국가 물류정책 입장에서 보면 글로벌 터미널 운영사 육성은 글로벌 물류거점을 확보하여, 자국 화주 및 물류기업의 글로벌 물류를 지원하는 공공 인프라의 역할을 수행할 수 있는 것이기 때문에, 미래 우리나라의 글로벌 경쟁력강화와 관련된 문제로 인식해야 한다.

또한 비즈니스 입장에서 보더라도 항만투자는 수익성이 좋은 해외 투자사업이다. 항만투자의 새로운 추세가 골드만삭스, 하이스타 캐피탈 같은 투자은행이나 호주의 투자그룹 멕쿼리사뿐만 아니라, 온타리오 교원연금(OTPF) 같은 곳도 포트폴리오 확장의 일환으로 항만투자에 나서고 있다는 점이다. 우리나라도 학계나 연구소에서 금융기관이나 연기금이 수익성 좋은 해외 항만투자에 나설 수 있는 정보를 분석하고, 정부도 이러한 미래 글로벌 국가 경쟁력 강화를 위한 인프라 투자에 세제혜택 등 인센티브 정책을 추진할 필요가 있다.

자료: 양창호 칼럼(111), "중국의 글로벌 컨테이너터미널 운영사 육성의 시사점,"
양창호 교수 블로그(http://daedaero.tistory.com/)

2) 항만의 미래 혁신방향

2012년 4월 말 싱가포르 해사국(MPA)과 싱가포르 해사협회(SMI)는 공동으로 향후 10년을 내다 본 차세대 컨테이너 항만(Next Generation Container Port)의 아이디어 공모에 나섰다. 세계 1, 2위를 다투는 컨테이너 항만이 차세대 컨테이너 항만으로 변신하기 위해 터미널의 우수성, 생산성 그리고 지속가능한 비약적 도약을 이룰 수 있는 기술개발의 방향에 대한 아이디어를 공모하고 있는 것이다.

전세계 인구가 늘어나고, 소득과 소비가 늘어나면서 항만에서 처리해야 할 컨테이너 물동량도 크게 늘어날 것으로 전망된다. 새로운 항만건설이 불가피하게 됨을 의미한다. 매년 5%씩만 증가한다고 해도, 15년 후가 되면 항만처리 물동량은 현재의 두 배까지 늘어나게 된다.

미래 항만개발에 큰 영향을 미치는 요인은 초대형 컨테이너선이다. 이미 2017년에 23,000TEU 초대형 컨테이너선이 발주되었다. 초대형선박의 출현으로 항만이 풀어야 할 숙제가 생긴 셈이다. 초대형선이 입항하면 같은 시간 내에 처리해야 할 물동량이 급격히 늘어나는 피크에 걸릴 것이기 때문에, 선박 하역작업, 야드 장치작업, 항만 배후지로까지의 이송, 연계작업 등이 지금과는 다른 모습이 될 것이기 때문이다.

그리고 초대형 컨테이너선은 크기가 달라져도 조선소에서 2~3년이면 건조되어 팝콘 튀어나오듯 시장에 나올 수 있다. 그러나 새로운 초대형선에 맞는 컨테이너 항만을 설계하고 건설하는 데 많은 기간이 요구되기 때문에, 항만이 매번 새로운 컨테이너선에 맞추어 개발될 수는 없다. 따라서 싱가포르 항만처럼 앞으로 10년의 미래를 예측하고 그에 맞는 항만개발계획을 세우는 것들이 매우 중요한 과제가 되고 있다.

컨테이너 선사들이 초대형선을 발주하여 TEU당 수송단가를 줄이는 규모의 경제를 추구하고 있지만, 이런 추세는 항만 운영자에게는 오히려 시간당 처리량을 늘려나가기 위해 더 많은 장비를 투입해야 하는 규모의 비경제를 유발시킨다. 이에 항만은 안벽크레인을 초대형선에 맞도록 크기를 늘려오고 있고, 인양능력도 높여가며, 컴퓨터에 의존하는 자동화 작업으로 대체해 가고 있다. 그러나 항만에게는 항만개발, 장비, 운영면에서 계속 새로운 모습으로 업그레이드되어야 하는 부담이 지워지고 있는 것이다.

미래를 내다보는 항만개발계획은 초대형선이 요구하는 생산성을 예측하는 일부터 시작해야 한다. 그런 다음에는 요구하는 생산성을 항만개발계획에서 구현해야 한다. 또한 하주의 항만선택이 추세가 됨에 따라 해측 항만 생산성뿐만 아니라 항만 배후 최종 목적지까지 연계운송되는 내륙연계, 피더운송연계, 항만배후지 연계와 관련된 항만통과 총 시간과 비용이 절감될 수 있는 기술개발과 인프라 투자가 이루어져야 한다.

현재 컨테이너 항만에서 사용되는 장비, 운영시스템은 40년 전 개발된 기본 개념에서 크게 진보되지 못했다. 안벽 크레인의 경우 크레인의 A자형 구조나 스프레더를 사용하는 설계가 1960년대 초에 개발된 개념에서 크게 벗어나지 못하고 있다. 이 때문에 접안선박의 규모가 평균 네 배 이상 증가했지만 안벽 크레인의 생산성은 지난 20년 동안 큰 진전이 없었다. 또한 1970년대에 확립된 컨테이너 야드장비(RMG, RTG 등)도 기본 원리에서 큰 변화가 없는 실정이다. 비록 네덜란드의 ECT나 독일의 CTA 터미널에서 자동이송장비(AGV) 등의 운반수단의 혁신을 가져 왔지만, 터미널에 4단적 혹은 5단적으로 쌓는 수직, 수평이동의 기본방식은 변화가 없다.

미래 컨테이너 항만을 설계할 때 항만에서 컨테이너 취급 시스템의 근본적인 기술혁신이 필요한 이유는 간단하다. 지금과는 다른 항만생산성이 요구되기 때문이다. 안트워프 대학의 노테붐(Notteboom) 교수는 2015년까지 글로벌 허브 터미널에게 요구되는 생산성을 다음과 같이 제시하고 있다.[3] (1) 24시간 내에 5,000개의 컨테이너를 지속적으로 처리할 수 있어야 한다. (2) 안벽 크레인의 생산성은 총 작업시간당 40개를 유지할 수 있어야 한다. (3) 선박의 선석 접안 시 작업시간비율이 90%를 넘어야 한다. (4) 모선에 대한 평균 작업 안벽 크레인 수가 6개가 되어야 한다. (5) 선석당 연간 처리물동량이 150만TEU가 되어야 한다고 제안하고 있다. 그리고 이를 위해서는 컨테이너 터미널의 크기가 안벽길이 400미터 이상, 그리고 터미널 부지의 폭도 1킬로미터까지 늘어나야 한다.

우리나라 부산항의 경우 크레인당 총 작업시간 생산성은 25~30개 정도이다. 여기에 선박당 평균 크레인 수는 3~4개 정도이다. 24시간 동안 작업량을 최대로 잡아도 2,800개 정도에 불과하다. 따라서 초대형 컨테이너선을 위한 허브항만이

---

3 Theo Notteboom, Jean-Paul Rodrigue, "The future of containerization: perspectives from maritime and inland freight distribution," GeoJournal, Vol. 74, 2009, pp. 7-22.

되기 위해서는 적어도 현재의 생산성을 두 배 이상 높일 수 있는 근본적인 기술혁신이 필요한 것이다.

Cargotec사가 전망한 40년 후 2060년의 허브항만은 연안 인공섬에 최적 레이아웃으로 건설될 것으로 보고 있다. 이 항만은 플로팅 피더 터미널(floating feeder terminal)과 연계운영이 되며, 수요 변화에 따라 이동이 가능하다는 것으로 우리나라 KAIST의 모바일 하버 개념과 비슷하다.

또한 항만배후지 내륙 최종목적지까지의 연계운송역 시 대부분 트럭운송에 의존하는 과거 방식을 답습하고 있으며, 내륙철도운송이나 연안운송, 그리고 피더운송 역시 기술적으로 큰 진전이 없는 분야이다. 미국 Freight Shuttle International사는 2005년부터 텍사스 A&M 대학의 Texas Transportation Institute와 함께 화물컨베이어(freight conveyor)를 개발하고 있다. 승용차도로와 분리된 화물컨베이어를 통해 컨테이너나 트레일러 등이 수송되는 개념이다. 전기동력으로 구동되는 컨베이어 레인은 무인으로 움직이며 시속 90킬로미터 이상의 속도를 낼 수 있다. 현재 텍사스주 교통부에서 검토중인 이 프로젝트가 채택이 되면 고속도로 이용 통항권리를 Freight Shuttle사에 리스해주는 방식으로 사업이 추진될 것으로 보인다.

일본의 경우는 동경항에서 하쵸지시까지 지하로 물류전용 자동화 무인철도 건설을 검토하고 있다. 이미 네덜란드에서는 도로변을 활용하여 화물전용 무인철도를 지상, 고가도로, 혹은 지하로 운송하는 스마트 로드 시스템을 시험설치한 바 있다. 컨테이너 등 화물운송을 기존 고속도로로 운송하는 대신 별도의 무인철도로 운송하는 개념이다.

우리보다 새로운 기술적용에 힘써왔던 세계 수위의 일본, 유럽, 그리고 싱가포르 항만 등은 미래를 위한 변신을 준비하고 있는데 우리 항만은 어떠한 노력을 하고 있는가? 정부와 항만공사, 그리고 터미널 운영사들도 최소한 10년 정도는 내다보는 안목으로 스마트한 새로운 개념의 컨테이너 항만설계 및 컨테이너 시스템과 운영기술은 물론, '화물컨베이어' 같은 첨단 내륙 연계운송 및 피더운송기술을 개발해야 한다.

미래 컨테이너 해운 및 항만의 모습은 어떻게 변할 것인가? 어떤 것이 변화하지 않고 있을까? 그리고 발전 방향은 어떤 것일까? 이런 종류의 고민은 해운항만고객의 요구에 부응하기 위한 노력의 일환이겠지만, 또한 함께 미래를 준비하는 시작점인 것이다.

우리가 할 일은 장기적 관점에서 회사의 지속성을 높이는 혁신에 노력해야 할 것이다. 초대형선 발주러시에 뛰어들기보다는 화주의 SCM 혁신에 부응하는 적합선형, 항로운영 전략을 세워나가야 하고, 미래 혁신 컨테이너 시스템에 적응해 나가야 한다. 특히 스마트 기술의 발전이 세상을 바꾸고 있는 패러다임 변화에도 적응해야 한다.

3) 스마트 항만

스마트 항만(Smart Port)은 다양하게 정의되고 있으나, 일반적으로 스마트항만은 유·무인 장비와 컨테이너가 사물인터넷(IoT)/통신시스템을 통해 연결되고 지능화된 정보시스템을 통하여 항만 효율성을 최적화하는 자율형 항만이라고 할 수 있다.

스마트 항만은 정보통신기술(ICT), 사물인터넷(IoT), 인공지능(AI) 등 신기술을 접목한 혁신을 통해 물류 최적화, 효율적 에너지 사용, 친환경, 항만배후단지 개발 등을 통한 효율성 제고를 주요 목적으로 한다. 즉, 항만의 전반적인 운영 개선을 통한 운영비 절감과 수익 증대, 환경 영향력을 최소화할 수 있는 새로운 형태의 항만이다.

항만에서 스마트 기술을 사용하면 항만당국, 터미널 운영사, 선사, 화주, 물류기업, 세관 등 항만 이해당사자들이, 크레인, 선석, 도로 등 항만인프라 시설과, 그리고 연계 배후지, 화물자동차 운송기업, 바지선 운영사, 철송 운영사 등과 연결되어 항만의 많은 작업에서 개선이 이루어질 것으로 예측하였다.[4]

즉 항만과 터미널 인프라의 중요한 상태를 모니터링할 수 있으며, 하역 작업의 최적화를 통해 생산성이 향상되고, 항만과 화물 목적지 간의 교통 흐름을 개선하기 위해 차량 이동을 조절할 수 있다. 또한 화물, 세관과 관련된 정보와 문서의 공유를 간소화할 수 있고, 항만 접근을 통제하고 감지 및 사전경고 시스템을 제공

---

4 Boston Consulting Group(2018), To Get Smart, Ports Go Digital, https://www.bcg.com/publications/2018/to-get-smart-ports-go-digital.aspx

할 수 있고, 에너지 소비를 절감하고 환경 영향을 모니터링할 수 있다. 스마트 항만은 데이터를 지속적으로 수집 및 분석하여 항만 내의 물류 흐름을 완벽하게 파악하고 가장 안전하고 효율적인 방법으로 자산을 제어할 수 있다. 데이터는 디지털 경제의 원동력으로 IoT 장치를 통해 수집되고 컴퓨팅 엔진으로 이동된다. 인공지능(AI)을 통해 전체 공급사슬을 가시화하고 자율적 의사 결정을 유도할 수 있다.[5]

스마트 항만은 항만이 하역서비스와 같은 기존의 물리적 역할과 더불어 데이터 서비스 제공자로서 항만의 디지털 통합을 더욱 가속화할 수 있다.[6] 스마트 항만의 데이터 활용을 통한 새로운 사업 기회로 제품 및 서비스 품질 강화, 시스템 통합, 원시 데이터의 수집 및 판매, 부가가치 창출, 판매 제품 확대 및 거래비용 절감, 정보 공유를 제시하고 있다.

또한 스마트 항만을 Industry 4.0과 유사하게 Port 4.0으로 정의하기도 하며,[7] 전체 공급망 내 정보의 허브 역할을 맡으면서 모든 이해 당사자들과 상호연계가 필요성이 강조된다.

스마트 항만 관련 최근 해외 동향을 살펴보면 대표적으로 로테르담항과 함부르크항을 들 수 있다. 로테르담항은 IBM의 사물인터넷(IoT) 기술, 인공지능(AI), 클라우드(Cloud) 등의 최신 기술을 활용해 항만 전체 운영환경을 디지털화하고 있다.[8] 로테르담항의 전 구간(42km)에 걸쳐 육지와 해상에 센서가 설치될 예정이며, 이를 통해 조수의 흐름, 수온, 풍속 및 풍향, 수위, 정박지 가용성 및 가시성 등에 대한 다양한 정보를 수집하고, 수집된 정보는 IBM의 클라우드 기반 사물인터넷(IoT) 기술에 의해 분석된다. 이를 통해 로테르담항의 선박 대기시간 감소, 화물 처리시간 최소화, 터미널 야드 활용 최적화 등을 가능하게 할 것으로 보고 있다.

함부르크항의 스마트포트 프로젝트는 물류부문과 에너지부문으로 추진되며, 물류부문은 공급사슬 최적화와 운송네트워크 효율성 향상을 목표로 설정하였으

---

5 Botti, A., Monda, A., Pellicano, M., & Torre, C. (2017). The Re－Conceptualization of the Port Supply Chain as a Smart Port Service System: The Case of the Port of Salerno. Systems, 5(2), 35.

6 Deloitte Port Services, "Smart Ports Point of View", Deloitte, 2017.

7 Carlos Jahn & Sebastian Saxe, "Digitalization of Seaports－Vision of the Future", Hamburg Port Authority, 2017.

8 http://smart－port.nl/en

며, 항만 내 교통흐름의 효율성 향상, 효율적 복합운송 연계, 화물운송의 최적화 실현 등을 위한 프로젝트로 진행되고 있다. 모바일을 이용한 수리지점 확인, 항만 인근도로 실시간 정보 분석 및 최적 경로 정보 제공, 화물위치정보 공유 플랫폼 등 프로젝트가 대표적이다.[9]

---

9 Port of Hamburg, 2016(김근섭 외, "스마트 항만, 전체물류망을 고려한 로드맵 수립 필요", KMI 동향분석 74호, 2018. 2에서 전재).

25
공급사슬위험관리

🔋 핵심포인트

공급사슬관리에 따라 기업간의 의존도가 증대됨에 따라 예측하지 못했던 사고로 공급사슬에 미치는 영향이 커지고 있다. 공급사슬을 구성하는 개별 기업의 사고는 공급사슬 전체의 효율성을 떨어뜨리는 결과를 초래하는 것이다. 불확실하고 예측할 수 없는 상황에 대해 미리 준비하여 즉각적인 조치를 취할 수 있는 효과적인 대응방법이 요구되고 있다. 대부분의 공급사슬 관련 전문가들은 사고가 터진 후에 그 손실과 피해를 피해갈 수 없다고 생각한다. 그러나 공급사슬위험관리는 이 손실과 피해를 효과적으로 경감시키고자 하는 것이다.

1. 공급사슬위험관리 증대

특정 지역 내 공급사슬에 비해 글로벌 공급사슬은 더 많은 리스크와 위협이 존재할 수 있다. 그 원인은 글로벌 공급사슬 내에는 다양한 연결고리들이 존재하고 수많은 국가들과 대륙을 통해 걸쳐 있기 때문이다.

2. 공급사슬위험의 유형

글로벌 공급사슬은 여러 위험에 직면할 수 있다. 우선 공급사슬 내 위험으로 공동협력 비용에 대한 위험, 그리고 질이 낮은 상품과 비효율적 활동 수행의 위험이 있을 수 있다. 그리고 공급사슬 밖의 외부 위험으로 수요변동 위험, 공급 위험, 환경적 위험 등이 있다.

3. 공급사슬위험관리 전략

공급과 수요의 불확실성에 대해 기업들은 안전재고를 증가시키거나 공급업체를 늘리는 방법으로 대응하고 있다. 안전재고는 수요에 대해 용이한 조정 및 유연성을 갖도록 해준다. 또한 다수의 공급자들로부터 자재 공급을 받게 되면 잠재적 공급중단 또는 배송 시간 지연에 대한 완충역할을 할 수 있게 된다.

1. 공급사슬위험 증대와 관리 필요성

공급사슬관리에 따라 기업간의 의존도가 증대됨에 따라 예측하지 못했던 사건에 의해 발생하는 다양한 리스크들로 인해 공급사슬에 미치는 영향이 커지고 있다. 공급사슬을 구성하는 개별 기업의 사고는 공급사슬 전체의 효율성을 떨어뜨리는 결과를 초래하는 것이다. 최근 발생한 9/11 테러(2001), 허리케인 카트리나(2005), 일본 동북부 지진과 쓰나미(2009), 태국의 홍수(2010) 등과 같은 예측 불허의 테러, 자연재해 같은 사건은 공급사슬 붕괴와 그에 따른 파급효과를 명백하게 보여주고 있다. 또한 2019년 7월 일본정부가 정치적 목적으로 한국에 대해 반도체/디스플레이용 소재 3개의 수출규제를 통해 세계 반도체 공급사슬의 붕괴를 우려케 하는 상황도 발생하였다. 따라서 이러한 불확실하고 예측할 수 없는 상황에 대해 미리 준비하여 즉각적인 조치를 취할 수 있는 효과적인 대응방법이 요구되고 있다.

전통적인 리스크란 불확실성을 의미한다. 즉 기업이 유리한 일이건 불리한 일이건 확정되지 않은 것은 모두 리스크가 된다. 최근에는 리스크의 개념이 기업의 목표달성을 저해할 수 있는 가능성 모두를 의미하며 기업의 목표에 직접적인 손실을 입히는 사건은 물론이고 더 높은 성과를 얻을 수 있는 기회의 상실 측면도 함께 포함하고 있다.[1]

리스크(Risk)란 계획되지 않은 사건의 발생으로 피해가 생길 가능성으로, 기업 경영에 부정적인 영향을 끼쳐 손실을 발생하게 함은 물론이고[2·3] 공급사슬 전체 흐름에 실패를 야기시킬 수 있는 불확실성을 의미하며,[4] 공급사슬상에서 발생 가능한 단절현상을 의미한다. 즉 수요와 공급의 불균형에 의해 고객의 요구에 제

---

1 김미형, "공급사슬 리스크 관리에 관한 연구 고찰," 한국경영과학회 춘계공동학술대회, 2008.

2 Stikin, S. B. & Pablo, A. L., "Reconceptualizing the Determinations of Risk Behavior, The Academy of Management Review," 17(1), 1992, pp. 9-38.

3 Finch, P., "Supply chain risk management," Supply Chain Management: An International Journal, 9(2), 2004, pp. 183-196.

4 Zsidisin, G. A., Ellram, Carter, J. R. and Cavinato, J. L., "An analysis of supply risk assessment techniques," International Journal of Physical Distribution & Logistics Management, 34(5), 2004, pp. 397-413.

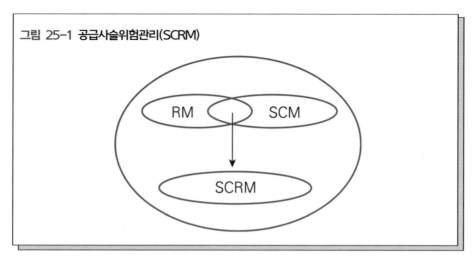

그림 25-1 공급사슬위험관리(SCRM)

자료: Brindley, C., Supply Chain Risk, Ashgate, Aldershot, 2004.

대로 대응하지 못하는 것을 공급사슬위험(Supply Chian Risk: SCR)이라고 할 수 있다.[5][6] 그리고 기업들은 손실을 최소화하기 위해 단계적이고 체계적으로 공급사슬위험을 관리하여 불확실한 미래위험을 예측 가능한 수준으로 관리하여 피해 최소화를 위한 체계 구축이 필요한데 이를 위한 관리를 공급사슬리스크관리 즉, SCRM(Supply Chain Risk Management)이라고 한다.[7]

공급사슬리스크는 다양한 구성체로부터 인식되므로 종종 혼동되어 사용되고 있다. 공급사슬리스크도 여러 측면에서 정의하고 있으나 대체로 공급사슬 내 정보, 물질, 제품 흐름에 영향을 미치는 불확실한 변수와 혼란으로 정의하고 있다.[8] 즉 글로벌 공급사슬위험은 기업의 재화, 정보 및 재무적 흐름에 있어 반입 및 반

5 Steele, P. T., Court, B. H., A Manager's Guide for Improving Organizational Competitiveness through the Skills of Purchasing, Profitable Purchasing Strategied, McGraw-Hill Press, London, 1996.

6 Roshan, G., Viswanadham, N., A Conceptual and Analytical Framework for the Management of Risk in Supply Chains, Proceedings of the 2004 IEEE International Conference on Robotics & Automation, 2004, pp. 2699−2704.

7 Chopra, S. & Sodhi, M, S., "Managing Risk to Avoid Supply-chain Breakdown," Sloan Management Review, 46(1), 2004, pp. 53−62.

8 LaLonde, B., "Supply Chain Management: myth or reality?" Supply Chain Management Review, 1, 1997, pp. 6−7.

출 물류와 관련된 위험이며, 공급사슬의 연계를 중단시키는 위협과 관련된 것으로 공급사슬에 심각한 영향을 미칠 수 있다.

공급사슬위험관리(supply chain risk management: SCRM)는 공급사슬 파트너들과 수익성 및 지속성을 유지하기 위해 서로 협력하여 공급사슬 위험을 관리하는 것으로 설명할 수 있다. 공급사슬의 위험은 근본적으로 수요와 공급의 두 가지 부문에서 발생된다. 이 밖에 환경적 요인, 정치적 요인, 공정 및 보안요인에 의해서도 기인된다.[9]

대부분의 공급사슬 관련 학자나 전문가들은 사고가 터진 후에 그 손실과 피해를 피해갈 수 없다고 생각한다. 공급사슬위험관리는 이 손실과 피해를 효과적으로 경감시키고자 하는 것이다.[10]

특히 한 지역 내 공급사슬에 비해 글로벌 공급사슬은 더 많은 리스크와 위협이 존재할 수 있다. 그 원인은 글로벌 공급사슬 내에는 다양한 연결고리들이 존재하고 수많은 국가들과 대륙을 통해 걸쳐 있기 때문이다. 상품 운송 등 흐름에 있어 안전하고 유연성이 없는 공급사슬은 효율적으로 운영될 수 없다. 기업들은 성공적인 글로벌 공급사슬을 관리하기 위해 리스크와 위협에 대한 관리지식과 관리기술을 보유함과 동시에, 글로벌 비즈니스 운영에서 발생할 수 있는 잠재적인 리스크와 위협에 공급사슬 내 모든 연결고리들이 기민하게 반응할 수 있도록 만들어 놓아야 한다.

글로벌화의 가속화에 따른 양질의 노동 유연성, 인플레이션 증가, 관세완화, 규제강화, 환율변동, 이자율 변동, 제품가격, 노조파업, 정치적 상황, 테러증가, 자연재해등은 공급사슬에서 위험에 직면한 기업의 노출을 더욱 증대시킴으로써 글로벌 공급사슬위험관리의 중요성을 증가시키고 있다.[11]

이를 위해 공급사슬 내 시설과 운영의 보안을 수립하기 위한 공급사슬 참여

9 Brindley, C., Supply Chain Risk, Ashgate, Aldershot, 2004.

10 Mauricio F. Blos, Mohammed Quaddus, H. M. Wee and Kenji Watanabe, "Supply chain risk management(SCRM): a case study on the automotive and electronic industries in Brazil," Supply Chain Management: An International Journal, Vol. 14, No. 4, 2009, pp. 247-52.

11 Trkman, P., and McCormack, K., "Supply Chain Risk in Turbulent Environments-A Conceptual Model for Managing Supply Chain Network Risk," International Journal of Production Economics, 119(2), 2009, pp. 247-258.

파트너들 간에 리스크 경감에 대한 상호 신뢰를 구축하는 것이 중요하다. 글로벌 공급사슬관리는 각각의 공급사슬 연결고리뿐만 아니라 비즈니스까지도 모두의 경쟁우위를 얻기 위한 중요한 원천이 될 수 있기 때문이다. 글로벌 공급사슬은 다양한 활동들을 수행하는 기업들의 조합으로 구성되기 때문에, 공급사슬 내의 각각의 연결고리에 대한 조화는 전체 공급사슬의 성공적인 운영을 달성하기 위해 결정적일 수밖에 없다.

글로벌 경쟁이 심화되면서 비용절감과 시장접근이 용이한 새로운 생산거점을 찾게 되었다. 이는 부품의 조달, 생산거점, 판매 시장 모두 글로벌 경쟁이 유리한 차원에서 결정될 수밖에 없게 되었다. 이로 인해, 글로벌 비즈니스 환경은 커뮤니케이션이 필요해지고 더욱 발전된 정보통신 기술을 채택하지 않을 수 없게 되었다. 그러나 이러한 다양한 환경변화는 그 속도와 예측에 대한 불확실성을 야기했고, 시장 내에서는 시장의 요구에 대한 빠른 대응과 일시적인 환경변화에 극도로 적응할 수 있는 해결책을 설계할 수 있는 관리자를 선호하게 되었다.

특정한 상황의 수많은 리스크와 변화에 맞서야 하는 기업들이 국경을 뛰어넘어 글로벌 환경에서 운영하는 것은 쉽지 않은 일이다. 지역 공급사슬과 글로벌 공급사슬의 관리적인 차이는 주로 지리적 거리, 국가별 규정의 차이, 비즈니스 행사기획에 대한 어려움, 그리고 감독 체계의 차이 등에서 발생하게 된다. 또한, 환율의 차이, 거시 리스크, 기반시설의 차이, 환경보호 조건, 타문화로 대별되는 다양한 기준 차이들에 의해 발생할 수 있다.

공급사슬 내의 리스크는 여러 가지 요인에 의해 증가하게 된다. 우선 운송거리가 길면 길수록 새로운 외부환경에 노출되는 시간이 길게 되고, 리스크가 증가하게 된다. 국가별 경제발전 정도 및 사회적 기반시설에 따라 공급사슬은 상이한 환경에 마주치게 되고, 경로에 대한 예측이 불확실해질 수 있기 때문이다. 그리고 공급사슬관리는 공급사슬 내 기업 수가 늘어날수록, 그리고 환경의 불확실성이 커질수록 그 복잡성이 증대하게 된다. 또한 외부위탁 기업활동이 늘어날수록 실제 계약에서 요구한 대로 이행하지 못할 리스크가 증가하게 된다.

공급사슬의 리스크가 늘어나게 되면, 결국 기업들은 주문한 자재나 원료의 적시 공급에 대한 불신으로 인해 계획된 생산의 필요량보다 더 많은 안전재고를 보유하게 되고 이는 불필요한 비용으로 작용하게 된다. 이러한 안전재고의 과다

보유는 기업이 생산을 지속하기 위해 필요한 원자재, 부자재 및 공급 원료에 대한 배송시간의 부정확성에 완충역할을 할 수 있게 해주기 때문에 발생된다.

21세기 공급사슬이 세계 경제의 수많은 변화와 영향을 미치게 되면서 그에 대한 관리의 필요성도 커지게 되었다. 공급사슬위험관리(SCRM) 전략은 수익성과 지속성 보장을 위하여 공급사슬 파트너들이 조정과 협업으로 리스크를 관리하는 것으로 정의하고 있다.[12] 공급사슬 관리가 필요한 이유는 우선 상품과 사람의 자유로운 이동, 자본과 정보에 기반한 글로벌리제이션과 국가 간 무역자유화가 촉진되기 때문이다. 공급시장의 글로벌화로 인해 생산거점이 더욱 저렴한 노동력과 높은 생산성을 가진 장소로 이동함에 따라, 공급사슬이 대부분 한 나라에서 시작해서 다른 대륙을 거쳐 또 다른 나라까지 연결되는 형태를 띠고 있다. 이는 공급사슬이 지역적 환경 내에서 운영하는 공급사슬보다 더욱 큰 리스크와 위협에 노출되는 이유들 중에 하나이기도 하다.

공급사슬관리를 강화해야 할 두 번째 요인은 각국별 경제체제 차이가 효율적인 공급사슬을 운영하는 데 큰 영향을 미친다는 것이다. 결국 경제체제가 다르다고 해도 글로벌 공급사슬 운영을 보장하는 것에 대한 각국 정부들의 노력이 요구된다. 마지막으로 세 번째 요소는 글로벌 운영하의 공급사슬에 증가하는 대표적인 위협으로 테러리스트의 공격이 발생하는 것이다. 무역자유화와 기업활동의 글로벌리제이션에 의해 대부분의 운송활동이 해상부분에 더욱 집중되게 되면서 그에 대한 보안강화의 필요성도 증대되고 있다. 글로벌 운영하의 컨테이너 선박들은 대체로 테러리스트의 위협에 노출되어 있다. 매년 세계 무역량의 90% 이상인 약 2천만 개의 컨테이너를 컨테이너선박에 의해 처리되고 있다.

공급과 수요의 불확실성이 증가하게 됨에 따라, 공급사슬 위험을 저감하고, 전체 공급사슬에 걸친 통합된 보안시스템을 구축할 필요가 점차적으로 증가하고 있는 것이다. 자원구매의 글로벌화, 점점 더 단축되어 가는 생산과 배송 시간, 유통과 물류 파트너들의 활동이 신뢰성을 갖을 수 있는 방안들이 필요하다.

---

12 Tang, Christoper S., "Perspectives in Supply Chain Risk Management," International Journal of Production Research, Vol. 103, Issue 2, 2006, pp. 451–488.

2. 공급사슬위험의 유형

공급사슬위험은 공급사슬 이해관계자, 즉 공급자, 생산자, 고객이 구매와 판매 활동 사이에서 발생 가능한 불확실한 요소라고 정의할 수 있다. 또한 공급사슬위험은 공급사슬활동에서뿐 아니라 공급사슬 주변의 이해관계자를 포함한다.

즉 기업들은 직면할 수 있는 모든 잠재적 위험과 위협에 대해 잘 인지하고 있어야 한다. 적절한 공급사슬관리 정책, 절차와 예방조치 등은 글로벌 운영에서의 기업들이 직면하는 위험으로 인한 부정적 결과와 역효과를 가능한 한 최소화하도록 만들어 줄 수 있다.

기존연구에서 수행한 공급사슬위험관리의 유형을 정리해 보면 가장 많이 다루어진 요인은 공급리스크, 수요리스크, 환경적 리스크, 파괴적 리스크 등이다.[13] 이 모두 시작점부터 최종소비자까지의 상품, 서비스, 재정, 정보흐름을 방해하는 요인이 된다. 우선 공급리스크는 공급자로부터 원자재 수급의 지연, 단절, 공급자의 능력부족, 파산, 제품의 하자, 공급자에 대한 높은 의존도 등으로 인한 품절의 발생으로 정의할 수 있으며,[14·15] 소수공급자에 의한 공급으로 야기되는 불안정성, 원자재의 가격과 비용 상승의 불규칙성, 주문변화에 대한 공급자의 대응능력의 부족, 공급업자의 리드타임의 불명확성이 주요 원인이 되고 있다.[16]

공급사슬 내에서 발생하는 운송, 제품처리 비용, 세금, 기반시설, 재고 등 파트너들과 공동협력에 대한 비용이 기업이 예상한 것보다 더 높게 나타날 수 있는 위험이 있을 수 있다. 예를 들어 글로벌 공급사슬은 지역 공급사슬에 비해 그 반응속도가 느리기 때문에, 증가하는 수요에 적기에 대응할 수 없는 시장손실의 위

---

13 윤국, 김진수, 양창호, "공급사슬위험관리(SCRM)가 화주기업의 단기성과와 중·장기성과에 미치는 영향에 관한 연구," 물류학회지, 제25권 제3호, 2015. 9, pp. 39−54.

14 Zsidisin, G. A., "Managerial Perceptions of Supply Risk," Journal of Supply Chain Management, 39(1), 2003, pp. 14−26.

15 Christopher, M. and Peck, H., "Building The Resilent Supply Chain," International Journal of Logistics Management, 15(2), 2004. pp. 1−13.

16 Van der Vorst. J., Beulens, A., "Identifying sources of uncertainty to generate supply chain redesign strategies," International Journal of Physical Distribution and Logistics Management, 33(6), 2002, pp. 409−430.

험이 존재하게 된다. 또한 낮은 품질의 제품들과 비효율적인 활동으로 인한 위험도 존재한다. 여러 기업들이 제반 물류활동에서 공동협력을 하는 경우가 많은데, 각 파트너들에게 분담된 업무를 이전하고 이를 실행하게 하지만 기업 자체적 역량과 통제력에 따라 질적 수준이 다를 수 있는 문제점이 나타날 수 있다.

다음으로 수요리스크는 제품이 기업에서 고객에게 이동하면서 발생하는 것으로 기업과 시장(고객) 간 거래되는 제품, 정보, 현금의 흐름에 대한 방해와 관련된 위험이라 할 수 있다.[17] 이는 무역장벽의 감소, 시장 경쟁의 심화, 예측할 수 없는 대체재의 출현에 의해 심화된다고 할 수 있다. 수요리스크가 발생하는 주요원인으로 경기침체로 갑작스런 고객의 수요 변동, 회사의 파산, 전쟁 등이 있으며, 계절적인 불균형 발생, 유행의 변동, 신제품의 출시에 따라 수요리스크가 발생한다.[18] 수요리스크를 관리하는 프로세스의 강화가 기업이 효과적으로 위험관리 계획을 수립하는 데 도움을 준다.[19]

운영리스크는 조직의 내부 그리고 외부에서 발생하는 것으로 제품과 서비스에 대한 내부적인 처리능력과 관련된 위험으로[20] 중요한 내부정보의 유출, 시스템의 장애에 따른 문제의 발생, 노사분규 등으로 인한 경영상의 분열 정도가 해당한다. 기업이 운영적 측면에서 공급사슬 유연성과 통합을 확보하지 못한다면 해당 기업은 심각한 위험에 노출될 수 있을 것이다. 운영리스크가 발생하는 주요 원인으로 재고의 증가, 내부프로세스의 불안정, 납기의 지연, 생산의 유연성 부족, 정보전달의 실패, 품질저하, 생산차질, 스케줄 관리 실패 등을 들 수 있으며,[21] 적정재고의 유지와 공급사슬 내의 협력업체 간 유기적인 파트너십의 유지 등을 통

17 Manuj, I. and Mentzer, J. T., "Global supply chain risk management strategies," International Journal of Physical Distribution and Logistics Management, 38(3), 2008, pp. 192−223.

18 Spekman, R. E. and Davis, E. W., "Risky Business: Expanding the discussion on risk and the extended enterprise," International Journal of Physical Distribution and Logistics Management, 34(5), 2004, pp. 414−433.

19 Shah, J., "Supply chain risk management: academic perspective," IIMB Management Review, 21(2), 2009, pp. 149−157.

20 Manuj, I. and Mentzer, J. T., "Global supply chain risk management strategies," International Journal of Physical Distribution and Logistics Management, 38(3), 2008, pp. 192−223.

21 Sarathy, R., "Security and the Global Supply Chain," Transportation Journal, 45(4), 2006, pp. 28−51.

해 운영관련 리스크를 완화시킬 수 있을 것이다.

그리고 환경적 리스크는 공급사슬 구성조직 외부의 방해와 관련된 위험으로 중요한 경제적 변동, 거래 국가와 정부와의 예기치 못한 행동과 관련된 정치적 위험, 경쟁자에 의한 위험 등을 의미하며,[22] 환경적인 요인 중에서도 정치적인 불안정성은 공급사슬위험의 측면에서 다른 요인들에게까지 직·간접적으로 영향을 미칠 정도로 중요하다.[23] 정치적 위험은 저개발국가나 독재국가 등에서 흔히 볼 수 있는 정치적 불안정성이 공급사슬 위험의 요인을 의미했다. 그러나 2019년 7월 일본정부가 한국 대법원의 강제징용에 대한 배상판결에 불복하며, 반도체 핵심소재에 대한 수출규제로 대응했다. 일본 같은 선진국도 공급사슬 붕괴를 고의적으로 시도하는 정치적 위험이 있음을 보여주는 사례로 기록되었다. 글로벌 경영환경에서 규제강화, 환율변동, 이자율 변동, 인플레이션, 관세, 테러리즘 등과 같은 환경적 리스크가 기업의 위험 노출을 증가시키며, 환경적 리스크가 높아질수록 파트너의 서비스 품질이 나빠진다는 연구도 있다.[24]

파괴적 리스크(Disruptive risk)는 자연재해나 외환위기 혹은 파업과 같은 사건,[25] 그리고 SARS와 같은 전염병, 인간에 의해 행해지는 재난과 같이 인적행위를 말한다.[26] 이 밖에 화재, 교통사고, 창고 작업 사고와 같이 의도적이지 않은 인적 행위를 포함하여 파업, 항만의 폐쇄, 교통위반, 법령 위반 등 대내 외적으로 비합법적인 인적 행위도 파괴적 리스크의 범주에 포함된다. 더불어 붕괴적인 사건뿐만 아니라 기술의 개발, 공급자의 선호사항과 같은 변화하는 시장의 환경으로 유발되는 위험 역시 공급사슬위험관리 측면에서 매우 중요한 파괴적 리스크에 속

22 Deane, J. K., Craighead, C. W. and Ragsdale, C. T., "Mitigating environmental and density risk in global sourcing," International Journal of Physical Distribution & Logistics Management, 39(10), 2009, pp. 861−883.

23 Shubik, Martin, Political risk: Analysis, process, and purpose, In Richard J. Herring, editor, Managing international risk, 1983, pp. 109−38. New York: Cambridge University Press.

24 Srinivasan, Mahesh, Mukherjee, Debmalya, and Gaur Ajai, S., "Buyer−supplier partnership quality and supply chain performance: Moderating role of risks, and environmental uncertainty," European Management Journal, 29, 2011, pp. 260−271.

25 Tang, C. S., "Robust Strategies for Mitigating Supply Chain Disruptions," International Journal of Logistics: Research and Applications, 9(1), 2006, pp. 33−45.

26 Sarathy, R., "Security and the Global Supply Chain," Trasportation Journal, 45(4), 2006, pp. 28−51.

한다고 할 수 있다.[27]

한편 글로벌 공급사슬의 리스크 유형을 국제적 사업운영에 따른 리스크로 살펴보면, 위에서 설명한 위험 이외에 추가로 검토, 대응해 나가야 한다.

- 파트너 선택 위험
- 대금 미회수위험
- 공급업체 신용위험
- 외환 및 환율위험
- 가격변동 위험

기업들이 비즈니스 파트너 선택의 위험을 회피하기 위해서는 잠재적 비즈니스 파트너들에 대한 모든 이용 가능한 정보를 분석해야 한다. 또한 고객으로부터의 대금 미회수 등 불량채권의 가능성에 대한 위험도 분석해야 한다. 이 밖에 공급업자가 미지급 또는 지급연기 등의 상태에 빠져 신용위험에 직면하게 되는지도 파악해야 한다. 이와 더불어, 국제적 운영에서는 매출이 발생하는 상대국과의 환

표 25-1 세계경제추세에 따른 리스크 영향

트렌드	예	리스크 영향
글로벌화	아웃소싱 업무위탁	지역적 집중화된 리스크들은 글로벌로 확장되고, 다수의 구성자와 관련이 있다.
전문화	지리적으로 집중된 생산	효율적 프로세스는 쉽게 국지적인 이벤트로 인해 피해를 입을 수 있다.
복잡성	생산/네트워크 복잡성	다양한 지역에서 다수의 파트/구성자들에 의존은 가시성을 줄이고, 모니터 시스템의 잠복성을 높인다.
린 프로세스	싱글소싱, 버퍼재고의 줄임	효율성이 증대되고 코스트가 줄어듦과 동시에 피해를 입었을 때의 대책도 줄어들게 된다.
정보 가용성	추적	시스템은 점점 정보흐름에 의존한다.
정부규제	항공 화물 검사 C-TPAT	공급사슬과 운송네트워크의 효율적 흐름을 방해한다.

자료: World Economic Forum and Accenture research: expert group findings.

---

27 Trkman, P., and McCormack, K., "Supply Chain Risk in Turbulent Environments — A Conceptual Model for Managing Supply Chain Network Risk," International Journal of Production Economics, 119(2), 2009, pp. 247 – 258.

율가치 변동에 의해 실질가격의 변화를 야기할 수 있는 잠재적 외환위험도 반드시 인식해야 한다.

세계경제포럼(World Economic Forum) 전문가 그룹에서 분석한 리스크 영향이 모두 글로벌화 등 세계경제의 추세에 기인하고 있음을 알 수 있다. 특히 린 프로세스를 중시하면서 싱글소싱을 촉진하여 효율성이 증대되고 원가는 줄일 수 있지만, 리스크 발생 시 대안 마련의 한계가 발생하게 된다. 2019년 7월 일본의 한국에 대한 반도체 소재 수출규제로 일본으로부터 80% 이상 의존해 온 한국기업들이 단기적으로 대안을 찾지 못한 문제점을 노출시키기도 했다.

글로벌 공급사슬 위험을 운영상 위험과 조직 내 위험, 그리고 기업 간 위험의 세 가지로 나누어 분류하기도 한다.[28] 우선 글로벌 운영상 공급사슬에 대한 위험은 경제위기 및 정치적 위험, 법률개정, 노동자 파업 등도 포함된다. 특히 반드시 염두에 두어야 할 부분으로서 테러리즘의 대두이다. 최근 몇 해 동안, 테러리스트들의 활동이 지속적으로 증가하면서 글로벌 비즈니스 운영하의 공급사슬에 대한 큰 위험으로 자리 잡게 되었다. 예를 들어 컨테이너가 무기 밀수의 수단으로 자주 악용되고 있는 것을 들 수 있다.

- 정치적 위험(예: 일본의 한국에 대한 반도체 소재 수출규제 등)
- 자연재해(예: 홍수, 태풍, 정전, 전염병 등)
- 불법행위(예: 파업, 절도, 테러, 폭동, 밀수 등)
- 보안위험(예: 해킹, 바이러스 등)
- 기타사고(예: 화재, 건물붕괴, 인적과실 등)

둘째, 조직 내 위험은 다음과 같은 내용이 포함된다.

- 입법화(예: 지적재산권 위반 강화)
- 전략적 의사 결정
- 경쟁우위 유지를 위한 투자 부족
- 협상력의 변화

---

28 Finch, P., "Supply Chain Risk Management," Supply Chain Management, Vol. 9, No. 2, 2004, p. 185.

셋째, 기업 간 위험은 공급자, 고객, 전체 공급사슬의 운영을 약화시키는 모든 위험을 포함한다. 기업들은 신뢰할 수 있는 네크워크의 구축, 전략적 제휴, 장기적 파트너 관계 구축 등을 통해 이 같은 기업 간 위험을 줄여나가려 노력한다. 그러나 네트워크 내 다른 기업들의 운영에 의존하면 할수록 더 큰 위험에 노출되는 어려움에 놓이게 된다. 예를 들어 한 기업에서의 홍수 피해나 화재 피해는 공급사슬 내 다른 기업의 생산중단을 초래할 수 있어 전체 공급사슬이 단절되는 경우를 종종 본다.

사례 25-1 SCRM 관점에서 본 일본의 한국에 대한 반도체 소재 등 수출규제조치의 의미

- 2019년 일본의 한국에 대한 수출규제조치
  - 2019년 7월 일본 아베 정부는 한국에 대해 반도체·디스플레이 3대 핵심 소재인 포토레지스트, 에칭가스(불화수소), 플루오린 폴리이미드에 대한 수출을 규제. 이들 3개 품목은 일본 기업이 세계 시장의 70~90%를 점유하고 있는 소재. 고성능 반도체의 개발·생산을 목표로 하는 한국 기업에 영향이 클 것으로 예상
  - 또한 2019년 8월 한국을 화이트리스트에서 제외, 전략물자에 대한 수출 절차 간소화 배제로 실질적인 수출규제. 화이트리스트 제외로 반도체(소재 및 장비), 자동차(소재 및 부품), 화학산업(에틸렌, 염화비닐 등), 기계산업(정밀공작기계), 수소전기자동차, 2차 전지 등 850~1,100개 품목에 영향을 미칠 것으로 예상.
  - 한국 기업에 있어 일본의 수출 규제가 길어지면 생산 차질 가능성을 배제할 수 없는 상황.

- 반도체 부품 수출 규제 및 화이트리스트 제외는 일본 기업의 수출을 제한하는 것
  - 2019년 일본의 수출규제조치는 한국 대법원의 일제 강제징용 배상 판결에 대한 보복 조치로 공급사슬위험관리(Supply chain risk management, SCRM)상 정치적 리스크(Political risk)에 해당
  - 그러나 일본의 수출규제조치는 일반적인 정치적 리스크의 요인인 보호주의(Protectionism) 및 민족주의(Nationalism) 같은 교과서적 모형으로는 정의하기 어려움
  - 기존 공급사슬위험관리상 정치적 리스크 사례는 자국 산업 보호 위해 경쟁상품의 수입 제한(보호주의) 또는 국가 자주권·정체성 확보 위해 다국적 기업의 활동을 제한(민족주

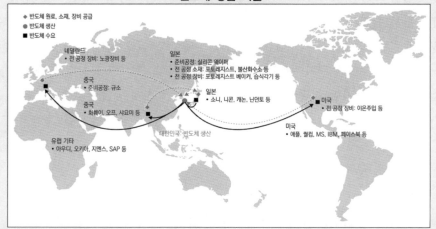

반도체 공급 사슬

◆ 반도체 원료, 소재, 장비 공급
● 반도체 생산
■ 반도체 수요

네덜란드
• 전 공정 장비: 노광장비 등

중국
• 준비공정: 규소

중국
• 화웨이, 오프, 샤오미 등

유럽 기타
• 아우디, 오키아, 지멘스, SAP 등

일본
• 준비공정: 실리콘 웨이퍼
• 전 공정 소재: 포토레지스트, 불산화수소등
• 전 공정 장비: 포토레지스트 베이커, 습식각기 등

일본
• 소니, 니콘, 캐논, 닌텐토 등

대한민국: 반도체 생산

미국
• 전 공정 장비: 이온주입 등

미국
• 애플, 퀄컴, MS, IBM, 페이스북 등

(자료: KMI 글로벌 SCM 연구실 작성)

의)하는 조치에 대한 것임

- 그러나 일본의 두 가지 조치는 일본 수출기업의 판로를 제한하는 것으로서 자국 산업을 육성하는 행위로 볼 수 없음. 또한 일본의 반도체 3대 핵심소재에 대한 수출 규제의 경우, 특정 산업의 특정 품목에 대한 일본 기업의 수출을 제한하는 조치로 이전 사례에서 볼 수 없는 초유의 형태
- '자국 취약 산업과 일자리 보호'라는 반세계화 주장의 주요 근거들을 앞세운 브렉시트(Brexit)나 미국 도널드 트럼프식 보호 무역주의와도 다름.
- 특히 2019년 일본의 수출규제는 '무역 흑자국의 수출규제'라는 경제적으로 이해되지 않는 조치로, 굳이 경제적 이유를 찾으려 한다면 아시아 경제의 주도권을 상실해온 지난 30년에 대한 불안 해소, 지지부진한 아베노믹스의 타개책, 공동화된 제조업을 다시 세우기 위해 한국 미래산업(시스템 반도체, 전기자동차 등)에 대한 견제 정도일 것임.
- 일본의 조치는 자유무역을 강조해 온 국가에서마저 경제적 실리를 버리면서까지, 세계 공급사슬을 의도적으로 붕괴(disruption)시키려는 정치적 목적의 수출규제가 가능하다는 초유의 사례를 만든 것임.

● 반도체 제조의 글로벌 공급사슬(SC)은 다음 세 가지로 구성

- 실리콘 웨이퍼 생산(원재료 준비)
- 웨이퍼에서 회로를 인쇄하는 공정(반도체 성능 결정 단계)으로 높은 기술 수준 요구되며, 전 공정 소재가 소재산업의 약 60% 차지, 반도체 장비 산업 중 전 공정 장비 비중이

70% 차지
- 웨이퍼에서 개별 칩을 분리하여 조립, 검사하는 공정

● 국가별 반도체 공급사슬 구조
- 일본, 미국, 네덜란드 등에서 소재 및 장비 조달 → 반도체 생산 → 미국, 중국, 일본, 유럽 등 기업에 반도체 공급 및 판매
- 반도체는 글로벌 IT 기업들의 데이터 센터의 서버 부품, 스마트폰, 컴퓨터 등 각종 IT기기에 핵심 부품으로 사용됨
- 2019년 1분기 기준, 국내의 삼성(42.7%)과 SK하이닉스(29.9%)가 세계시장의 72.6%를 공급함[29]

● 일본의 한국에 대한 수출 규제조치가 우리 기업에 미치는 영향
- 공급사슬은 조달(업스트림 측면)과 판매(다운스트림 측면)에 영향
- 반도체 생산용 핵심 3대 소재 수출 규제는 1차적으로 소재/장비 조달 측면이 크나, 나아가 제품 수요 고객사까지 영향
- 소재, 부품, 기계의 적기 조달에 차질 발생 시, 우리 기업의 생산 지연/감소 등에 영향
- 또한 우리나라 제품의 첨단기술 혁신 부문에도 영향 예상
- 타 국가 기업에서도 해당 산업 발전을 위해 경쟁하는 구도이고, 아직까지 압도적인 세계시장점유율을 확보하지 못한 경우, 관련 제품의 기술혁신 지연 등으로 시장점유율 하락 예상

● 일본 반도체 소재 부품 기업에 미치는 영향
- 일본 소재, 부품 기업들이 한국 수출을 위해 생산 거점을 일본에서 한국이나, 제3국으로 옮길 가능성도 있음.
- 특히 세계 최첨단 기업인 삼성 등과의 협력 관계가 끊어지면, 일본 소재, 부품 공급 기업도 최신 기술 개발에서도 뒤떨어지는 회복 불가능한 피해를 입을 수 있음.

● 세계 반도체 공급사슬에 미치는 영향
- 글로벌 공급사슬의 붕괴가 우려됨. 글로벌 가치사슬은 제품의 설계, 원재료·부품 조달, 생산, 유통·판매 등 각 과정이 다수 국가와 지역에 걸쳐 형성된 분업체제를 의미. 미국은 글로벌 가치사슬에서 핵심 기술을 공급하며 두뇌 역할을 해왔으며, 한국, 일본 등은 핵심 부품과 재료를 공급하고, 중국이 최종 조립자가 돼 제품을 생산했고, 수백 개 공급업체의 부품으로 조립되는 애플 아이폰이 대표적임.
- 일본의 수출규제는 세분되고 길어진 글로벌 공급사슬이 그만큼 예측할 수 없는 위험성을 곳곳에 품고 있다는 사실을 상기시킴. 4억 달러도 되지 않는 소재 3개가 반도체 생산을

막고, 반도체를 바탕으로 한 PC와 스마트폰 생산, 세계 정보통신기술(ICT) 기업의 서비스 제공에까지 영향을 미칠 수 있음.

SC 리스크 영향 관계도[30]

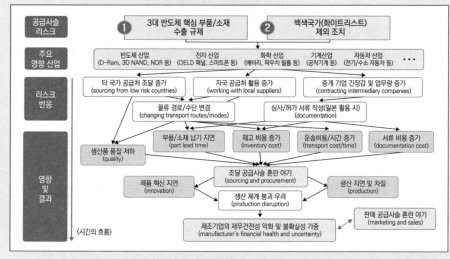

자료: Hoda Davarzani 외(2015), KMI 글로벌 SCM 연구실 재작성

3. 공급사슬위험관리 전략

공급사슬 리스크는 자연 재해, 사고, 의도적인 중단, 보다 길어진 글로벌 공급사슬, 끊임없이 줄어들고 있는 제품 수명주기, 불안정하고 예측할 수 없는 시장 등의 원인에 의해 증가하고 있다. 특히 여러 기업을 거쳐 기업활동이 통합되고 연계되는 공급사슬이 구축되면서 기업의 경쟁우위를 유지시키는 이점이 발생하지만 이러한 상호 연계성 때문에 많은 위험이 함께 발생하게 된다. 이와 같은 공급

---

29 D램 익스체인지.

30 Hoda Davarzani 외, "Understanding econo-political risks: impact of sanctions on an automotive supply chain", *International Journal of Operations & Production Management*, 2015. KMI 재작성.

사슬 리스크를 줄이기 위해 기업은 여러 가지 전략을 사용하게 된다. 크게 보면 중복전략(redundancy), 다중 공급처 전략(multiple sourcing), 그리고 이연전략(postponement) 등으로 나누어질 수 있다.

일부 기업들은 식별할 수 없는 위험의 징후에 대처하는 보다 나은 능력을 보유하고 있다. 이들 기업들이 위험에 대처하는 프로세스는 동일하고 특별한 대처 방식을 갖고 있는 것은 아니다. 다만 이들 기업들은 복원력(resilience)이라는 특성을 공통적으로 가지고 있다.[31] 공급사슬관리를 위태롭게 할 수 있는 위협에 대해 단순히 위험을 관리할 수 있는 능력을 의미하는 것이 아니라, 일부 기업들이 탄력성 있게 대처하고 있는 특성을 의미한다. 복원력을 갖게 하는 우선적인 방안이 여유(redundancy)를 생성하여 탄력적인 기업을 구축하는 것이다. 기업이 추가적인 재고를 보유하고, 생산능력의 활용도 일부를 비축하며, 공급업체도 여러 업체를 중복적으로 보유하고 있는 전략이다. 이러한 중복전략은 공급사슬이 단절되었을 때를 대비하는 방법이지만 비용이 많이 드는 방법이다.

또한 공급사슬이 단절되는 리스크를 줄이기 위해 공급업체를 포트폴리오로 관리(Supplier portfolio management)해야 한다는 전략도 제안되었다. 공급업체별로 성과차이가 있지만, 기업별로 내적, 외적 불확실성의 차이도 존재한다. 이를 조합한 포트폴리오로 공급업체를 구성해서 다중 업체로부터 공급받는 전략(multiple sourcing strategies)이 제품의 신뢰성을 유지하고, 고품질과 낮은 원가를 유지하는 리스크 회피에 적합하다는 것이다.[32]

공급사슬 리스크를 줄이기 위해 사용할 수 있는 중복전략이나 다중 공급처 전략이 비용을 수반하는 전략일 수밖에 없어 최근에는 이연전략(postponement strategies)을 제시하기도 한다. 이연전략은 보통 고객의 주문정보가 확정될 때까지 생산 작업과정이나 배송과정을 지연시키는 전략으로, just-in-time 전략과 연계해서 사용하기도 하는 전략이다. 그러나 이연전략은 공급사슬의 예기치 못한 단절에 대응하는 전략으로, 또한 예기치 않은 수요변화의 리스크에 대응하는 전략

---

31 Yossi Sheffi, "Building a Resilient Supply Chain", Supply Chain Strategy, 2005. 10.

32 Peter Trkman, Kevin McCormack, "Supply chain in turbulent environments—A conceptual model for managing supply chain network risk", Int. J. Production Economics, 119, 2009, pp. 247-258.

으로 사용될 수 있다.[33]

공급사슬상 위험을 관리하기 위해서는 공급사슬 연결고리 간의 상호의존성을 높여나가야 한다. 만약 공급사슬 내의 한 연결고리가 사고에 의해 영향을 받게 되면, 공급사슬 운영상 혼란이 나타나, 전체 공급사슬 내에 부정적 영향을 미치게 된다. 이러한 공급사슬은 더 이상 효율적으로 운영될 수 없고, 또한 성공적으로 최종고객의 수요를 충족시켜 줄 수 없게 된다. 이로 인해, 공급사슬의 수익이 감소하게 되고 시장 점유율의 손실도 발생하게 된다. 따라서 모든 공급사슬 참여자들이 위험관리와 위험 저감노력에 지대한 관심을 가져야 하는 이유이다.

시작점에서 목적지까지 화물을 안전하게 보호하고, 공급사슬이 단절되지 않도록 주의를 기울여야 한다. 제조업자들은 지속적으로 신뢰할 만한 공급업체인가를 확인하고 그런 업체를 발굴해야 한다. 운송업체들은 고객들의 제품과 자산을 잃거나 손해를 입지 않도록 노력해야 한다. 언뜻 보기에, 추가적인 위험관리 조치들로 인해 배송시간이 연장되고 비용이 증가될 것으로 우려하지만, 위험 저감에 다른 효용과 이익은 비용을 훨씬 능가할 수 있다. 좀 더 효율적이고 생산적인 공급사슬을 유지해 나갈 수 있기 때문이다.

1) 공급사슬 전체의 위험을 저감

공급과 수요의 불확실성에 대해 기업들은 안전재고를 증가시키거나 공급업체를 늘리는 방법으로 대응하고 있다. 안전재고는 수요의 변화에 빠르게 대응할 수 있게 해주고, 다양한 고객들로부터의 수요에 대해 용이한 조정 및 유연성을 갖도록 해준다. 또한 다수의 공급자들로부터 자재 공급을 받게 되면 기업들은 대체 공급원을 확보할 수 있게 되고, 이를 통해 잠재적 공급중단 또는 배송 시간 지연에 대한 완충역할을 할 수 있게 된다. 그러나 이와 같은 조치로 공급사슬의 안정성은 높일 수 있겠지만 동시에 발생할 수 있는 부정적인 측면도 유의할 필요가 있다. 안전재고의 증가는 재고유지비용의 증가를 초래하고, 나아가 재고의 노후화를 초래할 수 있다. 또한 공급업체를 늘리는 것은 자재 공급 시 할인축소를 가

---

33 Biao Yang, Ying Yang, "Postponement in supply chain risk management: a complexity perspective", International Journal of Production Research, Vol. 48, No. 7, 2010, pp. 1901 – 1912.

겨와 부가비용이 발생하는 부정적 효과가 발생한다.

그러나 이러한 조치는 공급사슬 내에 존재하는 다른 단계들의 운영에 대한 위험을 줄이기 위한 것이 아니라, 공급에 대한 위험을 줄이는 데 불과하다. 공급 사슬위험관리는 공급 리스크뿐만이 아닌 공급사슬 전체의 위험을 줄이기 위한 조치에 초점이 맞추어져야 한다. 이를 위해서는 공급사슬 내의 모든 활동들의 투명성을 확보하는 일이다. 공급사슬 내의 연결에 정확한 시간과 정보가 제공되도록 보장할 수 있도록 해야 한다. 또한 공급사슬 내의 모든 활동의 이행을 통제하는 것도 중요하다. 통제시스템은 각각의 공급사슬이 전체적으로 통합된 형태로 적기에 대응할 수 있도록 해줄 수 있어야 한다. 이를 통해 공급사슬 관리자들은 특정 공급사슬 활동을 넘어서는 시야를 갖게 된다. 이는 예상치 않은 사건들에 반응할 수 있는 능력과 올바른 의사 결정과정을 제시할 수 있게 해준다.

2) 위험관리 전략

공급사슬위험관리는 글로벌 공급사슬 내의 모든 파트너들은 상호조정 및 협력을 통해 위험을 미리 감지하고 예방, 혹은 대안 마련을 하고자 하는 것이다. 단순한 질적 관리가 최종 상품 라인의 품질을 결정할 수 없는 것처럼, 공급사슬위험관리도 곳곳의 임의적인 무작위 검사나 과정 검토에 의해 결정할 수 없다. 즉, 공급사슬의 모든 단계와 과정들에서 체계적으로 위험관리가 이루어질 수 있어야 한다.

SCRM의 기본 구성요소 및 적용 절차를 살펴보면 제1단계, 리스크 식별 단계에서는 잠재적으로 발생 가능한 모든 리스크를 추출하고, 제2단계, 위험측정과 평가단계에서는 추출된 리스크 중에서 우선순위가 높은 것을 골라 평가/발생 징후와 정도를 측정할 수 있는 지표(Key Risk Indicator: KRI)를 선정한다. 제3단계에서는 리스크 평가와 KRI를 바탕으로 리스크 완화 전략을 수립한다. 또한 각 리스크별로 수립된 전략은 관련 리스크를 감소시킬 수 있지만 또 다른 리스크를 발생 시킬 수 있는 결과를 초래하므로 리스크 완화 전략에 따른 보상과 리스크 간의 상관관계를 고려하여야 한다.[34]

또한 공급사슬위험관리를 위해 공급사슬 파트너는 물론, 항만, 해운회사, 정

---

34 Ha Manuj and John T. Mentzer, Global Supply Chain Risk Management, 2008.

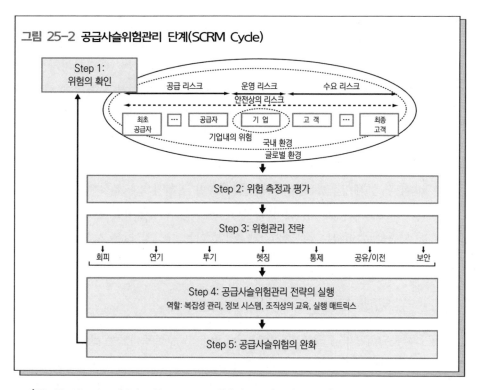

그림 25-2 공급사슬위험관리 단계(SCRM Cycle)

Step 1: 위험의 확인

공급 리스크   운영 리스크   수요 리스크
안전상의 리스크

| 최초 공급자 | ... | 공급자 | 기 업 | 고 객 | ... | 최종 고객 |

기업내의 위험   국내 환경
글로벌 환경

Step 2: 위험 측정과 평가

Step 3: 위험관리 전략

회피   연기   투기   헷징   통제   공유/이전   보안

Step 4: 공급사슬위험관리 전략의 실행
역할: 복잡성 관리, 정보 시스템, 조직상의 교육, 실행 매트릭스

Step 5: 공급사슬위험의 완화

자료: Ha Manuj and John T. Mentzer, *Global Supply Chain Risk Management*, 2008.

부 사이에서 정보 교환을 원활히 해야 한다. 이는 전체 공급사슬 내의 연결고리에 이용 가능한 정보와 투명성을 증가시키게 된다. 공급사슬에서 상품의 흐름을 뛰어넘는 강화된 통제는 결과적으로 더욱 확장된 공급사슬 위험관리를 달성되도록 해준다. 물론 이는 비용증가, 더욱 긴 제조공정 및 배송 시간, 소비자까지의 경로상의 자재 흐름에 대한 더욱 빈번한 혼란들을 야기할 수 있다.

공급사슬 위험관리 방안으로 추진해야 할 조치로는[35] 우선 과거와 달리 정치적 이유나 자연재해 등으로 공급사슬을 붕괴시키는 사태가 빈발하고 있어 예측하기 힘든 불확실한 미래에도 대응할 수 있도록 준비해야 한다. 즉 만일의 사태에 대비한 계획(contingency plans)도 수립되어 있어야 하고, 예방조치를 수립하고, 종합적인 공급사슬 위험발생시 대응전략도 수립되어 있어야 한다.

35 Finch, op. cit., p. 190.

사례 25-2 일본 강진이 몰고 온 '동아시아 공급사슬' 붕괴

일본 동북부 강진으로 인해 한국은 물론, 대만과 동남아시아 등을 중심으로 형성됐던 '아시아 생산분업 시스템'에 큰 차질을 빚고 있다.

대지진 충격으로 일본의 부품 공급에 차질이 생겨 일본으로부터 부품을 조달받는 글로벌 기업들의 타격이 가시화되고 있다. 이른바 '공급사슬(Supply Chain)' 문제가 일본 경제는 물론 세계의 문제로 급부상할 것이란 전망이다.

우선 전자산업의 충격이 가장 컸다. 세계 3위 경제 대국인 일본은 자동차와 전자제품 부품 주요 생산국이다. 로이터 통신에 따르면 일본은 세계 웨이퍼의 57%를, 반도체의 20%를 생산한다.

스마트폰·태블릿PC 등 정보기기의 회로기판 칩 고착제인 BT(Bismaleimide Triazine)수지가 대표적인 사례다. 영국 파이낸셜 타임스(FT) 보도에 따르면 이 제품 전 세계 공급의 약 90%를 일본이 차지하고 있다.

이 중 절반 이상을 생산하고 있는 미쓰비시 가스 케미컬(MGC)이 이번 쓰나미에 직접적인 타격을 받아 공장 가동을 중단했다. 이 회사 제품이 주로 수출되는 곳이 바로 대만이다. 대만의 관련 회사들은 BT수지를 이용해 회로기판을 만들어 중국의 완제품 공장으로 넘긴다.

MGC가 조업을 중단하면 저 멀리 중국 광둥성 선전의 폭스콘 공장도 아이폰 생산을 멈춰야 한다. 한국도 일본에서 스마트폰 제작용 시스템 반도체를 수입한다. 휴대전화 하나에 일본·한국·대만·중국이 묶여 있는 셈이다. 지진은 그렇게 아시아의 '공급 사슬(Supply Chain)'을 끊어놓고 있다.

전자 분야에만 국한된 것은 아니다. 자동차·철강·조선·기계 등의 아시아 생산네트워크도 충격을 받고 있다. 자동차의 경우 태국이 일본 지진의 직격탄을 맞았다. 월스트리스 저널(WSJ) 보도에 따르면 도요타 태국 현지 공장은 생산 감축에 나섰다. 캠리와 프리우스 생산에 필요한 변속기를 일본에서 가져올 수 없기 때문이다.

특히 이번 대지진으로 일본 제조업체들의 적기생산체제(Just In Time) 방식의 취약성이 그대로 드러났다고 로이터는 지적했다. 이 체제는 비싼 재고보관 비용을 줄이기 위해 재고를 최저 수준으로 유지하고 부품을 즉각적으로 생산에 투입하는 시스템을 말한다. 일본 대지진이 발생한 지 일주일 만에 GM이 루이지애나 공장의 가동을 중단한 것도 이같이 재고가 빡빡한 생산 체제 때문이라는 분석이 나온다.

전문가들은 글로벌 제조업체들이 공급라인을 다변화해야 한다고 강력히 권고해왔다. 하지만 이번 위기에서 역시 글로벌 제조업체들이 여전히 극소수의 공급처에 의존하고 있는 것으로 파악되면서 공급라인 다변화의 중요성은 부각시켰다.

자료: CLO April 2011, No. 16

사례 25-3 도요타 자동차의 생산위험관리 실패사례: 해외정부

도요타 자동차의 위기요인은 여러 가지를 들 수 있으나 이번 부분에서는 정부 및 언론과의 대응미숙으로 위험의 강도가 더 커진 것으로 조망해 보았다. 2001년에 들어서면서 영업이익 10조원을 기록하고, 2006년까지 20조원 신화를 달성한 지 4년이 지난 2010년, 도요타는 창사 최대 적자, 최대 리콜의 위기를 맞이하였다. 가장 큰 원인은 바로 도요타의 최고 장점이자 전략이었던 품질주의에 이상이 생긴 것이다. 사실 이상 경보는 2006년부터 있었다.

리콜이 증가하고, 일본 빅 3 중 도요타만이 2000년 이후 지속적으로 리콜 대수가 증가하고 있다. 특히 2004, 2005년의 도요타 리콜 대수는 190만대 전후로 연간 판매대수를 상회하는 사상 최악의 상황(2006년 3월기 일본 내 리콜 193만대, 신차판매 173만대)이었다.

최고급 브랜드인 렉서스도 2010년 4월, 안전벨트 불량으로 연간 판매대수의 70%인 1만 1천대를 리콜하기도 했다. 품질저하는 리콜사태뿐 아니라 인명피해까지 이어졌다.

외부문제뿐 아니라 도요타 내부 역시 문제가 발생하였는데 강도높은 노동환경으로 인하여 기존 노동조합과는 별도인 제2노조도 발족한 것을 보면 알 수 있다. 이러한 현상은 '도요타에는 리콜이 존재하지 않는다'는 품질신화가 붕괴되고 있음을 보여주고 있다.

1) 도요타 리콜일지

도요타의 가장 큰 현안은 역대 최악의 리콜사태이다. 도요타 리콜 사태는 2009년 8월 미국 캘리포니아주에서 일가족 4명을 태우고 가던 렉서스 ES350이 급발진 추정 사고를 일으켜 전원 사망한 사고가 발생하였는데, 이 사고에 관한 UCC가 유튜브에서 올라가면서 소비자들에게 도요타에 대한 불실감을 확산시켰다.

이어 2009년 9월 미국에서 380만대라는 사상 최대 규모 리콜을 실시하면서 사태가 확대되었다. 이후 리콜규모는 불과 두 달 만인 11월 420만대로 늘어났으며, 2010년 1월에는 결국 리콜 대상 8개 모델의 미국 판매와 생산을 중단하기에 이른다. 게다가 미국 소비자전문지인 컨슈머리포트가 렉서스 GX460 차량에 전복사고 가능성이 있다는 이유로 '사지 말아야 할 차량' 등급을 부여하면서 도요타는 GX460 모델의 전 세계 판매 일시 중지는 물론 리콜을 실시하였다.

리콜사태가 발생한 원인은 4가지로 구분할 수 있는데 개발기간 단축에 따른 검증기회 부족, 원가절감에 따른 품질문제, 외국으로의 아웃소싱에 의한 품질문제, 과도한 현장부하로 인한 품질문제를 들 수 있다.

도요타 리콜 관련 주요내용

도요타 리콜사태 관련 주요일지(2010년 기준)	
1/21	도요타, 미국에서 가속페달 결함으로 가롤라, 라브 등 8개 차종 230만대 리콜, 북미 5개공장 일부 조업중단
1/29	도요타 전 세계에서 700만대 이상 리콜 결정 혼다, 미국 등지에서 64만대 수리 결정
1/30	후쵸, 도요타와의 합작생산차 약 10만대 리콜 결정
2/1	도요타, 미국 내 리콜 대책(가속페달의 조기 교환 및 수리, 8일에 생산재개 등) 발표
2/2	도요타 차주들, 미국과 캐나다에서 결함방치로 인한 손해배상 청구 방침 도요타 부사장 사과, 도요타 1월 미 시장 판매 15% 감소
2/3	도요타 주가, 품질문제 장기화 우려로 대폭 하락 미 정부, 프리우스의 브레이크 결함조사에 착수
2/4	도요타 프리우스 신고접수 국내 77건, 미국 내 100건을 초과하여 올 1월부터 대응 중이었던 것으로 드러남. 도요타 1월에 프리우스의 브레이크 시스템 설계를 변경함에 따라 리콜 대상은 2009년 5~12월 생산차량에 한정. 미 운수성 장관, 도요타 자동차 타지 말 것을 권유, 곧바로 이 발언을 철회했음

2) 리콜사태 원인분석

(1) 과도한 글로벌화&확장으로 인한 생산방식 해외 공장에 정착 실패

① 글로벌화 과속화로 인한 SCM의 문제점: 과도한 아웃소싱

업계에서는 이번 도요타 사태의 근본 원인이 외부 SCM을 제대로 갖추지 못한 데 있다고 분석하고 있다. 도요타가 생산성과 품질을 챙기는 내부 SCM 역량은 매우 뛰어났지만 시장의 소리에 귀를 기울이고 수요에 판매와 생산이 함께 유연하게 대응하는 외부 SCM 역량의 한계가 발목을 잡았다는 것이다. 이러한 SCM에 한계가 노출된 이유 중 하나는 바로 도요타가 최근 몇 년간 해외 시장에서 경쟁업체들을 따라잡기 위해 급속도로 대형화됐다는 점이다.

도요타는 하루가 다르게 몸집을 키워나가면서 늘어나는 수요에 대응하기 위해서는 기존의 SCM의 방식으로는 한계를 노출한 것이다. 그래서 도요타는 세계 시장에서 경쟁력을 갖추기 위해 생산 비용 절감을 우선적으로 하였다. 도요타는 원가절감을 위하여 해외 생산 제품의 아웃소싱 비중을 크게 늘렸는데, 그 결과 도요타의 아웃소싱 비중은 무려 60~70%에 이르게 된다. 이는 제너럴모터스(GM)의 아웃소싱 비중이 30~40%에 불과한 것과 매우 비교된다. 실제 이번에 급발진의 원인으로 지목된 가속페달도 도요타 자체 제작 부품이 아닌 미국 현지 부품업체인 CTS가 납품한 것이다. 이러한 무리한 글로벌화는 일본의 강점인 우수한 조직능력도 약화되었다.

글로벌화 과정에서 생산시설의 해외이전이 가속화되었고, 이는 본사와 글로벌 기지간의 설계-제조-판매 등 각 부문의 단절현상을 초래함으로써 일본 기업의 최대 경쟁력인 우수한 조직

능력의 약화를 가져왔다고 할 수 있다. 글로벌화의 진행은 방대해진 조직을 만들었고 도요타의 해외 공장이 본사에 의해 완벽하게 통제될 수 없도록 만들었다. 이처럼 늘어나는 아웃소싱 비용, 방대해진 조직 등은 도요타의 품질 경영이 과거처럼 진행되는 것을 실질적으로 불가능해졌다.

② 글로벌화 과속에 따른 새로운 SCM의 부재

공급망이란 최종 소비자에게 필요한 상품이나 용역을 제공하기까지 관련된 상호 연관된 사업의 네트워크를 지칭한다. 설계에서부터 원료의 조달이나 보관, 제조 공정, 완제품의 수송에 이르는 전 과정에 대한 관리가 바로 SCM이다. SCM의 주요 활동으로는 전략 수립, 전술 단위 계획 수립, 운영 관리 등을 들 수 있다.

전통적 개념의 개별 기업 단위를 넘어 여러 기업이 관련된 가치 사슬(value chain)의 전 과정을 경영하는 SCM은 궁극적으로 기업 가치의 증대를 목적으로 하고 있다. 현대의 SCM은 세계화와 정보 기술의 발달로 한 기업에서 생산의 모든 과정이 다 이루어지는 전통적 생산방식과 달리 설계, 생산, 운송의 과정이 각각 전문적으로 서로 다른 장소에서 일어나는 이른바 프랙탈(fractal) 생산이 발달하게 되었다.

따라서 SCM은 이제 단순한 아웃소싱의 단계를 넘어 소비자에 대한 기본적 서비스로 인식하여만 한다. 그렇기 때문에 생산의 각 영역마다 최고의 파트너를 두고 자신의 핵심 경쟁력만을 유지함으로써 전체적으로 효율성과 제품의 품질을 높이는 것이 고객 만족 극대화를 위한 최선의 방법이다.

그런데 도요타의 경우 공급망 관리에서 고객(시장)-도요타-협력사의 순환 구조가 이뤄지지 못했다. 이번 원인을 제공한 가속 페달의 납품업자는 캐나다 온타리오에 있는 CTS사이다. 하지만 전략적인 SCM의 부재는 작은 부품 하나의 결함을 가져왔고, 이는 엄청난 기업 가치의 하락을 경험하고 있는 것이다. 또한 도요타는 자사 차량에 결함이 있었고, 고객들이 품질에 불만이 있다는 것을 리콜을 하기 전에 이미 알고 있었다.

그럼에도 전면리콜을 결정하기까지 고객들에게 그 손해를 고스란히 전달하려는 SCM전략은 기업가치를 더욱 하락시키는 계기가 되었다.

(2) 무리한 원가 절감으로 인한 품질저하

도요타는 저렴한 가격으로 최고의 품질을 자랑하는 자동차를 공급하는 회사로 유명하다. 이러한 브랜드 이미지는 글로벌 시장을 장악하기 충분하였다. 하지만, 시간이 흐를수록 자동차산업에도 변화가 왔으며, 도요타의 선점효과가 한국과 중국 등에 의해서 점점 잠식되어가고 있었다. 특히 현대의 경우 도요타보다 더욱 저렴한 가격으로 시장을 공략하였기 때문에 도요타가 점유하고 있는 시장을 공략하기 시작하였다. 이러한 해외 시장의 변화에 의하여 가격경쟁이 불가피해졌고 이 과정에서 품질저하가 나타났다. 품질저하는 다음과 같은 세 가지 요인에 의하여 나타났다.

① 개발기간 단축에 따른 검증 기회 부족

차종 라인업 구성이 대폭 재검토되고 플랫폼의 통폐합이 진행되면서 부품의 공용화, 설계의 디지털화가 진행되었고 이는 개발기간이 획기적으로 짧아지는 효과를 가져왔다. 그러나 개발기간 단축에 따라 시작 및 실험의 많은 부분들이 가상실험(virtualtest)으로 대체되고 축소되면서 제조 과정에서 발생할 수 있는 품질문제를 해결할 수 있는 시간이 절대적으로 부족해져 품질저하로 직결되는 결과를 가져왔다.

② 원가절감

도요타 방식(Toyota Way)의 가장 큰 장점 중 하나는 높은 품질의 제품을 낮은 가격에 제공하는 것에 있다. 그런데 이것은 원가절감이라는 전략을 사용하게 되었고 이는 품질저하로 나타났다. 원가절감은 1999년에 판매된 세계 전략 차 비츠는 기존 베이스가 되는 '스탈렛' 대비 30%의 원가절감 목표가 제시되면서 원가절감의 실험장이 되었다. 도요타는 여기서 축적된 노하우를 기초로 2000년부터는 총원가의 30%를 삭감하고자 하는 대규모 원가절감활동인 CCC21이 시작되었다. 이러한 원가절감에 대한 압박은 원가절감을 위해 품질을 양보할 수밖에 없는 상황을 야기하였다.

③ 부품업체로의 외주에 따른 품질문제 발생

최근 산업 과정에서 설계부분은 디지털화가 확산되고 있다. 그러나 일본 대학에서의 CAD 교육이 불충분하여 도요타의 설계자도 CAD를 제대로 구사할 수 없는 경우가 발생하였다. 그리하여 도요타 역시 외주하는 경우가 많이 발생하였고, 이로 인해 설계자와 도면을 읽는 사람이 달라 문제가 발생했을 때 인식하지 못하는 경우가 발생하였다. 특히 계열부품사의 경우, 위와 같은 문제를 경험이 풍부한 고참 직원들이 해결해왔으나 이들이 서서히 현장을 떠나면서 문제발생의 소지가 높아졌다.

또한 도요타의 급속한 글로벌화 전개로 도요타의 현장은 만성적인 인원 부족 상태에 빠져, 부품업체에 대한 의존도는 더욱 높아지고 있는 상황이다. 최근에는 도요타가 직접 해오던 하이브리드차 주요부품 개발까지 부품업체에 외주하고 있다.

무엇보다 가장 큰 문제는 본질적으로 부품기술을 부품회사가 가지고 있어 자동차메이커에는 관련 정보가 부족하다는 것이다. 이러한 부품업체의 외주는 도요타의 품질을 근본적으로 저하시키는 원인이 되었다.

(3) TPS 시스템의 문제점

① JIT의 문제점

'도요타 방식(Toyota Way)'은 포드로 대표되던 기존 대량생산 방식에서 벗어나 제때 필요한 만큼만 생산하는 '저스트 인 타임(Just in time)' 개념을 바탕으로 철저히 품질을 기본으로 하는 생산방식이다. '그때 그때 필요한 만큼 생산해낸다'는 도요타의 적시생산방식(JIT)은 무재고 생산을 추구하고, 품질을 최상으로 유지하면서 많은 제조기업들의 벤치마킹 대상이었다.

하지만 2007년 니카타현 지진으로 부품업체들의 부품 생산이 끊기자 '재고가 없던' 도요타가 10만대 이상의 생산 손실을 보는 등 기하학적 손실을 입었다. 이듬해에는 사상 첫 영업적자를 기록했고 북미 시장 지배력에 빨간 불이 켜졌다. 급기야 도요타 북미 공장의 재고일수가 90일 수준으로 높아지면서 연말연시에 10일 이상 조업을 중단하기도 했다.

② 카이젠(改善)의 문제점: 과도한 업무부담

도요타 방식(Toyota Way)은 개발이나 생산의 효율화를 추구하여 생산성이 최고수준에 오른 반면, 현장의 부하가 높아진 것이 단점으로 꼽힌다. 과도한 현장 부하는 타 메이커에 비해 몸을 다쳐 장기입원 및 요양하고 있는 종업원이 압도적으로 많은 결과로 나타나고 있음을 통해 알 수 있다.

또한, 비정규직 비중이 늘어난 것도 품질저하의 원인이 되고 있다. 본사의 종업원이 늘어나지 않은 반면, 임시 종업원의 수는 최근 3년간 2배 이상으로 확대되고 있다. 문제는 이러한 상황은 2007년부터 본격화될 단카이 세대(1947~49년생)의 대규모 정년퇴직으로 더욱 가속화될 전망이다.

이러한 현장 부하 증대로 인해 올해 1월에는 기존 노조와는 별도의 제2노조가 발족하고, 이들의 슬로건이 도요타에서의 노동환경 개선이었다. 도요타 방식은 생산 효율성의 증대라는 긍정적인 면을 가지고 왔다. 하지만 생산 효율성 증대를 위해 과도한 업무 요구가 결국 품질저하를 가지고 와서 사상 최악의 리콜사태를 가지고 왔다.

토의 과제: 도요타 자동차 대량 리콜 사태를 분석한 후, 그 원인과 사후조치 과정에서 적절한 리스크 관리방안을 제시해 봅시다.

자료: 곽봉환, 글로벌기업의 리스크 관리 운영 사례, 인천대학교 동북아물류대학원, 국제물류사례, 2010

4. 글로벌 공급망 구조 재편

1) 글로벌 공급망 리스크 증가

1980년대 이후 세계화의 진행과 함께 주요 선진국들은 무역 장벽을 낮추고, 자본 이동을 자유화하는 정책을 전면적으로 추진하면서 원자재 소싱에서 제품 생산, 유통에 이르는 공급망이 글로벌화되기 시작하였다. 이 과정에서 저렴한 인건비를 바탕으로 중국, 베트남, 멕시코와 같은 국가들로 제조 공장이 이전되어 국가 간 분업화가 빠르게 진행되었다.

특히, 물류 시스템의 발전으로 전세계 어디에서 상품을 제조하든 저렴하고 신속하게 상품을 수요지역으로 공급할 수 있게 되면서 공급망의 글로벌화는 대세가 되었다. 중국, 동남아시아 국가들은 경제 개방 정책을 채택하면서 세계의 공장으로 자리매기하기 시작하였다. 그러나 최근 몇 년간 경제 블록화, 미중 무역 분쟁, 전쟁 등의 다양한 국제적인 이슈로 인해 글로벌 공급망의 안정성이 큰 위협을 받고 있다.

이러한 상황에서 공급망의 위험관리는 그 어느 때보다 중요해지고 있으며, 이는 공급망 구조 재편으로 연결되고 있다. 글로벌 공급망과 관련된 최근의 리스크 요인들을 살펴보면 다음과 같다.

먼저, 글로벌 공급망의 주요 위험 요소로는 경제 블록화가 있다. 경제 블록화는 특정 국가나 지역이 자국의 경제적 이익을 보호하기 위해 무역 장벽을 강화하는 현상으로, 이는 글로벌 공급망의 효율성을 저하시킬 수 있다. 남동유럽의 주요 국가가 참여한 남동유럽 지역협력회의 RCC(Regional Cooperation Council), 유럽 국가들의 경제 통합으로 만들어진 유럽연합 EU, 동남아시아 국가연합 ASEAN (Association of Southeast Asian Nations) 등 권역별 경제협력체뿐 아니라 주요 국가 및 경제권 간의 자유무역협정 FTA(Free Trade Agreement) 등은 모두 특정 국가 및 경제권 내에서의 경제 협력을 가속화하고 있다. 이러한 상황에서 특정 국가 및 경제권이 수입 제한 조치를 강화하면 해당 지역으로의 제품 공급이 어려워지며, 이는 글로벌 공급망 전체에 부정적인 영향을 미친다. 이러한 상황은 기업들이 공급망의 다각화와 리스크 관리에 집중하게 만드는 요인으로 작용한다.

미중 무역 분쟁 또한 글로벌 공급망에 심각한 영향을 미쳤다. 미국과 중국은 세계 최대의 경제 대국으로, 이들 간의 무역 갈등은 글로벌 경제에 큰 파장을 미쳤다. 미국이 중국산 제품에 대해 높은 관세를 부과하고, 중국이 이에 맞대응하면서 글로벌 공급망에 혼란이 발생했다. 이는 기업들이 중국 의존도를 줄이기 위한 다양한 전략을 모색하게 했으며, 공급망의 구조 재편이 필요하다는 인식을 확산시켰다.

전쟁과 같은 국제적인 갈등도 글로벌 공급망에 큰 위협이 된다. 예를 들어, 러시아와 우크라이나 간의 전쟁은 에너지 및 농산물 공급망에 막대한 영향을 미쳤다. 전쟁으로 인한 물류 중단과 생산 차질은 글로벌 공급망을 교란시키고, 이는 전 세계적으로 물가 상승과 공급 부족을 초래한다.

팬데믹은 글로벌 공급망 구성 및 국가 간 공급망 분업화의 리스크를 다시 한 번 재고하게 만드는 계기가 되었다. COVID-19 팬데믹으로 인해 전 세계적인 락다운과 물류 차질이 발생하면서, 많은 기업들은 원자재와 부품의 공급이 얼마나 취약한지를 체감하게 되었다. 이에 따라, 공급망의 회복력을 강화하고, 공급망의 투명성을 높이기 위한 노력들이 중요해지고 있다.

2) 글로벌 공급망 구조 재편 사례

글로벌 공급망을 둘러싼 리스크가 증가함에 따라 기업들은 공급망 구조를 재편하려는 노력을 기울이고 있다. 이러한 글로벌 공급망의 불안정성 속에서 원자재를 소싱하거나, 부품을 구매하고 생산 공장의 입지를 결정하는 데 있어 리스크를 고려한 공급망 구조 재편이 중요한 이슈가 되고 있다. 공급망 구조 재편과 관련하여 다양한 방안들이 나오고 있는데, 그 중에서 니어쇼어링(Nearshoring), 프렌즈쇼어링(Friendshoring), 리쇼어링(Reshoring)과 같은 공급망 구조 재편 전략이 대안으로 검토되고 있다.

니어쇼어링은 생산 시설을 자국에서 가까운 국가로 이전하는 전략으로, 물류 비용 절감과 신속한 공급망 대응을 가능하게 한다. 예를 들어, 미국 기업이 아시아 지역에 있던 기존 생산 시설을 멕시코로 이전하는 것은 니어쇼어링의 대표적인 사례이다. 공급망 리스크가 증가하면서 항만이 폐쇄되거나 운송 경로가 막히는 경우 상품의 원활한 공급이 어려워지기 때문에 생산 거점을 수요 지역과 근접한 곳으로 이전하는 것을 검토하는 것이다. 니어쇼어링 전략은 운송 비용을 절감하고, 재고 관리의 유연성이 향상되며, 정치적 불안정, 자연재해 등 지역적 리스크로부터 공급망을 보호하는 데 도움이 된다. 반면 가까운 지역의 노동 비용이 기존의 원거리 해외 생산지보다 높은 가능성이 높고, 공급망이 해당 지역에 구축되어 있지 않을 경우 단순히 공장을 이전하는 문제를 넘어 부품 공급업체 등을 모두 이전시켜야 하는 문제가 있다.

프렌즈쇼어링은 정치적, 경제적 신뢰가 높은 우방국으로 생산시설을 이전하는 전략이다. 이는 공급망의 안정성을 높이고, 지정학적 리스크를 줄이는 데 효과적이다. 예를 들어, 일본 기업이 동남아시아 국가로 생산기지를 옮기는 것은 프렌즈쇼어링의 한 사례로 볼 수 있다. 이러한 전략은 국가 간의 신뢰와 협력에 기반을 두고 있으며, 안정적인 공급망을 유지하는 데 중요한 역할을 한다. 니어쇼어링과 마찬가지로 생산 비용이 증가할 가능성이 높고, 공급망을 여러 우방국으로 분산시키는 과정에서 국가별 다양한 규제와 이해관계를 고려해야 하는 어려움이 있다.

리쇼어링은 해외에 있던 생산시설을 본국으로 되돌리는 전략이다. 해외 저비용 생산 기지의 생산 및 물류 비용이 증가하고, 글로벌 공급망의 불확실성이 커지면서 다시 자국 내 생산을 고려하게 되는 것이다. 미국 기업들이 중국에서 철수하고 본국으로 생산시설을 복귀시키는 것이 대표적인 리쇼어링의 사례이다. 이는 경제적 자립도를 높이고, 공급망의 복잡성을 줄이며, 국내 경제 활성화에도 긍정적인 영향을 미친다.

사례 25-4

인도: 애플의 새로운 생산거점

애플은 2020년부터 점진적으로 중국에서 인도로 생산 라인을 이전하기 시작했다. 이 움직임은 코로나19 팬데믹으로 인한 공급망 차질과 미중 무역 분쟁에서 비롯된 리스크를 줄이기 위한 전략으로 평가되고 있다.

팬데믹 기간 동안 중국의 봉쇄 정책으로 중국에서의 아이폰 생산이 어려움을 겪은 상황에서 미중 무역 갈등이 고조되면서 애플은 아이폰 생산 기지를 중국에서 인도로 다변화하기 시작했다. 기존에도 구형 아이폰을 생산해왔지만, 2022년 9월 출시한 아이폰 14의 경우에는 중국뿐 아니라 인도에서도 생산을 동시에 진행하였다. 카운터포인트 리서치에 따르면, 2022년 1년간 애플이 아이폰을 인도에서 650만대 생산한 것으로 나타났다. 이는 중국의 5천만대 생산에 비해서는 작은 비중이지만, 애플은 인도에서의 제품 생산을 늘리기 위하여 폭스콘, 페가트론, 위스트론 등에 인도 내 생산 거점의 생산 능력을 확충하도록 지원하고 있다.

당분간은 인도에서의 판매량을 인도 생산 공장에서 공급하는데 초점을 맞추고 있지만, 향후에는 중국에 집중된 기존의 생산 시설을 대체하는 역할을 맡길 가능성이 높아 공급망 리스크를 완화하기 위한 대안으로 인도의 중요성이 커질 것으로 기대된다. 인도는 대규모 인구와 급속히 성장하는 소비시장을 보유하고 있어 수요 측면에서도 매력적인 국가이기 때문에 글로벌 수요를 고려한 생산 기지로 경쟁력을 갖출 수 있을 것으로 기대되고 있다. 인도 정부 역시 외국인 직접투자(FDI; Foreign Direct Investment)를 촉진하고 제조업 기반을 강화하기 위한 다양한 인센티브 정책을 도입하고 있다. 인도의 상대적으로 낮은 노동 비용과 풍부한 인력 자원은 생산기지 다변화에 긍정적이다.

그러나, 도로 및 철도, 항만과 같은 물류 인프라 수준이 아직 미흡한 상황이고, 부품 공급을 위한 제조 생태계가 완비되지 않아 해외로부터의 부품 공급이 필요한 부분은 단기적으로 인도를 공급망 구조 재편의 핵심 거점으로 운영하는 데 어려움을 줄 것으로 예상된다. 공급망 구조 재편은 개별 공장의 이전 뿐 아니라 공급망을 구성하는 파트너 기업들의 생태계를 이전하는 거대한 구조 재편 과정이기 때문에 이에 대한 장기적 투자 및 혁신이 필요할 것이다.

3) 총비용 관점에서의 구조 재편 전략 수립

과거에는 주로 생산 비용이 저렴한 국가에서 상품을 생산하고 이를 글로벌 시장으로 운송하는 것이 일반적인 전략이었지만, 최근의 공급망 구조 재편은 리스크를 완화하기 위한 대안들을 검토하는 과정에서 공급망과 관련된 비용들이 변화하게 됨에 따라 공급망 구조 재편에 따른 영향을 평가하는 것이 복잡해지고 있다.

기존 글로벌 공급망 구조에서는 인건비가 저렴한 국가에서 대량으로 제품을 생산하여 생산 비용을 최소화하고, 이를 글로벌 시장으로 운송하는 것이 경제적이었다. 그러나 최근 들어 운송 비용이 크게 증가하면서 이러한 전략의 효율성이 감소하고 있다. 운송 비용은 석유 가격 변동, 해운 비용 상승, 항만 혼잡, 물류의 복잡성 증가 등 여러 요인에 의해 영향을 받는다. 예를 들어, 팬데믹 동안의 물류 대란과 같은 상황은 운송 비용에 큰 부정적 영향을 미쳤다.

또한 글로벌 공급망의 리스크는 예기치 않은 비용 지출로 연결될 수 있다. 이러한 리스크에는 지정학적 불안정, 자연재해, 정치적 분쟁, 무역 분쟁, 글로벌 팬데믹 등이 포함된다. 이러한 리스크는 공급망의 안정성을 저하시켜 예기치 않은 비용을 초래할 수 있다. 예를 들어, 특정 국가에서 발생한 정치적 불안정이나 자연재해는 그 국가에서 생산되는 제품의 공급에 차질을 빚어 전체 공급망에 큰 영향을 미칠 수 있다.

이에 따라 총비용 관점에서 공급망 구조 재편이 미치는 영향을 통합적으로 분석할 필요가 있다. 여기에는 직접적인 생산 비용뿐만 아니라 운송 비용, 재고 비용, 리스크 관리 비용, 품질 관리 비용, 규제 준수 비용 등이 포함된다. 글로벌 공급망 구조 재편은 직접적인 생산 비용의 증가가 불가피하지만, 생산 비용 외 다른 비용의 절감을 통해 총비용 관점에서 효과적인 대안이 될 가능성이 있다.

먼저 운송 비용은 단순히 물류비용만 포함하는 것이 아니라, 물류 중단 시 발생할 수 있는 기회비용도 포함해야 한다. 글로벌 공급망에서는 상품을 수송하는 데 걸리는 시간도 중요한 요소이며, 물류 중단이나 지연이 발생할 경우 기업의 운영에 큰 차질을 초래할 수 있다. 이러한 관점에서 생산지를 가까운 곳으로 옮기면 운송 비용을 절감하고, 물류 리스크를 줄일 수 있다.

글로벌 공급망에서는 긴 공급 시간과 예측 불가능한 리스크 때문에 많은 재고를 유지해야 할 필요가 있다. 이는 재고 관리 비용을 증가시키며, 자금 유동성에도 부정적인 영향을 미친다. 공급망을 지역화하면 재고 유지 비용을 줄일 수 있으며, 더 빠르고 유연한 공급망 운영이 가능해진다. 공급망 구조 재편으로 이동 거리가 증가할 경우 이러한 강점이 감소할 가능성도 있다.

글로벌 공급망에서는 생산 과정에서의 품질 관리가 중요한 이슈다. 낮은 생산 비용을 추구하는 경우 품질이 떨어질 수 있으며, 이는 제품의 결함이나 고객 불만으로 이어져 추가적인 비용을 발생시킬 수 있다. 따라서, 높은 품질 기준을 유지하면서도 가까운 곳에서 생산을 하는 것이 전체 비용 절감에 더 유리할 수 있다. 기존 생산기지를 이전하는 과정에서 일시적으로 품질 관리의 어려움이 발생하고 비용이 증가할 가능성도 있다.

다양한 국가의 규제를 준수하는 것은 글로벌 공급망에서 중요한 비용 요소다. 각국의 환경 규제, 노동 법규, 무역 규제 등을 준수하는 데 드는 비용이 증가하고 있다. 예를 들어 공급망을 지역화하면 규제 준수 비용을 줄일 수 있으며, 복잡한 규제 환경에서 발생할 수 있는 법적 리스크도 감소시킬 수 있다. 반면 기존의 생산기지를 이전하는 과정에서 규제 준수 비용이 증가할 가능성도 있다.

　　이와 같이 공급망 리스크를 완화하기 위하여 글로벌 공급망을 재편하는 과정에서 생산 비용이 일부 상승하더라도 다른 비용의 절감 및 서비스 경쟁력 제고를 통해 매출 확대로 연결되는 선순환 구조가 정착될 가능성이 있다. 다만, 생산 비용 및 관련된 이전 비용이 매우 크게 증가할 경우 이러한 긍정적 영향에도 불구하고 총비용이 오히려 증가할 가능성도 있어 전체 비용 구조의 변화를 통합적으로 분석해야 한다.

MEMO

26

녹색물류와 ESG

녹색물류란 본래 자연의 유지 또는 지속가능한 발전을 위해 원재료의 탐색에서 최종소비자에 이르는 과정과 사용 및 사용 후 재활용, 재사용, 폐기 등에 이르기까지의 전 과정에서 환경을 보호하며, 환경유해 요소와 행위를 원천적으로 차단하거나 최소화하는 여러 활동이라 할 수 있다. 물류에서는 항상 재고의 이동이 발생하는데, 이 수송이라는 활동이 환경을 악화시키는 커다란 요인이다. 그러나 만약 수송이 멈추면, 하루하루의 생활이나 기업 활동은 전혀 이루어질 수 없다. 따라서 수송을 포함한 물류시스템은 환경을 배려할 의무를 지고 있는 것이다.

1. 친환경 녹색물류

환경문제가 공급가치사슬 전체에 걸쳐 원재료의 구매, 조달물류, 그리고 운송 및 보관물류를 포함한 많은 물류의사 결정들에 영향을 미치고 있다. 따라서 환경문제는 앞으로 물류와 공급사슬관리가 직면한 주요한 도전 중의 하나가 될 것이다.

2. 기업의 지속가능 경쟁력

소비자의 환경 인식이 높아짐에 따라 환경을 고려하지 않은 제품은 세계 시장에서 생존과 성장을 보장받을 수 없는 추세이다. 기업은 환경친화의 개념을 도입하여 대외 무역에서 환경장벽을 극복하는 전략을 모색하고 있다. 따라서 친환경적 요소가 공급사슬관리 측면에서 기업의 핵심역량 제고를 위한 매우 중요한 요소로 등장하고 있다.

3. 녹색물류의 실행

물류산업은 국내화물로 한정할 경우 선박이나 철도를 통한 물류체계보다는 도로를 통한 화물수송 비율이 높으며, 온실가스 배출량이 상당히 높은 것이 현실이다. 녹색물류는 구체적으로 포장, 수배송, 보관 및 하역 등의 영역에서 실행함으로써 그 성과를 개선할 수 있다.

4. 친환경 트럭운송대책

운송 부문에서 CO_2를 절감하는 대책은 트럭운송이 핵심이다. 물류의 수송수단으로는 트럭수송이 가장 많이 사용되고 있기 때문이다. 트럭운송의 접근성과 완결성이 높은 장점 때문에 트럭수송비중이 높은 것이지만, 트럭의 CO_2배출량이 크기 때문에 이 부분을 중심으로 대책을 세워야 한다.

5. 해운항만 분야 녹색물류 과제

환경 규제가 강화되는 과정에서 해운항만 분야에서도 오염물질 배출 저감, 에너지 소비 효율화 등 새로운 혁신이 필요하다. 향후 친환경 선박 건조에 대한 수요가 증가하고, 항만 활동에서 환경 측면을 고려할 필요가 높다.

6. 회수 물류

제품 생산에서 판매에 이르는 물류 체계와 달리 판매된 제품을 회수하여 재활용하거나 폐기하는 과정에 대한 관심은 상대적으로 적은 것이 현실이다. 제품 판매 이후 발생하는 문제들을 회수 물류 측면에서 고려하여 개선방향을 제시할 필요가 있다.

7. 지속가능한 물류와 ESG

기업의 지속가능성에 초점을 맞춘 ESG 개념이 기업 경영에 도입되면서 녹색물류의 범위가 환경에의 부정적 영향 최소화에서 지속가능한 성장과 사회적 책임으로 확대되고 있다. 물류와 공급망에서 환경, 사회적 영향, 지배구조에 대한 정보를 수집하고 공개하여 투명성을 높이고, 통합적 관점에서의 의사결정 최적화가 필수적이다.

1. 친환경 녹색물류

녹색물류(Green Logistics)란 물류분야에 있어 교토의정서 발효[1]에 따른 기후

---

1 기후변화와 환경오염을 글로벌 이슈화한 1992년의 '리오선언'을 계기로, 국제 사회는 기후변화협약에 의한 온실가스의 실질적인 감축을 위하여 과거 산업혁명을 통해 온실가스 배출의 역사적 책임이 있는 38개 선진국을 대상으로 제 1 차 공약기간(2008~2012) 동안 1990년도 배출량 대비 평균 5.2% 감축을 규정하는 교토의정서를, 제 3 차 당사국 총회('97, 일본 교토)에서 채택하여, 2005년 2월 16일 공식 발효하였으며, 우리나라는 이를 2002년도에 비준하였으며('08. 5월 현재 182개국 비준), 온실가스 감축의무를 효과적이고도 경제적으로 달성하기 위해 세 가지의 교토 메커니즘(Kyoto Mechanism), 즉 선진국 사이에서 온실가스 감축사업을 공동으로 수행하는 것을 허용하는 '공동이행제도(Joint Implementation: JI)', 선진국이 개발도상국에서 온실가스 감축사업을 수행하여 달성한 실적의 일부를 선진국의 감축량으로

변화와 대기오염물질의 배출에 대한 대비와 폐기물처리 및 재활용의 활성화를 위한 물류시스템의 구축을 목적으로 구체적인 전략과 방안을 수립하여 실천하는 제반활동을 녹색물류의 활동범위로 한다고 정의할 수 있다.[2] 일반적으로 녹색물류란 본래 자연의 유지 또는 지속가능한 발전을 위해 원재료의 탐색에서 최종소비자에 이르는 과정과 사용 및 사용 후 재활용, 재사용, 폐기 등에 이르기까지의 전 과정에서 환경을 보호하며, 환경유해 요소와 행위를 원천적으로 차단하거나 최소화하는 여러 활동이라 할 수 있다.

녹색물류는 크게 순(Forward) 물류활동과 역(Reverse) 물류활동 및 정보관리 측면에서 다음과 같은 이슈가 있다.[3] 첫째, 유통과 수송 과정에서 직접적으로 환경에 영향을 미치는 부분으로, 물류 그 자체의 활동에서 발생하는 환경 측면의 부정적인 영향력을 최소화시키는 활동영역이다. 이는 순 물류활동에서 주로 이루어지게 되며, 재사용이 가능한 포장용기나 파렛트 사용, 운송 모드와 운송 방법의 개선, 운송 경로의 최적화 등 다양한 활동이 이에 속한다. 이 영역은 물류 기업에서 운송비와 직접 관련되기 때문에 상당한 활동은 이미 경영혁신이나 원가 절감의 일환으로 진행되고 있으며, 기존 물류활동에서도 매우 중요한 이슈로 관리되고 있다.

둘째, 제품의 처리 과정 및 결과가 환경에 미치는 영향에 관한 부분으로 물류활동을 통하여 처리되는 다양한 대상물이 환경에 미치는 부정적 영향력을 최소화시키는 활동 영역이다. 이 영역에는 반품, 회수, 폐기, 재활용 등이 해당된다. 특히 이 영역은 회수 물류 또는 역 물류 활동이 대부분이며, 최적의 반품 수거, 적정 처리 프로세스, 회수 및 반품의 발생 억제, 재활용 촉진 활동, 제품 수명 연장 등이 해당될 수 있다. 특히 폐기 및 재활용 분야는 폐기 전문 기업 및 자원 재생 기업을 통해서 이루어지거나 공공 영역에서 이루어지게 된다.

셋째, 물류활동을 통하여 이동되는 제품의 특성에 대한 정확한 정보와 이동

허용하는 '청정개발체계(Clean Development Mechanism: CDM)', 의무감축량을 초과 달성한 선진국이 이 초과분을 다른 선진국과 거래할 수 있도록 허용하는 '배출권 거래제도(Emission Trading: ET)'를 도입하였음.

2 민연주, "녹색물류 인증제도 도입방안 연구," 한국교통연구원, 2009.

3 김택수, 백재원, 유선우, "녹색물류 진단방법과 녹색물류 효율화방안," 한국구매조달학회, 제9권 제1호, 2010년 6월, pp. 31-43.

및 보관의 효율화를 추진하기 위하여 제품 설계, 부품 및 완제품의 정보 관리, 재고품 관리가 친환경적으로 수행될 수 있도록 정보를 제공하고 의사결정에 반영하여 전반적인 녹색물류가 운영될 수 있도록 하는 것이다.

즉 물류 과정상에서 자원을 절약하고, 물자의 재활용을 촉진시키며, 환경 친화적 대체재를 사용하고, 폐기물을 원료로 재사용하고 쓰레기를 줄이기 위한 폐기자재의 순환시스템(waste logistics)의 정립 및 재활용이 불가능한 제품, 생산 부산물 및 포장재 등의 환경 우호적인 처리에 이바지함으로써 지속 가능한 개발(sustainable development)을 촉진시키는 활동이다.

그러나 엄밀히 말해 녹색물류의 '녹색(green)'이란 용어는 학술적이라기보다는 별칭으로 불리는 개념이라 할 수 있다. 국제적으로 통용되는 이에 대응하는 학술적 용어로는 지속가능(sustainable)을 들 수 있다. 따라서 '녹색물류'보다는 '지속 가능한 물류'가 더욱 학문적 용어라 할 수 있다. 다만 물류체인 전반에 걸친 친환경적 관리를 녹색공급사슬(Green Supply Chain)이란 용어를 사용하고 있으며 개발도상국 기후변화대책사업 지원을 위한 기금인 녹색기후기금(Green Climate Fund)에서도 녹색이란 용어를 사용하기도 한다.

우리나라 전체 온실가스 배출량은 2007년 기준으로 6억 2,000만 톤이며, 이 중 수송부문은 1억 톤을 배출하여 에너지 산업, 제조업 및 건설업 다음으로 높은 비중을 차지하고 있다. 물류기업에 의한 이산화탄소 배출량 절감이 매우 절실한 이유이다. 또한 수송부문 온실가스 배출량 중 물류 활동에 의한 배출량은 전체의 약 30% 정도를 차지하고 있다. 이 물류활동에 의한 온실가스 배출은 대부분 도로화물수송에 의하여 발생하고 있는데, 2010년 기준으로 3,868만톤으로 전체 4,430만톤의 87%를 차지하였다.[4] 도로 의존적 수송체계를 전환하기 위하여 우리는 녹색물류체계로의 전환이 무엇보다도 시급한 상황이다.

물류에서는 항상 재고의 이동이 발생한다. 재고의 이동이란, 구체적인 수송이라는 형태로 이루어진다. 수송이라는 활동이 환경을 악화시키는 하나의 요인이라는 것은 부정할 수 없지만, 수송이 국민생활이나 경제활동을 밑바탕에서 지탱하고 있다는 것도 틀림없는 사실이다. 만약 수송이 멈추면, 하루하루의 생활이나

---

4 에너지경제연구원(http://www.keei.re.kr/main.nsf/index.html).

기업 활동은 전혀 이루어질 수 없다. 따라서 수송을 없앨 수는 없다. 그러나 환경을 가능한 한 배려하는 수송은 할 수 있다. 물류에서 운송활동이 차지하고 있는 부분이 크기 때문에 물류시스템은 환경을 배려하는 의무를 지고 있는 것이다.

수송이 환경에 미치는 영향은 크게 두 가지로 나뉜다. 하나는 우리 인류에 영원한 문제인 "지구온난화"의 문제이다. 이것은 이산화탄소(CO_2)의 배출 때문에 발생한다. 또 한 가지가 트럭에서 배출되는 질소산화물(NO_x)이나 미세입자(PM)에 의한 대기오염 문제가 있다. 미 교통성 조사에 따르면 대기오염의 주된 요인이 교통부문으로 나타났다. 일산화탄소의 57%, 휘발성 유기화합물의 33%, 질소산화물의 43%, 대기 중 미세입자먼지의 50%가 교통에 의해 발생되기 때문이다.

이와 같이 운송활동에서 환경문제가 피할 수 없는 과제로서 존재한다는 것은 명백하다. 기업은 물론이고 국가도 물류에서의 환경대책에는 큰 관심을 가질 수밖에 없는 이유이다.

여러 학자들은 환경문제는 앞으로 물류와 공급사슬관리가 직면한 주요한 도전 중의 하나가 될 것이라고 말하고 있다.[5] 그러한 인식은 물류에서 환경문제는 주요한 주제로 도래하는 시대가 될 것이며, 더 이상 단순한 주변문제나 일시적인 유행이 될 수 없는 것이다.[6]

몇몇 학자들은 환경문제가 공급가치사슬 전체를 걸쳐 원재료의 구매, 조달물류, 그리고 운송 및 보관물류를 포함한 많은 물류의사 결정들에 영향을 미치고 있다고 분석하였다.[7] 효율적인 창고 다자인은 빈 공간을 줄이고, 지게차의 운행을 줄여서 수송을 향상시킴으로써 환경적으로 긍정적인 효과를 얻을 수 있다. 그리고 입고 시 화물의 혼재는 부분적으로 수송의 빈도를 감축하여, 연료 효율성을 향상시킨다. 재고와 운송정책에서 여러 상충되는 의사결정 조합이 있을 수 있지만

---

5 D. Lambert and J. Stock, Strategic Logistics Management, 3rd edition, Homewood, IL: Irwin, 1993, pp. 747−750; R. Handfield and E. Nichols, Introduction to Supply Chain Management, Upper Saddle River, NJ: Prentice Hall, 1999, pp. 159−166.

6 P. Murphy, R. Poist, and C. Braunschweig, "Role and Relevance of Logistics to Corporate Environmentalism: An Empirical Assessment," International Journal of Physical Distribution and Logistics Management, Vol. 25, No. 2, 1995, pp. 5−19.

7 H. − J. Wu and S. Dunn, "Environmentally Responsible Logistics Systems," International Journal of Physical Distribution and Logistics Management, Vol. 25, No. 2, 1995, pp. 20−38.

이 역시 환경문제의 기준에서 보아야 한다는 것이다. 예를 들어, 사이클타임 단축을 강조하는 현재는 빠르고, 연료 비효율적인 운송에 의해 잦은 소량화물 운송을 야기한다. 반대로, 환경적인 의무를 가지고 있는 물류 프로그램에서는 느리지만 연료효율적인 운송에 의해 낮은 빈도의 대량화물의 운송을 선호한다.

국토해양부(현 국토교통부)의 2009년 3대 핵심 정책과제 중의 하나로 녹색성장이 포함되어 있고 여기에 저탄소 · 녹색 교통, 물류를 실현하기 위한 조치와 제도적 기반조성내용, 그리고 기업의 녹색물류전환 유도를 위한 보조금 지급 등의 내용이 포함되어 있다.

저탄소 운송수단을 활성화하기 위해 수도권 노선 건설을 추진하는 등 기존 철도 계획을 전면 재검토하고, 인입철도 구축계획을 수립하여 기존 경부선을 화물수송 위주로 활용하는 방안을 추진하고 있다. 연안선사의 경쟁력 제고를 위해 연안화물선에 대한 항만시설 사용료 감면 등 지원방안을 강구한다. 그리고 전기자동차의 상용화 기반을 마련한다. 이를 위해 「지속가능교통물류발전법」을 제정하고, 철도 등 저탄소 녹색교통 확대를 위해 권역별 자동차통행량 총량제, 운송수단 변경(modal shift)을 촉진하려 한다. 자전거 보관시설 확충 등 비 동력 교통 활성화를 추진하고, 운전습관 개선 등으로 에너지를 절약할 수 있는 에코드라이브를 활성화한다. 그리고 기업의 녹색물류전환을 유도하기 위해 기업의 물류활동에 대한 CO_2 감축계획을 제출받아 이행실적을 점검하고, 보조금을 지급하는 녹색물류인증제를 도입하려 한다. 또한 친환경 물류장비인 LNG화물차, 전기구동 갠트리크레인 등을 지속적으로 보급할 계획이다.

또한 국토해양부는 '국가물류기본계획 제 2 차 수정계획(2011~2020)'을 확정 · 고시하였다. 국내 산업의 물류비를 5.5%로 낮추고, 물류부문 CO_2 배출 BAU 대비 16.7% 감소, 전체 산업 중 매출기준 5위 달성을 목표별 구체지표로 정했다. 특히 항공 · 철도 · 물류시설 · 도로 등 SOC 투자가 유관계획 수립 시부터 거점 간 연계성과 효율성을 분석토록하고, 항만 · 물류단지 등 주요 물류거점 간 연계수송을 활성화하며, 항만 · 물류기지 등 기존 물류시설의 효율성을 제고하기 위하여 이용수요가 높은 시설에 대해서는 시설을 확장하고, 이용수요가 낮은 시설에 대해서는 용도전환 등을 적극 검토할 방침이다.

일본은 국가의 물류방침으로서 제정하고 있는 '종합물류시책대강'에서 일본의 물류가 목표로 하는 방향에 대해서 4가지 항목이 제시되고 있고, 그 중에 "'녹색물류' 등 효율적이고 친환경적인 물류를 실현한다"라는 방향이 제시되고 있다.

또한 일본의 대기업은 법률에 따라 의무적으로 CO_2를 삭감해야 한다. 에너지 사용의 합리화에 관한 법률이 개정되어, '개정 에너지 절약 법'으로서 2006년 4월부터 시행되고 있다. 이 개정에 따라, 일정규모 이상의 수송사업자(특정수송사업자), 일정규모 이상의 화주(특정화주)에 대해서 에너지 절약 계획의 책정, 에너지 사용량 보고를 의무화하는 등 수송에 관한 조치가 새롭게 도입되었다. 여기서 '특정수송사업자'라는 것은 200대 이상의 차량을 갖는 사업자를 말하고, '특정화주'란 연간 화물수송량이 3,000만 톤킬로 이상의 화주를 말한다. 이 법률의 목표는 CO_2의 절감이다. 교토의정서의 목표를 달성하기 위해서 대상기업에 대해서 연평균 1% 이상 낮추도록 추진하고 있는 것이다. 화주에게도 물류사업자에게도 환경 대책은 더 이상 늦출 수 없는 상황이라고 할 수 있다.

2. 기업의 지속가능 경쟁력

최근 소비자의 환경 인식이 높아짐에 따라 환경을 고려하지 않은 제품은 세계 시장에서 생존과 성장을 보장받을 수 없는 추세이며, 미국 소비자의 약 70%, 유럽은 약 80%가 환경친화적 제품을 선호하는 것으로 조사된 바 있다. 또한 선진국에서는 환경기준에 미달하는 제품에 대해서는 수입을 규제하고 있으며, 이에 대응하여 기업은 환경친화의 개념을 도입하여 대외 무역에서 환경 장벽을 극복하는 전략을 모색하고 있다. 따라서 친환경 공급사슬관리(green supply chain management) 측면에서 기업의 핵심역량 제고를 위한 노력이 기업의 경쟁력 향상에 중요한 요소로 등장하고 있다.

그린 SCM을 구축하기 위해서는 원재료, 가공 유통, 소비, 폐기 전반에 걸쳐서 어디서 환경오염 요인이 존재하는지 파악하고, 공통의 과제를 도출할 필요가 있다. 특정 단계에서 환경오염을 최소화한다고, 반드시 전체 시스템의 환경오염 정도가 적어지는 것은 아니기 때문이다. 일례로 유기농 목화의 경우, 농약 등을 치지 않아 원재료 생산 단계에서의 환경오염을 줄이더라도, 이어지는 세척, 염색 단계에 더 많은 화학 물질이 사용되고, 생산과정에서 더 많은 폐기물이 발생한다면 전체적인 관점에서는 환경친화적이라고 보기 어렵다. 이 경우, 원재료 농장과 의류 생산업체는 협력하여 공통의 과제를 규명하고 새로운 방식을 모색할 필요가 있다. 때문에 그린 SCM구축에 앞서 관련기업이 한자리에 모여 공통의 과제를 규명하고, 대안을 모색하는 과정은 반드시 필요하다.[8]

효과적인 그린 SCM구축을 위해서는 협력업체, 동종기업, 환경단체와의 파트너십을 강화해야 한다. Reverse SCM처럼 개별 기업만으로는 규모의 경제 효과를 누리기 어렵거나 초기 투자 비용이 클 때 파트너십은 매우 유효하다. 특히 지역사회 및 환경 분야에 대한 전문지식을 가진 환경단체와의 협력도 고려할 필요가 있다.

기업의 대내외적으로 그린 SCM 구축의지를 전달하는 것도 중요하다. 기업 임직원 및 협력업체들이 향후 경제적 이윤을 창출하면서도 환경에 이로운 성장방식, 즉 지속가능성장의 일부로서 그린 SCM의 중요성을 공감하는 과정이 필요하기 때문이다. 이는 조직 구성원의 주의를 집중시킬 뿐만 아니라, 향후 전개 과정에서 스스로 변화를 모색하는 계기가 되기도 한다. 일례로 GE는 2010년 중국 상하이에서 협력업체를 대상으로 관련회의를 개최하고 환경규제 준수 및 그린 SCM 구축 의지를 강조했다. 또한 기업을 넘어 주주, 소비자, 시민단체, 정부 등 다양한 이해당사자에게도 그린 SCM구축에 관한 투명하고 일관된 커뮤니케이션이 필요하다. 추상적인 구호, 치우친 의견, 과시적 마케팅 문구보다는 현재 어떤 활동을 어떻게 진행하는지 분명하게 전달하는 것이 보다 중요해졌기 때문이다. 애플사는 최근 유해물질 사용 논란에 대해 문제상황 및 개선책을 시급히 마련하고 외부에 공표하였다. 이는 기업이 문제의 심각성을 이해하고, 개선 방안을 마련하고 있음을 보여준다. 이외에도 최근에는 자사의 그린 SCM구축 현황을 외부와 커뮤니케이션하기 위해 다양한 인증 제도를 채택하는 기업도 늘고 있다.

그린 SCM구축에 실패하는 기업이 지불해야 하는 금전적, 사회적 비용은 빠르게 증가하고 있다. 향후 제품 전반의 라이프 사이클에 대한 환경 인증 제도가

---

8 CLO Sep. 2011, No. 21.

활성화될 경우, 환경에 부정적인 영향을 미치는 제품은 친환경 소비자와 그린 유통업체에 의해 시장에서 퇴출당할 수도 있다.

3. 녹색물류의 실행

세계 모든 산업과 경제구조는 환경을 최우선 순위에 두고 계획 실행되고 있는 이른바 녹색시대가 도래하였다고 할 수 있다. 물류산업분야 역시 저탄소 녹색성장이라는 정책과 글로벌 경쟁력을 갖추기 위해서 많은 변화가 요구되고 있다. 그러나 물류산업은 선박이나 철도를 통한 물류체계보다는 도로를 통한 화물수송 비율이 높으며, 온실가스 배출량이 상당히 높은 것이 현실이다. 녹색물류는 구체적으로 포장, 수배송, 보관 및 하역 등의 영역에서 실행함으로써 그 성과를 개선할 수 있다.[9]

1) 포장의 변경

제품포장 및 운송용 포장에 대하여 경량화, 소형화를 추구하여 총물동량을 감축하는 것을 파악하고 특히, 포장자재를 친환경적인 소재로 변경하고 재활용이 용이한 구조로 개선한다. 포장자재의 폐지 및 슬림화는 포장의 폐지를 최종목표로 하여 포장재의 총중량을 줄이고 슬림화하여 체적을 감축시키는 활동이다. 재활용 및 리사이클링 항목은 포장자재를 재활용이 가능한 소재를 채택하여 재활용률을 높이고 포장재의 재활용을 위하여 수거합리화 활동과 운반용기나 파레트 관리체계를 파악한다. 환경부하가 낮은 소재를 사용하기 위해 포장자재의 소재를 선정하는 경우 재사용이나 자원화 용이성을 고려하여 소재를 채택한다. 이는 제품개발단계에서부터 고려되어야 하는 항목이다. 물류센터 및 보관창고에서 운영되는 각종시설 및 장비가 친환경적인 에너지를 사용하거나 환경부하가 적은 설비로 개선하는 활동을 한다.

---

9 김택수, 백재원, 유선우, 앞의 책, 2010, pp. 37−38.

2) 수·배송의 변경

운송수단이나 운송효율화를 통하여 물류에서의 환경영향을 저감하는 노력을 수행한다. 친환경 물류수단으로 전환하는 운송수단변경(Modal shift) 노력을 수행하며, 수·배송계획을 합리화하여 적재율 향상과 차량대기시간 단축, 총물동량 감축 등의 노력을 한다. 특히 회송차량에 대한 관리를 통하여 회수물류와의 연동노력을 파악하며, 차량의 대형화와 배차횟수조정 등 고객과의 협의를 통하여 물류비용을 절감하고 환경영향을 저감하는 활동을 한다.

또한 기존 물류합리화 노력에서 중요하게 추진하고 관리되는 차량에 대한 적재방법 개선과 제품디자인 변경으로 적재율을 높이고, 적재율 향상을 위하여 혼재수송 및 수송체계개선 등의 노력을 한다. 적재율 향상은 물류비용절감과 물류효율향상과 밀접한 관리항목이기도 하다. 그리고 연료비절감에 밀접한 관련성이 있는 수·배송차량의 정비 및 점검을 통해 차량효율을 지속적으로 관리해야 한다. LNG(liquefied natural gas), CNG(compressed natural gas), 하이브리드차량 등 클린에너지 차량을 도입하여 배송차량의 온실가스 및 에너지저감노력을 수행한다.

3) 하역 및 보관의 변경

보관 창고운영에 있어서 냉동창고의 친환경적인 시설, 상·하차 대기시간 단축을 위한 노력, 각종 물류설비의 운용효율향상과 환경부하저감 등의 노력을 한다. 여기에서 하역 및 보관 또는 가공과정에서 발생하는 온실가스와 환경영향의 저감노력이 핵심사항이다. 그리고 물류기기의 적정 용량 여부와 친환경 에너지 사용여부, 가동률 등을 파악하여 화물의 보관적재에 따른 물류기기의 환경성능을 파악한다. 물동량의 흐름과 작업동선을 파악하여 물류센터의 레이아웃이 적정한지를 파악한다.

수·배송 차량이 일시적으로 집중되는 현상을 방지하여 대기시간을 단축하고 차량 및 물류기기의 부하를 평준화한다. 특히 물량의 평준화는 물류센터의 보관용량, 물류기기 및 차량의 용량과 밀접한 관련이 있으며, 물류프로세스 전반을 설계하는 단계에서 중요하게 고려되어야 할 항목이다.

4. 친환경 트럭운송 대책

운송부문에서 CO_2를 절감하는 대책은 트럭운송이 핵심이다. 물류의 수송수단으로는 트럭수송이 가장 많이 사용되고 있기 때문이다. 트럭운송의 접근성과 완결성이 높은 장점 때문에 트럭수송비중이 높은 것이지만, 트럭의 CO_2배출량이 크기 때문에 이 부분을 중심으로 대책을 세워야 한다.

1) 트럭단위 대책

트럭단위 대책이란 주로 트럭수송업자 주도로 이루어지는 대책으로 친환경 트럭 수송을 행하는 것이다. 천연가스차량 등으로 대표되는 저공해차량의 도입이 그 대표적인 대책이다.

그리고 에코드라이브(eco-drive) 교육도 보급되어야 한다. 이것은 환경부하를 줄이기 위하여 에너지를 절약하는 운전방법을 말한다. 공회전, 일반주행이나 고속주행의 주행속도, 액셀과 브레이크 등 페달을 밟는 방법 등에 주의하면서 에너지를 절약하는 운전을 권장하는 것이다. 에코드라이브는 모든 규모의 회사에서 시작할 수 있으며, 연료비절약이나 교통사고 절감의 효과도 기대할 수 있다.

일본의 경우 트럭수송업자의 환경에 대한 대책을 후원하는 제도에 "녹색경영인증제도"라는 것이 있다. 이것은 "녹색교통(Ecology Mobility)재단"이 트럭 운송업자에 대해서 "환경부하가 적은 사업경영을 하고 있다"는 것을 인증하는 제도이다. 이 인증을 받느냐 어떠냐가 화주기업의 트럭 수송업자의 선정 기준이 하나가 되기를 기대하고 시행하고 있다.

또한 일본의 일부 트럭 운송업체는 차량동태관리 시스템을 개발하여 활용하고 있다. 이 시스템은 차량이 지금 어떤 상태에 있는가 하는 것을 실시간으로 파악할 수 있는 시스템이다. 속도, 엔진 회전수, 주행거리, 차내 온도 등의 센서가 설치되어, 그 데이터는 사무실에서도 차량에서도 실시간으로 볼 수 있게 한 것이다. 이에 따라서 운전자의 운전이 크게 달라졌다고 한다. 지금까지는 회사에 돌아온 후 디지털 운행기록계의 데이터를 분석하여 관리자의 확인을 받아 왔지만, 운전상태가 좋은지 어떤지를 실시간으로 운전석의 옆의 모니터로 확인할 수 있기 때문에 문제가 있다면 바로 수정을 하는 등 즉각적인 실천이 가능하다는 점이 큰 특징이다. 에너지 절약 효과가 커서, 대형 트럭의 평균연비가 약 20% 개선되었다고 한다.

2) 물류공동화

2대의 트럭으로 수송했던 것을 1대의 트럭으로 수송하는 물류공동화를 통해 운송 트럭 대수를 줄인다는 것이다. 예를 들어 각각의 적재율이 50%에 미치지 않고 같은 방향으로 가는 트럭이 2대 있다면, 이를 1대에 싣게 되면 이 수송은 1대의 운행만으로 충분하다. 회사의 트럭의 평균적재율이 100%에 이르지 않는 차량이 많은 복수의 화주기업이 공동수송을 검토하면 트럭대수를 줄이는 것도 가능하다. 같은 수송량을 보다 적은 트럭으로 운송할 수 있다면, 그만큼 CO_2를 줄이는 것도 가능해진다. 이것이 공동수송에 의한 환경대책이다.

물류공동화라는 것은 예전부터 존재하는 물류효율화 대책의 하나이다. 물동량이 부족하기 때문에 비효율적이었던 부분을 공동화를 통하여 타사의 물동량을 합하여 효율적으로 바꾼다는 방안이다.

물류공동화는 크게 보면 찬성이지만, 각론에서는 반대한다는 경향이 있다. 다른 회사와 공동으로 물류를 하는 것이 번거롭다든지, 공동화에 대해서 사내에서 승인을 받기 힘들다 등의 이유 때문이다.

그러나 물류담당자 중에는 지금까지 공동화가 유효한 방책이라고 마음속에서 생각해 왔던 사람들이 많은데, 이제 환경문제를 명분으로 공동화를 시작해 볼수 있을 것이다. 공동화는 CO_2절감은 물론이고 물류비용의 절감이나 교통정체나 소음 등의 문제를 해소한다는 점에서도 유익한 정책이기 때문이다.

3) 운송수단 변경(Modal Shift)

모달 시프트(modal shift)는 교통 수단의 전환을 의미하는 일본식 영어이며,[10] 일반적으로 트럭운송을 철도운송이나 내항해운으로 수송수단을 변경하는 것을

---

10 이 말은 1981년 일본 구 교통부(현 국토교통성)의 오일 쇼크를 배경으로 한 에너지 절약 대책 답신에서 처음 사용된 것으로 알려지고 있다.

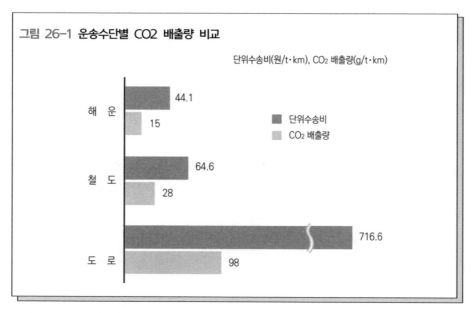

그림 26-1 운송수단별 CO2 배출량 비교

단위수송비(원/t·km), CO2 배출량(g/t·km)

해 운	44.1	단위수송비
	15	CO2 배출량
철 도	64.6	
	28	
도 로	716.6	
	98	

자료: 한국교통연구원.

의미한다. CO2를 줄이기 위해서 효과가 큰 방안으로 우리는 '전환교통'이란 용어를 사용한다. 우리 정부의 전환교통 사업은 물류분야에서 온실가스를 획기적으로 감축하기 위해 도로보다 탄소배출량이 적은 친환경운송수단인 해상수송으로 운송수단을 전환할 경우 보조금을 지급하는 제도다. 이 사업은 '지속가능교통물류발전법'에 따라 2010년부터 추진해 왔으며, 2014년까지 철강, 석회석 등 5개 품목에 대해 20개 노선에서 총 763만 6,000톤을 전환해 CO2를 약 102만 1,000톤 감축했다. 특히, 2014년 전환물량은 349만 1,000톤으로 2013년 대비 119%로 큰 폭의 증가세를 보이고 있다.

1톤의 화물을 1킬로미터를 운송하는 데 따른 이산화탄소 배출량을 운송수단별로 보면 선박은 10~40그램인 데 비해 철도와 트럭의 배출량은 30~150그램, 60~150그램으로 각각 3~4배, 그리고 4~6배 정도가 높다.

수송수단별 수송물량은 극명하게 차이가 난다. 2015년 6월 기준 최대 컨테이너선인 MSC사의 19,224TEU Oscar호의 1척 수송물량은 항공기로는 보잉747기 1,100대분에 해당되며, 중(重)트럭 11,400대분, 그리고 2,400미터 길이의 철도 35

표 26-1 톤킬로미터 운송당 CO_2 배출량 비교

운송수단	$CO_2(g/t \cdot km)$
항공기	500~950
트럭	60~150
기차	30~150
선박	10~40

자료: Forest L. Reinhardt, Ramon Casadesus－Masanell, Frederik Nellemann, "Maersk Line and the Future of Container Shipping," Harvard Business School, 9－712－449, June 1, 2012.

회분에 해당되는 규모이다.

우리나라 화물운송은 트럭운송을 중심으로 한 수송 구조가 완성되어 있다. 그것은 국토의 거리가 짧은 데 기인해 화물 수송 수요 측면에서의 요구에 맞는 육로 교통 네트워크가 구축되었기 때문이다. 그러나 트럭운송에 의존하는 수송구조는 환경 부하를 비롯해 타 교통수단의 효율적 이용 등 여러 가지 문제점을 야기하고 있다. 전환교통은 항만이나 공장에서 원거리에 있는 물류거점까지 보내는 간선수송 부분에서 트럭에서 해운과 철도로 화물을 이동시킴으로써 공로수송에 대한 의존도를 감소시키려는 것이다.

전환교통을 실현하기 위해서는 효율적인 복합운송(intermodal)수송이 요구된다. 복합운송은 출발지에서 목적지까지의 사이에 여러 교통수단을 이용하는 운송시스템으로, 간선운송은 해운과 철도 등이 화물을 수송하고, 현지 수송은 트럭이 담당하는 것이다. 터미널의 정비를 비롯해 복합운송 기회를 확대하고 전환교통의 실현 목표 시책을 실행해야 한다.

즉 종합적인 화물 운송시스템으로의 수송 네트워크의 효율성을 생각하면 전환교통은 교통수단별로 추구해야 할 뿐만 아니라, 국가 또는 지방자치단체가 전환교통을 촉진하기 위한 종합적인 비전을 갖고 계획을 실행하는 것이 중요하다.

사례 26-1 일본 샤프사의 물류 CO₂ 삭감노력

일본회사 샤프(sharp)사의 화물수송에 의한 2011년 일본 내 이산화탄소(CO_2) 배출량은 3만 7,000톤으로 2010년에 비해 75% 삭감시켰다. 상품의 운송을 트럭에서 철도나 선박 등 보다 환경부하가 낮은 수송수단으로 전환하는 모달 시프트(modal shift)를 추진한 결과이다.

이 회사의 국제 수송에 따른 CO_2 배출 삭감노력이 항공수송의 감소와 적재효율 향상뿐 아니라 해상 항로의 검토, 최적 항만에서의 하역, 환경보전에 적극적인 선사의 이용 등 폭넓게 이루어졌다. 2011년도에 국내외 관계 회사에서 생산하고 해외 관계회사에 발송한 상품의 국제간 수송에 따른 CO_2 배출량은 20만 7,000톤으로 전년 대비 33%가 감소하였다.

전자 부품을 생산하는 인도네시아의 SSI(카라완)는 제품 수출 및 원부자재 수입을 위한 공장과 공항 사이를 왕복하는 트럭 운송횟수의 최소화를 목표로 스케줄 관리 등을 실시하고 있다. 또한 기존에는 원부자재의 대부분을 일본에서 수입하고 있었지만, 인도네시아 국내와 인근 국가의 공급 업체에서 조달하기로 바꾸어, 물류의 환경부하 및 비용 절감과 동시에 지역 경제에도 기여하게 되었다. 이러한 노력으로 SSI는 CO_2 배출량을 연간 62톤 감소시킬 수 있었다.

프랑스 생산 회사 SMF(술츠)는 중국에서 운송해와 네덜란드 로테르담 항만에 하역한 화물을 SMF까지 운반할 때 일부를 바지선을 활용하고 있다. 트럭에 비해 운송시간은 증가하지만, CO_2 배출량은 약 4분의 1로 감소하였다. 2011년에는 운송 전체의 39%를 바지선으로 전환하여, CO_2 배출량을 118톤 줄일 수 있었다.

중국에서도 적극적으로 모달 시프트를 추진하였다. 일본에서 생산한 LCD 패널의 중국으로의 수송은 지금까지 주로 항공기를 사용하고 있었지만, 환경부하가 낮은 선박의 이용을 추진하였다. 2011년에 페리와 RORO선의 이용을 확대하여, 중국향 LCD 패널의 46%를 해상 수송했다. 컨테이너 1개당 15톤의 CO_2가 절감되었다. 난징에서 생산한 LCD TV를 화북(심양)과 화남(광저우)에 수송 할 때 기존에는 주로 트럭을 이용했지만, 선박 이용을 확대하여, 전체의 40% 정도를 해상 수송함으로써 연간 약 1,000 톤의 CO_2를 줄일 수 있었다.

자료: 일본해사신문, 2012. 8. 21

마르코폴로 프로그램 II

마르코폴로 프로그램이란 유럽연합에서 추진하고 있는 프로젝트로, 날로 심각해지는 환경문제에 대처하고자 유럽의 교통·에너지분야에서 화물의 운송수단을 종래의 도로수송(트럭)에서 보다 친환경적인 운송수단, 즉 철도, 해운, 내륙수운 등으로 전환(Modal shift)하는 데 목적이 있다. 참여자들에게 이 목적에 부합하는 사업제안을 공모하여, 유망하고 참신한 제안을 채택하고, 그에 대한 재정적 지원을 해주는 사업이다.

EACI에서는 이 프로그램의 기본목적인 대기오염과 교통혼잡 완화를 위해 다섯 분야로 나누어 체계적으로 지원을 하고 있다. 다섯 가지 분야(5 Action types)는 MOD(Modal Shift: 운송수단의 전환), CAT(Catalyst: 촉매활동), CLA(Common learning: 공동학습활동), MOS(Motorways of the Sea: 해상고속도로), TAV(Traffic Avoidance: 교통량감소)이다.

MOD 분야는 말 그대로 높은 탄소배출량과 도로혼잡을 야기시켜 사회적 비용의 증가를 가져오는 도로운송을 보다 친환경적인 수송방법으로 전환시키거나, 인터모달수송(intermodal transportation)을 통해 도로운송의 비중을 줄이고 철도나 해상운송을 늘리는 데 목적을 두고 있으며, 현재까지 전체 지원 분야 가운데 가장 참여의 비중이 높다.

두 번째로 CAT는 인터모달수송에 방해가 되는 구조적 시장의 장벽을 극복하고, 혁신적인 돌파구를 마련할 수 있는 참신한 발상에 대해 지원하는 분야인데, 예를 들면 국제노선을 운행하는 초고속화물열차, 낮은 수심에서의 내륙수로수송 등이 여기에 해당된다.

셋째로 MOS는 장거리 트럭운송을 복합수송모드, 특히 해상운송을 포함시킨 복합수송모드로 전환하는 것에 대해 지원을 해주는 분야이고, 넷째로 TAV는 국제화물을 도로로 트럭운송하게 될 경우, 모드의 전환을 할 수는 없어도 트럭운송의 효율을 증대시키고 환경오염을 줄이기 위해 생산, 유통구조를 개선시키기 위한 사업제안을 공모한다. 마지막 다섯 번째 CLA는 모달쉬프트나 교통량감소를 위해 성공사례나 관련 정보를 공유하는 데 도움을 주는 프로젝트에 대한 지원분야를 말한다.

다만 위의 다섯 가지 모든 분야에 걸쳐 사회기반시설에 대한 투자나 연구 프로젝트 등은 지원대상이 되지 않는다. 이것은 이 프로젝트가 철저하게 화물운송분야에서 상업적으로 운영될 수 있는 것을 추구한다는 의미이다. 특히 규모가 작은 기업들이 프로젝트의 성격에 맞춰 컨소시엄을 이룬 사례에 재정지원이 이뤄진 경우가 많은 것으로 볼 때, 환경 정책이 중소기업에 대한 지원으로까지 연결되고 있는 사례라고 평가할 수 있다.

자료: SCM & Logistics, 2011. 11. 17

4) 트럭운송량 절감

트럭운송량을 줄이려 해도 필요한 것은 줄일 수 없다. 그러나 필요 없는 운송, 즉 받았지만, 결국 필요 없는 화물에 대한 운송은 하지 말라는 것이다. 이 필요 없는 수송은 하지 않는다라는 것은 환경대책이라는 점에서 가장 먼저 풀어야 할 과제이다. 아무리 운송수단 변경이나 물류의 공동화를 이룩하고, 저공해차량을 사용하여 에코드라이브를 한다고 해도 필요 없는 것을 운송하고 있으면 의미가 없다.

필요 없는 것은 수송하지 않는다는 생각은 시스템으로서의 물류의 기본이다. 즉 물류센터에서의 출고동향에 기초하여 필요한 생산과 자재조달을 하는 물류시스템이 작동한다면 창고에 쌓이기만 하는 제품을 운송하지 않아도 되기 때문이다. 따라서 물류 그 자체가 환경대책이라 할 수 있다. 필요한 것만 운송할 경우 운송수단 변경도 물류의 공동화도 의미를 가질 수 있는 것이다.

환경대책이라는 점에서 공급사슬관리(SCM)는 더욱 큰 효과를 발휘한다. 즉 공급사슬관리를 통해 필요한 최소한의 물류를 실시하는 것이므로 환경에 미치는 영향을 줄일 수 있기 때문이다.

환경을 고려할 때 고객서비스의 문제가 발생할 수 있다. 즉 도심을 적재량이 적은 트럭이 배송하게 되는데 환경문제를 해결하기 위해서 열심히 노력하는 기업의 물류담당자라면 고객과 함께 해야 될 것이다. 고객이 요구하는 물류 서비스가 짧은 납기와 다빈도 소량배송일 경우 환경대책의 제약이 되기 때문이다.

5. 해운 항만부문 녹색물류과제[11]

현재 수만 척의 선박들이 세계 주요 항만을 오가며 기업과 가계에 제공할 각종 공업제품, 농산물, 그리고 석유제품들을 운송하고 있다. 지난 20여 년간 해

---

11 양창호 외, 해운항만산업의 미래 신조류, 효민, 2009, pp. 161-163.

상화물운송은 꾸준히 증가해 왔으며 세계 경제의 글로벌화에 따라 향후에도 이 같은 추세는 지속될 전망이다. 특히 JIT 물류 및 글로벌 공급사슬의 시대를 맞이하여 신속하고 효율적인 화물운송이 경제활동의 불가결한 요소로 등장하고 있다.

전 세계 수출입화물의 약 80%를 담당하고 있는 해상운송은 국제교역의 자유화 및 글로벌화의 진전에 따라 향후에도 그 역할은 증대할 전망이다. 해상물동량의 증가와 그에 따른 선박의 증가는 필연적으로 선박으로부터 배출되는 대기오염을 증가시켜 해안지역의 대기오염문제와 지구기후변화에 지대한 영향을 미칠 전망이다.[12] 2009년 기준으로 해상운송에서 기인한 대기오염물질은 전체의 3.3%를 차지해서 나라로 보면 독일에서 발생하는 대기오염물질보다 조금 더 많이 발생시키고 있다.[13] 그리고 2050년이 되면 이러한 해상운송 기인 대기오염은 2배로 증가할 것으로 예측하는 곳도 있다.[14]

그럼에도 불구하고 현재 선박에 대한 환경대책은 육상부문에 비해 상대적으로 규제를 덜 받고 있어 점차 증가하고 있는 해운활동의 속도를 따라잡지 못하고 있는 실정이다. 선박의 배기가스 배출에 따른 연안지역의 대기오염 문제는 조기유산, 폐암, 심장질환, 호흡기질환 등 공중보건에 심대한 영향을 미침에도 불구하고 선박에서 발생하는 대기오염에 대한 규제는 상대적으로 느슨한 편이다.

이에 따라 선박은 톤당 연료소비량 측면에서 세계에서 가장 심각한 대기오염원 중 하나로 부상하고 있다.[15] 기존 연구들에 따르면 현재 외항선박들은 세계

---

12 해운항만분야에서 발생하는 환경오염에는 선박유류유출에 따른 해양오염, 발라스트수에 의한 해양생태계 교란, 선박용 방오페인트에 의한 독성물질 배출문제, 냉매 사용에 따른 오존층 파괴, 선박으로부터 발생하는 폐기물 처분에서부터 항만개발 및 준설 시 발생하는 소음, 먼지, 연안생태계 파괴문제에 이르기까지 매우 다양하다. 다만 본고에서는 최근 전세계적으로 주목받고 있는 선박 및 항만활동에서 발생하는 대기오염 및 지구온난화 문제에 분석의 초점을 맞추고자 한다.

13 Forest L. Reinhardt, Ramon Casadesus – Masanell, Frederik Nellemann, "Maersk Line and the Future of Container Shipping," Harvard Business School, 9 – 712 – 449, June 1, 2012.

14 Det Norske Veritas, "Assessment of Measures to Reduce Future CO₂ Emissions from Shipping," November 12, 2010(http://www.dnv.com/binaries/assessments of measures to reduce future co2 emissions from shipping_tcm4 – 438729.pdf)/

15 Corbett, J. J., Fischbeck, P. S., and Pandis, S. N, "Global Nitrogen and Sulfur Emission Inventories for Oceangoing Ships," Journal of Geophysical Research, Vol. 104, 1999.

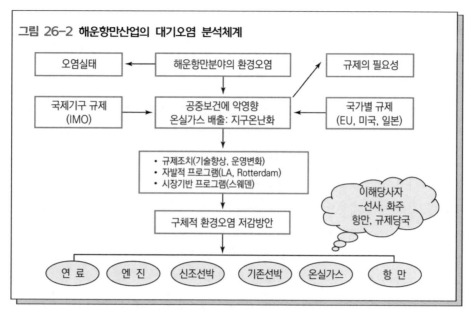

그림 26-2 해운항만산업의 대기오염 분석체계

자료: 양창호 외, 해운항만산업의 미래 신조류, 효민, 2009, p. 163.

유류소비량의 10~20%, 세계 질소산화물(NOx) 배출량의 14~31%, 세계 황산화물(SOx) 배출량의 4~9%를 각각 차지하고 있다. 유럽의 경우 오는 2020년경에는 선박으로부터 발생할 NOx와 SOx의 배출량이 육상운송분야의 배출량을 상회할 것이라는 조사결과도 나오고 있다.[16]

일반적으로 외항선박은 정제과정에서 발생한 황함유량이 높은 잔유(residual oil)를 연료유로 사용하는 디젤엔진에 의해 운항된다. 배기가스는 엔진에서 연소되는 연료의 질에 의해 가장 큰 영향을 받기 때문에 해상연료의 질적 개선과 더불어 선박엔진기술의 향상이 주요 과제이다. 따라서 선박의 대기오염을 줄이기 위해서는 기술적 측면에서 선박엔진 및 연료개선을 통한 비용효과적인 저감방안이 광범위하게 도입되어야 함은 물론, 항만의 운영적 측면에서 정박 중인 선박으로부터 배출되는 배기가스를 줄일 수 있는 방안들이 마련되어야 한다.

선박의 배기가스 배출을 효과적으로 규제하기 위해서는 신규선박 및 기존선박 모두 배출량을 통제하는 것이 중요하다. 일반적으로 선박은 다른 운송수단에

---

16 European Commission, The Communication on Thematic Strategy on Air Pollution, 2005.

비해 긴 서비스수명주기를 가지고 있다. 2004년 현재 세계 상선대의 38%가 15년 이상의 선령이기 때문에 새로운 장비 도입을 통한 배출량 저감대책은 효과가 적은 편이다. 따라서 기존 선박의 환경친화적 선박으로의 개조 및 배출가스에 대한 규제를 강화할 필요성이 있다.

특히 주요 항로상에 인접한 긴 해안선을 가지고 있는 항만도시와 국가들은 선박에 의한 배기가스로 인해 대기오염의 피해를 입을 것으로 예상된다. 또한 선박에 의한 배기가스 배출은 지구온난화의 주요 원인이기도 하다.

많은 연구와 조사에서 선박에 의한 운송방식이 대규모 화물 수송에 있어 가장 에너지 효율적임에도 불구하고 이로 인한 질소산화물(NOx), 황산화물(SOx), (초)미세먼지(PM10, PM2.5), 이산화탄소(CO_2) 등의 대기 중 배출이 심각함을 지적하고 있다.

우리나라의 경우 국립환경과학원이 매년 발표하는 '2015년 국가 대기오염물질 배출량 통계(2018년)'에 따르면, 선박의 대기오염물질 배출량은 국가 전체 배출량 대비 질소산화물 13.1%, 황산화물 10.9%, 초미세먼지(PM2.5) 6.6%의 높은 비중 차지하고 있어, 선박이 저급 연료유를 사용하는 경우 인근의 대기질이 악화되고 있음을 알 수 있다.

이에 따라 국제해사기구(IMO)는 선박에 대한 SOx, NOx의 배출규제를 점차 강화하고 있으며, PM 또는 블랙카본 관련 규제 역시 가까운 미래에 마련될 예정이다. 2020년 1월부터 시행되는 선박 연료유의 황함유량 규제 강화조치가 시행되고 있으며, 2016년 이후 시행되고 있는 3단계 질소산화물 배출규제, 그리고 2020년부터 이산화탄소 30% 감축 규제 목표인 2단계 시작 등 선박 배출가스에 대한 환경규제가 강화되고 있어, 청정선박 도입 등 선사의 즉각적 선택에 의한 대응이 요구되고 있다.

연료 품질개선, 엔진 최적화, 배출가스 사후처리 등은 선박에 의한 환경오염을 크게 개선시킬 수 있다. 육상전원공급, 보조엔진 개선, 선박 속도 저감과 같은 조치들도 항만 내 선박의 배출가스를 줄일 수 있다. 이들 조치들의 실현가능성과 비용효과성은 일부 항만에서 시험적으로 증명되고 있다. 실제로 유럽과 북미 국가들은 해운분야에서 발생하는 대기오염을 저감시키기 위해 입항 선박의 속도 제한,

환경적으로 차별화된 입항료, 엔진과 연료품질기준설정 등 다양한 전략들을 수행하고 있다.

대기오염 저감대책의 성공적 시행을 위해서는 선주, 선사, 항만, 규제기구 등 다양한 해운분야 이해관계자들의 적극적인 참여가 필수적이다. 또한 청정연료 및 배출가스 저감 기술의 채택을 촉진하기 위해서는 정부나 관련기관의 규제, 해운항만업계의 자발적 프로그램과 더불어 시장기반 프로그램을 확대할 필요가 있다. 또한 해운서비스를 이용하는 화주업계의 리더십도 중요하다. 주요 제조업체들은 자신들의 제품을 운송하는 선사로 하여금 환경오염을 최소화하도록 요구할 수 있는 위치에 있다. 따라서 화주기업들은 선사 및 항만에게 비용측면뿐만 아니라 환경 측면에서의 경쟁을 요구함으로써 환경오염을 최소화할 수 있다.

실제로 황산화물(SOx), 질소산화물(NOx), 이산화탄소(CO_2), 미세입자(PM) 모두 해운업계가 대책을 수립해야 하는 환경 부하의 배기가스 물질이지만, 이 중 가장 중요한 한 가지를 거론하라면 어떤 것일까? 해운업계의 대답은 CO_2일 것이다. 그 이유는 해운기업에 명확한 절감 인센티브가 있기 때문이다. 즉 CO_2의 삭감 대책을 세울 경우 대책을 추진할수록 경제적인 장점이 있다. 선박 디젤엔진 사용에 따른 연료비와 CO_2 배출량은 직결되어 있고, 운항비용에서 큰 비중을 차지하는 연료비의 절감은 해운업의 중요한 관심사이다. 황산화물, 질소산화물을 어떻게 줄일까 하고 생각하는 경영자는 드물지만, CO_2(연료비)를 어떻게 줄일 것인가는 중요한 경영 과제의 하나가 되어 있다.

6. 회수물류

제품은 물류 경로에서 원자재 공급부터 생산 그리고 최종 고객을 향해 움직인다. 그러나 물류 관리에서 점차 중요한 이슈가 되고 있는 회수물류(reverse logistics)는 물류 경로에서 최종 고객부터 역으로 흐르는 제품의 움직임을 말한다. 회수물류는 다른 말로 역물류, 또는 폐기물류라고 불리기도 하는데, 제품의 반송, 원재료 축소, 재생, 재료대체, 재료 재사용, 폐기물 처분, 재 제조 등을 포함하는 물류

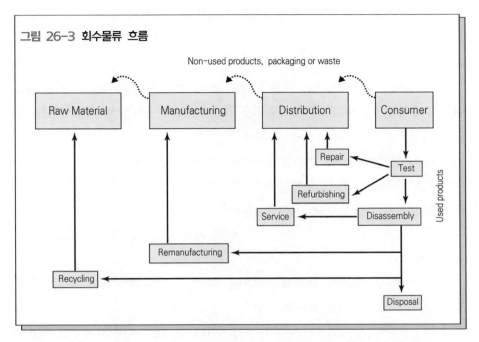

그림 26-3 회수물류 흐름

자료: Samir K. Srivastava, "Network design for reverse logistics." Omega, Vol. 36, 2008, pp. 535－548.

과정을 일컫는다.[17]

　회수물류가 중요시되는 이유는 고객서비스 향상과 환경보호, 자원회수 등 때문이다. 일단 판매를 완료한 경우라도 고객이 제품의 품질이나, 규격 등에 만족하지 못할 경우 이를 반품, 수리, 교환, 폐기를 위해 회수활동을 해야 한다. 소비자단체나 고객들도 판매기업이 포장지나, 폐기물의 회수에 적극적인 녹색물류를 추진하도록 압력을 행사하기도 한다. 또한 회수물류를 통해 각종 금속류나 부품 등 자원을 회수하는 효과도 기대할 수 있다.

　제품 판매 예측을 위해서는 많은 노력을 기울이는 반면에, 제품 반송 예측에 대해서는 그다지 많은 노력을 기울이지 않는다. 반송제품 흐름을 제대로 예측하지 못할 경우 창고 설비나 관련 인력에 적절한 투자를 어렵게 만들 수 있다.

---

17 Neslihan Özgün Demirel & Hadi Gökçen, "A mixed integer programming model for remanufacturing in reverse logistics environment," International Journal of Advance Manufacturing Technology, Vol. 39, 2008, pp. 1197－1206.

특히 전자상거래가 증가하면서 제품 반송비율이 높아지고, 또한 녹색물류가 강조되면서 회수물류, 폐기물 물류의 의무화가 늘어나면서 회수물류의 니즈가 크게 증가하고 있다. 이러한 회수물류 증가에 대응하기 위해 반품처리 시설 네트워크를 설치하고, 고객의 제품에 대한 신속한 분석, 보고, 등을 수행할 수 있는 시스템을 구축해나가야 한다. 즉 회수물류를 기업경쟁력에 영향을 미치는 전략적, 전술적 대상으로 접근해야 한다는 것이다.[18]

회수물류에는 반송된 품목뿐만 아니라 수리, 재활용 제품을 포함한다. 수리, 혹은 재활용 제품은 또 다른 재고이다. 수리 제품은 기존 제품을 업그레이드하는 것이며, 재활용 제품은 기존 제품을 분해하여 재활용품으로 사용하기 위한 것이다. 이는 반송된 제품과 달리, 수리되고 재활용되어야 하므로 충분한 재고 공간이 필요하게 된다.

최근까지 업계에서는 회수물류가 전통적인 물류 활동에 비해서 사소한 분야로 취급되어 왔지만 최근 물류활동 관련 비용절감이 업계의 주요 화두로 대두되면서 회수물류에 대한 관심이 높아지는 추세이다. 글로벌 3자물류 기업인 DHL사는 지난해 발간한 미래물류보고서에서 '회수물류', '도시물류', '긴급물류'가 미래 유망산업으로 떠오를 것이라고 분석하기도 했다.[19]

7. 지속가능한 물류와 ESG

1) ESG 개념의 등장

이산화탄소 및 환경오염 물질 배출을 줄이고 에너지 효율적인 물류 시스템 도입을 목표로 하는 친환경 녹색 물류 활동은, ESG(Environmental, Social, and Governance) 개념의 도입이 2004년 이후 기업 경영의 중요한 이슈로 등장하며 새로운 전환점을 맞이하고 있다. ESG(Environmental, Social, and Governance)는 환경,

---

18 Dale S. Roger, Ronald Tibben-Lembke, "An Examination of Reverse Logistics Practices," Journal of business Logistics, Vol. 22, No. 2, 2001, pp. 129-148.

19 'Uncovering Opportunities With Reverse Logistics', Food Logistics, 2012. 6. 18.

사회, 그리고 지배구조를 고려한 책임 경영을 통해 지속 가능성을 추구하는 경영 방식을 의미한다. 물류 및 공급망 관리에서도 ESG의 중요성은 날로 커지고 있으며, 이는 전통적인 녹색 물류의 개념을 넘어서는 새로운 지속가능 경영 패러다임을 제시한다.

ESG는 기업 활동에서 기존의 재무적 성과뿐 아니라 비재무적 성과로 환경(Environmental), 사회(Social), 그리고 지배구조(Governance)를 고려하는 경영 방식이다. ESG는 기업이 단순히 이윤을 추구하는 것이 아니라, 지속 가능한 성장을 도모하는 데 초점을 맞추고 있다.

ESG를 구성하는 각각의 분야별 주요 이슈는 다음과 같다. 먼저 환경 측면에서는 효율적 에너지 활용, 이산화탄소 배출 감소, 환경 오염 물질 배출 최소화, 재생 가능 에너지 사용 등이이 고려된다. 사회적 측면에서는 노동권 보호, 지역사회 기여, 고객 안전 등이 포함된다. 지배구조 측면에서는 기업 경영의 투명성, 윤리적 경영, 주주 및 이해관계자와의 관계 관리 등이 핵심 요소이다.

ESG의 개념은 2000년대 초반부터 발전하기 시작했다. 2004년 UN의 "Who Cares Wins" 보고서는 ESG의 중요성을 부각시키는 기념비적인 문서로 평가받는다.[20] 이 보고서는 투자자들에게 ESG 요인을 고려하여 투자 결정을 내릴 것을 권장하며, 이러한 요인들이 장기적인 금융 성과와 기업의 지속 가능성에 중요한 역할을 한다고 강조하였다. 연구가 진행된 2000년대 초반은 환경 문제와 기업의 사회적 역할에 대한 관심이 급격히 증가하던 시기였다. 지구 온난화, 자원 고갈, 인권 문제, 기업의 불투명한 지배구조 등이 전 세계적으로 주목받기 시작했고, 이러한 문제들은 기업의 운영 방식과 투자 결정을 다시 생각하게 하는 계기가 되었다.

연구의 주된 목적은 ESG 요소가 금융 성과에 미치는 영향을 평가하고, 이 요소들이 투자 의사 결정 과정에 어떻게 통합될 수 있는지를 탐구하는 것이었다. 자산운용사, 연기금, 보험사 등 주요 금융 기관, 비영리 단체와 학계의 전문가들이 참여하여 다양한 관점에서 기업의 지속가능한 경영에 대한 종합적 연구가 이루어졌다. 기존에도 이와 관련된 연구들이 있었지만, 2004년 연구의 핵심은 ESG

---

20 United Nations, The Global Compact (2004). Who Cares Wins: Connecting the Financial Markets to a Changing World? United Nations.

요소가 투자 성과에 미치는 영향을 평가하는데 있었다.

연구진은 ESG 요인이 장기적인 투자 수익률에 긍정적인 영향을 미칠 수 있다는 가설을 검토하고, 이를 통해 지속 가능한 기업에 대한 투자를 활성화시키고자 했다. 보고서에 따르면, 기업 투자에 있어 ESG 요인들을 고려할 경우 장기적으로 투자 리스크를 줄이고 더 나은 수익률을 가져올 수 있다는 점을 발견했다. 또한, 기업의 ESG 성과가 재무 성과와 밀접하게 관련되어 있으며, ESG 요소를 고려한 투자자들이 더 높은 재무적 안정성과 수익성을 확보할 가능성이 높다고 지적했다. 예를 들어, 환경적인 요인(예: 탄소 배출량 감소)과 관련된 기업은 규제 리스크를 줄이고, 지속 가능한 시장에서 더 큰 경쟁력을 갖출 수 있다는 점을 강조했다.

'Who Cares Wins' 보고서는 ESG와 투자 성과 간의 명확한 상관관계를 규명하였다. ESG 요소를 통합한 기업은 규제 준수와 사회적 책임을 다하는 과정에서 비용 절감, 효율성 증가, 브랜드 가치 상승 등 다양한 재정적 혜택을 얻을 수 있다고 분석되었다. 보고서는 이러한 ESG 성과가 투자자들에게 장기적인 재무 성과를 가져다줄 수 있다는 점을 분명히 했다. 특히, ESG 통합이 투자 포트폴리오의 리스크를 낮추고, 시장 변동성에 대한 회복력을 높이는 역할을 한다는 점을 강조했다.

2) 지속가능한 경영의 역사: CSR에서 CSV, ESG

지속가능한 경영 체계 구축은 오래 전부터 기업 경영 및 사회 측면에서 중요한 과제였다. 기업의 사회적 책임을 강조한 CSR(Corporate Social Responsibility)의 개념은 1950년대부터 시작되어 1990년대 후반까지 기업의 사회적 역할 수행을 강조하는 방향으로 발전해왔다. CSR의 주요 목적은 기업이 단순히 법적 책임만을 고려하여 경영하는 것이 아니라, 사회적, 환경적 책임을 다하고 이를 통해 긍정적인 사회적 변화를 추구하는 것이 필요하다고 보았다. 이는 주주뿐만 아니라 직원, 고객, 지역 사회 등 다양한 이해관계자들에게 이익을 제공하는 것을 목표로 한다. 이에 따라 CSR 활동은 자선 기부, 환경 보호 활동, 사회 공헌 활동, 직원 복지 개선 등 다양한 형태로 나타난다. 이는 주로 외부 이해관계자를 고려한 자발적인 활동으로, 기업의 이미지와 신뢰도 향상을 목적으로 한다. 예를 들어, 대기업들이 재난 구호 활동에 기부하거나, 지역 사회 발전을 위한 프로그램을 지원하는 것 등이 CSR의 예에 해당한다.

그러나 CSR은 종종 기업의 이미지를 개선하는 데 중점을 둔 제한적인 접근 방식으로 비판받았다. 기업들이 기부, 자선 활동 등 이미지 개선에 필요한 활동에만 집중하고, 사회적 책임을 고려한 경영 의사결정에는 적극적이지 않다는 지적이 많았던 것이다. 이에 2011년 마이클 포터와 마크 크레이머는 기업이 경제적 가치를 창출하면서 동시에 사회적 가치를 함께 창출할 수 있다는 점을 강조한 CSV(Creating Shared Value) 개념을 제시하였다.[21]

CSV는 기업이 비즈니스 전략의 일환으로 사회적 문제를 해결하는 데 중점을 두는 개념이다. CSV의 주요 목적은 사회적 문제 해결을 통해 기업의 경쟁력을 강화하고, 새로운 시장과 기회를 창출하는 것이다. 기업의 사회적 책임에 초점을 맞추었던 CSR 개념이 이미지 홍보에만 집중되는 경향이 있다는 한계점을 극복하기 위하여 CSV 개념은 제품과 서비스의 혁신, 가치 사슬의 개선, 지역 사회의 발전을 연계함으로써 기업 경영 활동이 사회적 문제도 동시에 해결할 수 있다는 방식이다. 기업의 가치와 사회적 가치를 일치시키는 과정에서 해당 기업이 장기적으로 성장할 수 있는 환경을 조성하는 데 기여할 수 있다고 보는 것이다. 예를 들어, 한 기업이 에너지 효율적인 제품을 개발하여 시장에 내놓을 경우 이는 환경 문제를 해결하는 동시에 새로운 시장을 창출하고, 이를 통해 기업이 경제적 이익을 얻는 것이 CSV의 한 예이다. 또한, 이산화탄소 배출을 감소시키기 위하여 기존 트럭운송을 철도운송으로 전환하는 과정에서 이산화탄소 배출만 줄어드는 것이 아니라 에너지 소비량이 감소하여 운송 비용이 감소하여 이익이 증가하는 것 역시 CSV 개념에서 바라보면 기업과 사회적 이익이 동시에 달성되는 사례라고 볼 수 있다.

ESG는 CSR과 CSV 개념의 진화를 바탕으로 지속가능한 기업 경영의 범위를 환경, 사회, 지배구조 측면으로 확장하고, 지속가능 경영과 해당 기업에 대한 투자를

---

21 Porter, M.E. and Kramer, M.R. (2011) The Big Idea: Creating Shared Value. Harvard Business Review, 89, 2-17.

연계함으로써 기업들이 적극적으로 지속가능한 경영에 뛰어들도록 유도하는 방향으로 설계되었다. 즉, 금융 기관 등이 투자 의사결정을 내릴 때 해당 기업의 환경, 사회, 지배구조 측면에서의 주요 성과를 반영하도록 유도함으로써, 기업들이 스스로 지속가능 경영에 집중하도록 만드는 선순환 구조에 집중하는 방식인 것이다.

3) 물류 및 공급망과 ESG 원칙

물류와 공급망 관리 분야에서 ESG는 지속가능한 혁신 측면에서 새로운 혁신 방향을 제시하고 있다. 전통적인 물류 관리는 주로 비용 절감과 효율성 향상에 중점을 두었고, 녹색물류는 환경에 미치는 영향을 최소화하는 것을 목표로 하여 탄소 배출 감소와 에너지 효율성 향상에 중점을 둔다. ESG를 도입함으로써 기업은 통합적 관점에서 환경적인 지속 가능성을 고려하여 탄소 발자국을 줄이고, 사회적 책임을 다하기 위해 공급망에서의 노동 조건을 개선하며, 지배구조의 투명성을 강화하여 이해관계자 간의 신뢰를 증진하는데 노력하게 된다.

물류와 공급망 관리는 원자재에서 최종 소비자에 이르는 전체 공급망에서의 운송, 재고, 수요 관리를 통합적으로 최적화하는 개념으로 확장되어 왔다. 이에 따라 기업이 ESG 개념을 도입하기 위해서는 통합적 관점에서 물류 및 공급망 최적 관리 시스템을 도입해야 한다. 또한, ESG의 각 분야별 주요 성과 지표를 정의하고, 성과 지표별 검증된 정보를 공시하는 과정에서도 물류 및 공급망 관리 시스템을 통한 정보 수집 및 가공, 분석이 필요하다.

물류 및 공급망 관리 측면에서 ESG 평가 지표를 상세히 설명하면 다음과 같다. 환경 분야의 주요 ESG 평가지표는 온실가스 배출량, 에너지 소비량, 재생 가능 자원 사용 비율, 폐기물 관리 현황, 수자원 관리 현황 등이 포함된다. 평가 지표는 기업 내부의 환경 관리 지표뿐 아니라 공급망을 구성하는 협력 파트너들의 성과 지표에 대한 분석이 함께 필요하다. 사회적 책임 측면에서의 평가 지표는 공급망 전체의 노동 조건, 공급망 구성 기업의 다양성 및 포용성, 지역사회에 대한 기여, 제품 안전 및 품질, 공급망 운영 투명성 등이 포함될 수 있다. 지배 구조 측면에서의 평가 지표는 공급망 리스크 평가, 윤리적 경영, 공급망 지배구조의 투명성, 협력업체 관리 등이 포함된다.

사례 26-3 Unilever의 ESG 원칙 도입 사례

글로벌 소비재 유통기업 Unilever는 환경, 사회, 지배구조(ESG) 원칙을 기업 경영에 통합하여 선도적인 ESG 활동을 전개하고 있는 것으로 알려져 있다. 제조 및 유통 공급망 전반에 걸쳐 지속 가능성에 초점을 맞추고 있으며, 윤리적 원료 조달과 탄소 배출 감소를 보장하기 위해 광범위한 프로그램, 농업 관행을 개선하고 폐기물을 줄이며 공정한 노동 관행을 보장하기 위한 공급업체들과 협력 관계 구축등이 포함된다.

먼저 환경 측면에서 살펴보면, 지속 가능한 제품 개발과 환경 보호를 위해 '지속 가능한 계획'(Unilever Sustainable Living Plan, USLP)을 수립하였고, 2039년까지 전체 제품에서 순탄소 배출 제로를 달성하려는 목표를 설정했다. 이를 위해 100% 재생 가능한 에너지를 사용하고, 플라스틱 사용량을 줄이는 등 구체적인 계획을 실행하고 있다. 2025년까지 자사 제품의 플라스틱 포장을 50% 감소시키고, 사용된 플라스틱을 100% 재활용 가능하게 만드는 목표도 세우고 있다.

사회적 책임 측면에서는 Unilever가 상품을 판매하는 지역의 다양한 지역사회와 협력하여 포괄적인 보건 및 위생 개선 프로그램을 운영하고 있다. 공정 거래와 노동 인권을 존중하는 정책을 채택하고, 소규모 농부와 협력하여 지속 가능한 농업을 촉진하는 목표를 설정하였다. 여성 기업가와 소수민족이 소유한 중소기업을 적극 지원하여 공급망에서의 포용성을 강화하려는 노력도 추진하고 있다.

지배구조 측면에서 바라보면, 이사회를 통해 정기적으로 기업 경영의 결과가 환경 및 사회에 미치는 영향을 검토하고, 지속 가능한 발전 목표를 달성하기 위한 전략을 수립하는 위원회를 설치하였다. Unilever 홈페이지에 따르면, 이사회는 비즈니스 원칙 준수 여부를 지속적으로 점검하며, 이를 통해 윤리적 경영을 강화하기 노력한다고 설명하고 있다.

이와 같은 다양한 ESG 관련 활동을 통해 주요 ESG 관련 인증에서 의미있는 성과를 달성하고 있는 것으로 알려져 있다. 예를 들어, CDP A 리스트에 선정되어 기후 변화 대응과 산림 보호에 대한 높은 평가를 받았으며, S&P 다우 존스 지속 가능성 지수에서도 지속적으로 높은 순위를 유지하고 있다. 또한, GlobeScan Sustainability Leaders Survey에서 지난 10년간 연속으로 가장 지속 가능한 기업 중 하나로 선정되었으며, 2023년의 경우에는 글로벌 순위 2위를 기록하기도 하였다.

출처: SK SUNI & 이노소셜랩, "글로벌 기업들의 사례로 알아보는 ESG 경영"
| Unilever 홈페이지

Unilever의 ESG 원칙 도입 사례

ESG 경영 측면에서 가장 유명한 회사 중 하나로 Patagonia의 성공 사례에 대해 살펴보자. Patagonia는 미국의 아웃도어 의류 및 장비 제조 회사로, 1973년에 이본 쉬나드(Yvon Chouinard)가 캘리포니아에서 설립한 회사이다. 환경 보호와 지속 가능성에 중점을 둔 독특한 경영 철학으로 잘 알려져 있으며, 지속 가능한 비즈니스 모델을 구축하고 다양한 ESG(환경, 사회, 지배구조) 활동을 적극적으로 실천하고 있는 것으로 유명하다. 이러한 지속가능한 비즈니스 모델이 성과를 거두어 연간 매출이 10억 달러를 넘어서며 지속가능한 경영과 수익 창출이 동시에 가능하다는 것을 보여주고 있다.

Patagonia의 비즈니스 모델을 살펴보면, ESG 측면에서 지속가능한 경영에 초점을 맞추고 있다는 것을 알수 있다. 먼저 환경 측면에서 바라보면, 설립 이후 모든 제품을 친환경적으로 생산하고 있으며, 이를 위해 1980년대부터 폴리에스터와 같은 재활용 가능한 소재를 사용하고 100% 유기농 면화로 제품을 제작하는 것으로 보고되었다. 또한, 환경 재생 농법을 도입하여 지속 가능한 농업을 추구하고 있으며, 세계 최초로 환경 재생형 맥주를 출시하기도 했다. 신제품을 판매하는 것보다는 기존 제품을 수선해서 사용하라는 홍보 캠페인을 벌이기도 했다.

사회적 책임을 다하기 위하여 내부 직원뿐 아니라 공급망 내 인권과 노동 기준 준수, 모든 직원에게 생활임금을 지급하고 있다. 원자재 소싱에서 최종 유통 단계까지 공급망 전체의 공정한 운영을 위하여 공정무역(Fair Trade) 인증을 받기도 하였다. Patagonia에 따르면 밀레니얼 세대 중 75%에 달하는 소비자가 공정 무역에 기반한 제품을 구매하기 원하지만, 원가에 대한 부담으로 실제 공정 무역 인증을 받고 제품을 생산 유통하는 아웃도어 의류 기업은 손에 꼽을 만큼 적다고 한다. Patagonia의 경우 미국 공정 무역 협회, 공장 파트너들과 협력하여 20개 이상의 글로벌 공장에서 공정 무역 인증을 받았다.

지배구조 측면에서는 단기적 이익 보다 지속가능한 장기적 목표에 집중하기 위하여 주식시장에 상장하지 않은 것으로 유명하다. 창업주이자 회장인 이본 쉬나드는 가족이 보유한 모든 지분을 100% 기부하기로 결정하고, 98%는 비영리재단 홀드패스트 컬렉티브에 기부하고 2%는 신탁회사에 넘기기로 하였다. 30억 달러 이상으로 평가받는 주식 지분을 기부함으로써 단기적 이익 보다는 지속가능한 기업 경영과 사회적 책임을 다하는 장기적 목표에 집중한다는 것을 명확하게 보여준 사례라고 할 수 있다.

출처: "지구에 투자한 파타고니아", 한겨레신문 | Patagonia 홈페이지

4) 물류 및 공급망에서 ESG 개념 도입시 고려 사항

물류와 공급망 관리 분야에서 ESG 개념을 도입하기 위해서는 주요 의사결정 과정에서 지속 가능성을 강화하고 사회적 책임을 다하기 위한 주요 이슈들을 반영할 필요가 있다.

첫째, 환경적 지속 가능성을 고려해야 한다. 이는 물류 및 공급망 운영에서 발생하는 환경적 영향을 최소화하는 것을 목표로 한다. 탄소 배출을 줄이기 위해 운송 수단의 효율성을 개선하거나 전기 차량 및 재생 가능 에너지의 사용을 확대해야 한다. 또한, 에너지 소비를 줄이고, 물 사용을 효율적으로 관리하며, 폐기물 관리 체계를 강화하여 재활용률을 높여야 한다. 이러한 환경적 조치는 단기적으로는 비용이 발생할 수 있지만, 장기적으로는 비용 절감과 환경 보호라는 두 가지 목표를 동시에 달성할 수 있다. 물류 및 공급망 관리 전반에서 환경적 지속가능성을 강조하게 될 경우 일시적으로 이익이 감소할 가능성이 있기 때문에 제품 개발 및 판매, 마케팅과 연계하여 고객에게 친환경 활동의 이점을 적극 홍보하고, 이를 통해 적정 판매 가격을 확보하는 것이 중요하다.

둘째, 물류 및 공급망 구성에 있어 사회적 책임을 고려하는 것이 중요하다. 물류 및 공급망의 다양한 단계에서 노동자들의 안전과 복지를 보장하기 위하여 물류 및 공급망에 참여하는 협력 기업들과 함께 사회적 책임과 관련된 정보를 취합하고, 장기적 개선 방향을 설정해야 한다. 이 과정에서 노동 조건을 개선하고 공정한 임금을 지급하며, 직장 내 안전 기준을 강화해야 한다. 지역사회와의 협력을 강화하여 사회적 가치를 창출하는 것도 중요하다. 예를 들어, 지역 경제 활성화를 위해 현지에서 고용을 창출하거나, 사회적 책임 프로그램을 통해 지역사회의 발전에 기여할 수 있다. 또한, 공급망에서의 인권 침해를 예방하기 위해 협력 업체의 노동 조건을 철저히 모니터링하고 개선할 필요가 있다. 공급망과 관련된 각 단계별 다양한 분야의 인증을 확보하기 위한 노력이 필요하다.

셋째, 투명하고 윤리적인 지배구조를 구축하기 위하여 투명한 정보 공유에 초점을 맞춘 관리 체계 도입을 적극 검토해야 한다. 이는 기업의 의사 결정 과정에서의 투명성과 책임성을 강화하는 것을 의미한다. 공급망 전반에 걸쳐 윤리적 경영 관행을 확립하고, 이해관계자와의 소통을 강화하기 위하여 정보 공개를 통한 투명성 확보가 중요하다. 특히, 협력업체와의 관계에서 윤리적 기준을 준수하도록 하고, 정기적으로 이를 평가하는 체계를 마련해야 한다. 또한, 기업 내부에서의 리스크 관리 체계를 강화하여 불확실성에 대비할 필요가 있다. 이는 공급망의 안정성과 지속 가능성을 보장하는 데 중요한 요소이다.

넷째, 통합적 관점에서 물류 및 공급망을 평가하고 최적화하는 의사결정 체계 도입이 필요하다. 공급망 관리에서 ESG 원칙을 도입하려면 지속 가능한 자원 사용을 촉진하고, 공급망의 투명성을 강화해야 한다. 이를 위해 공급업체를 선정할 때 환경적, 사회적 기준을 엄격히 적용하고, 지속 가능한 방식으로 조달하는 것을 우선시해야 한다. 또한, 공급망의 전 과정에서 발생하는 데이터를 투명하게 공개하고, 지속 가능한 발전 목표를 설정하여 달성 여부를 정기적으로 점검해야 한다.

다섯째, 기술 혁신을 통한 지속 가능성 강화도 고려해야 한다. 최신 기술을 도입하여 물류 및 공급망의 효율성을 높이고, 환경적 영향을 줄이는 것이 중요하다. 예를 들어, 빅데이터와 인공지능을 활용하여 물류 경로를 최적화하고, 에너지 소비를 최소화하는 방식으로 운영할 수 있다. 이러한 기술 혁신은 환경적 지속 가능성을 강화하는 데 중요한 역할을 한다.

용어

A

ABC analysis - stock classification system
재고관리 시스템으로 가장 중요한 재고 아이템들을 구분하여 보다 집중적으로 초점을 맞추어 관리하는 것. 재고를 영향 혹은 가치에 따라 3개의 그룹으로 분류하는 기술로 A 그룹은 가장 중요한 물품이며, B 그룹은 좀 덜 중요한 물품, C 그룹은 가장 중요하지 않은 물품.

ABC - activity based costing (활동기준원가계산)
활동기준원가계산이라는 것은 기업의 각 부문, 각 담당자의 업무를 활동(Activity) 단위로 세분하여 원가를 산출하는 방법을 말한다. 가장 간단한 방법은 활동기준 원가(ABC) = 단가×시간×횟수로 계산하는 것이다. 이 경우의 단가란 활동을 실천하고 있는 사람이나 설비의 시간당 원가를 말하는 것이다. 이처럼 원가를 활동(Activity)별로 파악하여 배분하고자 하는 새로운 원가계산 방법이다.

adaptive manufacturing
공급업체의 전략과 목표로 실시간 수요를 기반으로 계획과 재계획을 실행과 교체할 수 있는 능력을 말한다.

advanced shipment notification (ASN) 사전 선적 통지서
수취인 쪽에 발송된 물품 내역 및 각 물품의 ID를 알려주기 위한 서류

agglomeration
회사는 숙련된 노동의 공급, 훌륭한 마케팅 자원 또는 핵심 공급자 산업과의 근접성 등의 이득을 얻기 위해 다른 회사들과 공동화가 가능한 지역에 시설을 위치시키기를 원한다. 이러한 우위는 집합체(복합체)와 관련이 있는데 이 현상으로 왜 특정한 회사들이 같은 장소에 시설을 배치하는 경향이 있는지를 설명할 수 있다.

aggregated procurement 종합적 조달
개별적인 주문들의 입찰에 의하여 개별적으로 공급자를 선정하는 것보다 공급자들의 능력을 기초하여 공급자들을 선정하는 방법

agile
수요의 변동사항을 유연하고 기민하게 대응할 수 있도록 대처하는 능력

air trucking

육로를 통한 화물 운송 중 특정 구역을 항공으로 운송하는 방식(종종 항공화물의 운임은 full 이동구간으로 적용되기도 한다)

allocation

배분(allocation) 기능은 Stock keeping unit(SKU)을 위해 고객의 오더와 가능한 재고를 일치시키는 데 주력한다.

almost consignment inventory

거의 배송(almost consignment) 개념 아래서 공급자들은 고객 유통 센터에서 그들의 재고를 최소화해야 하는 것과 동시에 수요를 충족시키기에 충분한 재고량을 보유해야 한다.

Andon system

공장 내 인원에게 현존하는 문제를 공지하는 데 사용되는 불빛 시스템으로 노란불은 가벼운 문제, 빨간불은 주요한 문제를 의미한다.

assemble-to-order (ATO)

ATO 생산은 고객의 주문을 받은 후 시작된다. 완성된 ATO 제품은 일반적으로 표준 부속품과 옵션 혹은 고객이 원하는 액세서리와 결합된다.

assembly line 조립 라인

제품에 집중하는 레이아웃으로 기기와 근무자는 제품 생산에 필요한 운영의 순서 진행에 따라 배치된다. 일반적으로 대량 생산 제품에 사용되고, 조립 단계는 보통 자재 취급 기기가 있는 작업 장소에서 완료된다.

asset management 자산관리

수요만족을 지원하기 위해 자산을 관리하는 조직의 유효성으로 이는 모든 자산과 고정자본, 운전자본의 관리를 포함한다.

asset turnover 자산 회전율

총자산에서 매출의 비율을 의미하는 것으로 조직이 판매에 관하여 자산을 얼마나 효율적으로 이용하고 있는지를 나타낸다.

asset utilization

조직의 자산 효율성의 KPI 혹은 메트릭으로서 높은 자산 이용은 낮은 단위 비용을 의미한다.

assortment

유통 시설에 있는 다양한 SKU에서 고객의 오더를 정리하는 것과 관련있다.

automated guided vehicle system (AGVS)

유도도로를 따라 움직이는 작은 차량으로 구성된 자동 자재 취급 시스템이다.

automatic identification (Auto-ID)

기기가 물체를 인식하는 것을 돕는 기술로 바코드(barcode), 스마트카드(smart cards), 음성인식(voice recognition), 생체기술(biometric technologies), RFID(radio frequency identification) 등이 있다.

available to deliver (ATD)
판매자가 재고를 가지고 있고, 배송일을 약속할 수 있다는 것을 의미하는 개념이다.

available to promise (ATP)
판매자가 오더를 충족시킬 수 있는 실질적인 물품을 가지고 있지는 않지만 배송일을 약속할 수 있다는 것을 의미하는 개념이다.

automatic identification and data capture (AIDC) 정보 자동화 및 데이터 식별
자동적으로 자산과 화물을 인식하는 기술로써 특정한 데이터를 캡처하여 다른 편익과 더불어 추적 및 보안을 가능하게 하는 기술

B

balanced scorecard 균형성과 기록표
조직의 비전과 전략을 달성하기 위해 수행해야 할 핵심적인 사항을 측정 가능한 형태로 바꾼 성과지표의 집합

balance sheet 대차대조표
일정 시점에 기업이 가지고 있는 자산과 기업에 대한 채권자 및 소유자의 청구권을 표시한 보고서

batching economies
일반적으로 선적, 보관 또는 제조를 위한 큰 묶음과 양을 축적하는 것이 단위비용을 낮춘다는 개념이다.

belly cargo
예정된 여객기의 화물실을 이용하여 운송되는 항공화물

bias 성향
실제 수요 대비 얼마나 예측이 정확한가를 측정하는 것으로 긍정적인 성향은 예측 기간 동안 수요가 예측보다 높은 것으로 결과적으로 재고 부족을 가져오고, 부정적인 성향은 예측보다 수요가 늦은 것으로 초과 재고를 가져온다.

bill of loading 선하증권
해상운송인이 운송물을 수령하였거나 선적하였다는 것을 증명하고, 이를 양륙항에서 그 정당한 소지인에게 인도할 것을 약정한 유가증권을 말한다. 운송계약이 성립된 후 송하인이나 용선자의 청구에 의하여 발행(상법 제813조)하는 것이지만, 운송계약서로서 발행되는 것은 아니다. 그러나 운송계약의 내용이 앞뒤에 상세하게 기재되어 있기 때문에 선하증권은 운송계약서처럼 이용되고 있다. 우리나라의 상법은 선하증권과 관련하여 화물상환증과 공통되는 사항에 대해서는 편의상 육상운송의 규정을 준용하도록 하고 있다.

blanker rate
상품이 운송되는 거리에 따라 증가하지 않는 운임

buffer stock 완충재고
안전재고로서, 특정상품의 가격안정과 수급조절을 위한 재고로 시가가 상승했을 때에는 현물을 방출하고, 반대로 시가가 폭락했을 때에는 현금으로 사들여서 시가의 안정을 꾀한다.

build-to-order (BTO)
make-to-order라고도 불리며, 확정 오더를 받을 때까지 조립을 연기하는 접근방법이다. 일반적으로 최종 상품은 특정 고객의 특별한 필요의 충족을 위해 표준부품과 고객 맞춤형으로 설계된 부품의 결합이다.

bullwhip effect 채찍효과
고객의 수요가 상부단계 방향으로 전달될수록 각 단계별 수요의 변동성이 증가하여 정보가 왜곡되고 확대되는 현상

business logistics
소비자의 요구에 부합시킬 목적으로 생산지에서 소비지까지의 효과적이고 효율적인 흐름과 상품의 보관, 서비스, 관련된 정보를 계획, 실행, 조정하는 절차로서 인바운드, 아웃바운드, 내부, 그리고 외부 움직임을 포함한다.

business continuity plan (BCP) 업무 연속성 계획
재난 발생 시 비즈니스의 연속성을 유지하기 위한 계획. 재해, 재난으로 인해 정상적인 운용이 어려운 데이터 백업과 같은 단순 복구뿐만 아니라 고객 서비스의 지속성 보장, 핵심 업무 기능을 지속하는 환경을 조성해 기업 가치를 극대화하는 것을 말한다.

business process reengineering (BPR) 업무재설계
ERP와 같은 새로운 기술 향상을 이용하여 비용, 품질, 서비스, 속도와 같은 핵심적인 부분에서 극적인 성과를 이루기 위해 기업 업무 프로세스를 기본적으로 다시 생각하고 근본적으로 재설계하는 것이다.

C

cabotage restrictions
자국 연안운송은 자국에서 건조되고, 등록된 선박에 의해서만 운송한다는 규제

capacity efficiency
계획된 운휴시간을 고려한 설비 가동률로 이는 효과적인 수용력에 의해 구분된 프로세스에서 달성한 실제 산출물에서 나온다.

capacity requirements planning (CRP)
생산 요구사항을 완수하는 데 필요한 설비 자원, 노동력의 양을 결정하는 단기간의 능력

계획 기술이다.

capacity utilisation 설비 가동률
설계 수용력에 의해 구분된 프로세스에서 달성한 실제 산출물에서 나오는 프로세스에 의해 이용되는 수용력

carbon footprint 탄소이력.
화물운송과 같은 경제적인 활동과 관련하여 얼마나 많은 탄소를 만들어내는지 양을 표시하는 것과 같은 환경적인 손실을 나타내주는 것

cash flow statement 현금 흐름 보고서
일정 기간 기업의 영업 활동 및 투자와 재무 활동으로 인한 현금과 예금의 수입, 지출 및 순변동을 나타내는 보고서

CFR(cost and freight) 운임포함 인도조건
cost and freight의 약자로서 무역거래에서 가격조건의 하나로, 매도인이 화물이 목적지에 인도될 때까지 운임을 지급하는 조건이다.

channel of distribution
제조업자가 공장에서 최종 소비자에게 제품을 유통시키는 방법으로 창고, 브로커, 도매업자, 소매업자 등을 포함한다.

CIF(cost, insurance and freight) 운임 및 보험료 포함조건
해상매매에 의한 거래조건의 하나로, 목적항의 이름이 붙여지는(예컨대 CIF New York 등) 조건의 거래를 말한다. 화물에 대한 위험의 부담이 본선에 적재됨과 동시에 매도인으로부터 매수인에게 이전되는 점에서는 본선인도(FOB) 조건의 경우와 마찬가지이지만, 매도인은 매매계약에 지정된 양륙항까지의 운임과 해상보험료를 부담하고, 송장(invoice), 선하증권, 해상보험증권 등의 선적서류를 매수인에게 제공해야 할 의무를 부담한다.

CIP(carriage and insurance paid to) 운송료 및 보험료지급 인도조건
Carriage and insurance paid의 약자로수출업자가 목적지까지 화물을 인도하면서 운송료와 보험금의 책임을 부담하는 무역거래 조건이다.

closed-loop supply chain
물류의 역방향이나 회수와 관련된 공급사슬 관리에서 쓰이는 용어

collaboration
일정 기간 동안의 공급사슬 관리 파트너들 간의 협력 관계

collaborative planning, forecasting and replenishment (CPFR)
공급사슬 파트너 간에 더 능동적으로 정보를 공유함으로써 공급자 주도형 재고관리(vendor-managed inventory)와 지속적인 보충(continuous replenishment)을 향상시키는 것을 추구한다. 공급사슬 파트너들은 서비스를 개선하고 매출 성장을 이끌기 위해 판매계획, 판촉, 예측, 운송 수단, 그리고 재고수준과 같은 것에서 협력한다. CPFR에서의 커뮤니케이션은 웹기반의 시스템에서 주기적인 대면 계획 세션의 전체를 포함한다. 기본

적으로 공급자와 소비자들 간에 ERP와 같은 소프트웨어 패키지를 이용하여 협력적인 방법으로 일정관리 등을 계획하여 실행한다.

consignee 수하인
운송계약 상 운송된 화물을 운송수단의 도착지에서 수령하는 사람을 말한다. 즉 선하증권이 발행되지 않은 경우에는 용선 계약서 등에 화물을 수령하는 사람으로 기재되어 있는 사람이, 기명식 선하증권이 발행된 경우에는 수하인란에 기재된 사람이, 그리고 지시식 선하증권이 발행된 경우에는 정당한 소지인이 수하인이 된다.

consignment 배송물
제조업자나 물류 서비스 공급업자에 의해 어떠한 형태로 운반되어진 화물의 운송 물품

consignor (shipper) 송하인
화물을 수하인에게 운송하기 위하여 운송인의 책임구역 안으로 화물을 반입시키는 사람을 말하는데, 다음 2가지의 뜻으로 쓰인다. 첫째는 위탁계약의 당사자의 한 사람으로서의 위탁매도인을 말한다. 둘째는 일반운송에서 운송업자에 의해 운반되는 화물을 내보내는 사람을 말한다. 해상운송의 경우에는 이들을 선적인(shipper)이라 부르기도 한다. 영국에서는 송하인이라 하면 일반적으로 선적인을 가리키는데, 미국에서는 육상운송의 경우에도 선적인이라 부른다. 송하인은 화물을 운송인에게 인도함과 동시에 선하증권(또는 화물 상환증)을 교부받아 이것을 수하인에게 보냄으로써 화물의 인도 의무를 완료하게 된다.

consolidated shipment 혼재적하
한 개의 컨테이너나 트레일러, 혹은 화물열차에, 여러 수탁인들의 화물을 혼재하여 선적하는 형태

Container Security Initiative (CSI) 컨테이너 안전협정
미국 세관 직원이 주요 항만에 주재하며 미국행 컨테이너에 대한 보안 검색을 수행하도록 합의한 협정으로 검사 대상 컨테이너 선별은 우리나라 선사가 미국 관세청으로 선적 24시간 전에 전자적으로 제출하는 선적 정보를 토대로 미국 적하목록 시스템인 ATS(Automated targeting system)를 이용한 분석을 통해 우범 컨테이너를 선별하여 검사를 실시한다.

continuous process facilities
미리 결정된 정지순서를 통과하는 제품의 흐름인 조립라인과 비슷한 시설 레이아웃으로 주요 차이점은 흐름의 별개(discrete), 성격(nature)보다 연속적이라는 것이다. 가솔린, 종이 타월, 음료와 같은 용적이 크고 표준화된 제품에 널리 사용되고, 이런 고도로 자동화되고, 자본 집약적인 시설이 최대의 효율을 얻으려면 거의 정지 없이 운영되어야 한다.

contract logistics
3PL서비스 제공자와 고객 사이에 계약이 존재하는 3자물류 관계이다.

contract manufacturer (CM)
OEM을 위한 제품을 제조하는 첫 번째 단계의 공급자

contract warehousing
영업용 창고의 고객 맞춤형 형태로, 외부 기업이 조직 자체가 전통적으로 제공하는 유통
서비스와 결합하여 제공한다.

Corporate social responsibility(CSR) 기업의 사회적 책임
기업의 활동을 어떻게 윤리적으로 할 것인가에 대한 관심

cost plus margin
제3자 물류업자의 요금 부과 메커니즘으로 실제 발생된 비용에 협의된 마진을 더한 것
을 포함한다.

cost, volume, profit(CVP) analysis
조업도의 변동이 기업의 원가, 수익, 이익에 미치는 영향을 분석하는 기법

CPT(carriage paid to) 운송비포함조건
운임 포함조건(CFR)과 비슷한 무역거래 조건이지만, 물품의 인도지역이 다르다는 점에
서 다르다. 즉 운임 포함조건의 경우에는 본선에 대한 적재가 위험이 이전되는 시점이
되지만, 운송비포함조건의 경우에는 운송인에게 인도하는 지점에서 그 위험부담이 이전
된다.

cross docking
창고에 입고되는 상품을 보관하는 것이 아니라, 곧바로 소매점포에 배송하는 물류시스템
을 말한다. 보관단계를 제거하고 체류시간을 줄여 배송기간 단축은 물론 물류비용 절감과
함께 물류의 효율성을 증대시킬 수 있는 방식으로, 입고 및 출고를 위한 모든 작업의 긴밀
한 동기화를 필요로 한다.

customer profitability
전통적으로 고객 수익성 분석은 처음에 총매출에서 수익과 비용을 제하고, 총이익에 도달했
을 때 판매된 제품의 비용을 뺀다.

customer relationship management (CRM)
조직의 수익성을 개선하고, 고객을 기반으로 고객과의 관계를 향상하기 위해 고객을 전
략적으로 위치시키는 것이다.

customs-trade partnership(C-TPAT)
미국 세관이 정한 안정성 기준에 부합하는 업체를 C-TPAT로 인증해 세관검사 축소, 화
물 통관 전용통로 이용, 월별 세액납부 및 정산 그리고 애로사항 청취 및 해소 등의 신속
통관을 허용하는 협정

customer segmentation
고객을 나이, 성별, 교육수준, 주거지 등과 같이 하나 혹은 그 이상의 객관적인 기준에
따라 제한된 수의 그룹 혹은 계층으로 분류하는 절차

customer service
판매자의 제품 또는 서비스의 사용 혹은 판매를 향상시키거나 용이하게 하는 구매자와

D

DAF(delivered at frontier) 국경인도조건

매도인이 수출통관을 담당하여 이웃 국가의 관세선을 넘기 전의 관세국경까지, 물품에 소요되는 모든 비용과 위험을 부담하는 조건을 말한다. 따라서 운송수단으로부터 물품의 양하와 수입통관의 책임은 매수인에게 있다. 이 조건은 육상의 국경에서는 어떠한 운송 방식에나 사용될 수 있다. 실제로 이 조건은 유럽 국가와 러시아를 비롯한 동유럽권 국가 사이의 교역에서 많이 사용되고 있다. 그러나 해상의 국경을 넘어 목적항의 갑판 상이나 부두에서 인도가 이루어질 때에는 이 조건을 이용할 수 없다.

Daily Maersk Service, 데일리 머스크 서비스

머스크라인이 도입한 서비스로 선적항 컨테이너 야드 반입에서 양하항 컨테이너 야드 인도까지 운송기간을 보장하는 것으로, 화주에게 100%의 정시 인도를 가능하게 하는 운송 서비스이다.

DDP(delivered duty paid) 관세지급인도조건

관세지급인도(DDP) 조건이라 함은 매도인이 물품을 수입통관하고 최종목적지까지 운반하여, 운송수단으로부터 양하하지 아니한 상태로 매수인에게 인도하는 거래조건을 말한다. 공장인도(EXW) 조건이 매도인의 최소한의 의무를 나타내는 반면에, 이 관세지급 인도조건은 그 최대한의 의무를 나타낸다.

DDU(delivery duty unpaid) 관세미지급 인도조건

수입국의 지정된 장소에서 매수인이 물건을 인수할 때 매도인의 책임이 종료되는 조건을 말한다.

decoupling point 디커플링 포인트

생산 프로세스에서 기본 제품이 고객 맞춤형의 완제품이 되는 시점

dedicated fulfillment

상점과 인터넷 판매를 하는 소매업자를 위한 오더 수행 옵션이다. 전용 수행은 통합적인 수행으로서 동일한 배송 목표를 두 개의 별도 유통 네트워크로 달성한다. 상점 배송과 고객 배송이라는 두 개의 별도 유통 네트워크를 가짐으로써 통합 수행의 단점을 제거한다.

delayed differentiation

공공 제품 플랫폼을 재고로 가지고 있는 하이브리드 전략이다.

delivery performance

고객이 원하는 시기에 선적된 고객주문율

demand amplification 수요 확장

공급사슬 관리에서 상류의 수요 확산이 하류의 활동이 수요변동을 발생시켜 공급의 과잉

을 초래하는 현상

demand management

수요관리란 제품별, 조직단위별 수요를 예측하고, 재고 및 생산 등 운송, 보관 등 물류부문과 생산능력 등 공급능력을 감안한 합의된 수요계획을 수립하고, 이 수요계획을 원활하게 수행하기 위해 물류, 공급부문과 수요공급 동기화를 해나가는 프로세스

destructive competetion, 파멸적 경쟁

가격요소 밖에는 경쟁요인이 없는 상태를 의미하는 경제학 용어로 정기선의 경우 초대형선화로 규모의 경제효과를 추구하면서 운임경쟁밖에는 가능하지 않은 상태를 말한다.

dependent demand 종속 수요

최종제품의 생산에 소요되는 각종 원자재, 부품, 구성품 등과 같이 모 품목의 수요에 종속되어 있는 품목의 수요를 의미

deregulation 규제완화

민간인의 행동을 규제하는 정부나 자치단체 등이 행정조치를 완화하는 것

derived demand 파생수요

인간이 사용하여 소비함으로써 그들의 욕망을 직접적으로 충족하게 되는 재화를 소비재라 하는데, 이와 같은 소비재에 대한 우리의 수요는 직접적이다. 한편 원료 및 그 밖의 생산수단은 생산재(중간재)라고 하는데, 이런 것들은 소비재를 생산하는 데에 사용된다. 따라서 생산재에 대한 우리의 수요는 간접적인데, 이러한 간접적인 수요는 직접수요에서 파생되는 것이라고 생각된다. 이것을 파생수요 혹은 간접수요라고 한다.

DEQ(delivered ex quay) 부두인도조건

Delivered ex quay의 약자로 화물을 목적지 항구의 부두에서 매수인에게 인도하는 무역거래조건

DES(delivered ex ship) 착선인도조건

매도인이 스스로 물품을 운반하여 본선의 갑판 위에서 수입통관하지 아니한 상태로 매수인의 임의처분 하에 인도하는 거래조건을 말한다. 이 조건은 부두인도조건(DEQ)과 함께 해상운송 또는 내수로운송에만 사용되는 도착지인도조건이다. 물론 이 조건은 물품이 목적항의 선박 위에서 복합운송으로 인도되는 경우, 즉 매도인의 창고에서 목적항까지의 최종 운송구간을 해상운송으로 한 복합운송에도 사용할 수 있다.

digital supply network, 디지털 공급사슬

스마트 공급사슬이라고도 불리며, 기업내 시스템에서 벗어나 광범위한 공급사슬에 상호연결된 비즈니스 시스템을 의미한다. 모든 공급사슬 단계간에 상호연계성, 자료수집 및 공유, 실시간 커뮤니케이션이 가능하며, 지능적 의사결정, 고객서비스를 위한 즉각적인 응대가 가능해진다.

directional imbalances

화물운송 시장에서의 서로 상이한 방향의 물량 또는 운송 방향의 형태에 대한 불일치

distribution centre (DC) / regional distribution centre (RDC) /
national distribution centre (NDC) / consolidation centre(CC)
유통센터들의 특정한 법칙이나 지정학적 범위에 따른 각각의 형태의 창고들을 설명하는
용어

distribution resource planning (DRP)
DRP는 아웃바운드 물류 시스템에 널리 사용되는 잠재적으로 영향력 있는 기술로서 비용
과 서비스 목표를 충족시키기 위한 적절한 재고 수준 결정을 돕는다. DRP는 조직의 제조
시설과 유통 센터 간 보충 일정을 결정한다.

downstream
최종 고객에 대한 제품의 유통 및 배송을 위한 단계를 뜻함

dropped delivery
다양한 사정으로 인하여 배달되지 않은 배송물 (정확하지 않은 주소나 하물 인수자의 부
재 등을 예로 들 수 있다.)

drop-shipped fulfillment
제조업자가 소매업자의 유통 네트워크를 건너뛰고, 소매업자의 상점에 직접 배송하는 모형

E

e-Business
다양한 비즈니스의 프로세스의 지원으로 공급사슬 관리간에 전자적인 방식으로 간접적
으로 정보를 교환하는 비즈니스의 형태

economies of scope
하나의 기업이 2가지 이상의 제품을 생산하거나, 2가지 이상의 서비스 군을 운영할 때,
각각 다른 기업에서 생산하는 경우보다 생산비용이 적게 드는 현상을 의미

economic order quantity 경제적 주문량
자재나 제품의 구입에 따르는 제비용과 재고유지비 등을 고려해 가장 경제적이라고 판단
되는 자재 또는 제품의 주문량으로 주문 비용과 단위당 재고유지비용의 합계가 최저로
되는 점(주문량)

electronic data interchange (EDI)
전자자료교환방식이란 선적요청서, 주문서(purchase order), 상업송장(commercial invoice)
등 기업 간에 교환되는 서류나, 수출입허가서(E/L I/L), 수출입신고서(E/D I/D), 수출입면
장(E/P, I/P) 등 기업과 행정관청 사이에서 교환되는 행정서식을 일정한 형태를 지닌 전
자메시지로 변환처리하여 상호 간에 합의한 통신표준에 따라 컴퓨터와 컴퓨터 사이에서
교환하는 시스템을 말한다. 즉 이는 거래 당사자가 인편이나 우편에 의존하는 종래의 종
이서류 대신, 컴퓨터가 읽을 수 있는 표준화된 전자서류를 데이터 통신망을 통해 교환함

으로써, 다시 입력할 필요 없이 직접 업무에 활용할 수 있는 새로운 정보전달 방식이다. 이러한 전자자료교환방식은 일반적으로 ① 전자문서와 통신방법의 표준화에 관한 전자 자료교환의 표준, ② 전자문서를 전송하거나 수신하기 위한 사용자 시스템, 그리고 ③ 사용자 사이에 통신망 서비스를 제공하는 제3자인 네트워크 서비스 제공자 등으로 구성 된다.

electronic point of sale (EPOS) data
실시간으로 소비자들에게 판매되는 정보를 전자적으로 수집하는 데이터

enterprise resource planning (ERP)
전사적 자원관리란 모든 단위업무를 통합, 관리할 수 있도록 개발된 통합정보시스템으로, 화물의 운송 주문으로부터 모든 정보를 계획하고 통제하는 전사적 운영 소프트웨어

environmental separation index (ESI) 환경 지속성 지수
세계경제포럼(WEF)에서 2001년부터 발표되는 환경지수로서 한 국가가 감당할 수 없을 정도의 환경파괴를 유발하지 않으면서 경제성장을 이룰 수 있는 능력을 측정하는 지표

e-commerce, 전자상거래
온라인 네트워크를 통하여 재화나 서비스를 사고파는 모든 형태의 거래를 의미한다. 인터넷 등 전자적인 매체를 이용하여 기계, 기업, 정부, 금융기관 등 경제주체간의 상품과 서비스를 교환하는 상거래를 말한다.

e-procurement
구매와 관련된 활동과 절차를 수행하기 위한 전자적 역량의 사용

e-sourcing
외자구매와 관련된 활동과 절차를 수행하기 위한 전자적 역량의 사용

exponential smoothing 지수평활법
지수평활법은 이전 수요의 평균, 가장 최근 수요, 평활상수 이렇게 3가지 형태의 데이터가 필요하다. 평활상수는 0과 1사이의 값이어야 하며, 높은 평활상수의 이용은 가장 최근 수요가 미래 수요를 예측하는데 더 나은 예측변수라고 추정한다.

external integration 외부 통합
공급 관리망에서 한 조직 이상의 비즈니스 프로세스가 서로 통합되어 있는 형태

EXW (ex works) 공장인도조건
매도인이 물품을 자신의 영업장 구내에서 매수인에게 인도하는 거래조건을 말한다. 즉 매도인은 자신의 영업장 구내에 있거나 또는 기타 지정된 장소에 있는 작업장, 공장, 창고 등에서 물품을 매수인의 임의 처분 아래에 인도하여야 한다.

F

facility layout
제조 또는 조립 시설의 4벽면 내에서의 기기, 저장 공간, 다른 자원의 배치를 포함한다.
레이아웃은 생산 전략과 조직이 채택한 조립 절차의 영향을 받는다.

FAS(free alongside ship) 선측인도조건
무역조건의 하나로 매도인이 매수인에게 화물을 인도할 때에 선적항의 본선의 선 측에서
인도하는 거래를 말한다. 본선의 선측이란 본선에 상설된 선적용 도구(tackle of ship)가
도달할 수 있는 범위에 있는 곳을 말한다. 선측인도 조건은 본선인도 조건(FOB)과 함께
본선인도 조건의 계통에 속하는 것이나, 본선이 아닌 본선의 선측에서 인도된다는 점에
서 다르다. 특히 부선을 이용하여 선적하는 경우에는 화물을 적재한 부선이 본선에 접근
하여야 인도가 완료된다는 점에서 확연이 다르다.

FCA(free carrier) 운송인 인도조건
수출업자가 지정된 운송인에게 물품을 인도할 때까지 책임을 부담하는 무역거래조건

FCL(full container load cargo) 컨테이너 단위화물
컨테이너 1개의 단위로 발송되는 화물을 말한다. 일반적으로 화주에 의해 컨테이너에 쟁
여져 컨테이너 야드로 반입되고, 목적지에서도 컨테이너 야드에서 컨테이너 그대로 수하
인에게 인도된다.

FDI 외국인직접투자
한 나라의 기업이 다른 나라에서 새로운 사업체를 설립하거나 기존 사업체의 인수를 통
해서 이를 통제할 수 있는 투자지분을 획득하여 장기적인 관점에서 직접 경영에 참여하
는 것을 목적으로 투자하는 것을 말한다.

financial accounting
기업의 경영활동을 인식, 기록, 분류, 정리하여 재무제표라는 회계보고서를 기업 외무에
공표할 목적으로 작성하는 외부보고를 위한 회계

financial considerations
주요 공급자 선택 기준 : 재정적으로 불안정한 공급업자는 장기간 지속적인 자재 공급이
불가능하다고 본다. 파산신고를 함으로써 최종 제품에 중요한 자재를 공급하는 공급자가
구매자의 생산을 중단시킬 수 있다.

financial management
기업경영 주체가 이윤극대화를 위하여 자금의 조달 및 운용 등 기업 내부의 재무사항을
관리하는 것

fixed order interval
재고관리 기술로 고정기간 혹은 정기적으로 재고를 오더하는 것과 관련이 있다. 일반적
으로 오더량은 확인할 때 재고가 얼마나 있고, 얼마나 가능한지에 달려 있다. 고정 기간
(fixed period) 접근 또는 고정 확인 기간(fixed review period) 접근이라고도 한다.

FOB(free on board) 본선인도조건
외국무역에서 해상매매조건 내지 가격을 결정하는 방법의 하나이다. 수출상은 일정한 기
간 안에 약정된 화물을 계약에서 정한 선적항에서 수입항이 마련한 선박에 선적하여 인
도할 때까지 소요된 비용(예컨대 포장비, 선적항까지의 운임, 창고료 등)과 위험을 부담
하는데, 이는 화물의 원가에 포함된다.

forecasting
고객 수요, 이동 시간, 제품의 계절사용 등과 같은 미래 현상을 추정하는 것이다. 예측은 장
기, 중기, 단기 목적으로 사용된다.

foreign freight forwarder
국제적 운송과 공급의 모든 측면에 지식이 있는 개인을 고용하고, 고용한 전문가들을 선
적 부서의 비경제성으로 인해 이러한 인력을 찾고 있는 작은 국제적 선사에 공급하는 운
송 주선업자

fourth party logistics(4PL) provider
1996년 Accenture사가 자사의 컨설팅 서비스를 어필하기 위해 창출해낸 개념으로 자원,
기능 및 포괄적인 공급사슬 솔루션을 제공하는 보완 서비스 제공자의 사람들과 자체 조직
의 기술을 조합하고 관리하는 공급 체인망 통합이라고 정의하고 있음.

freight bill
화물 운송 비용을 위한 운송업자의 인보이스

freight tonne kilometre(FTK)
화물운송 톤수에 수송거리를 곱한 수치

functional(silo based) organisation
재무, 영업활동, 인사 등과 같은 비즈니스 기능에 기초한 관례적이고 조직적인 구조

Fulfillment Center, 풀필먼트 센터
풀필먼트는 물류 센터에 상품이 입고, 보관, 출고되기까지의 과정을 관리하는 행위로, 고
객의 주문에 맞춰 물류센터에서 제품을 피킹, 포장하고 배송까지 하는 일련의 프로세스
를 뜻한다고 할 수 있다. 풀필먼트 센터는 고객의 복잡한 요구를 효율적으로 만족시키는
서비스를 제공하기 위해 창고에 새로운 기능을 부여한 것이다. 즉, 소비자가 원하는 특성
·가격·시간에 따라 제품 공급 가능하게 하려는 것이다.

G

geocentricity
지리적으로 완전히 독립되어 활동하고, 세계화 관점에 적응하는 것

globalisation
정치, 경제, 문화 등 사회의 여러 분야에서 국가간 교류가 증대하여 개인과 사회집단이

갈수록 하나의 세계 안에서 삶을 영위해 가는 과정

glocalisation 현지화
전 세계 시장을 대상으로 글로벌한 생각을 자신이 살고 있는 지역에 적절하게 적용하는 것

green laws
몇몇의 유럽 국가들은 주로 환경적인 이유 때문에 소위 녹색법이라고 하는 것을 통과시키는 데 매우 적극적이었는데 이는 이러한 국가들에서 사업을 하는 회사들은 이러한 규칙과 정책을 인지하고 있어야 한다는 것을 의미한다. 일반적으로 녹색법은 포장재의 반환과 같은 회수 흐름이 요구된다.

green product design
제품의 디자인 단계에서부터 제품의 환경적인 악영향을 줄이기 위한 제품 설계를 추구하는 것

groupage(consolidated service) 혼재운송
운송의 한 단위(트럭, 컨테이너, 파렛트 등)를 구성하는 데에 부족한 소량의 화물(LCL cargo)을 모아서, 하나의 운송단위로 만들어 운송하는 것을 말한다. 혼재운송은 소량화물의 집배(pick up and delivery) 및 통합(consolidation)과 더불어 브레이크 벌크(break bulk) 업무에 많은 손이 가기 때문에 통상 운송주선인이 담당하고 있다. 즉, 운송주선인은 품목 무차별운임(FAK)이나 혼재운임률(mixing rate)을 이용하여, 철도나 트럭 등의 서비스를 하도급 받아 이용한다. 미국의 주간통상법(Interstate Commerce Act)에서는 운송주선인을 개개의 화주에 대하여 일관하여 운송책임을 지는 자라고 하고 있다.

H

---

heuristic models
문제에 대해 좋은 해결책을 제공할 수는 있으나, 수학적으로 최적 혹은 최고의 해결책은 추구하지 않는 모형이다.

hold-on-dock storage
운송업자들은 선사들이 상품을 통합하고, 저장 비용을 절약할 수 있도록 선박의 다음 출발일자까지 hold-on-dock 보관소를 무상으로 제공한다.

horizontal collaboration
구매자와 구매자, 판매자와 판매자, 어떤 경우에는 경쟁자들 간의 관계로, 특히 이러한 형태의 협력은 로지스틱스 또는 공급 사슬 프로세스에서 유사한 혹은 협력적인 위치에 있는 회사들 간의 사업 배치와 관련이 있다.

ICC Termination Act of 1995
주간통상위원회(Interstate Commerce Commission)에 의해 제정된 법률로 자동차와 해상 운송업자의 경제적 규제를 대부분 감소시키거나 제거하고, 남아있는 철도 규제를 관리하기 위해 Surface Transportation Board 를 설립했다.

in bond
글자 그대로의 뜻은 관세제도의 특전으로 과세할 것을 유보한다는 것이지만, 실질적으로는 외국화물이 수입허가 미필의 상태에 놓여 있는 것을 말한다. 이와 같은 상태에 놓여 있는 화물을 보세화물이라고 한다.

inbound-to-operations logistics systems
조달, 제조, 조립과 같이 부가가치를 더하는 활동에 선행되고, 이를 용이하게 하는 활동들과 절차

income statement
매출, 비용을 요약한 손익계산서로, 특정 회계 기간 동안의 순수익 또는 손실을 보고한다.

Incoterms
국제상거래조건(International Commercial Terms)의 약칭으로서 정식의 명칭은 무역조건의 해석에 관한 국제규칙(International Rules for the Interpretation of Trade Terms)이다. 이 인코텀즈는 무역거래 상 기초적인 조건에 대한 해석을 통일하기 위해 국제상업소(International Chamber of Commerce)에 의해 작성되고 개정되고 있는 규칙이다.

independent demand
독립수요는 다른 부품이나 제품의 수요 발생과 상관없이 독립적인 수요 경향을 의미한다.

information visibility
정보 가시성은 공급사슬 관리에서 요구되는 정보를 다양한 관점에서 정보를 알아볼 수 있는 능력이다.

integrated carriers
통합된 운송업자는 문전 서비스, 일관된 일정의 픽업과 배송 서비스, 허브 앤 스포크 네트워크를 통한 신속한 서비스를 제공한다.

integrated fulfillment
오늘날 많은 소매업자들이 오프라인 거래(bricks-and-mortar)와 온라인 거래(clicks-and-mortar)를 유지한다. 즉, 소매업자는 소매상점뿐만 아니라 고객이 직접 구매할 수 있는 인터넷 사이트도 가지고 있다. 통합된 수행은 소매업자가 이러한 두 개 채널의 서비스를 위해 하나의 유통 네트워크를 운영하는 것을 의미한다.

integrated logistics management concept
일반적으로 조직 내에서 통합은 전체 로지스틱스 비용과 서비스를 측정하고, 변화가 생

겼을 때 트레이드 오프(trade-off)를 평가함으로써 효율성과 효과성을 향상시키기 위한 조직의 인바운드와 아웃바운드 로지스틱스 시스템의 통합을 의미한다.

intermodal transport
복합운송은 2개 이상의 서로 다른 운송수단에 의하여 단일의 복합운송인이 복합운송증권을 발행하여 화물을 인수한 시점부터 인도할 시점까지 전 운송구간에 대하여 일괄책임을 지면서 단일의 복합운임률에 의하여 운송되는 형태이다.

internal integration
내부통합은 한 조직 내에서의 비즈니스 기능들 간의 통합을 의미한다.

internal metrics
물품충족률과 라인충족률이 내부적 메트릭스로 간주된다. 즉, 판매자가 오더 충족을 위해 물품 혹은 라인의 재고를 얼마나 잘 배치했는지의 효율성 측정을 위해 설계되었다.

inventory
재고는 물자의 흐름이 시스템 내의 어느 지점에 멈추어 정체되어 있는 상태를 시간적으로 본 관리상의 개념으로서, 생산을 용이하게 지원하거나 고객의 수요를 만족시킬 수 있도록 유지되어 있는 원재료, 완제품, 부품 및 소모품의 상태를 재고라 한다. 이러한 재고에는 불확실한 변화에 대처하기 위한 안전재고, 장래에 대비하는 비축재고 등이 있다.

inventory centralisation
재고 중앙집중화. 여러 장소보다 한 장소 또는 몇몇의 장소에 재고를 보관하고 있는 것

inventory turnover
재고회전율. 연간 매출액을 평균재고자산으로 나누어 계산하며 재고자산이 어느 정도의 속도로 판매되고 있는가를 나타내는 지표

ISO 9000
국제표준화기구(ISO)가 1987년에 제정하여, 1994년에 그 일부를 개정한 기업에 대한 품질보증 시스템에 필요한 요건을 규정한 국제규격이다. 이는 원래 고객의 요구에 부합하는 제품 및 용역을 생산하기 위해 기업이, 고객지향의 종합품질경영(total quality management)이라는 개념을 원용한 것이다. 1993년에 유럽의 품질관리기구가 종합품질경영이라는 개념을 ISO 9000의 시스템에 접근하여 융합시킬 필요가 있다는 결론을 내림으로써, 97개국이 이를 국가규격으로 채택하였다.

J

joint cost
회사가 고정된 비율로 제품을 생산하고, 하나의 제품을 생산하는 데 발생하는 비용이 다른 생산을 수반할 때 발생하는 공동의 비용으로 귀로화물(backhaul)을 예로 들 수 있다.

just-in-time inventory management (JIT)
일본의 도요타자동차회사가 발전시킨 생산에 대한 포괄적인 개념이다. 즉 정보기술을 주문, 제조, 운송 및 공급에 적용하여, 불필요한 자재와 완성품의 재고의 누적을 피하는 한편, 수요에 즉각적으로 충당할 수 있도록 조정하는 현대적인 거래의 개념이다. 재고의 누적, 불량품의 발생, 불필요한 자재운반 시간이나 준비시간 등 제조공정에서 발생하는 모든 낭비요인을 제거하거나 최소화함으로써, 원가를 절감하는 것을 목표로 한다. 이를 위해서는 정기선의 일정표를 엄격히 지키고, 또 터미널, 특히 컨테이너 운송터미널을 정비해 두어야 한다.

K

kanban
일본 제조업자가 JIT재고 시스템에서 사용한 것으로, 칸반은 제조시설 내에서 필요한 부품과 자재를 소량 운반하는 카트에 붙이는 카드이다. 각 카드는 필요한 보충량과 보충활동이 언제 발생해야 하는지가 상세하게 명시되어 있다.

key performance indicator(KPI) 핵심성과지표
목표를 성공적으로 달성하기 위해 핵심적으로 관리해야 하는 요소들에 대한 성과지표

L

labor management
WMS를 조직이 제작 시간 표준 기반의 임무를 창조하고, 각 종업원의 생산성을 감시하고, 업무량을 감시하는 것이 가능하게 하는 관련 인력 추적 모듈과 연결시키는 능력이다. 이러한 인력 보고 능력은 성과 분석을 지원하고, 장려 프로그램의 사용을 지원하고, 추가적인 훈련이 필요한 인력을 확인하는 것을 돕는다.

land bridge
종래의 전구간을 해상운송에 의존하던 운송의 일부에서 육상을 경유하도록 함으로써 거리와 시간과 비용을 절약하고자 하는 운송방식을 말한다.

LCL - less than container load cargo
컨테이너 1개를 채울 수 없는 소량의 화물을 말한다. 컨테이너 단위화물(container load cargo)에 대응하는 용어이다. 이러한 화물은 컨테이너 화물 조작장(CFS)이나 내륙 데포에 집적된 다른 화물과 함께 컨테이너에 혼재되고, 목적지에서도 마찬가지로 컨테이너 화물 조작장이나 내륙 데포에서 컨테이너에서 꺼내어져 인도된다. 이러한 경우 화물 조작장 처리료의 명목으로 과징금을 부과하는 운임동맹이 많다.

less-than-truckload (LTL)
트럭 한 대 분량이 안 되는 화물, 터미널의 네트워크를 이용하여 통합하고 혼재하여 운송하게 된다.

lead time
발주와 입고 사이의 시간

leagile supply chain
Lean 과 Agile 물류 철학을 결합한 공급사슬

Lean
낭비의 제거와 더 적은 것으로 많은 것을 하는 것(doing more with less)

Leagile, 리가일
보충 리드 타임이 오래 걸리면서도, 수요를 예측할 수 없는 경우, 기본 제품은 원격지에서 제조되어 최종 시장에 가까운 위치로 배송된 후, 필요한 최종 제품을 생산하는 방식이다. 이 경우 기본제품 생산은 린 방식에 의존하고, 시장 인근에서의 최종제품 생산은 애자일 방식에 의존한다.

lifecycle costing/whole life costing
제품 또는 서비스의 전체적인 수명 주기에 걸친 관련 비용을 결정하는 것

liner service(carrier) 정기선 서비스
정기선, 즉 미리 계획되어 공표된 일정에 따라 선적항과 양륙항 사이를 정기적으로 운항하는 화물선을 소유한 선박회사에 의하여 제공되는 용역을 말한다.

logistics
판매활동에서의 물적 유통(physical distribution)과 생산 및 조달활동에서의 자재관리(materials management)를 합하여 로지스틱스라고 하고 있으나, 미국의 로지스틱스관리협의회(CLM: Council of Logistics Management)는 로지스틱스를 "공급사슬 관리(supply chain management)의 일부분으로서 고객의 요구를 만족시키기 위하여, 상품 및 서비스와 그에 관련된 정보를 발생 기점으로부터 소비점에 이르기까지의 흐름(flow)과 보관을 계획하여 실시하고, 통제하는 것"이라고 정의하고 있다.

logistics channel
제품의 효율적인 흐름에 기여하는 운송, 저장, 취급, 커뮤니케이션 기능에 관여하는 중개인의 네트워크

logistics management
로지스틱스에서 가장 널리 받아들여지는 용어로서 개별사업분야뿐만 아니라 공공/정부와 비영리분야의 로지스틱스를 포함한다. 또한 은행, 병원, 식당, 호텔과 같은 서비스 조직도 로지스틱스 문제를 가지고 있어, 로지스틱스 관리는 이러한 산업 내에서도 적절한 용어이다.

logistics operations responsiveness (LOR)

판매자가 구매자의 요구에 얼마나 잘 반응할 수 있는지를 확인하는 로지스틱스 운영 반응성의 개념이다. 반응은 2가지의 형태를 취할 수 있는데, 첫째, 판매자가 구매자의 독특한 요구에 부합하는 고객화된 서비스를 얼마나 잘 제공할 수 있는가와 둘째, 구매자의 갑작스러운 수요 패턴 변화에 얼마나 빠르게 반응할 수 있는가이다.

logistics service provider (LSP)

물류 서비스를 제공하는 다양한 형태의 회사

M

make-to-order (MTO)

실제 고객의 수요를 충족시키기 위해서만 제품을 생산하는 것

make-to-stock (MTS)

이 조립공정은 전통적인 생산방식으로 주로 고객의 주문이 접수되기 전에 최종제품은 완성되는 기법이다.

management accounting

관리회계는 경영자의 경영 관리 활동을 지지하기 위해 기업 내부자에게 필요한 정보를 제공하는 목적의 회계를 의미한다. 넓은 뜻으로는 경영의 급부 목적이나 물적 설비, 인적 조직, 자본 구성 등과 같은 경영자의 기본적 사항을 개혁하려는 창조 활동을 말하며, 좁은 뜻으로는 시간 경과에 수반하여 전개되는 경영의 선택, 조정, 통계 기능을 말한다.

market-focused firm, 시장지향적 기업

화주에게 가치를 전달하고 창출시키는 전략이 궁극적으로 물류서비스 제공자의 이익에도 부합된다는 목표를 두고 있는 기업

mass customisation

일반적으로 대량 생산되는 다양한 다른 완제품에 고객맞춤을 접목시킨 것

materials handling equipment (MHE)

재고 취급을 위한 다양한 형태의 기기를 설명하는 용어

materials management (and physical supply)

기업에 제품을 공급하는 것과 연관된 저장, 보관 등의 기능을 수행하는 것이다.

materials planning

자재수요와 자재공급 간의 조정을 수행하는 기능과 같은 자재관리의 기능을 하는 것이다.

materials requirements planning (MRP)

새로운 ERP 시스템의 전 단계이다. MRP는 제품의 공급을 예측하여 관리와 스케줄링을 지원해주는 프로그램으로 처음으로 컴퓨터화된 정보시스템에서 발전되었다. 예측기법을

토대로 얼마나 많은 자재를 구매할 것인가를 결정하는 의사결정 도구로 사용되어졌다. MRP시스템은 재고를 줄여주고 시설물을 보다 효율적으로 사용되게 하며, 고객 서비스를 증진시키는 비즈니스 기법으로 사용되었다.

matrix organisation
경영조직의 한 가지로 계통(line) 관리자와 기능관리자(staff)가 이중으로 책임을 지는 제도를 말한다. 이러한 조직에서는 관리자들 사이에 상당한 커뮤니케이션이 이루어질 수 있어야 한다.

min—max inventory management approach
조직에서 추가 주문을 하기 전에 보유하고 있는 재고량이 재주문 시점 아래로 떨어졌을 때 수요를 보다 크게 책정하는 방식으로 이 경우에는 재주문 시점과 보유 재고량 사이에 차이로 인한 최소—최대 접근법을 최대한 이용한다.

N

national council of physical distribution management (NCPDM)
미국 물류관리협회로 물적 유통 관리 영역에 있어서 리더십, 교육, 리서치 등에 관심을 가지고 있는 국가적인 조직이다.

node
기업의 물류 보관 시스템에 있어 공장, 저장소, 공급 소스와 시장과 같은 곳에 제품을 저장하고 보관하는 고정된 지점이다.

nonintergrated carriers
통합되어지지 않은 운송업자로 공항에서 공항까지 오직 항공 서비스로 적정량의 수요를 공급하는 것이다. 공장에서부터 항공 포워더들에 의존하여 고객에게 배달 서비스를 제공하고 있다.

NVOCC—non—vessle operating common carrier
무선박일반운송인으로 미국 해운법상의 일반운송인으로서 스스로 운송수단을 지니지 않은 채, 화주에 대하여 자기의 요율에 의하여 운송을 인수하여 선박회사를 하도급인으로 하여 이용운송을 하는 해상운송인을 말한다. 미국 연방해사위원회(FMC) 관계 규정에서는 ① 해운업에 규정된 내항 및 외항해운을 이용하여 물건을 운송하기 위해, 광고, 권유 및 기타의 방법으로 요율을 설정하여 공시하는 자, ② 물건의 운송에 관해 책임을 인수하거나 법적 책임을 지는 자 및 ③ 사용 선박의 소유나 지배 유무에 관계없이 수상운송인을 하도급 운송인으로 이용하여 자기의 이름으로 그 물건을 운송하는 자로 되어 있다. 우리말로는 무선박 운송인 또는 비선박운송인 등 여러 가지로 번역되어 쓰이고 있는데, 정확하게 번역한다면 '선박비운항 일반운송인'이라 하겠다.

north american free trade agreement (NAFTA)
1993년 캐나다, 미국, 멕시코의 리더들이 서명한 것으로 1994년 의회에서 비준하였다.

NAFTA는 앞서 말한 3개국간에 자유 무역을 허용하는 것으로 설명되어지고 있다.

O

offshoring
특정한 프로세스를 비용이 저렴한 다른 나라에 있는 제조업자에게 활동을 이전시키는 것.

On-demand, 온디맨드
하드웨어는 물론 어플리케이션, 솔루션 등 서비스를 소비자가 원하는 대로 수요하고 사용하는 개념. 온디맨드는 기존의 공급이 수요를 창출하는 것과 역순으로 진행되는 과정으로 소비자의 특정 수요(demand)가 발생하면 그 요구에 맞춰 서비스나 솔루션을 연결하는 방식

online trading community
비즈니스를 수행하는 다양한 바이어와 셀러들이 존재하는 시장에서 제3의 기술 벤더에 의해 유지되는 것을 말한다.

on-time deliveries
약속된 시간에 적절한 양의 주문이 배달되어지는 것을 말한다.

opportunity cost 기회비용
한계비용 속에 들어 있거나, 그 자체가 한계비용의 전부로 되어 기업 운영 상 중요한 작용을 하는 비용을 말한다. 유동자금은 그것을 투자함으로써 항상 이익을 올릴 수 있다. 즉 회전자금의 경우에는 언제나 그 이자가 기회비용으로 된다.

order accuracy
주문된 수량이 얼마나 적확한 수량에 맞추어 배달되었는지 측정하는 것을 말한다.

order completeness
주문된 제품의 양과 실제로 배달된 제품의 양을 비교하여 KPI 지수에 충족되는 주문을 평가하는 것을 말한다.

order cycle
제품의 주문에서부터 실제로 제품이 소비자에게 전달되는 데 걸리는 시간을 말한다.

order cycle time(OCT)
제품을 주문했을 때부터 제품을 수령하기까지 흐른 시간을 말하며, 여기에는 전송, 처리, 준비, 선적 등이 포함된다.

order fill rates
얼마나 정확하게 주문이 이행되었는지 퍼센트로 나타내는 것을 말한다.

order processing

고객 주문을 이행하는 것과 관련된 행위를 말한다.

ordering cost

공급업자와 재고 주문을 이행하는 비용을 말한다.

order-to-cash cycle

판매자가 선적을 위한 대금을 받을 때까지 판매자에 의해 접수된 주문의 시간으로부터 발생되는 모든 행위를 말한다.

original equipment manufacturer (OEM)

완제품, 유명 상표의 제품을 생산하는 회사들(종종 CM이 생산하는 부품으로 생산)

outbound-to-customer logistics systems

고객에게 제공되는 조직의 능력을 향상시키는 과정, 시스템 그리고 수용력 등을 말한다.

outputs and reports

MRP시스템을 실행한 이후, 몇몇의 기본적인 결과물과 보고서는 다음과 같은 것을 통해 물류와 제조에 수반되는 관리자를 지원해준다. 1. 접수받은 제품의 수량은 적절하게 이행되어야 한다. 2. 제품이 신속하게 배송되어야 하거나 스케줄 조정이 접수되었을 때, 3. 제품의 주문 취소가 접수되었을 때, 4 MRP system status

outsourced fulfillment

다른 기업에 의해 수행되는 이행의 한 형태이다.

outsourcing

예전에는 회사가 직접 수행했던 프로세스의 배송과 관리를 제 3 자에게 전환하는 것

own account transportation

화물 운송에 LSP를 사용하는 대신 자가 차량을 이용하여 화물을 운송하는 회사

P

part commonality

제품에서 각각 다른 부품의 수를 줄이는 것을 추구하는 접근방법

part-to-picker systems

피커 조작자가 작업할 수 있게 자동화된 기계를 설치하는 시스템이다.

perfect order index (POI)

성공적인 고객 주문의 이행을 증진시키기 위한 네 가지 기본적인 구성요소를 측정하는 지표이다. 완벽한 주문에 고려되어야 할 사항으로 올바른 제품이 1 적절한 장소에, 2 적절한 시간으로, 3 제품의 손상이 없이, 4 정확한 제품의 가격과 대금 지불 문서로 배달되어야 한다.

periodic inventory control system
재고 수준과 오더 필요를 지속적이 아닌 주기적으로 확인하는 것

perpetual inventory system
지속적인 감시를 통해 재고가 재주문 시점에 도달되었을 때를 결정하는 데 활용하는 시스템이다.

physical distribution
재화를 공급자로부터 수요자에게 이동시킴으로써 시간적, 장소적 효용을 창출하는 물리적인 경제활동을 물류라고 한다. 즉 물류란 물적 유통을 말하는데, 소비자의 욕구를 충족시키기 위하여 공급자로부터 소비자 또는 사용자까지의 원자재, 중간재, 완성재 그리고 관련정보를 이동시키는 것과 관련된 흐름과 저장을 효율적이면서 효과적으로 계획, 집행, 통제하는 과정을 말한다. 이 물류활동은 일반적으로 운송, 보관, 포장, 하역, 정보의 활동으로 구성된다.

port centric
다양한 물류 활동을 내륙 지역보다 항만에 배치하는 것

postponement
가능하면 하류에서 완제품 고객화의 연기가 가능하게 하기 위하여 제품과 프로세스 설계를 변경하는 것으로 간단히 '연기된 제품 형태(delayed product configuration)', '연기된 제품 차별화(delayed product differentiation)', '늦은 단계 고객화(late stage customisation)'라고도 한다.

procurement
외자구매와 구매를 포함하고, 잠재적인 공급자의 확인에서부터 공급자에서 고객에게로 배송하는 모든 활동

product/process-oriented organisation
사업기능보다 제품 혹은 절차에 의해 정의되는 조직적 그룹 혹은 팀으로 이루어진 조직의 구조

profit and loss account/income statement 손익계정
정의된 기간 동안의 경영 거래활동의 계정

promotion
소비자에게 직·간접적인 접촉을 통한 서비스 제공으로 제품의 판매를 증가시키는 노력을 말한다.

public warehouses
다른 사람을 위하여 물건의 보관을 영업의 목적으로 하는 창고를 말한다. 즉 자가창고에 대비되는 개념이다. 말하자면 창고업자의 영업용 창고를 말한다. 창고임치계약에 의해 물건을 임치받아 보관하는 창고이다. 운송업자나 운송주선업자가 화물을 일시보관하거나 장재하기 위한 창고는 물론, 금융업자가 그 담보물건을 장치하기 위한 창고도, 보관료를 받고 그 창고보관을 영업으로 한다면 영업용 창고에 속한다.

pull philosophy
자재가 필요할 때에만 생산되고 이동하는 것

purchasing
공급자에게 제품과 서비스를 실제로 사는 것과 관련된 특정한 기능

push philosophy
자재가 계획된 예측에 의해 생산되어(정확할 수도 있고, 정확하지 않을 수도 있다.) 공급 사슬의 다음 단계로 이동하는 것

Q

quality
각각의 기업에서 의미하는 정의는 다르나 사용자에 의한 요구사항이나 특정 요청 등에 초점을 맞추고 있다. 이러한 이유로 고객에 의한 제품 회수나 제품 보증과 같은 문제가 기업의 내부적인 결함 문제나 yield 지표보다 더 중요시되고 있다.

quick-change supply chains
고객의 제품에 대한 니즈와 운송에 신속한 변화에 대응하는 것을 말한다. 또한 원자재 공급업자와 로지스틱스 제공자의 능력을 전세계적으로 수용한다. 아울러 외적으로 고객의 니즈를 만족시키기 위하여 공급 체인 파트너들과 함께 일하며 시장의 니즈를 파악하여 새로운 방식을 발전시키는 데 집중한다.

R

radio frequency identification (RFID)
자동 식별과 데이터 파일화에 사용되는 라디오 무선 주파수 기반의 기술

random variation
재고 변동의 한 형태로 예측이 불가하여 재고가 떨어지지 않도록 안전재고를 비축한다.

rapid replenishment
make-to-order 제조전략으로 직접적으로 운송하는 모델로 유연성에 대처하는데 장점을 지니고 있다.

regional trade agreement
이웃한 국가 간에 자유 무역을 허용하는 협약

reliability
운송하는 데 경과하는 시간을 기준으로 고려하여 운송업자를 선정한다. 운송업자는 일관성 있는 운송시간을 제공해야 한다.

reorder point
필요한 주문을 미리 결정하여 재고를 주문하는 것이다. 주문이 다시 발생되는 시점 동안에 기업에서 최소한의 수준에 공급을 만족하여 서비스를 제공하는 것이다.

replenishment cycle
주문 사이클과 비슷한 개념으로 특히 제조, 유통, 소매점 등에 공급 체인을 이용하여 inbound movement에 적용되는 것을 말한다.

resource efficiency
자원 효율성은 유통활동에 있어서 예상되는 시간과 실제로 이행된 시간을 비교하여 측정되는 것을 말한다.

resource requirements planning(RRP) 자원소요계획
자원소요계획은 장기적이고 거시적인 관점에서의 계획 방법 중의 하나이다. 이는 리더들이 생산 계획에 자원을 활용하여 운영하는 것을 결정하는 데 도움을 준다.

return on assets(ROA) 총자산 이익률
재정적인 수행 지표로 동일 산업이나 비슷한 유형의 산업에서 한 조직의 관리와 같은 수행능력을 다른 조직과 비교하는 데 기준점으로 사용되고 있다.

return on equity
순이익을 지주의 평균 지분으로 나눈 값이다.

returns management
바이어로부터 셀러에게 제품이 이동되는 프로세스이다.

reverse flows
제품의 패킹을 위한 회부와 같이 시장에서의 수리, 패킹, 폐기, 판매 등의 처리를 위해 공급 체인상에서 전단계로 움직이는 것이다(reverse).

RMA return material / merchandise authorisation
일반적으로 반품되는 상품과 포장재를 확인하는 데 사용된다. 엄밀하게 RMA는 반품되는 제품을 동반하는 수와 형태라고 할 수 있다.

robust
수요의 정기적인 변동 관리와 같은 강하고 활발한 능력을 의미하기 위해 공급사슬 문맥에 사용되는 용어

S

---

safe stock 안전재고
기업이 주문의 지연이나 고객의 제품 구입의 변화 등에 대처하기 위해 평균 이상으로 제품을 보관하고 있는 방식을 말한다.

sale and lease back
일반적으로 세금 혹은 다른 이유로 가치있는 자산을 금융기관에 판매했다가 그 후 해당 금융기관으로부터 리스하는 것

service level agreement (SLA)
두 명의 계약 당사자 사이에 협정한 KPI와 다른 사항들을 정의한 문서를 상호 간에 동의하고 수용하는 것

ship broker 선박중개인
선박과 관련된 거래에서 중개행위를 하는 자 및 그러한 사업체의 총칭이다. 해상물건운송의 중개 또는 선박의 대여, 용대선 또는 매매를 중개하는 사업을 말한다. 해상물건운송의 중개인, 선박의 대여 및 용대선 중개인 및 선박 매매중개인 등은 각각 그 기능 면이나 업무의 범위에서 구별된다.

shipping conferences 해운동맹
특정항로에 정기선을 취항시키고 있는 해운업자들이 상호간의 경쟁을 억제하여 가맹 각사의 이익유지 및 운임의 안정, 서비스의 향상 등을 목적으로, 운임이나 영업형태를 상호 협정하는 국내적이거나 국제적인 카르텔의 일종이다. 원래 카르텔은 경쟁을 제한함으로써 독점 내지 과점을 목적으로 하는 것이기 때문에, 독점금지법 등에 의해 여러 가지 규제를 받는 것이 일반적이지만, 해운동맹에 관해서는 독점금지법의 적용이 제외되는 경우가 많다. 해운동맹의 내부협정에는 화물의 등급, 운임률, 최저운임, 할인 등에 관한 협정을 결정하는 것, 적취량, 운송구역의 분할, 발착일시, 항해빈도, 사용선박의 척수를 협정하는 것 및 운임수입을 합동으로 계산하는 것 등이 있다.

silos
다른 이들로부터 분리되어 운영되는 팀 또는 사업 기능

simulation models
실제로 행동하는 시스템을 모델링하여 시험을 수행하는 것으로 제한된 조건에서 시스템 작동에 특정한 기준을 부여하여 다양한 전략을 평가하고 시스템을 이해하는 것이다.

six sigma
식스 시그마는 회사 내에서 중요한 문제를 해결하고 자문을 주는 블랙벨트와 그린벨트로 알려진 전문가들에 의해 활용되고 있다.

socio-technical systems (STS)
기술적 시스템과 사회적 시스템의 공동 최적화, 근무 생활의 질, 시스템 설계의 고용자 참여, 반독립적인 업무 그룹을 촉진하는 관리 철학

sourcing
적절한 공급자를 찾고, 같이 일하는 것

Staggers Rail Act of 1980
미국의 철도산업에 경제적인 규율을 완화시킨 법안이다.

stock keeping unit (SKU)

특정한 제품 종류의 크기, 포장 등에 관한 독특한 형태

stockout

고객이 제품을 필요로 할 때 고객이 원하는 시간과 장소에 필요한 완제품의 수량이 없을 때 발생하는 것으로 품절, 혹은 결품이라 한다.

supplier development

구매자들이 공급자가 그들에게 제공하는 제품이나 서비스를 향상시키기 위해 공급자들을 돕는 것을 찾는 활동

supply chain

각각의 기업에 걸쳐 전사적으로 서로 영향을 미치며, 총체적인 공급 체인을 수반하며 서로 간에 관련된 행위를 하는 것을 말한다.

supply chain information system (SCIS)

회사와 공급업자 사이에 자동화된 정보의 흐름을 알려주는 시스템으로 계획, 소싱, 생산을 최적화시키고, 제품과 서비스를 제공하는 역할을 수행한다.

supply chain management 공급사슬 관리

공급사슬 관리란 개별 기업들과 공급사슬 전체의 장기적인 업적을 개선할 목적으로 특정 회사 내의 전통적인 제 기능(수송, 보관 및 유통 등의) 전반에 걸친 전술과 공급사슬 내에 있는 여러 기업의 그러한 사업 기능에 대한 전술을 시스템으로서 전략적으로 제휴하는 것을 말한다.

systems intergration

WMS, ERP, 주문관리 시스템, 운송관리 시스템을 통합하여 조직들과 공급사슬에 걸쳐 강력한 정보의 흐름을 제공하는 것을 말한다.

T

tankers 유조선

액체상태의 모든 화물을 선적할 수 있는 선박을 말하며, 주로 석유 및 석유제품을 선적할 수 있는 선박을 말한다.

third party logistics company (3PL) 제3자물류

미국 물류관리협회(Council of Logistics Management)의 정의에 따르면, 제3자물류란 "물류경로 내의 다른 주체와 일시적이거나 장기적인 관계를 갖고 있는 물류경로 내의 대행사 또는 매개인을 의미한다. 즉 화주와 단일 또는 복수의 제3자 사이에 일정기간 동안 일정한 비용으로 일정한 서비스를 제공하기로 서로 협의하여 수행하는 과정이다."

time charters 정기용선

용선이란 해상운송인이 운임이나 용선료를 지급 받기로 하고, 선박의 일부나 전부를 일

정 기간 제공하는 것을 말한다. 선주가 선박의 의장과 선원의 배승 등 선박의 운항에 필요한 준비를 갖춘 선박의 사용권만을 용선자에게 빌려주고 그 대가를 받는다는 점에서 선박 자체만 임대차하는 나용선과 구별되고, 용선된 선박의 운항(운송계약의 체결과 이행을 포함한다.)을 선주가 아닌 용선주가 책임지고 수행한다는 점에서 항해용선과 구별된다.

time utility
시간을 통하여 제품의 가치를 창조하는 것으로 운송과 보관은 시간의 효용을 창출시킨다.

ton-miles 톤 마일
운송수단이 운송한 화물의 양에 운송거리를 곱한 값이다. 즉 1톤의 화물을 1마일 운송하였을 때 그 운송량은 1톤.마일이 된다.

total cost concept
전반적인 비용 시스템의 변화에 대한 평가가 잠재적으로 변화될 것이라고 판단되는 관리 시스템적인 접근법이다.

total cost of ownership(TCO)
제품이나 서비스 취득 시 취득부터 폐기까지 발생하는 모든 비용을 고려한 것을 구매가격으로 고려하는 개념이다.

total cycle time
주요 제품의 구매와 각각의 제품이 보관될 수 있는 모든 날짜를 결정하는 것에 대한 연구를 통해 제조 업무 수행을 측정하는 지표이다.

total landed costs
다른 지역에서 제품을 받거나 구매하는 것과 관련된 전체 비용

transaction exposure
다른 통화로 거래함으로써 발생할 수 있는 잠재적인 재정적 손실에의 노출

transfer price
상품이나 서비스가 같은 회사의 부서 간 전환될 때 발생되는 가치

translation exposure
통화 변동에 따른 자산 가치의 변화

transload freight
한 컨테이너에서 다른 컨테이너로 이적하는 화물을 의미

transport manaement system(TMS)
인바운드와 아웃바운드에 있어서 관리를 향상시키는 물류의 도구이다. TMS는 여러 시설들에 공급 체인을 통한 화물의 추적을 통해 화물의 운송을 최적화하는 데 도움을 주며, 사용자의 운송 형태에 근거하여 화물의 비용 지불 프로세스를 관리한다.

transport cost sensitivity

화물 가치와 운송비의 관계: 높은 민감도는 작은 운송요금의 변화가 운송수단 선택 결정에 큰 영향을 미치는 것이다.

transportation model

주어진 공급자에서 몇 개의 목적지에 운송해야 하는 낱개 화물을 위한 최소 총 운송비용을 계산하는 데 사용되는 모델

truckload (TL)

최소한의 무게 또는 그 이상의 선적품의 중량이다. 운송업자는 TL-size 화물의 선적으로 비율을 감소시킨다.

V

value-adding activities

제품이 주는 혜택에 대한 소비자의 인식을 증가시키기 위해 제품을 향상시키는 공급 사슬 활동

value chain concept

조직의 주요부서와 지원부서의 이익과 관련하여 가치를 창출하는 데 기여하는 것을 통해 전반적인 업무수행을 평가하는 접근법이다.

value of service 운송가치

운송에 대하여 그 수요자인 여객이나 화주가 인정하는 주관적인 가치를 말한다. 이러한 운송가치의 인정에 대하여 영향을 미치는 것으로서 운송용역의 품질은 수요자의 구매력으로 표시된다. 속도가 빠르고 신뢰성이 높은 운송서비스일수록 효용가치가 커진다.

vender-managed inventory (VMI)

고객의 재고를 관리하는 데 있어서 비용을 절감하고 서비스를 향상시키는 고객 서비스 전략이다. VMI는 1985년 초반에 소매업자와 그들의 공급업자 사이에서 종종 사용되어졌다.

vertical relationships

공급 체인에 참여하는 소매업자, 도매업자, 제조업자, 공급업자들 사이에 수직적인 조직간의 관계를 형성하는 것을 말한다.

voyage charters 항해용선

어느 1항구나 몇 항구로부터 다른 1 항구나 몇 특정 범위의 1 항구나 몇 항구로 미리 서로 협정한 운임과 조건(rates and condition)으로, 만선화물(full cargo)이나 일부화물(part cargo)을 운송하기 위하여, 선주가 용선자에게 자유로이 본선의 선복을 사용하도록 허용하는 운송계약이다. 운임은 실제로 적재한 화물의 수량에 의하여 결정된다. 선주는 모든 운항경비, 대리점료, 수수료 및 중개료 등을 움임 중에서 지급하여야 한다. 다만 적

양하비용은 용선 계약의 조건에 따라 용선자가 지급하는 경우가 많다. 헤이그 규칙은 선하증권이 발행된 경우에만 적용되고, 일반적인 항해용선 계약에는 적용되지 않는다.

vulnerability
공급 사슬 또는 물류 시스템이 손상(damage), 분열(disruption) 또는 실패(failure)에 노출될 가능성

W

warehouse management system(WMS)
창고(warehouse) 내에서 자재와 화물 운송을 관리하는 소프트웨어로 자동 처리 기기와 상호작용을 하거나 작업자에게 작업지시를 할 수 있다.

⚓ 참고문헌

[한국 참고문헌]

국토해양부, 「국가물류기본계획 수정계획(2011 – 2030)」, 2011. 4.

김광석 외, "물류공동화 활성화를 위한 중요요인과 장애요인에 관한 연구 — 인천남동공단 물류공동화를 중심으로 — ," 「물류학회지」, 제19권 제 1 호, 2009.

김대기, 김상철, 김정혁, "기업물류경쟁력확보를 위한 물류용기 풀시스템 도입성과 분석," 「로지스틱스연구」, 제10권 제 1 호, 2002.

김미형, "공급사슬 리스크 관리에 관한 연구 고찰," 2008년 대한산업공학회 / 한국경영과학회 춘계공동학술대회.

김영주 외, "기업의 일관수송용 파렛트 사용실태 및 인식분석," 「유통경영학회지」, 제14권 제 2 호, 2011.

김태우, "컨테이너 보안동향과 대응방안에 관한 연구," 「대한안전경영과학회지」, 2009.

김택수, 백재원, 유선우, "녹색물류 진단방법과 녹색물류 효율화방안," 한국구매조달학회, 제 9 권 제 1 호, 2010년 6월, pp. 31 – 43.

민연주, 「녹색물류 인증제도 도입방안 연구」, 한국교통연구원, 2009.

박성칠, 「Supply Chain 프로세스 혁신」, (Sigma Insight), 2008.

사카마키 히사시, 김경철 옮김, 「캐논 대담한 개혁」, 북쇼컴퍼니, 2008.

산업연구원, "ERP 열풍의 명과 암," 「산업경제정보, e – kiet」, 2002. 9.

삼성경제연구소, "경쟁우위의 새로운 원천: SCM," 「CEO information」, 제668호, 2008. 8.

서상범, 한상용, 「환경친화적 물류공동화 추진 방안 연구」, 한국교통연구원 연구총서, 25호, 2009.

손병석, 김윤정, 김태복, "부가가치 물류의 분석적 체계에 대한 연구," 「한국항만경제학회지」, 제24권 제 1 호, 2008.

안기명, 양창호, 나영, 박수만, 「해운항만물류회계」, 박영사, 2009.

양창호 외, 「해운항만산업의 미래 신조류」, 효민, 2009.

윤국, 김진수, 양창호, "공급사슬위험관리(SCRM)가 화주기업의 단기성과와 중·장기성과에 미치는 영향에 관한 연구,"「물류학회지」, 제25권 제 3 호, 2015. 9, pp. 39-54.

이명복, 김웅진, "유닛로드시스템의 표준모듈화에 관한 연구,"「물류학회지」, 제 17권 제 3 호, 2007.

이상학, 차정훈, 서봉진, 박찬영, 하병용, 이은미, … & 여진경, "철도차량 스마트 운영관리를 위한 RFID 기술현황 및 개발 필요성,"「한국전자통신학회 논문지」, 제 9 권 제 2 호, 2014, pp. 219-30.

이성우, 김찬호, 송주미, 「국가경쟁력 강화를 위한글로벌 물류기업 육성방안」, 한국해양수산개발원, 2011. 12.

이정은, 박상봉, "물류원가절감을 위한 모델 구축과 경로 재설치에 관한 연구- p사의 사례연구를 중심으로-,"「대한경영정보학회」, 2014.

이정호, 최병대, "항만입지특성이 항만도시성장에 미치는 영향에 관한 연구,"「한국항만경제학회지」, 제30권 제 4 호, pp. 163-85.

전일수, 홍석진, "동북아 물류허브: 동북아 항공운송자유화 정책 추진방안,"「동북아허브전략연구」, 4권 2호, 2004.

최재선, 목진용, 황진회, 고현정, 「국가 물류보안 체제 확립방안연구(1)」, 한국해양수산개발원, 2006. 12.

한국개발연구원, 「경제자유구역 활성화 방안에 관한 연구」, 2010. 2.

한국무역협회, 국제물류지원단, 「2007년 물류표준화 실태조사 보고서」, 2009. 4.

한국무역협회 국제물류지원단, 「2008년 주요 물류기업 경영실적」, 2009. 6.

한국무역협회, 「세계 속의 한국물류현황」, 2007.

Chief Logistics Officer.

[일본 참고문헌]
國領英雄, 「現代物流槪論」, 成山堂書店, 2003.

니시자와 오사무, 「物流活動의 會計와 管理」, 2003.

森 隆行, 「現代物流基礎」, 同文館出版, 2007.

小林照夫國, 澤喜司郎 外, 「現代日本經濟와 港灣」, 成山堂書店, 2001.

鈴木 睦, 「國際物流의 理論과 實際」, 成山堂書店, 2009.

中堅酒販店5社ガ共配センターで仕入れ配送車両を約40%削減, 「Material Flow」, 2007. 7. No. 568.

湯浅和夫, 「物流와 로지스틱스의 基本」, 日本實業出版社, 2008.

河西健次, 「實戰物流 코스트計算」, 成山堂書店, 2003.

[영어권 참고문헌]

Aberdeen Group, *Supply Chain Inventory Strategies Benchmark Report*, Dec. 2004.

Akio Imai, Koichi Shintani, Stratos Papadimitriou, "Multi-port vs. Hub-and-Spoke port calls by containerships," *Transportation Research Part E*, Vol. 45, 2009.

Amelia C. Regan, Jiongjiong song, *An Introduction in Transition: third party Logistics in the Information Age*, Transportion Research Board, 2000.

Andrew R. Goetz, Timothy M. Vowles, "The good, the bad, and the ugly: 30 years of US airline deregulation," *Journal of Transport Geography*, 2009.

Antoine Fremont, "Shipping Lines and Logistics," *Transport Reviews*, Vol. 29, No. 4, July 2009.

Arora, S. N., Iqbal, S. A., & Gidwani, G. D., "CROSS-DOCKING: A STRATEGY TO ENHANCE SUPPLY CHAIN AGILITY," *International Journal of Logistics & Supply Chain Management Perspectives*, Vol. 3, No. 3, 2014, p. 1115.

Ballou Ronald H., *Business Logistics/Supply Chain Management*, 5th ed., Pearson Prentice Hall, 2004.

Bard, Coyle, Novack, *Management of Transportation*, Thomson south-western 2006.

Berglund, M., Van Laarhoven, P., Sharman, G. and Wandel, S., "Third-party logis-tics: Is there a future?" *International Journal of Logistics Management* Vol. 10, 1999, pp. 59-60.

Botti, A., Monda, A., Pellicano, M., & Torre, C. (2017). The Re-Conceptualization of the Port Supply Chain as a Smart Port Service System: The Case of the Port of Salerno. Systems, 5(2), 35.

Bowersox Donald J., David J. Closs, M. Bixby Cooper, *Supply chain Logistics Management*, 2nd ed., McGrawhill International, 2007.

Bridget Mears−Young, Mike C. Jackson, "Integrated Logistics−Call in the Revolutionaries," *International Journal of Management Science*, Vol. 25, No. 6, 1997.

Burt, Dobler, Starling, *World Class Supply Management*, 7th ed., 2003.

Byrne, Patrick M., *Improving Quality and Productivity in the Logistics Process*, Oak Brook, 1991.

Carlos Jahn & Sebastian Saxe, "Digitalization of Seaports−Vision of the Future", Hamburg Port Authority, 2017.

Chopra, S. & Sodhi, M, S., "Managing Risk to Avoid Supply−chain Breakdown," *Sloan Management Review*, 46(1), 2004, pp. 53−62.

Christopher, M. and Peck, H., "Building The Resilent Supply Chain," *International Journal of Logistics Management*, 15(2), 2004, pp. 1−13.

Christophor, M., Peck, H. & Towill, D., "A taxonomy for selecting global supply chain strategies," *International Journal of Logistics Management*, Vol. 17, No. 2, 2006, pp. 277−87.

Christophor, M., Peck, H. & Towill, D., "A taxonomy for selecting global supply chain strategies," *International Journal of Logistics Management*, Vol. 17, No. 2, 2006, pp. 277−87.

Corbett, J. J., Fischbeck, P. S., and Pandis, S. N., "Global Nitrogen and Sulfur Emission Inventories for Oceangoing Ships," *Journal of Geophysical Research*, Vol. 104, 1999.

Coyle, J. J., Bardi, E. J. and Novack, R. A., *Transportation*, New York: South−Western College Publishing, 1999.

Coyle, John J., Bardi, Edward J., and Langley, C. John Jr., *The Management of Business Logistics*, 6th ed., St. Paul, MN: West Publishing Company, 1996.

Cullinane, K. P. B. and Khanna, M., "Economies of scale in large container ships," *Journal of Transport Economics and Policy*, Vol. 33, No. 2, 1999, pp. 185−98.

Cullinane, K. P. B. and Khanna, M., "Economies of scale in large container ships: optimal size and geographical implications," *Journal of Transport Geography*, Vol. 8, No. 3, 2000, pp. 181−95.

Dale S. Roger, Ronald Tibben−Lembke, "An Examination of Reverse Logistics Practices," *Journal of business Logistics*, Vol. 22, No. 2, 2001.

Day, G. S., "Managing Market Relationships," *Journal of Academy of Marketing Science*, Vol. 28, No. 1, 2000, pp. 24−30.

Deane, J. K., Craighead, C. W. and Ragsdale, C. T., "Mitigating environmental and density risk in global sourcing," *International Journal of Physical Distribution & Logistics Management*, 39(10), 2009, pp. 861−83.

Deloitte Port Services, "Smart Ports Point of View", Deloitte, 2017.

DHL(2018), Logistics Trend Radar (Version 2018/19).

ETCIO.com, "Trends that will shape the logistics industry in 2018", 2017.

European Commission, *The Communication on Thematic Strategy on Air Pollution*, 2005.

Feare, tom, "Winning with Warehouse Automation," *Modern Materials Handling*, Jan. 1, 2003.

Finch, P., "Supply chain risk management, Supply Chain Management: An International Journal", 9(2), 2004, pp. 183−196.

Finch, P., "Supply Chain Risk Management," *Supply Chain Management*, Vol. 9, No. 2, 2004, pp. 183−96.

Forest L. Reinhardt, Ramon Casadesus−Masanell, Fredrik Nellemann, "Maersk Line and the Future of Container Shipping," *Harvard Business School*, June 1, 2012.

Frankel, R. and J. S. Whipple, "Alliance Formation Motives: A Comparison of International Perspective," *The international Journal of Logistics Management*, Vol. 7, 1996, pp. 19−31.

Fredrik Barthel, Johan Woxenius, "Developing Intermodal Transport for Small flows over Short Distances," *Transport Planning & Technology*, Vol. 27, No. 5, 2004, pp. 403−24.

Gregor Veselko, "Managing Risks and Threats in Global Logistics Chains," *Pomorstvo*, Vol. 23, No. 1, 2009, pp. 67−85.

Guinipero, Larry C. and Brand, Richard R., "Purchasing's Role in Supply Chain Management," *The International Journal of Logistics Management*, Vol. 7, No. 1.

Handfield, R. and E. Nichols, *Introduction to Supply Chain Management*, Upper Saddle River, NJ: Prentice Hall, 1999.

Harrington, Lisa H., "The New Warehousing," *Industry Week*, July 20, 1998, p. 54.

Hayuth, Y., "Multimodal freight transport," in: B. Hoyle and R. Knowles(Eds.), *Modern Transport Geography*, London: Belhaven, pp. 200−14.

Heaver, T. D., "The evolving roles of shipping lines in international logistics," *International Journal of Maritime Economics*, Vol. 4, 2002, pp. 210−30.

Hoda Davarzani *et al.*, "Understanding eco−political risks: impact of sanctions on an automotive supply chain", *International Journal of Operation & Production Management*, 2015.

Houlihan, J. B., "International Supply Chain Management," *International Journal of Physical Distribution and Materials Management*, Vol. 15, No. 1, 1985, pp. 51−56.

Hummels, David, "Transportation Costs and International Trade in the Second Era of Globalization," *Journal of Economic Perspectives*, Vol. 21, No. 3, 2007, pp. 131−54.

Janus D. Pagh and Martha C. Cooper, "Supply chain postponement and Speculation Strategies: How to Choose the right strategy," *Journal of Business Logistics*, Vol. 19, No. 2, 1998, pp. 13−33.

John J. Coyle, Edward J. Bardi and C. John Langley, *Management of Business Logistics: A Supply Chain Perspective*, 7th ed., South−Western College Pub., 2002.

John J. Coyle, Edward J. Bardi, and C. John Langley, *Management of Business Logistics*, 7th ed., Mason, OH: Southwestern, 2003.

Jose Holgun−Veras, et al., "An experimental economics investigation of shipper−

carrier interactions on the choice of mode and shipment size in freight trans—port," *Networks and spatial economics*, Vol. 22, No. 3, 2011.

Kaplan, Robert S. and Cooper, Robin, Cost & Effect, *Using Integrated Cost systems to Drive Profitability and Performance*, Harvard Business School Press, Boston, Massachusetts, 1997.

Keith A. Richards, Eli Jones, "Customer relationship management: Finding value drivers," *Industrial Marketing Management*, Vol. 37, 2008.

Keith Oliver, "When Will Supply Chain Management Grow Up?" *Strategy + Business*, Fall 2003, Issue 32.

Kent N. Gourdin, *Global Logistics Management*, 2nd Edition, 2006.

Kuipers, B., "The end of the box?" in: H. Leggate, J. McConville, and A. Morvillo (Eds.), *International Maritime Transport Perspectives*, London/New York: Routledge, 2005, pp. 215—19.

LaLonde, B., "Supply Chain Management: myth or reality?" *Supply Chain Management Review*, 1, 1997, pp. 6—7.

Lambert D. and J. Stock, *Strategic Logistics Management*, 3rd edition, Homewood, IL: Irwin, 1993.

Langley, Coyle, Gibson, Novack, Bardi, *Managing Supply Chains*, South—Western, 2009.

Lawrence, J. A., and B. A. Pasternack, *Applied Management Science: A Computer Integrated Approach for Decision Making*, New York: John Wiley, 1998.

Leahy, P. R. Murphy, R. F. Poist, "Determination of Successful Logistics Relationships: a thirty—party Provide," *Transportation Journal*, 1995.

Lee, Hau L., V. Pasmanabhan, Seungjin Whang, "The Bullwhip Effect in supply chains," *Sloan Management Review*, Vol. 38, No. 3, Spring 1997, pp. 93—102.

Lifang Wu, Alan Jin, David C Yen, "Smant supply chain management: a review and implications for future research, IJLM, Vol. 27. No. 2, 2016, pp. 395—417.

Lockamy, A., "A conceptual framework for assessing strategic packaging decisions," *Int. J. Logist. Manag*, Vol. 6, No. 1, 1995, pp. 51—60.

Maltz, Arnold B., "The Relative importance of cost and quality in the outsoursing of warehousing," *Journal of Business Logistics*, Vol. 15, No. 2, 1994.

Manuj, I. and Mentzer, J. T., "Global supply chain risk management strategies," *International Journal of Physical Distribution and Logistics Management*, 38(3), 2008, pp. 192 – 223.

Marcia Maria Penteado Marchesini, Rosane Lucia Chicarelli Alcantara, "Logistics ac – tivities in supply chain business process," *The International Journal of Logistics Management*, Vol.27 No.1, 2016 pp. 6 – 30.

Marshall L. Fisher, "What is right supply chain for your product?" *Harvard Business Review*, March – April 1997.

Martin Stopford, *Maritime Economics*, 3rd ed., Routledge, 2009.

Mary C. Holcomb, "Beyond Containerization: The Broader Concept od Intermodalism," *Transportation Journal*, Vol. 35, No. 3, 1995, pp. 5 – 13.

McConville, J. and A. Morvillo, *International Maritime Transport Perspectives*, London/New York: Routledge.

McKinsey, Delivering change: The transformation of commercial transport by 2025, 2016.

MHI, "Next Generation Supply Chains: Digital, On – Demand and Always – On", 2017.

Murphy P., R. Poist, and C. Braunschweig, "Role and Relevance of Logistics to Corporate Environmentalism: An Empirical Assessment," *International Journal of Physical Distribution and Logistics Management*, Vol. 25, No. 2, 1995, pp. 5 – 19.

Neslihan Özgün Demirel & Hadi Gökçen, "A mixed integer programming model for remanufacturing in reverse logistics environment," *International Journal of Advance Manufacturing Technology*, Vol. 39, 2008, pp. 1197 – 1206.

Nikaido M. et al., "Conceptual Warehouse Design Algorithm Using a Network Flow Model," *Advanced Robotics*, Vol. 23, 2009, pp. 705 – 24.

Niklas Aldin, Fredrik Stahre, "Electronic commerce, marketing channels and logistics platforms–a wholesaler perspective," *European Journal of Operational Research*,

Vol. 144, 2003.

Notteboom T., Jean-Paul Rodrigue, "The future of containerization: perspectives from maritime and inland freight distribution," *GeoJournal*, Vol. 74, 2009, pp. 7-22.

O'Leary-Kelly, S. W. and Flores, B. E., "The integration of manufacturing and marketing/sales decisions: Impact on organizational performance," *Journal of Operations Management*, Vol. 20, No. 3, 2002, pp. 221-40.

OECD, *The Competitiveness of Global Port-Cities: Synthesis Report*, 2014.

Parasuraman, A., Zeithaml, V. A. and Berry, L. L., "A conceptual model of service quality and its implications for further research," *Journal of Marketing* Vol. 49, 1985, pp. 41-50.

Paul R. Murphy, Jr., Donald F. Wood, *Contemporary Logistics*, 9th ed., Pearson Education, 2008.

Photis M. Panayides, Robert Wiedmer, "Strategic alliances in container liner ship-ping," *Research in Transportation Economics*, Vol. 32, 2011, pp. 25-38.

Pittiglio Rabin Todd & McGrath, "Supply-Chain operation reference model(SCOR): the first cross-industry framework for integrated supply-chain management," *Logistics Information Management*, Vol. 10, Iss 2, 1997, pp. 62-67.

Poter, M. E., *The Competitive Advantage of Nations*, Macmillan, London, 1990.

PwC (2018), Five Forces Transforming Transport & Logistics: PwC CEE Transport & Logistics Trend Book 2019.

PwC, Shifting patterns: The Future of the logistics industry, 2016.

Raja G. Kasilingam, *Logistics and Transportation Design and Planning*, Kluwer Academic Publishers, 1998.

Richard J. Tersine, *Princilpes of Inventory and Materials Management*, 3rd ed., Elsevier Science Pub. Co., NY., 1988.

Robinson, Ross, "Ports as elements in value-driven chain systems: the new para-digm," *Maritime Policy & Management*, 2002, Vol. 29, No. 3, pp. 241-55.

Rodrigue, Jean-Paul, Claude Comtois, Brian Slack, *The Geography of Transport*

Systems, 2nd Edition, Routledge, 2006.

Rodrigue, Jean-Paul, Jean Debrie, Antoine Fremont, Elisabeth Gouvernal, "Functions and actors of inland ports: European and North American dynamics," *Journal of Transport Geography*, Vol. 18, 2010, pp. 519–29.

Roshan, G., Viswanadham, N., A Conceptual and Analytical Framework for the Management of Risk in Supply Chains, Proceedings of the 2004 IEEE International Conference on Robotics & Automation, 2004, pp. 2699– 2704.

Roy Stratton, Roger D. H. Warburto, "Managing the trade-off implications of global supply," *International Journal of Production Economics*, Vol. 103, 2006.

Saenz Norm Jr., "Picking the Best Practices for E-fulfillment," *IIE Solution*, Vol. 33, No. 3, 2001.

Saghir, M., A *platform for packaging logistics development–a systems approach*, *Doctoral thesis, Division of Packaging Logistics*, Lund University, Sweden, 2004.

Samir K. Srivastava, "Network design for reverse logistics," *Omega*, Vol. 36, 2008, pp. 535–48.

Sarathy, R., "Security and the Global Supply Chain," *Transportation Journal*, 45(4), 2006, 28–51.

Schenk, Michael, Klaus Richter, Helmut Röben, "Radio Frequency Identification (RFID) Technologies for Controlling and Optimizing Special Logistic Processes," RFID and Telematics in Industrial Plant Construction, in Eberhard Blümel, Steffen Strassburger, Leonid Novitsky(eds.), "IT & T Solutions in Logistics and Maritime Applications," pp. 107–14.

Scott J. Mason et al., "Integrating the warehousing and transportation functions of the supply chain," *Transportation Research Part E*, Vol. 39, 2003.

Sergio Jara-Diaz, *Transport Economic Theory*, 2007.

Sevki Özgener, Rifat Iraz, "Customer relationship management in small-medium enterprises: The case of turkish tourism industry," *Tourism Management*, Vol. 27, 2006.

Shah, J., "Supply chain risk management: academic perspective," *IIMB Management*

Review, 21(2), 2009, pp. 149–57.

Shinya Hanaoka, Madan B. Regmi, "Promoting intermodal freight transport through the development of dry ports in Asia: An environmental perspective," *IATSS Research*, 2011.

Shubik, Martin, "Political risk: Analysis, process, and purpose," In Richard J. Herring, editor, *Managing international risk*, New York: Cambridge University Press, 1983, pp. 109–38.

Shycon, H. N., "Improved customer service: measuring the payoff," *The Journal of Business Strategy*, 1992, pp. 13–17.

Slack, B., Comtois, C. and McCalla, R., "Strategic alliances in the container shipping industry: a global perspective," *Maritime Policy & Management*, Vol. 29, No. 1, 2002.

Spector, R. and McCarthy, P. D., "The Nordstrom Way": in Jan Dlugosz, "Strategic nature of the logistics customer service in the supply chain," *Electronic Scientific Journal of Logistics*, LogForum, Vol. 6, No. 2, 2010.

Spekman, R. E. and Davis, E. W., "Risky Business: Expanding the discussion on risk and the extended enterprise," *International Journal of Physical Distribution and Logistics Management*, 34(5), 2004, pp. 414–33.

Srinivasan, Mahesh, Mukherjee, Debmalya, and Gaur Ajai, S., "Buyer–supplier part-nership quality and supply chain performance: Moderating role of risks, and environmental uncertainty," *European Management Journal*, 29, 2011, pp. 260–71.

Stanley E. Facett, Jeffery A. Ogden, Gregory M. Magnan, and M. Bixby Cooper, "Organizational Commitment and Governance for Supply Chain Success," *International Journal of Physical Distribution & Logistics Management*, Vol. 36, No. 1, 2006.

Steele, P. T., Court, B. H., *A Manager's Guide for Improving Organizational Competitiveness through the Skills of Purchasing, Profitable Purchasing Strategied*, McGraw–Hill Press, London, 1996.

Stenvert, Remco and Andrew Penfold, *Container port strategy Emerging issues*, Ocean Shipping Consultants, 2007.

Stephan Hays Russel, "Supply Chain Management More than Integrated Logistics," *Air Force Journal of Logistics*, Volume XXXI, Number 2, 2007.

Stephen F. King, Thomas F. Burgess, "Understanding success and failure in cus-tomer relationship management," *Industrial Marketing Management*, Vol. 37, 2008.

Steve LeMay, Marilyn M Helms, Bob Kimball, Dave McMahon, "Supply chain man-agement: the elusive concept and definition," *The International Journal of Logistics Management*, Vol. 28, No. 4, 2017, p. 1425.

Stikin, S. B. & Pablo, A. L., "Reconceptualizing the Determinations of Risk Behavior," *The Academy of Management Review*, 17(1), 1992, pp. 9−38.

Stock, James R., Lambert, Douglas M., *Strategic Logistics Management*, Mcgraw-Hill, 2001.

Tang, C. S., "Robust Strategies for Mitigating Supply Chain Disruptions," International Journal of Logistics: Research and Applications, 9(1), 2006, pp. 33−45.

Tang, Christoper S., "Perspectives in Supply Chain Risk Management," *International Journal of Production Research*, Vol. 103, Issue 2, 2006, pp. 451−88.

Teodor Gabriel Crainic, Kap Hwan Kim, *Intermodal Transportation*, 2005.

The rise of the digital supply network, Deloitte University Press, 2016.

Trkman, P., and McCormack, K., "Supply Chain Risk in Turbulent Environments− A Conceptual Model for Managing Supply Chain Network Risk," *International Journal of Production Economics*, 119(2), 2009, pp. 247−58.

TSENG, Yung−yu and YUE, Wen Long, Michael A. P. Taylor, "The Role of Transportation in Logistics Chain," *Proceedings of the Eastern Asia Society for Transportation Studies*, Vol. 5, 2005, pp. 1657−1672.

TT Club, Brave new world? Container transport in 2043, June 11, 2018.

UNCTAD, *Review of Maritime Transport*, 2014, p. 36.

Vaidyanathan Ganesh, "A Framework for Evaluating Third−Party Logistics," *Communication of the ACM*, Vol. 48, No. 1, January 2005.

Van der Vorst. J., Beulens, A., "Identifying sources of uncertainty to generate sup−ply chain redesign strategies," *International Journal of Physical Distribution and Logistics Management*, 33(6), 2002, pp. 409−30.

Wayne K. Talley, *Port Economics*, Routledge, 2008, p. 171.

Wiersema, William H., "Activity−based management," *American Management Association*, 1995, pp. 3−4.

Wigland, R. T., "Electronic Commerce: Definition, Theory, and Context," *The Information Society*, Vol. 13, No. 1, 1977.

World Economic Forum, 'Shaping the Future of Retail for Consumer Industries', 2017.

World Economic Outlook Database, April 2012.

Wu H. −J. and S. Dunn, "Environmentally Responsible Logistics Systems," *International Journal of Physical Distribution and Logistics Management*, Vol. 25, No. 2, 1995, pp. 20−38.

Zsidisin, G. A., "Managerial Perceptions of Supply Risk," *Journal of Supply Chain Management*, 39(1), 2003, pp. 14−26.

Zsidisin, G. A., Ellram, Carter, J. R. and Cavinato, J. L., "An analysis of supply risk assessment techniques," *International Journal of Physical Distribution & Logistics Management*, 34(5), 2004, pp. 397−413.

⚓ 찾아보기

양창호(梁昌虎)

학력

연세대학교 및 연세대학교 대학원 경영학과(경영학석사)
서강대학교 대학원 무역학과(경영학박사)

경력

산업연구원(KIET) 산업정책실 책임연구원
한국해양수산개발원(KMI) 선임연구위원, 항만시스템연구실장, 기획조정실장, 정책동향연구실장
한국공항공사 비상임 이사, 이사회 의장
한국선급(KR) 비상근 감사
한국해양수산개발원(KMI) 원장
인천대학교 동북아물류대학원 교수

현재

한국해운협회 상근부회장
공익재단 '바다의 품' 상임이사

각종 위원회 활동

과학기술부 국가과학기술위원회 국가연구개발사업 평가위원
기획재정부 국가연구개발사업 상위평가위원
국토해양부 국가교통조정실무위원회 민간위원
산업통상산업부 통상교섭 민간자문위원
국무총리실 국토정책위원회 민간위원
국회예산정책처 예산분석자문위원
해양수산부 해양수산정책자문위원회 자문위원
부산 해양클러스터 기관장협의회 회장
Global Shipping Think-Tank Alliance 의장(Chairman)
한국해양진흥공사 경영자문위원
국제해운회의소(International Chamber of Shipping) 이사 등

저서

「컨테이너선 해운경제」, 박영사, 2022. 8
「항만경제」, 박영사, 2021. 1
「물류와 SCM의 이해(3판)」, 박영사, 2019. 8
「내일의 꿈, 물류에서 찾다」, (양창호 칼럼집 No.2), 효민디엔피, 2016. 10
「우리의 바다 DNA, 가슴이 뛴다」, (양창호 칼럼집 No.1), 효민디엔피, 2016. 10
「해운경제학」, (역서) 박영사, 2015
「해운항만산업의 미래 신조류」, 혜민, 2009
「해운항만물류회계」, 박영사, 2009
「해운산업합리화 조치의 의의와 평가」, 해운산업연구원, 1997
「해운경기 결정요인 분석」, 해운산업연구원, 1996 외 다수

블로그

양창호 교수 블로그 : https://daedaero.tistory.com/

송상화(宋相和)

학력

KAIST 산업공학과 공학사, 공학박사

경력

IBM BCS Korea, Senior Consultant
Georgia Institute of Technology, Visiting Scholar
국가물류정책위원회 물류정책분과위원
네이버 쇼핑, CJ대한통운 자문교수
KOTRA 디지털혁신위원회 위원 등

현재

인천대학교 동북아물류대학원 교수
인천대학교 물류경영연구소 소장
국토교통부 규제개혁위원회 위원
인천시물류연구회 회장
한국SCM학회 부회장
한국경영공학회 부회장 등